WIEN

Sehenswürdigkeiten, Kultur, Szene,
Umland, Reiseinfos

Uwe Mauch

TRESCHER VERLAG

2., aktualisierte und erweiterte Auflage 2017

Trescher Verlag
Reinhardtstr. 9
10117 Berlin
www.trescher-verlag.de

ISBN 978-3-89794-379-7

Herausgegeben von Bernd Schwenkros und
Detlev von Oppeln

Reihenentwurf und Gesamtgestaltung:
Bernd Chill
Lektorat: Sabine Fach, Hinnerk Dreppenstedt
Karten im Buch: Johann Maria Just,
Martin Kapp
Faltplan: Kartendesign Carlos Borrell, Berlin

Gedruckt auf chlorfrei gebleichtem Papier

Printed in Germany

Alle Angaben in diesem Reiseführer wurden
sorgfältig recherchiert und überprüft. Dennoch
können Entwicklungen vor Ort dazu führen,
dass einzelne Informationen nicht mehr aktuell
sind. Gerne nehmen wir dazu Ihre Hinweise und
Anregungen entgegen. Bitte schreiben Sie an
post@trescher-verlag.de.

Titel: Riesenrad im Prater
Vordere Klappe: Haas-Haus am Stephansplatz
Hintere Klappe: Karlskirche
Buchrückseite: Schloss Schönbrunn

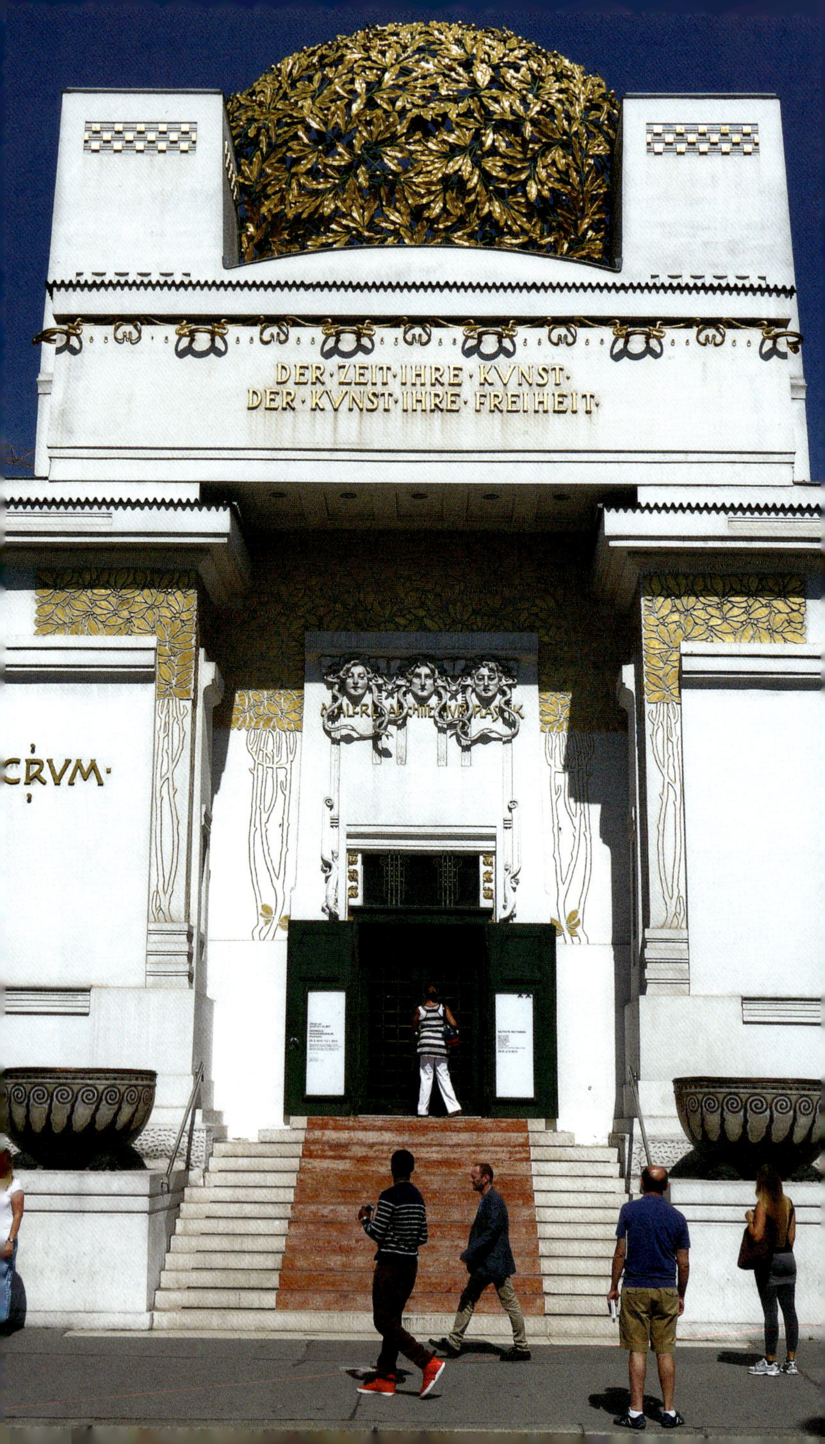
DER·ZEIT·IHRE·KVNST·
DER·KVNST·IHRE·FREIHEIT·

Vorwort

Wien ist kaum wiederzuerkennen, die Stadt hat sich ordentlich entwickelt. So berichten viele, die – nach Jahren der Absenz – Wien wieder einmal die Ehre erweisen. In der Tat hat ausgerechnet die von den Profiteuren schlecht geredete EU-Erweiterung der großen Hauptstadt einer kleinen Republik neue Perspektiven eröffnet: neben den ertragreichen Ost-Geschäften auch eine bessere West-Anbindung. Der Fall der Berliner Mauer hat nicht nur Berlin, sondern auch Wien deutlich verändert. Die Stadt an der Grenze ist nach den dramatischen Ereignissen im Jahr 1989 vom gefühlten Rand wieder in das Zentrum des Kontinents gerückt. Begaben sich manche Europa-Besucher zuvor nur ungern in die Sackgasse von München nach Wien, steuern heute viele Menschen Wien an. Einige sind auf der Durchreise: nach Budapest, Prag oder in die nahegelegene Zwillingsstadt Bratislava, viele auch in die entgegengesetzte Richtung.

Die gehsteiggraue Vorzeit, der braune Mief der Nazi-Zeit ebenso wie die während des Kalten Kriegs geschürten Ängste sind heute halbwegs Geschichte. Anderes berührt uns: Seit dem Wendejahr 1989 geht es mit der Wiener Wirtschaft und dem Wiener Tourismus pausenlos bergauf. Selbst globale Krisen (Finanz, Flüchtlinge) haben die Stadt weitgehend verschont. Wien wird in allen internationalen Städtevergleichen als eine der lebenswertesten und schönsten Städte der Welt geführt. Umso unverständlicher ist es, dass noch immer jeder dritte Wahlberechtigte damit liebäugelt, für eine rechtsextreme Partei zu stimmen.

Doch das, verehrte Leserin, verehrter Leser, soll nicht Ihr Problem sein. Sie haben jedenfalls eine gute Wahl getroffen: Dieser Stadtführer geht über die Nacherzählung von Kaiserherrlichkeit und Jugendstil weit hinaus und folgt der Entwicklung einer Stadt, die zuletzt wieder ordentlich Fahrt aufgenommen hat. Wien ist nach der Wende zum 21. Jahrhundert erneut zum Schmelztiegel zwischen Ost und West geworden. Viel erinnert noch oder schon wieder an die Nachbarn in den ehemaligen k. u. k. Kronländern, Wien erlebt soeben eine zweite Gründerzeit.

Der Verfasser, Sohn einer längst wienaffinen Hannoveranerin – die gibt es wirklich, das Miteinander erfordert allerdings viel Geduld von beiden Seiten! – und eines urigen Wieners, ist selbst Wiener aus Leidenschaft, dazu erfahrener Journalist und Buchautor. Er führt kenntnisreich zu allen Sehenswürdigkeiten, die Wien heute zu bieten hat und gibt darüber hinaus auch jene typischen Wiener Geschichten und Geheimnisse von Menschen und Orten preis, die Wien-Besuchern sonst nicht zu Ohren kämen. Unterstützung erhält er dabei von 25 sehr gut informierten Autorinnen und Autoren, die alle einen sehr persönlichen Text über ihr Wien beigesteuert haben.

Also: Willkommen in Wien! Treten Sie näher, blättern Sie um. Sie werden Ihren Besuch in der Welthauptstadt der Gemütlichkeit gewiss nicht bereuen.

Blickfang: die Wiener Secession

Hinweise zur Benutzung

In den Hauptstädten der kleinen mitteleuropäischen Länder sehen sich die Menschen gerne im Zentrum des Geschehens. Sie sind dann gleichermaßen davon überrascht wie enttäuscht, wie wenig die Welt von ihrer Stadt Notiz nimmt. Auch in Wien wundert man sich manchmal über die Wissenslücken der Gäste. Diesem Umstand wird im ersten Kapitel dieses Stadtführers Rechnung getragen: Im Kapitel **Annäherung an Wien** (→ S. 24) sind die wichtigsten Fakten zu Geographie und Geschichte, Politik und Verwaltung, Wirtschaft, Architektur, Kunst und Kultur, Küche und Sprache zusammengefasst.

Das besondere Wiener Flair wird im Rahmen von zwölf **Stadttouren** (→ S. 83) in Wort und Bild eingefangen. Dabei wird auf alle wichtigen Sehenswürdigkeiten der Stadt eingegangen, jedoch die Perspektive der Betrachtung leicht verändert: Anders als bei vielen Wien-Führern, die sich auf das Nacherzählen der Geschichte beschränken, werden auch jene Geschichten erzählt, die Wien ausmachen. Den Stadttouren folgen die **Wien-Informationen** (→ S. 259). Nachdem die wichtige Frage der Unterkunft geklärt ist und viele empfehlenswerte Gastronomiebetriebe – vom Wiener Wirtshaus bis zum Kaffeehaus, vom Haubenlokal bis zum Tschocherl – vorgestellt sind, gibt es unzählige Insider-Tipps: Anregungen für Unternehmungen bei Tag, am Abend und auch bei Nacht. Hier werden die interessanten Museen, Galerien, die Architektur-Highlights, die naheliegendsten Ruhe- und Verschnaufzonen, die schönsten Parks, die interessantesten Schau- und Markt-Plätze beschrieben. Die Shopping-Tipps im Anschluss fokussieren vor allem auf Wiener Souvenirs und bewährte Meister-Betriebe der Stadt. Ein Schmankerl gibt es für Fußballfans mit der Beschreibung der größeren Stadien und der schönsten lokalen Fußballplätze. Nach der Auflistung zahlreicher Optionen für Hobbysportler und Eltern mit Kindern folgen ausführliche Informationen zum Wiener Abend- und Nachtleben.

Einigen Kapiteln sind kurze **Essays** des Autors beigefügt, in denen mehr über die Denkweise und das Lebensgefühl der Wiener zu erfahren ist. Eine literarische Note erhält dieser Stadtführer darüber hinaus durch die in das Buch eingestreuten **Extra-Texte** von 26 bekannten Autorinnen und Autoren, die ihre Stadt aus nächster Nähe, aus ihrer persönlichen Perspektive und doch mit der notwendigen Distanz beschreiben.

Zeichenlegende

Am Ende jeder Stadttour stehen kurze Informationen über die Einrichtungen und Sehenswürdigkeiten unterwegs, ausführliche Informationen gibt es ab → S. 259.

🛈 Allgemeine Informationen, Stadtführungen

🍴 Restaurants und Imbisse

☕ Kaffeehäuser

🍸 Clubs und Bars

🏛 Museen und Sehenswürdigkeiten

🎵 Theater und Konzerthäuser

🛍 Einkaufstipps

❗ Kulturinitiativen, Besonderheiten

Göttliche Skulpturen im Schlosspark Schönbrunn

Das Wichtigste in Kürze

Anreise

Bahn: Mit seinem neuen Hauptbahnhof (→ S. 85) will Wien erneut eine Drehscheibe und ein Bahnknoten in Mitteleuropa werden. Tatsächlich machen heute wieder zahlreiche internationale Züge in Wien Station. Direkte Verbindungen gibt es u. a. von und nach Berlin, Hamburg, Hannover, Amsterdam, Dortmund, Köln, Frankfurt, Stuttgart, München, Basel und Zürich. Nur die Regionalzüge der privaten Westbahngesellschaft verkehren weiterhin von Freilassing in Bayern über Salzburg und Linz zum Wiener Westbahnhof. Fahrplanauskünfte bei den Österreichischen Bundesbahnen (www.oebb.at) bzw. bei der Westbahn AG (www.westbahn.at); alle Verbindungen auch unter www.bahn.de.

Bus: Wien hat keinen eigenen Busbahnhof, die Wiener sind auch keine großen Bus-Reise-Fans. Direkte Verbindungen gibt es aber u. a. von und nach Berlin, Hamburg, Essen, Aachen, Dortmund, Hannover, Frankfurt, Stuttgart, Mannheim, Dresden, Amsterdam, Rotterdam, Basel und Zürich. Die meisten internationalen Busse halten am Hauptbahnhof, am Westbahnhof sowie am Terminal Erdberg (www.eurolines.at).

Flugzeug: Wer nach Wien fliegt, landet am Rande der kleinen, östlich von Wien gelegenen Bierstadt Schwechat. Vom Vienna International Airport gelangt man am günstigsten und bequemsten mit der Flughafen-Schnellbahn S7 ins Stadtzentrum. Der offensiv beworbene grüne City-Airport-Train (CAT) ist deutlich teurer, aber keineswegs deutlich schneller.

Pkw: Die Westautobahn (A1) mündet direkt in die Hadikgasse, die weiter durch das Wiental ins Stadtzentrum führt, von der Nordautobahn (A5) führt die Brünner Straße (B3) in die Stadt, von der Südautobahn (A2) die Triester Straße (B17). Hinweis: Wer sich in Wien durch den Einbahn- und Parkplatz-Dschungel müht, ist selbst schuld.

Informationen vor Reisebeginn

Wiener Tourismusinformation, Tel. 01/211140, info@wien.info, www.wien.info. Allgemeine und aktuelle Informationen der offiziellen Wiener Tourismuswerbung.

Wiener Stadtinformation, Tel. 01/52550, stadtinformation@post.wien.gv.at; Mo–Fr 8–18 Uhr. Allgemeine und aktuelle Informationen der Wiener Stadtverwaltung.

Vienna Guide Service, Tel. 01/ 58736362, www.guides-in-vienna.at. Seriöse Vermittlung von geprüften Fremdenführern.

Verein Wiener Spaziergänge, Tel. 01/4899674 bzw. 0664/2604388, www.wienguide.at. Auskünfte zu speziellen Themen-Spaziergängen.

wienXtra-jugendinfo, Tel. 01/4000 84100, www.jugendinfowien.at. Dort gibt es auch die ebenso handlichen wie informativen und liebevoll erstellten Gratis-Stadtpläne und Veranstaltungshinweise für junge Wien-Besucher.

Empfehlenswert: öffentliche Verkehrsmittel

Öffentliche Verkehrsmittel

Wien hat ein gut ausgebautes öffentliches Nahverkehrsnetz, und so lässt sich jedes Ziel in der Stadt, an der Peripherie und mit wenigen Ausnahmen auch in der Umgebung relativ schnell und bequem erreichen. Auch die Orientierung fällt bei einer Fahrt mit den ›Öffis‹, wie die Wiener liebevoll sagen, viel leichter aus als mit dem eigenen Auto.

Tagsüber verkehren die U-Bahnen in 2- bis 7-Minuten-Intervallen. Nicht viel länger sind die Wartezeiten bei S-Bahnen, Straßenbahnen und Bussen. Ab 1 Uhr morgens verkehren Nachtbusse im Halbstunden-Takt durch die ganze Stadt. In den Nächten von Freitag auf Samstag, Samstag auf Sonntag sowie vor Feiertagen fahren die Wiener U-Bahnen rund um die Uhr. Fahrplanauskünfte unter www.wienerlinien.at bzw. www.oebb. at. Taxi-Funkzentralen: Tel. 01/40100, 01/60160, 01/31300.

Leihräder

Citybike Wien, www.citybikewien.at. Tolles Service der Stadt: Es gibt über die Stadt verteilt bereits mehr als 120 Stationen, an denen man ein Citybike ausborgen und zurückgeben kann. Die Leihräder sind natürlich keine Rennräder, aber robust. Die Anmeldung ist via Internet möglich (dafür erforderlich ist eine Kreditkarte oder eine österreichische Bankomatkarte), die einmalige Gebühr dafür beträgt 1 Euro. Die Entlehnung eines Citybikes ist in der ersten Stunde gratis, jede weitere angefangene Stunde kostet jeweils 1 Euro, ab der 5. angefangenen bis zur maximal 120. Stunde jeweils 4 Euro. **Pedal Power**, 1020 Wien, Ausstellungsstraße 3, Tel. 7297234, www.pedal power.at. Wer mit einem gediegenen KTM-Rad die Stadt allein oder auch mit Stadtführer erkunden möchte, ist hier an der richtigen Adresse.

Trinkwasser

Das Wiener Wasser ist sauber und schmeckt auch.

Wichtige Telefonnummern

Vorwahl für Wien aus dem Ausland: 0043/1.
Vorwahl für Wien aus dem Inland: 01.
Telefonauskunft: 118877.
Wien Tourismus: 24555.
Stadtinformation: 50250.
Zugauskunft: 051717.
Flugauskunft: 700722233.
Polizeinotruf: 133.
Rettung 144.

Klima und Reisezeit

Die schönsten Monate in Wien sind – wenig überraschend – der Mai und auch der September. Das Problem ist nur: Das wissen auch viele andere Wien-Besucher. Schön sind natürlich auch der Juni und die beiden Ferienmonate Juli und August (da ist die Stadt deutlich entspannter). April und Oktober können, müssen aber nicht fein sein. Die Zeit von Ende Oktober bis Ende Mitte März ist hingegen mit Vorsicht zu genießen, vor allem für Menschen, die leicht zu einer Herbst-Winter-Depression neigen.

Sicherheit

Wien ist ein sehr sicheres Reiseziel, wie fast überall in Großstädten sollta man auf Schmuck, Wertsachen und Fahrräder gut acht geben.

Sperrung von EC- und Kreditkarten

Sperr-Notruf für alle EC- und Kreditkarten: 0043/116116.

Ausführliche Hinweise in den Wien-Informationen (→ S. 259) und in den Reisetipps von A bis Z (→ S. 374).

Die klassischen Wiener Sehenswürdigkeiten

Natürlich gibt es sie, die klassischen Sehenswürdigkeiten, die das Image von Wien innerhalb und außerhalb der Stadtgrenzen prägen und deren Besuch geradezu zum Pflichtprogramm für Wien-Touristen gehört:

Stephansdom Auch Steffl genannt. Die Verkleinerungsform für die bekannteste Kirche des Landes – seine Baugeschichte reicht in das 12. Jahrhundert zurück – signalisiert Vertrautheit. Ständig sind in der Stadt Kinder unterwegs, die für seine Sanierung Geldspenden eintreiben sollen. Doch das regt die Wiener ausnahmsweise nicht auf (→ S. 96).

Hofburg Wir sind Kaiser! Hatte eine gleichnamige TV-Serie trotz oder wegen ihrer Parodien auf die Obrigkeitshörigen in Österreich so viel Erfolg? Tatsache ist, dass man in der Hofburg noch immer den imperialen Glanz der einstigen Hauptstadt der k. u. k.-Monarchie nachempfinden kann. 100 Prozent Historyland garantiert! (→ S. 120)

Ringstraßenbauten In der zweiten Hälfte des 19. Jahrhunderts machte sich Wien neben Paris und Berlin zur drittwichtigsten Stadt auf dem europäischen Kontinent. Viel von diesem damals gewonnenen Selbstbewusstsein ist bei einem Spaziergang auf der Wiener Ringstraße spürbar. Ministerien, Museen, Nobelherbergen, Staatsoper, Parlament, Rathaus, Burgtheater, Universität, Börse, Schottenturm, dazu all die Flagship-Stores des puren Luxus – das alles hat schon Flair (→ S. 113).

Karlsplatz Der Karlsplatz mit der Karlskirche und dem Brunnen vor der Kirche ist einer der schönsten Plätze Europas. Das kommt wohl auch daher, dass dieser weitläufige Platz heute weitgehend frei von Autos ist (→ S. 145).

Secession ›Der Zeit ihre Kunst – der Kunst ihre Freiheit.‹ Wie wahr und zeitgemäß ist dieser Satz mit den goldenen Lettern über dem Eingang dieses exklusiven Kulturtempels! Geschichte wie-

Längst ein Klassiker für Touristen und Kulturinteressierte: das Wiener Museumsquartier

derholt sich: Auch heute werden junge Künstler in Wien gerne belächelt, und wohl erst ihre Nachlassverwalter werden viel Geld verdienen (→ S. 146).

Musikverein Jedes Jahr das selbe Bild: Am 1. Januar gehen von hier die Fernsehbilder um die Welt. Im traditionsreichen Haus des Musikvereins spielen die Wiener Philharmoniker ebenso traditionsreich ihr Neujahrskonzert (→ S. 314).

Museumsquartier Lange umstritten, dann endlich als Kompromisslösung gebaut. Nicht auszumalen, wie herrlich dieses neue Zentrum der Kunst und Kultur hätte werden können, wären die Stadtpolitiker nur ein wenig mutiger gewesen. Aber das muss Wien-Besucher nicht stören: Das Museumsquartier hat, ebenso wie alle anderen Museen der Stadt, auch als typisch österreichischer Kompromiss viel zu bieten (→ S. 191).

Hauptbahnhof Der neue Hauptbahnhof ist der Beweis dafür, dass sich in Wien doch etwas bewegt. Schön ist die Symbolik: Im neuen Europa braucht es keine Kopfbahnhöfe mehr, sondern Haltestellen, die in alle Himmelsrichtungen offen sind. Über die Architektur des Bahnhofs und die Bahnhofsstadt lässt sich streiten; sie ist funktional und nur bedingt wienspezifisch (→ S. 85).

Belvedere Auch Prinz Eugen wusste, wie man sich schön und exklusiv einrichtet. Er hat im 3. Bezirk zwei Schlösser und einen feudalen Park hinterlassen. Der damalige Bundeskanzler Leopold Figl stand am 15. Mai 1955 auf dem Balkon des Oberen Belvedere und zeigte der Menge unten den Staatsvertrag (→ S. 88).

Schloss Schönbrunn Das Schloss ist wahrscheinlich das meistfotografierte Gebäude Wiens. Zu allen Jahreszeiten schön: Ein Spaziergang durch den barocken Schlosspark oder ein Besuch des angeblich ältesten Tiergartens der Welt gleich daneben, der durch zahlreiche Umbaumaßnahmen heute zu den innovativsten zoologischen Gärten Europas gehört (→ S. 151).

Riesenrad Ein Klassiker für Kinder und Junggebliebene. Das Riesenrad im Prater (→ S. 307) wurde im Jahr 1897 errichtet, es gilt bis heute auch als Symbol für Wiener Ingenieurskunst.

Prater Der Prater hat viel von seinem Flair eingebüßt. Er zieht in erster Linie Touristen an, viele Wiener können sich die Fahrten mit Ringelspiel und Geisterbahn nicht mehr leisten. Sie gehen lieber in den weitläufigen Parkanlagen entlang der angrenzenden Hauptallee spazieren (→ S. 303).

UNO-City Mit der UNO-City hat sich der sozialdemokratische Bundeskanzler Bruno Kreisky (1911–1990) ein Denkmal gesetzt und Wien einen großen Dienst erwiesen. Eine Stadt, in der die UNO residiert, greift man nicht an, war Kreiskys Überlegung im Kalten Krieg. Und eine Stadt, in der UNO-Mitarbeiter residieren, verdient auch schön viel Geld (→ S. 172).

Donaupark Das moderne Wien zeigt sich bei einem Besuch des Donauparks. Der Donauturm ist noch ein Symbol des Wiederaufbaus, und von seinem Restaurant aus liegt einem die in den 1970er und 1980er Jahren errichtete Donauinsel zu Füßen. Die Hochhäuser auf der Donauplatte erinnern wiederum an das Wien von heute und auch schon von morgen (→ S. 174).

Twin-City-Liner Der Twin-City-Liner rauscht auf der Donau zwischen Wien und Bratislava hin und her. Von der Einstiegsstelle am Donaukanal zur Landungsbrücke in der Zwillingsstadt Bratislava benötigt das Schnellboot nicht viel mehr als eine Stunde. Er ist ein mit viel Aufwand betriebenes Symbol für das in Wien viel zitierte ›Centrope‹ (→ S. 370).

Orientierung

Die Wiener Innenstadt lässt sich am besten zu Fuß durchmessen, die Peripherie ist gut mit öffentlichen Verkehrsmitteln – S- und U-Bahn, Bus- und Straßenbahnen – erreichbar. Außerdem gibt es ein relativ gut ausgebautes Netz an Radwegen und Radrouten sowie Stationen für Leihräder. Und wenn es ganz schnell gehen muss, stehen immer noch die Wiener Taxifahrer gerne zur Verfügung. Detaillierte Infos zum Netzplan der Wiener Linien und zu den besten Fuß- und Radweg-Verbindungen (Stichwort ›von A nach B‹) finden sich auch im Internet: www.wienerlinien.at bzw. www.anachb. at. Ein **Netzplan der U-Bahnen** befindet sich auf der Rückseite der diesem Buch **beiliegenden Faltkarte**.

Hauptbahnhof

Der neue Hauptbahnhof ist ein Symbol für die neue Weltoffenheit von Wien (→ Essay von Michael Sgiarovello, S. 92). Hier kommen Züge aus allen Himmelsrichtungen und vielen Regionen Europas an. Der Bahnhof hat auch die jahrzehntelange Funktion des alten Westbahnhofs übernommen, der heute nurmehr dem Regionalverkehr dient. Seine Architektur ist ebenso modern und funktional wie verwechselbar. Die anfängliche Kritik, der Hauptbahnhof sei nicht perfekt an das Netz der Wiener Linien angebunden, ist schnell verstummt. Es sind von den Bahnsteigen nicht allzu viele Schritte bis zur S-Bahn, der U-Bahn und der Straßenbahn in den Kellergeschossen bzw. auf den Vorplätzen. Dort fahren auch zahlreiche städtische bzw. regionale Busse ab. Der neue Bahnhof ist auch eine Art Zentralbahnhof: Mit der S-Bahn ist man in weniger als 10 Minuten bei der Station Wien-Mitte, mit der U1 in weniger als 10 Minuten am Stephansplatz, mit dem 13A in weniger als 15 Minuten beim Naschmarkt. Jene, die in Wien mit der U6 weiterfahren wollen, sind gut beraten, schon in

Drehscheibe: Der Wiener Hauptbahnhof empfängt Züge aus allen Himmelsrichtungen

der Haltestelle Meidling auszusteigen. Dank des modernen Leitsystems finden sich auch Neuankömmlinge am Hauptbahnhof schnell zurecht. Fahrscheine für die Wiener Linien und für die Bahn gibt es an zahlreichen Automaten sowie an eigenen Verkaufsstellen der Verkehrsbetriebe. Nach internationalem Vorbild ist der Wiener Hauptbahnhof nicht nur ein zentraler Verkehrsknotenpunkt in der Stadt, sondern auch Einkaufszentrum und Fressmeile. Es gibt daneben aber auch einen Ruheort für Gebet und Andacht. Nähere Infos: http://hauptbahnhofcity.wien/oebb.

Flughafen

Intensiv beworben wird auf dem Flughafen und auch in der Stadt der CAT, der City Airport Train. Dieser Zug fährt auf denselben Schienen wie die S-Bahn (S7 Richtung Floridsdorf) und ist nur wenige Minuten schneller, weil er nicht in allen Stationen an der Strecke hält – aber deutlich teurer! Den Weg zur S-Bahn findet man, indem man den Hinweisen zum ÖBB-Bahnhof folgt. Und dazu gleich noch ein Tipp: Halten Sie Euro-Münzen oder zumindest kleine Euro-Scheine bereit. An den Fahrschein-Automaten der Österreichischen Bundesbahnen sind auch schon Einheimische gescheitert. Gelingt es, unfallfrei einen Fahrschein bis zur Station Wien-Mitte zu erwerben, darf dieser auch für die Weiterfahrt mit U-Bahn, Straßenbahn und Bus verwendet werden.

Fahrkarten

Auch in Wien sind Zeitkarten billiger als Einzelfahrscheine. Der Einzelfahrschein kostet 2,20 Euro, die 24-Stunden-Karte 7,60 Euro, die 48-Stunden-Karte 13,30 Euro, die 72-Stunden-Karte 16,50 Euro, die Acht-Tage-Klimakarte 38,40 Euro. Eine Option ist auch der EASY City-Pass

Radfahren am Ring: eine perfekte Alternative

für eine Woche um 26,90 Euro (gilt für eine Kalenderwoche von Montag 0 Uhr bis zum darauffolgenden Montag 9 Uhr). Speziell für Touristen wird die Wien-Karte angeboten. Sie kostet 13,90 € für 24 Stunden, 21,90 € für 48 Stunden und 24,90 € für 72 Stunden und bietet ermäßigten Eintritt zu mehr als 200 Sehenswürdigkeiten. Die Karte sollte es im Hotel geben, sie kann auch wie die anderen Tickets online bei den Wiener Linien erworben werden: https://shop.wienerlinien.at.

Leihfahrzeuge

Infos zu den beliebten Leihfahrrädern von Citybike Wien und den Leihautos von Car2go gibt es unter www.citybike-wien.at bzw. www.car2go.com/wien.

Nähere Informationen ab → S. 259.

Wiener Linien

Wiener Linien – ein trefflicher Name für die Verkehrsbetriebe der Stadt Wien. Bei einem derart dichten Netz von U- und S-Bahn-, Straßenbahn- und Autobus-Linien – insgesamt knapp 1000 Kilometer lang – ist es auch für Nicht-Wiener und Autofetischisten sinnvoll, den eigenen Wagen zu Hause zu lassen und die öffentlichen Verkehrsmittel zu bemühen. Die nennt man in Wien liebevoll ›Öffis‹, die Straßenbahn wird entweder Tram (vom englischen tramway) oder Bim (lautmalerisch, vermutlich vom akustischen Signal imitierenden Bim-Bim) genannt.

Einige Wiener Linien haben sich im Laufe der Jahrzehnte einen eigenen Nimbus eingefahren. Da ist zunächst einmal der 5er, jene Ur-Wiener Verbindung, der in diesem Reiseführer eine eigene Stadttour gewidmet ist, weil sie sich vom Praterstern bis zum Westbahnhof ebenso aussichts- wie abwechslungsreich durch das Wien der Gründerzeit schlängelt (→ S. 132). Eine weitere Attraktion ist der 60er, eine Straßenbahn, die in die Berge führt. Wer auf der Kennedybrücke in Hietzing ein- und erst bei der Endstation in Rodaun wieder aussteigt, spürt nicht nur eine Luftveränderung.»Die Station sieht noch genauso trostlos wie in meiner Kindheit aus«, moniert der wandernde Autor Beppo Beyerl. Und doch wird ihm in Rodaun immer warm ums Herz. Denn von hier sei schon mancher Wiener Bergsteiger zu einer kühnen Alpenquerung aufgebrochen.

Begegnungen ganz anderer Art verspricht der Zweier, von Bim-Fahrern auch ›Putzfrauen-Express‹ genannt. Von beiden Endstationen in Ottakring sowie in der Brigittenau nähern sich die Wagen der Ringstraße. Frühmorgens sammeln sie dabei auch die Mitarbeiterinnen der Gebäudereinigungsfirmen ein, um sie vor den Ämtern und Büros der Innenstadt aussteigen zu lassen.

Vergnüglich ist eine Sonntagsfahrt mit dem 31er, der sich vom Schottenturm auf eine Reise über Donaukanal und Donau in die beiden Heurigenorte Großjedlersdorf und Stammersdorf begibt. Die selben Menschen, die am frühen Nachmittag griesgrämig aus den Fenstern blicken, treten nur wenige Stunden später beschwingt, bestens gelaunt die Heimreise an. Die Ursache dafür liegt naturgemäß im Wein, hier im viel besungenen ›Brünnerstrassler‹. Charakter haben auch der D-Wagen, der vom Hauptbahnhof nach Nussdorf führt, und der 71er, der die Wiener hinaus zum Zentralfriedhof bringt. Für Milieuforscher wurden der O-Wagen, der 18er und der 67er erfunden, die allesamt in den Südosten unterwegs sind und dabei jene Zonen durchschneiden, die nicht von den Betuchten bewohnt werden.

Auch die fünf U-Bahn-Linien bieten Einblicke ins Wiener Stadtleben. So hat einmal ein nigerianischer Asylwerber angemerkt, dass die Menschen in seiner Heimat selbst dann noch besser gelaunt sind, wenn sie stundenlang auf einen Bus warten müssen. In der Wiener U-Bahn hingegen könne er manchmal nicht glauben, dass man hier in einer der lebenswertesten Städte der Welt unterwegs ist.

Am Ende noch ein Schmankerl: Mit dem Autobus 38A geht es vom Karl-Marx-Hof in Heiligenstadt in wenigen Minuten rauf zu den Wäldern, Wiesen und Wanderwegen auf dem Kahlen- und Leopoldsberg.

Die etwas andere Wiener Linie: der Fiaker

Im Herzen Europas und an der schönen Donau: So verorten
sich die Wiener und Wienerinnen gerne selbst. Tatsächlich
ist ihre Stadt nach dem Fall des Eisernen Vorhangs im
Jahr 1989 aus der fünf Jahrzehnte während Abseitsposition
entlassen worden. Ein Glücksfall!

Oberes Belvedere

ANNÄHERUNG AN WIEN

Das Wiener Stadtwappen

Wien in Zahlen

Geographische Lage: Nördliche Breite im Bereich von 48°07'06'' bis 48°19'23''; östliche Länge im Bereich von 16°10'58'' bis 16°34'43'.

Fläche: 415 km²; davon 202 km² Grünflächen, 136,5 km² Bauflächen, 57 km² Verkehrsflächen, 19,5 km² Wasserflächen.

Länge der Stadtgrenze: 136,5 km.

Größte Ost-West-Ausdehnung: 29,4 km.

Größte Nord-Süd-Ausdehnung: 22,8 km.

Seehöhe am Stephansplatz: 171 m.

Tiefster Punkt: 151 m (in der Lobau).

Höchster Punkt: 543 m (am Hermannskogel).

Höchstes Bauwerk: Donauturm im Donaupark (252 m).

Anzahl der Parkanlagen: 843.

Anzahl der Hundezonen: 150.

Anzahl der Straßen: 6696.

Kürzeste Straße: Irisgasse (17,5 m).

Längste Straße: Höhenstraße (ca. 15 km).

Längster Fluss im Stadtgebiet: Donau; das linke Donauufer innerhalb des Stadtgebiets ist 23,7 km lang, das rechte Donauufer 19,2 km.

Einwohner: 1 797 337 (Angabe aus dem Jahr 2015); Tendenz stark steigend, bereits für 2023 werden 2 Millionen Einwohner erwartet.

Bevölkerungsdichte: 4235 Einw./km².

Menschen mit Migrationshintergrund: 661 142.

Wichtigste Herkunftsländer: Deutschland, die Länder des ehemaligen Jugoslawien, Türkei.

Arbeitslosenquote: 13,2 % (06/2015).

Inflationsrate: 1,6 %.

Anzahl aller erfassten Wohnungen: 983 840.

Anzahl der in Wien registrierten Pkw 683 258.

Pkw pro 1000 Einwohner: 372.

Wasserverbrauch: 130 l pro Person und Tag.

Touristenübernachtungen: 14,3 Mio (2015).

Universitäten: Universität Wien, Wirtschaftsuniversität Wien (WU), Technische Universität Wien (TU), Universität für Bodenkultur Wien (BOKU), Medizinische Universität Wien, Veterinärmedizinische Universität Wien, Universität für Musik und darstellende Kunst Wien, Universität für angewandte Kunst Wien, Universität der bildenden Künste Wien; außerdem fünf Fachhochschulen.

Anzahl der Studierenden: 189 877.

Anzahl der Schüler: 227 049.

Politik: Wien ist als Hauptstadt der Republik Österreich gleichzeitig die größte Stadt des Landes und eines von neun Bundesländern. Die Stadt wird seit dem Jahr 1919 mit Ausnahme der faschistischen Ära (1933–1945) von den Sozialdemokraten regiert, derzeit in Koalition mit den Grünen.

Stadtwappen: Zeigt in einem roten Schild ein weißes Kreuz.

Partnerstädte: Belgrad, Bratislava, Budapest, Bukarest, Krakau, Ljubljana, Moskau, Prag, Sarajevo, Sofia, Zagreb (in den meisten Städten hat Wien eigene Vertretungen).

Telefonvorwahl: 01.

Autokennzeichen: W.

Alle Daten von 2016, sofern nicht anders angegeben.

Geographie

Wien liegt dort, wo der Alpenkamm sein Ende findet, erklären die Wiener Geographen. Den Leopoldsberg und den Bisamberg, zwischen denen die Donau nach Wien fließt, sehen sie als letzte Erhebung der Alpen in Richtung Osten. Wien liegt im Herzen Europas, betonen wiederum Wiener Politiker in ihren Sonntagsreden, ebenso wie dies ihre Kollegen in Budapest, Prag, Bratislava, Ljubljana und Zagreb von ihren Städten glauben. Die Wiener Politiker sprechen manchmal auch von ›Centrope‹ und meinen damit einen gemeinsamen Wirtschaftsraum, der von Brünn bis Wiener Neustadt und von Sankt Pölten bis nach Bratislava und Sopron reicht.

Die Hauptstadt Österreichs ist jedenfalls die mit Abstand größte Stadt des Landes. Innerhalb der Stadtgrenzen wohnen aktuell rund 1,8 Millionen Menschen, Tendenz weiter steigend. Zwischen dem nördlichsten und dem südlichsten Punkt von Wien werden knapp 23 Kilometer gemessen, die West-Ost-Ausdehnung beträgt knapp 30 Kilometer. Der Wanderweg, der parallel zur Stadtgrenze verläuft und daher Wienerisch ›Rundumadum‹ genannt wird, ist 120 Kilometer lang (→ S. 359).

Die Stadt liegt an der Donau, zum größeren Teil am rechten Donauufer. Sie steigt terrassenförmig vom Fluss in Richtung Wienerwald an. So werden an ihrem tiefsten Punkt in den Donauauen (Lobau) 151 Meter über dem Meeresspiegel der Adria gemessen und an ihrem höchsten Punkt auf dem Hermannskogel 543 Meter. Die Donau fließt durch die sogenannte ›Wiener Pforte‹ zwischen Leopoldsberg und Bisamberg nach Wien hinein, der Wienerwald reicht im Westen und Südwesten bis in die Stadt. Rund die Hälfte des Stadtgebiets ist Grünland. Waldflächen bedecken rund 18 Prozent der Stadt, weitere 15 Prozent werden landwirtschaftlich genutzt – immerhin 1,6 Prozent von den Wiener Weinhauern.

Klima und Reisezeit

Das Wiener Klima wird von den Forschern der Zentralanstalt für Meteorologie und Geodynamik (ZAMG) in ihrem ehrwürdigen Gebäude auf der Hohen Warte in Döbling als Übergangsklima beschrieben. Es gibt Tage, an denen ein sogenanntes Adria-Tief ordentlich Regen über die Alpen bringt, dann wieder dominieren die ozeanischen Einflüsse aus dem Westen. Richtig heiß oder kalt wird es in der Stadt, wenn das kontinentale Klima die Oberhand behält. Die Winter können kalt und niederschlagsreich und die Sommer heiß und trocken werden. Die Spezialität der Stadt Wien ist ihre Lage an den Ausläufern des Alpenvorlands (Wienerwald) sowie an der Donau, die die Stadt kilometerlang durchzieht. Die höheren Lagen zum Wienerwald hin sind deutlich kühler, dafür gibt es unten an der Donau oft Wind. Gerade Radfahrer wissen: Oft weht dieser zeitweise recht kräftige Wind aus nördlicher oder westlicher Richtung.

Optimale Monate, um Wien einen Besuch abzustatten, sind der Mai, der Juni und der September. Wetterfeste können auch die nicht ganz so stabilen Monate April und den Oktober in Betracht ziehen. In den Ferienmonaten Juli und August sind viele Wiener auf Urlaub, was der Stadt gut tut: sie entspannt.

Annäherung an Wien

Franz Zauner über
den Michi, sein Leben und Wiens Mittelmaß

Zahlen sind unpersönlich, deshalb: Gestatten, Michael. Michael ist Wiens Otto Normalverbraucher. Um 7 Uhr ist er aufgewacht, etwas spät. Um halb acht steht er schon in der U-Bahn. Er steht, weil es dort, wo er einsteigt, um diese Zeit keinen Sitzplatz gibt. Michael ist ohnehin kein Fahrgast. Michael ist eine allgemeine Erfahrung. Statistik gilt als demokratischer Hoffnungsträger: Sie soll die Welt ähnlich durchsichtig machen wie ein Glasreiniger Fenster. Es gibt viele Statistiken in und über Wien. Michael ist ihre Personifikation. Es gibt ihn, damit er uns diese eine Frage beantworten kann: Wie geht's? Darauf gibt es in Wien theoretisch 1 7840 573 Antworten.

Michaels Antwort ist die wahrscheinlichste. Er befindet sich genau in der Mitte der 801 919 unselbstständig Beschäftigten, die in dieser Stadt in mäßiger Wechselwirkung stehen. Er ist das typische Elementarteilchen der Wiener Masse, mit hoher Wahrscheinlichkeit ein flexibler Angestellter. Er ist bald 40 Jahre alt und hat zu wenig Zeit zum Zeithaben. 37 000 Euro brutto macht Michael im Jahr, seine Frau rund 10 000 Euro weniger. Sie wohnen auf 40 Quadratmetern pro Kopf und beschützt vom Mietrecht. Die Zeit wäre reif für eine spektakuläre Immobilie, aber in Wien gelten 5000 Euro pro Quadratmeter schon als preiswert. 130 Liter Schmutzfracht schickt Michael täglich gen Simmering, wo die Hauptkläranlage steht. Man käme täglich auf 15 bis 20 Lines Kokain pro 1000 Einwohner, würde man die Abwässer dort chemisch betrachten. Michael ist sauber, er nimmt kein Kokain.

Ein halbes Kilo Altglas sammelt er pro Woche. Er besitzt eine von 730 302 Rundfunkbewilligungen und fährt einen weißen VW. 78 Jahre lang wird er leben, bevor das Jahr kommt, in dem er zu einem von 16 014 Todesfällen wird. Seine Frau könnte ihn um fünf Jahre überleben. Die Ehe wird so sicher geschieden, wie eine Münze auf Zahl fällt. Weil wir ihn jetzt schon so gut kennen, dürfen wir Michi zu ihm sagen. Wiener sind jovial. Michi war in den 1970er Jahren jener Name, der Paaren am häufigsten einfiel, wenn sie einen Knaben nach Hause brachten. Heute gefallen ihnen die Namen Emma und David. In Michis Generation hießen die Frauen öfter Claudia.

Claudia ist wahrscheinlich 42, auch wenn es unwahrscheinlich ist, dass man sie trifft. Sie bezieht ein arbeitsloses Grundeinkommen in Form von Renditen. Sie ist eine von 20 800 WienerInnen, die über eine, zwei, viele Millionen Euro verfügen und die Aktienkurse studieren. In jeder Statistik gibt es Ausreißer, die an den Rändern der Glockenkurven siedeln. Die Wahrheit liegt in der Mitte: Reichtum ist männlich. Reichtumsberichte gab es in Österreich lange keinen, erst seit kurzem beschäftigt man sich auch statistisch mit dem Thema: Die obersten 800 000 besitzen 581-mal so viel wie die untersten 800 000. Den 10 Prozent ganz oben gehören zwei Drittel der österreichischen Euro und Immobilien. Alle Wiener Wertpapiere zusammen kosten 82 Milliarden Euro. Bill Gates könnte sich fast alle kaufen – Claudia nicht.

Es gibt, wie überall, auch in Wien drei Parallelgesellschaften, die auseinandertreiben wie Galaxien nach dem Urknall: die Reichen, die in der Mitte und die darunter. Wenn wir grobe Ähnlichkeiten und feine Unterschiede zulassen, passen trotzdem alle in eines dieser modernen Milieu-Diagramme: Michael wäre Repräsentant der bürgerlichen Mitte und Claudia eine expeditive Experimentalistin. Das wäre auch Petra am liebsten, wenn sie könnte. Aus praktischen Gründen lebt sie als Konsum-Materialistin im Milieu Prekär, knapp neben der Hedonismus-Blase. Petra ist die Dritte im Bunde, eine alleinerziehende Mutter. Petra ist nicht ganz so unwahrscheinlich wie Claudia. Armut hat viele Gesichter, eines davon ist weiblich. Petra könnte ein Unidiplom haben und trotzdem eine leere Brieftasche.

Die Zahlen, die für Bürden stehen, werden seit Jahren nicht kleiner: Es gibt in Wien mehr als 8000 Wohnungslose und fast 125 000 Arbeitslose. In den ärmeren Bezirken sterben die Menschen durchschnittlich acht Jahre früher als in den Nobelgegenden. Jeder Zehnte spart beim Essen, noch mehr sparen beim Heizen. Für die 100 Euro Heizkostenzuschuss, die im Winter verteilt werden, gibt es in der nobleren Gastronomie zweimal Lammkrone und einen guten Roten vom Heideboden.

Gibt man beim Open Data Portal der Stadt Wien den Begriff ›Armut‹ ein, schweigt die sonst so freizügige Datenbank. Fragt man nach ›Baum‹, sprudeln die Daten. 100 000 Bäume betreut die Stadtverwaltung. Sie sind selbstverständlich amtsbekannt, zum Beispiel der Baum Nummer 8 in der Kaiser-Ebersdorfer Straße, ein Götterbaum. Auf diesem Datenfeld ist das Projekt ›Fruchtfliege‹ geschlüpft. Die dazugehörige App spürt Obstbäume auf öffentlichem Grund auf. Obst, das man findet, muss man nicht kaufen.

Durchschnitt zu sein, ist in Wien keine Last. Für einen Big Mac muss Michi nur 17 Minuten arbeiten. Diese Fleischrechnung lässt ihn freilich kalt: Vor 25 Jahren kamen pro Jahr und Wiener noch 25 Kilo Rindfleisch auf die Tische, heute sind es nur noch 17,2. Aus der Sicht der Fische war diese Entwicklung gar nicht gut.

Will Michi zu Fuß gehen, kann er aus 253 435 Quadratmetern wählen. Den Autos stehen zwar 8 000 000 Quadratmeter zur Verfügung, aber Sprit wird teurer. Fußgänger und Radfahrer sind im Kommen. Menschenmassen rotten sich nicht oft zusammen, dennoch sind die Wiener einander manchmal zu viel. Davon könnte Lisa erzählen, eine von 189 877 StudentInnen auf der Jagd nach Seminarplätzen. Über Karl-Heinz müssten wir auch noch reden. Es gibt 704 902 Wiener, die nicht immer Wiener waren. Die meisten Zuwanderer kommen aus Serbien nach Österreich, etwas weniger aus der Türkei, Deutschland und Polen. Zehn Prozent mehr Wiener in zehn Jahren, in diesem Tempo wächst die Stadt. Das Menschen-Wachstum regiert zwei weitere Variablen: Es nutzt der Wirtschaft und beflügelt die Rechtspopulisten.

Zieht man eine Statistik aus all den Statistiken, dann erscheint Wien, mehr oder weniger, ungefähr oder genau, als eine Stadt der kleinen Zahlen. Kleine Zahlen sind wahrscheinlich ein großes Glück: Sie lassen sich leichter verändern. Michi wird auf die Frage, wie es ihm geht, mit verhaltenem Frohsinn antworten: Es geht.

Franz Zauner, 1959 in Wien geboren, mag Daten sowie ihre Verarbeitung; er hat für das ›NZZ Folio‹ der ›Neuen Zürcher Zeitung‹ gearbeitet und ist heute Online-Chef der ›Wiener Zeitung‹, der ältesten Tageszeitung der Welt.

Flora und Fauna

Die Mitarbeiter des Vereins zur Erforschung der Flora Österreichs berichten, dass die Stadt Wien ein besonderer Artenreichtum auszeichnet. Sie gehen von rund 2200 Pflanzenarten mitsamt deren Unterarten aus. Davon gelten knapp zwei Drittel als ›heimisch‹ bzw. ›alteingebürgert‹. Wunderbar sind in Wien die vom Stadtgartenamt mit großem Aufwand gepflegten Parkanlagen. Einzigartig ist die Donauinsel, die über gut 21 Kilometer den Fluss als künstlich angelegtes und doch grünes Band begleitet. Fein ist in Wien auch, dass man mit öffentlichen Verkehrsmitteln in den Wienerwald hinauf und in die naturbelassenen Donauauen und zum Marchfeld hinaus fahren kann.

Die Hundstrümmerl auf den Gehsteigen, auch als ›Tretminen‹ tituliert, zeigen es an: Das am meisten verbreitete und verehrte Tier in Wien ist der Hund. Kein Wunder also, dass sich die Stadtpolitiker hüten, die Fraktion der Hundebesitzer gegen sich aufzubringen. In den Wohnungen der Wiener fühlt sich auch die Hauskatze heimisch. Geliebt und gehasst werden zudem die Tauben auf den Dächern, den Fenstersimsen und in den Parkanlagen. Die einen füttern sie bis zum Verfettungstod, die anderen bekämpfen sie mit martialischen Taubenabwehrgeräten, wieder andere lassen sich vom grauen Federvieh buchstäblich auf den Kopf kacken.

Neben den Haustieren fühlen sich auf dem Wiener Stadtgebiet aber auch etliche wilde Tiere heimisch: Im Lainzer Tiergarten sind nächtens die Wildschweine aktiv, in den angrenzenden Wienerwald-Bezirken werden immer wieder Füchse gesichtet, in den Donauauen etliche Vogel- und Amphibien-, in der Donau und ihren Nebenarmen auch etliche Fischarten.

Als streng geschützte Tierarten gelten derzeit die Erdkröte, der Feldhamster, der Igel, der Mauersegler und die Saatkrähe, ebenso Biber, Dohle, Eisvogel, Fledermäuse, Gartenrotschwanz, Mauer- und Smaragdeidechse sowie Dachs und Ziesel.

Viel Raum für Mensch und Tier: die Donauinsel

Balkan-Frage

Die Familie meiner Mutter (in Hannover) geht noch heute davon aus, dass der Balkan in München beginnt. Die Familie meines Vaters (in Wien) scherzt, dass der Balkan am Rennweg beginnt, und sagt damit, dass er ganz sicher noch nicht bei ihr zu Hause beginnt. Die Familie meiner Frau (in Zagreb) ist sich wiederum sicher, dass der Balkan irgendwo südlich der Save oder in Bulgarien beginnt. Und wo beginnt der Balkan wirklich?

Rein geographisch betrachtet, beginnt das Balkangebirge natürlich nicht in Wien; hier enden maximal die Ausläufer der Alpen. Doch die Art, wie man in Wien seine Arbeit organisiert, Feste feiert, isst und trinkt, Politik macht, Geschäfte tätigt, hat schon mehr mit den Menschen im Südosten zu tun als mit Stuttgart, Zürich oder Hannover. Ein langjähriger Präsident der Deutschen Handelskammer und großer Freund der Wiener Lebensart hat mir einmal anvertraut, dass er sich als ›gelernten Österreicher‹ sieht. Auf meine Frage, wie das zu verstehen sei, erklärte er: »Wenn dir jemand in Wien ins Gesicht sagt, dass er dich diesbezüglich morgen anrufen wird, dann musst du wissen, dass er dich diesbezüglich vielleicht nie wieder anrufen wird.«

Geschickt bewegt man sich in Wien im Graubereich geltender Gesetze, wenn notwendig auch an den Buchstaben des Gesetzes vorbei. Legendär sind Sätze wie ›Wo kein Richter, da kein Kläger‹ oder ›Da werden wir keine Rechnung brauchen.‹ Selbsterklärend in diesem Zusammenhang die in Wien mit Amüsement zitierte Frage eines Politikers für Geld, das man ihm nicht rechtens überwiesen hat: »Wos woa mei Leistung?«

Schon in der Monarchie hat Wien viele Menschen von der Balkan-Halbinsel magisch angezogen – nicht die schlechtesten; einige Beispiele: Elias Canetti wurde in der bulgarischen Donaustadt Ruse geboren, Paula Preradović, der die Österreicher den Text für ihre Hymne verdanken, hat ihre Kindheit und Jugend in Pula verbracht. Ivo Vastić, der erste Österreicher, der es geschafft hat, bei einer EURO-Endrunde einen Fußball ins Tornetz der gegnerischen Mannschaft zu jagen, wurde in Split geboren.

Seit den 1960er Jahren ist Wien das Ziel vieler Arbeitsmigranten aus den Ländern des ehemaligen Jugoslawien. Selbst nennen sie sich ›gastarbajter‹. Die allermeisten sind – entgegen der Parolen der Populisten – in Wien gut integriert. Die meisten haben ganz unten begonnen – mit Arbeiten, die kein Wiener machen wollte –, um sich langsam nach oben zu arbeiten. So wie Slavica, die Lehrerin, die neun Jahre lang bei einem Wiener Steuerberater geputzt hat. Ihre Kinder sind heute stolze Österreicher. Gut ist auch, dass Serben und Kroaten selbst während der blutigsten Kriegstage in ihrer Heimat (1991–1995) in Wien keine zusätzlichen Gräben aufgerissen haben. Einige von ihnen bauen dank ihrer Sprachkenntnisse und Sozialkompetenz wieder Brücken zwischen Wien und den Partnerstädten Wiens im Osten und Südosten.

So darf also geantwortet werden: Ja, der Balkan beginnt weiterhin auch in Wien, heute vielleicht eher auf der Ottakringer Straße als auf dem Rennweg. Und das ist keine Belastung für diese Stadt, sondern vielmehr ein historischer Glücksfall.

Geschichte Wiens

Die Geschichte Wiens ist untrennbar mit der Entwicklung des Landes Österreich verbunden, dessen Hauptstadt sie seit Jahrhunderten ist. Um das Werden Wiens besser verstehen zu können, werden daher im Folgenden auch die wichtigsten Jahreszahlen zur österreichischen Geschichte angeführt.

Vorzeit

100 000–10 000 v. Chr. Gegen Ende der letzten Eiszeit dürften sich die ersten Menschen im Wiener Becken niederlassen haben.
Um 2000 v. Chr. Ära der Indogermanen.
Um 1200 v. Chr. Ära der Illyrer.
Um 400 v. Chr. Ära der Kelten.
Ab 200 v. Chr. Königreich Noricum.

Das römische Wien

6 n. Chr. Kaiser Tiberius beginnt seinen Feldzug gegen den Germanenkönig Marbod.
89 –92 Römische Legionäre beginnen mit dem Bau eines Lagers, vermutlich im Bereich des heutigen Schottenklosters. Sie nennen es Vindobona.

Die Reste des römischen Vindebona am Michaelerplatz

97 Vindobona ist einer von 30 Legionsstandorten im Römischen Reich. Das Lager bietet zu seiner Blütezeit 6000 Soldaten Quartier und erstreckt sich über einen Teil der heutigen Wiener Innenstadt.

Um 150 Ein Geograph namens Claudius Ptolemaios kann für Vindobona erstmals Längen- und Breitengrade angeben.

166–180 Von Vindobona und auch vom benachbarten Lager Carnuntum starten die Römer ihre Feldzüge gegen die Markomannen.

250–300 Ein Hangrutsch zerstört Teile des Legionslagers und der Lagervorstadt.

306–337 Unter Kaiser Constantinus I. wandelt sich das Lager aufgrund der wachsenden Kriegsgefahr zur Festungsstadt. Die Zivilbevölkerung zieht sich zur Gänze in diese Stadt zurück.

Nach 430 Die Hunnen stoßen bis nach Nordpannonien vor, die Römer verlassen die Donauprovinzen. Bis ins 9./10. Jahrhundert können die Wiener Archäologen keine weitere Besiedlung des alten Vindobona nachweisen.

Frühmittelalter

Um 600 Die Langobarden ziehen im Donauraum ein.

Seit 600 Missionare aus dem heutigen Bayern kommen bis in den Raum Wien, von der anderen Seite nähern sich Awaren und Slawen.

Vor 900 Eine bairische Kirchensiedlung namens ›Wennia‹ wird gebaut. In dieser Zeit dringen auch die Magyaren bis in die Stadt vor.

Um 960 Die Franken erweitern nach König Ottos Sieg über die Ungarn ihre ›Ottonische Mark‹ bis nach Wien.

Das Wien der Babenberger

976 Die Dynastie der Babenberger übernimmt für 270 Jahre die Herrschaft in Wien.

1137 Wien wird eine ›civitas‹. Bis zum Jahr 1147 wird der romanische Bau der Kirche zu St. Stephan abgeschlossen.

1155 Heinrich Jasomirgott II. macht Wien zur Residenzstadt der Babenberger.

1221 Wien bekommt Stadt- und Stapelrecht.

Um 1230 Eine Stadtmauer wird gebaut.

Spätmittelalter

1278 Die Habsburger übernehmen in Wien die Macht.

1320–1511 Der Stephansdom wird im gotischen Stil ausgebaut.

1365 Die Wiener Universität wird – ganz in der Nähe der Stephanskirche – als eine der ersten in Mitteleuropa gegründet.

1469 Wien wird Bischofssitz.

1526 Während die Habsburger Truppen bei Mohács gegen die Türken kämpfen, erlässt Kaiser Ferdinand für Wien eine neue Stadtordnung.

1529 Wien wird zum ersten Mal von den Türken belagert.

1679 Eine der schwersten Pest-Epidemie erfasst die Reichshauptstadt.

Das barocke Wien

1683 Blutiges Ende der zweiten Türkenbelagerung, gleichzeitig Auftakt zu einem Bauboom und einer nachhaltigen Prägung der Stadt. Die Architekten des Wiener Barock, angeführt von Johann Bernhard Fischer von Erlach (1656–1723) und Johann Lukas von Hildebrandt (1668–1745), planen für den Adel prunkvolle Stadtpaläste, Gartenanlagen und Kuppelkirchen. Wien entwickelt sich zu einer der glanzvollsten und größten Residenzstädte Europas. Nach den entbehrungsreichen Kriegs- und Pestjahren wird das ›barocke Welttheater‹ durch seine Gegensätze und seine Vielfalt geprägt: Sein und Schein, Glanz und Elend, Leben und Tod, tiefe Frömmigkeit und üppige Lebenslust.

1687 Über der Dorotheergasse werden zunächst nur probeweise Schnüre angebracht und auf diesen Schnüren exakt 17 mit Klauenfett befüllte Straßenlaternen aufgehängt – Beginn der Straßenbeleuchtung.

1703 Die älteste Zeitung der Welt wird als ›Wiennerisches Diarium‹ (heute ›Wiener Zeitung‹) gegründet.

1704 Eine neue Stadtmauer, der Linienwall – ihm folgt heute der Gürtel –, wird um die sich ausdehnende Stadt errichtet.

1713 Die letzte schwere Pest-Epidemie bricht aus.

1718 Die Manufaktur für das ›weiße Gold‹, das Porzellan, wird am Rande der Stadt eingerichtet, im Augarten. Das Stadtbild wird indes von speziellen Dienstleistern geprägt: Von den Lampenknechten, die für die Beleuchtung nach Einbruch der Dunkelheit sorgen, von den Aschenmännern, die die Asche einsammeln, von den Buttenweibern, in deren Holzeimern ihre Kundschaft ihre Notdurft verrichten können, und von den Moritatensängern, die mit ihren herzzerreißenden Vorträgen aufhorchen lassen.

1765 Nach dem Tod seines Vaters, Kaiser Franz I., wird Joseph II. Kaiser des Heiligen Römischen Reichs. Sein Wahlspruch: ›Virtute et exemplo‹ (mit Tugend und Beispiel). Über dem Gasthaus ›Witwe Bolte‹ auf dem Spittelberg steht allerdings auch geschrieben: ›Durch dieses Tor im Bogen ist Kaiser Josef geflogen.‹ Der Sage nach hat der Regent, der einen ersten zaghaften Schritt in Richtung Religionsfreiheit gesetzt hat, seine Schuld bei einer Dame nicht begleichen wollen.

1783: Die Stadtverwaltung wird modernisiert, und das ›Magistrat der kaiserlichen Residenzstadt Wien‹ eingerichtet.

1790: Nach dem Ende der zweiten Pestepidemie wächst die Einwohnerzahl auf 200 000 an. Das ist immerhin um ein Drittel mehr als noch im Jahr 1724.

Joseph II. gilt heute als Reformkaiser

Napoleon und Franz II.

Industrialisierung

Ab 1791 Erste Fabriken entstehen an den Rändern der Stadt.

1805 Napoleons Truppen besetzen zum ersten Mal Wien, 1809 zum zweiten Mal.

1814/15 Der ›Wiener Kongreß‹ tagt – und tanzt in der Hofburg.

1818 Der erste mit einer Dampfmaschine ausgerüstete Donaudampfer wird gebaut und in Betrieb genommen.

1837 Die Eisenbahnlinie zwischen Wien-Floridsdorf und Deutsch-Wagram wird eröffnet.

1848/49: Die ›48er‹-Revolution scheitert in Wien im Oktober, in Ungarn und Italien im Folgejahr.

Gründerzeit

1850: Die westlichen Vororte werden eingemeindet.

1869–1873: Die erste Wiener Hochquellenwasserleitung wird errichtet.

1870–1875: Die Donau wird reguliert, um die Stadt besser und nachhaltig vor dem Hochwasser der Donau zu schützen.

1873: Aufsehenerregende Weltausstellung in Wien – in und rund um die Rotunde im Prater, dem damals größten Kuppelgebäude der Welt.

1874: Der Ort Favoriten im Süden von Wien wird ein Wiener Bezirk und eingemeindet, weitere Vororte südlich der Donau werden 1890 eingemeindet.

1894: Der First Vienna Football Club wird gegründet. Der Club und sein Stadion, die Hohe Warte in Döbling, erinnern heute noch an eine Zeit, als Wien neben Prag und Budapest als Fußballhochburg in Mitteleuropa galt.

Denkmal für den umstrittenen Politiker
Karl Lueger auf dem Lueger-Platz

1897 Der christlich-soziale Anwalt Karl Lueger wird zum Bürgermeister von gewählt. Seine Politik ist ambivalent zu beurteilen: Zum einen nimmt er bis zu seinem Tod im Jahr 1910 wichtige kommunale Großprojekte in Angriff, zum anderen schafft er mit seinen antisemitischen Aussagen den geistigen Nährboden für den Faschismus.

1898 Die Manner-Schnitte in der mundgerechten Größe 47x17x17 mm mit fünf dünnen Waffellagen und vier Schichten Haselnuss-Schoko-Creme wird erfunden.

1905 Floridsdorf, zu dieser Zeit ein Konglomerat von Dörfern nördlich der Donau, wird doch nicht die Landeshauptstadt von Niederösterreich, sondern als 21. Bezirk nach Wien eingemeindet.

1910 Wien zählt zwei Millionen Einwohner und ist nach London, New York und Paris die viertgrößte Stadt der Welt.

12. 11. 1918 Das Ende des Ersten Weltkriegs ist auch Ende der Monarchie. Vor dem Parlament in Wien wird die Republik ›Deutschösterreich‹ ausgerufen.

Zwischenkriegszeit

4. 5. 1919 Geburtsstunde für das Rote Wien: Bei den ersten Wahlen zum Gemeinderat nach dem Zusammenbruch der Donaumonarchie und dem Ende des Ersten Weltkriegs sind erstmals Männer und auch Frauen aus allen Schichten wahlberechtigt. Sie geben den Sozialdemokraten eine deutliche Mehrheit.

10. 9. 1919 Im Schloss Saint-Germain-en-Laye (bei Paris) wird mit den Vertretern der neuen Republik der Vertrag von Saint-Germain unterzeichnet, der die Zukunft des Landes maßgeblich beeinflussen wird. Die Abgeordneten im Parlament in Wien ratifizieren im Oktober den Vertrag. Dabei wird auch – wie von den Siegermächten verlangt – der Name des Landes in ›Republik Österreich‹ geändert. Explizit verboten ist ein Anschluss an Deutschland.

1923: Unter der neuen Stadtverwaltung wird Wiens erster Gemeindebau, der Metzleinstaler Hof, am Margaretengürtel eröffnet.

1. 3. 1925 Eine Währungsreform tritt in Kraft. Die alte Krone, die in der Monarchie gebräuchlich war und durch die Inflation stark an Wert verloren hat, wird vom Schilling abgelöst. Als Unterwährung wird der Groschen eingeführt (1 Schilling=100 Groschen). Für 10 000 Kronen wird ein Schilling ausgezahlt.

15. 7. 1927 Nach Bekanntwerden eines Gerichtsurteils, bei dem die vemeintlichen Todesschützen (Deutsch-Nationale, die bei einem Aufmarsch der Sozialdemokraten im burgenländischen Schattendorf einen Arbeiter und einen

DER ERINNERUNG AN DIE
ERRICHTUNG DER REPUBLIK
AM 12. NOVEMBER 1918

JAKOB REUMANN

VICTOR ADLER

FERDINAND HANUSCH

Jakob Reumann, Victor Adler und Ferdinand Hanusch – drei Mitbegründer der Ersten Republik

Annäherung an Wien

sechsjährigen Buben erschossen hatten) freigesprochen werden, stürmen die sozialdemokratischen und kommunistischen Demonstranten den Justizpalast hinter dem Parlament. Beim anschließenden Brand und weiteren Schießereien kommen 89 Menschen ums Leben.

13. 9. 1931 Das österreichische ›Wunderteam‹ tritt zum ersten Mal nicht auf der Hohen Warte, sondern im neu gebauten Praterstadion an. Matthias Sindelar und Co. haben mit den Gästen aus Deutschland ihre Freude: Das Spiel endet mit 5 : 0.

1933 Ein Schlüsseljahr in der Geschichte der Republik, das den bevorstehenden Terror bereits erahnen lässt: Nach der ›Selbstauflösung des Parlaments‹ verhindern die Führer der christlich-sozialen Partei eine neue Versammlung. Sie rufen ihren ›Ständestaat‹ aus und verbieten alle Organisationen der Sozialdemokraten und Kommunisten.

12. 2. 1934 In Wien und Linz wagen Arbeiter einen lange vorbereiteten und doch schlecht organisierten Aufstand, den das Bundesheer und die ›Heimwehr‹ binnen weniger Tage blutig niederschlagen.

25. 7. 1934 Beim Juli-Putsch versuchen SS-Männer, die sich als Soldaten des österreichischen Bundesheers verkleidet haben, im Wiener Bundeskanzleramt sowie im Rundfunkgebäude der RAVAG in der Argentinierstraße die Macht an sich zu reißen. Ihr Putschversuch kann niedergeschlagen werden; bei den teils heftigen Kämpfen kommt Bundeskanzler Engelbert Dollfuß ums Leben.

11. 7. 1936 Kurt Schuschnigg, der Dollfuß als Kanzler nachgefolgt ist, reist nach München und unterzeichnet dort mit Adolf Hitler das ›Juli-Abkommen‹. Danach dirigiert die austro-faschistische Führung das international längst isolierte Land direkt in Richtung Untergang. Man hat den Nationalsozialisten weitgehende Rechte zugestanden, und diese nutzen ihre Freiräume.

11. 3. 1938 Gegen 19.45 Uhr befestigen SA-Männer eine Hakenkreuzfahne auf einem Balkon am Ballhausplatz. Nur zwei Minuten später wendet sich Kanzler Kurt Schuschnigg ein letztes Mal an seine Landsleute. In seiner Rücktrittsrede will er vor der Welt noch einmal festhalten, dass seine Regierung vor der Gewalt weiche und dass er auf keinen Fall ›deutsches Blut‹ vergießen wolle. Seine letzten, oft zitierten Worte: »Gott schütze Österreich.«

Die Zeit des Nationalsozialismus

12. 3. 1938 Schon in den frühen Morgenstunden landet der ›Reichsführer-SS‹ Heinrich Himmler mit seinen Schergen auf dem Flugfeld in Aspern. Adolf Hitler überquert am Nachmittag im Triumphzug die deutsch-österreichische Grenze, in seinem Heimatort Braunau läuten die Glocken. Seine Soldaten hätten sich nicht so schwer bewaffnen müssen: Wo sie auch einmarschieren und durchfahren, überall wird ihnen zugejubelt.

15. 3. 1938 Zehntausende jubeln Adolf Hitler auf dem Heldenplatz zu. Gleichzeitig verhaften Einheiten der SA und der SS tausende Menschen mit demokratischer Gesinnung und jüdischem Glaubensbekenntnis.

10. 4. 1938 Bei einer von den NS-Machthabern minutiös vorbereiteten, groß kampagnisierten und letztlich unter Androhung von Repressalien durchgeführten Volksabstimmung votieren mehr als 99 Prozent der Wahlberechtigten für den ›Anschluss‹ Österreichs an Hitler-Deutschland. Nach dieser Volksabstimmung soll Wien zu einem ›Groß-Wien‹ werden. Daher sprechen die neuen NS-Machthaber 97 niederösterreichische Gemeinden Wien zu.

10. 11. 1938 In der Reichspogromnacht (zynisch ›Reichskristallnacht‹ genannt) werden auch in Wien 42 jüdische Tempel und Bethäuser von Angehörigen der SS, SA und HJ angegriffen und geschändet. Nur die Synagoge in der Seitenstettengasse wird nicht niedergebrannt, denn die dort abgelegten Akten und Verzeichnisse sollen weitere Hinweise bei der Verfolgung der Juden liefern.

1944/45 Die Bombenangriffe der Alliierten treffen auch Wien hart. Mehr als ein Viertel des Gebäudebestands wird am Ende des Zweiten Weltkriegs zerstört sein.

8. 4. 1945 Während der Grazer Schriftleiter Dr. Manfred Jasser in der Redaktion des ›Neuen Wiener Tagblatts‹ auf dem Fleischmarkt seine allerletzte Durchhalteparole in die Setzerei tragen lässt, um dann selbst in Richtung Bisamberg zu fliehen, rücken Panzer der Roten Armee in Richtung Südbahnhof vor. Am Abend des 8. April ist das ›Tausendjährige Reich‹ in der Wiener Innenstadt endgültig Geschichte.

Kurt Schuschnigg

Historyland

Die gute alte Zeit! Noch in den 1980er Jahren gab es Gymnasiallehrer, die nur Großartiges über die Familie der Habsburger zu erzählen hatten. Und ihre Schüler können sich heute nicht erinnern, dass diese Lehrer sich derart ausführlich und empathisch auch über das soziale Elend und die soziale Ungerechtigkeit, auf der das Kaiserreich durch all die Jahrhunderte basierte, ausgelassen hätten – ganz zu schweigen von den Verfehlungen der Monarchen am Wiener Hof. Auch kamen ihre Ausführungen selten über das Jahr 1918 hinaus, was ihnen den Vorteil bot, nichts über die moderne Bedeutungslosigkeit der Kaiserfamilie sagen zu müssen. Und die dunklen Kapitel Austrofaschismus und Nationalsozialismus wurden auf diese Weise auch nur am Rande erwähnt.

Die Wiener und ihr Bezug zur Geschichte, das ist eine Geschichte für sich. Glasige Augen bekommen einige noch immer, wenn sie vom Kaiser Franzl und seiner Sisi erzählen, von den Prunksälen in der Hofburg und im Schloss Schönbrunn, von der Kaisergruft und vom Vielvölkerstaat, in dem alles so wunderbar organisiert war. Auch in der Wien-Werbung wird noch immer das alte Kaiserherrlichkeitsklischee bedient. Weil das die Gäste so wünschen, heißt es entschuldigend. Die Wahrheit ist wohl auch, dass sich das viele Wiener so wünschen.

Bei allem Respekt für die barocken Prunkbauten soll an dieser Stelle gesagt sein: Die Monarchie war das Gegenteil einer Demokratie. Sie beruhte darauf, dass sich eine sehr kleine Gruppe alle Rechte herausnehmen durfte und die große Mehrheit recht- und vor allem mittellos lebte.

Hätte man die Habsburger nicht bedrängt (erstmals im Jahr 1848, als der Aufstand der Wiener Bürger und Arbeiter von den Kaisertruppen blutig niedergeschossen wurde), von sich aus hätte der in Europa gut vernetzte Clan kaum auf seine Privilegien verzichtet.

Wer im Ernst meint, dass seine Familie von Gott auserwählt wurde, verliert nicht allzu viele Worte darüber. Fakt ist jedenfalls, dass die Wiener Repräsentanzbauten, Kirchen und Museen von Menschen errichtet wurden, mit denen es der Gott der Habsburger nicht ganz so gut gemeint hat. Fakt ist auch, dass nicht alle Völker der Monarchie eine große Freude damit hatten, genau das zu vollziehen, was sich die Kaiser-Berater in der Wiener Hofburg ausgedacht haben.

Ernste Probleme hatten die frömmigen Habsburger auch, andere Gottheiten und Religionen neben ihrer zu tolerieren. Historiker haben darauf aufmerksam gemacht, dass die schrittweise Anerkennung des jüdischen und des protestantischen Glaubens immer handfeste finanziell-pragmatische Hintergründe hatte.

Von wegen Toleranzpatent! Die Toleranz hatte über die Jahrhunderte Methode: War das Kaiserhaus wieder einmal knapp bei Kasse, ließ man sich herab, den Juden und später auch den Protestanten ein Mindestmaß an Zugeständnissen zu machen. Dafür wurde Länge mal Breite abkassiert, wie man in Wien hohe, eigentlich unverschämt hohe Zahlungsforderungen nennt.

Immaterielles Kulturerbe – auch das hat Wien den Habsburgern zu verdanken: Immer noch werden moderne Mächtige (Politiker, Beamte, Ärzte, Anwälte) hofiert, als wär' die Monarchie nie abgeschafft worden.

Nachkriegszeit

27. 4. 1945 An diesem Tag wird die Unabhängigkeitserklärung unterschrieben, mit diesem Staatsakt beginnt die Zweite Republik.

4. 7. 1945 Im Abkommen über die alliierte Kontrolle der Stadt Wien vereinbaren die vier Siegermächte, dass Wien ähnlich wie Berlin in vier Sektoren eingeteilt wird. Anders als in Berlin aber gilt während der zehnjährigen Besatzung – sie endet erst mit dem Abschluss des österreichischen Staatsvertrags – innerhalb der Stadt Reisefreiheit. Zudem wird der erste Bezirk (Innere Stadt) zum Interalliierten Sektor erklärt; im monatlichen Turnus wechselt hier die Leitung. Die militärische Zeremonie, in der am letzten Tag des Monats die Hoheitsrechte übergeben werden, findet noch bis 1953 vor dem Justizpalast statt. Dort wird zunächst auch die Interalliierte Kommandantur eingerichtet. Aus jener Zeit stammt auch das bekannte Sujet ›Die Vier im Jeep‹.

25. 11. 1945 Bei den ersten Landtags- und Gemeinderatswahlen in Wien nach dem Krieg gewinnt die Sozialistische Partei Österreichs (SPÖ) die absolute Mehrheit. Bis heute stellen die Sozialdemokraten durchgehend den Bürgermeister.

1954 ›Großenzersdorf‹ wird im Juli zu „Donaustadt", zum 22. Wiener Gemeindebezirk, Liesing wird im September zum 23. Wiener Gemeindebezirk.

15. 5. 1955 Im Oberen Belvedere unterzeichnen Vertreter der österreichischen Bundesregierung und der vier alliierten Siegerstaaten den Staatsvertrag. Die Republik Österreich erhält dadurch ihre Unabhängigkeit. Danach tritt Außenminister Leopold Figl (1902–1965) auf den Balkon, um seinen Landsleuten den ersehnten Vertrag zu zeigen. Der Sozialhistoriker Ernst Bruckmüller widerspricht übrigens der Darstellung der Schulbuch-Autoren: Figl hat den historischen Satz ›Österreich ist frei!‹ nicht auf dem Balkon, sondern im Marmorsaal des Belvedere gesprochen.

4. 11. 1956 Soldaten der Roten Armee beginnen mit der Niederschlagung des Volksaufstands in Ungarn. Mehr als 180 000 Ungarn flüchten in den darauffolgenden Tagen und Wochen nach Österreich.

Wien im Kalten Krieg

3. 6. 1961 Gipfeltreffen in Wien – und ein Hoffnungsschimmer für die Welt! Während die Supermächte USA und UdSSR immer weiter aufrüsten, treffen sich der eben erst gewählte US-Präsident John F. Kennedy und der sowjetische Staats- und Parteichef Nikita S. Chruschtschow zum ersten Mal zu Gesprächen in Wien.

7. 6. 1968 Das Wien der 1960er Jahre wird vom Kalten Krieg geprägt. Die Stadt liegt nahe an der Grenze zum dämonisierten Klassenfeind und droht dabei den Anschluss an die zeitgenössischen Entwicklungen Westeuropas zu verlieren. Der Skandal in einem Hörsaal der Universität Wien ist also vorprogrammiert: Mitglieder der Kunstgruppe des ›Wiener Aktionismus‹, angeführt von Günter Brus, Otto Mühl, Peter Weibel und Oswald Wiener, bieten rund 300 Anwesenden eine Performance der anderen Art: Sie treten nackt vor ihr Publikum, verrichten ihre Notdurft, masturbieren, peitschen sich gegenseitig aus, erbrechen, verschmieren ihre Exkremente auf ihrer Haut – und singen dazu die österreichische Bundeshymne. Die ›Kronen-Zeitung‹ empört sich über diese ›Uni-Ferkelei‹.

20. 8. 1968 Prager Frühling hautnah: Der Österreichische Rundfunk sendet bis zum bitteren Ende der Aufständischen live aus dem nördlichen Nachbarland. Knapp vor Mitternacht beginnt der Einmarsch der Truppen der ›Anti-Reform-Allianz‹. Das österreichische Bundesheer ist seit Tagen in Alarmbereitschaft. Vor allem in Ostösterreich fürchten viele Menschen einen Angriff auf das neutrale Österreich.

1971 Laut Volkszählung zählt Wien nun 1 619 885 Einwohner, das sind ungefähr so viel wie um 1900 bzw. vor Kriegsausbruch im Jahr 1939.

8. 2. 1972 Der Skifahrer Karl Schranz war bereits vor Beginn der Olympischen Winterspiele in Sapporo vom olympischen Komitee disqualifiziert worden – wegen eines heute lächerlich anmutenden Verstoßes gegen den Amateur-Paragraphen: Er war auf einem Foto mit einem Jersey mit Kaffee-Werbung zu sehen. Der Tiroler aus Sankt Anton am Arlberg wird auf dem Wiener Heldenplatz von Zehntausenden Empörten wie der große Sieger gefeiert.

21. 12. 1975 Ein sechsköpfiges Terrorkommando überfällt die OPEC-Zentrale an der Ringstraße und nimmt rund 60 Personen, darunter alle elf Erdölminister in Geiselhaft. Am folgenden Tag erhalten die Terroristen freies Geleit zum Wiener Flughafen, von wo sie eine Maschine der Austrian Airlines nach Algier bringen soll. Für Aufregung sorgt der Handschlag des österreichischen Innenministers Otto Rösch mit dem international gesuchten Terroristen ›Carlos‹; bis heute ist nicht sicher geklärt, wer die Auftraggeber des Anschlags waren.

5. 2. 1976 Franz Klammer gewinnt auf dem Patscherkofel bei Innsbruck vor 60 000 Zuschauern und ganz Österreich vor den TV-Apparaten den olympischen Abfahrtslauf. Ein Land, das erst langsam zu einer eigenen Identität findet, ist ganz aus dem Häuschen.

8. 5. 1976 Erste Pläne für eine Untergrund-Bahn gab es bereits im Jahr 1844, und auf Otto Wagners alter Stadtbahnstrecke wird nun das erste Teilstück der Wiener U-Bahn für den Probebetrieb eröffnet. Namentlich ist es die U4 auf dem kurzen Abschnitt zwischen Heiligenstadt und Friedensbrücke. 1978 folgt die Erweiterung bis zum Karlsplatz sowie die Eröffnung der U1 vom Karlsplatz bis zum Reumannplatz.

27. 6. 1976 Auch die Jugendproteste kommen in Wien später an als in anderen europäischen Hauptstädten. Teile des Auslandsschlachthofs in Sankt Marx, der heute als Veranstaltungsort Arena bekannt ist, werden nach einem Konzert von Studenten und Kulturschaffenden besetzt.

1. 8. 1976 Gegen 4.40 Uhr in der Früh stürzt die Reichsbrücke laut krachend in die Donau. Dabei wird – heute undenkbar – nur ein Mensch getötet.

21. 6. 1978 In einem für die österreichischen Fußballer längst bedeutungslosen WM-Spiel in einer fernen, von einer Militärjunta regierten argentinischen Stadt namens Córdoba besiegen Johann Krankl und Co. ›den deutschen Bruder‹ 3:2. Ein Radioreporter wird ›narrisch‹ – und die Nation hat einen dringend notwendigen, identitätsstiftenden Moment mehr.

5. 11. 1978 Das eben erst fertiggestellte Kernkraftwerk Zwentendorf wird nicht in Betrieb gehen. Bei einer Volksabstimmung können die Kraftwerksgegner eine knappe Mehrheit hinter sich vereinen. Ihr Sieg ist ein erster Sieg der Zivilgesellschaft – in diesem Fall gegen die Atomlobby und den mächtigen sozialdemokratischen Bundeskanzler Bruno Kreisky.

23. 8. 1979 Bundeskanzler Bruno Kreisky erfüllt sich einen politischen Traum: Die Wiener UNO-City wird zwischen Kaisermühlen und Donaupark eröffnet und für einen symbolischen Schilling pro Jahr an die Vereinten Nationen vermietet. Kreisky hat die UN-Mächtigen von Wien als dritten Standort neben New York und Genf überzeugt.

23. 12. 1984 Kreiskys Nachfolger, Fred Sinowatz, ruft den ›Weihnachtsfrieden‹ in der zuvor von Demonstranten und Polizei heiß umkämpften Stopfenreuther Au aus. Nicht nur die ›Kronenzeitung‹ jubelt: Das Wasserkraftwerk Hainburg wird nicht gebaut! Die Grünbewegung in Österreich erhält dadurch erhält dadurch weiteren Nährstoff.

8. 6. 1986 Im zweiten Wahlgang wird der vormalige UN-Generalsekretär Kurt Waldheim zum österreichischen Bundespräsidenten gewählt. Aufgrund seiner SA-Mitgliedschaft, die er zuerst bestritten und dann als nicht weiter wichtig dargestellt hat, bleibt er in Folge international isoliert. In den USA gilt für ihn ab 1987 sogar ein Einreiseverbot. Immerhin ist Waldheim der Grund dafür, dass sich auch das offizielle Österreich erstmals mit der Täter- und nicht ausschließlich mit der Opfergeschichte auseinandersetzt. In Erinnerung bleibt auch der Satz des damaligen Bundeskanzlers Sinowatz: »Nehmen wir also zur Kenntnis, dass nicht Waldheim bei der SA war, sondern nur sein Pferd.«

4. 11. 1988 Der deutsche Regisseur Claus Peymann findet Gefallen daran, die Wiener Konservativen zu irritieren. Zum 100. Geburtstag des Burgtheaters bringt er Thomas Bernhards ›Heldenplatz‹ zur Aufführung. In diesem Theaterstück wird Österreichs legerer Umgang mit seiner Täterrolle in der NS-Zeit thematisiert. Befürworter und Gegner liefern sich vor der Burg heftige Wort-Gefechte.

Symbolische Handlung am 27. Juni 1989: Die Außenminister Alois Mock und Gyula Horn durchtrennen den Eisernen Vorhang

19. 8. 1989 Im nördlichen Burgenland, am Rande einer schönen Blumenwiese zwischen dem ungarischen Grenzort Sopron (Ödenburg) und dem burgenländischen St. Margarethen, fällt der Eiserne Vorhang. Hunderte DDR-Bürger nutzen eine Veranstaltung der Paneuropa-Bewegung, um in den Westen zu flüchten.

Nach dem Fall des Eisernen Vorhangs

9. 11. 1989 In Berlin fällt die Mauer. Wenige ahnen zu dieser Zeit, dass dieses Ereignis auch Konsequenzen für Wien hat. Heute heißt es manchmal, dass keine Stadt in Mitteleuropa sich mehr geöffnet, verändert, neu erfunden hat als Wien.

11. 11. 1989 Der stets zu Theatralik neigende Wiener Bürgermeister Helmut Zilk lässt es sich nicht nehmen: Am Tag nach dem Fall der Berliner Mauer wird auf dem Wiener Rathaus eine riesige Deutschland-Fahne angebracht.

12. 6. 1994 Nach der Volksabstimmung über den Beitritt zur Europäischen Union darf die Regierung unter Bundeskanzler Franz Vranitzky jubeln: Auf 66,58 Prozent der abgegebenen Stimmzettel ist das ›Ja‹ angekreuzt. Damit ist Österreichs Weg in die EU endgültig geebnet.

1. 1. 1995 Österreich tritt offiziell der Europäischen Union bei.

1. 7. 1998 Das offizielle Österreich unter Bundeskanzler Viktor Klima übernimmt – von der eigenen Inszenierung leicht ergriffen – zum ersten Mal den EU-Ratsvorsitz.

4. 2. 2000 Der Amtsantritt der schwarz-blauen Regierung – mit Wahlverlierer Wolfgang Schüssel als Kanzler und dem international zum modernen Nazi erklärten Jörg Haider als Steigbügelhalter – sorgt weltweit für Schlagzeilen. Ein nicht gut gebriefter britischer TV-Journalist fragt auf dem Ballhausplatz, ob es möglich ist, eine Drehgenehmigung für die ›Camps‹ in Kärnten zu erhalten. »Welche Camps?« – »Na, die Camps, in denen Haider die Slowenen einsperrt.« Schlimmer noch als der Imageschaden wiegen für das Land die milliardenschweren Korruptionsskandale, die nach der zweiten Regierungsperiode von Schwarz-Blau nur langsam ans Licht der Öffentlichkeit dringen.

29. 6. 2001 Bundespräsident Thomas Klestil übergibt das Museumsquartier in einer Feierstunde offiziell seiner Bestimmung.

1. 5. 2004 Durch die sogenannte EU-Osterweiterung rückt Österreich zumindest geographisch weiter ins Zentrum Europas. Die unmittelbaren Nachbarländer – Tschechien, die Slowakei, Ungarn und Slowenien – treten an diesem Tag der Union bei.

21. 12. 2007 Die Grenzkontrollen zwischen Österreich und den Nachbarstaaten Tschechien, Slowakei, Ungarn und Slowenien werden auf Druck der Europäischen Union aufgehoben (Schengener Abkommen).

29. 6. 2008 Wien ist an diesem Tag schwarz-rot-gelb gefärbt. Zu den Deutschen, die in Wien wohnen und arbeiten, gesellen sich tausende Fußballfans. Das Finalspiel der EURO 2008 im Ernst-Happel-Stadion gewinnen allerdings die Spanier.

25. 11. 2010 In Wien übernimmt erstmals eine rot-grüne Stadtregierung die Amtsgeschäfte. Doch die Rechtspopulisten gewinnen weiter an Boden.

11. 10. 2015: Wien schrammt knapp an einer rechtspopulistischen Machtergreifung vorbei.

Wien 2025

Wien im Jahr 2025. Der Hauptbahnhof ist jetzt tatsächlich ein europäischer Zentralbahnhof im Herzen des Kontinents geworden, in dem die neuen Hochgeschwindigkeitszüge beinahe im Minutentakt ein- und ausfahren. Auch der neue Stadtteil rund um den Bahnhof hat sich gut entwickelt, um nicht zu sagen: Er pulsiert. Überhaupt fällt auf, dass sich die Stadt mit ihren nun zwei Millionen Einwohnern nach den Jahrzehnten im Tiefschlaf und einer behutsamen Aufwachphase nach der geopolitischen Wende im Jahre 1989 an vielen Stellen neu erfindet. Junge Architekten erhalten ihre Chance, nicht nur beim Ausbau von Altbau-Dächern – Historyland war gestern. Überall reißen die alten Seilschaften auf, neue entstehen. Auffallend ist auch, dass Wien viele kreative, weltoffene Menschen anzieht. Die arbeiten gern und viel und jammern weniger, auch wenn ihre Pensionen schon lange nicht mehr gesichert sind.

»Wien wird wieder so ein kreativer Schmelztiegel wie vor hundert Jahren«, ist sich Harry Gatterer sicher. Gatterer ist nahe dran am Puls der Stadt. Er leitet seit 2010 ein angesehenes Trendbüro am Rudolfsplatz in der Wiener Innenstadt. ›Zukunftsinstitut Österreich‹ steht auf dem Türschild. Es ist die erste Auslandsfiliale des deutschen Zukunftsinstituts, das im Jahr 1998 vom vielzitierten Journalisten, Autor und Wien-Freund Matthias Horx in der Nähe von Frankfurt gegründet wurde. »Für einen Trendforscher ist Wien manchmal mühsam«, erklärt Harry Gatterer auch. Er hat gute Gründe für diesen Befund: Wien wäre ja schon sehr nett und absolut lebenswert, doch die Mega-Trends werden schon lange nicht mehr hier, sondern in den modernen Mega-Städten geformt. Aufmerksam müsse man daher von Wien nach Los Angeles, New York, Schanghai, Hongkong, London, vielleicht noch nach Berlin oder Moskau blicken. Wien sei im internationalen Maßstab nicht viel mehr als ein Dorf. Gatterer wundert sich :»Der Imperialismus dieser Stadt ist immer noch spürbar, und er fördert nicht gerade die Kreativität der Bewohner.«

Wien übernimmt nichts ungeprüft. Erst wenn sich beispielsweise neue Auffassungen über und Verhältnisse zur Arbeit anderswo zu bewähren beginnen, werden sie mit der ortsüblichen Skepsis in Wien begrüßt. Das hat gewiss auch Vorteile. Der langsamere Wiener Schritt, das zeitweise Innehalten und Infrage-Stellen des globalisierten Tempos wird inzwischen sogar als eine Stärke der Stadt interpretiert. Die Gefahr bei so viel Vorsicht ist allerdings, dass man auf dem Bahnhof des 21. Jahrhunderts den einen oder anderen Schnellzug verpasst.

Und wo sieht sich der Zukunftsforscher selbst im Jahr 2025? Die Antwort des weltoffenen Tirolers, der im Jahr mehr als 150-mal mit dem Eurocity oder Flugzeug auf dem Weg zu Kongressen, Vorträgen, Workshops und Seminaren unterwegs ist, ist eng mit den Zukunftsperspektiven der Stadt Wien verbunden. Harry Gatterer lehnt sich auf dem Couchsessel seiner modernen Bürolandschaft am Rudolfsplatz bequem zurück. Dann sagt er dezidiert: »Ich seh' mich in Wien.« Aber nicht in Frühpension, sondern als Mitgestalter in einem zeitgemäßen Institut, das seine Sensoren auch Richtung Süden und Osten gerichtet hat. Denn vom Wiener Hauptbahnhof wird man dann nicht nur schnell in Salzburg, Berlin oder Brüssel sein. Sondern auch in Warschau, Moskau und, wer weiß, auch in Bukarest und Istanbul.

Politik und Verwaltung

Wien nimmt in der österreichischen Politik und Verwaltung eine Sonderstellung ein. Denn es ist zum einen die größte Stadt mit eigenem Statut, die Hauptstadt des Landes und zugleich eines von neun Bundesländern. Wien hat daher einen Bürgermeister wie jede andere Stadt, der in Personalunion gleichzeitig das Amt des Landeshauptmanns ausübt – bislang wurde noch nie eine Frau in diese Doppelfunktion gewählt. Weil er außerdem als Chef des Wiener Magistrats und der 23 Bezirksvorstehungen fungiert, sind ihm auch sämtliche Wiener Gemeindebedienstete untergeordnet. Manche Polit-Insider bezeichnen den Bürgermeister daher auch als den drittmächtigsten Mann im Staat, gleich nach dem Bundeskanzler und dem Bundespräsidenten.

Das demokratische Wien wird seit 1919 bis heute von den Sozialdemokraten regiert. Das sprachliche Bild vom ›Roten Wien‹ wird daher nicht nur von Architekten und Stadtplanern verwendet (→ S. 220), sondern taucht auch in politischen Kommentaren und Leitartikeln immer wieder auf – aus gutem Grund: Nach dem Ende des Ersten Weltkriegs und der Ausrufung der Republik im Jahr 1918 haben die Vertreter der sozialdemokratischen Partei die ersten Wahlen für sich entschieden. Ihre Ära ging erst 15 Jahre später, 1933, zu Ende; nicht durch ein Wählervotum, sondern durch einen Staatsstreich des christlich-sozialen Widersachers Engelbert Dollfuß. Auch nach dem Ende des Zweiten Weltkriegs und der Kapitulation des NS-Terrorregimes im April 1945 kamen die Wiener Sozialdemokraten sofort wieder in Regierungsverantwortung, die sie bis zum heutigen Tag nicht mehr abgegeben haben.

Diese extrem lange Regentschaft nur einer Partei birgt Vor- und Nachteile in sich: Einerseits erlaubt sie ein hohes Maß an Kontinuität und Planungssicherheit, wonach man sich in Wien besonders sehnt, andererseits ist die politische Macht heute auf wenige Entscheidungsträger verteilt. Daraus ergeben sich zwangsläufig Begehrlichkeiten. Hinter den Fassaden der lebenslustigen Wiener und Wienerinnen sind lautlose, schier unsichtbare Netzwerke aktiv, die sich politisch und wirtschaftlich gegenseitig stützen. Was in Wien fehlt und von Politikwissenschaftlern auch vermisst wird, ist ein liberales Lager. Anders als in Berlin gibt es hier auch keine stimmenstarke Linkspartei.

Das Wiener Rathaus – Symbol der Macht

So wurde es schon als Sensation gewertet, dass die Grünen im Herbst 2010 als Juniorpartner in die Stadtregierung einziehen durften. Bedenklich stimmen auch jene gut 30 bis 35 Prozent Wiener von derzeit rund 1,1 Million Wahlberechtigten, die mehr oder weniger intensiv mit den Rechtspopulisten liebäugeln. Es ist kein Ruhmesblatt für eine Stadt, die sich gerne international und weltoffen gibt, dass vor jeder Wahl eine weitere Anti-Ausländer-Kampagne zu befürchten ist.

Im Wiener Rathaus hat derzeit – wie schon erwähnt – eine rot-grüne Koalition das Sagen. Dabei dürfen die Grünen erstmals in ihrer Geschichte in Wien eine von zwei Vizebürgermeisterin stellen. Die Stadtregierung setzt sich derzeit aus sieben amtsführenden und fünf nicht amtsführenden Stadträten aus den Reihen der Opposition – nicht amtsführend, was für eine großartige Wiener Wortschöpfung! – zusammen. Jeder amtsführende Stadtrat ist in seinem Ressort für eine ›Geschäftsgruppe‹, in der mehrere Magistratsabteilungen zusammengefasst sind, verantwortlich, woraus sich die Verbindung zwischen Stadtpolitik und Stadtverwaltung ergibt.

Im prunkvollen Saal des Wiener Landtags- und gleichzeitig Gemeinderats, der sich ebenfalls im Rathaus befindet, sitzen derzeit 100 Abgeordnete. In Personalunion haben sie über Belange der Stadt und des Bundeslands zu entscheiden.

Magistrate

Die Arbeit der Stadtverwaltung verteilt sich in Wien auf 70 Magistratsabteilungen – seit Jahrzehnten mit MA abgekürzt – sowie die stadteigenen Unternehmen wie Wiener Krankenanstaltenverbund, Wiener Stadtwerke, Wiener Wohnen, Museen der Stadt Wien und Wien Holding. Dieses Konglomerat vollzieht und verwaltet die Beschlüsse der Stadtregierung. Die Leistungen der Wiener Stadtverwaltung werden sehr unterschiedlich bewertet: Während an den Stammtischen die Magistratsbeamten gerne als Synonyme für behördliche Willkür und das Nicht-Erfinden von Arbeit herhalten müssen, ist die Innensicht eine gänzlich andere. Wer dem einen oder anderen Senats- oder auch Obersenatsrat aufmerksam zuhört, muss den Eindruck gewinnen, dass eine Stadt nur in Wien funktionieren kann. Die Wahrheit liegt wohl irgendwo dazwischen. Ohne Zweifel ist Wien gut bis sehr gut organisiert, das wird auch immer wieder von anerkannten Experten aus dem Ausland bestätigt. In Schwierigkeiten geraten eitle Stadtpolitiker und ihre stolzen Chefbeamten, wenn unvorhergesehene Probleme auftauchen oder völlig neue Entwicklungen eintreten: Dann heißt es wieder mal: mauern, leugnen, verschlafen, abtun, beschwichtigen, nicht ernst nehmen. Herrlich zu beobachten war dies im Mai 2005, als in Wien die Eishockey-WM ausgetragen wurde. Sie stand für das selbstgefällige Sportamt von Anfang an unter keinem guten Stern: Die sommerlichen Außen-Temperaturen hatten das Eis in der Stadthalle an einigen Stellen brüchig gemacht, wodurch sich die Verletzungsgefahr für die Akteure erhöhte. Anstatt dies zuzugeben, wurde tagelang beschwichtigt. Doch da hatte man die Rechnung ohne die Medienvertreter aus dem Ausland gemacht…

Unabhängig von allen Urteilen ist die Tatsache festzuhalten, dass die Stadt einer der wichtigsten Arbeitgeber ist. Derzeit sind bei der Stadtverwaltung und den Unternehmungen der Stadt Wien rund 80 000 Menschen beschäftigt.

Schmankerln

Was in dieser Form in keinem Tourismusprospekt steht und auch sonst nicht laut gesagt wird:

▶ Dass ›die gesperrte Ausfahrt Simmering‹ auf der Südosttangente gesperrt ist, seit die meistfrequentierte Stadtautobahn Wiens im Jahr 1978 durchgehend für den Verkehr freigegeben wurde.

▶ Dass die größte Trinkeranstalt der Welt (harmloser: Anton-Proksch-Institut) in Kalksburg, am Stadtrand von Wien, weiterhin gut gebucht ist.

▶ Dass an einem stinknormalen Tag in Wien sieben Tonnen Hundekot anfallen.

▶ Dass am Hundekot politisch kein Weg vorbei führt, weil die Besitzer von geschätzt 70 000 Wiener Hunden natürlich auch wahlberechtigt sind.

▶ Dass die Wiener vor der zweiten Türkenbelagerung mehrheitlich protestantisch waren.

▶ Dass die Straßenzeitung ›Augustin‹ weder Presseförderung noch Geld aus einem Sozialtopf der Stadt Wien erhält und dennoch hunderten obdachlosen Menschen seit 1995 Ansehen, Arbeit und Einkommen geben kann.

▶ Dass viele Wiener Klofrauen, Putzfrauen, Krankenschwestern, Zimmermädchen, Altenpflegerinnen, Bauarbeiter, Berufschauffeure und viele andere mehr aus dem Osten und Südosten Europas stammen.

▶ Dass die westukrainische Stadt Lemberg näher bei Wien liegt als die westlichste Landeshauptstadt Österreichs (Bregenz).

▶ Dass zwischen Wien und Bregenz, der Hauptstadt der österreichischen Alemannen, nicht nur 680 Kilometer liegen, sondern auch Welten in Sprache und Denken.

▶ Dass mehr als 50 Prozent der Wiener und Wienerinnen übergewichtig sind, dass dies aber nur ganz wenigen ernsthaft Sorge bereitet.

▶ Dass in einer der reichsten Städte der Welt jede/r Zehnte an oder gar unterhalb der Armutsgrenze lebt, wie Martin Schenk, Armutsexperte der evangelischen Diakonie, nicht müde wird zu betonen.

▶ Dass in den Europaschulen der Stadt die vielen unterschiedlichen Muttersprachen nicht als Bedrohung, sondern als Bereicherung gewertet werden.

▶ Dass die Fahrschein-Kontrollore der Wiener Linien ›Schwarzkappler‹ genannt werden, obwohl sie meist in Zivil unterwegs sind.

▶ Dass die Wiener Müllmänner das selbe Leuchtorange tragen wie die stets elegant auftretenden Fußballer des niederländischen Nationalteams.

▶ Dass am rechten Donauufer auf Höhe der Reichsbrücke manchmal ein Kriegsschiff des Österreichischen Bundesheers anlegt – als eine letzte Erinnerung an jene Zeit, in der man sich hierzulande eine stolze, wenngleich wenig erfolgreiche Marine leistete.

▶ Dass die künstlerische Avantgarde – Musiker, Schauspieler, Maler und Schriftsteller – auch heute durchwegs prekär lebt.

▶ Dass in der neuen Ankunftshalle am Wiener Flughafen Millionen an Steuergeldern versickert sind, schon vor ihrer Eröffnung ein Mega-Betrug aufflog und nach ihrer Eröffnung unzählige Mängel entdeckt wurden und dennoch die Verantwortlichen nicht zur Rechenschaft gezogen worden sind.

Die Wiener Bezirke

Geographisch und organisatorisch ist Wien in 23 Gemeindebezirke aufgeteilt. Sie sind in die Stadtverwaltung eingegliedert und ihre Geschicke werden zu einem Teil von den 23 Bezirksparlamenten bestimmt. Dort sitzen derzeit 1144 Bezirksräte, die jeweils von 23 Bezirksvorstehern bzw. -innen geleitet werden. Der Begriff Bezirkskaiser hat da und dort noch immer seine Berechtigung, dennoch ist zu sagen, dass die lokale Politik heute deutlich transparenter auftritt als noch vor einigen Jahren.

In den Bezirken ist teilweise noch immer ein starkes lokales Bewusstsein erkennbar und die Frage nach dem Bezirk, in dem man wohnt, hat für die Wiener durchaus eine Bedeutung. Die Bezirke helfen aber dank des einfachen Postleitzahlen-Systems auch Wien-Besuchern, Taxifahrern und Postboten, sich in der Stadt schnell orientieren zu können.

Die Bezirke und ihre Feinheiten im Schnelldurchlauf

Der Erste, die **Innere Stadt**, ist heute mehr 5-Stern-Hotel-, Flagshipstore-, Büro-, Ministeriums- und Museumsdistrikt als Wohnbezirk. Die **Leopoldstadt** genießt zwischen dem Donaukanal und der Donau illustren Inselstatus. Der Bezirk **Landstraße** verliert zu seinem eigenen Vorteil mit zunehmender Entfernung vom Zentrum sein vornehmes Getue. Auf der **Wieden** wird man einerseits vom Naschmarkt und andererseits vom Hauptbahnhof beeinflusst. **Margareten** ist ein ebenso großes Häusermeer, das bis zum Gürtel und zur Wienzeile ausufert. In **Mariahilf** wird entlang der gleichnamigen Einkaufsmeile viel Geld umgesetzt. In **Neubau** wird grün gewählt, viel Rad gefahren und Bio-Obst gekauft. Das Bürgertum der **Josefstadt** ist im direkten Vergleich älter, reicher und damit auch konservativer. Auf dem **Alsergrund** fühlt man sich ebenso dem bürgerlichen Wien zugehörig, auch wenn hier die Sozialdemokratie das Sagen hat. Raus nach **Favoriten** drängt es ausländische Fernseh-Teams, wenn wieder einmal ausländerfeindliche O-Töne benötigt werden. **Simmering** kommt Osteuropa schon sehr nahe. In **Meidling** ist noch das ›Meidlinger L‹ zu hören – buchstäblich ein Vermächtnis des Wiener Proletariats. In **Hietzing** hemmt die Nähe zum Schloss Schönbrunn bis heute so manchen weltoffenen Gedanken. So wurden die Menschen auf der anderen Seite des Wien-Flusses, im Arbeiterbezirk **Penzing**, von den Hietzingern lange als ›die Wilden‹ abgetan. Auch **Rudolfsheim-Fünfhaus** war immer Arbeiterbezirk. In **Ottakring** leben heute Serben, Kroaten, Bosnier, Türken und Alt-Ottakringer Tür an Tür. Aus **Hernals** kommen die Manner-Schnitte und der Meinl-Kaffee. In **Währing** ist das Bürgertum stark vertreten. Und im noch höher gelegenen **Döbling** residieren noch mehr Menschen aus der Oberschicht. Die **Brigittenau** grenzt an die Leopoldstadt, wurde einst ›Zwischenbrücken‹ genannt, war wild, arm, naturnah, ist aber heute längst auf dem Radar der Immobilienjäger. Läge **Floridsdorf** nicht nur jenseits der Donau, sondern darüber hinaus in Deutschland, wäre dieses andere Wien ein Freistaat. In der benachbarten **Donaustadt** leben ebenso Transdanubier. Im Dreiundzwanzigsten, in **Liesing**, fließt ein gleichnamiger Bach – und die Stadt rinnt dort gemächlich nach Süden ins Wiener Becken aus.

Annäherung an Wien

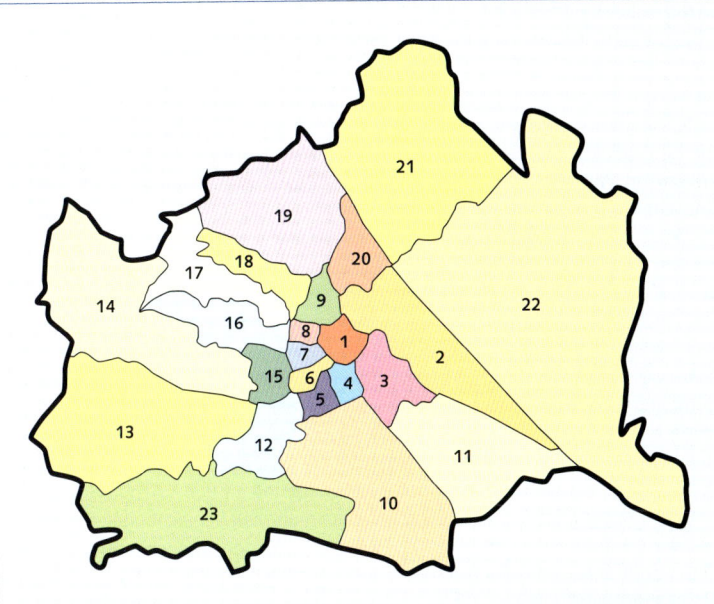

Die 23 Bezirke von Wien

0   3   6 km

1.	Bezirk, 1010 Wien	Innere Stadt
2.	Bezirk, 1020 Wien	Leopoldstadt
3.	Bezirk, 1030 Wien	Landstraße
4.	Bezirk, 1040 Wien	Wieden
5.	Bezirk, 1050 Wien	Margareten
6.	Bezirk, 1060 Wien	Mariahilf
7.	Bezirk, 1070 Wien	Neubau
8.	Bezirk, 1080 Wien	Josefstadt
9.	Bezirk, 1090 Wien	Alsergrund
10.	Bezirk, 1100 Wien	Favoriten
11.	Bezirk, 1110 Wien	Simmering
12.	Bezirk, 1120 Wien	Meidling
13.	Bezirk, 1130 Wien	Hietzing
14.	Bezirk, 1140 Wien	Penzing
15.	Bezirk, 1150 Wien	Rudolfsheim-Fünfhaus
16.	Bezirk, 1160 Wien	Ottakring
17.	Bezirk, 1170 Wien	Hernals
18.	Bezirk, 1180 Wien	Währing
19.	Bezirk, 1190 Wien	Döbling
20.	Bezirk, 1200 Wien	Brigittenau
21.	Bezirk, 1210 Wien	Floridsdorf
22.	Bezirk, 1220 Wien	Donaustadt
23.	Bezirk, 1230 Wien	Liesing

Ulrich Ladurner über
Gespenster, die er mit seinem Wien verbindet

Da ist zum Beispiel mein Bekannter aus der Werbebranche, eigentlich ein gelernter Historiker, der mangels Alternativen dazu verdammt ist, verkaufsfördernde Sprüche für Produkte wie Zahnpasta oder Cornflakes zu ersinnen. Noch am Tag seiner Ankunft in Wien machte er sich von seinem Hotel zum Heldenplatz auf, weil er eine Ahnung davon bekommen wollte, wie es gewesen sein mochte, als Hitler am 15. März 1938 zu den hier versammelten Massen sprach. Auf dem Weg dorthin fiel ihm – dem professionellen Werber und gelernten Historiker – ein Wahlplakat der FPÖ auf. Da stand zu lesen:»Mehr Mut für unser Wiener Blut«. Das ›Wiener Blut‹ wollte meinem Bekannten nicht mehr aus dem Kopf. Wenn ich ihn heute nach Wien frage, zitiert er gerne einen österreichischen Dichter mit dem Satz: »Wo man hintritt, kocht die Blutsuppe hoch!« Mehr sagt er nicht. In meinem Bekanntenkreis ist er nicht der einzige, der immer dann, wenn ich frage »Waren Sie schon einmal in Wien?«, von einem Malheur zu berichten weiß, von etwas unangenehm Unerwartetem, von einer gespenstischen Begegnung, die sich wie ein hartnäckiger, dunkler Schatten über jede Erinnerung an den Wienbesuch legt.

Als Liebhaber und Verehrer Wiens habe ich mehrmals versucht, ihm ein anderes Bild dieser Stadt zu vermitteln. Ich schwärmte von den Kaffeehäusern, wo man Tage damit verbringen kann, ergebnislos, aber doch mit Freuden über den Sinn des Lebens nachzudenken. Ich lobte die Musikstadt in allerhöchsten höchsten Tönen, bis selbst mir die Ohren schmerzten, und ich säuselte ihm Süßes über Egon Schiele ins Ohr, der selbst düsterstes Verlangen noch vergolden könne. Es half alles nichts. Mein Bekannter ließ sich nicht von der Blutsuppe abbringen, die, wie er mir versicherte, wann immer er sich vorstelle, er gehe auf Wiener Boden, unter seinen Füßen schmatze. Das ›Wiener Blut‹ verdrängte all das Wunderbare an Wien.

Ich freilich lasse mich nicht abhalten, von den kleineren Malheurs und großen Schrecklichkeiten und fahre nach Wien, wann immer sich mir eine Gelegenheit bietet. Warum? Weil ich dort einige Jahre gelebt habe, weil ich dort gute Freunde habe. Das ist die naheliegende Antwort. Der tiefere Grund ist, dass ich Wiens sinistrem Charme erlegen bin. Wien beschenkt mich bei jeder Reise mit einem Gefühl, das ich nicht einzuordnen weiß, doch das in meiner ansonsten recht widerstandsfähigen Seele mit Leichtigkeit einsickert und sich auf Dauer einnistet.

Das letzte Wiener Erlebnis dieser Art hatte ich in der Kaiserstraße 23, im 7. Bezirk. Ich wohnte in einem ehemaligen Kloster, das zu einem Hostel umgebaut wurde. Es ist ein empfehlenswertes Haus für alle Reisenden mit schmalem Budget. Die Zellen der Nonnen sind mit wenigen Strichen und viel Geschick zu einfachen, aber angenehmen Zimmern umgewandelt worden. Die zahllosen Gebete, die hier über viele Jahrzehnte gesprochen wurden, bilden ein feines, unsichtbares Netz, das selbst den traurigsten Besucher vor dem Fall in einen Abgrund zu beschützen vermag. Jedes Zimmer trägt den Namen eines berühmten Österreichers.

Ich schlief im ›Ernst Jandl‹, was mich mit Stolz erfüllte. Nachts murmelte ich die wenigen Zeilen, die mir von Jandls Gedichten im Gedächtnis geblieben sind, vor mich hin. Ich fühlte mich dem großen Dichter nahe und glitt schließlich hinein in einen tiefen Schlaf. Ich träumte, dass Jandl die ganze Nacht auf meiner Bettkante saß und über einen Notizblock gebeugt mit kratzender Feder Gedichte zu Papier brachte. Als ich aufwachte, musste ich über mich lachen. Ein eitler Traum, mehr nicht. Doch dann sah ich auf der Matratze, am Fußende, eine tiefe Delle, die nicht von mir stammen konnte, sondern von etwas oder jemandem Schweren, das hier längere Zeit gesessen hatte. Jandl hatte mich also doch besucht in dieser Nacht. War dieses Zimmer sein Ausweichquartier, falls es ihm einmal im Zentralfriedhof zu langweilig, zu kalt, zu eng oder zu dunkel wurde? Stand deshalb in großen Lettern ›Ernst Jandl‹ an der Tür? Damit sich der tote Dichter nicht verlaufen konnte?

Ich ging ins Freie, um diesen Gedanken abzuschütteln. Nach wenigen hundert Metern hatte ich mich beruhigt. Dann aber öffnete sich zu meiner Rechten ein Haustor. Ein riesiger, dicker Mann wälzte sich auf die Straße wie ein schnaubendes Walross. Er war mehr rund als groß, sein Gesicht war von einem dichten, wilden Bart umrahmt, und auf seinem gewaltigen Kopf saß eine viel zu kleine, bunt leuchtende Skimütze. Der Anzug, den er trug, war fleckig und an den Taschen ausgebeult. In einer Hand hielt er eine prall gefüllte Billa-Einkaufstüte, in der anderen einen knotigen Stock. Er schnaubte und keuchte, als wäre er viele Treppen hochgestiegen. Instinktiv machte ich einen Satz nach vorne, da ich befürchtete, diese Masse Fleisch könnte umkippen und mich erdrücken. Ich beschleunigte den Schritt. Trotzdem hörte ich den Riesen hinter mir atmen. So nahe, dass ich seine feuchte Wärme auf meinem Nacken spürte. Ich bog um eine Ecke, aber er blieb mir dicht auf den Fersen. Nach einigen Minuten, in denen ich vergeblich versucht hatte, ihn abzuschütteln, entschloss ich mich, ihn zu stellen. Ich drehte mich um und blickte in das aufgequollene, haarige Gesicht des Fremden.

»Woos iis?«, die Worte des Riesen schwappten mir auf einer übel riechenden Atemwelle entgegen.

Ohne nachzudenken, fragte ich ihn: »Kennen Sie Ernst Jandl?«

»Ernst, wen?«

»Jandl, den Dichter.«

»Geh lassen Sie mich in Ruh mit Dichtern.«

»Aber er hat ein Zimmer, hier in der Kaiserstraße …«

»In der Kaiserstraße? Ach so, den Jandl, den kenn ich natürlich, der kommt immer nur nachts, um was zu schreiben …«

»Sie kennen ihn also?«

»Nein, ich nicht, aber das Zimmer, da habe ich mal übernachtet, und da saß er auf der Bettkante, bis ich ihn verjagt hab!« Er machte mit seinem knotigen Stock eine entsprechende Geste.

»Dichter können mir gestohlen bleiben. Und jetzt lassen Sie mich bittschön vorbei!«

Und weg war das Wiener Gespenst.

Ulrich Ladurner, 1962 in Meran/Südtirol geboren, ist Redakteur der Hamburger Wochenzeitung ›Die Zeit‹, berichtet meist aus der Ferne und ist Autor mehrerer Reportagebücher. Und er erinnert sich gerne an Wien.

Mitte seit '89

In Wien wird eine S-Bahn-Station ›Wien Mitte‹ genannt. Wien und die Mitte – auch diese Beziehung ist eine ambivalente. Die Station liegt am Rand des Zentrums, nur aus der Sicht der Eisenbahner ist ihre Bezeichnung plausibel, weil sie von allen Bahnhöfen in Wien der Stadtmitte am nächsten kommt.

44 Jahre lang, von 1945 bis 1989, lag auch Wien am Rand des Zentrums. Als die Wiener Schnellbahn ihren Betrieb aufnahm, in den späten 1960er Jahren, sah sich Europa durch den Eisernen Vorhang in zwei ungleiche Teile geteilt. Wien lag weiterhin in der Mitte des Kontinents, aber am äußersten Rand der westlichen Hemisphäre, nur 60 Kilometer vom gefürchteten Todesstreifen und den Grenzsoldaten des ›Ostblocks‹ entfernt.

Das Wien meiner Kindheit und Jugend, das der 1970er und frühen 1980er Jahre, war dementsprechend trist. Wer sich anschickte, zur S-Bahn-Station Wien-Mitte hinunterzusteigen, tat gut daran, keine Suizidgedanken zu hegen. Die Stimmung auf den Bahnsteigen passte zu den ›dunkelschwarzen Liedern‹, die damals der Liedermacher Ludwig Hirsch sang. Selbst mittelprächtige deutsche Kleinstädte wirkten farbenprächtiger, weltoffener, urbaner. ›In Wien werden nach 18 Uhr die Gehsteige hochgeklappt‹, hieß es. Die Straßen und Fassaden wirkten ebenso grau wie die Frisuren, Mäntel und Pudelhunde der alten, oft griesgrämigen Bewohner der Stadt. Es gab damals nur wenige Zufluchtsorte für junge, modern denkende Menschen.

Ein gewisser Johann Hölzel, der Welt besser als Falco bekannt, hat dazu beigetragen, dass man in Wien endlich aufwachte und sich mit der Außenwelt zu beschäftigen begann. Auch Bürgermeister Helmut Zilk war seiner Zeit voraus. Und im ›Bermuda-Dreieck‹ hinterm Schwedenplatz, heute mehr Touristen- als Szenetreff, wurde die informelle Ausgangssperre erstmals ignoriert. Doch die große Veränderung kam 1989: Nach dem Durchschneiden des Eisernen Vorhangs, dem die Wiener als staunende Zaungäste aus nächster Nähe beiwohnen durften, erhielt die Stadt die lange unverhoffte Chance, wieder Drehscheibe zwischen Ost und West sein zu dürfen. Der Beitritt Österreichs zur Europäischen Union sechs Jahre später hat diesen Wettbewerbsvorteil weiter verstärkt.

Traurig ist, dass an hiesigen Stammtischen die alten neuen Nachbarn immer noch als Bedrohung angesehen werden, als ungebetene Gäste aus dem Osten, die den braven Wienern die Autos stehlen und die Arbeit wegnehmen. Dabei wird übersehen, dass Osteuropa schnell zum erweiterten Heimmarkt der rot-weiß-roten Wirtschaft avancierte. Den guten Geschäften im Osten und den wienaffinen Touristen aus dem Osten verdanken wir einen Teil unseres Wohlstands.

›Wien Mitte‹: Die modern renovierte Haltestelle ist hell beleuchtet, hat heute sogar internationales Flair, empfängt sie doch täglich tausende Gäste, die vom Flughafen kommen und ihren Hotels in der Innenstadt entgegenstreben. Auch die alte, bereits leicht abgefuckte Markthalle wurde abgetragen und durch eine moderne, leicht verwechselbare Einkaufsmall ersetzt. Wien erwacht. Dabei ist das Tempo der Stadt noch immer langsamer als das Tempo in anderen Metropolen. Genau dieses Mittelmaß macht auch die Lebensqualität aus, sagen die, die hier bleiben. Genau deshalb leben wir in Berlin oder Hamburg, meinen andere.

Wirtschaft

Der Fall des Eisernen Vorhangs 1989, Österreichs Beitritt zur Europäischen Union 1995 und die EU-Osterweiterung 2004: Diese großen politischen Zäsuren haben vielen Wiener Unternehmen und damit auch ihren Beschäftigten weitreichende Vorteile eingetragen. Wien war schon im Kalten Krieg eine Drehscheibe zwischen West und Ost, jedoch mehr für Agenten, Botschafter und Militärs. Sie wurden in jüngerer Zeit von den Marktstrategen abgelöst.

Ein Blick auf die Europakarte zeigt, dass die Hauptstadt der Österreicher heute in der Mitte eines großen gemeinsamen Marktes liegt, in dem 500 Millionen Menschen leben. So ist es kein Wunder, dass rund 300 internationale Konzerne von Wien aus ihre Mittel- und Osteuropa-Aktivitäten steuern. Im Sog der Großen surfen auch kleine und mittelgroße Betriebe der Stadt auf einer Erfolgswelle. Die Wiener Region ist eine der reichsten Regionen Europas: Die Wirtschaft wächst seit Jahren, und auch Stadt- und Kongresstourimus befinden sich weiterhin auf Rekordkurs.

Jenen, die sich noch immer vor den bösen Ostlern fürchten, kann man wohl nicht oft genug sagen, dass die österreichischen Finanzinstitute selbst in Zeiten der Wirtschaftskrise Milliardengewinne in Osteuropa einfahren. Wien verdankt seine guten wirtschaftlichen Kennzahlen generell nicht zuletzt den guten Geschäften mit den neuen alten Nachbarn. Und die Menschen aus dem Osten helfen auch, Defizite auf dem Arbeitsmarkt auszugleichen. All die IT-Spezialisten, Kellner, Krankenschwestern und Altenpfleger, Erntehelfer, Ingenieure und Manager, die in Wien gutes Geld verdienen, hinterlassen in ihrer Heimat große Lücken. Nicht Arroganz, mehr Demut wäre daher angebracht.

In der Wiener Wirtschaftskammer, der Interessensvertretung der Arbeitgeber, zählt man derzeit rund 130 000 Mitglieder. Das ist immerhin ein Viertel aller österreichischen Betriebe, darunter sind allerdings auch und 61 000 Ein-Personen-Unternehmen. In der Arbeiterkammer, dem Pendant für die Arbeitnehmer, geht man von knapp 800 000 unselbständigen Erwerbstätigen aus, jeder Zweite ist ein Pendler. Die Anzahl der Betriebe hat sich seit dem Fall des Eisernen Vorhangs verdoppelt; zum Vergleich: 1989 zählte man 70 000 Unternehmen in Wien. Auch das Bruttoregionalprodukt pro Kopf steigt. Es wurde für das Jahr 2013 mit 47 200 Euro angegeben. Es ist das höchste im Bundesländer-Vergleich und entspricht einem Sechstel der gesamtösterreichischen Wertschöpfung. Wien rangiert damit im EU- und auch im weltweiten Städtevergleich gleich in mehreren Kategorien – Wirtschaftswachstum, Bruttoregionalprodukt, Kaufkraft, Standortanalyse, Lebensqualität – unter den Top Ten.

Als eindeutig wichtigste Branche gilt laut Auskunft der Wiener Wirtschaftskammer der Dienstleistungssektor, dem Wien mehr als 80 Prozent seiner Wirtschaftsleistung verdankt. Ferner von Bedeutung sind Handel, Grundstücks- und Wohnungswesen und Herstellung von Waren. Als Zukunftsbranchen bewertet werden die Informations- und Kommunikationstechnologie, Life Sciences, ferner Umwelt-, Energie-, Sicherheits- und Mobilitätstechnologie. Über die Stadt- und Landesgrenzen hinaus bekannt sind die traditionellen Familien-

betriebe im Nahrungsmittelbereich wie der Waffelhersteller Manner, der Kaffee-
röster Meinl oder die Bierbrauer in Ottakring. Einen guten Namen haben sich
über die Jahrzehnte auch die Wiener Hotellerie erarbeitet sowie einige bereits in
der Monarchie als k. u. k.-Hoflieferanten tätige Manufakturen wie zum Beispiel
die noch immer im Augarten tätigen Hersteller des Augarten-Porzellans. Zur
Wiener Wirtschaftsgeschichte gehört dagegen auch, dass der weltweit bekannte Klavierhersteller Bösendorfer schon vor längerer Zeit von Wien nach Wiener
Neustadt übergesiedelt ist und vor nicht allzu langer Zeit, nach Millionenverlus-
ten, vom japanischen Yamaha-Konzern gekauft wurde.

Selbst Global Player und im Export aktiv sind unter anderem der Treib-
stoff- und Tankstellen-Konzern OMV, die Versicherungsgesellschaft Vienna
Insurance (vormals Wiener Städtische), die Bank Austria, die Erste und die
Raiffeisen-Gruppe, der Ziegel- und Baustoff-Produzent Wienerberger, der Ver-
kehrsanlagen-Hersteller Kapsch, die Schmuckmanufaktur Frey-Wille sowie
der Überwachungsanlagen-Programmierer Frequentis. In Nischen und in be-
scheidenerem Ausmaß erfolgreich sind auch die jungen Wilden, wie man sie in
der Wirtschaftskammer nennt: der Essigmacher Gegenbauer, die Taschen- und
Textilherstellerinnen von Urban Tools, gleich mehrere Wiener Winzer und nicht
zuletzt die von den USA bis China gebuchte Hochzeitsfoto-Agentur des Wiener
Reportagefotografen Stefan Rauch.

Am Ende noch der Hinweis auf einen speziellen Service: Einige Wiener
Handwerker werden für interessierte Leser dieses Stadtführers gerne ihre Werk-
statt-Türen öffnen, sie sind im Kapitel Meister-Betriebe aufgelistet und kurz por-
trätiert (→ S. 337).

Gute Aussichten: Der Tourismus ist weiterhin ein wichtiger Wirtschaftsmotor

Glattes Parkett

»Kölner Klüngel, Münchener Spezlwirtschaft, auch auf dem Wiener Parkett haben es Fremde schwer.« So urteilt einer, der den Vergleich hat: Jockel Weichert, ein ebenso umtriebiger wie umgänglicher Experte für moderne Werbung, ist im Süden von Deutschland (in Heidenheim, einer Kleinstadt in der Nähe von Ulm), aufgewachsen, hat nach seiner Ausbildung in München und in Köln für Plattenfirmen gearbeitet, ehe ihn sein Beruf nach Wien geführt und ihn die Liebe in Wien gehalten hat. In die Geschichte eingehen wird er als Gründer der ›Piefke Connection Austria‹. Von seinen deutschen Landsleuten hört Weichert oft die selben Klagen, wie sie Nicht-Wiener vom Neusiedler See bis zum Bodensee vortragen: Dass man als Fremder auf dem glatten Wiener Parkett leicht ausrutschen kann, dass die Wiener Seilschaften alle Ebenen und die meisten Branchen durchdringen. Kritik und Kreativität haben es in Wien nicht leicht. Das sagt auch die telegene Köchin Sarah Wiener. Wiener, nomen est omen in Wien geboren, arbeitet lieber in Berlin. Über ihre Wiener Freunde und deren Abhängigkeiten sagt sie: »Sie müssen sich arrangieren.« In praktisch jeder Branche haben nur wenige das Sagen: »Wer sich mit denen anlegt, kann gleich auswandern.« Ausgewandert ist auch der Wiener Soziologe Bernhard Heinzlmayer. Er vergleicht: »Kritik und Widerspruch führen in Hamburg zu einer Debatte, in Wien zur Einleitung einer Intrige.« Ein weiterer Grund, warum er ausgezogen ist: »Wer in Hamburg rechts wählt, würde in Wien die SPÖ wählen.«

Wer in Wien leben will, muss die Codes kennen; darüber sind sich Wiener und Nicht-Wiener einig. »Das ist wirklich interessant« kann auch heißen: Das kannst du vergessen, das wird nie was. Überbewertet ist heute dagegen die immer noch vielzitierte Titelsucht der Wiener, mit der oft auch eine gewisse Rückwärtsgewandtheit verbunden wird. Tatsächlich wird heute weder in Ministerien noch im Wiener Rathaus dem alten Hof- und Senatsratssyndrom große Bedeutung beigemessen. Zu lernen ist für Neueinsteiger in Wien dafür die Übersetzung der Frage ›Brauchen wir eine Rechnung?‹ Die Frage ist in Wahrheit keine Frage, sondern ein Angebot: ›Ich arbeite für Sie selbstverständlich auch ohne Rechnung.‹ Und wenn man möchte, dass ein Handwerker, ein Arzt oder ein anderer Dienstleister ein wenig flotter und freundlicher seinen Pflichten nachkommt, bietet man ihm einen ›Schmatt‹ an. Das klingt viel netter als Schmiergeld.

Wiener Eigenart ist auch die virtuos betriebene Raunzerei, also das Schlechtreden der Verhältnisse im Allgemeinen, des Wetters, der Politik, des Fußballs und der Straßenbahn. Schuld daran sind immer die anderen oder ›die da oben‹. Konsequenterweise beginnen daher viele Sätze mit ›Man müsste‹. Die erste Person Einzahl verwenden die Wiener Raunzer nur, wenn man sie darauf anspricht: ›Ich muss gar nix.‹

Manchmal müssen Außenstehende den Eindruck gewinnen, dass all diese Raunzer auf einem der traurigsten Flecken des Universums leben. Vorsicht für Außenstehende ist aber auch hier geboten: Wien beleidigen dürfen nur die Wiener, und wehe, jemand von außen kritisiert ihre Stadt und hat damit auch noch recht. ›Na, den hamma gerade noch gebraucht!‹ Dann halten selbst jene Wiener wie Pech und Schwefel zusammen, die sich sonst nicht über den Weg trauen.

Architektur

Auch in der Architektur hat sich seit 1989 in Wien einiges getan. Manche sprechen deshalb sogar von einer neuen Gründerzeit – nach Jahrzehnten des in erster Linie rückwärtsgewandten Blicks. Dabei haben es die in Wien tätigen Planer tatsächlich nicht leicht. Auf Schritt und Tritt begegnen ihnen in der Stadt Zitate aus der Vergangenheit, mit denen es sich zu arrangieren gilt.

Wien ist auf mehreren Schichten aufgebaut. Die frühesten Bauwerke auf dem heutigen Stadtgebiet gehen auf die Kelten und Römer zurück. Die Stadtarchäologen haben eine Schicht und darüber etliche konkrete Hinweise auf eine mittelalterliche Stadt gefunden. So wurde etwa die erste Stadtkirche Wiens, die Ruprechtskirche am Ufer des heutigen Donaukanals, im romanischen Stil begonnen und im gotischen Stil erneuert. Als einzige gotische Kathedrale von Wien gilt indes der Stephansdom, die von Meister Pilgram (1460–1515) maßgeblich mitgeplant wurde.

Nachhaltiger geprägt wurde die Stadt von den Architekten in der Barockzeit, was sich auch mit etlichen Bauwerken belegen lässt. Nach dem Ende der zweiten Wiener Türkenbelagerung 1683 setzt der erste große Bauboom ein. Ihre Handschrift haben damals die beiden rivalisierenden Architekten hinterlassen, Johann Bernhard Fischer von Erlach (1656–1723) und Johann Lukas von Hildebrandt (1668–1745). Fischer von Erlach durfte dank seines Einflusses am Wiener Hof die prestigeträchtige Karlskirche planen, Hildebrandt kam dafür bei der Planung des Belvederes für den kunstsinnigen Prinz Eugen zum Zug.

Die Kirche am Steinhof wurde von Otto Wagner geplant. Die Jugendstil-Baumeister rund um den Star-Architekten haben Wien nachhaltig geprägt

Weitere Ensembles des Wiener Hochbarock wurden vor den Toren der damaligen Residenzstadt errichtet. Eine Besonderheit ist die prachtvolle Parklandschaft des kaiserlichen Sommerschlosses Schönbrunn. Heute noch schön anzusehen sind das Palais Liechtenstein in der Rossau (heutiger 9. Bezirk), das von Joseph Emanuel Fischer von Erlach geplante Palais Schwarzenberg am Rande des gleichnamigen Schwarzenbergplatzes und das Schloss Neuwaldegg. Gleichzeitig wurden für den Adel rund um die Hofburg neue Stadtpaläste errichtet, darunter das Palais von Prinz Eugen in der Himmelpfortgasse, in dem heute die Beamten des Finanzministeriums über das Budget und neue Steuern brüten. Und weil man im Barock viel beten musste, entstanden neben der Karlskirche mehrere prachtvolle Sakralbauten, unter ihnen die Servitenkirche im Servitenviertel als erster barocker Kuppelbau Wiens.

Rund 200 Jahre später, während der Wiener Gründerzeit in der zweiten Hälfte des 19. Jahrhunderts, besinnen sich die Wiener Bauherren und Architekten noch einmal auf den Barock und fügen der Stadt einige Gebäude im Stil des Neobarock hinzu. Wichtige Vertreter der Ringstraßenepoche sind unter anderem Theophil Hansen, Heinrich von Ferstel, Friedrich von Schmidt, Gottfried Semper und Carl von Hasenauer. In einer eigenen Liga anzusiedeln sind die beiden Architekten Hermann Helmer und Ferdinand Fellner. Gemeinsam mit ihrem großen Mitarbeiterstab haben sie fast 50 Theater- und Opernhäuser in Europa geplant, darunter das Wiener Volkstheater.

Ein großes und bis heute unvergängliches Kapitel der Wiener Architekturgeschichte haben dann die Protagonisten des Wiener Jugendstils geschrieben, allen voran Otto Wagner und Josef Hoffmann sowie die Künstler der Wiener Secessionsbewegung. Sie haben das Bild der Stadt bis heute nachhaltig geprägt. Dabei wird gerne vergessen, dass sie sich gegen den für Wien typischen Widerstand der Konservativen durchsetzen mussten. Weniger bekannt ist auch, dass die Moderne in der Architektur – wie so vieles im 20. Jahrhundert – Wien verspätet erreicht hat und auch zu heftigen Kontroversen führte.

Zwar wurde das Loos-Haus auf dem Michaelerplatz schon 1911, also in der Monarchie, fertiggestellt. Weil der streitbare Architekt Adolf Loos gänzlich auf schmückende Ornamente verzichtete, wurde das Projekt jedoch als offener Affront gegen das Kaiserhaus in der benachbarten Hofburg gewertet. Noch während der Bauphase gingen die Emotionen derart hoch, dass kurzfristig sogar ein Baustopp verhängt werden musste.

Einzigartig ist die Stadt aber nicht nur aufgrund ihrer historischen Pracht- und Repräsentativbauten. Die Wiener Architekturkritiker machen auch auf ein anderes Alleinstellungsmerkmal der Stadt aufmerksam – und das weist in die Gegenwart: Keine andere Großstadt hat derart viel und derart hochwertigen kommunalen Wohnbau wie Wien aufzuweisen. Daher wurde für die Baugeschichte im ›Roten Wien‹ vom Beginn der Ersten Republik bis heute eine eigene Stadttour für diesen Städteführer konzipiert (→ S. 220). Darüber hinaus hat der Wiener Architekt und Architektur-Professor Klaus-Jürgen Bauer für eine weitere Stadttour in jedem der 23 Wiener Bezirke ein Bauwerk aufgespürt, um aus dessen Fassade eine Kurzgeschichte abzulesen. (→ S. 237).

Kunst und Kultur

In Wien ist man traditionell stolz auf seine Kunst- und Kulturschaffenden, besonders dann, wenn sie bereits unter der Erde sind. Man verdient dann auch gutes Geld mit ihren Werksrechten und ihrer Reputation. Die Liste der toten Lieblinge ist lang und illuster: Sie reicht von Ludwig van Beethoven bis Falco, von Adolf Loos und Gustav Klimt bis Ingeborg Bachmann, Alfred Hrdlicka und Thomas Bernhard – sie alle waren ihrer Zeit voraus und deshalb in Wien zu Lebzeiten mehr geduldet als geliebt. Auch heute kommt es selten vor, dass ein zeitgenössischer Musiker, Maler, Bildhauer, Schriftsteller, Theater- oder Filmemacher allseits gut angeschrieben ist. Das sei der Lauf der Zeit, heißt es. Dennoch könnte der Widerspruch größer nicht sein: Hier die große Marketingmaschine, die Wien als Weltstadt für Kunst und Kultur verkauft, ihr gegenüber junge und auch ältere Menschen, die mit ihrer brotlosen Kunst zum Prekariat gezählt werden.

Eine Weltstadt war Wien zur Zeit der Wiener Moderne, zwischen 1890 und 1918. Sie wurde geprägt von Malern und Bildhauern, Musikern, Schriftstellern, Philosophen, Sozialwissenschaftern, Journalisten und Architekten. Auch in der Zwischenkriegszeit blieb Wien für Kulturschaffende attraktiv. Viel intellektuellen Esprit hat die Stadt in den Jahren zwischen 1933 und 1945 verloren. Was die Austrofaschisten begonnen haben, haben ab 1938 die Nationalsozialisten auf den brutalen Höhepunkt getrieben: Viele der in Wien tätigen Künstler und Wissenschafter wurden verfolgt, verhaftet, ermordet oder ins Exil getrieben. Seit dem Fall des Eisernen Vorhangs profitiert Wien erneut von seiner geographischen Lage als Schnittstelle zwischen West- und Osteuropa, im Herzen des viel zitierten Kunstbegriffs Centrope.

Wolfgang Amadeus Mozart hat es in der Kaiserstadt Wien zu Weltruhm gebracht

Musik

Was die Musik anlangt, ist Wien traditionell und nach wie vor eine Welthauptstadt. In der E-Musik wird die Stadt oft in einem Atemzug mit London, Paris, New York oder Mailand genannt. Auch in Übersee kennen viele Menschen die Wiener Staatsoper, den Musikverein und die damit verbundenen Walzerklänge und Ballettschritte.

Als die Walzerkönige von Wien gelten Johann Strauss Vater (1804–1849), Johann Strauss Sohn (1825–1899) und der ewige Strauss-Gegenspieler Josef Lanner (1801–1843). Zur Wiener Klassik werden der in Rohrau in Niederösterreich geborene Joseph Haydn (1732–1809), der in Salzburg geborene Wolfgang Amadeus Mozart (1756–1791) und der in Bonn geborene Ludwig van Beethoven (1770–1827) gezählt. Der in Hamburg geborene Johannes Brahms (1833–1897) war ebenfalls lange in Wien tätig und beeinflusste seine Zeitgenossen nachhaltig. Wichtiger als die Herkunft dieser Musiker ist für die Wiener, dass alle vier Komponisten in ihrer Stadt gestorben und unter die Erde gebracht wurden. Klassiker der alten Kaiserstadt sind auch diese Komponisten: der Wiener Franz Schubert (1797–1828) und der Oberösterreicher Anton Bruckner (1824–1896), ferner das im damaligen Westungarn und heutigem Burgenland geborene ›Wunderkind‹ Franz Liszt (1811–1886) sowie der in Jihlava/Iglau im heutigen Tschechien geborene Komponist Gustav Mahler (1860–1911), der unter anderem neun Symphonien geschrieben und uns auch den Satz »Leider bin ich ein eingefleischter Wiener« hinterlassen hat.

Zu ähnlicher Bekanntheit haben es später nicht mehr allzu viele in Wien tätige Musiker gebracht. Zu nennen sind der Meister der Operette Franz Lehár (1870–1948), das Universalgenie Arnold Schönberg (1874–1951), der sich nebenbei auch als Kompositionslehrer, Musiktheoretiker, Maler, Dichter und Erfinder betätigt hat, seine beiden Schüler Anton Webern (1883–1945) und Alban Berg (1885–1935), die gemeinsam die Zweite Wiener Schule begründet haben, sowie der in Wien geborene Komponist Ernst Krenek (1900–1991), der sein großes, mehrere Stilrichtungen umfassendes Werk nach seiner Flucht vor den Nazis in den USA geschaffen hat. Auch der Wienerlied-Komponist, Kabarettist und Klavierhumorist Hermann Leopoldi (1888–1959) musste vor dem NS-Terror im Jahr 1938 in die USA flüchten. Er konnte immerhin nach 1945 zurückkehren. Auch der durch sein Lied vom ›Tauben vergiften im Park‹ berühmt ge-

Johann Strauss (Sohn), Ölbild von August Eisenmenger (1888)

Rock me Amadeus – Out of the Dark: das Grab des ›Falken‹ auf dem Zentralfriedhof

wordene Georg Kreisler (1922–2011) musste emigrieren und hatte seinen Durchbruch in den USA.

Heute sind die Wiener Philharmoniker, die eng mit der Staatsoper verbunden sind, und die Wiener Sängerknaben traditionsreiche wie weltweit gefragte Musik-Botschafter der Stadt.

Eine Sonderstellung nimmt der Rocksänger Hans Hölzel alias Falco (1957–1998) ein. Er ist der einzige Wiener Musiker der Neuzeit, der bislang international für Furore sorgen konnte. Schon in jungen Jahren landete er mit ›Der Kommissar‹, ›Rock Me Amadeus‹ und ›Vienna Calling‹ drei Welthits, von denen nebenbei auch die Stadt Wien profitiert hat. Seine weitere Karriere, die auch von persönlichen Tiefen und musikalischen Untiefen gekennzeichnet ist, und auch sein nicht restlos geklärter Tod nach einem Autounfall auf einer Karibikinsel ändern nichts an der Tatsache, dass sein Grab auf dem Wiener Zentralfriedhof weiterhin viele Menschen anzieht.

Über die Stadtgrenzen hinaus bekannt wurden einige Interpreten des Wiener Lieds und die klassischen Heurigenschrammeln deshalb, weil sie bis heute jeden Abend in den großen Wein-Abfüll-Stationen der Wiener Heurigenorte aufgeigen. Ins Leben gerufen und in den Gasthäusern der Stadt gesungen wurde das Wiener Lied in der zweiten Hälfte des 19. Jahrhunderts. Die wichtigsten Instrumente der Interpreten, die geschickt zwischen weinselig bis todtraurig, romantisch bis bitterböse lavieren, sind bis heute Ziehharmonika, Kontragitarre und Geige.

Absolut empfehlenswert sind die modernen Interpreten des Wiener Lieds, vor allem Ernst Molden, Walther Soyka und Willi Resetarits alias Ostbahn-Kurti, die einzeln oder auch im Trio auftreten. Eine neue Note haben dem Wienerlied auch das Kollegium Kalksburg und die Strottern verliehen. Und ein echter Hoffnungsträger ist auch Nino Mandl, der sich Nino aus Wien nennt.

Bildende Kunst

Die Geschichte der bildenden Kunst reicht in Wien bis in die Babenberger-Ära des Hochmittelalters zurück. Egal ob Bildhauerei, Malerei oder Schatzkunst: Die Bildende Kunst wurde von Anfang an von den in Europa dominierenden Stilrichtungen beeinflusst. Einen guten Überblick über alle Epochen von der Gotik über das Barock bis zur Kunst des 19. und frühen 20. Jahrhunderts, von der Ringstraßenzeit bis hin zu Expressionismus und Moderne bietet die Sammlung im Oberen Belvedere (→ S. 89).

Eine der ältesten Stadtansichten ist auf dem Schottenmeisteraltar im Schottenstift zu sehen. In der Barockzeit hat der Bayer Johann Michael Rottmayer (1654–1730) unter anderem die Kuppelfresken in der Karlskirche und in der Peterskirche gemalt. Von Daniel Gran (1694–1757), dem Sohn des Hofkochs von Kaiser Leopold I., stammen wiederum die Deckengemälde im Prunksaal der ehemaligen Hof- und heutigen Nationalbibliothek, in der Schönbrunner Schlosskapelle sowie im Marmorsaal von Stift Klosterneuburg. Und der Niederländer Martin van Meytens (1695–1770), der in Stockholm geboren wurde und in seiner zweiten Lebenshälfte in Wien als Hofmaler agierte, hat der Nachwelt etliche prunkvolle Ansichten von Maria Theresia und anderen Mitgliedern der Kaiserfamilie hinterlassen. An die Zeit des Wiener Biedermeier erinnern wiederum die Gemälde von Ferdinand Waldmüller (1793–1865) und Friedrich Amerling (1803–1887). Waldmüller war ein Meister der Landschaftsmalerei, Amerling galt als der wichtigste Portraitmaler der feinen Gesellschaft in der Mitte des 19. Jahrhunderts.

Weltberühmt sind bis heute die Maler und Bildhauer der Wiener Moderne, die um die Wende vom 19. zum 20. Jahrhundert gewirkt haben. Wesentlich geprägt wurde die bildende Kunst jener Zeit durch den Jugendstil-Maler Gustav Klimt (1862–1918) und die beiden Expressionisten Oskar Kokoschka (1886–1980) und Egon Schiele (1890–1918). Die modernere Malerei wurde wiederum von der Wiener Schule der Phantastischen Realisten geprägt. Dazu zählen unter anderem Albert Paris Gütersloh (1887–1973), Arik Brauer (geb. 1929), Anton Lehmden (geb. 1929), Wolfgang Hutter (geb. 1928), Rudolf Hausner (1914–1995) und Ernst Fuchs (1930–2015). In deren Umkreis ist auch das Werk von Friedensreich

Typisches Biedermeier: Die ›Rückkehr von der Kirchweih‹ (1859) von Ferdinand Waldmüller

Hundertwasser (1928 –2000) zu sehen. Ein Kapitel für sich sind die Vertreter des Wiener Aktionismus, die in den 1960er Jahren mit ihrem Kunstbegriff, ihren avantgardistischen Happenings und ihren provokanten Manifesten für Aufsehen und im streng-konservativen Wien auch für Befremden gesorgt haben. Eine Zeitlang fanden sich die Namen Günther Brus, Otto Muehl, Herman Nitsch und Rudolf Schwarzkogler mehr im Lokal- denn im Kulturteil der Zeitungen wieder.

Zu den wichtigsten Bildhauern der Barockzeit zählen Lorenzo Mattielli (1687–1748), Georg Raphael Donner (1693 –1741) und Franz Xaver Messerschmidt (1736 –1783). Mattielli hat als Kaiserlicher Hofbildhauer in Wien zahlreiche Skulpturen geschaffen, diese sind unter anderem an der Hofburg, am Schloss Belvedere und an der Karlskirche zu sehen. Das wohl bekannteste Werk des gelernten Goldschmieds Donner ist der Providential-Brunnen – auch Donner-Brunnen genannt – am Neuen Markt. Von Messerschmidt stammen unter anderem die ›Charakterköpfe‹, eine Serie von 52 Büsten, die zum Teil herrliche Grimassen schneiden.

Die bekanntesten Vertreter des 19. Jahrhunderts sind Anton Dominik von Fernkorn (1813 –1878), Viktor Tilgner (1844 –1896) und Caspar von Zumbusch (1830 –1915). Fernkorn hat Wien mehrere Reiterstatuen hinterlassen, Tilgner zahlreiche Denkmäler im Stadtpark und entlang der Ringstraße, von Zumbusch stammt unter anderem das monumentale Maria-Theresien-Denkmal zwischen dem Kunsthistorischen und dem Naturhistorischen Museum am Ring.

Bekannte Bildhauer des 20. Jahrhunderts sind unter anderem Gustinus Ambrosi (1893 –1975), Anton Hanak (1875 –1934), Fritz Wotruba (1907–1975) und Alfred Hrdlicka (1928 –2009). Ambrosi gilt als ein Prototyp des politischen Wendehalses, er hat unter allen Regimen des 20. Jahrhunderts gearbeitet und wurde dabei auch von Adolf Hitler protegiert. Hanak war Mitglied der Wiener Secession und der Wiener Werkstätten sowie Gründungsmitglied des Österreichischen Werkbundes. Wotruba hat nicht zuletzt mit seiner Wiener Wotruba-Kirche den Kubismus neu interpretiert. Hrdlicka ist nicht nur als Bildhauer, Zeichner, Maler und Grafiker in die Geschichte eingegangen, sondern auch als ein moralisches Gewissen der Zweiten Republik.

Literatur

Als man, gerade nach 1945, auf der Suche nach einer eigenen, einer österreichischen Identität war, stieß man in Wien zunächst auf den Wiener Anwaltssohn Franz Grillparzer (1791–1872). Seine Dramen werden wie eh und je auf den großen Wiener Bühnen aufgeführt, und mit ›König Ottokars Glück und Ende‹ wurden bereits Generationen von Gymnasiasten vertraut gemacht. Der gelernte Jurist Franz Grillparzer wird von manchen gern als Nationaldichter Österreichs bezeichnet.

Als Wiener Volksdichter schlechthin wird dagegen ein anderer Wiener Anwaltssohn gehandelt. Anders als Grillparzer wollte Johann Nepomuk Nestroy (1801–1862) den Wunsch seines Vaters nicht erfüllen. Anstatt das juristische Studium voranzutreiben, spielte Nestroy lieber Theater und verdiente sein Geld dann von Amsterdam bis Brünn als Opernsänger. Nach der Rückkehr nach Wien avancierte er zu einem der beliebtesten Volksschauspieler und Possendichter. Seine bekanntesten Werke sind bis heute die Zauberposse ›Der böse Geist Lumpazivagabundus‹ sowie die Lokalpossen ›Der Talisman‹, ›Einen Jux will er sich machen‹ und ›Zu ebener Erde und erster Stock‹. Ein Zeitgenosse Nestroys war Ferdinand Raimund (1790–1836). Von ihm stammen ebenso bekannte Alt-Wiener Theaterstücke wie zum Beispiel ›Das Mädchen aus der Feenwelt oder ›Der Bauer als Millionär‹, ›Der Alpenkönig und der Menschenfeind‹ sowie ›Der Verschwender‹.

Das Todesjahr von Nestroy ist zugleich das Geburtsjahr des Wiener Arztsohns Arthur Schnitzler (1862–1931). Schnitzler gilt weiterhin als der

Franz Grillparzer ist zweifellos einer der wichtigsten österreichischen Schriftsteller

poetischste Analytiker, den die Stadt bis heute hervorgebracht hat. In seinen Hauptwerken ›Das weite Land‹, ›Reigen‹, ›Liebelei‹ und ›Fräulein Else‹ beschreibt der gelernte Arzt, der auch an der Psychoanalyse interessiert war, die Dekadenz, die Oberflächlichkeit und die soziale Ungerechtigkeit seiner Zeit. Manche seiner Betrachtungen sind bis heute gültig. Auch Schnitzler nutzte gerne das Wiener Kaffeehaus als Ort des Treffpunkts und der Inspiration. Zum Kreis der Wiener Kaffeehausliteraten werden auch Alfred Polgar (1873–1955), Hermann Bahr (1863–1934), Karl Kraus (1874–1936), Egon Friedell (1878–1938), Felix Salten (1869–1945) sowie Peter Altenberg (1859–1919) gezählt.

Bis heute bekannt ist der in Wien geborene Sohn eines wohlhabenden jüdischen Textilunternehmers: Stefan Zweig (1882–1942) wurde bereits 1934 von den Austrofaschisten bedroht und emigrierte daher zunächst nach London. Mit seinen romanhaften Biografien, seiner ›Schachnovelle‹, seiner autobiographischen Erinnerung an Wien in ›Die Welt von gestern‹ und seinen ›Sternstunden der Menschheit‹ hat Zweig auch Sternstunden der Literatur geschaffen. Ebenso vor dem Faschismus fliehen musste Zweigs Zeitgenosse Robert Musil (1880–1942), der den unvollendeten und von vielen unverstandenen Roman ›Der Mann ohne Eigenschaften‹ geschaffen hat. Ein weiterer Vertreter des Fin de Siècle ist der unermüdlich arbeitende Hugo von Hofmannsthal (1874–1929). Er gilt auch als Mitbegründer der Salzburger Festspiele; sein ›Jedermann› wird dort bis heute alljährlich aufgeführt.

Stolz ist man in Wien heute auch auf den in Prag geborenen Schriftsteller Franz Kafka (1883–1924). Kafka ist kein Wiener, sondern ein deutschsprachiger Tscheche, der auch nie in Wien gelebt hat. Immerhin gilt vieles, was der Autor der Romane ›Der Process‹ oder ›Das Schloß‹ geschrieben hat, auch für die Wiener Gesellschaft. Zudem ist er in einem Sanatorium in Kierling bei Wien verstorben. Von Wien ebenso vereinnahmt wird der Literatur-Nobelpreisträger und Philosoph

Elias Canetti (1905–1994). Dabei verschweigen manche, dass Canetti in der bulgarischen Donaustadt Ruse geboren wurde und dass er gleich zwei Mal, vor dem Ersten und auch vor dem Zweiten Weltkrieg, Wien aus politischen Gründen verlassen musste. Immerhin hat der älteste Sohn einer wohlhabenden jüdisch-sephardischen Kaufmannsfamilie wesentliche Recherchen für sein Hauptwerk ›Masse und Macht‹ im Wien der Zwischenkriegszeit getätigt.

Das traurigste Kapitel der Wiener Literaturgeschichte begann in den 1930er Jahren mit der Machtergreifung der Austrofaschisten und dann der Nationalsozialisten. Bereits ab 1933 wurden zahlreiche Wiener Autoren denunziert,

Johann Nepomuk Nestroy ist bis heute der Wiener Volksdichter schlechthin

in Deutschland ließen die NS-Führer auch ihre Bücher verbrennen und verbieten. Nach dem Ende des NS-Terrors litt auch die Wiener Literaturszene unter diesem Aderlass. Die Wiener Tradition fortzusetzen versuchte der erzkonservative Friedrich Torberg (1908–1979), während der in Wien-Neubau aufgewachsene und 1938 in die Schweiz emigrierte Dramatiker Fritz Hochwälder (1911–1986) nach 1945 in Wien fast völlig in Vergessenheit geraten ist.

Eng mit Wien verbunden wird hingegen der Wiener Architektensohn Heimito von Doderer (1896–1966). Mit seinem Roman ›Die Strudlhofstiege oder Melzer

Arthur Schnitzler (hier um 1912) – der poetischste Analytiker von Wien

und die Tiefe der Jahre‹ hat er nicht nur der Stiege im neunten Wiener Gemeindebezirk (Alsergrund), sondern auch sich selbst ein Denkmal gesetzt. Es war dann der in Klagenfurt geborenen und in Rom verstorbenen Autorin Ingeborg Bachmann (1926–1973) vorbehalten, mit ihren Texten für neuen Wind im Wiener Literaturbetrieb zu sorgen. Kein Wiener, aber einer, der sich in seinen Büchern viel mit der Wiener Seele kritisch auseinandergesetzt hat, war Thomas Bernhard (1931–1989). Für ihr gespaltenes Verhältnis zu Wien ist auch die Literatur-Nobelpreisträgerin Elfriede Jelinek (geb. 1946) bekannt.

Auffallend auch: Wiener Autoren, die heute für Aufsehen sorgen, sind aus anderen Berufen zur Schriftstellerei gekommen: So war Daniel Glattauer, bevor seine weltweit erfolgreichen und in viele Sprachen übersetzten E-Mail-Romane geschrieben hat, jahrelang Gerichtsreporter und Kolumnist der Wiener Tageszeitung ›Der Standard‹. Der Krimiautor und Erfinder des Wiener Kult-Kieberers (Polizist) Brenner, Wolf Haas, hat wiederum zuvor in Werbeagenturen gejobbt und dabei unter anderem den famosen Slogan ›Ö1 gehört gehört‹ getextet, während Ernst Molden auch als Journalist und Singer-Songwriter auf sich aufmerksam macht.

Zum Abschluss noch ein Tipp für alle, die das Geschriebene auch verorten möchten: Die Literaturwissenschafterin Anna Lindner liefert mit ihrem Buch über die ›Wiener Literaturschauplätze‹ etliche Hinweise. So trafen sich die Wiener Kaffeehausliteraten der Zwischenkriegszeit meist im Café ›Central‹ in der Herrengasse. Die Wiener Gruppe rund um H. C. Artmann, Ernst Jandl, Oswald Wiener und Gerhard Rühm präferierte das Café ›Hawelka‹, Elfriede Jelinek das Café ›Korb‹, und für Ernst Molden wurde das Café ›Heumarkt‹ zur verlängerten Werkbank.

Theater

Dem Theater kommt eine weitere tragende Rolle in der Wiener Kunst- und Kultur-Szene zu. Es gibt eine Reihe von kleinen und großen Bühnen; dabei können sich die Theatermacher auf eine große Tradition berufen. So haben sowohl der in Baden bei Wien geborene Regisseur Max Reinhardt (1873 – 1943) als auch der Wiener Schauspieler und Regisseur Fritz Kortner (1892 – 1970) in Wien ihre ersten Versuche und Erfolge gefeiert. Eine ganze Dynastie an Schauspielern haben die in Wien verwurzelten Familien Thimig und Hörbiger hervorgebracht, wobei bei den Hörbigers vor allem die erste Generation bejubelt und auch kritisiert wurde, weil sie sich für die NS-Propaganda der Nazis vor und während des Kriegs einspannen ließ.

Weit über die Stadtgrenzen hinaus bekannt wurde der Wiener Schauspieler Helmuth Lohner (1933–2015), der auch das Theater in der Josefstadt leitete. Als Stars der Gegenwart werden die Max-Reinhardt-Absolventin Birgit Minichmayr, Nicholas Ofczarek und Cornelius Obonya gehandelt, alle drei auch im Wiener Burgtheater fest verankert. Für Aufsehen sorgt immer wieder auch Kollege Hubsi Kramar, der nicht nur mit großer Leidenschaft verschiedene Off-Theater leitet und bespielt, sondern auch für sein soziales Engagement bekannt ist und als Hitler verkleidet beim Wiener Opernball die feine Gesellschaft schockiert hat.

Erste Erfolge in Wien: der berühmte Regisseur Fritz Kortner (im Jahr 1911)

Weanerisch

Hochdeutsch gilt für echte Wiener als erste lebende Fremdsprache. Zwar geraten auch in Wien die Dialektwörter allmählich in Vergessenheit, aber noch gibt es ihn: den Wiener Dialekt. Sprachforscher und Sprachaffine versuchen sogar, ihn mit eigenen Wörterbüchern am Leben zu erhalten. Gleichzeitig entwickelt sich die Alltagssprache der Wiener und Wienerinnen weiter, erneut gerät sie zur Wiener Melange. So sagen Jugendliche mit südosteuropäischem Sprachhintergrund ›Gemma Lugner‹, wenn es sie drängt, in ein gleichnamiges Shoppingcenter zu gehen. Gleichzeitig sagen ihre Ur-Wiener Freunde – vom deutschen Privatfernsehen beeinflusst – ›tschüss‹, was vor wenigen Jahren noch einigermaßen verpönt war. Wuaschd! (Wurst, hochdeutsch: egal!). Im Folgenden ein kleines A bis Z, das Wien-Besuchern ein Gefühl für den Wiener Dialekt geben soll. Dank an dieser Stelle den Dialektforscherinnen Bettina Hobel, Ulrike Thumberger und Eveline Wandl-Vogt für ihre Expertise. Tipp: Den einen oder anderen Brocken in eine Unterhaltung einwerfen. Wirkt Wunder!

Ansertrottel = Einsertrottel, der König unter den Blöden.
Bahöö = Aufruhr, empfindliche Störung der Wiener Gemütlichkeit.
Bassena = Gemeinschaftswasserstellen in Treppenhäusern vieler Wiener Altbauten.

Bahöö, der: Wird in Wien unter anderem von spaßigen F13-Aktivisten an jedem Freitag dem 13. organisiert

Chuzpe = bodenlose Frechheit (aus dem Jiddischen).

Dulliö = Alkoholrausch.

Eh = Füllwort, das situationsbedingt zur Verstärkung ebenso wie zur Abschwächung des Gesagten verwendet werden kann.

Frnak = große Nase (vom tschechischen frnajak). Böser: Heampa.

Gscheada = Gescherter, in Wien grundsätzlich jeder Österreicher, dem nicht das Glück zuteil wurde, in der Hauptstadt geboren und aufgewachsen zu sein. Böser noch: ›Bauernschädl‹.

Haberer = guter Freund, Kamerad, Kumpel in Ein- und Mehrzahl (ausgesprochen: Hawara), auch: Geliebter, Ehemann (vom jüdischen chavver).

I-Tüpferl-Reiter = Prinzipienreiter, Pedant, der jeden fehlenden i-Punkt sucht.

Jessasmarandjosef! = Jesus, Maria und Josef! Ausruf höchster Empörung. Das Hochdeutsche kommt mit drei Buchstaben aus: Oje!

Klumpert = Nutzloses, billiges Zeug. Synonym für alles, was den Wienern und ihrer Bequemlichkeit unnötig im Weg steht.

Pflegt gleichermaßen die (aufgeklebte) Rotzbremse wie den Dialekt: Franz A. Wenzl vulgo Austrofred

Lavur = Waschschüssel, Waschbecken (vom französichen lavoir).

Marie = Pendant zur deutschen Kohle; Maßeinheit im Dialekt: ›ein Kilo‹ (= 100 Euro).

Negarant = politisch nicht ganz korrekte Beschreibung eines finanziell Mittellosen.

Owezahra = Ein Mensch, der sich gerne vor der Arbeit drückt.

Pülcher = Gauner, Ganove, hintertriebener Mensch (ausgesprochen: Pücha).

Quasi = in etwa; signalisiert, dass man es nicht ganz so genau nehmen will.

Rotzbremsn = Schnurrbart.

Suderant = Nörgler, auch: Raunzer.

Schani = Diener, Lakai, ursprünglich Koseform des französischen Vornamens Jean. Oft zu hören in der Wendung: ›I bin do ned dei Schani!‹

Teschek = Synonym für Schani.

Ungustl = widerlicher Mensch (Gustl ist in Wien die Koseform für August).

Voikoffa = Vollkoffer (Steigerung von Koffer): besonders dumme Person.

Waserl = feige, wenig resolute Person.

X-Haxn = X-Beine.

Yeti-Tant = Jeti-Tante (zugegeben, das ist ein bisserl geschummelt, denn das Wienerische kennt an sich kein Y). Meist so verwendet: »Das ist für die Yeti-Tant.« Heißt: »Das ist völlig umsonst.«

Zumpferldoktor = Urologe.

Kabarett

In Wien wird jeden Abend laut gelacht. Dabei begann die Geschichte des Wiener Kabaretts vor mehr als 100 Jahren nicht unbedingt erfolgversprechend: Am 16. November 1901 eröffnete der Wiener Schriftsteller und Theaterkritiker Felix Salten im Theater an der Wien sein ›Jung-Wiener Theater zum lieben Augustin‹, das jedoch schon nach nur wenigen Vorstellungen Geschichte war. Auch das im Jahr 1906 eröffnete ›Cabaret Nachtlicht‹ musste trotz bekannter Autoren und Darsteller – darunter Frank Wedekind, Peter Altenberg, Roda Roda und Egon Friedell – bald wieder schließen. Da half es auch nichts, dass das Kabarett im scharfzüngigen Kritiker Karl Kraus anfangs sogar einen Befürworter hatte. Seine erste große Zeit erlebte das Kabarett im Wien der 1920er Jahre. Für seine spitze Zunge bekannt, vom Publikum geliebt und von den NS-Machthabern gefürchtet war der in Brünn geborene Kabarettist, Schauspieler, Autor und Sänger Fritz Grünbaum, der im legendären Kabarett ›Fledermaus‹ auf der Kärntner Straße und auch in Berlin erfolgreich war. Selbst im Konzentrationslager ist Grünbaum noch aufgetreten, ehe ihn die Nationalsozialisten 1941 endgültig in den Tod getrieben haben.

Unmittelbar nach dem Krieg kam das Kabarett in Wien nur langsam wieder in Gang. Großartig waren dann die Darbietungen von Karl Farkas, Ernst Waldbrunn, Gerhard Bronner und Helmut Qualtinger, vor allem dessen Auftritte als verkappter Nazi ›Herr Karl‹. Qualtinger kratzte in dieser scheinbar harmlosen Rolle als einer der Ersten am offiziellen Geschichtsbild der Österreicher, die sich nicht als Täter, sondern als erstes Opfer Hitlers in der Welt gut verkauft hatten. Historische Verdienste um das Kabarett in Wien hat sich später auch Lukas Resetarits erworben, der bereits zu einer Zeit mit seinem Kabarett begann, als dies noch nicht im Fernsehen hohe Einschaltquoten versprach. Heute gibt es jeden Abend in Wien irgendwo Kabarett. Das weite Spektrum reicht von recht einfach gestrickten Radio-Comedians bis zu großen Könnern ihres Faches.

Meister seines Fachs: Josef Hader bringt sein Publikum zum Lachen und zum Nachdenken

Das Grab für den bis heute sehr verehrten Schauspieler Hans Moser auf dem Zentralfriedhof

Annäherung an Wien

Film

Als erster großer österreichischer Filmemacher gilt der in Wien geborene Fritz Lang (1890–1976), der die Stummfilm- und die frühe Tonfilm-Zeit technisch und auch ästhetisch entscheidend mitgeprägt hat. Auch er musste vor den Nationalsozialisten flüchten und setzte seine Karriere in Hollywood fort. Bis heute bekannt sind sein Krimi ›M – eine Stadt sucht einen Mörder‹ und der Science-Fiction-Klassiker ›Metropolis‹. Lang ist in Beverly Hills gestorben. Ebenfalls in Hollywood Karriere gemacht hat der Sohn eines Krakauer Hoteliers, Billy Wilder (1906–2002), der bei zahlreichen preisgekrönten Filmen Regie geführt hat, andere auch produziert hat. Legendär war seine Zusammenarbeit mit Marlene Dietrich, Marilyn Monroe und Shirley MacLaine sowie mit Jack Lemmon und Walter Matthau. Wilders Wiener Jugendfreund, der Arztsohn Fred Zinnemann (1907–1997), ist überhaupt als einer der besten Regisseure des 20. Jahrhunderts in die große Filmgeschichte eingegangen. Seine Meisterwerke, darunter ›Zwölf Uhr mittags‹ und ›Verdammt in alle Ewigkeit‹, wurden von der Academy of Motion Picture Arts and Sciences elf Mal für einen Oskar nominiert und fünf Mal auch ausgezeichnet. Zudem gilt er als Entdecker und erster Förderer von Schauspiel-Giganten wie Marlon Brando, Grace Kelly oder Meryl Streep.

Eher hausbacken wirken da die Schauspieler, die in Wien nach 1945 auf den Plan traten und ein spezielles unschuldiges Österreich-Bild geprägt haben. Egal ob Hans Moser (1880–1964), Marika Rökk (1913–2004) oder der unverwüstliche Peter Alexander (1926–2011) – sie alle spielten dem Publikum ihrer Heimatfilme eine heile Welt vor. Auch Romy Schneider (1938–1982) feierte zunächst als verklärte österreichische Kaiserin Sisi erste Erfolge, ehe sie auch seriöse Angebote im Ausland erhalten hat. Ihr persönliches Drama bestand darin, dass sie sich stets von ihrer Rolle als Kaiserin emanzipieren wollte und daran auch von ihrem Publikum gehindert wurde.

Nachhaltig erfolgreich außerhalb Österreichs war somit einzig der exzentrische Wiener Schauspieler Oskar Werner (1922–1984). Immerhin hat der österreichische Film zuletzt auch wieder für Aufsehen und Applaus gesorgt. Mitverantwortlich dafür sind auch eine Reihe von in Wien tätigen oder in Wien sozialisierten Regisseuren wie Michael Haneke, Ulrich Seidl, Barbara Albert, Michael Glawogger, Jessica Hausner, Wolfgang Murnberger, Hans Weingartner oder Oscar-Preisträger Stefan Ruzowitzky. Für seine Rolle in dem preisgekrönten Film ›Die Fälscher‹ hat es auch der in Wien-Floridsdorf aufgewachsene Schauspieler Karl Markovics zu Oscar-Ehren gebracht.

Ganz Ohr: im Wiener Funkhaus ist heute noch der Kult(ur)sender Ö1 beheimatet

Fernsehen

Wien im Fernsehen – das ist vor allem die Live-Übertragung vom Neujahrskonzert am 1. Januar aus dem Musikverein, die Live-Übertragungen vom Life-Ball und von der Eröffnung der Wiener Festwochen vom Rathausplatz, eventuell noch der eine oder andere TV-Krimi. Sehens- und vor allem hörenswert ist auch die inzwischen uralte TV-Serie ›Ein echter Wiener geht nicht unter‹, in der der Schauspieler Karl Merkatz recht authentisch den Karl Sackbauer alias ›Mundl‹ gibt. Sonst hat Wien – man muss es leider so sagen – wenig Spezielles zu bieten. 3sat kann man auch anderswo im deutschsprachigen Raum empfangen, und wer den öffentlich-rechtlichen Sender ORF nicht sieht, hat auch nicht allzu viel versäumt. Der Bildungsauftrag, der für die Fernseh- und Radio-Gebührenpflicht gerne in Anspruch genommen wird, wird meist erst dann wahrgenommen, wenn die Mehrheit der Menschen in diesem Land bereits schläft, neuerdings dank des Spartensenders ORF III.

Ambitioniertes Fernsehen machen die beiden auch digital zu empfangenden Wiener Privatsender W24 (www.w24.at) und Okto (www.okto.tv).

Radio

Wenn Sie in Wien das Radio aufdrehen und im Sendersuchlauf nach einer Wiener Note suchen, bieten sich folgende Sender und Sendungen an: So genial wie sein Slogan ›Ö1 gehört gehört‹ ist der Kulturauftragssender des öffentlich-rechtlichen Radiosenders ORF. Er heißt Österreich 1, kurz Ö1, und ist in Wien auf der Frequenz 92,0 MHz zu hören. Mag die ernste Musik manchmal gar zu ernst sein, heben sich die hervorragend seriös gestalteten Feature-, Wissenschafts- und Nachrichtensendungen wohltuend vom sonstigen Gedudel ab.

Einigermaßen wienerisch sind die Moderatoren von Radio Wien (Frequenz 89,9 MHz), leider spielt man auf diesem ORF-Sender seit Jahren das fadeste Musikprogramm in town. Wer es jünger und weltoffener mag, wird von FM4 (Frequenz 103,8 MHz) und dem Privatsender Radio Orange (Frequenz 94,0 MHz) gut bedient.

Wissenschaft

An sich könnte alles so einfach sein: Im Arkadenhof der Wiener Universität sind die angeblich klügsten Köpfe der Stadt in Stein und Bronze zu sehen. Das erste Marmor-Relief, das des habilitierten Strafrechtlers Julius Anton Glaser (1831–1885), wurde 1888 enthüllt, das letzte, jenes des Philosophen Karl Popper (1902–1994), im Jahr 2002. Man muss also, so die naive Theorie, nur durch die Arkaden spazieren und kann en passant alle großen Wissenschafter, die in Wien gelernt, geforscht und auch gelehrt haben, kennenlernen. Berechtigt ist allerdings der Einwand forschender wie forscher Frauen, dass uns die 154 Männer-Köpfe mehr über die Dominanz der Männer über die Frauen erzählen als über die Klugheit der Stadt an sich: Als einzige gelehrte Frau ist die Schriftstellerin Marie Ebner-Eschenbach (1830–1916) vertreten.

Um darauf aufmerksam zu machen, dass auch verdiente Wiener Wissenschaftlerinnen eine Würdigung verdient hätten, wurde im Jahr 2009 unter dem Motto ›Der Muse reicht's‹ die überdimensionale Silhouette einer Frau in kämpferischer Pose in den Steinboden des Arkadenhofs eingelassen. Ein Denkmal verdient hätten wohl mehrere Akademikerinnen: So wurde der in Prag geborenen Schriftstellerin Bertha von Suttner (1843–1914) am 10. Dezember 1905 der Friedensnobelpreis verliehen. Und der Kernphysikerin Lise Meitner (1878–1968) ist gemeinsam mit ihren Kollegen Otto Hahn und Otto Frisch die erste physikalische Erklärung der Kernspaltung gelungen.

Jenseits aller Geschlechterfragen bleibt zu konstatieren, dass die Wiener Universität heute nicht mehr zu den Top-Adressen in der Forschung zählt; glorreich ist mehr ihre Vergangenheit. Etliche Nobelpreisträger haben hier studiert, gelehrt und geforscht. Mit dem Nobelpreis für Medizin ausgezeichnet wurden unter anderem der Psychiater Julius Wagner-Jauregg (1927), der Pathologe und Serologe Karl Landsteiner (1930, für die Entdeckung des AB0-Systems der Blutgruppen), außerdem die Verhaltensforscher Karl Frisch (1973, für die Entdeckung der Bienensprache) und Konrad Lorenz (ebenso 1973, für seine Graugans-Forschung). Lorenz war aufgrund seiner NSDAP-Mitgliedschaft nicht unumstritten, mit seinem Protest gegen das Kraftwerk Hainburg 1984 hat er aber auch wesentlich zur Gründung der Grünpartei in Österreich beigetragen. Den Nobelpreis für Physik erhielten Erwin Schrödinger (1933, für ›die Entdeckung neuer produktiver Formen der Atomtheorie‹) und Victor Franz Hess (1936, für die Entdeckung der Kosmischen Strahlung). Der Ökonom und Sozialphilosoph Friedrich August von Hayek hat für seine Theorien zum Liberalismus und Neo-

liberalismus ein Jahr später den von der schwedischen Reichsbank gestifteten Nobelpreis für Wirtschaftswissenschaften erhalten. Aus Wien vertrieben und für ihre Arbeit im Exil mit dem Nobelpreis ausgezeichnet wurden der Chemiker Max Ferdinand Perutz (1962), der Physiker Walter Kohn (1998) und der Mediziner Eric Kandel (2000). Elias Canetti erhielt im Jahr 1981 den Nobelpreis für Literatur, ebenso Elfriede Jelinek 2004.

Großartige wissenschaftliche Leistungen erbracht haben auch die Philosophen Ludwig Wittgenstein und Sir Karl Popper, die Physiker Ludwig Boltzmann, Ernst Mach und Christian Doppler, die beiden Ingenieure Viktor Kaplan und Josef Ressel, der Rechtswissenschaftler Hans Kelsen sowie die drei Sozialwissenschaftler Marie Jahoda, Hans Zeisel und Paul Lazarsfeld. Dieses Forschertrio hat mit seiner Studie ›Die Arbeitslosen von Marienthal‹ nicht nur die qualitative Sozialforschung mitbegründet, sondern auch einen hoch interessanten Befund über die Wirkungen von Arbeitslosigkeit geliefert. Am Höhepunkt der Weltwirtschaftskrise, zu Beginn der 1930er Jahre, haben sie den kleinen Ort Marienthal südlich von Wien untersucht, in dem kurz zuvor die große Seidenfabrik für immer geschlossen worden war. Die Studie ist heute weltweit bekannt, ihre Ergebnisse sind teilweise auch heute noch gültig. Alle drei Forscher mussten bald nach der Veröffentlichung ihrer Studie ihre Heimat verlassen, alle drei haben dann in den USA und in Großbritannien Karriere gemacht. Überhaupt mussten vor den Nazis etliche großartige Forscher flüchten, darunter der Arzt und Begründer der Psychoanalyse Sigmund Freud (1856 –1939), der Begründer der Individualpsychologie Alfred Adler (1870 –1937) sowie der Begründer der Logotherapie Viktor Frankl (1905 –1997).

Zum Thema ›Vertriebene Vernunft‹ wurden in den vergangenen Jahren etliche Studien erstellt. Kaum auszumalen, wohin sich Wien entwickelt hätte, hätten die Österreicher nicht in großer Mehrheit für Hitler gestimmt. Nach dem Krieg konnten nurmehr wenige Forscher an die große Tradition ihrer Vorgänger anschließen. Die österreichische und damit vor allem die Wiener Seele eingehend untersucht hat der Psychologe Erwin Ringel (1921–1994). Die Anti-Baby-Pille entwickelt hat der im Jahr 1923 in Wien geborene Chemiker und Schriftsteller Carl Djerassi, allerdings sind auch ihm seine bahnbrechenden Entwicklungen im Exil gelungen.

Langsam beginnt sich die Erkenntnis auch bis zur Stadtpolitik durchzusetzen, dass man in die Forschung mehr investieren sollte. Die Wiener Universität zählt mit knapp 10 000 Mitarbeitern zu den wichtigsten Arbeitgebern der Stadt. Diskutiert wird weiterhin, ob der Zugang weitgehend frei bleiben oder beschränkt werden soll, speziell für die Vielzahl der aus Deutschland stammenden Studenten. Eine Wiener Besonderheit sind die regelmäßig gehaltenen, frei zugänglichen Wiener Vorlesungen, die vom langjährigen Kulturamtsleiter Hubert Christian Erhalt ins Leben gerufen wurden (www.vorlesungen.wien.at). Zu empfehlen ist auch die Seminar- und Vorlesungsreihe ›University Meets Public‹, die von Mitarbeitern der Universität Wien und der Volkshochschule Wien regelmäßig organisiert wird (www.vhs.at).

Die Galerie der klügsten Männerköpfe – im Arkadenhof der Wiener Universität

Esskultur

In Wien gehören Essen und Trinken zum Kulturgut: Ausdruck eines ganz bestimmten Lebensgefühls, große Kunst sowie Teil einer traditionell barocken, seit jeher auf Üppigkeit ausgelegten Inszenierung. Dabei sind die Wiener nicht nur beim Essen nicht zu bremsen. Auch das Reden übers Essen, ihre Wiener Küche, bereitet ihnen stets große Freude. Dass diese Wiener Küche über weite Strecken in Böhmen ihre Ursprünge findet, dass selbst das heilige Wiener Schnitzel angeblich nicht in Wien, sondern in Mailand seine Heimat hat, sei hier nur am Rande erwähnt, weil ein solcher Hinweis doch nur vom Wesentlichen ablenkt.

Wirtshäuser

Natürlich hat die Globalisierung nicht vor den Toren Wiens Halt gemacht. Doch so wie in anderen Städten auch besinnen sich jüngere Menschen wieder der Wiener Ess-Kultur. So erfreuen sich speziell die Wiener Wirtshäuser nach Jahren der großen Depression mit einer etwas leichter gemachten Hausmannskost wieder großer Beliebtheit. Die traditionellen Wiener Wirtshäuser, auch Beisln genannt, sind ein Spezifikum der Stadt, auch wenn derzeit ein Generationenwechsel zu beobachten ist. Im Wien der Wiederaufbauzeit nach 1945 gab es vor allem in den Arbeiterbezirken fast an jeder Straßenecke ein Wirtshaus. Denn all die Arbeiter, die meist aus den anderen Bundesländern in die Hauptstadt kamen, hatten mittags und auch abends großen Hunger und Durst. In der jüngeren Vergangenheit trug die Veränderung der Lebens- und damit auch der Ernährungsgewohnheiten den Wirtsleuten eine Strukturkrise ein. Viele Betriebe mussten aufgeben, neue Innovative haben jedoch eröffnet (Adressen → S. 266).

Wiener Gemütlichkeit I: eine Melange und dazu die Zeitung, hier im Café Schwarzenberg

Annäherung an Wien

Kaffeehäuser

Natürlich muss man in Wien nicht auf Starbucks verzichten. Wo muss man das heute noch? Aber man kann hier auch ganz bewusst auf den amerikanischen Way of Life pfeifen und sich nur vom Charme der Wiener Kaffeehäuser verzaubern lassen. Die können sich trotz internationaler Konkurrenz weiterhin gut behaupten und sollten längst unter Denkmalschutz gestellt werden – als ein Wiener Spezifikum, das man in dieser Form und Fülle selten anderswo vorfindet. Diese Vielfalt hat schon Bertolt Brecht fasziniert, als er sich zu folgender Übertreibung hinreißen ließ: »Wien ist eine Stadt, die um einige Kaffeehäuser herum errichtet ist, in welchen die Bevölkerung sitzt und Kaffee trinkt.« Es wurde oft gesagt: Zu einem guten Wiener Kaffeehaus gehört nicht nur Kaffee von den Alt-Wiener Röstern wie Julius Meinl oder Santora, sondern auch ein großer Stapel an Tageszeitungen sowie ein möglichst unfreundlicher Ober (Adressen → S. 270).

Würstelstände

Currywurst mit Pommes und Mayo in Ehren, aber wursttechnisch haben die Berliner den Wienern erbärmlich wenig entgegenzusetzen. Dabei schlagen beflissene Ernährungsberater bei einer ›Buwu‹ – gebräuchliche Abkürzung für Burenwurst, eine grobe österreichische Brühwurst – oder ›Eitrigen‹ – wenig feinfühlige Umschreibung der Käsekrainer – die Hände über den Kopf zusammen. Wie auch immer: Die Wurst taucht man jedenfalls in einen ›Siaßn‹ oder ›Schoafn‹, also einen süßen oder scharfen Senf. Sehr gebräuchlich ist dazu auch die Bestellung eines ›Sechzehner-Blechs‹, einer Bierdose. Der Würstelstand wird auch ›das kleine Sacher der Wiener‹ genannt (Adressen → S. 281).

Wiener Gemütlichkeit II: Das Duo wird gleich ›a Eitrige‹ und ›a 16er-Blech‹ bestellen

Heurigen

Der Heurigen ist eine Ur-Wiener Institution, in die Bewohner dieser Stadt gern gehen, um bequem Schmäh zu führen und ordentlich Kalorien und Alkohol zu sich zu nehmen. Ernst Bieber, ein ebenso bekannter wie anerkannter Kritiker des Wiener Weins und der Wiener Heurigen, berichtet von dort: »Manche meinen, Wien und der Wein seien eine Einheit, phonetisch nur unterschiedlich dank einer Lautverschiebung.« Tatsächlich dürfte der Wiener Wein als Kulturgut so alt wie Wien selbst sein. Schon Kelten und Römer sollen hier Reben gepflanzt haben, nachweisbar sind die Wiener Weingärten ab dem Jahr 1132. Faktum ist auch, dass Wien die einzige Millionen- und Kulturstadt der Welt ist, in der auch in bedeutender Menge Wein kultiviert wird. Neben dem Wienerwald umfasst die grüne Lunge der Stadt 700 Hektar Rieden. Erst in den 1990er Jahren wurden die Weingärten mit finanzieller Unterstützung der Kommune zum Großteil erneuert, so dass der Wiener Weinbau – ein Rebstock trägt 50 Jahre und länger Früchte - derzeit auf Jahrzehnte gesichert scheint. Pro Jahr werden in Wien aus den geernteten Trauben im Schnitt 20 000 Hektoliter Wein gekeltert, das sind 16 Millionen ›Achterln‹ (meist wird der Bouteillenwein in Achtelliter-Mengen in Stielgläsern ausgeschenkt).

Die Wiener Rebenanlagen werden von rund 230 Hauern bewirtschaftet, nur die Hälfte von ihnen schenkt den eigenen Wein im eigenen Heurigen-Lokal aus. Das Wort ›Heurigen‹ steht einerseits für den jungen Wein, andererseits für das Lokal, in dem Wein ausgeschenkt wird. Die meist urigen Weinlokale werden auch Buschenschanken genannt, weil vor jedem echten Heurigen ein Föhrenbuschen am oder über dem Tor baumelt. Die Tradition dafür reicht bis ins Mittelalter zurück, legalisiert wurde sie aber erst 1784 unter Kaiser Joseph II.

Unter anderem verdanken die Wiener dieser weltweit einzigartigen Institution den Ruf, ein Volk von Genießern zu sein. Weinkenner Ernst Bieber erläutert: »Unterm Föhrenbuschen wird Wein nicht nur mit Gaumen und Kehle, son-

Wiener Gemütlichkeit III: »Manche meinen, Wien und der Wein seien eine Einheit.«

dern auch mit der Seele verkostet. Rund um den Heurigen entwickelte sich eine eigene Gesellschaftskultur, um die Wien oft beneidet wird.« Standes- und Einkommensunterschiede spielen an den ungedeckten Holztischen keine Rolle. Die Heurigen sind aber nicht nur Stätten der Lebensfreude, sondern freilich auch Refugien auf der Flucht vor Alltagsproblemen, gelegentlich Ersatz für die Couch beim Psychiater, immer öfter aber auch Horte edler Tropfen. Wiener Topweine sind mittlerweile nicht nur in den Heurigen, sondern auch in zahlreichen Wiener Restaurants zu finden. Mehrere Winzer der Stadt haben zuletzt auch punkto Qualität und Marketing zur internationalen Spitzenklasse aufgeschlossen. So wurde unter anderem der Grüne Veltliner, der zwar als ein Lieblingsgetränk der Wiener gilt, jahrelang aber nur ein eher kümmerliches Dasein fristete, nach dem Weinskandal in den 1980er Jahren neu

Wiener Gemütlichkeit IV: Schanigarten

entdeckt, neu interpretiert und auch wieder salonfähig gemacht. Wer keinen Alkohol trinkt, kann beim Heurigen das Kracherl oder den Almdudler probieren – süße Limonaden mit Zitronen-, Himbeer- oder Kräutergeschmack, die erschaffen wurden, um auch als Anti-Alkoholiker am Wiener Lebensgefühl teilhaben zu dürfen. Empfehlenswerte Heurigen gibt es ab → S. 276.

Schanigärten

Es gibt in Wien ein buntes Sammelsurium an Möglichkeiten, im Sommer unter freiem Himmel zu sitzen und das Leben und das Leben in dieser Stadt ganz allgemein und im Speziellen auszukosten. Man nennt diese Orte der Glückseligkeit Schanigärten. Der Wiener Schanigarten ist in der schönen Jahreszeit eine Bereicherung für die Stadt und ihre Bewohner. Nach strenger Vorschrift des Wiener Magistrats und manchmal auch gegen den Willen von Spaßverderbern in der Nachbarschaft dürfen Wirtsleute in dieser Zeit ihre Lokale auf die Straße hinaus erweitern.

Schön ist auch die Legende, wonach der Schanigarten auf einen Kaffeesieder des 18. Jahrhunderts mit italienischem Namen zurückgeht. Aus dem Gianni wurde dann der Schani und aus seiner Idee der Ausschank im Freien eine Erfolgsgeschichte. Andere wollen wiederum wissen, dass der Schani ein Lehrling war und von seinem Chef den Auftrag erhalten hat: »Schani, trag den Garten außi!« (Adressen → S. 282).

Rezepte

Den Kollegen Christian Hauenstein und Klaus Kamolz sei Dank! Sie haben in ihrem lesenswerten, hilfreichen und appetitanregenden ›Wiener Wirtshaus-Kochbuch‹ unzählige Wiener Speisen aufgelistet und auch deren Zubereitung beschrieben. Aus ihrem Kochbuch sind auch die im Folgenden gebotenen Rezepte entnommen.

Alt-Wiener Suppentopf

Die ortsübliche Eröffnung einer ebenso klassischen wie kalorienreichen Wiener Mahlzeit. Tipp: weniger ist mehr.

Zutaten: 2 Karotten, ½ Sellerieknolle, 1 große Stange Porree (Lauch), 1 Bund Petersilie, 2 Zwiebeln, 2,5 l Wasser, 750 g mageres Rindfleisch, 500 g Rindfleischknochen, 2 Lorbeerblätter, Salz, Pfeffer, Thymian, etwas Liebstöckel, ½ Bund Schnittlauch, evtl. Suppennudeln.

Zubereitung: Karotten und Sellerie schälen und in Würfel schneiden. Den Porree putzen, der Länge nach halbieren und in ebenso große Stücke schneiden. Petersilie und Zwiebeln grob hacken, das Rindfleisch in mundgerechte Stücke schneiden. Dann alles gemeinsam mit den Knochen und Lorbeerblättern in einen ausreichend großen Topf geben. Nach Belieben würzen und so lange köcheln lassen, bis das Fleisch und das Gemüse weich gekocht sind. Am Ende die Knochen entfernen, die Suppennudeln hinzufügen und mit gehacktem Schnittlauch garnieren.

Wiener Schnitzel mit Erdäpfelsalat

Der Klassiker für die Fleischliebhaber, selbstverständlich vom Kalb. Alles andere (Schwein, Huhn) muss ein rechtschaffener Wiener Wirt extra ausweisen.

Zutaten: 4 Kalbsschnitzel, Salz, 150 g glattes Mehl, 2 Eier, 150 g Semmelbrösel (Paniermehl), 350 g Butterschmalz, 1 Zitrone, ½ Bund Petersilie; 600 g Erdäpfel (Kartoffeln), 1 rote Zwiebel, Essig, Öl, Salz, Pfeffer, eventuell Zucker.

Zubereitung: Die Ränder der Schnitzel leicht einschneiden und auf beiden Seiten fest durchklopfen. Dann die Fleischstücke beidseitig salzen und der Reihe nach mit Mehl bestauben, durch die versprudelten Eier ziehen und in den Semmelbrösel wenden. Die dabei entstandene Panier vorsichtig mit einer Gabel andrücken. Dann das Schmalz in einer Pfanne zerlassen und das Fleisch darin goldbraun und knusprig backen. Die fertigen Schnitzel auf vorbereitetes Küchenpapier legen, das überschüssige Fett abtupfen. Mit Zitronenscheiben und Petersilienblättern garnieren. Zuvor schon die Erdäpfel für den Salat bissfest kochen, heiß schälen und in dünne Scheiben schneiden. Zwiebel feinhacken und untermengen. Mit Essig, Öl, Salz und Pfeffer marinieren und gut durchrühren. Vor dem Servieren durchziehen lassen. Seine Wiener Note erhält der Erdäpfelsalat durch einen Löffel Zucker.

Tafelspitz mit Apfelkren

Vorsicht: Nur diejenigen, die in der Küche große Erfahrung haben und einen vertrauenswürdigen Fleischhauer kennen, werden am Tafelspitz nicht scheitern. Alle anderen gehen besser ins Wirtshaus.

Zutaten: 500 ml Wasser, 1 Tafelspitz (ca. 1–1,5 kg), 1 kg Rindsknochen, 1 kleine Zwiebel, 1 EL schwarze Pfefferkörner, 2 Karotten, 2 gelbe Rüben, ½ Sellerieknolle, 2 Lorbeerblätter, 2 Knoblauchzehen, ½ Bund Schnittlauch, Salz.

Zutaten für den Apfelkren: 2 Äpfel, 2 EL Zitronensaft, 1 TL Zucker, 2–3 EL frisch gerissener Kren (Meerrettich), Salz, 1 EL Öl.

Zubereitung: Das Wasser in einem großen Topf zum Kochen bringen. In der Zwischenzeit den Tafelspitz gut abspülen und schließlich in das siedende Wasser geben. Ebenso Knochen und Pfefferkörner hinzufügen. Immer wieder den Schaum, der sich an der Wasseroberfläche bildet, abschöpfen.

Die Zwiebel halbieren und an den Schnittflächen braun braten. Karotten, gelbe Rüben und Sellerie schälen und nach insgesamt 45 Minuten zusammen mit den Zwiebelhälften und den restlichen Gewürzen zum Tafelspitz geben. Bei mittlerer Hilfe ca. zwei Stunden weiter kochen lassen – so lange, bis das Fleisch weich ist. Dann den Tafelspitz aus dem Kochtopf nehmen, kurz abkühlen lassen und gegen die Faser in fingerdicke Scheiben schneiden. In Suppentellern anrichten, mit Suppe übergießen und mit grob gehackten Schnittlauch und Salz bestreuen.

Vorher schon für den Apfelkren die Äpfel zerkleinern und entkernen. Um eine braune Färbung zu vermeiden, sofort mit Zitronensaft verrühren. Mit Zucker im Kochtopf bei geschlossenem Deckel weich dünsten, fein pürieren und kalt stellen. Mit dem Kren und den restlichen Zutaten vermengen und gut durchmischen.

Sachertorte

Das Sahne-, respektive Schlagobershäubchen am Ende einer üppigen Ur-Wiener Speisefolge schlechthin!

Zutaten für den Teig: 130 g Butter, 110 g Staubzucker, 1 Packung Vanillezucker, 6 Eier, 130 g Kochschokolade, 110 g Kristallzucker, 130 g glattes Mehl, etwas Butter, 150 g Marillenmarmelade, etwas Schlagobers.

Zutaten für die Glasur: 330 g Staubzucker, 125 ml Wasser, 250 g Schokolade.

Zubereitung: Backrohr auf 180 Grad vorheizen. Butter und Staubzucker schaumig rühren. Die Dotter vom Eiklar trennen und dann nach und nach in die Masse einrühren. Die in Wien Kuvertüre genannte Tortenglasur leicht anwärmen und untermengen. Eiklar und Kristallzucker zu Schnee schlagen und unterheben, schließlich auch das Mehl dazumischen.

Dann die Tortenform mit zerlassener Butter bestreichen, mit Mehl bestäuben und den Teig einfüllen. Rund eine Stunde lang backen, wobei während der ersten 20 Minuten das Rohr leicht geöffnet bleiben soll.

Die fertige Torte erkalten lassen und stürzen. In der Mitte durchschneiden und die untere Hälfte zart mit Marillenmarmelade bestreichen. Die obere Hälfte vorsichtig darauf setzen und ebenfalls mit Marillenmarmelade bestreichen. Kalt stellen und inzwischen die Schokoladenglasur vorbereiten: Dafür den Zucker im Wasser aufkochen und abkühlen lassen. Die Schokolade in kleine Stücke brechen und im Wasserbad zergehen lassen. Schokolade und Zuckermasse solange verrühren, bis eine dickflüssige Glasur entsteht. Diese vorsichtig über die Torte gießen und sowohl oben als auch auf den Seiten gleichmäßig verstreichen.

Die Glasur trocknen lassen, die Tortenstücke mit etwas geschlagenem Schlagobers servieren.

Gerald Schmickl über
die gepflegte Schimpfkultur in seiner Heimatstadt

Wien und seine Bewohner sind zwar für ihre Herzlichkeit berühmt, aber nicht jedem wird diese edle, hehre Eigenschaft gleichermaßen zuteil. So kann einem als Willkommenskultur auch das begegnen, was einem Besucher aus Deutschland einst hier buchstäblich widerfuhr. Der war gerade aus dem Zug auf jene Fläche vor dem Wiener Bahnhof getreten, die er von zu Hause als Bürgersteig kannte. Dort hätte ihn ein Radfahrer fast niedergemäht, wenn er – oder vielleicht auch der, das weiß heute niemand mehr so genau – nicht im letzten Moment ausgewichen wäre. Jedenfalls vernahm der Kölner, der zum allerersten Mal Wiener Boden betreten hatte, allererste Wiener Worte, die da lauteten: „Heast, Depperta, hom's da ins Hirn g'schissn?!"

Die Vehemenz, Lautstärke und Dringlichkeit der Botschaft – begleitet von rasch zum Kopf führenden Handbewegungen – ließen ihn deren Inhalt mehr erahnen als genau verstehen. Denn es waren Vokabeln, die er in dieser Lautfärbung so noch nie gehört hatte – und die selbst im durchaus handfesten, derb-gutturalen Kölner Dialekt, dem Kölsch (nicht zu verwechseln mit den niedlich kleinen Bierchen), keine direkte linguale Entsprechung haben.

Außerdem irritierte ihn, dass der deftige Verweis als Frage vorgetragen wurde. Das ist freilich ein Wiener Spezifikum: Dass nämlich das, was der Sprechende bereits für einen vollendeten Sachverhalt hält, als Frage noch ein wenig in der Schwebe gehalten wird. Es ist – wenn man so will – ein kleiner Rest von Zivilisation, der sich in die barbarische Unflätigkeit mengt. Der solcherart Attackierte hat zwar keinerlei wirkliche Chance auf eine Antwort, aber man gibt sie ihm zumindest formal. Eine kleine rhetorische Noblesse, die wie eine Blase an der Oberfläche dessen schwimmt, was der Dichter Heimito von Doderer ›Wiener Urschleim‹ genannt hat.

Allerdings hat der Fragende nicht einmal die Höflichkeit besessen, eine mögliche Antwort überhaupt abzuwarten. Denn der Wiener – zwar angeblich von Gemütlichkeit durchzogen – hat seine Zeit nicht wirklich gestohlen. Schon gar nicht, wenn er auf dem Rad sitzt. Da hat er es besonders eilig – und duldet keinerlei Verzögerung. Bestenfalls hat er sie geborgt, die ihm davoneilende Zeit – und fürchtet, wenn ihm ein deutscher Ankömmling in den Weg tritt (wobei die Beschimpfung ausnahmslos jeder Nationalität gegolten hätte), dass er dafür Zinseszinsen wird zahlen müssen. Sprich: dass er dorthin zu spät kommt, wo er meist eh' nicht wirklich hin will. Zum Beispiel in die Arbeit. Daher ist ein Teil der Erregung, die sich da entlädt, der Frustration über ein unbezwingbares Schicksal geschuldet. In dieser Leidenskultur ist der Wiener Weltmeister. Darum strampelt er auch so gerne. Aber das alles kann man einem Deutschen natürlich so schnell nicht klar machen.

Trotzdem sollte sich dieser, bevor er Wiener Boden – übrigens fast immer ohne solch physisch-psychische Gefährdung, wie eben geschildert! – betritt, mit einigen lokalen Traditionen der hiesigen Schimpf-›Kultur‹ vertraut machen. Eine gute Einführung in dieses weite, sehr kreativ bestellte Feld bietet das Buch ›Schimpfen wie ein echter Wiener‹ (Holzbaum Verlag, Wien 2016).

Darin erfährt man unter anderem über des Wieners Lust, sehr viel von dieser Welt für eine sehr trügerische Erscheinung zu halten, weshalb er dafür gerne windige Vergleiche sucht – und zumeist im gemeinen Darmwind, vulgo ›Schas‹, auch findet. Nun verfügt dieser Schas über keine klare oder klar begrenzte Identität, er ist – speziell im Wienerischen – ein diffuser Sammelbegriff für eine ganze Gattung. Über wie viele semantische Ober-, Unter- und Nebentöne solch ein Furz, wie man ihn in Deutschland zu nennen pflegt, im Sprachgebrauch dieser Stadt verfügt, erläutert besagtes Buch. Etwa anhand einiger Aussprüche der in Österreich legendären TV-Serien-Figur Edmund ›Mundl‹ Sackbauer (gespielt vom großartigen Karl Merkatz), einem ausgewiesenen Schimpfpraktiker, der in einer beliebten Wendung erklärt, mit welchen materiellen Zusätzen die gasförmige Weltsubstanz chemisch-geistige Verbindungen eingeht: »Wos red der so gscheid daher – Schas mit Quastln, wann'sd mi frogsd.«

Die Übersetzung dazu lautet: »Fügt man (. . .) Quastln, also dekorative Büschel aus gleich langen Wollfäden, hinzu, wird aus dem gewöhnlichen Schas ein ausgeschmückter, pompöser Schas: ein Schas mit Quastln.«

In kaum einer anderen Wendung zeigt sich des Wieners Hang zum Barocken und Prüden so trefflich wie in dieser. Er bauscht ein grindiges Nichts gerne noch heimelig und pittoresk auf, gibt ihm etwas buchstäblich Bestrickendes mit auf den Weg. Der nackte Schas wird sozusagen bekleidet.

Apropos Kleid: »Wenn jemand umanandaschiaßt wie da Schas in da Hosen, dann eilt er nervös und überaus geschäftig umher – wörtlich ebenso eilig wie der Furz im Beinkleid ...« Bevor dieses Bild noch allzu unschöne, blubbernde Phantasieblasen im Kopf oder sonstwo schlägt, rasch zu einer anderen Wendung, die paradoxer kaum sein könnte: »Sich an Schas eintretn bezeichnet ein unliebsames Ereignis mit Folgen, etwa eine Liaison mit der Frau des Chefs.«

Sehen wir uns diese Floskel einmal genauer an: Wortwörtlich bedeutet sie ja, sich das, was gerade entwichen ist, auf noch tieferer körperlicher Ebene wieder einzuverleiben. Ein Wiederaneignungsvorgang, ein fluidales Perpetuum mobile. Es sei denn - und das deutet dieses etwas unglücklich gewählte Beispiel an –, es handelt sich um den Schas eines Anderen. Aber warum sollte man sich ausgerechnet damit etwas anfangen, gar eine Liaison!?

Man sieht: Das Wiener Schimpfen führt rasch zu grundsätzlichen, nicht selten philosophischen Fragen. Bevor einem allerdings allzu obergescheite Aussagen serviert werden, macht man sich am besten präventiv Luft – und rät zu rhetorischer Zurückhaltung: Red ned so an Schas!

Gerald Schmickl, geboren 1961 in Wien, ist Redakteur der ›Wiener Zeitung‹, leitet die Wochenend-Beilage ›Extra‹, schreibt Sachbücher und Kriminalromane. Und erfreut sich an so manchem Schas.

Wien ist heute mehr als nur Kaiserherrlichkeit. Gewiss, an der Tradition dieser Stadt führt kein Weg vorbei. Doch Wien ist – wie sich auf den zwölf ausgewählten Stadttouren zeigen wird – auch modern. Neben den Wahrzeichen gilt es hier das Wien der Wienerinnen und Wiener zu entdecken.

Auf dem Heldenplatz

Sehr geehrte Besucher

Bitte beachten Sie:

Kabine
maximal 8 Personen

Aufenthaltsdauer auf
der Plattform maximal
Minuten

Wir danken dem Vorstand

Großer Bahnhof

Willkommen auf dem Hauptbahnhof Wien! Willkommen im Wien von heute. Die Hauptstadt der Österreicher kommt soeben im 21. Jahrhundert an: Wer mit einem internationalen Zug aus West-österreich, Deutschland oder der Schweiz anreist, kommt nicht mehr auf dem traditionsreichen Westbahnhof an, sondern ausschließlich auf dem Areal des ehemaligen Südbahnhofs.

Im Dezember 2014 hat die neue ›Central Station Vienna‹ den Vollbetrieb aufgenommen. Und man darf an dieser Stelle festhalten: Trotz zahlreicher Unkenrufe, die zur Begleitmusik von Großprojekten in Wien dazugehören, wurde der größte Bahnhof der Republik planmäßig und im Rahmen der projektierten Kosten fertiggestellt.

Über moderne Architektur lässt sich trefflich streiten. Wer den Hauptbahnhof in Berlin als unwegsam, gefühlskalt, wenig einladend und vom Kommerz entfremdet ansieht, wird wohl auch mit dem Wiener Pendant wenig Freude haben. Abgesehen davon soll der neue Bahnhof den veränderten verkehrstechnischen Bedürfnissen Mitteleuropas gerecht werden.

Mögen die historischen Kopfbahnhöfe auch gut in die alte Residenzstadt der Donau-Monarchie und auch noch in die Zeit des Kalten Kriegs gepasst haben, ein vereintes Europa verlangt nach mehr Durchlässigkeit. Daher werden die modernen Hochgeschwindigkeits-züge zwischen München und Budapest, Warschau und Rom oder Moskau und Paris in Wien nicht mehr gestürzt, wie die Eisenbahner sagen, sondern schnell durchgereicht.

Mit Spannung erwartet wird auch die Realisierung des Stadtentwicklungsprojekts, das an den neuen Hauptbahnhof direkt angrenzt. Karl-Johann Hartig, der seitens der Österreichischen Bundesbahnen das Gesamtprojekt leitet, spricht von einer Fläche, die so groß ist wie der 8. Bezirk, die Josefstadt (rund 59 Hektar), und stellt eine Fertigstellung für 2019/2020 in Aussicht.

Noch beherrschen zahlreiche Baukräne die Szenerie. Moderne Animationen ermöglichen vorerst nur einen virtuellen Spaziergang durch das neue Stadtquartier. Die Wiener Bahnhofsstadt hat aber bereits zwei Namen: Das Viertel vor dem Bahnhof, das speziell Büros und Geschäfte beherbergen wird, heißt **Quartier Belvedere**, das Viertel südlich des Bahnhofs rund um einen relativ großen Park **Sonnwendviertel**. Dort sollen 5000 Wohnungen für 13 000 Menschen errichtet werden, dazu ein moderner Bildungscampus (für Kinder bis 14) sowie Geschäftsportale für diverse Nahversorger. Alles in allem darf von einer neuen Stadt in der Stadt gesprochen werden. Erstmals seit längerer Zeit wird in Wien nicht nur an der Peripherie großflächig gebaut, sondern auch im erweiterten Zentrum.

Es herrscht Aufbruchstimmung rund um den neuen Hauptbahnhof, der von den Platzhirschen der Wiener Architektur- und Bauszene realisiert wird, doch mitten in der von Eisenbahnern und Stadtplanern erzeugten Euphorie sollte man nicht vergessen, dass zahlreiche Menschen in der Turbo-Gesellschaft schon jetzt auf der Strecke bleiben. Der alte Südbahnhof war wahrlich kein Juwel.

Zeitdokument: Der alte Süd- während der Verwandlung in den Hauptbahnhof

Stadttouren

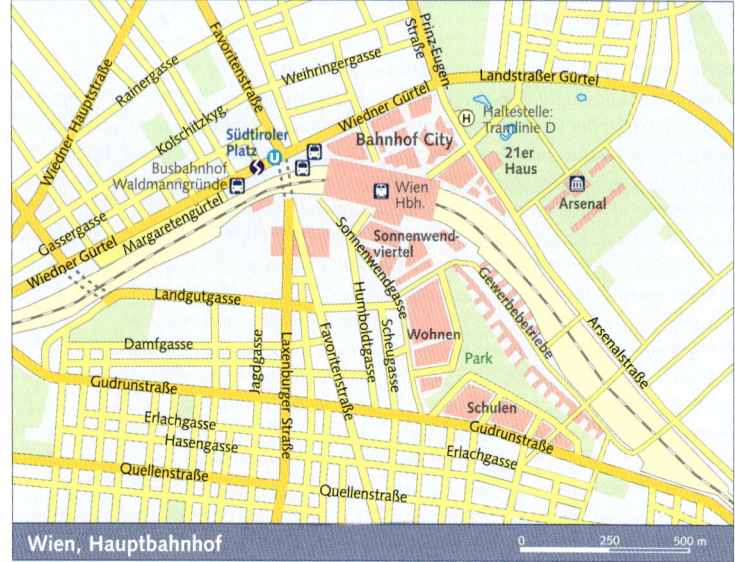

Wien, Hauptbahnhof

0   250   500 m

aber er hat vielen ein Stück Heimat geboten: den Gastarbeitern aus dem ehemaligen Jugoslawien, die vor den Eingängen der Ostseite auf bessere Zeiten hofften; den Pendlern aus der Provinz, die vor der Heimfahrt an den wenig vornehmen Kiosken zu humanen Preisen noch genüsslich Alkohol tankten; und nicht zuletzt den Bewohnern der ›Wagonie‹, die nächtens in den abgestellten Eisenbahn-Waggons Obdach suchten und fanden. Sie alle sind heute nicht mehr geduldet. Wer nicht zahlen kann, darf nicht bleiben. Uniformierte Wächter eines privaten Wachdienstes haben jetzt das Sagen. Und denen wird nicht vermittelt, dass einem Bahnhof ursprünglich auch eine soziale Funktion innewohnte.

Am Arsenal

Es hilft kein Herumgerede, man muss das leider so deutlich sagen: Die Station der Straßenbahn-Linie D ist von den neuen Bahnsteigen doch deutlich entfernt. Dennoch empfiehlt es sich, das Ungemach

einer kleinen Wanderung (hoffentlich mit Rucksack und/oder Rollkoffer) auf sich zu nehmen. Wer in der Innenstadt sein Hotel gebucht hat, sollte es sich nicht nehmen lassen, die Erkundung der Stadt gleich mit dem D-Wagen zu beginnen. Der D-Wagen ist der D – eine Straßenbahnlinie. Und ja, die Wiener sprechen bei Straßenbahnen von dem und nicht von der D!

Nicht weit von der Einstiegsstelle, am Rande des sogenannten Schweizergartens, ist ein zeitgenössisches Museum zu sehen, das mit dem neuen Hauptbahnhof durchaus korrespondiert. Das **Zwanzger-Haus** wurde am 20. September 1962 eröffnet, um hier die Kunst des 20. Jahrhunderts zu zeigen. Die Idee zu einem solchen Museum geht bereits zurück auf den großen Wiener Architekten Otto Wagner (1841–1918), der einem in diesem Buch und in dieser Stadt noch öfters begegnen wird. Manche moderne Idee muss in Wien länger auf ihre Realisierung warten. Immerhin, ein halbes

Jahrhundert später war es dann endlich so weit: Der Österreich-Pavillon, der für die Weltausstellung in Brüssel im Jahr 1958 konzipiert worden war, wurde anschließend nach Wien transferiert und hier zum Museum umfunktioniert; er fungierte fast 40 Jahre lang als Museum Moderner Kunst (MUMOK). Architekt Karl Schwanzer hat sich dabei bemüht, den Prinzipien des hiesigen ästhetischen Funktionalismus gerecht zu werden. Nach dem Umbau und der Wiedereröffnung im Jahr 2011 wird das Museum als Teil der Österreichischen Galerie **21er-Haus** genannt. Es ist vor allem auf die zeitgenössische Kunst seit 1945 spezialisiert (→ S. 91).

Hinter dem modernen Museum ist ein mächtiger Komplex zu sehen, der aus mehreren Backsteingebäuden besteht. Der Eindruck einer großen **Kaserne** täuscht nicht. Die weitläufige Anlage, die aus 31 Einzelgebäuden besteht, wurde auf Veranlassung des Kaisers unmittelbar nach der Märzrevolution im Jahr 1848 begonnen, 1856 im maurisch-byzantinisch-neugotischen Stil fertiggestellt und sodann von der k. u. k. Artillerie

Moderne Kunst im 21-er Haus

bezogen. Diese sollte, so die Idee der Herrschenden, einem neuerlichen Aufstand der Wiener Bürger und Arbeiter möglichst schnell entgegentreten können. Heute beherbergt die historische Kaserne, die sich auf 72 000 Quadratmetern erstreckt, unter anderem das sehenswerte **Heeresgeschichtliche Museum** (→ S. 91), in dem nicht nur Militärhistoriker feuchte Augen bekommen. Daneben sind eine Vielzahl von universitären Instituten und Forschungseinrichtungen hier untergebracht. Dazu auch ›Art for Art‹, die Kostümbildner- und Bühnenkulissen-Werkstätten der Österreichischen Bundestheater. Von dort werden die Bühnenbilder täglich mit Lastwagen in die großen Theater- und Opernhäuser der Stadt gefahren. Ein Nachbar des Arsenals ist die Städtische Desinfektionsanstalt, die vor allem den Eltern der Wiener Kinder die Haare zu Berge stehen lässt: Dort wurden und werden ihre Liebsten entlaust.

Der Eingang zum Heeresgeschichtlichen Museum, dahinter der Arsenal-Turm

Schloss Belvedere

Der D-Wagen quert zunächst einen für Wiener Verhältnisse ziemlich breiten Boulevard – den Gürtel, der wie ein Kleidergürtel rund um die Bürgerbezirke führt. Genau an der Kreuzung ändert er – so wie er das in seinem Verlauf öfters macht – seinen Namen: Links endet der Wiedner Gürtel, rechts beginnt der Landstraßer Gürtel.

Entlang dieses Abschnitts des Gürtels ist die Rückbesinnung auf die 1950er und 1960er Jahre gleich zwei Mal ablesbar: In der kleinen nostalgischen Bar des Hotels ›Prinz Eugen‹, Wiedner Gürtel Nr. 14, sowie im Hotel ›Daniel‹, Landstraßer Gürtel Nr. 5, das sich als eine nahegelegene Absteige anbietet (→ S. 268). Das ehemalige Bürogebäude aus dem Jahr 1962 der Pharmafirma Hoffmann-La Roche wurde zu einem modernen, von der Wiener Architekturkritik gut bewerteten Hotel umgebaut. Dabei blieb vor allem die denkmalgeschützte Glas-Aluminium-Fassade erhalten.

Bevor der ›D‹ die Prinz-Eugen-Straße hinunter rollt, in Richtung City, kann man rechter Hand den Eingang zu einer barocken Parkanlage und dem Schloss Belvedere dahinter begutachten. Das **Obere Belvedere** wurde für Prinz Eugen von Savoyen (1663–1736) errichtet, ursprünglich nur als Sommerresidenz. Ihn haben die Habsburger gerne als ihren erfolgreichsten Feldherrn bezeichnet. Nebenbei machte er als Mäzen der Wiener Künstler von sich reden.

Vom Balkon des Schlosses zeigte der österreichische Außenminister Leopold Figl am 15. Mai 1955 seinen Landsleuten den soeben unterfertigten Staatsvertrag mit den vier alliierten Siegermächten, der die Unabhängigkeit für die Republik Österreich garantiert. In den Wochen zuvor sollen die österreichischen Diplomaten speziell bei ihren Gesprächen in Moskau nicht nur Verhandlungsgeschick, sondern auch außerordentliche Trinkfestigkeit bewiesen haben.

Im Staatsvertrag ist die Wiederherstellung Österreichs als eigenständige Re-

▲ *Wunderschöne Aussicht vom Oberen Belvedere hinunter auf die Innenstadt*

publik und der Abzug der Besatzungs-
soldaten festgeschrieben. Wo Figl den
legendären Satz, den in Wien jedes Schul-
kind lernt – »Österreich ist frei!« –, gesprochen hat, ob auf dem Balkon oder
zuvor im Marmorsaal des Belvederes, ist
unter Historikern umstritten.

Heute beherbergt das Schloss auch die
Österreichische Galerie Belvedere. Sie
ist im Besitz der Republik und gilt als
eine der bedeutendsten Kunstsammlungen der Stadt und des Landes. Zu sehen
gibt es Kunst mehrerer Epochen, vom
Mittelalter bis in die Gegenwart. Die
Liebhaber der österreichischen Maler
des Fin des Siècle und des Jugendstils
sollten auf ihre Rechnung kommen. Vor
allem Gustav Klimt (1862 –1918) wurde
hier viel Augenmerk geschenkt (→ S. 91).
Leider verhindert die Schlossmauer den
Blick auf die Gartenanlagen des Palais
Schwarzenberg und des Belvederes. Wer
mehr sehen möchte, kann dieses Ensemble zu Fuß erkunden. Ein Geheimtipp ist
auch der **Botanische Garten** der Universität Wien. Der Eintritt ist frei, und die
Pflanzenwelt zu jeder Jahreszeit sehenswert. Angelegt und eröffnet wurde der
Botanische Garten im Jahr 1754, unter
Maria-Theresia. Heute umfasst er rund
11 500 Pflanzenarten.

Auf der Prinz-Eugen-Straße fährt derweil
der D-Wagen an der **Residenz des brasi-
lianischen Botschafters** (Nr. 26) vorbei.
Das Haus wurde nach Plänen der Architekten Ferdinand Fellner (1847–1916)
und Hermann Helmer (1849–1919) errichtet. Das berühmte Duo hat fast alle
großen Theaterhäuser in der Monarchie
geplant. Weniger attraktiv ist dann das
Hauptgebäude der Kammer für Arbeiter
und Angestellte. An dessen Stelle stand
einmal ein Palais der Familie Rothschild
mit weitläufigem Garten, in das sich
der Obernazi Adolf Eichmann mit seiner
grausamen Auswanderungsbehörde für

*Der D-Wagen ist ein Bringer – vor allem
für jene, die entlang des Rings logieren*

jüdische Bürger einquartiert hat. Bei einem Bombenangriff gegen Kriegsende
wurde das Stadtpalais arg beschädigt;
daher wurde es später abgerissen.

Es folgen das Haus des Sports sowie der
Keller-Eingang zum ehemaligen Ost Klub.
Der kam an dieser Stelle einige Jahre lang
gelegen, als ein Ort, der deutlich machte,
dass sich die Kreativen dieser Stadt wieder
mehr mit Osteuropa auseinandersetzten.
Im Juli 2014 musste er schließen – typisch für Wien: wegen Anrainerprotesten.

Schwarzenbergplatz

Schräg gegenüber vom ›Ost Klub‹ steht
das barocke **Palais Schwarzenberg**. Drinnen haben es sich unter anderem die Eid-
genossen mit ihrer Botschaft gemütlich
gemacht. Das Gartenpalais wurde Anfang
des 18. Jahrhunderts fertiggestellt. Der
D-Wagen macht indes Station auf dem
Schwarzenbergplatz. Benannt wurde der
weitläufige Platz zwischen Unterem Belvedere und Ringstraße nach einem Fürsten

der adeligen Familie, Karl Philipp Schwarzenberg. Geebnet wurde der Platz auf dem Areal des ehemaligen Glacis, die mit dem Abriss der Stadtmauer im Jahr 1857 ihre Funktion verloren hatten.

Der **Hochstrahlbrunnen** mit seiner markanten Fontäne und auffallenden Farbgebung erinnert wiederum an die Inbetriebnahme der ersten Wiener Hochquellwasserleitung im Jahr 1873. Der Bauunternehmer Anton Gabrielli hatte die Wasserleitung geplant und den Brunnen anschließend gestiftet. Der abends wunderbar beleuchtete Brunnen nimmt inhaltlich Bezug auf die Astronomie und den Ablauf der Jahreszeiten.

Rund um den Brunnen zeigt sich, dass auch in Wien eine junge urbane Biker- und Skater-Szene aktiv ist. Jeden dritten Freitag im Monat startet hier nach 17 Uhr die **Critical Mass**, der Ableger einer weltweiten Bewegung, die lustbetont auf die Rechte der nicht-motorisierten Verkehrsteilnehmer aufmerksam machen möchte.

Hochstrahlbrunnen und Denkmal für die Sowjetsoldaten am Schwarzenbergplatz

Überragt wird der Schwarzenbergplatz vom **Denkmal zu Ehren der Soldaten der Sowjetarmee**, so die offizielle Bezeichnung. Aufgestellt wurde das Denkmal im Jahr 1945, bald nach dem Ende des Zweiten Weltkriegs. Gestaltet wurde es von dem Architekten Sergej Jakowiew und dem Bildhauer Michail Intazarin. Je nach Weltanschauung sprechen die Wiener von ›Befreiungsdenkmal‹ oder abfälliger von ›Russendenkmal‹ (Russen, Briten, Franzosen und Amerikaner werden generell die vier Besatzungsmächte genannt). Der norwegische Autor Jo Nesbo hat in diesem Zusammenhang die Frage gestellt, warum denn die Wiener nicht die Soldaten des NS-Regimes als ihre Besatzer bezeichnen. Erwiesen ist jedenfalls, dass sich die Soldaten der Roten Armee in den ersten Apriltagen in die östlichen Bezirke Wiens vorgekämpft hatten. Während die letzten Nazibonzen die Stadt in Richtung Norden verließen, arbeiteten sich die Truppen der Sowjetarmee gegen geringer werdenden Widerstand bis in die Innenstadt vor. Am 13. April war der Zweite Weltkrieg in Wien endgültig beendet.

Im **Haus der Industrie** am Schwarzenbergplatz Nr. 4, das am 5. März 1911 durch Kaiser Franz Joseph eröffnet und während des Zweiten Weltkriegs nicht beschädigt wurde, residierte bis zum Abschluss des österreichischen Staatsvertrags am 15. Mai 1955 der Alliierte Rat. Der letzten Militärparade und dem Einholen der alliierten Flaggen am 27. Mai 1955 wohnten Tausende Wiener bei. Noch bis zum 17. August 1956 hieß der Schwarzenberg- offiziell Stalinplatz. Heute hat der Platz längst wieder seinen ursprünglichen Namen zurück, und das Haus der Industrie ist wieder im Besitz der österreichischen Industriellenvereinigung.

Endgültig angekommen in Wien: Die Fiaker begegnen einem hier auf Schritt und Tritt

Der symmetrische, nord-süd gerichtete, langgestreckte Platz gilt als architektonisch abgeschlossen. Er wurde im Jahr 2004 nach Plänen des spanischen Architekten Alfredo Arribas neu gestaltet.

Am Ende des Platzes biegt der D-Wagen schließlich in die Ringstraße ein, und wer möchte, kann mit dieser Linie weiter über den Ring bis zur Börse, dann durch den viel Abwechslung und auch Entspannung bietenden Alsergrund und am Karl-Marx-Hof vorbei bis zu den Heurigen in Nussdorf fahren. Der Ringstraße ist eine eigene Stadttour gewidmet (→ S. 113).

Großer Bahnhof

Bahnhofsstadt, http://hauptbahnhof city.wien/oebb.

Sonnwendviertel, www.sonnwendviertel.at.

Stadtführung: Wichtige Anregungen für diese Stadttour hat **Regina Engelmann** gegeben. Sie ist staatlich geprüfte Fremdenführerin und bringt Interessierten gerne auch diesen Teil der Stadt näher. Kontakt: Tel. 0660/5431505, regina. engelmann@aon.at.

21er-Haus, 1030 Wien, Schweizergarten, Arsenalstraße 1, Tel. 01/795570, www.21erhaus.at; Mi 10–21, Do–So 10–18 Uhr.

Heeresgeschichtliches Museum, 1030 Wien, Arsenal Objekt 1, Tel. 01/795610, www.hgm.at; Mo–So 9–17 Uhr.

Österreichische Galerie Belvedere, 1030 Wien, Prinz-Eugen-Straße 27, Tel. Tel. 01/79557134, www.belvedere.at; Mo–So 10–18 Uhr.

Botanischer Garten, Rennweg 14, 1030 Wien, Tel. 01/427754100, www.botanik. univie.ac.at.

Michael Sgiarovello über
die neue Weltoffenheit am Hauptbahnhof

In Zeiten von Billigflügen, von durch stetem Autobahnausbau beschleunigtem Individualverkehr und von Fernbus-Hype steht das Verkehrsmittel Zug in der öffentlichen Wahrnehmung im sprichwörtlichen Eck. In den Blickpunkt rückt die Bahn, wenn der ÖBB-Vorstand plötzlich Bundeskanzler oder die Höhe der staatlichen Subventionen mal wieder publik wird.

Logisch, dass das Wahrnehmungsmuster bei Bahnhöfen ähnlich gestrickt ist. Die Flüchtlingswelle im Sommer 2015 konnte über die Wiener Bahnhöfe, im Speziellen den Wiener Westbahnhof, dank der vielen Freiwilligen in geordnete Bahnen gebracht werden. Für viele, die sich vor Ort engagierten, war es wahrscheinlich nach Langem der erste Bahnhofsbesuch mit dem zusätzlichen Aha-Erlebnis, welche geballte Emotionsladung mit banalen Lautsprecherdurchsagen wie ›Zug fährt ein‹ oder ›Zug fährt ab‹ verbunden sein können.

Dabei sind diese Gefühlswelten des Willkommen-Heißens oder Abschied-Nehmens etwas originär Bahnhof-Inhärentes, mit all den vielen Tränen, die vergossen werden, und dem Taschentuch-Zücken, dem freudigen oder traurigen Winken von Armen, die auf Bahnhöfen nach oben gestreckt werden. Wer in Filmen Abschiedsschmerz oder Willkommensfreude gekonnt ins Szene setzen möchte, tut dies meist auf Bahnhöfen, auf Bahnsteigen, beim Fahrkartenschalter. Dass zur Illustration einer derartigen Emotionswelt ein Auto die Autobahnauffahrt hinaufdüst oder der Fernbusfahrer fragt, wie viele Gepäckstücke denn verstaut werden müssten, ist noch eher selten.

Auch die Darstellung eines Flughafen-Check-ins mit normierter Handgepäck-Größentest-Vorrichtung kommt diesbezüglich nur in Ausnahmefällen vor. Noch, denn, wie gesagt, die Realität wird es notwendig machen, dass sich Filmemacher neue Bilder aneignen, die in Folge dazu dienen müssen, Rezipienten sich selbst erkennen zu lassen.

Waren städtische Bahnhöfe früher doch auch Umschlagplätze für Urlauber, so sind sie das heute vor allem für die Pendlerbrigaden aus dem ländlichen Umfeld, wo der Traum vom halbwegs leistbaren Eigenheim im Grünen erfüllt wird. Die Jobs bleiben allerdings weiterhin urban determiniert. Zugfahren stellt somit unausweichlich eine attraktive Verkehrsalternative für all diejenigen dar, die die Radio-Meldungen mit exakter Stau-Lokalisierung nicht als integrativen Bestandteil ihres täglichen Arbeitstagrituals akzeptieren möchten.

›Schnell und komplikationslos hin, schnell und komplikationslos retour‹. Diese Einstellungs-Prämisse des Zugreisenden 2.0 bestimmt auch die zeitgenössische Architektur von Bahnhöfen. Das Gastronomie-Angebot war beispielsweise am seinerzeitigen Wiener Südbahnhof, sagen wir, doch überschaubar. Wer nicht unbedingt musste, tat sich Gulasch, Frankfurter und Spritzwein in Gesellschaft bisweilen verhaltensorigineller Co-Kundschaft als Wartezeitüberbrückung nicht an. Das Verpflegungs-Offert hat sich am neuen, im Dezember 2015 umfassend in Betrieb genommenen Wiener Hauptbahnhof doch gewaltig geändert.

Zug-Pendler sind ›to go‹ – oder oft vielmehr ›on the run‹ – und wollen ›to go‹ verköstigt werden. »90 Geschäfte, Gastronomie- und Dienstleistungsbetriebe laden auf 20 000 Quadratmeter Fläche zum Verweilen ein«, heißt es in einer Bewerbung des neuen Wiener Hauptbahnhofs. Die Muße fürs entspannte Verweilen wird für Pendler und Reisende limitiert sein. Aber der neue Wiener Hauptbahnhof will ja mehr sein, als es der alte Wiener Südbahnhof je sein wollte und konnte. Seine Macher sehen ihn vielmehr als ›Mobilitätszentrum‹, als einen Verkehrsknotenpunkt, um den herum ein komplett neues Stadtviertel mit Büros und Wohnungen sukzessive wächst, blüht und gedeiht.

Mit dem Bahnhof im klassischen Sinn, der für Reisende immer auch einen Aufbruch in etwas Ungewisses symbolisierte, hat das nur mehr wenig zu tun. Ferndestinationen wie Venedig, Rom, Prag oder Budapest sind via Smartphone mit dem Wisch-und-Weg-Prinzip in Echtzeit transparent: Das Wetter dort? 23 Grad, sonnig, leichter Wind aus Südwest. Hotelzimmer im Stadtzentrum? Buch' ich sofort über die App. Die Geliebte vor Ort? Skype zeigt sie mir zu Hause. Fürs Treffen am Bahnsteig wird sie sich – hoffentlich – noch die Haare machen.

Der ›digital native‹ vermeidet Überraschungen, nicht nur in seiner Reiseplanung. Daher schaut auch der Wiener Hauptbahnhof so aus, wie man sich eben heutzutage ein ›Mobilitätszentrum‹ erwartet. Mit all den ewig gleichen Systemgastronomen, Supermarktfilialen, Drogerieläden, Textilhändlern und Backwaren-Outlets. Das ist schon okay so, das muss wohl so sein. »Die Zeit vergeht, und wir vergehen in ihr«, wurde Elfriede Jelinek mal zitiert, wenn ich meinem bereits leicht vergilbten, studentischen Notizblock Glauben schenken mag. Und sie sagte das deutlich bevor es die Timeline bei facebook gab.

Der Wiener Hauptbahnhof ist schön zeitgemäß, modern, praktisch: »Von keinem anderen Ausgangspunkt in Wien sind [...] Reiseziele in Österreich, Europa und der ganzen Welt schneller erreichbar« (Imagebroschüre).

Die pure Reisephilosophie, Ab- und Anreise ohne Freizeit- und Erlebniswelt, die mit dem Südbahnhof verbunden war – seine Urform stammte als Gloggnitzer bzw. Raaber Bahnhof aus den Jahren 1841 bzw. 1845 – scheint Lichtjahre her. An sie erinnert nur noch der venezianische Markuslöwe in der Eingangshalle des neuen Hauptbahnhofs. Dieser steinerne, eine Tonne schwere Löwe ist einer von acht Exemplaren, die 1874 an die Fassade des Südbahnhofs platziert worden waren. Jene Tierskulpturen sollten die Fahrgäste, die über Laibach und Triest nach Venedig reisten, grüßen. Müsste man heute eine Symbolik finden, wäre es wohl ein möglichst großformatiges Plakat mit nichts als dem QR-Code des Fremdenverkehrsamtes der Lagunenstadt.

Michael Sgiarovello, geboren 1966 in Arnoldstein, ist Unternehmenssprecher bei Henkel in Wien. Das Unternehmen produziert in seinem Werk im 3. Bezirk seit 1927 Waschmittel für Mittel- und Osteuropa. Sgiarovello lebt und arbeitet in Wien und im Burgenland.

Wien-Mitte

Treffpunkt Wien-Mitte: Auf den Schildern der S- und U-Bahn-Station steht tatsächlich ›Wien Mitte‹. Und man denkt unweigerlich an die Mitte der Stadt, an Berlin-Mitte, auch an die große weite Welt. Und dann ist man in Wien-Mitte angekommen. Auf der Landstraße, wie die Wiener auch sagen. Die Bezeichnung Wien-Mitte wurde von den Wiener Eisenbahnern einst geprägt, weil sie einige Fernzüge hier, am Rande der Innenstadt, ankommen ließen.

Oben auf der Landstraße dominieren die stromlinienförmigen Fassaden des Kapitals. Austausch- und verwechselbar sind sowohl die verwendeten Baumaterialien – Stahl, Beton, Glas – als auch ihre Superlative: ›das größte Shopping Center der Innenstadt‹, ›größte Urban Entertainment Zone im Zentrum Wiens‹. Dennoch startet dieser Innenstadt-Spaziergang hier und nicht am Stephansplatz. Zu oft wird nämlich betont, dass die Wiener City mit ihren Barock- und Jugendstil-Ensembles einem Historyland gleicht. Hier ist immerhin ein erster zeitgenössischer Spot zu entdecken. Außerdem sind es von Wien-Mitte bis zur echten Stadtmitte nur wenige Schritte. Zunächst geht es über die Stubenbrücke und den Wienfluss, vorbei an den aus Aluminium und weißer Lackfarbe gefertigten **Lemurenköpfen** des Wiener Bildhauers Franz West (1947–2012), die tatsächlich die populistischen Polit-Lemuren der Stadt auf den Plan gerufen haben. Weiter geht es dann durch die Weiskirchnerstraße Richtung Ringstraße. Linker Hand ist der Stadtpark zu sehen, rechter Hand das Museum für Angewandte Kunst, kurz MAK. Bei-

de flankieren den Stubenring und werden daher im Rund-um-den-Ring-Kapitel (→ S. 115/116) genau beschrieben.

Wollzeile

Über den Ring geht es weiter zum **Dr.-Karl-Lueger-Platz**, der von der Statue dieses umstrittenen Wiener Stadtpolitikers dominiert wird. Karl Lueger (1844–1910) war die letzten 13 Jahre seines Lebens Bürgermeister von Wien. In seiner Amtszeit wurde unter anderem die Gas- und Stromversorgung der Stadt installiert, die Straßenbahn auf die Schiene gebracht und die zweite Wiener Hochquellenwasserleitung gebaut. Gleichzeitig bereitete Lueger mit seiner antisemitischen Rhetorik den geistigen Nährboden für Austrofaschisten und Nationalsozialisten.

Mehr Freude bereitet die Wollzeile, die vom Lueger-Platz hinauf ins Zentrum der Stadt führt. Die Wollzeile ist die älteste Einkaufsstraße Wiens und auf ihren 788 Metern auch eine der schönsten und gemütlichsten Flaniermeilen der Stadt. Ihren Namen verdankt sie den Wollwebern und Wollhändlern, die hier schon früh ihr Handwerk ausübten. In einer Urkunde aus dem Jahr 1158 ist von der ›Wollstrazze‹ die Rede, 1261 taucht zum ersten Mal der Name ›Wollezeil‹ auf. In dieser charmanten Wiener Innenstadt-Straße reihen sich mehrere alteingesessene Traditions- und Handwerksbetriebe an moderne Geschäfte und neue Kulturangebote. Liebhaber des Wiener Tafelspitzes kommen gleich unten links im Restaurant von Ewald und Mario **Plachutta**, Haus Nr. 38, auf ihre Rechnung. Liebhaber des Wiener Humors streben am

Im Zentrum des Katholizismus: der Januariusaltar im Stephansdom

Die Pestsäule am Graben

Abend dem **Kabarett Simpl**, Haus Nr. 36, entgegen. Liebhaber des geschriebenen Worts werden wiederum in den gut sortierten Buchhandlungen und Antiquariaten fündig. Und Liebhaber des Wiener Schnitzels lassen sich vom stadtbekannten Wirtshaus **Figlmüller**, Haus Nr. 5, anlocken.

Am Ende der Wollzeile noch ein kurzer Exkurs für Architektur-Liebhaber: In der ›Passage nächst St. Stephan‹, Wollzeile Nr. 1–3, lässt sich erkennen, wie man in Wien historische Bausubstanzen mit modernen Architekturkonzepten revitalisiert. Danach geht es links die Rotenturmstraße bis zum Stephansplatz hinauf.

Stephansplatz

Wien, Stephansplatz – eine nachträgliche Wiedergutmachung für den Ausgangspunkt dieser Tour. Es gibt Menschen in Wien, die halten den Stephansplatz noch immer für den Nabel der Welt, mindestens für das Epizentrum Europas. Faktum ist immerhin, dass hier auffallend

viele Touristen und Geschäftsleute aus der U-Bahn-Station ins Freie treten und dass am Ende des 19. Jahrhunderts tatsächlich einmal, wenngleich auch nur kurz, überlegt wurde, hier einen Zentralbahnhof zu errichten.

In der Glasfront des **Haas-Hauses** spiegelt sich der Stephansdom. Das ist natürlich kein Zufall. Der Neubau wurde im Jahr 1990 eröffnet. Architekt Hans Hollein wollte mit der Tradition des gründerzeitlichen Teppichhändler-Hauses brechen und mit den verspiegelten Glasfassaden einen modernen Kontrapunkt zur historisch aufgeladenen Stephanskirche setzen. Mit dem großen, die Rundung abschließenden Erker soll zum einen ein Bezug zum römischen Lager-Geviert hergestellt und zum anderen eine städtebauliche Zäsur zwischen Stephansplatz und Stock-im-Eisen-Platz angestrebt werden. Schon während der Planungs- und Bauzeit gab es heftige Debatten über diese von der Tradition deutlich abweichende Konzeption.

■ Stephansdom

Und dann natürlich die gotische Kathedrale! Das Wahrzeichen von Wien, das Symbol für die bis heute fast uneingeschränkte Macht der katholischen Kirche in dieser Stadt. Die erste romanische Kirche wurde im Jahr 1147 geweiht, der Südturm im Jahr 1433 vollendet – er misst bis heute beeindruckende 136,7 Meter. Der nur halb so hohe Nordturm erinnert unter anderem an finanzielle Engpässe, politische Wirren während der Osmanenkriege und Glaubenskonflikte zu Beginn der Neuzeit.

Mit einem Aufzug kann man hinauf auf den **Nordturm**, den ›Adlerturm‹, fahren. Dort oben hängt auch die **Pummerin**, die größte und bekannteste Kirchenglocke der Republik. Sie wurde im Jahr 1951 in Sankt Florian bei Linz neu gegossen, ist zum Jahreswechsel in der ganzen Stadt zu hören und gilt ganz allgemein als Symbol für die Unabhängigkeit Österreichs. Bis zur Türmerstube des **Südturms** führen Stufen, die auch für die Öffentlichkeit zugänglich sind. Wer gerne auf die Dächer der Stadt hinunter blickt, wird auch den Aufstieg in einer langen Kolonne von Touristen gerne in Kauf nehmen. Neben den beiden Türmen ist auch das 110 Meter lange Dach über dem Langhaus der Stephanskirche einzigartig. Es wurde mit rund 230 000 Ziegeln in zehn verschiedenen Farbtönen bedeckt. Neben dem Zickzack-Muster sind unter anderem die Wappen der Stadt Wien, der Republik Österreich und der kaiserliche Doppeladler zu sehen.

Das Haupttor zum Stephansplatz hin wird auch **Riesentor** genannt. Es gilt noch als romanisch. Das Portal wird auf jeder Seite von sieben trichterförmigen Säulen begrenzt, die mit Pflanzenmustern geschmückt sind. Der Dom hat auch vier **Seitenportale**: Bischofs-, Singer-, Primglöcklein- und Adlertor. Sie gelten als Meisterwerke der Gotik. Auf der Mauer des Hauptportals sind auch noch die denkmalgeschützten Zeichen der österreichischen Widerstandsbewegung gegen den Nationalsozialismus zu sehen. O5 steht für Österreich, die 5 ist ein versteckter Hinweis auf den fünften Buchstaben im Alphabet.

Das Langhaus des Stephansdoms ist dreischiffig, das Hauptschiff auf den Hauptaltar ausgerichtet, das linke Seitenschiff ist der Maria, das rechte Seitenschiff den Aposteln gewidmet. Der **Hochaltar** der Domkirche ist ein frühbarockes Meisterwerk aus Marmor und Stein. Sein Thema ist die Steinigung des heiligen Stephan. Es wäre nicht Wien, hätte dessen Bau nicht auch ein gerichtliches Nachspiel gehabt; der beauftragte Bildhauer Johann Jacob Pock war mit seiner Arbeit

nicht rechtzeitig fertig geworden. Sehenswert ist auch die **gotische Kanzel** in der Mitte des Langhauses mit dem Fenstergucker. Heute ist man ziemlich sicher, dass er nicht den Baumeister und Bildhauer F. A. Pilgram darstellen soll. Eine Besonderheit ist auch die **Gruft** von Sankt Stephan. Hier werden weiterhin die Eingeweide von zahlreichen Habsburgern aufbewahrt.

Bewusst nicht in die große Kirche eintreten wollte der ehemalige Klosterschüler und pensionierte Postbeamte Rudolf Schwarz. Der Atheist und selbsternannte Stadtführer hatte viel mehr einen Heidenspaß mit seinen Polarisierungen: Während ihn die staatlich geprüften Fremdenführer genervt als Schwarz-Führer abtaten (weil er keine Lizenz besaß), haben ihm ganze Generationen von Wie-

Stadttouren

Der Stephansdom, links das Haas-Haus

ner Journalisten zugehört, wenn er wieder einmal auf die Obszönitäten an der Domfassade aufmerksam gemacht hat. Seine persönlichen Führungen würzte er stets mit Anekdoten von Wiener Kirchenmännern, die außerhalb der Kirche der ›leiblichen Sünde‹ nicht abgeneigt waren. Tatsächlich ist in dieser Stadt auch die Ambivalenz zu Hause: Wien ist seit jeher eine ebenso tiefgläubige wie lebenslustige Stadt.

■ Blutgasse

Wer sich die Zeit nehmen möchte, kann noch kurz durch die schon im Mittelalter angelegte Blutgasse genau hinter dem Stephansdom schlendern. Der spezielle Hall der Schritte auf dem Kopfsteinpflaster der engen Gasse und dazu die Fassaden der uralten Häuser lassen zumindest fur ein paar Augenblicke in eine längst vergangene Epoche abtauchen. Die Fundamente der Häuser stammen aus dem 12. Jahrhundert. Auch ihre zum Teil begrünten Innenhöfe mit den romantischen Laubengängen, Treppen, Balkonen und Durchgängen sind eine Augenweide.

Kärntner Straße

Weiter geht die Innenstadt-Tour durch die belebte Kärntner Straße. Im Jahr 1257 wurde sie erstmals urkundlich erwähnt – als ›strata Carinthianorum‹. Sie hat das Stadtzentrum mit dem Kärntner Tor, das auf der Höhe der heutigen Ringstraße, nahe der Oper stand, verbunden. Ihr weiterer Straßenverlauf war schon damals eine wichtige Verbindung zu den Hafenstädten an der oberen Adria. Noch in den 1960er Jahren schob sich durch die Kärntner Straße eine Blechlawine. Heute schieben sich nur noch die Touristen durch. Der ursprüngliche Heeres-, Handels- und Pilgerweg gilt in der heutigen Zeit neben dem Graben

als vornehmste und bekannteste Flaniermeile Österreichs. Kritisch anzumerken ist, dass sie ihr Flair langsam einbüßt. In den Geschäftsportalen haben sich die selben Konzernmarken eingenistet wie in anderen großen Städten auch. Und doch hat sich Wien auch hier – unfreiwillig – ein Alleinstellungsmerkmal bewahrt: Die Shop-Mieten sind so teuer und der Absatzmarkt relativ klein, so dass es sich einige Luxusmarken schlichtweg nicht leisten wollen, hier präsent zu sein. Nach wenigen Schritten versteckt sich rechts, im Durchgang vom Haus Nr. 10, die **American Bar**. In Wien heißt sie auch Loos-Bar, als Kompliment an den Architekten Adolf Loos (1870–1933), der sie 1908/09 nach einem dreijährigen Aufenthalt in den USA geplant hat. Als Mitbegründer der Moderne hat sich Loos in der Wiener City gleich an meh-

Wiens Einkaufsmeile: die Kärntner Straße

reren Orten verewigt. Der Innenraum ist mit 4,40 mal 6,00 mal 4,10 Meter nur zimmergroß. Spiegel verleihen jedoch der kleinen denkmalgeschützten Cocktail-Bar scheinbar mehr Tiefe. Schräg gegenüber eine weitere mondäne Bar, wenngleich weitaus größer und über den Dächern der Stadt: die **Skybar** im Dachgeschoss vom Kaufhaus Steffl, Nr. 19. Ihre Terrasse erlaubt einen vorzüglichen Blick auf den Stephansdom.

Mehr Ruhe und Möglichkeit zur Besinnung erlaubt die **Malteserkirche** in der Kärntner Straße Nr. 37. Der gotische Sakralbau aus der Mitte des 15. Jahrhunderts ist noch immer im Besitz des Malteser-Ritter-Ordens. Das Hochaltarbild zeigt Johannes den Täufer, dem die Kirche auch geweiht ist.

Ein bisschen 21. Jahrhundert zur Abwechslung bietet dann der Flagship-Store von Peek & Cloppenburg. Man könnte an ihm allzu schnell vorbeieilen, würden nicht die Experten für moderne Architektur darauf aufmerksam machen, dass sich hier der britische Starplaner David Chipperfield verwirklichen durfte. Chipperfield hat zuvor unter anderem den Masterplan für die Berliner Museumsinsel erarbeitet.

Ebenfalls linker Hand liegt das **Palais Esterházy**, Haus Nr. 41, heute das älteste Gebäude in der Kärntner Straße. In der Mitte des 17. Jahrhunderts errichtet, wechselte es mehrfach den Besitzer. Im ersten Stock beherbergt es heute ein Casino.

Kein Wiener Ruhmesblatt ist hingegen das repräsentative **Palais Todesco**, Haus Nr. 51, zwischen Walfischgasse und der Mahlerstraße, gegenüber der Staatsoper. Es wurde in den Jahren 1861 bis 1864 nach Plänen der Ringstraßen-Architekten Ludwig Förster und Theophil Hansen für die beiden Bankiers Eduard und Moritz von Todesco erbaut und wird daher der Wiener Ringstraßenepoche zugerechnet. Die Eigentümer, die jüdischen Familien Todesco und von Lieben, wurden nach dem ›Anschluss‹ Österreichs im März 1938 von den Nazis zwangsenteignet. Von 1947 bis 1993 war hier die Zentrale der Österreichischen Volkspartei untergebracht. So haben die rechtmäßigen Eigentümer ihr Haus nicht mehr zurückbekommen. Auch nicht fein: Der bekannte Wiener Komponist Johann Strauss hat dem armen Moritz von Todesco die Liebste, die Sängerin Jetty Treffz, ausgespannt, um sie selbst zu ehelichen.

Kein leichtes Leben führt auch der in Wien gern gelesene Zettelpoet Helmut Seethaler, der mit seinen Gedichten schon vielen Passanten auf der Kärntner Straße eine kleine Freude bereitet oder ein Aha-Erlebnis beschert hat. Wenig anfangen können dagegen eine ganze Reihe von Mitbürger, Behörden, Polizisten und Richter mit ihm. Ihr Problem: Seethaler veröffentlicht nicht in Büchern, sondern im öffentlichen Raum. Er schreibt seine Gedichte auf sogenannte Pflück-Zettel, die er mit Klebebändern an Bäumen befestigt oder auf leere Wände und Plakatflächen schreibt. Bis dato hat man ihn mehr als 1000 Mal als Vandalen und Ruhestörer angezeigt, teilweise auch zu Geld- und sogar Freiheitsstrafen verurteilt. Dass der Unbeugsame seit vielen Jahren mittellos ist, erzählt uns auch etwas über das geistige Klima in Wien. Es gab auch schon eine Zeit, da ging man mit den Seethalers, den Straßenmusikern und den Graffiti-Sprayern liberaler um.

Albertinaplatz

Deutlich besser als Seethaler geht es den Mitarbeitern der **Albertina** (→ S. 109) im Palais von Erzherzog Albrecht auf dem Albertinaplatz. Diesen Platz erreicht man durch die Philharmonikerstraße, die vorbei an den rückwärtigen Ausgängen der Staatsoper und dem vorderen Eingang des Hotel ›Sacher‹ mit dem bekannten Kaffeehaus und der berühmten Torte führt.

Auf dem rechteckigen Platz, in den gleich sechs Straßen bzw. Gassen münden, beeindruckt zunächst das **Mahnmal gegen Krieg und Faschismus**, das der Wiener Bildhauer Alfred Hrdlicka (1928–2009) schuf. Sein Mahnmal ist frei zugänglich, man betritt es durch das ›Tor der Gewalt‹, trifft dann auf den ›Straßen waschenden Juden‹ und sieht die Szene ›Orpheus betritt den Hades‹. Am Ende der ›Stein der Republik‹ mit dem Text der österreichischen Unabhängigkeitserklärung. Hrdlicka wollte mit diesem Mahnmal im Auftrag der Stadt vor allem an die NS-Opfer in Wien erinnern. Sein Granit stammt aus dem Steinbruch des KZ Mauthausen. Lange bevor es enthüllt wurde, gab es heftige Kontroversen zwischen dem katholisch-konservativen und dem sozialdemokratischen Lager.

Der Namen des Platzes geht auf Albert von Sachsen-Teschen (1738–1822) zurück. Der Herzog hat gemeinsam mit seiner Frau Marie-Christine, die als Lieb-lingstochter von Maria-Theresia bezeichnet wird, eine schöne Sammlung von Kupferstichen und Handzeichnungen berühmter Meister angelegt – die heute nach ihm benannte Grafische Sammlung Albertina. Die Reiterstatue vor dem Eingang zur Albertina zeigt allerdings einen Nachfahren von Albert, den Wiener Erzherzog Albrecht Friedrich Rudolf von Teschen (1817–1895). Der blieb weniger aufgrund seines Kunstsinns in Erinnerung; ihm wird vorgeworfen, dass er während der bürgerlichen Revolution im März 1848 den Schießbefehl gegen die Aufständischen in Wien gegeben hat. Eine Rolltreppe führt heute auf den erhöhten Vorplatz. Er ist Teil der ehemaligen Bastei. Protzig wirkt indes der von Hans Hollein ausgedachte Soravia-Wing. Nur einen Steinwurf von der Albertina entfernt, unterhalb der **Kapuzinerkirche** am Eingang zum Neuen Markt, befindet sich die legendäre **Kaisergruft** von Wien. Sie wurde von Kaiserin Anna, der Gemahlin von Kaiser Matthias, eingerichtet und dient seit dem Jahr 1633 als ein Ort der zumindest teilweise verklärten Verehrung. In die Gruft wurden in jenem

Der Soravia-Wing überschattet heute den Eingang zur Kunstsammlung Albertina

Stadtplan H-6

Jahr nicht nur die sterblichen Überreste von Anna und ihrem Gemahl gebracht, hier fanden später auch 149 Familienmitglieder, darunter 12 österreichische Kaiser sowie 19 Kaiserinnen, ihre letzte Ruhestätte (→ S. 109).

Josefsplatz

Vorbei am **Filmmuseum** (→ S. 109) und an der Augustinerkirche, der ehemaligen Hofpfarrkirche, in der die Trauungen der Familie Habsburg vollzogen wurden, geht es weiter durch die alte Augustinerstraße zum Josefsplatz. Der Name der Straße nimmt schon seit dem Jahr 1547 auf die Kirche und das angrenzende Augustinerkloster Bezug. Die gotische **Augustinerkirche** ist beeindruckender, als sie von außen aussieht. Im sogenannten **Herzgrüftel** werden in silbernen Urnen mehr als 50 Herzen von Habsburger Herrschern aufbewahrt, die Gebeine liegen dagegen in der nahen Kapuzinerkirche. Für Musikliebhaber sind die Hochämter an Sonn- und Feiertagen zu empfehlen, wenn im Rahmen des Gottesdienstes Messen von berühmten Komponisten aufgeführt werden. Das Herzgrüftel ist nur nach Voranmeldung sowie nach den Gottesdiensten am Sonntag zugänglich (→ S. 109).

In der Mitte des für Wien eher untypischen leicht nach innen abgewinkelten Platzes, der von Fischer von Erlach nach dem Vorbild von Michelangelos römischen Kapitolsplatz an die Donau transferiert wurde, fällt zunächst das **Reiterdenkmal für Kaiser Joseph II.** (1741–1790) auf. Seine Inschriften sind kurz gehalten, etwa das ›Ingenio et Industria‹. Wiens inoffizieller Chef-Lateiner, der langjährige Inhaber der gleichnamigen Privatschule Dr. Roland, hat sie für seine Schüler so in die Gegenwart übersetzt: »Nur mit Begabung und Fleiß lassen sich die Ziele im Leben erreichen.« Über den

Ein Oberbereiter auf seinem Hengst

Kaiser heißt es an anderer Stelle ebenso knapp, dass er für das Wohle des Volkes lebte. »Nicht lange, aber ganz.«

Der Josefsplatz wird an drei Seiten von den verschiedenen Trakten der **Hofburg** (→ S. 120) flankiert. Darin befinden sich bis heute unter anderem die historischen Lesesäle der Nationalbibliothek, die alten Redoutensäle und die Spanische Hofreitschule. An der vierten Häuserfront, auf der anderen Straßenseite, sind das **Palais Pallavicini** mit einer in der Stadt bekannten Tanzschule und das **Palais Palffy** zu sehen.

■ Spanische Hofreitschule

Sehenswert ist auch die Winterreitschule in der Wiener Hofburg, in der bis heute die Spanische Hofreitschule beheimatet ist. Hier wird die klassische Reitkunst in der Tradition der Renaissancezeit unverändert weiter gepflegt. Die herrlichen, eleganten Lipizzanerhengste sind die Nachkommen einer spanischen Pferde-

Stadttouren

rasse, die wiederum auf einer Kreuzung von spanischen, arabischen und Berber-Pferden beruht. Sie werden von den Bereitern und Ober-Bereitern seit mehr als 400 Jahren in die ›Hohe Schule‹ eingeführt. Die Pflege der Tradition hat dabei oberste Priorität, erst seit 2008 dürfen übrigens auch Frauen bereiten.

Die Winterreitschule wurde im Auftrag von Kaiser Karl VI. und nach Plänen von Josef Emanuel Fischer von Erlach in den Jahren 1729 bis 1735 errichtet. Das Reiterporträt des Monarchen prägt die prachtvolle Barockhalle, in der die weltweit einzigartige Reitkunst nicht nur geübt, sondern auch vor Publikum gezeigt wird. Die Vorstellungen sind allerdings immer lange im Voraus ausverkauft. Preiswerter und auch leichter zu erhalten als die Karten für die Vorführungen sind Tickets für die Trainingsstunden der Pferde, die sogenannte Morgenarbeit (→ S. 109). Die **Stallburg** ist traditionsgemäß in einem Renaissance-Palais aus dem 16. Jahrhundert untergebracht. Wer kein Ticket für eine Aufführung gekauft hat (weil ausverkauft oder zu teuer), kann nachmittags an einer geführten rund einstündigen Tour durch die Vorführungshalle und die Stallungen teilnehmen. Die Touren kommen bei den Gästen gut an.

Michaelerplatz

Der Michaelerplatz ist einer der vielsagendsten und facettenreichsten Plätze Wiens. Hier sind gleich mehrere Epochen vertreten. Im Uhrzeigersinn: Das Neubarock der Hofburg mit dem **Michaelertor** und dessen imposanter Kuppel, das gründerzeitliche **Palais Herberstein** mit dem Café Griensteidl, das **Loos-Haus**, das aufgrund seiner bewusst schlichten Formensprache vor und nach seiner Eröffnung im Jahr 1910 für einen handfesten Skandal gesorgt hat – man nennt es in Wien wegen seiner schlichten Fassade auch ›das Haus ohne Augenbrauen‹ –, nicht zuletzt die **Michaelerkirche**, deren Ursprung auf das 13. Jahrhundert zurückgeht und deren Portalvorbau deutlich barocke Züge trägt. Die Neugestaltung des Platzes vom Architekten Hans

Stadtplan H-5

▲ *Das ›Haus ohne Augenbrauen‹: Hauptwerk von Adolf Loos am Michaelerplatz*

Hollein erlaubt auch einen Blick in die Geschichte der Stadt; die unterste Schicht zeigt die Lagervorstadt des römischen Wien (→ S. 205).

■ Kohlmarkt

Vom Michaelerplatz lohnt sich noch ein kurzer Blick auf den mondänen Kohlmarkt, wo Wien auf wenigen Metern das Flair einer Weltstadt ausstrahlt. Wo heute elegantes Verkaufspersonal viel Geld einnimmt, wurde im Mittelalter mit Holzkohle gehandelt. Das edle Ambiente verdankt die Gasse ihrer Position nahe dem Kaiserhof, auf dem Weg zwischen dem Dom und der Burg. Kein Wunder, dass sich hier im Laufe der Zeit zahlreiche ›k. u. k. Hoflieferanten‹ angesiedelt haben wie zum Beispiel die heute noch vornehme **Konditorei Demel**, Haus Nr. 14, die innen im späthistoristischen Stil eingerichtet wurde. Das Artaria-Haus schräg gegenüber, Kohlmarkt Nr. 9, das der Wiener Kartenverlag freytag & berndt zuletzt einer globalen 08/15-Luxuskette überlassen hat, wurde von Max Fabiani geplant, das Portal der Buchhandlung Manz auf Nr. 16 von Adolf Loos.

■ Sisi-Museum

Alle Sisi-Fans kommen wiederum im neu gestalteten Sisi-Museum in der Hofburg (der Eingang liegt unterhalb der Michaelerkuppel) auf ihre Kosten (→ S. 109). Die Geschichte darf als bekannt vorausgesetzt werden: Am 18. August 1853, dem 23. Geburtstag des Kaisers, wird die bayerische Prinzessin Elisabeth in Bad Ischl ihrem sieben Jahre älteren Cousin Franz Joseph vorgestellt. Für den jungen Monarchen, der damals im Salzkammergut auf Sommerfrische weilte, soll es Liebe auf den ersten Blick gewesen sein. Schon im April 1854 läuteten jedenfalls in der Augustinerkirche die Hochzeitsglocken. Doch der Traumhochzeit folgte keine Traum-

Die Kaiserin lässt grüßen: Eingang zum Sisi-Museum in der Hofburg

Stadttouren

ehe. Anfangs bemühte sich Sisi, wie sie von ihrem Mann liebevoll genannt wurde, die ihr zugedachte Rolle möglichst gut zu spielen. Doch das höfische Zeremoniell und der Traditionalismus der Habsburgerfamilie haben ihr im Laufe der Jahre zunehmend zugesetzt. Das Leben der Unglücklichen gilt bis heute als Mythos. Im Museum sind gut 300 persönliche Gegenstände der anfangs noch unbeschwerten und später zunehmend unnahbaren und schwermütigen Kaiserin zu sehen. Das reichhaltige Spektrum reicht von persönlichen Gedichten und Schönheitsrezepten über Sonnenschirme, Fächer, Handschuhe, ihre Spielesammlung, ihr Tauf-, ihr Polterabend- und das rekonstruierte ungarische Krönungskleid, ihre Reiseapotheke, einen Milchzahn sowie die immer streng unter Verschluss gehaltene Attentatsteile bis zu Totenmaske und Trauerschmuck. Einigermaßen atemberaubend:

Was heute nur hinter Vitrinenglas zur Schau gestellt wird, schmückte seinerzeit die Wohngemächer der jungen Kaiserin.

Herrengasse

In der Herrengasse steht **Wiens erstes echtes Hochhaus (** Nr. 6–8). Es wurde von den Architekten Siegfried Theiss und Hans Jaksch geplant und in den Jahren 1931 bis 1933 gebaut. Architekturkritiker beschreiben es als christlich-soziales Gegenentwurf zum Roten Wien. Der Stahlbeton-Skelettbau galt im Wien der Zwischenkriegszeit als innovativ. Von der Herrengasse aus betrachtet wirkt das Gebäude nicht wie ein Hochhaus. Kein Wunder, der 16 Stockwerke umfassende Turmteil ist nur vom Innenhof auszumachen – ein notwendiges Zugeständnis der Planer an diesen Ort, mitten im historischen Stadtzentrum. Die 235 Wohnungen verteilen sich auf die neun Stockwerke des Haupttrakts, drei gestaffelte Etagen darüber sowie den krönenden Glasaufbau. Heute wie damals logieren und arbeiten hier mehrheitlich Angehörige des Wiener Bildungsbürgertums.

Wenige Schritte weiter liegt das Palais Ferstel mit dem **Café Central** am Eck. In

▲ *Das Café ›Central‹ im Palais Ferstel*

diesem Kaffeehaus, das im Jahr 1876 eröffnet wurde und das mehreren Wiener Kaffeehaus-Literaten als Kreativwerkstatt gedient hat, sollen sich auch Stalin und Hitler knapp nicht begegnet sein.

Freyung

Der nächste großzügig gestaltete Platz wird Freyung genannt. Der Name leitet sich von der im Jahr 1181 verfügten Befreiung des Schottenklosters von der städtischen Gerichtsbarkeit ab, die erst durch Kaiserin Maria Theresia wieder aufgehoben wurde. Nur wenige Jahre zuvor, 1155, hatte der Babenberger Herzog Heinrich II. Jasomirgott den Platz vor der **Schottenkirche** den Mönchen des von ihm gegründeten Stifts geschenkt. Seinen Namen hat es von den iro-schottischen Benediktinern, die der Herzog nach Wien geholt hatte. Im Mittelalter sahen die Wiener hier Gaukler und Schausteller. Auch ein Pranger war aufgestellt. Heute wird die Freyung durch die an das Stift angeschlossene Kirche dominiert.

Außerdem wird der innerstädtische Platz gleich von mehreren Palais begrenzt, neben dem Schottenhof stehen der Reihe nach **Palais Hardegg**, **Palais Ferstel**, **Palais Harrach**, **Palais Kinsky**. Detail am Rande: Wo heute Kunstsinnige die Ausstellungen des Kunstforums einer Wiener Großbank bestaunen, wurden in früheren Tagen die verstorbenen Mönche des Klosters unter die Erde gebracht.

Am Hof

Über den sogenannten Heidenschuß geht es nun wieder in Richtung Stadtmitte, zum nächsten größeren Platz, der ›Am Hof‹ genannt wird. Auch hier ruft sich Herzog Heinrich II. Jasomirgott nachhaltig in Erinnerung: Ein Jahr vor der Gründung des Schottenstifts, 1155, war er aus dem bayerischen Regensburg stromabwärts gefahren, um seine Residenz nach Wien zu verlegen. Hier, am Wiener Hof, ließ er für sich und seine Frau Theodora eine Pfalz – burgähnliche Palastanlage – errichten. Wenig Freude haben die Stadtarchäologen hingegen mit der modernen Tiefgarage. Bei ihrem Bau wurden die Mauerreste der Babenberger-Burg für immer und ewig zerstört.

Später diente der Hof auch als Marktplatz, vor allem für Textil- und Weinhändler. Im ehemaligen **Zeughaus**, Haus Nr. 10, ist die Wiener Berufsfeuerwehr einquartiert. Im Haus Nr. 13, dem **Collatopalais**, ist Wolfgang Amadeus Mozart zum ersten Mal öffentlich aufgetreten, und zwar im Alter von nur sechs Jahren. Im Haus Nr. 2 war bis zum 19. Jahrhundert das Kriegsministerium eingerichtet. In den Wirren des Revolutionsjahrs 1848 wurde hier der damalige Kriegsminister Graf Latour von der aufgebrachten Menge gemeuchelt. Schöner anzusehen ist der Barockstil der ursprünglich von den Karmelitern im gotischen Stil errichteten **Kirche am Hof**, an der Ostseite des Platzes. Hier hat Papst Pius VI. am Ostersonntag des Jahres 1782 den Segen ›Urbi et Orbi‹ gespendet. Bis heute kommt hier die kroatische Community zusammen.

Weiter geht es über den Judenplatz, der gleich zu Beginn des Kapitel über das Jüdische Wien (→ S. 210) ausführlich beschrieben wird. Daher reicht an dieser Stelle ein Hinweis auf das moderne, im Jahr 2000 enthüllte **Mahnmal für die österreichischen jüdischen Opfer der Schoa** der britischen Bildhauerin Rachel Whiteread. Der Kubus aus Stahlbeton soll eine Bibliothek darstellen – als Symbol für die jüdische Geistes- und Kulturgeschichte und eine mahnende Erinnerung an mindestens 180 000 ermordete und vertriebene Juden in Österreich.

Wo der Tiefe Graben überbrückt wird

Im Beton rund um den Kubus sind die Namen ihrer Todesorte verzeichnet. Auf der Wipplinger Straße geht es kurz links, bis zu jener Brücke, die den Blick auf den **Tiefen Graben** freigibt. Der Graben wurde einst vom Ottakringer Bach gegraben und führt heute hinunter ins alte Textilviertel am Donaukanal. Zum Doppelmoral-Wien passt auch das **Stundenhotel** mit dem klingenden Namen ›Orient‹. Laut Auskunft der Concierge geben sich hier hochrangige Damen und Bauarbeiter die Klinke in die Hand, und Ministerialräte sollen sich schon beschwert haben, dass sie nicht mit ihrem Titel begrüßt wurden.

Hoher Markt

Der Eingang zum **Römermuseum** an der Südseite zeigt an: Den Hohen Markt haben schon die Römer als Platz genutzt

Die Ankeruhr am Hohen Markt kann man nicht nur sehen, sondern auch hören

(→ S. 208). Erstmals schriftlich erwähnt wird der Marktplatz im Jahr 1208. Etwa 500 Jahre lang – zwischen der Mitte des 14. und des 19. Jahrhunderts – diente er als Zentrum des öffentlichen Lebens. Auf dem Platz standen Zunfthäuser, Marktstände und die Schranne, das städtische Gerichtsgebäude. Den Verurteilten drohte der Pranger.

Der **Brunnen** in der Platzmitte, der von Johann Bernhard Fischer von Erlach zuerst in Holz ausgeführt und dann, 1729, von seinem Sohn Johann Emanuel Fischer von Erlach in weißem Marmor neu errichtet wurde, zeigt die Vermählung von Josef und Maria. Dass der Zeremonienmeister keinen katholischen Priester, sondern einen jüdischen Rabbi darstellt, ist nicht einmal den Nationalsozialisten aufgefallen. Ein Hingucker ist auch die **Ankeruhr** auf einer Brücke, die die beiden Häuser Nr. 10 und 11 verbindet. Sie wurde in den Jahren zwischen 1911 und 1914 im Auftrag der Anker-Versicherung errichtet und gilt heute als eine der schönsten Erinnerungen an den Wiener Jugendstil. Sehens- und hörenswert ist um Punkt 12 Uhr die Parade der Figuren aus der Wiener Stadtgeschichte – mit Musikbegleitung.

Tuchlauben

Vom Hohen Markt führt eine Gasse, die Tuchlauben, weiter zum Kohlmarkt zurück und zum Graben. Ihr Name soll an die Tuchhändler erinnern, die sich hier – alten Stadtchroniken zufolge – im Jahr 1153 angesiedelt haben, um ihr Handwerk auszuüben. In den bogenförmigen Arkaden (Lauben) haben sie ihre Ware verkauft. Heute wird der komplett sanierte, denkmalgeschützte Gebäudekomplex zwischen der Tuchlauben und dem Hof auch ›Goldenes Quartier‹ genannt. Auf insgesamt 11000 Quadratmetern finden Oligarchen aus Ost und West alles, was es auch anderswo gibt, von Armani bis Vuitton. Die Statue neben dem Tuchmacherbrunnen zeigt indes einen Mann, der Stoff zuschneidet.

Im Haus Nr. 19 sind wiederum die ältesten in Wien erhaltenen nichtkirchlichen Wandmalereien zu sehen, die **Neidhart-Fresken**. Das Gebäude stammt aus dem 14. Jahrhundert und wurde später im Auftrag eines wohlhabenden Wiener Händlers mit einem großzügigen Bilderzyklus aufgewertet. Die Fresken zeigen Szenen aus dem Leben und den Dichtungen des Wiener Minnesängers Neidhart von Reuental (1180 – 1240), zudem ein Frühlingsfest und einen Reigen mit Festmahl. Entdeckt wurden die Fresken beim Umbau einer Wohnung in den 1980er Jahren. Heute werden die Räume als Außenstelle des Wien Museums (→ S. 145) geführt und sind daher auch öffentlich zugänglich.

Links zweigt dann die **Brandstätte** ab. Gleich auf Nr. 9 liegt das besuchenswerte **Café Korb**. Ebenfalls eine Erwähnung wert ist das Haus Nr. 6, das sogenannte **Zacherlhaus**, ein Frühwerk des Otto-Wagner-Schülers und Stararchitekten der slowenischen Hauptstadt Ljubljana (Laibach), Jože Plečnik (1872–1957). Das Wohn- und Geschäftshaus wurde für die Industriellen-Familie Zacherl im Jahr 1905 fertiggestellt. Die hat mit dem Vertrieb ihres Pulvers, das gegen Insektenplagen helfen sollte, ein Vermögen verdient. Daran erinnert nicht zuletzt der Erzengel Michael an der Fassade, den der Volksmund seinerzeit nicht nur ›Teufelsbezwinger‹, sondern auch ›Wanzentöter‹ nannte. Architekturkritiker sehen in den glänzenden Granitplatten aber auch ein Symbol für die Moderne.

Am Graben

Der Graben ist die breiteste und auch prächtigste Fußgängerzone in der Wiener City. Bevor man links einbiegt, erinnern rechter Hand der Feinkostladen und das Restaurant **Julius Meinl am Graben** an glorreichere Tage des Wiener Feinkost- und Lebensmittelhandels.

Wer austreten muss, findet ein Stück weiter – vor dem Haus Nr. 22 – eine gute Gelegenheit: in der unterirdischen **Bedürfnisanstalt** aus dem Jahre 1905.

Stadttouren

»Jö schau, ...!« Der Liedermacher Georg Danzer hat dem Café Hawelka sogar ein einschlägig bekanntes Lied gewidmet

Linker Hand interessiert uns dann der **Schneidersalon Kniže**, dessen Schneider noch Anzüge nach Maß fertigen. Maßgeschneidert ist auch der Salon – nach Plänen von Adolf Loos. Noch ein Stück weiter, an der Ecke zur Dorotheergasse, steht das **Ankerhaus**, 1894 nach Plänen von Otto Wagner (1841–1918) fertiggestellt. Die **Pestsäule** in der Mitte des Grabens erinnert wiederum an weniger feine Zeiten, an das mittelalterliche Wien, als eine Seuche unzählige Stadtbewohner hinwegraffte.

Am Ende dieser Tour lädt das **Café Korb** auf der Brandstätte zu einem Besuch ein. Wenn man ein bisschen Glück hat, sitzt ein Berliner Busfahrer der Wiener Linien am Nebentisch und schwärmt von Wien und auch von Berlin. Und wer es doch lieber altbacken haben möchte, geht ins **Café Hawelka**. Gleich gegenüber leistet der traditionsreiche Imbiss **Trześniewski** mit leckeren Aufstrichbroten erste Hilfe gegen den kleinen Hunger. Dazu trinkt man ein ›Seidel‹ (0,33 l Bier) oder einen ›Pfiff‹ (halbes ›Seidel‹).

ℹ️ Wien-Mitte

Stadtführung: Wichtige Anregungen für diese Stadttour hat **Bettina Mandl** gegeben. Sie ist staatlich geprüfte Fremdenführerin und bringt Interessierten gerne auch diesen Teil der Stadt näher. Kontakt: Tel. 0664/3127788 oder 01/4802525, bettina-mandl@chello.at.

🍴

Restaurant Plachutta, 1010 Wien, Wollzeile 38, Tel. 01/5121577, www.plachutta.at; Mo–So 11.30–24 Uhr.
Restaurant Figlmüller, 1010 Wien, Wollzeile 5 (Eingang im Durchhaus), Tel. 01/5126177, www.figlmueller.at; Mo–So 11–22.30 Uhr.

Stadtplan H-5

▲ *In der Augustinerkirche*

Restaurant Julius Meinl am Graben, 1010 Wien, Graben 19, Tel. 01/5323346000, www.meinlamgraben.at; Shop: Mo–Fr 8–19.30, Sa 9–18 Uhr; Restaurant: Mo–Fr 8–24, Sa 9–24 Uhr.

Stehimbiss Trześniewski, Dorotheergasse 1, 1010 Wien, Tel. 01/5123291, www.trzesniewski.at, Mo–Fr 8.30 –19.30, Sa 9–17 Uhr, So 10–17 Uhr.

Café Griensteidl, 1010 Wien, Michaelerplatz 2, Tel. 01/5352692, www.cafegriensteidl.at; Mo–So 8–23.30 Uhr.

Café Central, 1010 Wien, Herrengasse/Strauchgasse, Tel. 01/533376426, www.palaisevents.at/cafecentral; Mo–Sa 7.30–22, So 10–22 Uhr.

Konditorei Demel, 1010 Wien, Kohlmarkt 14, Tel. 01/53517170, www.demel.at; Mo–So 9–19 Uhr.

Café Korb, 1010 Wien, Brandstätte 9, Tel. 01/5337215, www.cafekorb.at; Mo–Sa 8–24, So 10–24 Uhr.

Café Hawelka, 1010 Wien, Dorotheergasse 6, Tel. 01/5128230, www.hawelka.at, Mo–Mi 8–24 Uhr, Do–Sa 8–1 Uhr, So 10–24 Uhr.

American Bar, 1010 Wien, Kärntner Durchgang 10, Tel. 01/5123283, www.loosbar.at; Mo–So 12–4 Uhr.

Skybar, 1010 Wien, Kärntner Straße 19, Tel. 01/5131712, www.skybox.at; Mo–Fr 10–2, Sa 9.30–2 Uhr, So 11–2 Uhr.

Casino Wien, 1010 Wien, Kärntner Straße 41, Tel. 01/5124836, www.casinos.at; Mo–So 15–4 Uhr.

Stephansdom, 1010 Wien, Stephansplatz. Mehr über Geschichte, Architektur, Symbole und Legenden, heilige Messen und Führungen unter www.stephansdom.at.

Albertina, 1010 Wien, Albertinaplatz 1, Tel. 01/534830, www.albertina.at; Mo, Di, Do–So 10–18, Mi 10–21 Uhr.

Kaisergruft, 1010, Tegetthoffstraße 2, Tel. 01/5126853, www.kaisergruft.at; Mo–So 10–18 Uhr.

Österreichisches Filmmuseum, 1010 Wien, Augustinerstraße 1, Tel. 01/5337054, www.filmmuseum.at.

Österreichische Nationalbibliothek, 1010 Wien, Heldenplatz/Hofburg, Tel. 01/53410, www.onb.ac.at.

Spanische Hofreitschule, 1010 Wien, Michaelerplatz 1/Hofburg, Tel. 01/5339031; www.srs.at; geführte Rundgänge Mo–So 14, 15, 16 Uhr.

Sisi-Museum, 1010 Wien, Hofburg, Michaelerkuppel, Tel. 01/5337570, www.hofburg-wien.at; Mo–So 9–17.30 (im Winter) bzw. 18 Uhr (im Sommer).

Museum des Schottenstifts, 1010 Wien, Freyung 6, www.schottenstift.at.

BA Kunstforum, 1010 Wien, Freyung 8, Tel. 01/5373326, www. kunstforum wien.at.

Neidhart-Fresken, 1010 Wien, Tuchlauben 19, Tel. 01/5359065, www.wienmuseum.at; Di–So 10–13 und 14–18 Uhr.

Römermuseum (→ S. 209).

Kabarett Simpl, 1010 Wien, Wollzeile 36, Tel. 01/5124742, www.simpl.at.

Buchhandlung Morawa, 1010 Wien, Wollzeile 11, Tel. 01/5137513, www.morawa-buch.at; Mo–Fr 9–19, Sa 9–18 Uhr.

Buchhandlung freytag & berndt, 1010 Wien Wallnerstraße 3, Tel. 01/5338685, www.freytagberndt.com; Mo–Fr 9.30–18.30, Sa 9.30–18 Uhr.

Buchhandlung Manz, 1010 Wien, Kohlmarkt 16, Tel. 01/531610, www.manz.at; Mo–Fr 9.30–18.30, Sa 9.30–17 Uhr.

Helmut Seethaler, www.hoffnung.at/hoffnung.

Stundenhotel Orient, 1010 Wien, Tiefer Graben 30, Tel. 01/5337307, www.hotel orient.at; Mo–So 0 –24 Uhr.

Ernst Molden über
Neunzehn, Eins, Drei – Wiener Leben in Bezirken

EXTRA

Neunzehn

Im Neunzehnten geht der Mensch an Gartenzäunen entlang. Das ist das Spezifische, das Symptomatische an diesem Teil Wiens zwischen Stadt und Land. Am Land geht man an Feldern entlang. In der Stadt an den Hausmauern. Der Neunzehnte hat seine Gartenzäune. Die davon besser oder schlechter verdeckten Gärten sind tapfere kleine Behauptungen, höchstpersönliche, domestizierte Stücke Natur. Dazu ein Haufen bürgerliche Geheimnisse. Über die Zäune, an denen man entlanggeht, kann man das alles riechen.

Meine Kindheit und einen Teil meiner Jugend habe ich im Neunzehnten verbracht. Sprich: im 19. Bezirk der Stadt Wien, ›Döbling‹. Wir lebten im Viertel Heiligenstadt, wo alles in erster Linie sehr alt ist. In Heiligenstadt waren schon die Römer, ihre Legionäre kelterten einen Wein, den ihr Oberster Befehlshaber, der Philosophenkaiser Marcus Aurelius, mit Essig verglich. Heiligenstadt war ein Paradoxon innerhalb des vornehmlich bourgeoisen und reichen Bezirks Döbling, denn hier hatte auch das Proletariat seine Reviere. Hier stand, einen ganzen Kilometer lang, jener festungsartige Gemeindebau namens Karl-Marx-Hof, in dem die Februarunruhen 1934 ihren Ausgang nahmen. Sie mündeten in den Ständestaat, eine De-facto-Diktatur der Christdemokraten. Der rechte Teil des Neunzehnten hatte gewonnen.

Im modernen Wien ist diese bürgerliche Welt zu einer Art Indianerreservat geworden. Die Döblinger, seit Jahrzehnten geistig unter sich, sind ein sonderbares Völkchen mit einigen liebenswerten und einigen unerträglichen Eigenschaften. Sie fühlen sich bedroht und sind furchtbar gern beleidigt. Und dann all das Fremde! Die größte Angst des Menschen aus dem Neunzehnten ist jene, vom Emporkömmling, der sich in den teuren Bezirk am Rand des Wienerwaldes einkauft, verdrängt zu werden. Dabei wird vergessen, dass die Döblinger (abgesehen von ein paar Weinbauern und den Arbeitern unten am Fluss) immer schon Parvenüs waren. Das neureiche Bürgertum der Belle Époque entdeckte die malerischen Weindörfer im Nordwesten zum Leben – seitdem spülte jede Ära ihre Neureichen in den Neunzehnten. Und wenn jetzt die neueste Angst ›den Russen‹ gilt, müsste man eigentlich sagen: Die wohlhabenden Russen der Putin-Zeit sind natürlich klassische Döblinger. Aber die anderen Döblinger wären sofort tödlich beleidigt.

Eins

Mitte der Achtziger Jahre, als depperter junger Mann, lebte ich im Ersten. Und dieser 1. Bezirk, diese ›Innere Stadt‹, wie er offiziös heißt, war für einen solchen Mann der beste aller Jagdgründe. Es war die Zeit vor der Wende im Osten, Wien lag am Ende der Sackgasse, und es war, was heute schwer vorstellbar ist, nichts los in der Stadt. Und wenn doch, dann fast immer im Ersten. Ich wohnte fast zehn Jahre in einem winzigen Dachstüberl im Bäckerstraßenviertel, was damals Hipsterland war. Die Künstler soffen im ›Oswald und Kalb‹, die Lebenskünstler im ›Alt Wien‹, im Café ›Prückel‹ gabelfrühstückte man sich den Kater vom Hals, und fad war es fast nie. Es gab ›Die Bar‹ in der Sonnenfelsgasse, das jüdische Nachtcafé ›Mazeltow‹ und das damals nagelneue ›Engländer‹. Der depperte junge Mann braucht Lokale, um zu überleben, und die waren dort.

Aber kam man aus diesen Lokalen am Ende der Nacht, wenn die Amseln schon schrien, wieder heraus, dann sah man den Ersten, wie er wirklich war. Jetzt, da sich die letzten Touristen in ihre Hotelbetten verkrochen hatten, war der Erste einfach Stein. Vergesslicher, herzenskalter Stein, die steinerne innerste Windung jener enormen Schnecke, zu der sich die Wiener Bezirke angeordnet haben. Der kalte Stein des Ersten vergaß Nacht für Nacht wieder alles, was gewesen war. Ohne Menschen war diese imperiale Prachtmanifestation von einem Stadtteil plötzlich nur noch ein blinder Fleck.

Für den depperten jungen Mann, der bekanntlich hauptsächlich nach sich selbst sucht, nicht der schlechteste Ort.

Drei

Stattdessen fand ich meine Liebste und zog ich in den Dritten, wo ich seitdem ununterbrochen bin. Der 3. Bezirk Wiens heißt ›Landstraße‹, und das ist herrlich für jemand wie mich, der Stadt nur als eine spezifische Ausformung von Natur betrachtet. Ich habe also meine Landstraße, nütze sie als ein Schwert des Bekannten, das den schwer zu durchschauenden Rest durchschneidet.

Der Dritte hat die Form eines länglichen Lappens, der mit einer Schmalseite am Ersten, also am Zentrum hängt und weit in den Osten der Stadt hineinflattert. Dahinter ist dann nur noch das geradezu morgenländische Simmering, der Elfte.

Der Dritte besitzt viele Landschaften: Die Arbeitergegend Erdberg, das Schlachthof-Grätzel Sankt Marx, das dörfliche Weißgerberviertel am Kanal. Und das irgendwie abgehobene sogenannte Diplomatenviertel am Rennweg, ein Land voll Botschafter und bläulich getönter Witwen. Des Diplomatenviertels schon leicht verkommene Nordostflanke grenzt an die S-Bahn-Geleise, und genau dorthin zogen wir. Durch die Bahnschlucht hatten wir viel Platz vor den Fenstern, wir sahen auf das finster-ehrwürdige Walmdach eines alten Hochschulgebäudes und auf zwei dahinter aufragende Pappeln. Wir blieben jahrelang in der allmählich zerbröselnden, aber total romantischen Altbauwohnung, und nach und nach kamen unsere drei Kinder zu uns. Irgendwann waren wir zu viele und zu groß und zu grob für die alte Wohnung und zogen ein Stück stadtauswärts, auf die Erdberger Seite der Landstraßer Hauptstraße. Das ist jetzt eine Gegend, naja, die sich gerade formt. Wo die Bewohner alter Siedlungsformen wie des in seiner Majestät dem Karl-Marx-Hof fast ebenbürtigen Rabenhofs ihre Territorien verteidigen, wo neue Bewohner wie die selbstbewusste türkische Community Erdbergs ihre Claims abstecken. Es wurlt und knackt fruchtbar im Getriebe.

Selten gebe ich einer kleinen morbiden Sehnsucht nach und fahre in den Neunzehnten zum Spazierengehen. Und da sind dann wieder die Gartenzäune. Und da riecht es dann nach Heimat und zugleich nach Verstorbenem wie aus einem Schnitzler-Text.

Ernst Molden, geboren 1967 in Wien, lebt als Liedermacher und Schriftsteller in Wien. *Er wurde mehrfach ausgezeichnet, unter anderem mit dem Österreichischen Förderungspreis für Literatur sowie mit dem Preis der Deutschen Schallplattenkritik.*

Um den Ring

Diese Tour ist ein Klassiker. Die Ringstraße und der Franz-Josefs-Kai führen rund um die Wiener Innenstadt, an zahlreichen staatstragenden Gebäuden und prächtigen Stadtpalais vorbei. Der Straßen-Ring ist mit rund fünf Kilometern Länge (inklusive Franz-Josefs-Kai), 60 Metern Breite, mit seinen säumenden Baumreihen und Nebenfahrbahnen der mit Abstand auffälligste und prächtigste Boulevard Wiens.

Die Ringstraße war das größte städtebauliche Projekt Europas im 19. Jahrhundert. Sie wurde am 1. Mai 1865 eröffnet. Nur acht Jahre zuvor, 1857, hatte Kaiser Franz Joseph verordnet, die nutzlos gewordenen Stadtmauern zu schleifen. Auf dem Areal der abgetragenen Basteien und des zugeschütteten Stadtgrabens wurde zuerst diese breite Straße errichtet und in den folgenden Jahren viele neue Ringstraßen-Bauten. Klassische Antike, Gotik, Renaissance, Barock, Jugendstil, Moderne – entlang des Rings wurden verschiedene Baustile verwirklicht. Weil zur Silberhochzeit des Kaiser-Ehepaars im Jahr 1879 die ersten Prachtbauten fertiggestellt waren, durften die Wiener ein zweites Mal ausgiebig feiern.

Rund um den Ring kreisen mehrere Verkehrsmittel, die für Touristen wie geschaffen sind. Die einfachste und günstigste Tour ist die mit der **regulären Straßenbahn**: Am besten mit der Linie 1 von der Oper im Uhrzeigersinn bis zum Schwedenplatz, dort umsteigen in die Linie 2, die den Ring weiter umrundet und in Richtung Oper fährt. Die durchgängige Fahrt mit der knallgelben für Touristen gedachten **Vienna Ring Tram** dauert eine halbe Stunde und kostet 8 Euro. Zwischen 10 und 17.30 Uhr fährt sie im Halbstundentakt und hält unterwegs an jeder der 13 Haltestellen. Auf Bildschirmen werden alle wichtigen Gebäude angezeigt. Schmankerl: Ansagen und Erläuterungen per Kopfhörer gibt es auf Wunsch auch im Wiener Dialekt. Eine weitere Option ist die Rundfahrt mit der Kutsche, dem **Fiaker**, wie die Wiener sagen. Absolut empfehlenswert ist die Fiakerin Martina Michelfeit. Die Soziologin war eine der ersten Frauen, die in eine reine Männerdomäne eingedrungen sind. Sie hat ihre teilnehmenden Beobachtungen auch in ihre Diplomarbeit einfließen lassen. So wie ihre männlichen Kollegen ist sie nicht auf den Mund gefallen. Preis nach Vereinbarung, Voranmeldung unbedingt erforderlich (→ S. 129).

Rund um die Ringstraße führen inzwischen beidseitig auch Radwege. Die sind gut beschildert, aber zum Teil verschlungen und vor allem vielbefahren. Vorsicht ist hier in jedem Fall geboten. Wer kein eigenes Rad hat, kann an mehreren Verleihstellen entlang des Radwegs ein zumeist gut gewartetes **Citybike** (→ S. 17) ausleihen. Die erste Stunde ist gratis, jede weitere kostet einen Euro. Und dann gibt es noch die Segway-Anbieter. Ihre Kundschaft benutzt, bewaffnet mit Foto- und Filmkameras, ebenfalls die Radwege, nicht unbedingt zur Freude der Wiener Alltagsradler. Ihre Ring-Touren beginnen neben der Oper, an der Ecke zur Operngasse. Wer ausreichend Zeit hat, gut zu Fuß ist und alles ganz genau sehen möchte, sollte einen Spaziergang solo oder noch besser mit der wunderbaren Stadt-

Stadttouren

Der Ring, hier vor dem Rathaus, ist die prächtigste Straße der Stadt

City-Bike-Station am Ring

führerin Christa Bauer (→ S. 129) in Er-
wägung ziehen. Im Schatten der Alleen
und der Prachtbauten lässt sich jederzeit und überall innehalten. Und wem
es zwischendurch zu viel wird, der fährt
die eine oder andere Station mit der
Straßenbahn.

Egal welches Verkehrsmittel – rund um
den Ring ist in jedem Fall Vorsicht geboten. Nirgendwo sonst in Wien prallen
derart unterschiedliche Interessen und
Bedürfnisse hart aufeinander. Wiener
auf dem Weg zur Arbeit zeigen dabei
oft wenig Verständnis für Touristen, die
mit der Kamera vor ihrem Auge und den
Gedanken womöglich in der Kaiserzeit
vergessen, dass sie gerade den Verkehr
behindern.

Stubenring

Der Start zu dieser Tour liegt an der
Mündung des Wienflusses in den Donaukanal – bei der **Urania**. Die Wiener
Urania wurde im Jahr 1897 als eines der
bedeutendsten Volksbildungsinstitute
Wiens gegründet. Das bis heute auffälli-
ge Gebäude wurde in seiner Grundform
von Max Fabiani, einem Schüler von Otto Wagner, geplant und im Jahr 1910
fertiggestellt. Heute bietet die Urania
für jede/n etwas: den Großen Horizont-

erweiterung in einem der schönsten Kinosäle Wiens, in der alten Sternwarte sowie in der Volkshochschule, den Kleinen
traditionsreiches Kasperltheater mit den
unverwüstlichen Protagonisten Kasperl
und Pezi (→ S. 129).

Der erste Abschnitt der Ringstraße wird
Stubenring genannt. Umstritten ist, ob
sein Name an die mittelalterlichen ›Ba-
destuben‹ erinnert. Die Stuben waren
jedenfalls öffentliche Bäder, die mit Holz-
wannen und Gießkannen als Handbrau-
sen ausgestattet waren. Linker Hand
fällt sofort das mächtige **Regierungs-
gebäude** auf. Nach seiner Eröffnung im
Jahr 1913, also knapp vor Ausbruch des
Ersten Weltkriegs, versahen hier Hunderte Beamte des Kriegsministeriums
Dienst. Daher auch das Reiterdenkmal
vor dem Eingang, es zeigt einen prominenten Oberbefehlshaber der österreichischen Truppen, den böhmischen
Feldmarschall Josef Wenzel Radetzky
von Radetz (1766–1858). Ihm hat der
ältere der beiden Johann Strauss, Johann Strauss Vater (1804–1849), den
bekannten Radetzkymarsch gewidmet,
der stets das Neujahrskonzert beendet.
Heute sind hier die Beamten von Wirt-
schafts-, Landwirtschafts- und Sozial-
ministerium am Werk.

Die Urania als perfekter Ausgangspunkt

■ Postsparkasse

Nicht minder imposant wirkt gegenüber das von der Ringstraße rückversetzte Hauptgebäude der Österreichischen Postsparkasse. Mit einer verbauten Fläche von knapp 40 000 Quadratmetern ist es eines der wichtigsten Gebäude des Wiener Jugendstils und ein Meisterwerk des bis heute bekanntesten Wiener Architekten Otto Wagner (1841–1918). Wagner hat das Wiener Stadtbild nachhaltig geprägt, von ihm stammen nicht nur zahlreiche Jugendstil-Gebäude in der Stadt, sondern ebenso etliche zum Teil auch realisierte Ideen zur Stadtentwicklung, vor allem der Bau der Stadtbahn als Vorläufer der Wiener U-Bahn oder des Gürtels als zweitem Ring neben der Ringstraße. Beim Wettbewerb für die Realisierung der Postsparkasse, die im Jahr 1906 eröffnet und im Jahr 1912 vollendet wurde, hatte sich Wagner gegen 37 Mitbewerber durchgesetzt.

Die Postsparkasse von Otto Wagner

Es empfiehlt sich, die Straßenseite zu wechseln und auf dem Georg-Coch-Platz einige Schritte näher an das Gebäude zu treten. Die Fassadenverkleidungen aus Granit und Marmor wirken repräsentativ, die öffentlich zugängliche Kassenhalle mit der Stahl-Glas-Deckenkonstruktion und dem Glasboden war stilprägend. Otto Wagner betrachtete die Postsparkasse als Gesamtkunstwerk. Daher entwarf er dafür unter anderem auch Möbel, Türbeschläge, Lichtschalter und Lampen.

In seinem Büro beschäftigte der Professor für Architektur seine besten Schüler: Von Max Fabiani war eingangs bei der Urania schon die Rede, auf Joseph Maria Olbrich wird man gleich noch stoßen. Auch keine Unbekannten: der Möbeldesigner Josef Hoffmann (1870–1956) und der Slowene Josef Plečnik (1872–1957), der für zahlreiche Gebäude in Ljubljana verantwortlich zeichnet

und damit der slowenischen Hauptstadt ihre ›Corporate Identity‹ gab.

Erster Kunde der Österreichischen Postsparkasse musste natürlich Kaiser Franz Joseph sein. Sein Sparbuch mit der Nummer 000001 hat er sich allerdings noch im alten Sparkassengebäude im Dominikanerkloster aushändigen lassen. Der Neubau gefiel ihm nämlich nicht. Beim Anblick der insgesamt 17 000 Eisennägel, mit dem die Platten an der Fassade befestigt worden waren, soll er seinen Adjutanten gefragt haben: «Was sind denn das für Knopferl?»

■ Museum für Angewandte Kunst

Vor der Einmündung der Weiskirchner Straße in den Ring fängt das Museum für Angewandte Kunst viele Blicke ein. Das MAK wurde in den Jahren von 1868 bis 1871 im Stil der Neorenaissance errichtet, nach Plänen von Heinrich von

Stadttouren

Die Ringstraßenbahn für Touristen

Ferstel. Das Gebäude neben dem Muse-um beherbergt die Hochschule für Ange-wandte Kunst. Im Museum sind Möbel, Glas-, Porzellan-, Silber- und Textilarbei-ten zu sehen, zudem Kunsthandwerk der Wiener Werkstätten und des Jugendstils. So zum Beispiel ein blattvergoldeter Ent-wurf von Gustav Klimt oder die weltbe-rühmten Holzstühle der Firma Thonet, die bis heute zum Inventar der Wiener Kaffeehäuser zählen (→ S. 129).

Apropos: Für eine Kaffeepause bietet sich das **Café Prückel** am Ende des Stubenrings an – sofern es einen freien Tisch gibt. Denn im Prückel hat man selbst in Zeiten tiefster wirtschaftlicher Depression nie das Gefühl, dass sich die Wiener große Sorgen machen. Ein Lob den Architekten, die bei Umbauten den Charakter des Cafés erhielten. Ein Buh den Kellnern, die Arroganz mit Charme verwechseln.

Stadtpark

Der zweite Abschnitt des Rings wird Parkring genannt – er führt über seine gesamte Länge entlang des Stadtparks. Vernachlässigen wir hier die vornehmen

Hotels und Autosalons auf der ande-ren Straßenseite, lustwandeln wir lieber durch den zentralen Park der Wiener!

Der Park wurde am 21. August 1862 nach Plänen des Stadtgärtners Rudolf Siebeck und des Landschaftsmalers Josef Selleny eröffnet, im englischen Landschaftsstil, vor allem aber als erste für alle Wiener und Wienerinnen zu-gängliche Parkanlage der Stadt. Der Stadtpark, der durch den Wienfluss ge-teilt wird, hat auch heute einiges zu bie-ten: ausreichend gemütliche Sitzbänke, Blumenschmuck, gepflegte Bäume und fast ganzjährig blühende Ziersträucher, unzählige Enten und Kinder, echte Wie-ner, echte Touristen, ein villenartiges Café-Restaurant in barockisierend-secessionistischer Form namens Meierei (ursprünglich eine Milch-Trinkhalle), den Gourmet-Tempel Steirereck (→ S. 271) und den Kursalon Hübner im Stil der italienischen Neorenaissance.

Johann Strauss im Stadtpark

Stadtplan I-5

Er ist auch die an Denkmälern und Skulpturen reichhaltigste Parkanlage der Stadt. Vor allem den **Wiener Musikern** wird hier viel Ehre erwiesen. Überragend und mit Abstand am meisten fotografiert ist das vergoldete Bronze-Standbild für den Walzerkönig Johann Strauss Sohn (1825 –1899) – er hat 168 Walzer komponiert, darunter den weltbekannten ›Donauwalzer‹, sowie unzählige Operetten wie ›Die Fledermaus‹ oder ›Eine Nacht in Venedig‹. Kopien stehen inzwischen im japanischen Osaka, in Kunming in China sowie in der kubanischen Hauptstadt Havanna.

Weiters zu sehen sind auch die Komponisten Franz Schubert (1797–1828), Anton Bruckner (1824 –1896), Franz Lehár (1870–1948) und Robert Stolz (1880 –1975). Nicht vergessen sollte man Seibane Wague. Der kam hier in der Nacht von 14. auf 15. Juli 2002 während eines Afrika-Fests gewaltsam ums Leben – vor den Augen mehrerer Polizisten und Rettungskräfte, die sich später wegen fahrlässiger Tötung unter besonders gefährlichen Verhältnissen vor Gericht verantworten mussten.

An den Park- schließt der **Schubertring** an, benannt nach dem bereits genannten Komponisten Franz Schubert. Der schuf neben bekannten Messen, Symphonien und Tänzen auch zahlreiche Lieder. In Wien lernt jedes Kind unter anderem den ›Erlkönig‹ oder auch ›Am Brunnen vor dem Tore‹. Schnell ist dann der dominante Schwarzenbergplatz mit seinem Hochstrahlbrunnen erreicht. Der wird in der ersten Tour ausführlich beschrieben (→ S. 89).

Staatsoper

Der Kärntner Ring führt weiter vom Schwarzenbergplatz auf die Wiener Staatsoper zu, dem ›Ersten Haus am Ring‹, wie die Oper auch genannt wird.

Gedränge rund um die Staatsoper

Er bekam seinen Namen vom gleichnamigen Tor und der gleichnamigen Bastei; Basteien waren Teil der Stadtmauer, auf ihnen standen bis ins 18. Jahrhundert die Kanonen zur Verteidigung der Stadt. Entlang des Kärntner Rings reiht sich ein luxuriöses Hotel nach dem anderen: Hotel ›Imperial‹, ›Grand Hotel‹ und wenige Schritte vor der Oper das Hotel ›Bristol‹. Hier steigen die Reichen und Schönen ab. Das einzige Einkaufszentrum an der Ringstraße nennt sich Ringstraßen-Galerie. Wer weniger Geld in der Geldbörse vorfindet, sei auf die Oper vertröstet. Dort gibt es noch immer Stehplätze für wenig Geld.

Das ›k. u. k. Hofoperntheater‹ wurde als erstes öffentliches Ringstraßenbauwerk in den Jahren 1861 bis 1869 gebaut. Es ist im romantisch-historisierenden Stil ausgeführt. Federführend beim Bau waren die beiden Architekten August Sicard von Sicardsburg (1813 –1868) und

Eduard van der Nüll (1812–1868). Tragisch: Beide haben die feierliche Eröffnung des Wiener Opernhauses selbst nicht mehr erlebt. Van der Nüll, der an den Schmerzen einer unheilbaren Krankheit litt, hat sich mit dem Strick das Leben genommen, von Sicardsburg starb wenige Wochen später an Tuberkulose. So wurde die Oper ohne sie, am 25. Mai 1869, mit ›Don Giovanni‹ von Wolfgang Amadeus Mozart eröffnet. Kolportiert wird bis heute das Gerücht, dass die beiden Architekten vom beißenden Spott ihrer Zeitgenossen, auch von der Kritik des Kaisers, in den Tod getrieben wurden. Dafür gibt es aber keine Belege. In den letzten Tagen des Zweiten Weltkriegs wurde das Wiener Opernhaus bei einem Bombenangriff der Alliierten weitgehend zerstört. Zehn Jahre später, genau gesagt am 5. November 1955, also bald nach der Unterzeichnung des Staatsvertrags, wurde mit Beethovens Oper ›Fidelio‹ die Wiedereröffnung gefeiert. Bis heute ist die Wiener Staatsoper mit ihrem täglich wechselnden Programm und ihrem fachkundigen Publikum eines der bekanntesten Opernhäuser der Welt. Eine gewisse Tradition und Bekanntheit hat auch der Opernball am letzten Donnerstag der Faschingszeit erlangt.

Wer sich für die ernste Musik nicht begeistern kann: Beim Jazzfest in Wien sind in der Oper auch modernere Töne zu hören. **Führungen** durch das Haus bieten einen Blick hinter die Kulissen und nicht zuletzt auf die beeindruckende Bühnenkonstruktion (→ S. 129).

Burggarten

Karte S. 120 ▲

Nicht weit hinter der Oper betritt man den zauberhaften Burggarten. Er wurde in den Jahren 1816 bis 1819 nach Plänen von Hofbaudirektor Ludwig von Remy angelegt und durfte ursprünglich nur von den Mitgliedern der Wiener Kaiserfamilie fre-

quentiert werden. Nach der Ausrufung der Republik 1918 ging er in den Besitz der Republik Österreich über und steht seither allen Bürgern offen. Zu sehen ist hier auch die Rückseite der Hofburg sowie ein prachtvolles Palais aus Stahl und Glas, mit Elementen des Jugendstils und des Historismus. Das **Palmenhaus** soll 1907 eröffnet worden sein, nach Plänen von Friedrich Ohmann. Die drei Pavillons sind insgesamt 113 Meter lang und bieten Platz für exotische Pflanzen aus drei verschiedenen Klimazonen, das Schmetterlingshaus und ein Café-Restaurant. Im Park stehen Denkmäler für Wolfgang Amadeus Mozart und Kaiser Franz Joseph.

Maria-Theresien-Platz

In der Parkanlage auf der anderen Straßenseite – zwischen den spiegelbildlich angelegten Museen – thront majestätisch eine ebenso beliebte wie beleibte Frau: die österreichische **Erzherzogin Maria Theresia** (1717–1780).

Ihr Denkmal wurde am 13. Mai 1888 enthüllt, nach Plänen von Caspar Zumbusch. Die übermenschlich dargestellte Regentin blickt in Richtung Ringstraße und ist von den zu Stein erstarrten Statuen ihrer Berater umgeben. Maria Theresia, die insgesamt 16 Kinder zur Welt gebracht hat, hatte großen Einfluss auf ihr viertes Kind, den erstgeborenen Sohn, den späteren Joseph II., der nach dem Tod ihres Mannes, Franz Stephan, im Jahr 1765 den Kaiserthron besteigen durfte. So wurde in der Amtszeit von Mutter und Sohn etwa die Folter abgeschafft und die allgemeine Schulpflicht eingeführt.

Rechts und links vom Denkmal sind zwei große Gebäude zu sehen, die im Wesentlichen baugleich sind. Links steht das **Kunsthistorische Museum** (auf seiner Kuppel sieht man die Bronzefigur der

Der großzügig angelegte Maria-Theresia-Platz mit dem Naturhistorischen Museum

Stadttouren

griechischen Göttin Pallas Athene als Hüterin von Kunst und Wissenschaft), rechts steht das **Naturhistorische Museum** (auf seiner Kuppel steht die Bronzefigur des griechischen Sonnengottes Helios). Auf den Balustraden der beiden Gebäude sind etliche hervorragende Vertreter der Kunst und der Wissenschaft verewigt, daneben auch unzählige Büsten und Reliefs. Beide Museen wurden in den Jahren 1872 bis 1892 im Stil der barockisierenden Neorenaissance errichtet. Die Pläne für die Außengestaltung lieferte Gottfried Semper, der bekanntlich dem Opernhaus in Dresden seinen Namen gab, die Pläne für die Innengestaltung kamen von Carl Ritter von Hasenauer. Zehn Jahre lang dauerte die Errichtung des Rohbaus, weitere zehn Jahre die Innenausführung. Beide Häuser sind 168,79 Meter lang, 74,34 Meter breit und beherbergen jeweils 90 prunkvolle Schausäle (→ S. 129).

Das Kunsthistorische Museum bietet vor allem **wertvolle Gemälde**, darunter etliche Hauptwerke der abendländischen Kunst, etwa von Bruegel, Dürer, Rembrandt, Vermeer, Velazquez, Raffael, Tizian und Tintoretto. Auch die goldene ›Saliera‹, die vor ein paar Jahren für Schlagzeilen sorgte, weil sie eines Nachts von einem findigen Schlingel einfach eingesackt und dann in einem Wald vergraben wurde, ist wieder da – und in der neuen Kunstkammer hoffentlich besser gesichert als zuvor.

Das Naturhistorische Museum bietet viel Anschauliches aus der Welt der Flora und Fauna (unter anderem ausgestopfte Tiere sowie mehrere Skelettabguss-Dinosaurier), der Geologie (unter anderem eine sprichwörtlich brillante Sammlung im Edelsteinstahl-Saal) und der Paläontologie (unter anderem die mit rund 8500 Stück weltweit größte Meteoriten-Sammlung). Die winzig kleine und dennoch bekannte prähistorische Steinfigur der **Venus von Willendorf**, benannt nach ihrem Fundort in der Wachau, sowie die ebenso venushafte Fanny vom Galgenberg sind in einem eigenen Kabinett (›WG der alten Damen‹)

ausgestellt. Bei einer Führung auf das Dach des Museums ist ein einmaliger Blick auf die Wiener Innenstadt möglich.

Heldenplatz und Hofburg

Ein Stück weiter steht das Burgtor. Durch dieses Tor laufen seit einigen Jahren die Teilnehmer des Wien-Marathons, der Erschöpfung und der Ziellinie nahe, auf dem Heldenplatz ein. Das Burgtor wurde nach der Zerstörung der Stadtmauern durch die napoleonischen Truppen im Jahr 1824 eröffnet. Es besteht aus fünf Bögen. Durch den mittleren durften zu Kaisers Zeiten einzig und alleine Mitglieder der Kaiserfamilie kutschiert werden. So viel zum Selbstverständnis der Habsburger. Auch die Aufschrift an der Außenseite ›Laurum militibus lauro dignis‹ stammt aus einer Zeit, die wir heute zum Glück Geschichte nennen: ›Lorbeer den Soldaten, die des Lorbeers würdig sind.‹ Der Heldenplatz ist auch kein Ruhmesblatt in der österreichischen Zeitgeschichte. Auch wenn das manche in Wien lieber totschweigen würden: Hier haben im März 1938 mehr als 100 000 Österreicher ihrem Landsmann Adolf Hitler einen triumphalen Empfang bereitet. Aus der Geschichte gelernt? Auf dem spannungsgeladenen Platz wird heute immer wieder gegen Rechtsextremismus und Xenophobie demonstriert.

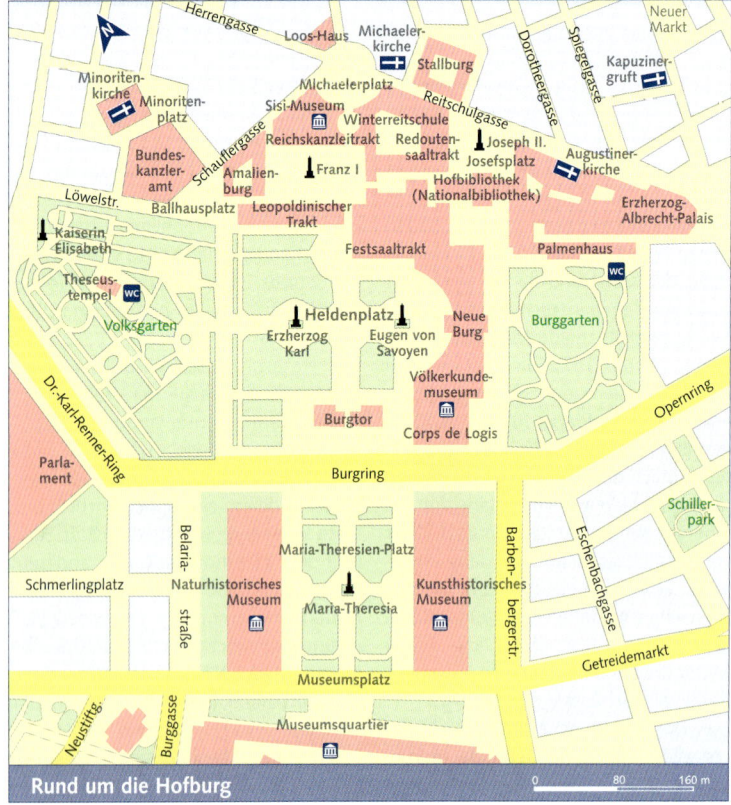

Stadtplan G-5

Rund um die Hofburg

0   80   160 m

Der zeitgenössische Schriftsteller Thomas Bernhard (1931–1989) hat dem Platz ein Theaterstück gewidmet. Sein ›Heldenplatz‹ hat bei der Premiere im Burgtheater für ebenso viel Applaus wie Protest gesorgt. Am 26. Oktober, dem Nationalfeiertag, darf das österreichische Bundesheer auf dem Platz der Helden zeigen, was es zu bieten hat.

Die beiden **Reiterstatuen** aus der Hand des deutsch-österreichischen Bildhauers Anton Dominik von Fernkorn (wurde 1813 in Erfurt geboren und starb 1878 in Wien) zeigen Erzherzog Karl (1771–1847) und Prinz Eugen von Savoyen (1663–1736). Genüsslich erzählt man sich in Wien, dass dem kleinen Prinzen aus Paris aufgrund der geringen Körpergröße der Eintritt in die französische Armee verwehrt wurde, weswegen er im Jahr 1683 in den Dienst der Österreicher trat und es dort bis zum Präsident des Hofkriegsrates brachte.

Sehenswert: Das Pferd des Erzherzogs steht nur auf seinen Hinterbeinen, dieses technische Kunststück ist beim Pferd des Prinzen nicht mehr gelungen – es stützt sich quasi mit dem Schwanz am Sockel ab. Eine Parallele zum heutigen Wiener Flughafen: Auch der Ehrenmann Fernkorn hat das Budget ordentlich überzogen. Er wurde daher ins Finanzministerium zitiert, wodurch er sich seiner künstlerischen Freiheit beraubt fühlte

Erzherzog Karl auf dem Heldenplatz

europäischen Bau- und Kunstgeschichte – vom Hochmittelalter bis ins frühe 20. Jahrhundert.

Auch König Friedrich Wilhelm IV. von Preußen (1795–1861) ging hier aus und ein. Ein insgesamt 30-köpfiges interdisziplinäres Forscherteam der Österreichischen Akademie der Wissenschaften, das sich mit der Bau- und Funktionsgeschichte der Hofburg eingehend beschäftigt, zitiert den kunstsinnigen Berliner Gast mit folgendem Ausruf: »Jedes Mal, wenn ich die Wiener Hofburg betrete, komme ich mir vor, als ob ich ein minderwertiger Parvenü wäre!«

Die Hofburg gilt heute als einer der größten profanen Gebäudekomplexe Europas und eine der bedeutendsten Palastanlagen der Welt, notieren die Forscher in ihrem fünfbändigen Werk. Während der Amtszeit von Kaiser Franz Joseph wurde sie noch einmal umgestaltet.

Heute besteht der große Komplex aus mehreren Trakten. In jenen Trakten, die vom Heldenplatz zu erblicken sind – man fasst sie auch als **Neue Hofburg** zusammen – befinden sich das **Weltmuseum**, die **Österreichische Nationalbib-**

■ Hofburg

Sieben Jahrhunderte wurde eines der wichtigsten Imperien Europas von der Wiener Hofburg aus regiert. Die ersten Mauern wurden bereits im 13. Jahrhundert errichtet. Das langsam gewachsene Ensemble wurde im Laufe der Zeit, mit dem Machtzuwachs der Habsburger und der Vergrößerung ihres Herrschaftsgebiets, immer weiter ausgebaut. Seine Trakte repräsentieren alle Elemente der

Stadttouren

liothek mit ihrem großen Hauptlesesaal (→ S. 109) sowie das gut gebuchte Kongresszentrum mit den prunkvollen Sälen. Im **Leopoldinischen Trakt** amtiert heute der österreichische Bundespräsident. Zudem sind in der Hofburg die **Schatzkammer**, die **Spanische Hofreitschule** (→ S. 101) und die von der Gotik geprägte **Hofburgkapelle** untergebracht. Sie gilt als einer der ältesten Teile der Burg, zu den sonntäglichen Messen singen auch die Wiener Sängerknaben. Auch die Privatgemächer und die Räume zur Repräsentation sind bei Führungen bzw. in eigenen **Museen und Sammlungen** zugänglich – etwa das Ephesos-Museum, die Hofjagd- und Rüstkammer sowie die Sammlung alter Musikinstrumente oder das Sisi-Museum (→ S. 109). Deutlich zeigt sich dort zum einen der Prunk, mit dem sich die Herrscherfamilie umgab, zum anderen ihr ausgeprägter Kunstsinn. Einen Blick wert ist in jedem Fall der **Ballhausplatz**. Dieser Platz zwischen dem Bundeskanzleramt und der Präsidentschaftskanzlei in der Hofburg ist wohl der seriöseste, staatstragendste Platz der Republik. In Wien wird selten demonstriert, der Ballhausplatz als Symbol für die aktuelle Regierung ist immerhin ein beliebtes Ziel für Demonstranten. Hier steht jetzt auch das Denkmal für Verfolgte der NS-Justiz.

■ **Volksgarten**

An den Heldenplatz schließt unmittelbar der Volksgarten an – speziell im Sommer eine weitere Option für das Verweilen auf einer der Parkbänke. Die Parkanlage, die nach der Zerstörung der Burgbastei durch die abziehenden Soldaten Napoleons in den Jahren 1821 bis 1823 angelegt und danach für die Wiener

zugänglich gemacht wurde, erstreckt sich entlang des Dr.-Karl-Renner-Rings bis hin zum Burgtheater.

Zu sehen gibt es hier auch einiges: Zunächst den **Theseustempel** (benannt nach der Theseus-Statue, die früher hier stand und heute im KHM steht) mit seinen dorischen Säulen, nach Plänen von Peter Nobile errichtet, zu Ehren des alten Königs von Athen, außerdem die **Denkmäler** von Franz Grillparzer, Kaiserin Elisabeth und Julius Raab. So wie im 19. Jahrhundert kann man hier Wiener Bürger bei ihrer morgendlichen Promenade beobachten. Einzig Johann Strauss und Josef Lanner wollen nicht mehr hier konzertieren.

Parlament

Wer durch das Haupttor aus dem Volksgarten zurück auf die Ringstraße tritt, hat das Parlament vor Augen (Vorsicht vor kreuzenden Radfahrern!). Das Gebäude wurde in den Jahren 1874 bis 1883 nach Plänen des dänischen Architekten Theophil Hansen errichtet. Es soll an einen antiken griechischen Tempel erinnern, in Anlehnung an die Wiege der Demokratie. An der pompösen Auffahrt ragt der vier Meter hohe **Brunnen der Pallas Athene**, der Göttin der Weisheit, in die Höhe. Bis zum Jahr 1918 kamen hier die Abgeordneten aller Länder der österreichischen Hälfte der Doppelmonarchie zusammen. Diese reichte im Osten von Galizien – heute Polen bzw. Ukraine – bis zur dalmatinischen Adriaküste. Heute ist das Parlament Sitz des österreichischen National- und Bundesrats (→ S. 129). Links neben dem Parlament stehen die Denkmäler von sozialdemokratischen Mandataren: Jakob Reumann (1853–1925) war Wiener Bürgermeister von 1919 bis 1923, Viktor Adler (1852–

Stadttouren

Zu Fuß flott um den Ring: im Vordergrund das Parlament, im Hintergrund das Rathaus

Reinste Neogotik: das Wiener Rathaus

1918) war Mitbegründer der österreichischen Arbeiterbewegung und auch der Ersten Republik, Ferdinand Hanusch (1866 –1923) Sozialminister von 1918 bis 1920. Rechter Hand steht das Denkmal des Sozialdemokraten Karl Renner (1870–1950), der den faschistischen Terror überlebt hat und nach 1945 zum ersten österreichischen Bundespräsidenten der Zweiten Republik gewählt wurde. Das Parlament gilt im Übrigen als das erste Gebäude an der Wiener Ringstraße, das nach dem metrischen System gebaut wurde. Architekt Hansen musste daher alle Maße von Klafter in Meter umrechnen.

Rathausplatz

An den Dr.-Karl-Renner-Ring schließt der Universitätsring an. Jahrzehntelang hieß dieser Abschnitt Dr.-Karl-Lueger-Ring. Karl Lueger (1844–1910) war die letzten 13 Jahre seines Lebens Bürgermeister von Wien. Er hat zweifelsohne positive Akzente für die Entwicklung der

Stadt gesetzt, doch war er auch offener Antisemit, der mit seinen Aussagen das geistige Klima in Wien vergiftet und den Nährboden für den Nationalsozialismus geschaffen hat. Vor allem Vertreter der Wiener Universität haben die Umbenennung der Ringstraße gefordert und sich am Ende durchgesetzt. Flankiert wird der Universitätsring von Rathaus und Universität auf der einen und Burgtheater und Café Landtmann auf der anderen Seite. Der Rathausplatz zwischen Rathaus und Burgtheater gilt nicht nur vielen Wienern als einer der schönsten Plätze Europas. Beeinträchtigt wird der Blick auf das Rathaus nur von den nicht enden wollenden Werbe-Veranstaltungen und Privat-Events, die zwar Geld in die Stadtkassen bringen, aber einen an sich öffentlichen Raum blockieren. Selten ein Tag im Jahr, an dem der Platz frei zugänglich ist. Konzertbühnen, Kinoleinwände, Zirkuszelte, Verkaufsstände der Steirer, der Rad- und Autohändler sowie der Betreiber des Christkindlmarkts verstellen Flaneuren den Weg. Zuletzt hat das von einem Privatmann ausgesprochene Verbot, auf dem Rathausplatz während der Zeit des Christkindlmarkts Obdachlosenzeitungen zu verkaufen, für Aufregung gesorgt. Im Zuge der emotional geführten Debatte wurde auch die spannende Frage aufgeworfen, wem der Platz eigentlich gehört.

■ Rathaus

Das Rathaus wurde in den Jahren 1872 bis 1883 im neugotischen Stil errichtet; die Pläne schuf der aus dem deutschen Württemberg stammende Dombaumeister Friedrich von Schmidt (1825–1891). Es wurde anlässlich der 200-Jahr-Feier des Sieges über die Osmanen am 12. September 1883 eröffnet. Sehenswert sind im Inneren unter anderem die Volkshalle, der große Festsaal, der Tagungssaal für Gemeinderat und Landtag, die

Stadtplan G-4 ▲

Stadtbibliothek sowie das Stadtarchiv und der Arkadenhof. Das direkt im Rathaus angesiedelte **Wiener Stadtinformationszentrum** bietet regelmäßige **Gratis-Führungen** durchs Rathaus an (→ S. 129). Der Rathausturm ist knapp 97,7 Meter hoch; an seiner Spitze steht der Rathausmann, ein Bannerträger aus Kupfer. Ihn hat der Rathaus-Architekt ins Leben gerufen, um eine kaiserliche Verordnung elegant zu umgehen. Derzufolge durfte kein Gebäude in Wien höher als die Votivkirche (99 Meter) gebaut werden. Friedrich Schmidt hielt sich daran, doch mit dem 5,40 Meter großen Rathausmann ragt sein Haus dennoch über die Spitzen der Votivkirche hinaus. Die Fahne mit dem Morgenstern dient übrigens auch als Blitzableiter. Das Rathaus ist Amtssitz des Wiener Bürgermeisters, der gleichzeitig als einer von neun österreichischen Landeshauptleuten fungiert.

■ Burgtheater

Das Burgtheater gegenüber wurde in den Jahren 1874 bis 1888 errichtet, nach den Plänen der Architekten Gottfried Semper (1803–1879) und Carl von Hasenauer (1833–1894). Am 14. Oktober 1888 wurde es mit Franz Grillparzers ›Esther‹ und Friedrich Schillers ›Wallensteins Lager‹ feierlich eröffnet. Der anfängliche Applaus verstummte jedoch bald, und die Kritik an dem neuen Gebäude wollte kein Ende nehmen. Die Akustik sei schlecht, auch die Sicht nicht optimal, und die weiß ausgemalten Logen wurden als ›Badekabinen‹ abgetan. Tatsächlich wurde das Burgtheater im Jahr 1897 für ein halbes Jahr geschlossen und umgestaltet.

Heute gilt ›die Burg‹ als eine der ersten Adressen für deutschsprachige Schauspielkunst. Das Gebäude beeindruckt von außen durch seine allegorischen Figuren. Vorne zentral Apoll mit seiner Lei-

er, flankiert von den Musen Melpomene (steht für die Tragödie) und Thalia (steht für die Komödie). Auf den Flügelbauten dargestellt sind Liebe und Hass, Egoismus und Heldentum sowie Demut und Herrschsucht. Zu sehen sind ferner die Büsten berühmter Dichter und Protagonisten diverser Dramen, unter anderem Faust und Gretchen aus Goethes ›Faust I‹. Touristen versäumen nichts, wenn sie das nebenan gelegene **Café Landtmann** nicht besuchen. Es reicht an dieser Stelle der Hinweis, dass in diesem Kaffeehaus viel gemauschelt, also hinter vorgehaltener Hand erzählt, wird. Journalisten, die in Wien beruflich zu tun haben, werden hierher zu einem Hintergrundgespräch oder einer Pressekonferenz geladen. Was mehr den Gastgebern auffallen mag: Die Preise sind heftig.

■ Universität

Auffallend viele junge Menschen auf dem Ring-Radweg machen darauf aufmerksam, dass eine der ältesten Universitäten Mitteleuropas nicht mehr weit ist. Die Wiener Alma mater Rudolphina

Weitere Attraktion: Das Burgtheater

Stadttouren

wurde im Jahr 1365 unter dem Habsburgerherzog Rudolf IV. gegründet. Das neue Hauptgebäude am Ring im Stil der italienischen Renaissance wurde in den Jahren von 1873 bis 1884 nach Plänen des Architekten Heinrich von Ferstel (1828–1883) errichtet. Eine freie Treppe und zwei seitliche Auffahrtsrampen führen zum Haupteingang. Empfehlenswert ist ein kurzer Besuch des ruhigen Arkadenhofs im Inneren des Gebäudes, auch der Lesesaal der Hauptbibliothek ist sehenswert. Die Universität Wien ist bis heute die größte Lehr- und Forschungseinrichtung Österreichs (→ S. 129).

Schottenring

Die Fußgängerpassage, die unter der Ringstraße hindurch bzw. zu den Straßen- und U-Bahnen hinunter führt, wird im Volksmund Jonasreindl genannt. Der Name erinnert an Bürgermeister Franz Jonas (1899–1974), der den Verkehrsknotenpunkt eröffnet hat, und an seine kreisrunde Form. Der Stadtplan nennt das Jonasreindl **Schottentor**. Vom Aufgang zur Schottengasse, die stadteinwärts führt, sind es nur wenige Schritte bis zum Schottenstift (→ S. 104, 109).

▲ *Eine Rampe rauf zur Universität*

Stadtauswärts imponiert die zweitgrößte katholische Kirche von Wien. Die Türme der **Votivkirche** sind 99 Meter hoch, die Kirche wurde in den Jahren 1856 bis 1879 nach Plänen des Ringstraßen-Architekten Heinrich von Ferstel im historischen Stil errichtet und wird auch ›Ringstraßendom‹ genannt (→ S. 253). Der Abschnitt vom Schottentor hinunter zum Ringturm wird – jetzt nicht mehr weiter verwunderlich – Schottenring genannt. Wenig spektakulär ist linker Hand ein Zweckbau, in dem auch die Chefetagen der Wiener Polizei untergebracht sind.

Die **Bundespolizeidirektion** wurde an der Stelle des 1881 abgebrannten Ringtheaters errichtet. Unvergessen der Satz eines Wiener Polizeipräsidenten, der einen verzweifelten und in die Enge getriebenen Übeltäter mit den Worten »I bin's, dein Präsident« von einem größeren Unglück abhalten konnte. Im Haus gegenüber, Schottenring Nr. 14, wurde übrigens der bekannte Wiener Schriftsteller Stefan Zweig (1881–1942) geboren.

■ Börse

Das ziegelrote Gebäude auf der anderen Straßenseite, gleich nach der Einmündung der Wipplinger Straße in den Ring, erinnert erneut an den dänischen Architekten Theophil Hansen. Die Wiener Börse wurde ebenfalls im klassizistischen Stil errichtet, und zwar in den Jahren 1874 bis 1877. Seine besondere Fassadenfarbe erhält das Gebäude von den Platten aus Terrakotta. Leider ist der prunkvolle Börsensaal bei einem Brand im Jahr 1956 völlig zerstört und danach nicht mehr neu gebaut worden. Die Börse war das Finanzzentrum der Monarchie. Bis zur Umsiedlung in ein neues Gebäude in der Wallnerstraße im Jahr 1998 wurde hier mit Geld und Wertpapieren gehandelt. Heute befinden sich

Stadtplan H-3

Blick auf die alte Börse am Ring

nen des Architekten Erich Boltenstern in den Jahren vor dem Abschluss des Staatsvertrags (1953 –1955) – als ein Symbol für den Wiederaufbau der Stadt und als ein markanter sozialdemokratisch geprägter Gegenentwurf zur Repräsentativ-Architektur im imperialen Wien. Im Foyer lässt es sich das Wiener Paradeunternehmen nicht nehmen, regelmäßig zeitgenössische Architekturausstellungen zu veranstalten. Auf dem Dach des Ringturms wurde ein 20 Meter hoher Wetterturm angebracht, der direkt mit der Zentralanstalt für Meteorologie und Geodynamik auf der Hohen Warte verbunden ist. Seine Leuchten zeigen an, ob die Temperatur steigen oder fallen bzw. ob sich die Wetterlage verbessern oder verschlechtern wird. Auch Gewitter- und Schneewarnungen werden signalisiert.

in der alten Börse noch Büros, die Festsäle werden für Veranstaltungen vermietet.
Mit Geld umgehen konnte auch Architekt Hansen. Er hat der Firma Wienerberger, die den Baustoff anlieferte, den Rat gegeben, die Steinfiguren, die man an der Börse angebracht hat – die Götter Vulkan, Neptun und Zeus –, auch in einer preiswerteren Serie herzustellen und im Verkaufskatalog den Privatkunden anzudienen. Hansen wurde für seinen Geschäftssinn allerdings auch öffentlich kritisiert.

■ Ringturm

Am Ende des Schottenrings ist der Ringturm – mit seinen 23 Stockwerken das höchste Gebäude entlang der Ringstraße – nicht zu übersehen. Der Turm ist Hauptsitz einer Wiener Versicherung, die inzwischen auch außerhalb Österreichs, vor allem in Ost- und Südosteuropa, zu einem größeren Player aufgestiegen ist. Errichtet wurde der Büroturm nach Plä-

Donaukanal

Für die letzten Meter zurück zur Urania empfiehlt sich die Fahrt mit der Straßenbahn oder aber ein Spaziergang entlang des Donaukanals. Über viele Jahrzehnte wurde dieser Donauarm, der erstmals im 16. Jahrhundert kanalisiert wurde, um Überschwemmungen vorzubeugen, so gut wie nicht beachtet. Seit gut zehn Jahren wird er von Stadtentwicklern und Event-Veranstaltern gleichermaßen wiederentdeckt.
Die **Augartenbrücke** führt über den Donaukanal in den 2. Bezirk. Auf der anderen Uferseite ist das alte Schleusengebäude zu sehen. Das sogenannte **Schützenhaus** erinnert an eine ehemalige Staustufe, es wurde im Jugendstil errichtet. Auch hier hat Otto Wagner – leicht zu erkennen – seine Spuren hinterlassen. Heute hat das Schützenhaus seine ursprüngliche Funktion verloren, dafür ist hier ein Restaurant eingerichtet.
Gleich neben der Augartenbrücke führen eine Stiege und eine Abfahrtsrampe

Lichtermeer am Donaukanal: Rund um den Schwedenplatz wird die Nacht zum Tag

hinunter zur innerstädtischen **Uferpromenade**. Die Fischer am Wiener Canale Grande messen dem alten Wagner wenig Bedeutung bei. Der Reihe nach folgen das Szene-Lokal ›Flex‹, das nächtens zum Jugendszene-Treff mutiert, die Anlegestelle des Twin-City-Liners, ein Schnellboot, das Wien via Kanal und Donau mit der slowakischen Hauptstadt Bratislava verbindet, und das Badeschiff, dessen schwimmendes Schwimmbecken im Sommer räumlich begrenzt Badestimmung verbreitet. Oben führt der Franz-Josefs-Kai in Richtung Schwedenplatz. Für an moderner Architektur Interessierte sehenswert ist der Dachausbau der Business Lounge k47 am Franz-Josefs-Kai Nr. 47, das neue Bene-Gebäude in der Neutorgasse Nr. 4–8 sowie das neue Bankhaus der Schöllerbank in der Renngasse Nr. 3.

Die **Ruprechtskirche** am Eingang zum alten Judenviertel ist dagegen der älteste Sakralbau Wiens. Die Kirche weist sowohl romanische als auch gotische Bauteile auf, dazu die ältesten erhaltenen Glasgemälde aus dem 13. Jahrhundert.

Sie ist dem heiligen Ruprecht gewidmet, der im 8. Jahrhundert Bischof von Salzburg und Schutzpatron der Salzer war. Diese mutigen Menschen brachten ihr Salz auf der Donau bis nach Wien und legten mit ihren Booten am Salzgriesufer ganz in der Nähe der Kirche an. Der Morzinplatz, der unterhalb der Kirche liegt, wird im Kapitel über das jüdische Wien ausführlich beschrieben (→ S. 213). Hier befand sich ein Hotel, in dem die Gestapo nach 1938 ihre mörderischen Absichten minutiös umsetzte. Der **Schwedenplatz** soll tatsächlich an die hilfsbereiten Schweden erinnern, die der notleidenden österreichischen Bevölkerung, vor allem den Kindern von Wien, unmittelbar nach dem Ersten Weltkrieg mit Hilfslieferungen das Leben gerettet haben. Nach dem Zweiten Weltkrieg stellten sie der Wiener Stadtverwaltung zwei Maschinen zur Verfügung, die Bauschutt zu Ziegeln pressten. Beide Maschinen wurden am Donaukanalufer aufgestellt, weil dort besonders viel Schutt zur Verfügung war. Auf diejenigen, die sich für

Stadtplan I-4

die Ring-Umrundung belohnen möchten, warten auf dem Schwedenplatz und in der Rotenturmstraße mehrere Eisgeschäfte. Gleich um die Ecke, am Fleischmarkt 11, liegt das **Griechenbeisl**, eine traditionsreiche Gaststätte, in der heute allerdings hauptsächlich Touristen abgespeist werden. Die romantische Fassade ist ein beliebtes Fotomotiv. Die Skulptur des ›Lieben Augustin‹ verweist auf ein Wiener Original des 17. Jahrhunderts, der als Bänkelsänger durch die Stadt zog und die durch die Pest geplagten Einwohner der Stadt aufheiterte.

 Um den Ring

Straßenbahn, mit einem normalen Ticket kann man die Linie 2 (Oper–Schwedenplatz) sowie die Linie 1 (Schwedenplatz–Oper) nutzen, die durchgehende Touristenbahn ist etwas kostspieliger (8 Euro), www.wienerlinien.at.
Fiaker-Fahrten und Kutschenverleih von Martina Michelfeit: www.chamotte fabrik.at.
Stadtführung: Wichtige Anregungen für diese Stadttour hat **Christa Bauer** gegeben. Sie ist staatlich geprüfte Fremdenführerin und bringt Interessierten gerne auch diesen Teil der Stadt näher. Kontakt: Tel. 0664/5839466, christa.bauer@metacom.com.

Schützenhaus, 1020 Wien, Obere Donaustraße 26, Tel. 01/2124222, www.wienerschuetzenhaus.at; Mo–So 11–24 Uhr.

Café Prückel, 1010 Wien, Stubenring 24 (Luegerplatz), Tel. 01/5126115, www.prueckel.at; Mo–So 8.30–22 Uhr.

Flex, 1010 Wien, Augartenbrücke 1, Tel. 01/5337525, www.flex.at; Mo–So 20–4 Uhr.

Urania, 1010 Wien, Uraniastraße 1, Tel. 01/7126191, www.vhs.at/urania.
Museum für Angewandte Kunst (MAK), 1010 Wien, Stubenring 5, Tel. 01/711360, www.mak.at; Di 10–22, Mi–So 10–18 Uhr.

Kunsthistorisches Museum, 1010 Wien, Maria-Theresien-Platz, Tel. 01/525240, www.khm.at; Di, Mi 10–18, Do 10–21, Fr–So 10–18 Uhr. Führungen: Tel. 01/525245202.
Naturhistorisches Museum, 1010 Wien, Maria-Theresien-Platz, Tel. 01/521770, www.nhm-wien.ac.at; Do–Mo 9–18.30, Mi 9–21 Uhr. Führungen: Tel. 01/52177276.
Hofburg, 1010 Wien, www.hofburgwien.at.
Parlament, 1010 Wien, Führungen: Tel. 01/401102400, www.parlament.gv.at.
Rathaus, 1010 Wien, Führungen: www.wien.gv.at/buergerdienst/stadtinfo.
Ausstellungszentrum im Ringturm, 1010 Wien, Schottenring 30. www.vig.com/de/presse/architektur-im-ringturm.html.

Staatsoper, 1010 Wien, Opernring 2, Tel. 01/514442250, www.wiener-staatsoper.at. Führungen: Tel. 514442421.
Burgtheater, 1010 Wien, Universitätsring 2, Tel. 01/514444145, www.burgtheater.at. Führungen: Tel. 01/514444140.

Ringstraßen-Galerien, 1010 Wien, Kärntner Ring 5–7, Tel. 01/5125181, www.ringstraßen-galerien.at.

Twin City Liner, 1010 Wien, Donaukanallände (Abgang bei der Marienbrücke), Tel. 01/9048880, www.twincityliner.com.
Badeschiff, 1010 Wien, Donaukanallände (zwischen Schwedenplatz und Urania), Tel. 0660/3124703, www.badeschiff.at.

Stadttouren

Madeleine Napetschnig über
den wiederentdeckten Reiz des Donaukanals

Beim Erstkontakt halten Besucher den Donaukanal nicht selten für die Donau. Der Wiener würde hier gleich korrigierend einschreiten und erklären, dass der Donaustrom viel weiter östlich dahinfließt. Also außerhalb der Wahrnehmung der meisten Stadtbewohner liegt, in einer früheren Brache, die bis zum Bau der Donauinsel vielen nicht ganz geheuer war. Mancher Wiener würde sich sogar damit rühmen, transdanubisches Gebiet noch nie betreten zu haben. Das ist sie, die dem Wiener eigene Ambivalenz, der nur Uneingeweihte einen Schuss Bösartigkeit unterstellen. Die Dinge schönreden, aber Abstand halten, man weiß ja nie.

Ganz Unrecht hat der Gast nicht, wenn er im Kleinen das Große erkennt: Der Donaukanal ist Teil des Stroms und bildete im Mittelalter den Hauptarm eines verzweigteren Fluss-Systems. Wiederholt drohte er die Innenstadt zu überschwemmen, so dass man ihn seit dem 16. Jahrhundert Stück für Stück zu regulieren versuchte, bis er heute stark verbaut, kaum strukturiert und ziemlich berechenbar tief durch das Stadtbild schneidet. Etliche Brücken überspannen den Kanal, doch das Trennende zwischen dem Alltag der City und der Leopoldstadt, dem einst jüdischen Viertel und heutigen Ziel-Eins-Gebiet der Gentrifizierer, dem Grün des Praters und den Industriezonen von Simmering, ist greifbar geblieben.

Für Außenstehende ist es ein Mysterium, warum die Wiener im 20. Jahrhundert einem dermaßen zentralen Gewässer so wenig Augenmerk schenkten. Im 19. Jahrhundert begann man im Zuge des nachrevolutionären Baubooms auch hier die freien Flächen zu erschließen, dadurch blieb wenig Grün, bis auf die schrägen Wiesen und einen schmalen Saum aus Aubäumen. Wenig anheimelnd war auch der Umstand, dass das Fließwasser traditionell zur Entsorgung verwendet wurde, auch der Wienfluss nicht gerade prickelnd in ihn einmündete. Der Gedanke an die einstigen Flussbäder ist heute wohl der Nostalgie verpflichtet.

Nach dem Zweiten Weltkrieg setzten sich die Technokraten durch, um die stark beschädigten Uferkanten zu versiegeln. Die Idee, eine Stadtautobahn parallel zum Donaukanal anzulegen, wurde zum Glück verhindert, hätte aber zur Optik einiger Neubauten gepasst. Auch ohne Autobahn wälzt sich viel Verkehr nahezu den gesamten Flusslauf entlang.

Klingt nach einem wenig wirtlichen Ort, möchte man meinen. Das Gegenteil ist der Fall. Der Donaukanal übt schon deshalb neuen Reiz aus, weil er sich zumindest gastronomisch rehabilitiert hat. Pläne lagen in den Laden der Stadtpolitiker ab, aber in den letzten Jahren konnten Beachbars, Buden und mehr oder weniger temporäre Restaurants auf den gemauerten Ufern zwischen der Urania und der Rossauer Brücke Platz nehmen. Es sind nicht allzu viele, so dass sie sich in Stil und Anspruch gut voneinander abgrenzen. Damit kann sich der Auskenner ohne Gesichtsverlust unter die Touristen oder Ottonormalgäste mischen, die den Donaukanal entdeckt haben. Vieles wirkt improvisiert schick, abends darf es lange laut bleiben – wo es untertags doch ganz ruhig ist. Ein paar Meter Niveauunterschied zur Straße reichen schon, um die Kulisse akustisch zu beruhigen.

Manche brauchen nicht einmal einen Ausschank, um hier zu feiern. Sie setzen sich in die abfallenden Wiesen, vernetzen die Bäume mit Hängematten und bringen eigenen Proviant mit. Mit dem Abstand zum Zentrum verläuft sich die kommerzielle Nutzung des Flussraums ohnedies, er wird grüner, bleibt aber einförmig. Je weiter man nach Nordwesten oder nach Südosten vordringt, desto häufiger begegnet man Läufern und Radfahrern, stellenweise auch Graffitisprayern oder Urban Boulderern, die durch die dicken Kaimauern steigen. Leute dösen im Gras, auf den Bänken, ihr Blick verliert sich im grün- bis bräunlichen Wasser. Hunde mögen diese Gassistrecken. Für einige Anrainer ist die Uferidylle der einzige Lichtblick vor der Haustür.

Es ist eine Flusszone, an der man das Detail schätzt: die Erlen, Weiden und Pappeln, das schnelle Wasser, die Ausflugsdampfer zur Donau und das Schnellboot nach Bratislava, das mit großen Wellen flussabwärts pflügt. Selten verirrt sich ein Kajak hierher.

Ganz unten, wo der Kanal in die Donau zurückstößt, wird die Umgebung entrisch (unheimlich): Der Praterspitz ist eine verlassene Gegend, Teil einer noch viel größeren Aulandschaft, in der nur noch ein paar Fischerhäuschen (auf Stelzen) stehen und Daubeln (quadratische Fischernetze) im Wasser baumeln. Der obere Spitz hält da dagegen als ein Durchgangsort von Brücken, Nussdorfer Schleuse und Wehr. Otto Wagner ließ hier im Zuge eines neuen Verkehrskonzeptes für Wien beispielgebende Jugendstilarchitektur errichten. Dass von der nie in Betrieb gegangenen Kaiserbadschleuse auf der Höhe des Zentrums nur Wagners ›Schützenhaus‹ zeugt, war Schicksal. Ewig dämmerte eines der schönsten Objekte in Wien vor sich hin. Endlich ist es saniert.

Überhaupt wurde das Kanalufer immer wieder zum Schauplatz großer Bautätigkeit. Zuletzt galt es, an manchen Stellen den Brutalismus zu ersetzen, und an anderen wieder, die Schätze der Nachkriegsmoderne zu sanieren und freizulegen. Man kann auch zeitgenössische Objekte betrachten, die von Stararchitekten erbaut und von der Kritik verrissen wurden. Ob zu Recht, sei dahingestellt.

Jüngere architektonische Identität der Stadt lässt sich an den Kanalufern jedenfalls weit besser ablesen als etwa am Ring. Im Vorbeifahren mit dem Fahrrad oder dem Schiff ergeben sich dann überlappende Bilder von Historismus und Moderne, Gründerzeit und zeitgenössischem Bauen. Da die historistische Rossauer Kaserne – ein riesiger Backsteinbau im Stile eines Tudorschlosses –, dort die umgebaute Fünfzigerjahre-Architektur der neuen Uni Wien Rossau, dazwischen der Blick auf die geisterhafte Votivkirche. Und unweit der Ringturm. Der elegante Bau mit dem Glaskranz (entworfen von Erich Boltenstern) ist das Wiener Hochhaus schlechthin. Man weiß nicht, was schöner ist: der Ringturm als regelmäßig eingehülltes Kunstwerk, weihnachtlich beleuchtet oder schlicht als Ikone. Dass der Wiener immer ein Auge auf ihn hat, liegt allerdings an etwas anderem: Die grünen, roten und weißen Lichter auf seiner Spitze zeigen ihm, wie das Wetter wird. Verlässlich.

Madeleine Napetschnig, 1967 in Kitzbühel geboren, ist Redakteurin der Wiener Tageszeitung ›Die Presse‹ und überzeugte Donaukanal-Anrainerin.

Gründerzeit: Vom Prater zum Westend

Einer der größten Plätze Wiens, der Praterstern im 2. Bezirk, jeden Tag in der Früh: Menschen laufen wie Ameisen über den Asphalt. Raus aus dem Bahnhof, hin zur Haltestelle der Straßenbahn, rein in die Straßenbahn. Der Fahrer im flotten Diensthemd zieht noch einmal kräftig an seiner Zigarette, dann steigt auch er in den Zug, in den **5er**, die für Touristen interessanteste Straßenbahnlinie von Wien. (Es empfiehlt sich übrigens, erst einen Zug nach neun Uhr zu nehmen. Dann sind all die Ameisen in ihren Schulen und Büros.)

Der 5er ist seit dem Jahr 1897 das Bindeglied zwischen zwei Wiener Bahnhöfen. Von der S- und U-Bahn-Station am Praterstern fährt er – durch abgewohnte Arbeiter- ebenso wie durch vornehmere Bürgerbezirke – hinauf zum Westbahnhof. Er ist damit mehr als nur ein Transportmittel. Er ist eine ideale, bisher jedoch nur von wenigen erkannte Stadterkundungslinie – für alle, die sich auf die Spur der Wiener Gründerzeit begeben möchten. Der 5er hat auch Tradition. »Die Linie 5 wurde als erste Straßenbahnlinie Wiens elektrifiziert«, erklärt dazu ein Historiker des Wiener Straßenbahnmuseums, das sich in Erdberg befindet (→ S. 141).

Praterstern

Noch steht der Zug in der Station. Zeit, um den großen, sternförmigen Platz, der dem Prater (→ S. 303, 307) vorgelagert ist, auf sich wirken zu lassen: In seiner Mitte steht das **Reiterdenkmal** vom ›Konteradmiral‹ (sic!) Wilhelm Freiherr von Tegetthoff (1827–1871). Den haben die Wiener Nostalgiker besonders gern, weil er mit

seiner Flotte die Seeschlacht bei Lissa am 20. Juli 1866 gewonnen hat. An diesem Tag ließ er vor der heute kroatischen Insel Vis die italienischen Panzerschiffe rammen. Kleinlaut, wenn überhaupt, geben sie zu, dass die österreichische Marine sonst nur Verluste eingefahren hat und damit auf den Weltmeeren ungefähr so gefürchtet war wie das österreichische Fußball-Nationalteam in Deutschland.

Dominiert wird der Praterstern von seinem Bahnhof. In der Monarchie fuhren von hier die Züge nach Böhmen und Mähren ab. Auf dem großen Areal, das hinter dem Bahnhof fast bis zur Donau reicht und das sich heute in eine Mega-Wohnsiedlung verwandelt (→ S. 231), wurden Tausende Tonnen Rohstoffe und Waren umgeschlagen. Bahnhöfe ziehen so wie Häfen Menschen an, die hier ihr Glück suchen. Bis zum Umbau des Pratersterns vor wenigen Jahren war hier ein beliebter Treffpunkt und Aufenthaltsort für jene, die kein Zuhause haben. Das Wienerische nennt sie liebevoll ›Sandhasen‹. Die Kommerzialisierung des öffentlichen Raums hat sie inzwischen auch von diesem Platz vertrieben. In der lichtdurchfluteten Bahnhofshalle aus dem Katalog der europäischen Einheitsarchitektur ist kein Raum mehr für Menschen, die nur sitzen und kein Geld ausgeben wollen bzw. können.

Praterstern heißt der große Platz, weil aus allen Himmelsrichtungen sieben Straßen einmünden. Im Uhrzeigersinn: Die Hauptallee des Prater im Osten, die Franzensbrücken-, die Prater-, die Heine-, die Nordbahn-, die Lassalle- und die Ausstellungsstraße. Endlich geht es los, bis zur ersten Ampel nach weniger als

Stadtplan K-3

▲

Der ›5er‹ ist das sehenswerte Bindeglied zwischen Praterstern und Westbahnhof

Das Tegetthoff-Denkmal am Praterstern

hundert Metern. Der 5er darf auch als Mittel zur Entschleunigung benutzt werden. Hohes Tempo ist nicht unbedingt seine ganz große Stärke.

Hinter dem Fahrer sitzen und stehen Menschen mit unterschiedlicher Hautfarbe und Muttersprache. Ur-Wiener und Neu-Wiener, im 5er sind sie für wenige Minuten eins. Ein Blick aus dem Fenster zeigt, wo die meisten Fahrgäste zu Hause sind: Während der ersten Fahrminuten reiht sich Zinskaserne an Zinskaserne. So nennt man in Wien große Wohnblöcke, die ursprünglich vor allem den Arbeitern als bezahlbare Unterkünfte dienten. Grau sind viele Fassaden, morsch einige Fensterstöcke. In den ehemaligen Massenquartieren der Wiener Arbeiterschaft teilen sich heute Familien mit Migrationshintergrund viel zu kleine Wohnungen. Die Hausbesitzer machen gute Geschäfte mit ihnen. Besonders Skrupellose beschränken sich rein aufs Kassieren, und das nicht zu knapp.

Am Tabor

»Am Tabor, es wird gebeten, ihren Sitzplatz Fahrgästen zu überlassen, wenn die ihn notwendiger brauchen.« Die Stationen wurden in Wien bis vor kurzem von einer einprägsamen Tonband-Stimme angesagt. Das hatte insofern Charme, als der Besitzer dieser Stimme ein inzwischen pensionierter Ingenieur war, der nicht in der Privatwirtschaft gebucht werden musste, sondern aus den eigenen Reihen der Wiener Straßenbahner kam: Franz Kaida war für die Sicherheit in den Zügen und Stationen zuständig, ehe man ihn durch Zufall entdeckte und zum meist gehörten Herold der Stadt auserkor. Auch Tonband-Stimmen haben ein Ablaufdatum, jetzt weist eine junge Sprecherin den Weg.

Ein weiteres Wiener Schmankerl: Die Fahrschein-Kontrolleure nennt der Volksmund immer noch ›Schwarzkappler‹, obwohl die schon seit Jahrzehnten nicht mehr mit Uniform und Kappe in Erscheinung treten.

Am Tabor Nr. 7 fällt zunächst die **katholische Kirche** auf: modern und zwischen zwei Häuserblocks geklemmt, mit einem Fassadenbild des zeitgenössischen Bildhauers und Malers Arik Brauer. Gleich daneben, auf Nr. 5, steht die weitgehend schmucklose evangelische **Verklärungskirche des Herrn**, eröffnet im Jahr 1912. Sie ist angeblich die einzige Verklärungskirche des Landes. Bevor man darüber nachdenken kann, welche Kirche einem besser gefällt, drehen sich auch schon wieder die Räder der Straßenbahn.

Augarten

Nach der Station am Tabor fährt der 5er durch die Rauscherstraße, die seit dem Jahr 1876 an Joseph Othmar Ritter von Rauscher (1797–1875) erinnert. Auf den Erzbischof von Wien geht das fragwürdige Konkordat zwischen dem Staat und der katholischen Kirche aus dem Jahr 1855 zurück. Er wurde dafür von Papst Pius IX. mit dem Kardinalstitel gewürdigt.

Auf der Rauscherstraße geht es vom 2. Bezirk (Leopoldstadt) in den 20. Bezirk (Brigittenau), der noch vor hundert Jahren Zwischenbrücken genannt wurde. Schon in der Brigittenau ist ein Stück der Augarten-Parkmauer zu sehen. Hinter der Mauer verbirgt sich eine der schönsten Parkanlagen Wiens. Der barocke Augarten (→ S. 303) lag nach dem Ende des Zweiten Weltkriegs 50 Jahre lang im Schatten der hässlichen Flaktürme, wenig beachtet, wenig gepflegt, dementsprechend depressiv stimmend.

Es ist einer Gruppe engagierter Anrainer und dem aus Hessen stammenden Architekten Dieter Schreiber zu verdanken, dass der Augarten von der Öffentlichkeit wiederentdeckt und mit neuem Leben erfüllt wurde. Besonders empfehlenswert sind die Kulturveranstaltungen im Aktionsradius Augarten, heute **Aktionsradius Wien**, und in der **Bunkerei**. Dort hat man einmal – zum großen Gaudium aller Beteiligten – einen Wienerlied-Kursus ›für Piefke‹ angeboten.

Einer der Flaktürme im Augarten

Am südöstlichen Rand des Augartens haben auch die **Wiener Sängerknaben** und die **Porzellanmanufaktur** (→ S. 338) ihr Zuhause.

Wallensteinplatz

Nach der Linkskurve biegt der 5er in die Wallensteinstraße und erreicht wenig später den mit roten Steinplatten ausgelegten Wallensteinplatz. Über die Neugestaltung des Platzes gibt es kontroverse Meinungen. Einig sind sich alle, dass die nun autofreie Zone dem Platz und seinem netten Häuserambiente nachhaltig gutgetan hat.

Der Wallensteinplatz hat vor einigen Jahren Kulturschaffende aus Wien und Magdeburg einander näher gebracht. Die Vorgeschichte liegt bald vier Jahrhunderte zurück und hat mit dem Platz-Patron zu tun: Der gute Feldherr Albrecht Wenzel Eusebius von Wallenstein (1583–1634) war nämlich nicht nur ein ausgefuchster Mathematiker und Stratege im Dreißigjährigen Krieg (1618–1648). Er soll auch ein böser Wüstling gewesen sein, speziell beim Angriff auf die Stadt Magdeburg. Die Betreiber der nahe gelegenen Stadtteil-Initiative Aktionsradius Wien haben sich daher symbolisch bei den Magdeburgern entschuldigt – was in beiden Städten mit mehreren Kulturevents gefeiert wurde.

Alsergrund

Über die Friedensbrücke gelangen die Fahrgäste in eine andere Welt – in das bürgerliche Wien. »In diesem Bereich der Stadt – also in den Bezirken 9, 8 und 7 – ist traditionell der bürgerliche Mittelstand zu Hause«, klärt der Wiener Stadtgeograph Walter Matznetter auf. Von der Friedensbrücke fällt der Blick zunächst auf ein kurioses Industriebauwerk. Auch das ist Wien: Eine **Müllverbrennungsanlage** mitten in der Stadt, gegen

Herausgeputzte Müllverbrennungsanlage

die Bürgerinitiativen lange Sturm liefen, mit der Befürchtung, dass die Emissionen das Krebsrisiko der Anrainer deutlich erhöhen könnten. Den Kritikern hat die Stadtverwaltung seit der Inbetriebnahme im Jahr 1971 entgegengehalten, dass nur die modernsten Filteranlagen verwendet werden und die Abwärme zur Beheizung zigtausender Wohnungen verwendet wird. Wirklich verstummt sind die Proteste aber erst, als man auf die geniale Idee kam, das Kraftwerk vom Maler Friedensreich Hundertwasser außen behübschen zu lassen. Er hat sich mit seinen verspielten Ideen derart ins Zeug gelegt, dass Wien-Besucher öfters bis zur U6-Station Spittelau fahren und diese überdimensionale Bonbon-Schachtel samt Schlot fotografieren.

Den ersten Straßenbahnhalt im Bürger-Wien kündigt die Lautsprecher-Stimme folgendermaßen an: ›**Julius-Tandler-Platz, Franz-Josefs-Bahnhof.**‹ Der Doppelname beruht auf einem typisch österreichischen Kompromiss: Der drittgrößte Bahnhof der Stadt trägt den Namen des letzten Kaisers, dafür wurde der Vorplatz nach dem sozialdemokratischen Kinder-

arzt und Sozialreformer Julius Tandler (1869–1936) benannt. Menschen mit größeren Gepäckstücken steigen aus und ein. Die Eisenbahn hinauf ins Waldviertel und weiter nach Tschechien wird heute wieder mehr frequentiert.

Der 5er dient ihnen als Zubringer. Seine Zukunft scheint trotz der Konkurrenz durch die U-Bahn bis auf weiteres gesichert. Bis zur Nußdorfer Straße fährt er auf Gleisen, die für den Autoverkehr gesperrt sind. Hier erreicht die Tram ein höheres Tempo; es ist wahrlich nicht atemberaubend, aber immer noch schneller als jenes der Autofahrer, die auf der Alserbachstraße wieder einmal im Stau stehen.

Linker Hand zieht das **Alserbach-Palais der Familie Liechtenstein** immer wieder die Blicke der Bahn- und Autofahrer an. Was man nicht gleich sieht: Dass sich dahinter noch viel mehr verbirgt. Wer sich die Zeit nehmen möchte: Hinter dem Palais öffnet sich der barocke Liechtenstein-Park und das barocke **Gartenpalais der Familie Liechtenstein**. In dem Stadtschloss im römischen Stil ist neben viel Marmor und Stuck auch eine der wertvollsten privaten Kunstsammlungen zu sehen. Seit einigen Jahren ist das Museum mit 1600 Objekten (Skulpturen, Fresken, Möbel, Porzellan) und 170 Meisterwerken (unter anderem von Rubens, Rembrandt, Raffael, Lucas Cranach und van Dyck) auch öffentlich zugänglich, allerdings derzeit nur bei Voranmeldung und nur mit einer Gruppe (ca. zweimal im Monat, → S. 241). Nicht weit entfernt vom Palais Liechtenstein befindet sich die **Strudlhofstiege**. Der Aufgang, der die Strudlhofgasse und die Liechtensteinstraße verbindet, wurde nach einem Entwurf von Johann Theodor Jaeger aus Mannersdorfer Kalkstein im Herbst 1910 fertiggestellt. Die Strudlhofstiege gilt als ein bedeutendes Bauwerk

Die Alserbachpalais der Familie Liechtenstein und die Alserbachstraße

des Wiener Jugendstils. Sie erinnert an den Hof- und Kammermaler Peter von Strudel (1660–1714). Weltbekannt wurde sie durch den Roman von Heimito von Doderer ›Die Strudlhofstiege oder Melzer und die Tiefe der Jahre‹ (1951). Schön anzusehen ist auch die restaurierte **Markthalle** an der Nußdorfer Straße. Sie wurde nach der Jahrhundertwende errichtet und sollte die Nahversorgung für die Menschen auf dem Alsergrund gewährleisten. Heute ist in dem denkmalgeschützten Gebäude ein moderner Supermarkt eingerichtet.

Oben in der Währinger Straße befindet sich das **Werkstätten- und Kulturhaus**, kurz **WUK**. In dem Backsteinbau linker Hand haben zahlreiche kleine Kunstinitiativen ihr Zuhause gefunden. Die Räumlichkeiten der ehemaligen Lokomotivfabrik und auch der begrünte Innenhof bieten oft eine Bühne für Live-Konzerte und Ausstellungen (→ S. 141). Wem mehr nach leichter Muse (Operette) ist, der wird noch ein Stück weiter in der **Volksoper** (→ S. 141) gut bedient. In der Station bei der Lazarettgasse verabschiedet sich, nomen est omen, der

eine oder andere Marode in Richtung AKH. Die drei Buchstaben stehen für **Allgemeines Krankenhaus**; es ist das größte Krankenhaus des Landes. Der neue Sportplatz gegenüber zeigt an, dass Bürgerbeteiligung inzwischen auch in Wien möglich ist. Anrainer haben sich über Jahre erfolgreich gegen eine Komplettverbauung zur Wehr gesetzt.

In den ruhigen wie gepflegten Höfen des **Alten AKH** wurde die Notfall- durch eine **Bier-Ambulanz** ersetzt. Das alte Krankenhaus wurde zu einem modernen Campus der Universität mit mehreren Instituten der Historisch- und der Philologisch-Kulturwissenschaftlichen Fakultät umgebaut. Wo früher operiert wurde, wird heute geforscht. Interessant auf dem Campus ist auch der **Narrenturm**, ein Rundbau in der Form eines Guglhupfs, in dem ab dem Jahr 1784 Menschen mit Geisteskrankheit behandelt wurden und in dem heute das Naturhistorische Museum die sehenswerte pathologisch-anatomische Sammlung betreut (→ S. 141). Der Park zwischen den Gebäuden fungiert mit seinen Lokalen und Shops als Event- und Nahversorgungsort, er erfreut aber auch die Jogger, die Hundebesitzer und Kinder der Nachbarschaft. Nach der Haltestelle Alser Straße wird es meist ruhig in der Straßenbahn. Mehrere Sitzplätze sind jetzt frei. Es riecht, nein, duftet nach teurem Damenparfüm, und es wird hörbar mehr Hochdeutsch gesprochen. Das Publikum in der Straßenbahn ist auch – so wie im Theater in der Josefstadt – adretter gekleidet als anderswo.

Josefstadt

Genau am Eck, dort wo der 5er von der Langen Gasse in die Laudongasse einbiegt, befindet sich das **Gartenpalais Schönborn**, in dem seit dem Jahr 1917 das Museum für Volkskunde untergebracht ist (→ S. 141). Das Schloss selbst wurde bereits in den Jahren 1708 bis 1713 für die wohlhabende wie einflussreiche Familie Schönborn gebaut, nach Plänen von Johann Lukas von Hildebrandt. Neben dem Belvedere ist es eines von wenigen Bauwerken in Wien, das äußerlich kaum verändert wurde.

Am Fenster zieht dann der Josefstädter Jugendstil, das bürgerliche Wien vorbei.

Die Fassaden der vornehmen Frühgründerzeithäuser in der Laudongasse sind kunstvoll verschnörkelt. Hier wohnt und arbeitet weiterhin das in der Stadt gut vernetzte Bürgertum. An den Hauseingängen hängen auffallend viele Messingtafeln – ein klarer Hinweis auf gut verdienende Mediziner, Anwälte, Kreative und nicht zuletzt Psychotherapeuten. Gleichzeitig funktioniert die Josefstadt wie ein kleines Dorf (→ S. 142).

Neben der Haltestelle an der Josefstädter Straße, dort, wo noch vor hundert Jahren die k. u. k. Kavallerie exerziert hat, sitzen in der schönen Jahreszeit vom Leben nicht unbedingt benachteiligte Menschen, während der Ober auf seinem Tableau Melange und Kipferl, heiße Schokolade und Apfelstrudel serviert. Aussteigen? Das **Café Hummel** ist in jedem Fall verlockend.

Kaiserstraße

Irgendwann schaltet die Ampel auf Fahrt. Der 5er biegt nun rechts um die Ecke, schiebt dann kurz die Josefstädter Straße hinauf und schlängelt sich dann links in

▲ *Wo früher exerziert wurde, wird heute Kaffee getrunken*

die enge Blindengasse, um diese sodann parallel zum Gürtel hinunterzurollen. Die letzten beiden Kilometer auf dieser Tour! Schon hinter der nächsten Ampel mündet die Blindengasse in die Kaiserstraße. Diese war noch zu Zeiten von Kaiser Joseph II. (1741–1790) ein besserer Feldweg, daher auch die ursprüngliche Bezeichnung: Kaiserweg. Er führte schnurgerade über das landwirtschaftlich genutzte Schottenfeld und verband – parallel zu dem 1704 errichteten Linienwall – die Mariahilfer mit der Lerchenfelder Straße. Erst um 1800, weiß Stadtgeograph Matznetter, wurde das Schottenfeld von seinem Grundeigentümer, den Schottenstift-Mönchen, nach einem simplen Rasterplan aufgeschlossen und parzelliert.

›Altwaren Ing. Kurt Dostal.‹ – ›Kleeblatt Silberschmiede seit 1883.‹ – ›Rudolf Stuchly's Söhne – Taschenbügel & Metallwaren.‹ So steht es in vergilbten Lettern auf dem einen oder anderen Portal. Daneben liegt die schmale Einfahrt in den Hinterhof. Der intime Kenner der Stadt erzählt, was beim Vorbeifahren aus der Straßenbahn nur zu erahnen ist: »Entlang der Kaiserstraße hat sich in der Zeit der Frühindustrialisierung das typische Hinterhofgewerbe angesiedelt. In den meist zweistöckigen Biedermeier-Häusern waren zahlreiche Gewerbebetriebe untergebracht.« Im Erdgeschoss, in den Seitenflügeln und in den schmalen, dafür weit nach hinten reichenden Hausgärten befanden sich die Werkstätten. Vorne im Wohntrakt logierten der Meister und einige Mieter. Neben den Werkstätten im Hof gab es auch Zimmer für die zugewanderten Gesellen und Lehrlinge.

Nur wenige der ursprünglich 123 Häuser entlang der Kaiserstraße haben die Industrialisierung, die Weltkriege und auch die Gentrifizierung (Veredelung der Immobilien) überlebt. Dazu zählen die zum Schottenstift gehörigen Häuser Nr. 29

Durchs bürgerliche Wien mit dem ›5er‹

Stadttouren

und 31, die Klaviergalerie (Nr. 10) sowie die Häuser Nr. 46, 50, 54, 58 und 90. Auch das Schild im **Haus Nr. 99**, an der Kreuzung mit der Neustiftgasse können die Straßenbahnfahrer nur sehen, aber nicht dessen Text lesen. Die Landesinnung der Wiener Fleischer lüftet hier ein pikantes Wiener Geheimnis. Der Wortlaut: »In diesem Hause Kaiserstraße 99/ Neustiftgasse 112, früher mit der Bezeichnung Am Schottenfeld No. 54, stellte die Fleischselcher- und Fleischhauermeisterfamilie Lahner von 1832 bis 1967 die nur in Wien als Frankfurter, auf der ganzen Welt jedoch als Wiener bekannten Würstel her. Der Dynastiegründer Johann Lahner (1772–1845) aus Gasseldorf, einem kleinen Ort in Franken, Bayern, stammend, erlernte den Metzgerberuf in Frankfurt a. M. Auf der Walz nach Wien kommend, verblieb er in der Kaiserstadt und erzeugte erstmals 1805 die weltbekannte Wurstmischung Lahner-Würstel, die er dann in dankbarer Erinnerung Frankfurter nannte.«

In der Zeit des Biedermeiers haben sich dann vor allem Seidenmanufakturen auf dem Schottenfeld angesiedelt, daher auch der Name der kreuzenden Seidengasse und die heute noch verwendeten Ortsbezeichnungen ›Seidengrund‹ und ›Brillantengrund‹. In der danach einsetzenden Industrialisierung, so Walter Matznetter weiter, wurden die meisten Manufakturen durch Hinterhoffabriken ersetzt. »All diese Produktionsbetriebe sind heute verschwunden.«

Immerhin erinnern noch einige Großhandelsniederlassungen mit ihren Schauräumen an eine einst geschäftige Zeit, unter anderem das **Schrauben-Fachgeschäft** mit dem trefflichen Namen Gottfried Klaubauf, Haus Kaiserstraße Nr. 121.

Westbahnhof

Noch ein letztes Mal biegt der 5er ab, und dann steht er auch schon fast vor dem Westbahnhof – auf dem Europaplatz, wie der Bahnhofsvorplatz auch genannt wird. Für die Fahrgäste ist er Endstation oder Umsteigemöglichkeit. Über Jahrzehnte war dieser Bahnhof das Tor zur Welt, das Tor in den Goldenen

Westen. Hier kam die Oma des Autors aus Hannover an, von hier aus fuhr er sie als Kind besuchen. Hier wurde auch so mancher Politiker, Künstler und Sportler begrüßt oder verabschiedet. Seit seinem Umbau ist der traditionsreiche Bahnhof mehr ein moderner Einkaufstempel als ein Ort der Sehnsucht.

Etwas mehr als eine halbe Stunde hat die Fahrt von Bahnhof zu Bahnhof gedauert. Auch unter den Straßenbahnfahrern ist der 5er sehr beliebt. »Aus psychologischen Gründen«, wie ein Betriebsrat einmal angemerkt hat. »Die Fahrt mit dem 5er quer durch die Stadt ist immer abwechslungsreich.«

Zum Ausklang dieser Tour empfiehlt sich noch eine Kurzvisite der denkmalgeschützten **Halle des Westbahnhofs.** Das alte Bahnhofsgebäude aus den 1950er Jahren gilt als eines der wichtigsten Bauwerke der Nachkriegszeit in Wien – und durfte daher von den Gewinnmaximierern auch nicht abgerissen werden. Die können jetzt nur in den neu gebauten Flanken sowie in den Untergeschossen

▲ *Westbahnhof neu: Viel ist leider nicht geblieben von seinem ursprünglichen Charme*

Das Café ›Westend‹ am Anfang oder eben am Ende einer Reise in den Westen

des traditionsreichen Bahnhofs auf ihre Rechnung kommen. Mehr Wien-Feeling bietet weiterhin das **Café Westend** (was für ein trefflicher Name!) an der Ecke zur inneren Mariahilfer Straße. Hier haben sich schon Millionen von Menschen die letzte oder auch die erste Schale (Tasse) Kaffee in Wien gegönnt.

 Vom Prater zum Westend

Aktionsradius Wien, 1200 Wien, Gaußplatz 11, Tel. 01/3322694, www.aktionsradius.at.
Stadtführung: Wichtige Anregungen für diese Stadttour hat **Regina Engelmann** gegeben. Sie ist staatlich geprüfte Fremdenführerin und bringt Interessierten gerne auch diesen Teil der Stadt näher. Kontakt: Tel. 0660/5431505, regina.engelmann@aon.at.

Café Hummel, 1080 Wien, Josefstädter Straße 66, Tel. 01/4055314, www.cafe hummel.at; Mo–Sa 7–24, So 8–24 Uhr.
Café Westend, 1070 Wien, Mariahilfer Straße 128, Tel. 01/5233183; Mo–So 7–24 Uhr.

Palais Liechtenstein, 1090 Wien, Fürstengasse 1, Tel. 01/3195767252, www. palaisliechtenstein.com; Eintritt nur mit Führung, keine regelmäßigen Öffnungszeiten.
Remise – Verkehrsmuseum der Wiener Linien, 1030 Wien, Straßenbahnremise Erd-berg, Ludwig-Koeßler-Platz/Fruethstraße 6, www.tram.at bzw. www.remise.at; Mi 9–18 Uhr, Sa, So und feiertags 10–18 Uhr.
Pathologisch-anatomische Sammlung im Narrenturm, 1090 Wien, Spitalsgasse 2, Tel. 01/452177606, www.narrenturm. at; Mi 10–18 Uhr, Do und Sa 10–13 Uhr.
Museum für Volkskunde, 1080 Wien, Laudongasse 15–19, Tel. 01/4068905, Di–So 10–17 Uhr.
www.volkskundemuseum.at.

Volksoper, 1080 Wien, Währinger Straße 78, Tel. 01/514443670, www.volksoper.at.

!
Bunkerei im Augarten, 1020 Wien, Obere Augartenstraße 1a, Tel. 0676/9724370, www.bunkerei.at.
Kulturzentrum WUK, 1090 Wien, Währinger Straße 59, Tel. 01/401210, www.wuk.at.
Altes AKH, 1090 Wien, Spitalsgasse 4, Tel. 01/427729820, https://campus.univie.ac.at.

Elisabeth Hundstorfer über
ihr Dorf, einen Bezirk namens Josefstadt

Die Josefstadt, der achte Wiener Gemeindebezirk, ist weniger Stadt als Dorf. Sie ist flächenmäßig mit etwas mehr als einem Quadratkilometer der kleinste Bezirk Wiens.

Im Norden grenzt der Achte an den Alsergrund (9. Bezirk), er beherbergt das größte Spital Österreichs, das AKH, sowie die Medizinische Universität. Im Westen sind Ottakring (im 16. Bezirk) und Hernals (17. Bezirk) Nachbarn, die Grenze bildet die Jugendstilstadtbahn von Otto Wagner. Heute rattert hier die U-Bahnlinie 6 über die Köpfe der Gäste der sogenannten Gürtellokale. Früher war der Gürtel dem Rotlichtmilleu vorbehalten, heute trifft sich hier das musikaffine Partyvolk. Legendär nicht nur die Architektur dieser ganz und gar nicht unterirdischen U-Bahn, sondern auch die Lokalszene. Hier wurde und wird Musikgeschichte geschrieben – zumindest österreichische.

Im Süden macht sich der Bezirk Neubau breit. Hier verläuft die Bezirksgrenze fließend – im Fließverkehr der Lerchenfelderstraße. Diese Straße lässt sich vom Verkehr nicht unterkriegen. Immerhin besänftigen sensationell gute Esslokale die Gemüter. Wunderbares Moodfood bietet der süßeste Shop weit und breit, die ›Confiserie zur Lerche‹. Das mehr als hundert Jahre alte Geschäft mit Blattgoldverzierungen verführt mit kunstvoll drapierten Trüffelbergen und nostalgischen Bonbongläsern. Das ›Pars‹ hingegen besticht seit über drei Jahrzehnten mit dem besten persischen Essen der Stadt. Wunderbarer Pho (vietnamesischer Suppentopf) wird bei ›Nguyen´s‹ kredenzt. Herrliche griechische Spezialitäten findet man im kleinen ›La Grece‹. Und das ›Konoba‹ hält als beliebtestes dalmatinisches Fischlokal die Stellung. Diese Lokale liegen selbstverständlich alle auf der Seite des Achten. Wechselt man mal die Straßenseite, empfiehlt es sich, dies am Beginn der Lerchenfelderstraße zu tun, denn da wurde aus einem wenig ansehnlichen Studentenheim ein Designhotel, das im ›Dachboden‹ eine hippe Bar beherbergt und auf deren Terrasse man herrlich seinen Blick über die Josefstadt schweifen lassen kann.

Hier im Osten grenzt sie an den ersten Bezirk. Entlang der Grenze, der Zweier-Linie, jagt ein architektonisches Highlight das nächste: vom Palais Auersperg über das k.u.k. Militärgeographische Institut bis zum Landesgericht, dem größten Gericht Österreichs. Daran angeschlossen ist die Justizanstalt Josefstadt. Hier büßen permanent über 1000 Häftlinge ihre Strafen ab, darunter auch sehr prominente Ganoven. Das Gebäude fungiert regelmäßig als Kulisse für Fernsehkrimis.

Aufgrund des ältesten Theaters Wiens, dem Theater in der Josefstadt, leben zahlreiche Schauspieler im Achten. So ist es ganz normal, dass man beim Friseur neben der beliebten Tatort-Kommissarin Bibi Fellner sitzt und im Stehlokal mit dem ›Jedermann‹ sein Mittagessen einnimmt. Seit der erfolgreichen TV-Serie ›Vorstadtweiber‹ bekommt man nur schwer eine Karte für ›die Josefstadt‹, denn viele Protagonistinnen sind hier engagiert.

Kleine Gewerbetreibende und Handwerker sind seit jeher in der Josefstadt angesiedelt. In Einfahrten und Innenhöfen der Gründerzeithäuser zeugen schmale Schienen von einstigen Manufakturen. Heute bereichern Geigenbauer, Designer und Buchläden abseits des Mainstreams das Bezirksbild. Auffallend: die Dichte an Friseuren. Bei den neuen Geschäften lassen sich hier allgemeine Trends früh erkennen – ob exquisite Kindermodengeschäfte, Bioeisläden und Coffeeshops oder die Renaissance der traditionsreichen Greißlereien.

Klassische Kaffeehaustradition findet man im Café ›Hummel‹, das nicht nur als Treffpunkt à la Dorfgasthaus, sondern gleichzeitig als geheimes Rathaus fungiert. Im Hummel treffen sich alle, die im Bezirk etwas zu sagen haben oder möchten. Politiker, Künstler, Journalisten oder Geschäftsleute. Und hier arbeitet noch der sagenumwobene ›Schani‹, der das Gartenmobiliar rausträgt und als Kellner immer Contenance bewahrt, dem Stammgast den Wunsch von den Augen abliest und der Hofratswitwe die ›Hand küsst‹ und natürlich die eine oder andere geheime Information beim richtigen Adressaten hinterlegt.

Ein weiterer gastronomischer Begegnungsort ist das Piaristenplatzl mit der Maria-Treu-Kirche, in mediterranem Ambiente kann man hier in Ruhe Hochzeits- und Taufgesellschaften beobachten. In unmittelbarer Nachbarschaft befindet sich ein wahres Kleinod, der Gastgarten der ›Josefstädter Weinstube‹. Ein Stadtheuriger mit typischem Flair, der einen bei Kümmelbraten und Wiener Wein vergessen lässt, dass man mitten in einer Millionenmetropole sitzt.

Auch die Asiatische Küche lässt keine Wünsche offen. Ob Chinese (›GU‹), Japaner (›Sakai‹) oder Thailänder (›Mamamon‹) – in der Josefstadt wird Top-Kochkunst geboten. Das Restaurant ›Kommod‹ führt mit moderner gehobener Küche und der holzgetäfelten Wohlfühl-Gaststube die heimische Szene weit über die Bezirksgrenzen hinaus an.

Zu den Wurzeln der österreichischen Volkskultur führt indes das Volkskundemuseum im wunderschönen Palais Schönborn. Jeden Dienstag wird im romantischen Seitenhof des Museums eine bäuerliche Tradition fortgeführt: Hier werden Edelmost von Äpfel und Birnen ausgeschenkt.

Aufgrund der vielen Studenten – die Hauptuni befinden sich um die Ecke – ist die Josefstadt auch ein Paradies für Nachtschwärmer. Neben chicen Lokalen wie ›Wäscherei‹, ›Albertgasse 39‹ oder der Cocktailbar ›Grande‹ gibt es alteingesessene Studentenbeisln, unter anderem den ›Tunnel‹, den ›G-Punkt‹ oder das Café ›Anno‹.

Justizanstalt im Bezirk, Parlament und Rathaus in Gehweite: kein Wunder, der Achte wird auch gerne als Beamtenbezirk bezeichnet. Es wurden daher ganze Straßenzüge wie die heute beschauliche Lenaugasse mit Beamtenwohnungen errichtet. Politiker wissen ebenfalls den achten Bezirk zu schätzen. So verzichtete Altbundespräsident Heinz Fischer auf seine Amtsvilla in Döbling, um in seiner zwölfjährigen Amtszeit weiterhin in der Josefstädterstraße zu wohnen.

Der Josefstädter Bevölkerung wird gerne vorgeworfen, dass sie ungern die Bezirksgrenzen überschreitet. Wieso auch? »Bleib in der Josefstadt« ist mehr als ein Werbespruch – es ist eine Lebensphilosophie!

P.S.: Wer Lust bekommen hat, einen Abstecher in den Achten zu machen, kann direkt mit der Straßenbahnlinie 2 von der Oper ins Herz der Josefstadt fahren.

Elisabeth Hundstorfer, geboren 1966 in Steyr, ist eine der bestinformierten Journalistinnen in Wien und Gründerin des Labels ›LILI Records‹.

Wienzeile: Von der Secession nach Schönbrunn

Bitte alle aussteigen – aus der U-Bahn (U1, U2 oder U4) in der Station am Karlsplatz! Diese Tour beginnt mit einem kleinen gedanklichen Experiment: Stellen wir uns über dem von Autos befreiten Vorplatz der Karlskirche und dem daran anschließenden ruhigen Resselpark die Stelzen und den Schatten einer Stadtautobahn vor. Heute unvorstellbar! Doch noch in den 1970er Jahren plante die Wiener Stadtregierung die Verlängerung der Westautobahn von Auhof durch das Wiental hinein in das Herz der Stadt.

Es gab mehrere Gründe, warum diese Wahnsinnsidee nie realisiert wurde. Zu danken haben wir dies nicht zuletzt jener kleinen Gruppe von Wienern und Wienerinnen, die damals schon heller als die schweigende Mehrheit war und daher lautstark protestiert hat. Jedenfalls blieb jenes Ensemble erhalten, das die Wiener und ihre Marketing-Maschine liebevoll Wienzeile nennen.

Das Feine, das Liebliche an dieser Tour durchs Wiental ist auch: Man kann zu Fuß starten und an jeder U-Bahn-Station sofort in die U4 einsteigen und sich ein Stück des Weges chauffieren lassen.

Karlsplatz

Der Karlsplatz ist einer der größten und schönsten Plätze Wiens. Er sorgte schon zu Zeiten des großen Wiener Stadtplaners Otto Wagner (1841–1918) für heftige Diskussionen. Gestritten haben in erster Linie die Architekten um den Bau eines neuen Stadtmuseums. Jene um Otto Wagner traten für einen modernen Prachtbau ein, doch es gab auch eine konservative Gruppe mit ebenso guten Kontakten ins Rathaus, die den Historismus als Maß aller Dinge ansah. Der in erster Linie auf seine Popularität schielende Bürgermeister Karl Lueger reagierte darauf wienerisch: Er lobte beide Ideen, um sich bis zu seinem Tod für keine zu entscheiden... Dessen ungeachtet wird der langgestreckte Platz von den Wienern und Wien-Besuchern heute sehr geschätzt. Dominiert wird er von der nach dem Kirchenpatron, dem Heiligen Karl Borromäus, und wohl auch nach dem Auftraggeber Kaiser Karl VI. benannten und von Johann Bernhard Fischer von Erlach im barocken Stil geplanten **Karlskirche**. Auch über den künstlich angelegten Teich vor der Kirche mit einer Plastik vom britischen Bildhauer und Zeichner Henry Moore (1898–1986) in der Mitte wurde anfangs viel gestritten. Linker Hand der Karlskirche lädt das **Wien Museum** mit seiner Sammlung zur Stadtgeschichte sowie wechselnden, meist spannenden Ausstellungen zu einem Besuch ein (→ S. 155). Rechter Hand liegt das alte Hauptgebäude der Technischen Universität und anschließend die evangelische Schule. Der großzügig gestaltete Park vor dem Unigebäude ist nach dem Erfinder der Schiffsschraube, Josef Ressel (1793–1857), benannt.

Im Norden, in Richtung Ringstraße, wird der Karlsplatz von mehreren sehenswerten Gründerzeitgebäuden begrenzt, darunter jenes des **Wiener Musikvereins** (→ S. 314) und daran anschließend dem **Künstlerhaus** (→ S. 292). Das Künstlerhaus im italienischen Renaissancestil nach Plänen des Architekten August Weber (1836–1903) wurde am 1. September 1868 eröffnet. Der ›Musikverein‹, wie der Musentempel in Karlsplatz-Nähe

Marc-Anton-Skulptur von Arthur Strasser, vom Volksmund auch ›Löwen-Fiaker‹ genannt

auch genannt wird, wurde in den Jahren von 1867 bis 1869 im Auftrag der ›Gesellschaft der Musikfreunde‹ nach Plänen des in Wien viel beschäftigten Dänen Theophil Hansen (1813–1891) errichtet – klassische Ringstraßen-Architektur für klassische Werke (→ S. 155). Die Konzentration von Museen rund um den Karlsplatz gibt auch dem von Künstlern und Wien-Besuchern seit jeher frequentiertes **Café Museum** an der Ecke zur Operngasse seinen Namen.

Secession

Am Eingang zum Wiental steht heute die sogenannte Secession, wichtiges Symbol des Wiener Jugendstils. Als ›Secessionisten‹ bezeichnete sich eine Gruppe junger bildender Künstler im Jahrhundertwende-Wien, die sich mit ihren Arbeiten gegen die herrschenden Strömungen in der Kunst gewandt hat. Daher auch das Zitat in den Goldlettern über dem Eingang: ›Der Zeit ihre Kunst – der Kunst ihre Freiheit.‹
In Erinnerung bleiben sollte auch die Kuppel auf dem Dach, die mit ihrem vergoldeten Lorbeer die Wertschätzung für die Künstler weithin symbolisieren soll.

Stadtplan H-6/G-7

▲ *Wiener Jugendstil pur: die Secession*

Die Botschaft ist allerdings noch immer nicht angekommen. Das Wiener Paradoxon hält sich bis heute: Zu Lebzeiten leben jene, die etwas Neues schaffen, in Wien an oder unter der Armutsgrenze, nach ihrem Tod verdienen andere mit ihren Visionen Millionen.
Die Künstler-Vereinigung hatte mit der Planung den Architekten Joseph Maria Olbrich beauftragt. Und der legte sich ordentlich ins Zeug, was den meisten seiner Wiener Zeitgenossen nicht gefallen hat. Die Idee, einen betont nüchternen ›Tempel für die Kunst‹ zu schaffen, wurde vor und nach der Eröffnung am 15. November 1898 hitzig debattiert. Olbrich erntete viel Kritik, vor allem für seine Idee, mit der ›Secession‹ einen modernen Kontrapunkt zur pompös-barocken römisch-katholischen Karlskirche und zum verschnörkelt-historistischen Künstlerhaus zu setzen. Daher durfte die Secession auch nicht an der repräsentativen Ringstraße gebaut werden. Heute gilt Olbrich vielen als Held. Wenig tröstlich für Olbrich auch: Heute ist sein Gebäude als Symbol einer neuen Zeit auf der Rückseite der österreichischen 50-Cent-Münze abgebildet (→ S. 155).

Naschmarkt

Gegenüber der Secession imponiert weiterhin die **ehemalige Zentrale des Verkehrsbüros**. Das Gebäude im Stil des Art Déco wurde am 23. August 1923 nach Plänen der Otto Wagner-Schüler Hermann Aichinger und Heinrich Schmid feierlich eröffnet. Das Österreichische Verkehrsbüro war bereits sechs Jahre zuvor, im Jahr 1917, gegründet worden, um Fahrkarten für die Eisenbahn zu verkaufen. Später kamen die Schifffahrt und der Flugverkehr sowie touristische Angebote hinzu. Heute wird das traditionsreiche Gebäude von einer weltweit tätigen Wettgesellschaft vereinnahmt.

Stadttouren

Der Naschmarkt erstreckt sich mit 170 Ständen auf dem überbauten Wienfluss vom Verkehrsbüro bis zur U-Bahn-Station an der Kettenbrückengasse. Während die meisten Wiener Märkte ihre Kundschaft an die modernen Supermärkte verloren haben, konnte der größte Feinkostladen Wiens seine gute Position bewahren.

Ursprünglich war der Markt ein Bauernmarkt vor dem ehemaligen Freihaus (→ S. 188). Er wurde nach der Einwölbung des Wienflusses ab 1896 etappenweise vom Karlsplatz an die Wienzeile verlegt. Die Herkunft der Bezeichnung Naschmarkt ist nicht restlos geklärt. Wahrscheinlich kommt der seit dem Jahr 1820 gebräuchliche Name Naschmarkt vom Wort ›Aschenmarkt‹ (›Asch‹ wurde eine Milchkanne genannt).

Im ersten Abschnitt des Markts regiert bereits uneingeschränkt die Gastronomie, und die Marktstandler werden sukzessive zurückgedrängt. Es bleibt zu hoffen, dass sie nicht ganz von der Bildfläche verschwinden. Kein Geheimnis ist auch: Der Markt ist teuer, doch er bietet fast alles, was Gaumenfreuden bereitet.

Für das weltoffene, multikulturelle Flair und das bunte Sprachengewirr sorgen die Marktstandler und Gastronomen aus dem Südosten und Osten Europas, und Asiens. Nach der Änderung der Marktordnung, die Gastro-Betrieben auf dem Markt erlaubt, bis Mitternacht offen zu halten, und der Sanierung etlicher Stände haben neue Lokale eröffnet. Besonders beliebt sind das Deli und das Neni's sowie deren Ableger. Nur wer es schafft, dort einen freien Tisch zu ergattern, gehört dazu.

Ein Spezifikum des Naschmarkts sind auch seine **Feinkost-Spezialisten** wie zum Beispiel der Feinkostladen Pöhl, der Essigbrauer Erwin Gegenbauer (Stand 111–114), ›Gruber Fisch seit 1876‹ (Stand 33), die Vollkorn-Bäckerei Waldherr

Viel Frequenz auf dem Naschmarkt

(Stand 237) oder die Schoko Company (Stand 326–330). Die Essigbrauerei bietet Essenzen aus Äpfel, Birnen, Trauben, Brombeeren, Quitten, Melonen, Feigen, Gurken, Paprika, Paradeiser (Tomaten) und sogar aus Spargel. Inhaber Erwin Gegenbauer erläutert die Quintessenz seiner Arbeit: »Guter Essig ist eine Frage der Geduld.«

Empfehlenswert ist auch die Initiative ›Textstand‹ der Buchverlegerin Angelika Herburger. In regelmäßigen Abständen funktioniert sie Marktstände zu Schauplätzen der Literatur um. Bei freiem Eintritt finden Lesungen von Autoren statt, die über Wien und den Markt Zeugnis ablegen.

Wertvoller Tipp vom Wiener Fremdenführer Wolfgang Höfler: »Die Obst-, Gemüse- und Gewürzstände werden mit zunehmender Entfernung von der Stadt-

Markant: die drei Otto-Wagner-Häuser an der Linken Wienzeile

mitte immer billiger.« Weniger empfehlenswert ist dagegen der **samstägliche Flohmarkt**, der in den vergangenen Jahren viel von seinem Charme eingebüßt hat (→ S. 155).

Linke Wienzeile

Zur Orientierung: Beim Spaziergang über den Markt stadtauswärts liegt rechter Hand die Linke Wienzeile und linker Hand die Rechte Wienzeile. Der Wienfluss, der unter dem Markt stadteinwärts fließt und nach dem die Stadt benannt ist, wurde in der späten Gründerzeit reguliert, eingebettet und versteckt. Ursprünglich sollte er vom Karlsplatz bis hinaus nach Schönbrunn, der Sommerresidenz des Kaisers, eingewölbt werden und die Wienzeile zu einem Prachtboulevard ausgebaut werden. Dieser Plan blieb jedoch – wie das die Architekten nennen – unvollendet.

Das wichtigste Gebäude an der Linken Wienzeile ist gleich am Beginn das **Theater an der Wien**, Haus Nr. 6, mit 1129 Sitz- und 50 Stehplätzen eine der größten Kulturinstitutionen der Stadt. Das Gebäude wurde im Jahr 1801 eröffnet, im Auftrag des Kaufmanns Bartholomäus Zitterbarth (1757–1806), auf Initiative des Sängers, Schauspielers und Regisseurs Emanuel Schikaneder (1751–1812), von dem unter anderem auch der Text für Mozarts Oper ›Die Zauberflöte‹ stammt. Bald nach der Eröffnung hat auch der in Bonn geborene und später in Wien verstorbene Komponist Ludwig van Beethoven (1770–1827) einige Monate lang im Theater gewohnt und an seiner Oper ›Fidelio‹ gearbeitet. Diese wurde im Jahr 1805 im Theater an der Wien uraufgeführt, ebenso wie ›Die Fledermaus‹ von Johann Strauss 69 Jahre später.

Bis zum Mozartjahr (2006) gelangten im Theater an der Wien zahlreiche zumindest vom Publikum euphorisch angenommene Musicals zur Aufführung. Seither dient es neben Staatsoper und Volksoper als drittes Opernhaus von Wien. Man nennt das Theater neuerdings auch das ›neue Opernhaus‹ (→ S. 155).

Stadtplan G-7 ▲

Ein paar Häuser weiter, auf Nummer 18, ist der **Verein für Konsumenteninformation** (VKI), das Pendant zur Deutschen Stiftung Warentest, untergebracht. Immer zu Monatsbeginn erscheint dessen Konsument-Magazin – mit Testberichten, die von unabhängigen Testern durchgeführt werden und die der Industrie und dem Handel nicht immer behagen.

Die Häuserzeile entlang der Linken Wienzeile ist eine der harmonischsten und wohl auch schönsten der gesamten Stadt. Auf der Höhe der Kettenbrückengasse, die dank der U-Bahn-Station leicht auszumachen ist, folgen auch die drei Wienzeile-Häuser vom Großmeister des Wiener Jugendstils, Otto Wagner (1841–1918). Die Häuser an der **Linken Wienzeile Nr. 38 und 40** sowie in der daneben abzweigenden **Köstlergasse Nr. 3** wurden 1898 und 1899, bald nach der Regulierung des Wienflusses errichtet. Wagner hat die drei Wohnhäuser nicht zufällig hier errichtet. War er es doch, der die Vision eines Prachtboulevards hinaus zum Schloss Schönbrunn verfolgte.

Wollte Wien nicht all seinen Ideen folgen, so konnte sich Wagner wenigstens bei der Planung und beim Bau dieser drei Häuser künstlerisch verwirklichen, da er hier nicht nur Architekt, sondern praktischerweise auch Bauherr war. Die Häuser beschreiben Architekturhistoriker auch als seinen endgültigen Bruch mit dem Historismus. Statt der verspielten Ornamente sind die Fassaden betont flach gehalten. Das bekannteste der drei Gebäude ist das Majolikahaus an der Linken Wienzeile Nr. 40. Es wurde im Jahr 1898 errichtet. Seine Fassade ist mit Keramikfliesen der Firma Wienerberger verkleidet, die Blumen-Motive zeigen.

Rechte Wienzeile

Auf der Höhe vom **Café Rüdigerhof** bietet sich ein Wechsel von der Linken auf die Rechte Wienzeile an. Der Rüdigerhof ist ebenfalls ein Jugendstil-Wohnhaus, das unter Denkmalschutz steht. Er wurde im Jahr 1902 nach Plänen des in Galizien geborenen Architekten Oskar Adolf Marmorek fertiggestellt. Sein Name soll an Ernst Rüdiger von Starhemberg (1638–1701) erinnern, der ab 1680 die Verteidigung der Stadt bei der zweiten Türkenbelagerung organisiert hat. Interessant ist auch der halbrunde Vorbau mit den fünf Fenstern, in dem auch schon seit dem Jahr 1903 das Café Rüdigerhof einquartiert ist. Die Einrichtung stammt aus den 1950er und 1960er Jahren und hat sich ihre Patina bewahrt. Eine Empfehlung im Sommer ist auch der zum Wienfluss gewandte Schanigarten, der stufenförmig auf drei Terrassen angelegt ist und von alten Ahornbäumen beschattet wird.

Café im denkmalgeschützten Rüdigerhof

Stadttouren

■ **Druck- und Verlagshaus Vorwärts**

Wenige Meter weiter stadtauswärts folgt die U-Bahn-Station Pilgramgasse. Dahinter fordert das Ehrfurcht gebietende Druck- und Verlagshaus ›Vorwärts‹ auf Nr. 97 einen Augenblick Aufmerksamkeit. Das Gebäude erinnert an eine Zeit, als die Wiener Sozialdemokratie noch großen Idealen folgte. Damals produzierte man noch eigene Zeitungen – mit dem Anspruch, die Menschen zu informieren. Heute beschränkt man sich aufs Inserieren, auch in Zeitungen, deren Bildungsauftrag fragwürdig ist.

Errichtet wurde das ›Vorwärts‹-Haus mit seiner dekorativen Uhr in der Mitte und den beiden Steinfiguren an der Seite, die einen Arbeiter und eine Arbeiterin zeigen, in den Jahren von 1907 bis 1909, im Auftrag der Sozialdemokratischen Arbeiterpartei (SDAP). Die Pläne lieferten die beiden Brüder und Otto-Wagner-Schüler Franz und Hubert Gessner, die mit dem Parteigründer Victor Adler (1852–1918) befreundet waren. Im Haus war ausreichend Platz für Druckerei, Redaktion und die Büros der Verlags und der Partei. Hier wurde vor allem die auflagenstarke ›Arbeiterzeitung‹ gedruckt. Auch Victor

Adler hatte ›im Vorwärts‹ sein Büro. Gleich zu Beginn des Bürgerkriegs, am 9. Februar 1934, wurde das Haus von der Wiener Polizei besetzt. Drei Tage später wurden alle sozialdemokratischen Organisationen und Publikationen vom ständestaatlichen Regime verboten.

Die Wiener ›Arbeiterzeitung‹ wurde im Jahr 1992 eingestellt, jener Hausteil, in dem früher der Verlag untergebracht war, wurde abgerissen. Heute steht dort ein Hotel. Im ›Vorwärts‹-Gebäude selbst erinnert heute nur mehr der Verein für Geschichte der Arbeiterbewegung, das Johanna-Dohnal-Archiv sowie die Bruno-Kreisky-Stiftung an die bewegten Zeiten der Arbeiterbewegung.

Gegenüber, auf der Linken Wienzeile Nr. 102, ein Farbklecks jüngeren Datums: die **Rosa Lila Villa**, Wiens erstes Schwulen- und Lesbenhaus, das in den 1980er Jahren erkämpft und eröffnet wurde und heute auch ein Café-Restaurant mit begrüntem Gastgarten im Innenhof bietet.

■ **U-Bahnstationen an der Wienzeile**

Die U-Bahn-Station Pilgramgasse sieht den anderen Stationen an der Wienzeile zum Verwechseln ähnlich. Die gemeinsa-

Stadtplan F-8

▲ *Sozialdemokratisches Denkmal an der Rechten Wienzeile Nr. 97: Vorwärts-Verlagshaus*

Die U4 fährt im Flussbett der Wien

hübschen Gebäude, befindet sich der Eingang zu der noch immer bekanntesten Diskothek der Stadt. Diese wurde nach der U-Bahn-Linie U4 benannt und gilt bis heute als eine der Pilgerstätten für alle Falco-Fans. ›Im U4‹ hat Hans Hölzel (1957–1998) seine Sängerkarriere begonnen, ›dem U4‹ hat er auch den Song ›Ganz Wien‹ gewidmet (→ S. 155). In **Meidling** lässt sich auch noch ein bisschen Lokalkolorit aufschnappen: Hier, im 12. Bezirk, pflegt man noch einen speziellen Zugang zum zwölften Buchstaben im Alphabet. Leider hat noch niemand beantragt, dass das speziell gerollte ›Meidlinger L‹ als schützenswertes Weltkulturerbe aufgenommen wird.

Schönbrunn

Nur eine Station hinter Meidling folgt schon die Station Schönbrunn. Wer genug hat von den Wienern, wer endlich wieder Japaner, Amerikaner, Deutsche, Italiener etc. sehen möchte, der möge bitte hier aussteigen. Von der Station geht es weiter per pedes. Zu Fuß sind es – entlang der langgezogenen Schloss-Vorderseite – gut fünf Minuten bis zum Haupteingang.

■ Schloss

Das barocke Schloss Schönbrunn ist eines der bedeutendsten Kulturgüter des Landes und eine der bekanntesten Sehenswürdigkeiten von Wien. Es wurde am Ende des 17. Jahrhunderts gebaut. Im Jahr 1692 beauftragte Kaiser Leopold I. den Grazer Star-Architekten des Barock Bernhard Fischer von Erlach (1656–1723, er ist unter anderem Autor der Karlskirche) mit dem möglichst repräsentativen Neubau. Man hat diesen dann an der Stelle des alten kaiserlichen Jagd- und Lustschlosses errichtet. Erzherzogin Maria Theresia (1717–1780) hat das prunkvolle Schloss ein

me Formensprache des Jugendstils wurde von dem bereits erwähnten Architekten Otto Wagner entwickelt. Wagner hatte den Wettbewerb für den Generalentwicklungsplan Wiens für sich entschieden und konnte damit in Absprache mit den Staatsbahnen die Linienführung der Stadtbahn mitbestimmen. Er selbst sprach noch nicht von U-, sondern von Stadtbahn. Dennoch plante er die Trassen für insgesamt sechs Linien, die dem Wienfluss, dem Gürtel, dem Donaukanal und den westlichen Vororten folgten, teilweise schon unterirdisch – so wie hier: im regulierten Bett des Wienflusses. Grundsätzlich hat das Büro von Otto Wagner zwei Typen von Stationen konzipiert – eine für Tief- und eine für Hochlage. Über die zentrale Kassenhalle, in der heute Fahrkartenautomaten die Schalterbeamten vergessen machen, sind auch an der Pilgramgasse die symmetrisch angelegten Abgänge zu den Bahnsteigen zu erreichen. Der Abgang rechter Hand führt zu den Zügen in Richtung Hütteldorf stadtauswärts.
Ein Objekt jüngerer Zeitgeschichte bietet die bald folgende Station Meidling Hauptstraße. Oben, in einem gar nicht

Stadttouren

Blick auf Schloss Schönbrunn – vom Neptun-Brunnen aus aufgenommen

halbes Jahrhundert später als imperiale Sommerresidenz für sich entdeckt. Nach dem Ersten Weltkrieg und dem Ende der Monarchie ging es von der Familie Habsburg in den Besitz der Republik über, nach dem Zweiten Weltkrieg diente es zunächst den britischen Besatzern als Amtssitz. Später, im Juni 1961, die Republik Österreich war zu diesem Zeitpunkt bereits sechs Jahre lang unabhängig, wurde beim Wiener Gipfeltreffen der beiden mächtigsten Männer der Welt, Nikita Chruschtschow und John F. Kennedy, in der Großen Galerie ein Galadinner gegeben.

Heute wird die repräsentative Anlage von einer privatrechtlichen Betriebsgesellschaft im alleinigen Eigentum der Republik betreut und vermarktet. Die Gesellschaft muss die finanziellen Mittel für die Erhaltung und Revitalisierung der Schlossanlage, die seit dem Jahr 1996 als Weltkulturerbe geführt wird, selbst erwirtschaften.

Immerhin ist das Interesse der Touristen und auch der Wiener ungebrochen. Rund 2,5 Millionen Menschen wollen jedes Jahr das Schloss sehen, weitere sechs Millionen werden im Schlosspark

gezählt. Als ›soo lovely‹ werden neben den Prunkräumen vor allem die Architektur des Schlosses, seine Nebengebäude und seine Gartenlandschaft angesehen. Für alle, die schnelle Durchläufe in der großen Masse lieben, bietet sich die minutiös konzipierte **Imperial Tour** an: 22 Räume in 35 Minuten – für 13,50 Euro. Dabei zu sehen sind unter anderem die Große Galerie, die chinesischen Kabinette, die recht bescheiden eingerichteten Privatgemächer von Kaiser Franz Joseph und seiner Sisi sowie der Gelbe Salon (→ S. 155).

■ **Schlosspark**

Die Wiener schätzen den weitläufigen, knapp zwei Quadratkilometer großen Schlosspark auch als Naherholungsgebiet, er eignet sich für Spaziergänge ebenso wie zum Walken und Laufen. Der Park wurde um 1779 für die Bevölkerung geöffnet. Die künstlich angelegte Natur bildet ganz in der barocken Tradition mit dem Schloss eine strenge Einheit und wurde seit der Amtszeit von Maria Theresia so gut wie nicht verändert.

Ziel der meisten Schönbrunn-Besucher ist die **Gloriette** oben auf dem Schönbrunner

▲ Stadtplan A-10

Berg. Bereits Fischer von Erlach hatte vorgesehen, die Anhöhe mit einem Bauwerk zu bekrönen und damit einen würdigen Abschluss der barocken Schlossanlage zu schaffen. Die Vision, Schönbrunn prachtvoller als das Pariser Schloss Versailles zu gestalten, sollte jedoch vorerst am Geld scheitern. Es war dann dem Wiener Architekten Johann Ferdinand Hetzendorf von Hohenberg gegönnt, diese Geschichte im Jahr 1775 zu Ende zu bringen, im Vergleich zu den bombastischen Plänen allerdings nur in einer Sparvariante. Die Architekturkenner sprechen von der Gloriette als einem frühklassizistischen Kollonadenbau auf einer Hügelkuppe. Der Baukörper erinnert in der Mitte an einen Triumphbogen, die beiden Flügel wirken dank ihrer rundbogigen Arkaden luftiger. Der Mittelteil wurde noch im letzten Lebensjahr Maria Theresias verglast und dient heute als **Kaffeehaus**. Das Flachdach ist von einer Balustrade eingefasst und dient bis heute als **Aussichtsplattform**. Die Gloriette wurde im 18. Jahrhundert gerne als Denkmal für den gerechten Krieg (was für ein Unsinn!) interpretiert. Sie soll an die gewonnene Schlacht bei Kolin im Jahr 1757 erinnern. Damals, im Siebenjährigen oder auch Dritten Schlesischen Krieg, versuchte Maria Theresia ein letztes Mal, Schlesien zurückzuerobern.

■ Wagenburg

Ein weiterer Publikumsmagnet in Schönbrunn ist die sogenannte Wagenburg. Dort sind prunkvolle Kutschen des österreichischen Kaiserhauses sowie von bekannten Adelsfamilien ausgestellt. Der Kernbestand des **kaiserlichen Fuhrparks**

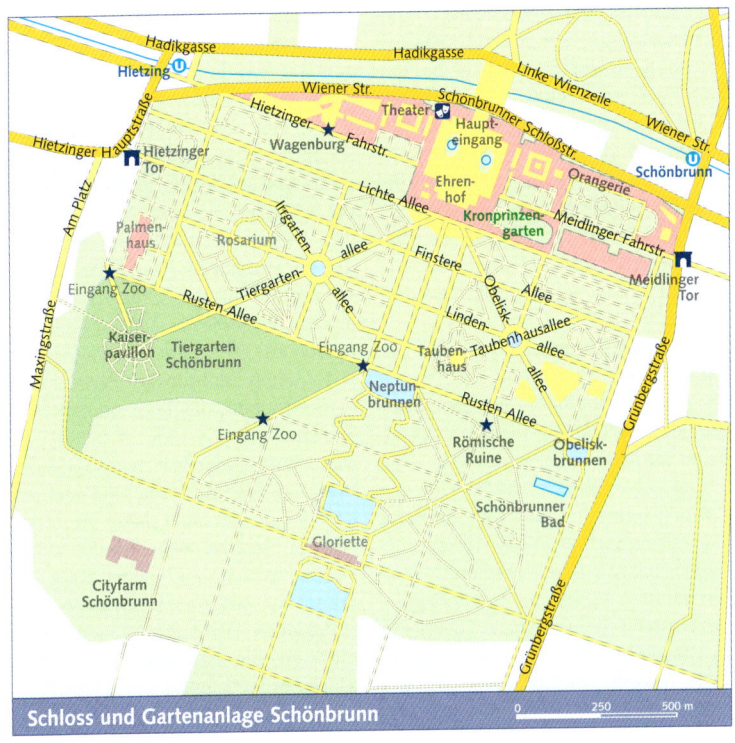

Schloss und Gartenanlage Schönbrunn

0   250   500 m

Stadttouren

Blick vom Schloss zur Gloriette

wurde im Jahr 1922 aus dem Hofstall-
gebäude der Hofburg nach Schönbrunn
transferiert. Gezeigt werden Prunk- und
Galawagen, auch Schlitten und Sänften.
Imposant ist der schwarz gestrichene
Imperialwagen, der für die Krönung
Josephs II. im Jahr 1764 gebaut und später für weitere Krönungszeremonien der
Habsburger verwendet wurde. Älter ist
der Wagen, den– wie trefflich sein Name! – Franz Xaver Wagenschön in der
zweiten Hälfte des 18. Jahrhunderts
reich verziert hat.. Aufgrund des enormen Gewichts von vier Tonnen musste
er von acht Schimmeln gezogen werden.

■ Marionettentheater

Für Kinder und Junggebliebene wurde
vor einigen Jahren das alte Marionettentheater wieder zum Leben erweckt.
Seine Tradition reicht in das Jahr 1777
zurück, als man am Wiener Hof den
Kurfürst-Erzbischof von Trier, Clemens
Wenzel von Sachsen (1739–1812), empfangen hat. Zu Ehren des Habsburger-
Verwandten führte die Theatertruppe
des Fürsten Esterházy eine viel beklatsch-
te Parodie auf die Oper ›Alceste‹ des
Zeitgenossen Christoph Willibald Gluck
(1714 –1787) auf.

Das ›Marionettentheater Schloss Schönbrunn‹ wird von den beiden zuvor weit
gereisten Puppenschauspielern Christine
Hierzer-Riedler und Werner Hierzer privat geführt und ganzjährig bespielt. Es
befindet sich im Hofratstrakt, der zuvor
aufwändig renoviert wurde, und bietet
auch jungen Künstlern eine Bühne. Die
Marionetten, die Kostüme und auch die
Bühnenbilder werden in den hauseigenen
Werkstätten hergestellt und restauriert.

■ Tiergarten

Ja, er ist der älteste Tiergarten der Welt
– und er ist aufgrund etlicher Investitio-
nen heute auch einer der modernsten.
Der Wiener Zoo wurde im Sommer 1752
von Kaiser Franz Stephan von Lothringen
(1708–1765) im westlichen Teil der imperialen Sommerresidenz feierlich eröffnet. Die Pläne für das hübsch angelegte
Ensemble schuf der ebenfalls aus Lothringen stammende Architekt Jean Nicolas
Jadot de Ville-Issey.
Erst im Jahr 1778 wurde ›die Menagerie‹
Schönbrunn für – wie es damals hieß –
›anständig gekleidete Personen‹ geöffnet, zunächst allerdings nur an Sonntagen. Sehenswert sind heute vor allem
das Regenwaldhaus, das Polarium, die
›Orangerie‹ mit den Orang-Utans, das
Insektarium sowie das Aquarien- und Ter-
rarienhaus. Der achteckige Pavillon im
historischen Zentrum des Parks, heute
ein Restaurant, diente ursprünglich als
Frühstücksraum.
Die U-Bahn-Station in Hietzing weist den
Weg zurück in die Stadt. Und noch ein
letzter Tipp am Ende dieser Tour: Nur
ein paar Schritte weiter stadteinwärts
ist die Privat-Station für den Kaiser zu
sehen, der sogenannte **Otto-Wagner-
Hofpavillon**. Hier steigt heute niemand
mehr zu, die Dependance des Wien
Museums wird jedoch für Interessierte
samstags und sonntags geöffnet.

▲ Stadtplan A-10

Von der Secession nach Schönbrunn

Stadtführung: Wichtige Anregungen für diese Stadttour hat **Wolfgang Höfler** gegeben. Er ist staatlich geprüfter Fremdenführer und bringt Interessierten gerne auch diesen Teil der Stadt näher. Kontakt: Tel. 0676/3044940, wolfgang@vienna-aktivtours.com.

Neni, 1060 Wien, Naschmarkt 510, Tel. 01/5852020, www.neni.at; Mo–Sa 8–23 Uhr.

Café Rüdigerhof, 1050 Wien, Hamburger Straße 20, Tel. 01/5863138; Mo–So 9–2 Uhr.

U4, 1120 Wien, Schönbrunner Straße 222–228, Tel. 01/81711920, www.u-4.at.

Wien Museum, 1040 Wien, Karlsplatz, Tel. 5058747-84071, www.wienmuseum.at, Di–So 10-18 Uhr.

Secession, 1010 Wien, Friedrichstraße 12, Tel. 01/5875307, www.secession.at; Di–So 10–18 Uhr.

Schloss Schönbrunn, 1130 Wien, Schönbrunner Schloßstraße 47, Tel. 01/811130, www.schoenbrunn.at.

Café Gloriette, 1130 Wien, Schlosspark Schönbrunn, Tel. 01/8791311, www.gloriette-cafe.at; Mo–So von 9 Uhr bis zum Einbruch der Dunkelheit.

Wagenburg, 1130 Wien, Schlosspark Schönbrunn, Tel. 01/525244702, www.khm.at; Mo–So 10–16 Uhr (Sommer bis 18 Uhr).

Tiergarten Schönbrunn, 1130 Wien, Maxingstraße 13, Tel. 01/8779294, www.zoovienna.at; Mo–So 9–16.30 (Januar, November, Dezember), 9–17 (Februar), 9–17.30 (März, Oktober), 9–18.30 (April bis September).

Marionettentheater, 1130 Wien, Schloss Schönbrunn/Hofratstrakt, Tel. 01/8173247, www.marionettentheater.at.

Musikverein, 1010 Wien, Musikvereinsplatz 1, Tel. 5058190, www.musikverein.at.

Konzerthaus Wien, 1030 Wien, Lothringerstraße 20, Tel. 01/242002, www.konzerthaus.at.

Theater an der Wien, 1060 Wien, Linke Wienzeile 6, Tel. 01/58885, www.theater-wien.at.

Otto-Wagner-Hofpavillon Hietzing, 1130 Wien, Schönbrunner Schloßstraße, Tel. 01/8771571, www.wienmuseum.at.

Pöhl, 1040 Wien, Naschmarkt Stand 167, Tel. 01/58604044, www.poehlamnaschmarkt.at.

Textstand, 1060 Wien, Naschmarkt, Tel. 0660/4905561 (Infos zum Programm und Platzreservierung), www.edition-mokka.eu.

Essig-Brauerei Gegenbauer, 1040 Wien, Naschmarkt 111–112, Tel. 01/6041088, www.gegenbauer.at.

Gruber Fisch seit 1876, Naschmarkt 33, www.fisch-gruber.at.

Bäckerei Waldherr, 1040 Wien, Naschmarkt 237, Tel. 01/5866819, www.vollkornbaeckerei-waldherr.at.

Schoko Company, 1040 Wien, Naschmarkt 326–331, Tel. 01/5858195 oder 0699/10794169, www.schokocompany.at.

Verein für Konsumenteninformation, 1060 Wien, Linke Wienzeile 18, Tel. 01/588770, www.konsument.at.

Verein für Geschichte der Arbeiterbewegung, 1050 Wien, Rechte Wienzeile 97, Tel. 01/5457870, www.vga.at.

Rosa Lila Villa, 1060 Wien, Linke Wienzeile 102, www.villa.at.

Stadttouren

Andreas Tröscher über
den Moment, da die Rose vom Gürtel abbog

Da lag sie nun und wusste nicht, wie ihr geschah. Dabei war sie ihm endlich näher, als sie jemals zu wagen hoffte; doch jetzt, wo ihre Wangen, ihre Hände und Schenkel seine raue Haut berührten, da fühlte sie Zurückweisung, kalt und gleichgültig stieß er sie weg. Rund um sie rauschte und toste der große, breite Fluss aus Asphalt und Autoblech, gespeist von hunderten Bächen, aus denen ebenfalls Asphalt und Autoblech liefen, zaghaft in ihm mündeten, beeindruckt von seiner Mächtigkeit und seiner Kraft.

Stimmen näherten sich, Hände packten sie unter den Achseln, an beiden Beinen und zerrten sie von ihm weg. Langsam gewannen ihre Gedanken an Klarheit, Rosemarie Wegener, das war ihr Name, natürlich war das ihr Name, halt, wohin, was in aller Welt? Frau Wegener, sie sind bei Rot über den Währinger Gürtel und von einem Auto angefahren worden. Können sie mich verstehen? Wir bringen sie jetzt ins Meidlinger Unfallkrankenhaus, das AKH ist leider überfüllt. Der Sanitäter schrie ihr ins Ohr, versuchte, die Sirene des Rettungswagens zu übertönen, Türen krachten ins Schloss, Reifen quietschten, dann, endlich, wurde es im Kopf von Rosemarie Wegener wieder ruhig und flauschig, nur noch das Surren der Fahrbahn drang zu ihr durch. Am Gürtel also, Gott sei Dank, seufzte sie zufrieden in sich hinein, ich bin daheim, alles in Ordnung. Der Rettungswagen rumpelte über Straßenbahnschienen hinweg. Alser Straße.

Kannst dich erinnern, Rose, unter dem Stadtbahnbogen, im Winter 37?

Dass du das noch weißt, Otto, allerhand.

Natürlich weiß ich das, wie könnte ich unseren ersten Kuss vergessen?

Du Hallodri, ich hab schon gedacht, was ist denn das für einer, ein Stadtbahn-Schienenschleifer, ist das überhaupt ein Beruf, ein ehrenwerter? Vorgestellt hast dich mit gestatten, Otto Wegener, und ich hab schon gedacht, du bist der, der die Stadtbahn gebaut hat.

Du dachtest, ich sei der Otto Wagner? Du Dummerl ...

Achtung, Autofahrer! Am äußeren Hernalser Gürtel kommen Sie derzeit nur sehr langsam voran, Grund ist eine Baustelle auf Höhe Josefstädter Straße, der Stau reicht im Moment bereits bis zur Jörgerstraße zurück.

Der Fahrer fluchte, riss das Lenkrad herum und raste den Radweg entlang, dort wo einst der 8er gemächlich dahin gondelte, neben den Viadukten der Stadtbahn, wo er ihr geduckt und unterwürfig hinterher hechelte, wie ein dicker, träger Hund, den man 1989 einschläferte, als aus der Stadtbahn die U6 wurde, neuer, schneller, effizienter. Blaulicht, Sirengeheul. Rosemarie Wegener fröstelte. Lerchenfelder Gürtel, es ging bergab, hinunter zur Thaliastraße, wo es abermals rumpelte, die Schienen des 46ers kreuzten.

Den hast du nie gemocht, Rose, der war dir zu laut, du hast immer gesagt, der kreischt so, weißt du noch?

Hör mir auf mit dem 46er, Otto, um den musste ich danach immer einen großen Bogen machen. Wieviel Jahre waren es, die ich in dem Milchgeschäft, gleich neben dem Kino, gearbeitet hab?

Zu viele, Rose, das war keine schöne Zeit, auch für mich nicht, keine Arbeit bei der Stadtbahn mehr, dafür Pflastersteine rausreißen aus dem Gürtel, wie ein Zahnarzt für Riesen bin ich mir vorgekommen, als die Fahrbahnen mit glattem Asphalt überzogen wurden. Wann war das gleich?

Otto, ich weiß es nicht, 58 vielleicht, 59. Die Mutti muss noch gelebt haben.

Achtung Autofahrer! Der äußere Gürtel kommt heute wieder einmal nicht zur Ruhe. Auf Höhe Westbahnhof hat sich ein Unfall ereignet, der Stau reicht bis Urban-Loritz-Platz/Stadthalle zurück. Es ist nur eine Fahrspur frei. Versuchen sie großräumig auszuweichen.

Ja, die Mutti, die hat wirklich lange durchgehalten, die ist fast so alt geworden wie du, Rose. 74 ist sie gestorben, da war sie 91. Und was die noch alles gewusst hat, von früher, als der Gürtel noch längst kein Gürtel war. Die Linie, hat sie immer zu ihm gesagt, auch später noch, als der Gürtel längst schon der Gürtel war. Für sie wurde er nie wirklich zur Straße, ist stets Grenze geblieben.

Du darfst ihr das nicht vorwerfen, Otto, sie ist damit aufgewachsen. Wenn sie mit dem Gemüse rein ist am Naschmarkt, hat sie zahlen müssen, nicht viel, aber doch. Dafür sind viele aus der Josefstadt oder vom Alsergrund zu ihnen nach Währing ins Geschäft gekommen, weil die Zwiebel und Paradeiser, der Karfiol und die Erdäpfel in den Vororten günstiger waren.

Du hast ja recht, Rose, wer sich schon als kleines Kind zerschundene Knie vom Spielen am Linienwall geholt hat, für den wird es nie etwas anderes geben. Nur diesen kolossalen Abenteuerspielplatz, der alle Armut vergessen hat lassen, diese Mischkulanz aus Erdreich und Ziegel, die die Wienerstadt einst schützen sollte vor ihren Feinden.

Und wer schützt uns heute, Otto, vor den schnellen Autos, den rasenden?

Tja, Rose, die Zeiten haben sich geändert, der Gürtel hat sich verändert. Die vielen billigen Geschäfte, das Heruntergekommene, das Rotlicht, die vielen Ausländer.

Otto, ich bitt dich, sei nicht ungerecht. Was waren wir denn, als man uns im 12er-Jahr die Einzimmerwohnung im Erdgeschoss zugewiesen hat? Die Wegeners aus Mähren, dazu die Zabloudils aus Böhmisch Budweis, die Szekelys aus Gran. Alle nicht von da. Aber er hat uns aufgenommen, Otto, erinnere dich, er war immer gut zu uns.

Ich weiß nicht, Rose, du sprichst von ihm wie vom Kaiser, aber ...

Sei still, Otto, ich flehe dich an, red nicht so über ihn, in dieser Stunde ...

Sirenen heulten. Reifen quietschten. Der Rettungswagenlenker fluchte und wich wieder aus. Vom Urban-Loritz-Platz hinunter zum Westbahnhof, parallel zur Fahrbahn auf den Schienen des 9ers. Mullbinden purzelten aus den Stellagen, fielen auf die Trage von Rosemarie Wegener. Nix passiert, fahr weiter! Sie kriegt das eh nicht mit.

Rose, hörst du mich, es ist jetzt gleich so weit. Sie werden abbiegen, auf die Wienzeile, raus nach Meidling. Verabschiede dich von deinem Gürtel, man kann nie wissen. Ich hatte damals auch nicht die Gelegenheit. Verpasse sie nicht.

Nein, Otto, werde ich nicht. Machs gut, mein Großer, und sei nicht traurig, bist du eh nicht. Ich gehe jetzt. Otto wartet schon.

Andreas Tröscher, 1970 in Wien geboren, Redakteur der ›Salzburger Nachrichten‹, schreibt hie und da ein Buch. Und lebt außerhalb des Gürtels.

Vorortelinie: Von Hütteldorf zum Handelskai

Die Vorortelinie, von den Eisenbahnern wenig spektakulär S 45 genannt, ist die mit Abstand abwechslungsreichste Bahnstrecke Wiens. Sie führt am westlichen Rande der Stadt von Hütteldorf in nördliche Richtung nach Heiligenstadt und von dort weiter zum Handelskai. Sie durchquert auf ihrer knapp halbstündigen Fahrt die westlichen Vorortbezirke Wiens, ehe sie den letzten Kilometer am rechten Donauufer ausrollt. Sie bietet schöne Aussichten auf jenes Wien, das Touristen sonst kaum zu Gesicht bekommen.

Die Vorläufer der Vorortelinie gehen auf die Revolution des Jahres 1848 zurück, in dem in halb Europa die Freiheitsrufe der Aufständischen zu hören waren. Der Aufstand in Wien war für die Habsburger, die fast 600 Jahre lang Unterwerfung und Respekt in ihrer Residenzstadt gewohnt waren, ein Schock. Der damals 18-jährige Franz Joseph wurde in den Wirren des Revolutionsjahres im böhmischen Olmütz zum Kaiser ernannt, einem Ort, wohin er mit seiner Familie flüchten musste. Zurück in Wien, ging es sofort an die Umsetzung eines großen Plans: Nie mehr sollte sich das Volk gegen seinen Kaiser verschwören können. Eine Kette von Kasernen-Festungen sollte daher in Zukunft um Wien gelegt werden, zum Schutz der Herrscher vor ihren eigenen Untertanen.

Auch die Idee hinter der Vorortelinie war nicht edel: Die ursprüngliche Bahnstrecke wurde nicht für, sondern gegen das Volk geplant. Gegen die Revolution! Die ersten Schienen wurden ebenfalls bald nach den Aufständen gelegt.

Für das Militär! Die neue Bahn sollte, so das Kalkül der Strategen in der Hofburg, schneller kaisertreue Truppen und Kanonen bewegen. Nach dem Zweiten Weltkrieg haben übrigens auch die Amerikaner ihr schweres Gerät durch die Vororte Wiens transportiert.

Es ist dem Weitblick des Architekten und Stadtplaners Otto Wagner (1841–1918) zu verdanken, dass die Vorortelinie heute nur friedliche Zwecke erfüllt. Wagner hat sie nach Vorgaben der Staatsbahnen in den Jahren 1895 bis 1902 auf dem Abschnitt von Hütteldorf nach Heiligenstadt geplant. Am 9. Mai 1898 konnte Kaiser Franz Joseph zur feierlichen Eröffnung einen Festzug besteigen, zwei Tage später wurde die zunächst nur eingleisige Strecke in das bestehende Stadtbahn-Netz integriert. Zum Einsatz kamen Dampflokomotiven, im Vergleich zu den elektrisch betriebenen U-Bahnen in London, Paris oder Berlin fuhr man damit dem Letztstand der Technik hinterher.

Als S-Bahn entdeckt, ausgebaut und wieder eröffnet wurde die S 45 erst viel später, im Jahr 1987. Heute ist sie eine der meist frequentierten Bahnlinien in Österreich. Daher auch der Ratschlag eines mit der Strecke gut vertrauten ÖBB-Mitarbeiters: »Touristen sollten tagsüber zwischen 9 und 15.30 Uhr sowie in den Abendstunden fahren. Während der Spitzenzeiten in der Früh und am Nachmittag sind die Züge so voll, dass sie kaum aus dem Fenster schauen können.«

Die Vorortelinie ist durchgängig unterhaltsam. Sie gilt aufgrund ihrer Steigungen, ihrer engen Kurvenradien, Tunnel und Viadukte als Bergbahn. Und sie pas-

United Colors of Vorortelinie: Eine der schönsten Bahnverbindungen der Stadt im Jugendstil-Ambiente

Unverkennbar Otto Wagner: Bahnhof Breitensee

siert eine ganze Reihe von lokalen Sehenswürdigkeiten. Man kann nun diese Tour in einem durchfahren bzw. durchlesen. Man kann aber auch bei jeder Station aussteigen und die beschriebenen Perlen der Peripherie aufsuchen. Die meisten sind zu Fuß gut erreichbar.

Hütteldorf

Die Tour startet im Bahnhof Hütteldorf, der gleichzeitig als Endstation für die aus der Stadt einfahrenden U-Bahn-Züge (U4) und als Haltestelle für die aus dem Westen kommenden bzw. in den Westen fahrenden Regionalzüge fungiert. Was sofort auffällt: Das Bahnhofsgebäude erinnert ebenso wie die alten Stadtbahnstationen im Wiental und entlang des Gürtels an den Architekten der Belle Epoche, Otto Wagner. Von der Führung der Strecke bis zu jedem Kandelaber – Wagners Jugendstil ist auch auf dieser Tour nicht zu übersehen.
Bald nach der Abfahrt des modernen Nahverkehrszugs mit der Anzeige ›S 45 – Handelskai‹ zeigen sich am linken Fenster die Flutlichtmasten eines modernen Fußballstadions. Früher war hier ›Sankt

Hanappi‹. Jetzt steht hier eine verwechselbare Irgendwas-Arena, die mehr dem Kommerz als den treuen Rapid-Wien-Fußballfans geschuldet ist. Dennoch: In keiner anderen Sportarena Österreichs hängt so oft das Schild ›Ausverkauft‹. Und es gibt auch nicht viele Stadien in Europa, wo derart religiös die eigene Mannschaft beklatscht, beschworen und bebrüllt wird. Und wenn die Grün-Weißen vom SK Rapid Wien wieder einmal nicht europareif agieren, finden die Fans immer noch ausreichend Trost in einer glorreicheren Vergangenheit, die auch in ihrem Museum, dem **Rapideum**, aufgearbeitet wird (→ S. 167).

Penzing

Das Gleis der Vorortelinie läuft zunächst parallel zum Hauptstrang der Westbahn. Die hieß ursprünglich Kaiserin-Elisabeth-Bahn, benannt nach der in München geborenen und im ehemaligen Österreich-Ungarn verklärten Kaiser-Gemahlin Sisi (1837–1898). Ihr Name und ihre Glorie wurde auch von den Eigentümern der Eisenbahn-Gesellschaft instrumentalisiert, mit der Kaisergattin wurde Werbung für ein damals neues Verkehrsmittel gemacht.

Erster Halt ist im Bahnhof Penzing, der mit dem gleichnamigen Ort in Oberbayern in Verbindung gebracht werden darf. Denn es waren Wehrbauern aus dem Chiemgau, die sich an der Peripherie der heutigen Stadt um das Jahr 800 angesiedelt und auch eine Furt über den Wienfluss errichtet haben.

Nur wenige Gehminuten vom Bahnhof entfernt, in der Penzinger Straße Nr. 59, lädt das **Penzinger Bezirksmuseum** zu einem Zwischenstopp ein. Dort ist unter anderem zu erfahren, dass der Ort mehrfach vom erst spät (1895) regulierten Wienfluss überschwemmt wurde. Auch während der beiden Türkenbelagerungen wurden die Häuser in Mitleidenschaft gezogen. Im 18. und 19. Jahrhundert wurden hier – nicht zuletzt aufgrund der Nähe zum Schloss Schönbrunn – vornehme Sommerresidenzen und Industriebetriebe errichtet (→ S. 167).

Am Beginn der Penzinger Straße, Hausnummern 9 bis 13, fällt das ehemalige **Palais Cumberland** auf. Es diente unter anderem Prinz Karl von Lothringen und später König Georg V. von Hannover als Wohnsitz. Heute sind hier die Tschechische Botschaft und das **Max-Reinhardt-Seminar** untergebracht. Aus der traditionsreichen Schauspielschule sind zahlreiche Wiener Bühnenlieblinge hervor gegangen.

Im 14. Bezirk hat sich Otto Wagner nicht nur in Bahnhöfen verewigt: Nach seinen Plänen wurde die grandiose **Kirche am Steinhof** auf dem Areal des Otto-Wagner-Spitals errichtet (→ S. 253). In der Hüttelbergstraße 26 und 28 sind auch noch die beiden **Otto-Wagner-Villen** zu sehen. Nach dem Bahnhof Penzing zweigt die S 45 von der Westbahn ab – nach Norden. Über eine Brücke geht es über die Linzer Straße, die ursprüngliche Verbin-

dung von Wien in Richtung Westen. In einem ebenerdigen Haus an der Linzer Straße, das einer Siedlung weichen musste, wurde im Jahr 1862 der Maler Gustav Klimt geboren. Fünf Straßenbahnstationen mit dem 49er stadtauswärts, in der Linzer Straße Nr. 297, befindet sich das **Casino Baumgarten** mit einem ruhigen Schlosspark. Es wurde im Jahr 1779 für den ungarischen Grafen Andreas Hadik von Futak errichtet. Der soll den Preußen im Siebenjährigen Krieg eine empfindliche Niederlage zugefügt haben und im Oktober 1757 triumphierend in Berlin eingezogen sein. Immerhin, nach nur einem Tag Besuch vom ungebetenen Gast und 200 000 Talern weniger in der Kassa waren ihn die Berliner wieder los. Nach der Übernahme durch eine private Tonstudio-Firma finden im Festsaal, der 500 Zuhörern Platz und eine beeindruckende Akustik bietet, wieder öfters Konzerte statt (→ S. 167).

Breitensee

Vor dem Bahnhof Breitensee taucht der Zug in eine unterirdische Rinne ein. Für die Fahrgäste kaum zu bemerken, geht es langsam bergauf. Aus dem Wiental hinaus, zu den Ausläufern des Wienerwalds hinauf. Die Eisenbahner, die hier ihren Dienst versehen, nennen ihre Bahn liebevoll ›Geisterbahn‹ oder ›Berg-Tramway‹.

Im Bahnhof Breitensee fällt auf: Otto Wagners Ingenieursbüro hat die einzelnen Bahnhofsgebäude bis ins Detail bau- und stilgleich geplant. Detail am Rande: Während heute auf den anderen Wagnerschen Linien U-Bahn-Züge der Wiener Linien verkehren, wird die S 45 seit ihrer Wiedereröffnung als S-Bahn von den ÖBB betrieben. Für Fahrgäste nicht weiter wichtig, denn die Fahrscheine gelten innerhalb der Stadtgrenze dank eines Abkommens auf allen Linien.

Immer einen Besuch wert sind die **Breitenseer Lichtspiele** – nur wenige Schritte von der Station Breitensee entfernt, in der Breitenseer Straße Nr. 21. Das Kino wurde im Jahr 1905 gegründet. In einigen Quellen ist vom ältesten Kino der Welt, in anderen vom ältesten Kino von Wien die Rede, so ist das eben mit Wien und der Welt. Es bietet jedenfalls ein ebenso abwechslungsreiches wie anspruchsvolles Programm (→ S. 167).

Der **H. C. Artmann-Park** ein Stück weiter erinnert wiederum an einen bekannten Breitenseer, besser gesagt einen bekannten Wiener Dichter, dem die Welt das Buch ›med ana schwoazzn dintn. gedichta r aus bradnsee‹ (Mit einer schwarzen Tinte. Gedichte aus Breitensee) verdankt. Schade ist hingegen, dass der Breitenseer Prater einem Parkplatz weichen musste.

Ottakring

Nächster Halt: Ottakring – der 16. Bezirk, eingebettet zwischen dem Gürtel und den Ausläufern des Wienerwalds. Auch dieser Stadtteil von Wien geht auf die Bauern aus Bayern zurück. Nach der Eröffnung der Stadtbahnlinie haben sich hier entlang der Gleise Industriebetriebe und Werkstätten angesiedelt. Stadtauswärts steigt der Bezirk zum Wilhelminen-

berg weiter an. An das bereits deutlich höher gelegene Villenviertel rund um den Ottakringer Friedhof schließt die ausgedehnte Laubwaldzone des Wienerwalds an.

Ein Spaziergang hinauf zum **Schloss Wilhelminenberg** und weiter zur Jubiläumswarte, mit 449 Metern die höchste Erhebung des Bezirks, macht nicht nur die Ottakringer wieder lebensfroh. Von der S-Bahn-Station führt der Weg zunächst die Thaliastraße stadtauswärts und die Johann-Staud-Straße hinauf. Oben biegt rechts die Savoyenstraße zum Schloss ab. Das Schloss ist heute ein Hotel, seine Panoramaterrasse bietet sich für eine Kaffeepause an. Wer nicht zu Fuß gehen möchte, nimmt den Bus (46B oder 146B).

Immer schön ist auch der Panoramablick von der **Villa Aurora** auf dem so genannten Predigtstuhl, der sich an der Kreuzung der Savoyengasse und der Wilhelminenstraße befindet (auch mit dem Bus erreichbar). Im Garten der alten Villa, die heute als Gastwirtschaft genutzt wird, können die Sommerabende besonders lauschig geraten, und im Winter gibt es neben heißen Speisen und Getränken auch eine kleine Natureislaufbahn.

Die Thalia- und die Ottakringer Straße führen stadteinwärts zum Gürtel. Die Häuser und Gassen dieses alten Wiener Arbeiterviertels wurden dicht und schachbrettartig errichtet. In der **ehemaligen Tabak-Fabrik** in der Thaliastraße Nr. 135 ist heute eine Schule eingerichtet. Im Sommer lädt abends die **Tschauner-Bühne** in der Maroltingergasse Nr. 43 zum Lachen ein. Hier wird noch immer simples, aber Ur-Wienerisches Stegreiftheater gespielt. Am Richard-Wagner-Platz befindet sich das Amtshaus und das Museum des 16. Bezirks. Legendär sind auch die **Ottakringer Heurigen und Heurigenmusiker** (→ S. 282).

Nächster Halt: Ottakring

siehe Netzplan Wiener Linien

Bei der Endstation der Straßenbahnlinie 2 (Ottakringer Straße) fällt das renovierte **Landhaus** auf, das einst der Architekt Josef Kornhäusel (1782–1860) in dem für ihn typischen klassizistischen Stil geplant hat.

Die Bahn fährt dann weiter über die Ottakringer Straße, die im Kapitel über das moderne Wien (→ S. 194) ausführlich beschrieben wird. An dieser Straße befindet sich auch die **Ottakringer Brauerei**, die eines der bekanntesten Biere der Stadt erzeugt und sich weiterhin nicht im Besitz eines multinationalen Konzerns befindet. Gut und gemütlich essen und trinken kann man auch im Schatten der uralten Kastanienbäume, im **Gasthaus Grünspan** in der Ottakringer Straße Nr. 266.

Das Kongressbad – ›Kongerl‹ –in Hernals

Hernals

Nach weiteren zwei Fahrminuten folgt die Station Hernals – der 17. Bezirk. Vor der Einfahrt in den Bahnhof zeigen sich linker Hand **Kongresspark** und **Kongressbad**, das von den Wienern auch salopp ›Kongerl‹ genannt wird. Das Bad wurde im Jahr 1928 eröffnet, es sollte vor allem den Bewohnern der großen Gemeindebau-Anlagen in der Umgebung Naherholung bieten. Teile der rot-weiß-gestreiften Holzbauten stehen unter Denkmalschutz. Früher nannte man die ›Vorortelinie‹ auch ›Bäderbahn‹, weil sie die Menschen im Sommer über die Stadtgrenze zu den Donau-Strombädern in Klosterneuburg und Kritzendorf befördert hat.

Stiegen führen vom Bahnsteig hinunter zur Hernalser Hauptstraße. Wer davon weiß, dem fällt das sogenannte **Türkenkreuz** auf. Es steht im Grünstreifen, vor dem Haus Nr. 180 und erinnert an die zweite Türkenbelagerung. Damals war Hernals ein heiß umkämpftes Stück Erde. Bei der Schlacht auf dem Frauenfeld vor der Stadt, im September 1683, wurde den Osmanen durch einen Flankenangriff des Entsatzheers des polnischen Königs Jan III. Sobieski (1629–1696) eine entscheidende Niederlage zugefügt. Auch die **Herz-Jesu-Sühnekirche** am Dr. Josef-Resch-Platz unweit des Bahnhofs erinnert an den ›Sieg an der Als‹.

An den Alsbach erinnert wiederum die Alszeile. Dort reihen sich gleich zwei **schön gestaltete Friedhöfe** nebeneinander, jener von Hernals (erbaut 1870 bis 1872) und jener von Dornbach (erbaut 1883). Auf dem Hernalser Friedhof ruhen unter anderem die Urheber der Schrammel-Musik, Johann und Josef Schrammel, sowie der Kutscher von Kaiser Franz Joseph, der nur in Wien berühmte Bratfisch. Auf dem Dornbacher Friedhof finden sich wiederum Hinweise auf mehrere Unternehmerfamilien, teilweise sogar aus dem Bezirk (Manner, Meinl, Gerold, Artaria, Sacher).

Auf der anderen Straßenseite wartet die ebenso bemerkenswerte **Friedhofstribüne** auf ihre Freunde – die dem langsamen Verfall preisgegebene Stehplatztribüne auf dem Sportclubplatz. Hier leiden die netten Fußballfans des schon lange nicht mehr erstligareifen WSK seit vielen Jahren viele Tode. Was sie nicht davon abbringen will, ihr Team weiterhin wie einen Londoner Traditionsklub anzufeuern.

Wer die Badesachen und im Winter die Eislaufschuhe dabei hat, kann mit der Straßenbahn der Linie 43 stadteinwärts bis zum **Jörgerbad**, dem ältesten städtischen und vielleicht schönsten Hallenbad Wiens (1914 errichtet), oder zum **Eislaufverein Engelmann** fahren. Beide Wiener Institutionen befinden sich an der Jörgerstraße, der Eislaufverein übrigens auf dem Dach eines Einkaufszentrums. Wer lieber Kalorien zu sich nehmen möchte, der geht in das traditionsreiche, behutsam renovierte **Weinhaus Arlt** gleich neben dem Sportclubplatz in der Kainzgasse oder in das einfach gehaltene **Wirtshaus Liebstöckl** an der Alszeile beim Hernalser Friedhof.

Gersthof

Schöne Aussichten bietet auch die Fahrt von Hernals hinauf nach Gersthof. Gersthof ist ein Bezirksteil vom 18. Bezirk (Währing). Der Name geht auf einen Hof zurück, der einem gewissen Georg Gerstler gehört hat. Der Ort dürfte bei der Zweiten Türkenbelagerung dem Erdboden gleichgemacht worden sein. Im Jahr 1750 hatte Gersthof gerade einmal 13 Häuser.

Unten auf dem Gersthofer Platzl macht auch die Straßenbahnlinie 41 Station. Diese führt zu einem schönen **Schlosspark** an der Endstation in **Pötzleinsdorf**. Der Park wurde zu Beginn des 19. Jahrhunderts als Landschaftsgarten im englischen Stil errichtet, er lädt mit seinen verschlungenen Wegen, kleinen Teichen und exotischen Pflanzen zu einem Spaziergang ein.

Auf dem Weg nach Pötzleinsdorf liegt eine ebenso schöne Grünanlage, der hügelige **Türkenschanzpark**. Hier haben

Erste Haltestelle im vornehmen Döbling

sich, wie der Name vermuten lässt, die osmanischen Besatzer in Sicherheit gewogen, ehe sie in einer Schlacht gegen ein multinationales Heer unter Führung des Polenkönigs Sobieski entscheidend aufgerieben wurden. Am Ende des 19. Jahrhunderts hat die Wiener Stadtverwaltung den Park übernommen und Bäume und Sträucher aus allen Klimazonen der Welt angepflanzt. Mitten im Park befindet sich die **Paulinenwarte**; der Aussichtsturm bietet einen freien Blick auf Wien und den Wienerwald. Die Experten der nahe gelegenen Universität für Bodenkultur haben Zierbäume aus China, Japan und Nordamerika gepflanzt – viele tragen Etiketten mit ihren Namen.

Stadteinwärts führt der 41er durch die Gentzgasse und die Währinger Straße zum **Schubertpark**, in dem die Originalgrabsteine der beiden Komponisten Franz Schubert (1797–1828) und Ludwig van Beethoven (1770–1827) zu besichtigen sind. Andere Option: Vorher aussteigen auf dem Aumannplatz – und speisen sowie austreten im schicken **Café-Restaurant Aumann**, einer ehemaligen Bankfiliale (die Toiletten sind durch die einstige Tresortüre zu betreten).

siehe Netzplan Wiener Linien

Krottenbachstraße

Die S 45 fährt weiter unter dem Türkenschanzpark hindurch in den 19. Bezirk, nach Döbling. Die Postleitzahl 1190 deutet allgemein auf vornehme Adressen hin. Der 19. Bezirk wird neben 1010 Wien (Innere Stadt) und 1130 Wien (Hietzing) weiterhin als die Wohngegend der Reichen und Einflussreichen angesehen. Gleich drei Mal bleibt der Zug in Döbling stehen, zunächst in der Krottenbachstraße. Gegenüber vom Ausgang, im Haus **Obkirchergasse Nr. 3**, ist jahrelang der polarisierende Schriftsteller Thomas Bernhard (1931–1989) abgestiegen, dann, wenn er in Wien zu tun hatte – in der Wohnung seiner verständnisvollen Wahltante, Hedwig Stavianicek. Das Haus ist nicht ansehnlich, auch fehlt eine Gedenktafel.

Eine Augenweide in der Obkirchergasse ist hingegen der **Karl-Mark-Hof**, nicht zu verwechseln mit dem Karl-Marx-Hof, neben dem die Vorortelinie gleich noch Station machen wird. Karl Mark war ein Wiener Sozialdemokrat (1900 –1991), der nach ihm benannte Gemeindebau ist besonders hübsch angelegt: mit begrünten Innenhöfen und teilweise villen-artigen Wohnhäusern – ein Gesamtkunstwerk im Art-Déco-Stil.

Auf der Krottenbachstraße befindet sich ein Stück stadteinwärts, linker Hand auf einer Anhöhe, die ehemalige **Villa Henikstein**. Erbaut Ende des 18. Jahrhunderts, diente die Villa später auch als Irrenanstalt, in der unter anderem der österreichische Schriftsteller des Biedermeier, Nikolaus Lenau (1802–1850), verstarb.

Oberdöbling

Gleich gegenüber der Station Oberdöbling lädt der **Strauss-Lanner-Park** zu einem kurzen Spaziergang ein. Früher waren hier die rivalisierenden Wiener-Walzer-Könige Johann Strauss Vater (1804–1849) und Josef Lanner (1801–1843) begraben, doch nach der Auflösung des Oberdöblinger Friedhofs übersiedelten ihre Gebeine auf den Zentralfriedhof (→ S. 254).

Die Sieveringer Straße linker Hand eröffnet einen schönen Blick auf mehrere Jugendstil-Wohnhäuser sowie auf den Kahlenberg. Auf der Fahrt hinunter nach Heiligenstadt geht es auch am Wertheimsteinpark vorbei. Dort liegt nicht nur den Lokführern die Stadt scheinbar zur Füßen.

Stadttouren

Oberdöblinger Ort der Ruhe: der Strauss-Lanner-Park

Der Karl-Marx-Hof in Heiligenstadt

Heiligenstadt

Der alte Bahnhof Heiligenstadt ist nach Hütteldorf der zweite Bahnhof mit regionaler Bahn-Bedeutung. Hier bestehen Umsteigemöglichkeiten zu den Regionalzügen nach Tulln, Krems, hinauf ins Waldviertel und auch nach Tschechien. Schon bei der Einfahrt nach Heiligenstadt ist vom Zugfenster aus die 1200 Meter lange Front des **Karl-Marx-Hofs** zu sehen. Dieser Gemeindebau ist im Architektur-Kapitel über das Rote Wien ausführlich beschrieben (→ S. 220). Er wurde in den Jahren 1927 bis 1930 gebaut, ebenfalls im Art-Déco-Stil, und gilt als das Hauptwerk im Roten Wien der Zwischenkriegszeit.

Die S-Bahn setzt dann nach dem Aufenthalt in Heiligenstadt zu einer lang gezogenen 180-Grad-Schleife an und überquert den **Donaukanal**. Dabei ist auch das **Wehrhaus von Otto Wagner** und die **Schemerl-Brücke** mit den beiden Löwen darüber und der Schleuse darunter zu sehen. Die Anlage, die am Ende des 19. Jahrhunderts errichtet worden ist, gilt bis heute als technische Meisterleistung. Die Pylonen, auf denen die beiden Löwen thronen, muss-

ten wohlweislich 30 Meter tief in den weichen Wiener Tegel gerammt werden. Die Schleuse wurde gut 20 Jahre nach der Donauregulierung fertiggestellt und sie hält bis heute dicht. Wien ist, versichern die Ingenieure an der Donau, vor jedem Hochwasser sicher.

Handelskai

Nach knapp einer halben Stunde Fahrzeit biegt die S 45 auf die Zielgerade. Diese führt parallel zur Donau, unter der Nord- und der Floridsdorfer Brücke hindurch, bis zur Endstation Handelskai. Naheliegend, aber nicht unbedingt einladend sind dort die an dieser Stelle wenig liebliche Donaupromenade sowie die wenig originelle **Millennium City** mit dem zweithöchsten Tower der Stadt.

Interessanter ist da schon der Ausklang im 20. Bezirk, in der **Brigittenau**, die früher auch Zwischenbrücken genannt wurde. Wer sich für die Kirchen und ihre Geschichten interessiert, wird sein Glück bei der Brigittakapelle auf dem Brigittaplatz finden. Moderne Architektur und

Der Millennium-Tower in der Brigittenau

siehe Netzplan Wiener Linien

Städtebau offenbart sich im Wohnprojekt in der ehemaligen Eisfabrik, Medizinaffine wird das Lorenz-Böhler-Krankenhaus anziehen, Historiker das ehemalige Männerheim in der Meldemannstraße, das auch einem talentfreien Maler und Großmaul aus Braunau eine Zeitlang Asyl bot.

 Von Hütteldorf zum Handelskai

Stadtführung: Wichtige Anregungen für diese Stadttour hat **Lisa Zeiler** gegeben. Sie ist staatlich geprüfte Fremdenführerin und bringt Interessierten gerne auch diesen Teil der Stadt näher. Kontakt: Tel. 0699/12037550, lisa.zeiler@gmx.at.

Villa Aurora, 1160 Wien, Wilhelminenstraße 237, Tel. 01/4893333; Mo–So 10–23 Uhr.

Gasthaus Grünspan, 1160 Wien, Ottakringer Straße 266, Tel. 01/4805730, www.gruenspan.at; Mo–So 9.30-0.30 Uhr.

Weinhaus Arlt, 1170 Wien, Kainzgasse 17, Tel. 01/4860293, www.weinhausarlt.at; Mi–Fr 17–23, Sa 11–23, So 11–16 Uhr.

Wirtshaus Liebstöckl, 1170 Wien, Schultheßgasse 7, Tel. 01/9195845, www.liebstoeckl.at; Mo–Fr 9–21, Sa/So 9–16 Uhr.

Café-Restaurant Aumann, 1180 Wien, Aumannplatz 1, Tel. 01/4701818, www.aumann.wien.at; Do–Sa 8-2, So–Mi 8-24 Uhr.

Gasthaus Kopp, 1200 Wien, Engerthstraße 104, Tel. 01/3304392, www.gasthaus-kopp.at; Mi–Sa 6–1, So, Mo 6–24, Di 6–16 Uhr.

Rapideum, 1140 Wien, Keißlergasse 6, Tel. 0699/1727437 bzw. 01/727430, www.skrapid.at; Do, Fr, Sa 14–19 Uhr, an Matchtagen ab 10 (Anpfiff am Nachmittag) bzw. um 14 Uhr (Abendspiel) bis eine Stunde vor Spielbeginn. Führungen immer am Fr ab 17 Uhr.

Bezirksmuseum Penzing, 1140 Wien, Penzinger Straße 59, Tel. 01/8972852

Eine Empfehlung für alle: Der faschierte Braten mit Kartoffelpüree im Gasthaus Kopp an der Ecke Donaueschingenstraße/Engerthstraße. Political correctness ist hier zwar ein Fremdwort, dafür ist der Umgang mit faschiertem Fleisch (Hack) einfach fantastisch.

(Mi vormittags), www.bezirksmuseum.at.

Bezirksmuseum Ottakring, 1160 Wien, Otto-Wagner-Platz 19, Tel. 01/400016127 (So 10–12 Uhr), www.bezirksmuseum.at.

Bezirksmuseum Hernals, 1170 Wien, Hernalser Hauptstraße 72–4, Tel. 01/4034338, www.bezirksmuseum.at.

Bezirksmuseum Währing, 1180 Wien, Währinger Straße 124, Tel. 01/400018127, www.bezirksmuseum.at.

Bezirksmuseum Döbling, 1190 Wien, Döblinger Hauptstraße 96, Tel. 01/3686546, www.bezirksmuseum.at.

Bezirksmuseum Brigittenau, 1200 Wien, Dresdner Straße 79, Tel. 01/3305068, www.bezirksmuseum.at.

Tschauner Original Wiener Stegreifbühne, 1160 Wien, Maroltingergasse 43, Tel. 01/9145414, www.tschauner.at.

Casino Baumgarten, 1140 Wien, Linzer Straße 297, www.casinobaumgarten.at.

Breitenseer Lichtspiele, 1140 Wien, Breitenseer Straße 21, Tel. 01/9822173, www.bsl-wien.at.

Kongressbad, 1160 Wien, Julius-Meinl-Gasse 7a, Tel. 01/4861163, www.wien.gv.at.

Wiener Sportklub, 1170 Wien, Alszeile 19, Tel. 01/4859889, www.wienersportklub.at.

Jörgerbad, 1170 Wien, Jörgerstraße 42, Tel. 01/40643050, www.wien.gv.at/freizeit/baeder/uebersicht/hallenbaeder/joergerbad.html.

Eislaufverein Engelmann, 1170 Wien, Syringgasse 6–14, Tel. 01/4051425, www.engelmann.co.at.

Stefan Kraft über
Hütteldorf, St. Hanappi und seinen Freund H.

In Wien liegen die Fußballstadien am Rand der Stadt. Das mag nicht für alle Vereine gelten, aber für die zwei großen, die Austria und, wie wir sagen, ›die‹ Rapid. Irgendwo bei einer Autobahnabfahrt steht das Stadion der Austria, aber da müssen, wie wir sagen, Leute wie ich nur zweimal im Jahr hin. Die Rapid ist in Hütteldorf zu Hause, im äußersten Westen von Wien, kurz vor der Stadtgrenze und nahe am Wienerwald.

Neben dem Wienerwald bin auch ich aufgewachsen, in einer Heurigengegend in Döbling, wo wir als Kinder Fuchs und Hase Gute Nacht sagten und in die kleinste Volksschule Wiens gingen. Nicht meine soziale Herkunft oder die Tradition meiner Familie bestimmte die Vereinsauswahl, sondern das Auto des Vaters meines Freundes H. Das fuhr jedes zweite Wochenende einen kurzen Teil der sogenannten Höhenstraße entlang, vom Dreiländereck Döbling/Währing/Hernals quer durch den Wald, vorbei an Ausflugszielen wie dem Schottenhof oder dem Schwarzenbergpark bis zum Parkplatz vor dem Gerhard-Hanappi-Stadion. Irgendwann, so Mitte der 1980er, bin ich dann auch mitgefahren.

Zwei langgezogene, zweirangige Tribünen stehen sich im Hanappi-Stadion gegenüber, die ›Nord‹, wo damals das einfache Volk und auch wir Platz nahmen, und die ›Süd‹, mit etwas teureren Kartenpreisen, der Pressesektion und den Plätzen für den Präsidenten und sein Gefolge. Daneben gab es noch die ›West‹, der Tummelplatz für die härteren Kaliber, ohne Dach und ohne Aufsichtspersonen. Sehnsüchtig blickten H. und ich auf die wilde Horde, und es sollte nicht lange dauern, bis wir unseren Standpunkt von Nord nach West verlagern würden.

Die Geographie des Hanappi-Stadions, in dem der Grad des Fantums (gesetzt, kritisch, fanatisch) an der Himmelsrichtung bestimmt werden kann, soll sich erst in der Bauphase ergeben haben. Die Legende besagt, dass der ehemalige Rapidspieler und Architekt Gerhard Hanappi die zweistöckigen Längsseiten so setzen wollte, dass sie den einfallenden Wind aus dem Westen aufhalten. Doch der heutige Kurator des Rapidmuseums ›Rapideum‹, Domenico Jacono, weiß von solchen Plänen nichts. Ob das Stadion tatsächlich um 90 Grad gedreht wurde und warum auch immer: Seit der Eröffnung im Jahr 1977 als ›Weststadion‹, unweit der vorigen Heimstätte Rapids auf der ›Pfarrwiese‹, kann der Westwind durchs Stadion fegen und mit besonderer Vorliebe in die Gesichter der Auswärtsfans auf der ›Ost‹.

Für H. und mich war in unserer Anfangszeit der Fußball tatsächlich eine Nebensache (obwohl dieser Ausspruch zum Blödesten gehört, was man über Fußball sagen kann). Das erste, was wir über Fußball und Rapid lernten, war der Ärger darüber. H.s Vater hatte seinen Stammplatz weit oben auf dem unteren Rang der Nordtribüne, dort, wo man nach vorne gebeugt auf der Betonwand lehnen konnte – und schimpfen, sobald der Schiedsrichter das Match anpfiff. Die Zuseher in seinem Umkreis taten es ihm gleich, und obwohl wir in dieser Zeit mehrfach Meister wurden, bin ich mit dem Verständnis aufgewachsen, dass man niemals zufrieden sein darf mit dem Erreichten. Wenn es etwas gibt, was uns Wiener auszeichnet, dann ist es das allzeit vorhandene kritische Bewusstsein.

Bei allzu großem Geschimpfe wichen H. und ich auf den oberen Rang aus, der damals genügend Platz bot, um die Beine auf die vordere Sitzreihe zu legen und heimlich zu rauchen. H. erfand sogar einen eigenen sportlichen Wettbewerb für uns: Wer länger als der andere ins Flutlicht schauen konnte, hatte gewonnen.

Irgendwann verlor H.s Vater endgültig die Lust an der Rapid und wir fuhren selbstständig ins Hanappi, mit der 1987 eröffneten S45 (der sogenannten Vorortelinie) oder mit der U4, die ebenfalls den Westen mit dem Norden Wiens verbindet. Ein kurzer Fußmarsch von der Endstation Hütteldorf, und schon standen wir auf der West, in Regen und Hagel, bei Schnee und Sturm und blickten sehnsüchtig zurück auf unseren alten, überdachten Platz. Erst 2001 erhielten auch die ›Fantribünen‹, die West und die Ost, ein Dach über den Kopf und seither ist auch der Wind schwächer geworden und die Stimmung besser als je zuvor.

In unseren Kindertagen kauften wir die Karten noch kurz vor dem Spiel, heute bin ich Besitzer einer Jahreskarte auf einer stets ausverkauften Tribüne. Wo wir früher von anderen Besuchern unbehelligt ins Flutlicht schauen konnten, bleibt heute kaum noch ein Sitz frei bei den Heimspielen. Einer Studienreise von Hanappi und Kollegen nach England war es zu verdanken, dass sie das Stadion mit steilen Tribünen versahen, die eine dichte Atmosphäre ermöglichen. An manchen Europacup-Abenden kann man sie mit dem Messer schneiden, wenn die Zuschauer aus allen Himmelsrichtungen gemeinsam die Mannschaft zur Sensation treiben wollen.

Als Rapid in der Saison 2004/05 die Meisterschaft mit nur einer einzigen Heimniederlage gewann, taufte der damalige Trainer Josef Hickersberger das Stadion auf den Namen ›St. Hanappi‹. Offiziell heißt es aber immer noch ›Gerhard-Hanappi-Stadion‹ und das seit 1980, als der Architekt nur drei Jahre nach der Eröffnung verstarb und die Stadt Wien ihm zu Ehren das Stadion umbenannte.

Die wenigsten Rapidfans wohnen in Hütteldorf, jenem Teil des 14. Bezirks (Penzing) mit seiner eigenartigen Mischung aus Vorstadtvillen, Kleingärten und Gemeindebauten, die unsere Anhängerschaft so wunderbar widerspiegelt. Und trotzdem sind die wenigen Lokale am Weg zum Stadion, die U-Bahn-Endstelle, die Ausläufer der Linzer und der Hütteldorfer Straße und das an vielen Ecken und Enden bröckelnde Stadion zu einem festen Punkt in unserem Leben geworden, an den wir alle zwei Wochen zurückkehren. Bald schon soll mit den Sanierungsarbeiten begonnen werden, und dann werden Mannschaft und Fans für ein Jahr ausweichen müssen. In das ungeliebte Ernst-Happel-Stadion im Wiener Prater, ohne steile Tribünen, ohne pfeifendem Wind, ohne die vibrierende Energie, die Hütteldorf an Matchtagen erfasst. Bevor das passiert, schaue ich noch einmal so lange in die Flutlichter, bis die Augen schmerzen.

Dieser Text ist eine Hommage an das alte ›Gerhard-Hanappi-Stadion‹, in den letzten Jahren vor seinem Abriss auch ›St. Hanappi‹ genannt. Inzwischen steht an seiner Stelle eine moderne Fußball-Arena, deren Namen deutlich macht, wer die Tore im bezahlten Fußball schießt.

Stefan Kraft, *1975 in Wien geboren, ist Verleger, Publizist und Redakteur des Fußballmagazins ›ballesterer fm‹. Und er liebt, wie gesagt, seine Rapid.*

Transdanubien: Um die Alte Donau

Dieses Kapitel führt zur anderen, zur nördlichen Seite der Donau. Es ist ratsam, sich zur Einstimmung vorab den Essay über Transdanubien (→ S. 178) zu Gemüte zu führen. Für die Bewältigung der doch weitläufigen Tour optimal ist eine Kombination aus U-Bahn und Rad (die **Fahrradmitnahme in der U-Bahn** ist kostenlos und zu folgenden Zeiten möglich: Montag bis Freitag von 9 bis 15 Uhr und ab 18.30 Uhr, am Wochenende und an Feiertagen ganztägig). Zur Orientierung: Die reine Fahrzeit mit dem Fahrrad dauert ohne Pause rund 90 Minuten. Wer kein eigenes Fahrrad besitzt, kann ein Citybike an der U- und S-Bahn-Station am Praterstern ausleihen.

Von dort geht es per Rad oder mit der U1 (in Richtung Leopoldau) bis zur Station Donauinsel. Diese ist im Tunnel unterhalb der Fahrbahn in die **Reichsbrücke** integriert.

Donauinsel

Beim Verlassen der Station lohnt es sich, zuerst ein paar Meter zurück in Richtung Brückenmitte zu fahren und dort auf die Donau und die Donauinsel hinunter zu blicken. Am Ufer ist der Stromkilometer 1928,9 angezeigt, woraus hervorgeht, dass die Wiener Reichsbrücke 1928,9 Kilometer oberhalb der Donaumündung ins Schwarze Meer errichtet wurde.

Die alte Reichsbrücke ist in den Morgenstunden des 1. August 1976 eingestürzt. Das Bild jenes Linien-Busses, der auf einem Stück Brücke in die Tiefe gestürzt war und dort fast unbeschadet vom Fluss umflutet zu stehen kam, hat sich in das kollektive Gedächtnis der Republik ebenso eingebrannt wie der Unfall des österreichischen Formel-1-Piloten Niki Lauda, der am Nachmittag des selben Sonntags wie durch ein Wunder beim Rennen auf dem deutschen Nürburgring nach einem schweren Unfall im Feuer seines Ferraris überlebt hat.

Der Mensch hat an der Donau bei Wien gleich zwei Mal entscheidend eingegriffen. In den Jahren 1870 bis 1875 wurde der zuvor oft über die Ufer tretende Strom reguliert. Ohne Rücksicht auf ökologische Aspekte, dafür mit enormen technischem Aufwand und unter Aufsicht französischer Ingenieure, die auch für die Errichtung des Suez-Kanals verantwortlich zeichneten, wurde ein neues Flussbett gegraben. Gut hundert Jahre später wurde parallel zur Donau und zum Donaukanal ein weiterer künstlicher Kanal (**Neue Donau**) gegraben und damit die Donauinsel geschaffen. Die ›Insel‹ ist weniger als 300 Meter breit und mehr als 20 Kilometer lang.

Die beiden Einschnitte in die Natur haben die Stadt vor weiteren großen Hochwasser-Katastrophen bewahrt. Anfangs mit der stadtüblichen Skepsis begrüßt, ist die Wiener Donauinsel inzwischen ein beliebtes Naherholungsgebiet. Kaum ein Ausflügler denkt heute noch an die eigentliche Funktion dieses Natur-Bauwerks. Muss er auch nicht. Offensichtlich wird beim Blick auf die Richtung Südosten fließende Donau allerdings auch, dass Wien – anders als Budapest oder Belgrad – nie richtig an die Donau herangebaut wurde.

Mit der Donauinsel verbindet nicht nur Kollege Michael Hufnagl viel Angenehmes (→ S. 184). Hier können sich Radfahrer, Läufer, Spaziergänger, Inline-Skater,

Wien, wie es leibt und lebt: transdanubische Idylle in Citynähe

Stadttouren

Grillmeister, Sonnenanbeter, Hundebesitzer, Schwimmer, Bootsfahrer und Wasserskifahrer austoben. Abends versuchen die Lokale der ›Sunken City‹, vormals ›Copa Kagrana‹, ein wenig mediterranes Flair zu vermitteln. Die Betonung liegt auf versuchen. Was alles möglich und auch erlaubt ist, unter: www.wien.gv.at/umwelt/wasserbau/donauinsel/.

UNO-City

Auf dem Radweg der Reichsbrücke geht es dann in Fahrtrichtung der U-Bahn, bald am markanten weißen **Wohnturm Neue Donau** vorbei. Vor dem Hotel ›Arcotel am Kaiserwasser‹ führt links ein Durchgang zur U-Bahn-Station ›Kaisermühlen VIC‹ (Vienna International Centre) hinauf.

Gleich hinter der U-Bahn-Station, am Eingang zum internationalen Zentrum kann die kleine, schlichte römisch-katholische **Kirche Christus, Hoffnung der Welt** leicht übersehen werden. Dabei ist sie ein zeitgenössisches Juwel. Eröffnet wurde sie im Jahr 2000 nach Plänen des Innsbrucker Architekten und Literaten Heinz Tesar (1939 geboren), der sich unter anderem auch bei der Neugestaltung des Bodemuseums in Berlin sowie beim Haus am Zwinger in Dresden eingebracht hat. Sein Grundgedanke für diese Kirche passt zur Intention dieser Zeilen: ›Über die Donau bringen.‹ Die großformatigen, schwarz glänzenden Chrom-Stahl-Platten, die Außenwände und Dach bekleiden, lassen erst gar keine Zweifel aufkommen: Hier geht es ums Heute, nicht um die gute alte Zeit. Wen das interessiert: Die Achtkreuz-Geometrie des kubischen Baukörpers soll die Besucher an die Auferstehung von Jesus erinnern.

Hinter der Kirche offenbart sich das diplomatische Vermächtnis von Bruno Kreisky (1911–1990). Der letzte österreichische Bundeskanzler, der auch außerhalb Europas bekannt war, hat sich jahrelang für die Errichtung der Wiener UNO-City und das Vienna International Centre, kurz VIC, eingesetzt. So ist Wien heute der vierte große Standort der Vereinten Nationen – neben New York, Genf und Nairobi.

Im Kern besteht das VIC aus den charakteristischen Bürokomplexen der UNO-City und des benachbarten Konferenzzentrums. Errichtet wurde es in den Jahren 1973 bis 1979, nach Plänen des Klagenfurter Architekten Johann Staber (1928–

▲ *Die UNO will Menschen und Nationen vereinen – auch im Vienna International Center*

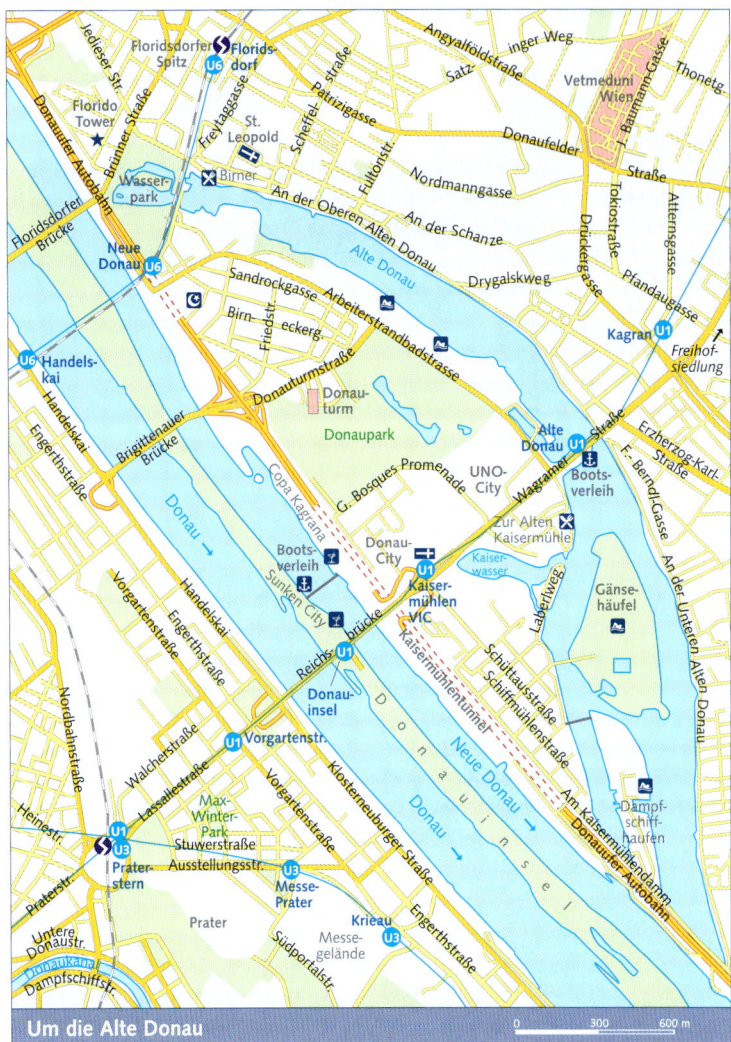

Stadttouren

Um die Alte Donau

0   300   600 m

2005), der mit seinem Projekt einigermaßen überraschend dem argentinischen Stararchitekten César Pelli und zwei weiteren Siegerprojekten des internationalen Wettbewerbs vorgezogen wurde.

Der gesamte VIC-Komplex besteht aus sechs Y-förmigen Bürogebäuden und den kreisförmigen Konferenzsälen. Das

Charmante an dieser Anordnung: Die sechs Ypsilons, die bis zu 120 Meter in die Höhe ragen, stellen sich gegenseitig nicht in den Schatten. In ihrem Inneren residieren die UN-Weltzentralen für Atomenergie, Verbrechensbekämpfung und Drogenkontrolle sowie die Unido, die Organisation der Vereinten Natio-

Die in die Höhe ragende Donaucity – von der Wagramer Brücke aus gesehen

nen für Industrielle Entwicklung. Das Konferenzzentrum nebenan, auch Austria Center genannt, bietet bis zu 6000 Konferenzteilnehmern Platz.

Die Baukosten für den gesamten Komplex, der sich auf einem Areal von 17 Hektar erstreckt, werden mit mehr als einer halben Milliarde Euro angegeben. Zwei Drittel steuerte die Republik Österreich bei, ein Drittel die Stadt Wien. Am 23. August 1979 wurde die Wiener UNO-City zum symbolischen Mietpreis von einem österreichischen Schilling an die Vereinten Nationen übergeben. Sie gilt als exterritorial, muss aber im Kriegsfall vom österreichischen Bundesheer verteidigt werden. Ironie der Geschichte: Die Schlüssel übergab man seinerzeit dem damaligen UN-Generalsekretär Kurt Waldheim, dem später aufgrund seiner NS-Vergangenheit die Einreise in die USA auf Lebzeiten untersagt wurde.

Donaucity

Rund um das VIC, auf der sogenannten Donauplatte, die mehrere Straßen überdeckt, ist seit dem Umbruchjahr 1989 eine moderne Hochhaus-Agglomeration entstanden, die Donaucity. Kritisch lässt

sich anmerken, dass diese schnell in die Höhe geschossenen Büro- und Wohntürme so ähnlich aussehen wie die Downtowns anderer Städte. Ursprünglich hätte hier 1995 eine Weltausstellung stattfinden sollen, deren Realisierung allerdings am Votum der Wiener und Wienerinnen bei einer Volksabstimmung scheiterte. Der erste der beiden **DC-Tower**, die vom französischen Stararchitekten Dominique Perrault geplant wurden, ist mit 220 Metern das derzeit höchste Gebäude Österreichs. Weiters sind in der neuen Gründerzeit gleich mehrere Gebäude über 100 Meter hinaus gewachsen: unter anderem das bereits erwähnte, 2002 fertiggestellte **Hochhaus Neue Donau** des international anerkannten Architekten Harry Seidler (150 m), der **IZD-Tower** (130 m, von Thomas Feiger, 2001) und der **Andromeda Tower** (113 m, von Wilhelm Holzbauer, 1998).

Donaupark

Quasi der Hinterausgang führt von der modernen Hochhauslandschaft in eine gepflegte Parklandschaft. Würden es die alten Stadtchroniken nicht berichten, wäre es heute fast unvorstellbar: Vor der

Karte S. 173 ▲

Eröffnung des Donauparks zur Internationalen Gartenschau im Jahr 1964 diente das Areal der Stadt als Mülldeponie. Die Deponie hat man vor der Eröffnung der Ausstellung geschlossen, den Müll mit Erde bedeckt und darauf Blumen und Bäume gepflanzt. Was für ein Symbol für eine Stadt, die Unangenehmes gerne stillschweigend unter den Teppich kehrt! Wir steuern auf den schlanken, 252 Meter hohen **Donauturm** zu (→ S. 308). Oben kann man einen Kaffee trinken oder auch speisen und dabei die Aussicht genießen, während sich die beiden Lokale in einer knappen halben bzw. einer knappen Stunde um die eigene Achse drehen. Für Kinder steht in der schönen Jahreszeit neben dem Turm die **Liliputbahn** bereit, die gemütlich den Donaupark umkreist. Auf dem Rad kommt man an mehreren **Denkmälern** vorbei, möglicherweise an jenem für Ernesto Che Guevara, Simon Bolivar oder Salvator Allende. Eine Gedenktafel erinnert wiederum an die Opfer der NS-Militärjustiz. Im Seerestaurant am Irissee, das zum Teil unter Denkmalschutz steht, wurde ein **Korea-Kulturhaus** eingerichtet, nur wenige Meter weiter auch ein großes, gar nicht schlechtes China-Restaurant.

Unser Radweg führt indes weiter zur **Arbeiterstrandbadstraße**. Diese erinnert an eine Zeit, in der die Arbeiter an schönen Sommersonntagen in Massen zu den Gestaden der Alten Donau strömten, um sich hier für wenige Stunden von den Mühen der Arbeitswoche zu erholen.

Bruckhaufen

Freitagmittag hört man den Muezzin rufen. Und das ist keine akustische Täuschung. Am Rande der Siedlung am Bruckhaufen, der durch die Regulierung der Donau nicht mehr vom Hochwasser bedroht ist, gleich neben der U-Bahn-Station Neue Donau, befindet sich **Wiens**

größte Moschee (→ S. 253). Der Bruckhaufen war immer schon ein Ort für das andere, das nicht herkömmliche Wien. Man nannte ihn früher auch das ›Brettldorf‹. Professor Rudolf Sarközy, Obmann im Kulturverein der österreichischen Roma, berichtet, dass hier vor allem die Familien der ›Lovara‹ (eine Gruppe der Roma) auf ihrem Weg durch Mitteleuropa Station gemacht haben.

Der Lovaraweg, der Sintiweg und der **Roma-Platz**, der zwischen dem Angeli- und dem Eisenbahnerbad liegt, sollen an die alte Tradition erinnern, auch an die brutale Verfolgung der Roma, den ›Pojamos‹ in der NS-Zeit ab 1938. Ist Erinnerung, Besinnung, Trauerarbeit hier überhaupt möglich? Ständig schlagen Autotüren und Motorhauben auf und zu. Der Roma-Platz ist in der Tat zu einem großen Parkplatz für Badegäste und Hundebesitzer verkommen. Eine Zeit lang hat der Kulturverein hier herrliche Roma-Feste veranstaltet, mit viel Musik, Tanz und traditioneller Küche, Erinnerungen von Zeitzeugen und

Stadttouren

Spitze des Donauparks: der Donauturm

Ansprachen von Politikern. Doch dafür fehlt heute leider das Geld.

Immerhin lässt der Platz einen schönen Blick auf die **Alte Donau** zu. Die Alte Donau ist ein knapp acht Kilometer langer Altarm der Donau, dieser zieht sich in einem sanften Bogen von der Floridsdorfer Brücke bis zur Südost-Tangente und erinnert an den Verlauf der Donau vor der Stromregulierung in den Jahren 1870 bis 1875. Zuvor zählte man auf dem Wiener Stadtgebiet fünf Donauarme, jeder einzelne eine Gefahr bei Hochwasser für die angrenzenden Bezirke. Nach der Flutung des neu gegrabenen Flussbetts wurde jener Arm, der zuvor das meiste Wasser geführt hatte, zu einem Naherholungsgebiet umfunktioniert.

Stolz erzählt man in der Wiener Stadtverwaltung, dass in dem rund 1,5 Quadratkilometer großen Gewässer inmitten der Großstadt regelmäßig höchste Wasserqualität gemessen wird. Heute sind hier 19 verschiedene Fischarten zu Hause, unter anderem Hecht, Wels und Zander, aber auch der Flussbarsch, das Rotauge und die Rotfeder. Zudem Reiher, Enten, Schwäne, Teichhuhn und Teichfrosch, aber auch seltene Vogel- und Libellenarten, Schildkrö-

ten, Biber und Bisamratten. Unglaublich: Einerseits lockt die Alte Donau aufgrund ihrer Nähe zu den städtischen U-, S- und Autobahnen jährlich 1,5 Millionen Erholungsuchende an, andererseits sind hier noch immer eine ganze Reihe von bedrohten Pflanzenarten (von der Wasserrose über das Pfeilkraut bis zur Gelben Schwertlilie) zu sehen.

Die Lagerwiese vor dem Roma-Platz ist frei zugänglich, sie wird im Sommer gerne für ein Sonnenbad nach dem Schwimmen genutzt. Auffallend viele junge Menschen bevölkern die Wiese. Deutlich ruhiger ist es im **Wasserpark**. Von einer der schattigen Parkbänke lässt sich der entspannte Alltag der Schwäne und Enten beobachten und die gemütliche Stimmung unter den Weiden aufsaugen, bevor man dann wieder in das deutliche schnellere Stadtleben auftaucht.

Floridsdorfer Spitz

Der Radweg führt hinauf zur Floridsdorfer Hauptstraße. Linker Hand zeigt der **Florido Tower** an, dass inzwischen auch der 21. Bezirk im 21. Jahrhundert angekommen ist. Sofort sticht dann auch das Amtshaus am **Floridsdorfer Spitz** ins Auge, einem dreieckigen Platz, der einiges über die Bezirksgeschichte erzählen kann. Der Spitz war immer schon Spitze: Hier gabelten sich in der Monarchie die alten Reichsstraßen nach Prag und nach Brünn. Sie heißen auch heute noch Prager und Brünner Straße. Eine weitere Straßenverbindung führte in östliche Richtung zum Schloss Hof und weiter nach Pressburg (heute Bratislava).

Das **Bezirksamt** wirkt heute deutlich überdimensioniert. Dafür gibt es eine Erklärung: Es wurde ursprünglich als Rathaus für eine Landeshauptstadt geplant. Der damalige niederösterreichische Statthalter, Erich Graf von Kielmannsegg (1847–1923), verfolgte den konkreten

Biotop mitten in der Stadt: Hier trifft man neben der Ente auch 19 Fischarten an

Karte S. 173

Autofrei: Uferpromenade an der Oberen Alten Donau

Plan, Floridsdorf zur Hauptstadt von Niederösterreich zu küren. Doch da hatte der in Hannover geborene Adelige die Rechung ohne den Wiener Bürgermeister gemacht. Karl Lueger (1844–1910) sah in einer aufstrebenden Twin City nördlich der Donau mehr Gefahren als Nutzen für Wien. Er ließ daher bald nach der Jahrhundertwende Floridsdorf eingemeinden und das geplante Rathaus zum Bezirksamt degradieren.

Ein Kapitel für sich ist die **Brünner Straße**. Sie führt hinaus in die alten Weinorte Jedlersdorf und Stammersdorf. Floridsdorf ist heute ein Konglomerat alter Dörfer, die im vergangenen Jahrhundert zusammengewachsen sind und in großen Siedlungen viel Wohnraum bieten. Für jene, die noch weiter in die Peripherie von Wien vordringen möchten, sei ein Spaziergang von der Endstation der Straßenbahnlinie 31 in Stammersdorf hinauf auf den Bisamberg empfohlen. Der gut ausgeschilderte Stadtwanderweg führt die **Stammersdorfer Kellergassen** hinauf zu den Heurigen, die selten von Bustouristen heimgesucht werden. Dort lohnt es sich auch, das Nationalgetränk der Wiener, den Grünen Veltliner zu verkosten. Jahrelang wurde er

als saurer Billigwein (›Brünnerstraßler‹) abgetan. Junge Winzer haben ihm jüngst eine neue, qualitativ hochwertige Note verliehen (→ S. 284).

Doch auch rund um den Spitz kann man sich Gutes tun: Nach einem Blick in die gemütliche, stets gut sortierte Buchhandlung **Bücher am Spitz**, die sich auf der Rückseite des Amtsgebäudes versteckt, geht es zum Beginn der Prager Straße. Nach wenigen Schritten tritt man rechter Hand in das Gasthaus ›Zum Neusiedler‹. Spätestens dort ist man in Floridsdorf angekommen. Die Schank sieht so aus, als wäre hier die Zeit stehen geblieben. Freundliche Kellner und Kellerinnen kümmern sich sofort um das Seelenwohl der Eintretenden. Die Gespräche, die hier geführt werden, sind oft sehr lustig – sofern man sie versteht. Denn der Dialekt Transdanubiens ist schon eine Besonderheit, das Essen hervorragend und kalorienreich! Wiener Küche. Nach der Stärkung – im Sommer im schattigen Gastgarten! – geht es dann über den Bahnhofsplatz, der an den Wiener Bürgermeister und österreichischen Bundespräsidenten Franz Jonas (1899–1974) erinnert, in Richtung des weitläufigen Bezirksteils Donaufeld (→ S. 182).

Drüber der Donau

Ich kann es meinen Haberern, also meinen Freunden von der rechten Donau-uferseite, noch so oft erklären: Nein, für das Überbrücken der Donau braucht ihr kein Visum, noch nicht einmal einen Reisepass! Ja, es stimmt, auch wir es-sen hier herüben – ›drüber der Donau‹, wie auch gesagt wird – mit Messer und Gabel, und Bücher lesen wir auch! Sie kapieren es nicht. Es will einfach nicht in ihr Hirnkastl rein.

Was sagt ihr, eine Stunde Fahrzeit? So ein Schmafu! Wer hat euch dieses Gschichtl gedrückt? Mit der Schnellbahn seid ihr in zwölf Minuten von der Station Wien-Mitte in Floridsdorf, mit der U-Bahn vom Zentrum ebenso schnell in Kagran oder von mir aus in Stadlau.

Es hilft alles nix. Die Zentralisten bequemen sich nicht über die Donau, wenigs-tens nicht freiwillig. Das linke Donauufer, ›Transdanubien‹, wie sie unsere heimat-lichen Gefilde Nase rümpfend abtun, ist für das Gros der Wiener benachbartes Ausland, wo noch die Wilden (Germanen für die einen, Arbeiter für die anderen) hausen und das Faustrecht regiert. Sie kommen nur im äußersten Notfall.

Jenen, die über ihren Schatten bzw. über die Donau springen, denen hat unserei-ner einen lukrativen Job oder eine Wohnung im Grünen angeboten, vielleicht sogar einen Heiratsantrag gemacht oder einen Kinderwunsch erfüllt. Oder es sind Touris-ten, weil die gehen viel entspannter und unbedarfter mit uns Transdanubiern um.

Für die Menschen, die in Wien aufgewachsen sind, wirkt die Donau wie ei-ne Art mentale Trennlinie – natürlicher und auch nachhaltiger als die Berliner Mauer. Mag der große europäische Strom die Menschen in Mitteleuropa wie-der verbinden: In Wien trennt er weiterhin jene große Minderheit, die im 21. Bezirk (Floridsdorf) oder im 22. Bezirk (Donaustadt) ihr Zuhause hat, vom Großteil der Stadt.

Die Grenze im Kopf wirkt aber auch andersrum: Begeben sich Transdanubier dann und wann über die Donau, erklären sie allen Ernstes, dass sie ›in die Stadt fahren‹, obwohl sie doch eindeutig innerhalb der Stadtgrenzen wohnen. Ähnli-che Phänomene der Stadt-Spaltung sind übrigens auch für die Donau-Städte Linz, Bratislava und Belgrad belegt.

Selbstverständlich kann man auch ›drüber der Donau‹ Haberer haben. Und die sind nicht die Schlechtesten. Einer meiner Floridsdorfer Freunde ist Sozialwissen-schaftler. Werden wir von den Wiener Zentralisten wieder einmal als Hinterwäld-ler angesehen, verleiht er trotzig seiner Freude Ausdruck, dass nicht mehr Wie-ner auf die Idee kommen, an die Peripherie links der Donau zu übersiedeln. Ist eh nicht für alle Platz!

Manchmal trösten wir uns auch mit einem Schuss Melancholie: Ja, wäre Florids-dorf um 1900 Landeshauptstadt von Niederösterreich geworden, wären wir heute die Chefs im vielleicht wichtigsten Bundesland der Republik und nicht drittletzter Bezirk von Wien. Oder wir zählen die transdanubischen Sehenswürdigkeiten auf: Die alten Dorfkerne der Heurigenorte, die das 20. Jahrhundert relativ unbescha-det überlebt haben, die Wanderwege und Weingärten am Bisamberg, auf denen schmackhafte Weintrauben reifen, die Gestade der Alten und der Neuen Donau. Aber bitte, überzeugen Sie sich doch selbst!

Kinzerplatz

Der Durchgang rechts vom Bahnhofs-eingang führt direkt zur Floridsdorfer Schulmeile, die von mehreren Schulgebäuden und Bäumen gesäumt wird. Sie mündet in den Kinzerplatz. In der Platzmitte ragt die **Donaufelder Pfarrkirche** empor. Was wenige Wiener wissen: Der frühgotisch stilisierte Backsteinbau ist bis heute einer der größten Sakralbauten der Stadt, mit dem sogar dritthöchsten Kirchturm Wiens (höher sind nur die Türme der Stephans- und der Votivkirche). Ähnlich wie beim Amtshaus am Spitz wurde mit dem Bau des ›Doms von Floridsdorf‹ zu einer Zeit begonnen, als Floridsdorf als Landeshauptstadt und Bischofssitz von Floridsdorf gehandelt wurde.

Der Platz erinnert an Karl Kinzer (1857–1916), einen Wasserbautechniker, der maßgeblich am Bau der zweiten Wiener Hochquell-Wasserleitung beteiligt war. Wo heute die Kirche steht, auf dem Donaufeld, wuchsen bis zu dessen Kultivierung vor allem Bäume. Der Auwald der Donau reichte bis weit ins heutige Siedlungsgebiet hinein. An dieser Stelle noch drei geheime Tipps: Der **Kulturverein Transdanubien** am nahe gelegenen Freiligrathplatz setzt mit seinen intimen Veranstaltungen im ›Kulturkabinett‹ immer wieder bemerkenswerte Akzente im Kleinkunstbereich, ebenso die Laienschauspieler der **Gruppe Satyriker**, die auf ihrer Bühne vor dem Eingang zur Kirche seit vielen Jahren engagiertes Sommertheater spielen. Radpannen werden indes rasch bei **Rad & Tat** in der Fultonstraße 5–11 behoben (→ S. 182).

Obere Alte Donau

Eine Versuchung ist auch die **Sonnenterasse vom Birner-Wirt**, die direkt an der Oberen Alten Donau gelegen ist. Freunde der Wiener Hausmannskost, die gerne schwer im Magen liegt, kommen auch hier auf ihre Rechnung. Da macht es schon Sinn, anschließend etwas kräftiger in die Pedale zu treten. Die Uferstraße an der Oberen Alten Donau ist übrigens nur für Radfahrer durchgehend passierbar – ein Hoch auf die Wiener Verkehrsplaner! Das Wasser ist an dieser Stelle frei zugänglich, die Wasserqualität wird Jahr für Jahr von den Behörden als ›sehr gut‹ eingestuft. Einer kurzen Abkühlung steht also nichts im Wege. Ein Geheimtipp ist auch die Anlegestelle der traditionsreichen **Segelschule Hofbauer** (→ S. 182). Gerne erzählen die Hofbauers, dass die Alte Donau quasi das Urwasser des österreichischen Segelsports darstellt. Unter ihrer Obhut wurden ganze Generationen von Wiener See- und Hochsee-Seglern ausgebildet. Manche haben die Welt umsegelt. Und obgleich die Stadt und auch das Land an kein Meer grenzt, haben

Stadttouren

Die Kirche am Kinzerplatz

die rot-weiß-roten Segler und Ruderer eine ganze Reihe von olympischen Medaillen einfahren können. Schon im Jahr 1886 startete man auf der Alten Donau die erste Segelregatta, sechs Jahre nach der ersten Ruderregatta. Auch die lange so bezeichnete ›Lustschifffahrt‹ mit ausgeliehenen Booten ist keine Erfindung unserer Tage.

Den Bootssportlern von morgen bei ihren ersten Wenden zusehen, dann die Sonne langsam hinter dem Kahlenberg untergehen zu lassen, dazu ein kühles oder auch warmes Getränk neben sich wissend, einen sogenannten Sundowner, das ist in der Tat ein Vergnügen. Oder vielleicht ein **Ruder- oder Tretboot** ausleihen? Oder ein **Partyboot** für eine nächtliche Feier? Wunderbar sind auch die nächtlichen Ausfahrten auf der Alten Donau, wenn die Menschen nach Einbruch der Dunkelheit mit einem Ruderboot, einem Picknickkorb und einer Laterne unterwegs sind (→ S. 182).

Untere Alte Donau

Der Radweg führt dann über die Bezirksgrenze – vom 21. in den 22. Bezirk (der wird Donaustadt genannt), weiter unter der Stelzenbrücke für die U-Bahn (U1)

Fast wie am Meer – beim Birnerwirt

Karte S. 173

und unter der Wagramer Brücke hindurch (der Holzsteg biegt knapp vor der Brücke rechts ab). Die verkehrsreiche Wagramer Straße gilt grob als Grenze zwischen der Oberen und der Unteren Alten Donau. Sie führt stadtauswärts zum Kagraner Platz, um den herum der Star-Architekt der Monarchie, Otto Wagner, ein zweites Stadtzentrum als Gegenpol zum Stephansplatz errichten wollte. Seine Pläne wurden allerdings nie verwirklicht. Immerhin hat das **Bezirksmuseum Donaustadt** dort seinen fixen Platz bekommen. Bald hinter dem Kagraner Platz beginnt das **Marchfeld**, das mit seinen ausgedehnten Anbaufeldern bis heute als Kornkammer und Obst- und Gemüsegarten dient. Der schattige Uferpromenadenweg, Spazier- und Radweg zugleich, führt an den Bootshäusern und Ablegestellen der traditionsreichen Wiener Ruderclubs vorbei. Eine Kleingartenanlage und auch das Wirtshaus neben dem Wasser wird **Neu Brasilien** genannt. Sie geht auf den Naturheilkundler Florian Berndl (1856–1934) zurück. Der hat hier nach seiner Vertreibung vom Gänsehäufel die Kleingarten-Kolonie gleichen Namens gegründet. Neu Brasilien deshalb, weil der weiße Sand am Strand an eine ferne Welt erinnert hat.

Am östlichen Ende der Alten Donau wartet auf alle, die müde geworden sind, eine moderne U-Bahn-Station (Donaustadtbrücke). Die U2 befördert sie in wenigen Minuten via Praterstern zurück in die Stadt. In der Gegenrichtung führt sie hinaus zur **Seestadt Aspern** – eine neue Stadt am Stadtrand, die den Beginn einer Stadtentwicklungsspange zwischen Wien und Bratislava bilden soll. Eine weitere Option für einen Ausflug ist auch der **Naturpark Lobau** (erreichbar mit dem Bus 91A, der fährt von der U-Bahn-Station weiter bis zur Endstation Ölhafen Lobau, → S. 361).

Anlegestelle der traditionsreichen Segelschule Hofbauer an der Oberen Alten Donau

Dort reichen die Donau-Auen bis in das Stadtgebiet hinein, und man kann in noch weitgehend unberührter Natur wandern, Rad fahren, Vögel und andere Waldtiere beobachten, sonnenbaden und auch schwimmen gehen.

Gänsehäufel

Kleine Wiener Wasser-Geschichte: Jede/r in Wien kennt das Strandbad Gänsehäufel. Doch nur wenige wissen, dass es auch ein **Kleines Gänsehäufel** gibt. Dieses ausfindig zu machen erfordert volle Konzentration: Von der Straße am Kaisermühlendamm, die der Donauuferautobahn und der Donauinsel folgt, biegt rechts eine befahrbare Straße auf den Dampfschiffhaufen ab. Der führt auf eine Halbinsel, auf der sich schon seit einigen Generationen das Wiener Kleinbürgertum zu Hause fühlt.

Über den Eingängen zu den Grünoasen am Wasser steht: E-Werk-Bad, Siemens-Bad, Polizeisport-Bad, **Straßenbahnerbad**. Das ›Straba‹, wie es die Wiener Straßenbahner nennen, liegt als einziges Bad rechter Hand, wird von den vier Bademeistern liebevoll gepflegt

und verfügt darüber hinaus über einen wunderbar schattigen Gastgarten direkt am Wasser, der, genauso wie das Bad, auch Nicht-Straßenbahnfahrern offen steht. Einzigartig ist hier nicht nur das Preis-Leistungs-Verhältnis, sondern auch das Bestellsystem (Selbstbedienung mit Pager, der dann am Tisch anschlägt, wenn das gewählte Menü fertig ist).

Die Straße auf dem Dampfschiffhaufen mündet am Ende in einen Gehweg, der durch eine Kleingarten-Anlage führt. Hier empfiehlt es sich tatsächlich, das Rad die wenigen Meter zu schieben. Schilder warnen: Radfahren verboten! Und die Anrainer verstehen diesbezüglich tatsächlich wenig Spaß. Aufsitzen kann man wieder auf dem Holzsteg, der in den Donaustädter Bezirksteil **Kaisermühlen** führt. Sein Name erinnert daran, dass hier Müller und Donauschiffer angesiedelt waren.

Rechter Hand führt eine Brücke zum größten und wohl auch traditionsreichsten Bad der Stadt, dem Gänsehäufel. An heißen Sommertagen drängen hier bis zu 30 000 Menschen durch die Eingangstore. Einige haben hier eigene Kabinen, sogenannte Kabanen, in denen sie alles, was sie an einem Badetag brauchen, verstauen können. Luxus für das Volk: Das Bad wird weiterhin von der Stadtverwaltung geführt, daher sind seine Eintrittspreise noch relativ annehmbar.

Kaisermühlen

Zentrum von Kaisermühlen ist der **Schüttauplatz** mit der Herz-Jesu-Kirche in der Mitte. Der Platz erinnert uns daran, dass er vor der Donauregulierung eine kleine Insel (die ›Schütt‹ bildete).

Die lange schnurgerade Schüttaustraße führt dann durch jenes Kaisermühlen, das durch eine von vielen Österreichern gesehenen und heiß diskutierten TV-Serie zweifelhafte Bekanntheit erhalten hat: Im sogenannten ›Kaisermühlen Blues‹ werden die Bewohner der Gemeinde-bauten und Kleingartenhäuser neben der Alten Donau als liebenswerte, lustige, aber geistig leicht limitierte Menschen dargestellt. Nicht alle Kaisermühlener können darüber lachen.

Am Ende der Transdanubien-Tour lässt sich noch das Nebeneinander verschiedener Architektur-Stile des 20. Jahrhunderts betrachten. Kaisermühlen wird heute wie gesagt von seinen Gemeindebauten wie zum Beispiel vom Goethe-Hof geprägt. Am Rand, zur Reichsbrücke hin wurden in den 1960er Jahren drei Wohntürme von der Gemeinde errichtet. Die werden vom markanten, modern gestylten Hoch-aus ›Neue Donau‹ deutlich überragt. Mit ihm schließt sich der Kreis dieser Tour. Das Haus des austro-australischen Architekten Harry Seidler wurde bereits am Beginn dieses Kapitels gewürdigt.

 Um die Alte Donau

Citybike, Tel. 0810/500500, www.city bikewien.at.

Nächtliche Ausfahrten auf der Alten Donau: www.alte-donau.info.

Stadtführung: Wichtige Anregungen für diese Stadttour hat **Rudy Evers** gegeben. Er ist staatlich geprüfter Fremdenführer und bringt Interessierten gern diesen Teil der Stadt zu Fuß oder mit dem Rad näher. Kontakt: Tel. 0699/10079595, evers.vienna.guide@gmx.at.

Gasthaus Birner, 1210 Wien, An der Oberen Alten Donau 47, Tel. 01/2715336, www.gasthausbirner.at; Mo–So 9–22 (Winter) bzw. 9–24 Uhr (Sommer).

Gasthaus zum Neusiedler, 1210 Wien, Prager Straße 2, Tel. 2785397; Mo–Fr 9–23, Sa 10–21, So 10–15 Uhr.

Bezirksmuseum Floridsdorf, 1210 Wien, Prager Straße 33, Tel. 01/2705194, www.bezirksmuseum.at.

Bezirksmuseum Donaustadt, 1220 Wien, Kagraner Platz 53/54, Tel. 01/2032126.

Kulturverein Transdanubien, 1210 Wien, Freiligrathplatz 6, Tel. 01/2707917, www.transdanubien.net.

Rad & Tat, 1210 Wien, Fultonstraße 5–11, Tel. 0699/10692861, www.radundtat.co.at.

Segelschule Hofbauer, 1220 Wien, An der Oberen Alten Donau 191, Tel. 01/20434350, www.hofbauer.at.

Straßenbahnerbad, 1220 Wien, Dampfschiffhaufen 7, Tel. 01/2698636, www.zum-straba.at.

Gänsehäufel, 1220 Wien, Moissigasse 21, Tel. 01/26990160, www.gaensehaeufel.at.

Rudern unter Sternen: Entzückend, romantisch, charmant. Man leiht sich nach Einbruch der Dunkelheit ein Boot aus – und bekommt auch eine Flasche Sekt mit auf den Weg. Besonders romantisch: Wenn über der Alten Donau der Vollmond aufgeht oder das Lichterfest im August gefeiert wird (www.alte-donau.info).

Karte S. 173

Michael Hufnagl über
eine Insel, die auch für ihn ein Paradies ist

Treffpunkt auf der Wiese beim Ruckenbauer. Eh schon wissen. Wie immer. Wir alle. Ein kleines Stück Donauinsel war unser Stützpunkt. Als wir sogenannte Oberstufler waren, und an den sommerlichen Nachmittagen für das Freizeit-Leben lernten. Gut, zugegeben, es waren auch einige Vormittage dabei. Aber natürlich nur, um dort in Ruhe Mathematik, Darstellende Geometrie oder Französisch zu büffeln. In so einen Kopf geht viel mehr hinein, wenn man zwischenzeitlich ins Wasser springt – oder sich mit Ruckenbauer-Eis stärkt.

Einige Jahre lang hätte ich für diese wenigen Quadratmeter Gras einen Meldezettel ausfüllen können. Und damit war ich nicht allein. Es gab Tage, da tummelten sich 15 bis 20 Schülerinnen und Schüler am immer gleichen Ort. Allzeit bereit, zwischen Scharfsinn und Schwachsinn zu pendeln. Bereit, zu baden und zu philosophieren, zu spielen und zu streiten, zu knutschen und zu schweigen. Bereit zu leben und zu lieben.

Die Donauinsel war für uns ein Stück Zuhause. Geborgenheit. Dort gab es immer eine Schulter zum Anlehnen, eine zum Ausweinen oder eine zum Eincremen. Dort gab es immer einen Fußball, einen Kassettenrekorder (ja, so hieß das damals) und Musik von Georg Danzer und Peter Cornelius – reif für die Insel. Und: Segel im Wind. Unsere Freiheit. Die Donauinsel war ein Lebensgefühl, eine Kommunikationsplattform. Auf heute umgelegt: Die Donauinsel war unser Facebook. Beziehungsstatus: Glücklich liiert. Und wir sind von der Reichsbrücke ins Wasser gesprungen. Denn Idiotie hieß damals noch Mut.

Den Ruckenbauer gibt's an diesem Ort nicht mehr. Aber das Drumherum, das Wasser, die Wiesen, die scheinbar unendliche Weite, das ist als Paradies erhalten. Das haben sie 1972 zu bauen begonnen. Gegen allerlei Widerstände. So richtig vorstellen haben sich das wohl die wenigsten können, was da einmal entstehen sollte. 16 Jahre Bauzeit bis zur endgültigen Fertigstellung hat das Ding in Anspruch genommen. Aber es hat sich ausgezahlt. Jetzt ist das Erholungsreich dank der MA 45 (Wasserbau) 21,1 Kilometer lang, und unser Fleckerl beim Ruckenbauer ist ein winziger Teil von 3,9 Quadratkilometern Unbeschwertheit.

Auf der Donauinsel haben wir Wettfahrten auf Rollerblades unternommen, als die noch ein sportliches Spektakel waren.

Auf der Donauinsel haben wir in den Lokalen der Copa Cagrana Tonnen von Spareribs verdrückt (und das eine oder andere Bier war im Fluss des Lebens auch dabei).

Auf der Donauinsel haben wir unseren Kindern das Radfahren beigebracht, weil man im ebenen Gelände die vielen Wege ideal nutzen kann, um mit der Hand am Fahrrad bis zur Erschöpfung mitzulaufen.

Auf der Donauinsel haben wir die Grillplätze (insgesamt 15) bevölkert und dabei immer neidisch zu den türkischen Nachbarn geschielt, weil die so ein Gelage viel weltmeisterlicher zelebrieren.

Und, eh klar: Auf der Donauinsel haben wir einander getroffen, um das Fest der Feste zu feiern. Die dreitägige Musikparty war ein Heiligtum. Ich war 15 Jahre alt, als Iron Maiden hier gastierten. Die gnadenlos beste Metal-Band, die es je gab, und die meinem Teenager-Geist die notwendige Dosis Revolution verabreichte.

Und so hämmerten jene Songs durch die Wiener Nacht, deren Titel unser Programm, unsere Hymnen waren: ›Two minutes to midnight‹! ›Stranger in a strange land‹! ›Heaven can wait‹! ›The number of the beast‹! Und natürlich: ›Running free‹! Auf der Donauinsel der Seligen.

Von dieser Philosophie profitiert meine Hündin heute noch. Wuzeln, wetzen, winseln, wedeln – running free. Und wo gibt es das schon? Einen Hundebadebereich. An zwei Stellen, die nennen sich Hundestrand Nord und Hundestrand Süd. Auf insgesamt 1,3 Kilometer Länge dürfen die Tiere schwimmen und plantschen, bei Bedarf auch anbandeln oder sonstwie die Hundeseele baumeln lassen.

Und könnte meine Hündin statt immer nur zu bellen auch lachen, fände sie garantiert – wie das Herrchen – schon den Ausgangspunkt der Donauinsel höchst unterhaltsam. Die Insel beginnt nämlich beim … Einlaufbauwerk Langenzersdorf. Danach führt sie durch die Bezirke Floridsdorf und Donaustadt und endet in der Lobau mit der Einmündung der neuen Donau in den Hauptstrom.

Drei U-Bahnen (U1, U2, U6) führen zum Paradies. 15 Zugänge gibt es. Und die klingen so wunderbar wienerisch. Die Jedleseer Brücke etwa. Oder die Floridsdorfer Brücke, in Wien Fluridsdorf gesprochen. Der Danzer-Steg. Oder die Kaisermühlen-Brücke, in Wien Kaisermüh'n gesprochen.

1,8 Millionen Bäume und Sträucher wurden einst gepflanzt. 170 Hektar Wald sind entstanden. Die MA 49 (Forstamt und Landwirtschaftsbetrieb) hat sich hier verwirklichen dürfen. Besonders schön ist im übrigen der Kirschenhain rund eineinhalb Kilometer nördlich der Nordbrücke. Sich dort zur rechten Frühlingszeit herumzutreiben, ist ein Fest für die Augen. Denn anlässlich des Ostarrichi-Jubiläums im Jahr 1996 wurden dort einige hundert Kirschbäume gepflanzt. Die Kirschblüte steht in der japanischen Kultur für Schönheit und Aufbruch. Na also. So ein echter Wiener ist eben auch ein bisserl ein Japaner.

Ich mag die Natur. Also mag ich diese Insel. Die wurde im Laufe von Jahrzehnten nämlich zu einem Reservat für seltene Vogel-, Amphibien- und Fischarten. Ein Lebensraum für Hirsche und Rehe, Hasen und Biber. Ein wunderbares Beispiel: Der vom Aussterben bedrohte Donaukamm-Molch hat hier seine Heimat gefunden. Das ist, wie wir Faunatiker natürlich alle wissen, ein etwa handgroßer Schwanzlurch aus der Familie der echten Salamander. Der Zoologe Heimo Schedl bezeichnete ihn als ›kleinen Wasserdrachen‹. Aber nicht deshalb, weil das Weibchen größer als das Männchen ist, … genug jetzt.

Wenn wir von Reservaten sprechen, dürfen die Menschen nicht fehlen. Und die Donauinsel ist immerhin eine der größten Sammelstellen für die Nackerten der Großstadt. Natur pur, FKK für Inselmann und Inselfrau. Auf insgesamt acht Kilometern Länge ist es an mehreren Stellen möglich, sich aus dem Korsett des Alltags zu schälen. Auch ein Akt der Befreiung. Und auch ein Teil eines prachtvollen Geschenks an eine prachtvolle Stadt.

Unverzichtbar, so oder so. Die Donauinsel liegt Wien einem Herzen gleich inmitten. Ein Herz, das – mit Sauerstoff bestens versorgt – seit Jahrzehnten aktiv ist. Ein Herz, für das mein Herz schlägt.

Michael Hufnagl, 1970 in Wien geboren, arbeitet als Autor unter anderem für die Tageszeitung ›Kurier‹, den ORF und sein Portal www.michael-hufnagl.com.

Wolfgang Freitag über
das ehrliche Wien: die Donaustadt

Die Donaustadt gibt es nicht. Entgegen anderslautenden Angaben auf Stadt-plänen, ja sogar in amtlichen Statistiken klafft dort, wo sich angeblich der 22. Wiener Gemeindebezirk befindet, ein Loch in der öffentlichen Wahrnehmung der Wiener, in dem sich alles entsorgen lässt, was ihnen anderweitig Kummer bereitet. In der Donaustadt, da werden noch ohne allzu langes Fackeln sechs-spurige Straßen durchs verbaute Gelände geschlagen. In der Donaustadt, da ist Platz genug für alles und jedes, was man andernorts so gar nicht brauchen kann. Für das größte Treibstofftanklager Österreichs genauso wie für den Müll einer Millionenstadt. Und wenn Bevölkerung zuwächst – ab damit in die Donaustadt. Ist ja schließlich der flächenmäßig weitaus größte der Wiener Bezirke – und (noch) der zweitdünnst besiedelte dazu.

Im Ernst: Die Donaustadt ist der Paria unter den 23 Wiener Bezirken, und das beginnt schon beim Namen. Donaustadt ist bekanntlich bald einmal etwas entlang der Donau, und nicht zuletzt sagt man ja Wien als Ganzem nach, Donaustadt zu sein. Unverwechselbarkeit hört sich anders an. Auffallenderweise ist dieser Name auch der einzige eines Wiener Bezirks, der nicht von einem Bezirksteil abgeleitet ist (sieht man von der Inneren Stadt ab, aber die ist ja, im engeren Sinn, ohnehin immer das eigentliche Wien geblieben).

Dazu passt, was auf dem Gebiet des 22. Bezirks, in seinen heutigen Grenzen erst 1954 festgeschrieben, schon vordem geschah. In der Donaustadt, könnte man sagen, war immer alles im Fluss – und das durchaus in wortwörtlichem Sin-ne. Heute zum Bezirk Donaustadt zählende Dörfer wie Stadlau, Kagran, Essling, Hirschstetten wurden halbwegs regelmäßig von Donauhochwassern weggespült; und was die Donau nicht vernichtete, verheerten Kriege, namentlich jene mit dem Osmanischen Reich (im Fall des Donaustädter Bezirksteils Breitenlee übri-gens so gründlich, dass der Ort mehr als eineinhalb Jahrhunderte nicht wieder aufgebaut wurde).

Und jetzt? Gegenwärtig ist das donaustädtische Image irgendwo zwischen Plattenbau-Tristesse und Gewerbegebiet-Ödnis angesiedelt. Und dass der höchste Geländepunkt des Bezirks ausgerechnet Wiens zentraler Mülldeponie, jener am Rautenweg, gehört, sagt doch alles. Oder?

Ich lebe seit drei Jahren wieder in der Donaustadt. Nach mehr als drei Jahrzehn-ten, die ich anderweitig wienerisch verbrachte. Von Kindheit an habe ich eine ganz andere Donaustadt erfahren. Und als nunmehr ziemlich sehr Erwachsener bin ich ihr abermals ganz anders, neu und aufregend begegnet. Ich kenne eine Donaustadt, in der noch immer nichts ausgemachte Sache ist, eine Donaustadt der Chancen und Möglichkeiten, die nur ergriffen zu werden brauchen. Ich kenne eine Donaustadt, wo das Moderne und die Tradition, das Wüste und das Schöne, Stadt und Land, Dorf und Metropole, Dichte und Weite einander begegnen, wo wir vor unseren Augen und in Echtzeit die Geschichte vom Werden des Urbanen erleben dürfen. Und fallweise auch jene vom Scheitern daran.

Richtig, die Donaustadt hat die ersten Plattenbauten Wiens gesehen (samt der Fabrik, die ihre Fertigteile produzierte). Doch was man ehedem als ›Emmentaler mit Papierwänden‹ abtat, stellt sich angesichts des aktuellen Verdichtungs-wahnsinns im Wohnbau als nachgerade großzügig angelegt heraus. Richtig, der Donaucity über der Donauuferautobahn fehlt es auch 20 Jahre nach Beginn ihrer Entwicklung an städtischem Flair – aber dieses Miniatur-Manhattan hat immerhin international renommierte Architektur bis hin zu Dominique Perraults Wolkenkrat-zer-Etüde in Dunkelschwarz namens DC Tower zu bieten (und eine tatsächlich vorzüglich gestaltete Kirche des Österreichers Heinz Tesar). Und selbst wenn der Stadtverwaltung derzeit liebstes Renommierprojekt, die Seestadt Aspern, zunächst einmal am eigenen Anspruch, urbanes Leben herzustellen, scheitern wird und viel-leicht scheitern muss: Wie hier in einem vormalig absoluten Nirgendwo versucht wird, Urbanität zu etablieren, ist weit über die Stadtgrenzen hinaus sehenswert.

Übrigens: Sehr vieles, was Wien-Besucher heute an Wien so schätzen, nament-lich die Gründerzeitquartiere, ist genauso wenig gewachsener Bestand, kam – gerade einmal 150 Jahre ist es her – gleichfalls aus der stadtplanerischen Retorte. »Ich muss den Ästheten eine niederschmetternde Mitteilung machen: Alt-Wien war einmal neu«, notierte Karl Kraus im Jahre 1907, seines Zeichens der viel-leicht brillanteste Zeitbeobachter und Zeitkritiker, den Österreich je hatte. In der Donaustadt kann man dem Alt-Wien von morgen beim Werden und Entstehen zusehen – und man kann sehen, was da einmal war, ehe das Alt-Wien von heute zu werden und entstehen begann.

Nein, die Donaustadt hat keine großen Kathedralen und keine prächtigen Paläste, sie hat nichts von den Attraktionen und Sensationen, um die man sie irgendwo auf dieser Welt beneiden würde. Sie hat keine große Vergangenheit und noch keine große Gegenwart. Sie hat aber eines, was man touristischerseits selten beachtet: Sie hat Zukunft. Und sie hat jene Freiheit über den Köpfen, die in so metropolitaner Lage weltweit längst Luxusgut ist: in der bescheidenen Be-schaulichkeit der Schrebergartensiedlungen entlang der Alten Donau genauso wie in den Weiten des Nationalparks Donau-Auen, der hier, tatsächlich auf Stadt-gebiet, seinen Anfang nimmt.

Biber und Baukran, Seeadler und Schnellstraße: In der Donaustadt kommt zusammen, was nie und nirgends zusammengehört. Eine Bezirkswelt der vehe-mentesten Gegensätze, die unversöhnt – und vielleicht unversöhnlich – nebenein-ander stehen, und das in einer Stadt, die sich doch sonst nichts sehnlicher als die Auflösung aller Gegensätze in ewiger Harmonie herbeiwünscht, und sei's auch um den Preis, verlogen zu sein.

Die Donaustadt ist ehrlich, sie will nicht mehr scheinen, als sie ist, und ist eben deshalb weithin mehr, als sie scheint: Laboratorium des urbanen Lebens von der Siedlerbewegung der Zwischenkriegszeit bis hin zu neuen, experimentellen Wohn-formen; ländlich-sittlich in manchen der althergekommenen Dorfkerne von ehe-dem; und Natur pur, wo der Auhirsch röhrt und der Eisvogel balzt. Soweit Natur am Rande einer Millionenmetropole eben pur sein kann. Ein Widerspruch? Nicht in der Donaustadt.

Wolfgang Freitag, Jahrgang 1958, ist Redakteur der Tageszeitung ›Die Presse‹, arbeitet als Fotograf und schreibt Bücher, nicht zuletzt über Wien.

Vienna Calling: Vom Karmeliter- zum Brunnenmarkt

›Vienna Calling‹ sang Falco erstmals im Jahr 1985. Das Lied und auch sein Interpret Hans Hölzel (1957–1998) dürfen heute als Symbol für eine Neuorientierung gehört und gesehen werden. Denn zu jener Zeit begann man in Wien endlich weltoffener zu denken und sich an internationalen Entwicklungen zu orientieren. Und man tat gut daran, denn der Fall des Eisernen Vorhangs nur vier Jahre später und die folgende Ost- und Westöffnung der Stadt ließ den Wienern keine andere Wahl.

Diese Tour wurde für jene konzipiert, die gerne am Puls einer Stadt sein möchten, die weniger an historischen Verdiensten und mehr an modernen Errungenschaften interessiert sind. Sie folgt den Spuren des Zeitgeists. Diese sind dort, wo die Stadt ihr Aussehen zuletzt sichtbar verändert hat, an auffälligen Orten, von denen sich die Avantgarde allerdings auch schon wieder ein Stück entfernt hat.

Denn es ist in Wien nicht anders als in anderen Städten: Kaum wird ein Viertel als besonders jung, schick und authentisch in Stadtzeitungen und Stadtführern gepriesen, schnalzen die Mieten für Wohnungen und Straßenlokale in die Höhe. Und die echten Trendsetter, die im Gegensatz zu den Schickis wenig finanziellen Spielraum haben, sind gezwungen, ihre Zelte abzubrechen. Immerhin, seit dem politischen Umbruch in Europa im Jahr 1989 haben in Wien gleich mehrere Quartiere einen Modernisierungsschub erlebt.

Karmelitermarkt

Start dieser Zeitgeist-Tour ist auf dem Karmelitermarkt. Bis in die 1990er Jahre war das Markt-Viertel im 2. Bezirk (Leopoldstadt) ein Widerspruch in sich: Ganz nah dran an der Innenstadt und am Donaukanal, und dennoch zwielichtig, grau am Tag und unterbelichtet in der Nacht – wie ein klassisches Arbeiterrevier am Stadtrand.

Benannt ist der schon im Jahr 1671 angelegte Markt nach der **Karmeliterkirche**, die in der nahen Taborstraße steht. Das Gebäude wurde in den Jahren 1620 bis 1624 als Klosterkirche gebaut, das Kloster im Jahr 1782 geschlossen. In der Zeit zwischen den beiden Weltkriegen erlebte das Viertel eine erste Blütezeit, wurde es doch von vielen, auch vermögenden Wiener Juden bewohnt. Aufgrund seiner Lage zwischen Donau und Donaukanal wurde es auch ›Mazzesinsel‹ genannt (→ S. 210).

Nach den brutalen Verfolgungen durch das NS-Regime und den Bombenangriffen der Alliierten in den letzten Kriegstagen versank das Karmeliterviertel jahrzehntelang in Agonie. Eine ehemalige Mitarbeiterin der städtischen Bibliothek in der Zirkusgasse erinnert sich, dass sie als junge Frau in den 1970er Jahren schief angesehen wurde, wenn sie die Adresse ihres Arbeitsplatzes nannte. Vor dem Hotel ›Weißes Lamm‹ warteten grell geschminkte Damen auf Kundschaft, und beim Kabarett Renz wurde auf die ›Schmutzer-Buam‹ geschossen, weil damals der zweite Bezirk das Revier anderer Ganoven war.

Heute ist der Karmelitermarkt ein teures Pflaster. Seine Marktstände und auch die Büros und Wohnungen werden von Menschen frequentiert, die man auch in Wien unscharf Bobos (Bourgeoises

Stadtplan I-3 ▲

»Hello, hello, Vienna calling«, sang Falco den Beginn einer neuen Epoche herbei

Bohemiens) nennt und die einem auf dieser Stadttour noch öfters begegnen werden. Im Straßenbild auffallend sind auch die vielen orthodoxen Juden, die ihren Glauben seit einigen Jahren wieder offen zeigen.

Auf und rund um dem Markt findet man da und dort den Hinweis ›koscher‹, häufiger die Preisungen ›Bio‹ und ›Ethno‹. Auch ein Slow-Food-Corner darf da natürlich nicht fehlen. Samstagvormittag schlürft man Caffè latte und überlegt, in welchem Lokal man abends speisen könnte. Zum Beispiel im **Zimmer 37** auf dem Markt. Tagsüber ein Delikatessen-Geschäft, mutiert es am Abend zu einem vegetarischen Fünf-Elemente-Restaurant. Weitere **Szene-Lokale** sind das Marktachterl, das Madiani, ein Ethno-Lokal mit georgischem Touch, das Tewa und nicht zuletzt das Kaas am Markt. Schön und ebenso schön teuer ist die Schöne Perle an der Ecke der Leopoldsgasse mit der Großen Pfarrgasse. Hier wird versucht, die klassische Wiener Küche in schlichtem Ambiente neu zu interpretieren.

Zum Karmeliterviertel passt auch die Wiederentdeckung des linken Donaukanalufers als urbane Zone. An der Promenade, die an milden Sommerabenden manchmal mehr nach Kanal denn nach Partymeile riecht, reihen sich mehrere **Strandbars** ohne echten Strand. Hipp ist das Tel Aviv, gemütlicher daneben das Adria (→ S. 198).

Freihausviertel

Von der Salztorbrücke, die über den Donaukanal in den ersten Bezirk führt, sind es zu Fuß weniger als fünf Minuten bis zur U-Bahn-Station am Schwedenplatz. Von dort geht es weiter mit der U1 oder U4 bis zur Station Karlsplatz, an den die nächste schicke Gegend angrenzt.

Das sogenannte Freihausviertel ist eingebettet zwischen der Wiedner Hauptstraße und der Wienzeile. Es verdankt seinen Namen einem Wohnhauskomplex, der im 17. Jahrhundert auf dem Areal der neuen Institute der Technischen Universität Wien erbaut wurde und in dem bis zu seiner ersten großen Demontage in den Jahren 1935 bis 1937 rund 1000 Mietwohnungen eingerichtet waren. Freihaus heißt es deshalb, weil die Hauseigentümer über mehrere Generationen einen Freibrief besaßen. Der gewährte ihnen mehrere hübsche Privilegien, vor allem die volle Steuerfreiheit und die eigene Gerichtsbarkeit über alle Hausbewohner. Neben den Wohnungen waren im Freihaus auch Werkstätten, Geschäfte, ein Obstgarten, eine Weinschenke und ein Theater eingerichtet. Im Freihaus-Theater wurde im Jahr 1791 Mozarts Oper ›Die Zauberflöte‹ uraufgeführt.

Heute wird der in den 1970er Jahren neu errichtete Trakt der TU Wien Freihaus und das Grätzl dahinter Freihausviertel

Schön, aber teuer: das Freihausviertel

genannt. Attraktionen des Freihausviertels sind das ›**Schikaneder**‹ in der Margaretenstraße, das zweitälteste Kino von Wien, ferner das von Künstler und Kreativen gerne frequentierte **Café Anzengruber** in der Schleifmühlgasse, etliche Galerien, Weinbars, Champagner-, eine Schokolade- und andere Boutiquen. In den meisten Läden begrüßen die Inhaber persönlich. So wie im Friseursalon ›Hair Concept Patrizia Grecht‹ in der Operngasse. Der Salon wird von der Tochter der stadtbekannten Wiener Friseurfamilie Grecht geführt und zum In-Lokal der Kreativen hochstilisiert (→ S. 198). Geboomt hat das Freihausviertel zu Beginn des 21. Jahrhunderts. Damals standen gleich mehrere Straßenlokale leer, und deren Mieten und Ablösen waren noch einigermaßen erträglich. Heute ist das anders. So sehr anders, dass die ersten Shopbesitzer wieder abwandern. Dennoch, so wird erzählt, bleibt das kleinteilige Viertel für die großen Handelsketten unattraktiv, weil die Geschäftslokale für sie zu klein sind.

Im Freihausviertel hat auch die Wiener Stadtpsychologin Cornelia Ehmayer ihre Praxis eingerichtet. Bei ihr liegt Wien als Phänomen auf der Couch – und ihr Befund über ›das Wesen von Wien‹ ist vielsagend: »Wien kann – wie andere Großstädte auch – auf ein unverwechselbares Image bauen. Wien steht für etwas, Wien hat auch im Ausland eine Identität, die geprägt ist von der Kunst und vom Hang zum Vergangenen.«

Von Ehmayers Praxis hinüber auf den Naschmarkt sind es weniger als 300 Meter. Der größte Markt der Stadt wurde schon im Kapitel über die Wienzeile beschrieben (→ S. 148). Er bietet nicht nur frisches Obst und Gemüse, Fleisch und Fisch sowie andere Köstlichkeiten, er bietet auch viel Gastronomie und ein bisschen Kultur.

Museumsquartier

Weiter zu Fuß geht es durch den nächsten urbanen Distrikt, das alte **Gumpendorf**, das aufgrund seiner zentralen Lage und des feinen Gastro- und Kulturangebots weiterhin auffallend viele junge, modern denkende Menschen anzieht. Auf der anderen Seite der Mariahilfer Straße lockt indes das Museumsquartier (MQ), das von der Stadtverwaltung gerne als ›eines der weltgrößten Areale moderner Kunst und Kultur‹ gepriesen wird. Tatsächlich wurde nach jahrzehntelang hitzigen Debatten ein Kunst- und Kultur-Zentrum mitten in der Stadt errichtet, das in der Tat viel bietet und vier Millionen Besucher pro Jahr anlockt, das aber noch viel außergewöhnlicher hätte werden können.

Das Museumsquartier besteht aus insgesamt neun Museen. Immer wieder von sich reden macht das **Leopold Museum**. Es eröffnet die Schätze, die der Wiener

Hereinspaziert! Ins Museumsquartier

Stadttouren

Sammler und Kunstmäzen Rudolf Leopold (1925–2010) im Laufe seines Lebens angekauft hat. Im Museum wird stolz darauf aufmerksam gemacht: ›Keine andere private Sammlung spiegelt die Geschichte der österreichischen Malerei des 20. Jahrhunderts so umfassend wider wie die Sammlung Leopold.‹ Das **Museum Moderner Kunst** (MUMOK) zeigt zeitgenössische Kunst des 20. und auch des 21. Jahrhunderts. Die **Kunsthalle Wien** bietet an ihren beiden Standorten (einer am Karlsplatz, einer im MQ) Ausstellungsflächen für junge Künstler und ein Publikum, das sich ebenfalls für zeitgenössische Kunst interessiert. Das **Architekturzentrum Wien** ist seit vielen Jahren mit seinen Ausstellungen, Exkursionen und Publikationen erste Adresse für alle, die sich für Architektur und die Stadtentwicklung interessieren. Im **Kindermuseum Zoom** versucht man wiederum, mit einem spielerischen, möglichst spannenden Kultur-Programm die jungen Besucher zu begeistern.

Das Quartier 21 bietet rund 60 zeitgenössischen Kunst- und Kulturinitiativen Raum für ihr Schaffen. Außerdem gibt es im Museumsquartier weitere Ausstellungs- und Veranstaltungsräume, ruhige Innenhöfe, Restaurants und Cafés. Die Palette des Angebots reicht von darstellender Kunst, Architektur, Musik, Theater, Tanz, Literatur, Kinderkultur bis hin zu Digitaler Kunst.

Die historischen Gebäude aus dem 18. und 19. Jahrhundert bilden gemeinsam mit den zeitgenössischen Museumsbauten einen interessanten architektonischen Mix. Zum Ausruhen und Verweilen laden die modernen Sitzgelegenheiten im Hof ein, ›MQ Hofmöbel‹ oder ›Enzis‹ genannt (→ S. 199).

Spittelberg

Gleich hinter dem Museumsquartier steigt der Spittelberg und das gleichnamige Viertel sanft an. Wenig erinnert heute daran, dass der Spittelberg seinen Namen vom Bürgerspital ableitet, dessen Eigentümer den Spitalberg im Jahr 1525 erworben hat. Damals war hier Weideland, das von mehreren Höfen bewirtschaftet wurde. Später eröffneten hier zahlreiche Bordelle, in denen sich auch der eine oder andere Vertreter der Kai-

Stadtplan F-6/G-6

▲ *Zeitgenössisch auch die Architektur: das Museum Moderner Kunst im Museumsquartier*

Pawlatschen-Idylle am Spittelberg

serfamilie vergnügt haben soll. Vor der Renovierung der alten Biedermeier-Häuser in den 1980er Jahren war es erste Adresse für Studenten und Kulturschaffende. Eine Art vorweggenommener Prenzlauer Berg der Wiener.

In der Wiener Stadtverwaltung klopft man sich dafür gerne auf die Schultern. Kritiker sprechen hingegen von einem Ausverkauf an einflussreiche Immobilienmakler und von teilweiser Zerstörung der ursprünglichen Bausubstanz. Heute ist der Spittelberg auch ein Lehrbeispiel dafür, wie man ein heruntergekommenes Viertel luxuriös saniert und seine Immobilien gewinnbringend veräußert. Charakteristisch für den Spittelberg sind mehrere gut erhaltene, modern renovierte **Biedermeier-Häuser** und seine schmalen Gassen, dazu eine Ballung von Restaurants und Bars. Ein Wiener Architektur-Professor, der lange an der Bauhaus-Universität in Weimar unterrichtet hat, kritisiert, dass einige Biedermeier-Häuser mehr Geld einspielenden größeren Wohnblöcken weichen mussten. Er nennt die Peripherie des Spittelbergs inzwischen auch ›ein vierstöckiges Amstetten‹. (Amstetten ist eine niederösterreichische Bezirkshauptstadt, die bei

aller Wertschätzung nicht unbedingt für weltstädtisches Flair und urbane Architektur steht.)

Immerhin, es gibt hier auch noch den einen oder anderen alternativen Ort. Das Café Siebenstern am gleichnamigen Siebensternplatz wird gerne genannt. Bis zum Fall der Berliner Mauer fungierte es als Parteilokal der Kommunistischen Partei Österreichs. Doch mit der KPdSU ist auch die KPÖ in der Versenkung verschwunden. Das Café hat allerdings zuletzt sein Flair für Nostalgiker deutlich eingebüßt (→ S. 199).

Hauptbücherei

Am Siebensternplatz hält auch die Straßenbahnlinie 49. Der 49er fährt hinauf zum Urban-Loritz-Platz, der nächsten Station von ›Vienna Calling‹. Der imposante Neubau der Wiener Hauptbücherei wurde im Jahr 2003 eröffnet, und zwar über dem Schienenstrang der einst als Stadtbahn angelegten U-Bahn U6 und zwischen den beiden Richtungsfahrbahnen der mehrspurig ausgebauten Gürtel-Straße. Der Hinweis, dass die Bibliothek direkt an einem Daten-Highway errichtet wurde, erhält somit eine zusätzliche Dimension.

Ein ›Schiff in der Brandung‹ hat Architekt Ernst Mayr (geb. 1952) die von ihm konzipierte Bibliothek genannt. Zum Haupteingang führt außen eine monumentale Freitreppe, von deren oberen Ende man bei Sonnenuntergang einen schönen Blick über die Stadt hat. Die Hauptbücherei ist die größte Bücherei im großen, über die ganze Stadt verteilten Bibliotheksnetz. Auf den beiden Ebenen können Besucher 240 000 Bücher und 60 000 audiovisuelle Medien entlehnen. Dazu kann in aktuelle Bücher, Zeitungen und Zeitschriften Einblick genommen werden. Für Katalog- und Internetrecherchen stehen 130 Computerarbeitsplät-

Hauptbücherei und ›Café Oben‹

ze zur Verfügung, dazu 40 Audio- und Videoplätze. Von den Sitzmöbeln an der Nordseite kann man bis zum Kahlenberg schauen. Einen Besuch wert ist auch das **Café Oben** im Dachgeschoss, empfehlenswert sind auch die für die Öffentlichkeit zugänglichen Veranstaltungsreihen (→ S. 198).

Gürtelbögen

Der Urban-Loritz-Platz liegt – wie schon erwähnt – an einer Durchzugsstraße, die Gürtel genannt wird und neben der Ringstraße den äußeren, den zweiten Stadt-Ring bildet. Dabei handelt es sich um eine 13 Kilometer lange und gut 75 Meter breite Straße, die immerhin 14 der 23 Wiener Bezirke tangiert und die der Wiener Masterplaner Otto Wagner (1841–1918) an Stelle der alten Befestigungsanlagen Wiens als einen Pracht-Boulevard konzipiert hat. Doch bedingt durch die beiden Weltkriege und die Autofizierung der Stadt in den 1960er Jahren konnte der Gürtel jahrzehntelang keine Pracht entfalten, er verkam viel mehr zum städtischen Problemfall.
In der zweiten Hälfte des 20. Jahrhunderts galt der Gürtel als die größte Blei-

hölle und nach Einbruch der Dunkelheit als längster Straßenstrich der Stadt. Mögen ihn Autofahrer weiterhin als wichtige Verbindungsachse preisen, aus der Sicht der Stadtsoziologen fungiert der Gürtel noch immer als kaum durchlässiger Ring zwischen den Wiener Innen- und Außenbezirken.
Findige Stadtplaner haben eine alte Idee wieder aufgegriffen, um den Gürtel zu beleben. An den Anfang dieser Trendwende ist auch der Wirt des Szene-Lokals **Chelsea** zu stellen: Othmar Bajlicz war einst ein talentierter Fußballer. Dass er sich für die Musik und gegen den Fußball entschieden hat, kann ihm in Wien niemand übel nehmen. Er war dann der erste, der 1995 die Courage hatte, mit seinem Lokal in die von Otto Wagner für die Stadtbahn gebauten Gürtelbögen einzuziehen und sich hier den in Wien gängigen Anrainer-Protesten gegen nächtliche Live-Acts zu entziehen. Zwar war man in der Stadtverwaltung noch weit davon entfernt, das Potenzial der von Rotlicht-Lokalen gesäumten Durchzugsstraße zu erkennen, dafür konnten die Bands und DJs im Chelsea inmitten des Straßenlärms von Anfang an voll Stoff geben.
Heute pulsiert das Nachtleben in den Gürtelbögen, auf denen die U6 hinwegfährt. Zwischen den Stationen Thaliastraße und Nußdorfer Straße sind Wagners Bögen zur längsten **Kultur- und Ausgehmeile** der Stadt zusammengewachsen. Neben dem Chelsea (Britpop, Punk) locken unter anderem The Loft, das rhiz (Elektronik), das Café Carina, das B72 (Garagenbands mit Gitarren und/oder elektronischen Beats), The Seen, das All Inn, das Q [kju:] und das Shiraz (→ S. 198).

›Balkanmeile‹

Vom Gürtel führt die **Ottakringer Straße** stadtauswärts zum Finale dieser Tour. Sie war jahrelang die meist diskutierte und falsch verstandene Straße Wiens. Die rechten Angsthetzer titulierten sie gemeinsam mit den Revolverblättern der Stadt als lebensgefährliche, bluttriefende ›Balkanmeile‹, auf der ›die Ausländer‹ randalieren, grölen, prügeln, Raubüberfälle begehen, Frauen vergewaltigen, morden. Gleichzeitig haben Kulturschaffende und Konsumorientierte das Potenzial und die Ambivalenz der Straße erkannt: Tagsüber ist sie eine florierende Einkaufsstraße, abends verwandelt sie sich mit ihren zahlreichen Ethno-Restaurants, Bars und Diskotheken in eine viel frequentierte Ausgehmeile.

Tatsächlich ist diese Straße eine Straße wie Tag und Nacht – und damit einzigartig in Wien. Dies betonen auch die ambitionierten Gebietsbetreuer in Ottakring und in Hernals bei ihren Veranstaltungen. Ihre Aufgabe ist es unter anderem, das Viertel rund um die Ottakringer Straße wohnlicher, freundlicher und attraktiver zu gestalten. So haben sie dem viel diskutierten Straßenzug inzwischen auch einen eigenen, im Buchhandel erhältlichen Reiseführer gewidmet: Der heißt ›Balkanmeile. 24 Stunden. Ottakringer Straße‹ und ist im Verlag von Turia + Kant erschienen (www.turia.at). Nicht nur für die Anrainer, auch für Wien-Besucher eine Option ist das temporäre Reisebüro der Gebietsbetreuer. Nach dem Pop-up-Prinzip taucht es jedes Jahr im Mai an einer anderen Stelle entlang der Ottakringer Straße auf – meist in leerstehenden Straßenlokalen. Zuletzt wurde eine Baulücke zum Sportplatz umfunktioniert. Das Reisebüro organisiert neben diversen Diskussionsveranstaltungen auch Ausflüge in die Nachbarschaft. Das Bemühen um eine Image-Korrektur hat sich längst bezahlt gemacht: Die Ottakringer Straße weist heute auch einen freundlichen Touch auf.

■ Die Ottakringer bei Tag

Interessant sind auch die Biographien der Geschäftsleute auf der Balkanmeile: So wird das Fußballfachgeschäft ›Radosport‹, Ottakringer Straße Nr. 59, von einem serbisch-kroatischen Ehepaar geführt, das schon zu Beginn des Jugoslawien-Kriegs Frieden mit dem jeweils anderen geschlossen hat. In ›Bellissimas Orientpalast‹ auf Nr. 96 lockte jahrelang eine vollschlanke Bauchtänzerin aus dem Waldviertel, die mit ihren Sprüchen auch in deutschen Talkshows gute Figur macht. Der türkische Mobiltelefon-Händler auf Nr. 29 hat sich zu einer Zeit in Wien integriert, da man hier über Integration noch nicht einmal diskutiert hat. Und wer ausgefallene Füllfedern benötigt, geht wiederum zum Einstein von Ottakring, dem Büroartikel-Händler Gerald Kerbl, Ottakringer Straße Nr. 23. Gut essen und dabei auch das besondere Flair der Wiener ›Balkanmeile‹ genießen kann man im ›Saloon‹ der Familie Klimenta, Nr. 48. Eine Sensation sind

Das Wiener Chelsea in den Gürtelbögen

Marija Klimentas slawonische Mehlspeisen. Weitere Optionen sind der Blunzenstricker auf Nr. 71, allerdings erst ab 16 Uhr, und das ›Balkanika‹ auf Nr. 64.

■ **Die Ottakringer bei Nacht**

Nostalgie und gepflegten YU-Rock verspricht das Café Melon, das sich nach außen wenig einladend, aber drinnen sehr gemütlich in der Brunnengasse Nr. 76 versteckt. Ebenso das Café Talisman in der Liebhartsgasse, Nr. 49. Turbo-Folk gibt es Freitag- und Samstagabend hingegen im Café Laby in der Ottakringer Straße Nr. 80. Im Jugend-Szene-Magazin ›biber‹ heißt es treffend: »Hier sind die typischen Balkanesen anzutreffen, die bei ihrer Mucke sentimental werden.« Laby ist die Abkürzung von Labyrinth und wird bereits in zweiter Generation von der Familie Stojanović geführt.

Turbo-Folk gibt es auch im Diamond Club (zuvor Palazzo) an der Ecke Ottakringer Straße/Bergsteiggasse, im Chic in der Hubergasse Nr. 10 und im Café Styxx in der Ottakringer Straße Nr. 58.

Brunnenmarkt

Bleibt am Ende noch der Brunnenmarkt. Er reicht vom Yppenplatz bis zur Thaliastraße und ist damit angeblich der längste Straßenmarkt Europas. Außerdem, betont man in der Stadtverwaltung, sei der Vielvölker-Markt ein schönes Beispiel für die gelungene Integrationspolitik in Wien. In der Tat wirkt der viel gelobte Straßenzug auf den ersten Blick wie eine friedfertige Multi-Kulti-Oase. Ein älterer Anrainer erinnert sich: »Der Markt ist seit meiner Kindheit international.« In den 1960er Jahren haben sich rund um den Yppenplatz vor allem griechische Südfrüchte-Händler angesiedelt. Analog zu den geopolitischen Gezeiten folgten ihnen jüdische Auswanderer aus der Sowjetunion, dann Migranten aus Bulgarien, dem ehemaligen Jugoslawien und aus der Türkei.

Faktum ist aber auch: Die Menschen mit Migrationshintergrund sind hier in erster Linie die Dienstleister; und die Menschen, die sagen, dass sie sich mit den Menschen mit Migrationshintergrund so toll

▲ *Auf dem Brunnenmarkt in Ottakring zeigt sich Wien bunt gemischt*

verstehen, sprechen nicht ihre Sprache. Sie sind dafür die, die bezahlen.

›Reloaded‹ war eine Zeitlang das Lieblingswort der Zeitgeist-Philosophen. Auch der **Yppenplatz**, der die Brunnengasse unterbricht und der noch vor wenigen Jahren alles andere als hipp wirkte, wurde mit großem finanziellen Aufwand neu aufgeladen. Heute wohnen hier auch wohlhabende Mittvierziger, die vom Flair und Angebot des Markts angetan sind, ihre Kinder jedoch lieber in die Schulen auf der anderen Seite des Gürtels schicken, weil ihnen der Ausländer-Anteil in den Schulklassen Ottakrings doch ein wenig zu hoch ist.

Einige finden es auch nicht mehr ganz so schick, dass hier jetzt so viele verbürgerlichte Künstlertypen herumlaufen. Der Anrainer und Autor Manfred Chobot schreibt in seinem Buch über den Brunnenmarkt: »Und sie kommen trotzdem hierher.« Er weiß auch warum: »Denn ein Bobo ist stets der andere.«

Auf die Frage, was der Brunnenmarkt für Wien-Besucher bietet, eröffnen Manfred Chobot und die beiden Architektinnen von der Gebietsbetreuung, Antonia Dika und Amila Sirbegović, die auch am bereits zitierten Reiseführer über die ›Balkanmeile‹ mitgearbeitet haben, ein breites Spektrum an Möglichkeiten: Da steht beispielsweise der Ur-Wiener Würstelstand der Familie Blaser an der Ecke zur Neulerchenfelder Straße nicht weit entfernt vom serbischen Würstelstand der Familie Balević.

Erste Alternative zum ›Burenhäutl‹ (Burenwurst) ist ein Börek im Halis Börek Salonu in der Brunnengasse Nr. 48. Fein sind auch die Käsestände im Abschnitt zwischen Gaullacher- und Schellhammergasse, der friaulisch-istrisch ausgerichtete Feinkostladen ›la salvia‹ am Yppenplatz, die Holzofen-Bäckerei Trabzon Ekmek in der Brunnengasse Nr. 65 (Sesamringe in

Sommer am Yppenplatz

Stadttouren

allen Variationen) sowie das Angebot der Bauern auf dem nur samstags stattfindenden **Bauernmarkt**.

Für Aufsehen sorgt jedes Jahr im Mai das Kulturfestival **Soho in Ottakring**. Geboten werden an das Marktviertel angepasste Performances, Ausstellungen, Workshops, Konzerte, Installationen sowie Inszenierungen im öffentlichen Raum. Ganzjährig Kultur bietet man dagegen in der sogenannten **Brunnenpassage**, die ebenfalls am Yppenplatz eingerichtet ist. ›Kunst für alle‹, heißt es draußen auf der Fassade programmatisch. Tatsächlich wird hier regelmäßig getanzt, gesungen, Musik gemacht und auch die Alltagsgeschichte der hier lebenden Menschen festgehalten. Zu den Veranstaltungen, betonen die Initiatoren, kommen nicht nur Anrainer des Marktes.

Gut eingeführt sind auch die türkischen Restaurants entlang bzw. in der Nähe der Marktstraße. Empfehlenswert sind das Kent, das ETAP und das Ando Fisch der innovativen Kilicdagi-Brüder aus der Türkei. Auch fein: Das Restaurant des gelernten Blumenhändlers Raetus Wetter, der eigentlich aus der Schweiz stammt,

und das Café C. I. (die Abkürzung steht für Club International) des gelernten Raumplaners Helmut Veit, der die Politiker und Beamten der Stadtverwaltung mit kreativen Konzepten schon öfters in Zugzwang gebracht hat. Beide Lokalitäten findet man übrigens in der angrenzenden Payergasse. Für Labung nach diesem langen Streifzug durch das Zeitgeist-Wien ist in jedem Fall gesorgt.

ℹ Vom Karmeliter- zum Brunnenmarkt

Vienna Calling, auf der CD ›Falco 3‹.
Gebietsbetreuung 16, 1160 Wien, Haberlgasse 76, Tel. 01/4064154, www.gbstern.at.
Gebietsbetreuung 17, 1170 Wien, Lacknergasse 27, Tel. 01/4859882, www.gbstern.at.
Stadtführung: Wichtige Anregungen für diese Stadttour hat **Bibiane Krapfenbauer-Horsky** gegeben. Sie ist staatlich geprüfte Fremdenführerin und bringt Interessierten gerne auch diesen Aspekt der Stadt näher. Kontakt: Tel. 0664/2240840, bibiane.krapfenbauer@gmx.at.

✖

Zimmer 37, 1020 Wien, Karmelitermarkt 37–39, Tel. 0699/17237311, www.zimmer37.at; Di–Fr 9–19.30, Sa 8.30–17 Uhr.
Marktachterl, 1020 Wien, Karmelitermarkt 96, Tel. 2144792.
Madiani, 1020 Wien, Karmelitermarkt 21–24, Tel. 0664/4561217, www.madiani.com; Mo–Fr 8.30–22, Sa 8–14 Uhr.
Tewa, 1020 Wien, Karmelitermarkt 25–29, Tel. 0676/847741210, www.www.tewa-karmelitermarkt.com; Mo–Sa 7–23 Uhr.
Kaas am Markt, 1020 Wien, Karmelitermarkt 33–36, Tel. 0699/18140601, www.kaasammarkt.at.
Schöne Perle, 1020 Wien, Große Pfarrgasse 2, Tel. 01/8903204; Mo–Fr 11–24, Mo–So 10–24 Uhr.
Saloon, 1170 Wien, Ottakringer Straße 48, Tel. 01/4034373.

Blunzenstricker, 1160 Wien, Ottakringer Straße 71, Tel. 01/4857849, www.blunzenstricker.at; Mo–Sa 11.30–24, feiertags 17–24 Uhr.
Balkanika, 1170 Wien, Ottakringer Straße 64, Tel. 0664/9779772; Mo–So 9–1 Uhr.
Würstelstand Blaser, 1160 Wien, Brunnengasse 67; Mo–Sa 6–2 Uhr.
Würstelstand Bajević, 1160 Wien, Imbissstube Nr. 35; Mo–Sa 10–18 Uhr.
Halis Börek Salonu, 1160 Wien, Brunnengasse 48.
Kent, 1160 Wien, Brunnengasse 67, Tel. 01/4059173, www.kent-restaurant.at.
ETAP, 1160 Wien, Neulerchenfelder Straße 13, Tel. 01/4060478, www.etap-restaurant.at.
Ando Fisch, 1160 Wien, Yppenplatz, Stand 161, Tel. 01/3087576, www.andofisch.at; Mo–Sa 11–23 Uhr.
Wetter, 1160 Wien, Payergasse 13, Tel. 01/4060775; www.wettercucina.at.
Café Club International, 1160 Wien, Payergasse 14, Tel. 40318227, www.ci.or.at; Mo–Fr 8–2, So 10–12 Uhr.

▣

Café Anzengruber, 1040 Wien, Schleifmühlgasse 19, Tel. 01/5878297, Mo–Sa 16–1 Uhr.
Café Oben, 1070 Wien, Urban-Loritz-Platz 2a (Dachgeschoss), Tel. 01/5227268, www.oben.at; Mo–Do 10–23, Fr und Sa 9–23, So 10–15 Uhr.
Café 7*Stern, 1070 Wien, Siebensterngasse 31, Tel. 0699/15236157, www.7stern.net; Mo–So 09–2 Uhr.

Tel Aviv, 1020 Wien, Obere Donaustraße; Mo–Fr 12–24, Sa und So 10–24 Uhr.
Adria, 1020 Wien, Obere Donaustraße, Tel. 0660/1271784, www.adriawien.at; Do–Fr ab 16–22, Sa/So 12–22 Uhr.
Chelsea Musicplace, 1080 Wien, Lerchenfelder Gürtel/Gürtelbögen 29–32, Tel. 01/4079309, www.chelsea.co.at; Mo–So 18–4 Uhr.
The Loft, 1160 Wien, Lerchenfelder Gürtel/Gürtelbogen 37, www.theloft.at; Di–Do 19–2, Fr und Sa 20–4 Uhr.
rhiz, 1080 Wien, Lerchenfelder Gürtel/Gürtelbögen 37–38, Tel. 01/4092505, www.rhiz.org; Mo–So ab 18 Uhr.
B72, 1080 Wien, Hernalser Gürtel/Gürtelbögen 72–73, Tel. 01/4092128, www.b72.at.
The Seen, 1080 Wien, Hernalser Gürtel/Gürtelbögen 70–71.
All Inn, 1180 Gürtelbögen 90–91, Tel. 01/2365289, www.allinclub.at.
Q [kju:], 1180 Wien, Währinger Gürtel/Gürtelbögen 142–144, Tel. 0676/6704496, Fr/Sa 21–4 Uhr.
Café Carina, 1080 Wien, Josefstädterstraße (im Stationsgebäude U-Bahn), Tel. 0699/81834658, www.cafe-carina.at.
Shiraz, 1190 Wien, Döblinger Gürtel/Gürtelbogen 189, Tel. 0664/3355555, www.shiraz.at; Mo–Sa 18.30–2 Uhr.
Café Melon, 1160 Wien, Brunnengasse 76, Tel. 0680/1171807.
Diamond Club, 1170 Wien, Ottakringer Straße 50, Tel. Tel. 01/8904606.
Café Laby, 1170 Wien, Ottakringer Straße 80, Tel. 0699/10638090, www.laby.at.
Chic, 1170 Wien, Hubergasse 10, Tel. 0699/11351374.
Café Styxx, 1170 Wien, Ottakringer Straße 58, Tel. 0664/3505748.

Museumsquartier, 1070 Wien, Museumsplatz 1, Tel. 01/5235881, www.mqw.at.
Leopold Museum, 1070 Wien, Museumsplatz 1, Tel. 01/525700, www.leopoldmuseum.org; Fr–Mi 10–18, Do 10–21 Uhr.

Quartier 21, 1070 Wien, Museumsplatz 1, Tel. 52358811717, www.q21.at.
Museum Moderner Kunst (MUMOK), 1070 Wien, Museumsplatz 1, Tel. 01/52500, www.mumok.at; Mo 14–19, Di, Mi, Fr, Sa, So 10–19, Do 10–21 Uhr.
Architektur-Zentrum Wien (Az W), 1070 Wien, Museumsplatz 1, Tel. 01/522311530, www.azw.at; Mo–So 10–19 Uhr.
Kunsthalle Wien, 1070 Wien, Museumsplatz 1, Tel. 01/521890, www.kunsthalle wien.at; Fr bis Mi 11–19, Do 11–21 Uhr.
Kindermuseum Zoom, 1070 Wien, Museumsplatz 1, Tel. 01/5247908, www.kindermuseum.at; Di–Fr 8.30–16, Sa und So 10–16 Uhr.

Radosport, 1160 Wien, Ottakringer Str. 59, www.radosport.at.
Büroartikel Kerbl, 1160 Wien, Ottakringer Straße 23, www.papier-kerbl.at.
Feinkost la salvia, 1160 Wien, Yppenplatz, Tel. 2367227, www.lasalvia.at.
Holzofen-Bäckerei Trabzon Ekmek, 1160 Wien, Brunnengasse 65.

Schikaneder-Kino, 1040 Wien, Margaretenstraße 22–24, Tel. 01/5852867 (täglich ab 18 Uhr), www.schikaneder.at.
Anna Stein Salon, 1050 Wien, Kettenbrückengasse 21, Tel. 0699/12031430, www.anna-stein.com; Fr 14–19, Sa 10–19 Uhr. Rare Details, die man nicht an jeder Straßenecke findet.
Hauptbücherei, 1070 Wien, Urban-Loritz-Platz 2a, Tel. 01/400084500, www.buechereien-wien.at; Mo–Fr 11–19, Sa 11–17 Uhr.
Bellissimas Orientpalast, 1170 Wien, Ottakringer Straße 96, www.orientpalast.at.
Soho in Ottakring, 1160 Wien, Brunnengasse 68/9, Tel. 0699/10073193, www.sohoinottakring.at.
Kulturzentrum Brunnenpassage, 1160 Wien, Brunnengasse 71, Tel. 01/8906041, www.brunnenpassage.at.

Stadttouren

Robert Treichler über
eine kurze, aber lebenslängliche Gasse im 4. Bezirk

Fuzi steht vor dem Haus Nummer 21 und sagt: »Ich bin der Weihnachtsmann!«
Die Kinder sehen ihn misstrauisch an, und ein Vierjähriger hält dagegen: »Du bist
der Zauberer Ziegenbart!«

Beide könnten Recht haben. Aber gegen den Zauberer Ziegenbart spricht, dass
Fuzi Cowboy-Hut und -Stiefel und ein Ledergilet trägt; gegen den Weihnachtsmann, dass er jetzt die Mutter des Vierjährigen anmacht, und dass es erst Oktober ist. Und dass er Fuzi ist. Aber wer weiß, vielleicht verkürzt sich der Weihnachtsmann die Warterei zwischen Weihnachten und Weihnachten, indem er den
weißen Bart länger wachsen lässt und als Ex-Jodelkönig von Wien aka Fuzi in der
Schleifmühlgasse wohnt?

»Wie bist du denn hierher gekommen, Weihnachtsmann?«, frage ich Fuzi, aber
Fuzi hat eingesehen, dass er bei der Mutter des Vierjährigen nicht landen kann,
und stakst bereits Richtung Naschmarkt. »Mit einer fliegenden Kutsche!«, sagt
der Vierjährige. Also doch.

Die Schleifmühlgasse führt von der Rechten Wienzeile bis zur Wiedner Hauptstraße und bietet Touristen auf ihren 350 Metern nicht ein einziges verlässliches
Fotomotiv. Trotzdem empfiehlt die Online-Reise-Sektion der ›New York Times‹ sie
als eine der ›faszinierendsten Straßen‹ des Viertels. Da stehen sie dann, die Reisenden, und wissen nicht, worauf sie ihre Aufmerksamkeit und ihr Objektiv rich-
ten sollen. Ist nicht ihr Fehler. Man kapiert erst nach vielen Jahren, warum man
in die Schleifmühlgasse gekommen ist.

Man müsste jemanden fragen.

Zum Beispiel Sarah. Sie kam vor sechs Jahren zum Frühstücken in den Breakfast
Club auf Nr. 12–14. Damals war sie 19 und bewarb sich gerade an der Kunstakademie. Bald darauf begann sie im Breakfast Club zu kellnern. Eines Tages bat sie
ein junger Mann, mal kurz einen Parkplatz freizuhalten, weil er mit seiner Freun-
din die Umzugskartons abtransportieren wollte. Klar, sagte sie, aus welcher Wohnung eigentlich? Am nächsten Tag unterschieb sie den Mietvertrag. Schleifmühlgasse Nr. 15. An der Kunstuni läuft es ziemlich gut, Sarah macht Installationen,
so zwischen Grafik und Bildhauerei, und sie kriegt mittlerweile schon Einzelaus-
stellungen. Ihre erste hatte sie in der Galerie Schleifmühlgasse Nr. 12–14, das ist
der Eingang neben dem Breakfast Club.

In dieser Gasse kann man wohnen, Geld verdienen und Karriere machen. Der
dazu vorgesehene Weg führt die ungeraden Nummern entlang über die Galerie
Gabriele Senn auf 1a, die Galerie Christine König ebenfalls 1a, die Galerie Kerstin
Engholm auf Nummer 3 bis zur Galerie Georg Kargl Fine Arts auf Nr. 5.

Werner trägt immer einen Hut, ist der beste Frühstückslokalbesitzer der Welt
und benötigt dazu nur 38 Quadratmeter und sieben Tische plus ein Kindertisch-
chen mit Buntstiften. Er sagt, Kinder denken nicht lange nach, so ist ihm Kunst
am liebsten. An schönen Tagen können die Kinder mit Kreide auf das Trottoir
zeichnen und Werner zeichnet mit. Werner war erst Fußballer bei der Admira,
später Steuerberater und immer schon autodidaktischer Künstler. Ich werde besser, sagt er. In der Auslage steht ein alter Fernseher, ein Werk des amerikanischen

Neodadaisten Edward Kienholz (1927–1994). Den hat Georg Kargl als dauerhafte Leihgabe dagelassen.

Die Schleifmühlgasse ist trotz all der Galerien und der Künstler keine Kunstmeile geworden, weil, naja, Entschuldigung, sagt Frau Erika, ich liebe Kunst, aber die alte. Frau Erika ist pensionierte Hauswartin und immer noch amtierende Saalwartin des Turnvereins auf Nr. 23. Sie ist 1975 hierher gezogen, weil ihr Mann da gewohnt hat. Am Naschmarkt gleich um die Ecke wurden zu der Zeit Vögel verkauft, Schmierseife und, als letzter Schrei, Matchbox-Autos. Nebenan im Hotel Drei Kronen gingen Huren ihrer Arbeit nach, und Frau Erikas Schwiegervater lugte mit dem Feldstecher in den Hof runter. Da stand oft Mara, eine Strichkatz' mit langen schwarzen Haaren und einem Tigermantel. Zum Aufwärmen setzten sich die Huren immer ins Café Anzengruber an der Ecke Schleifmühlgasse/Mühlgasse. Aber eines Tages war Schluss. Das lag nicht zuletzt an Ankica und Jere, einem kroatischen Ehepaar, das aus Split nach Wien übersiedelte, um das Anzengruber zu übernehmen.

Das kam so: Ankicas Vater hatte zur Zeit des Jugoslawischen Königreiches in Wien Exporthandel mit Tschechien betrieben, und zu seinen besten Freunden gehörte die Familie Schwab, die das Café Anzengruber führte. Im Zweiten Weltkrieg wurde das Gebäude von Bomben getroffen, der vordere Teil stürzte ein. Die Russen nutzten die Ruine als Pferdestall, der fehlende Stuck erinnert noch heute an die Zerstörung. Zu Kriegsende waren fast alle Mitglieder der Familie Schwab tot, und die Verbliebenen baten Ankicas Vater, das Café zu übernehmen. Als er starb, hinterließ er ein Testament, das Ankica zu seiner Nachfolgerin machte.

Das war 1974. Ankica und ihr Mann Jere warfen die Huren und die Strizzis raus und machten ein neues Anzengruber. So wie wir sind, sagt Ankica heute, 38 Jahre später. Jere ist ehrlich, überschwänglich, laut. Ankica ist still, aufmerksam, warmherzig. Das Anzengruber ist all das.

In den Jahren hat Ankica etwas über die Schleifmühlgasse gelernt: In schweren Zeiten bleibst du hier nicht übrig, sagt sie, denn: Die Alteingesessenen geben dir das Gefühl, zur Familie zu gehören.

Warnung: Die Gasse lässt nicht alles mit sich machen. Das Austropop-Café an der Ecke Kühnplatz zum Beispiel ging Pleite, die Schleifmühlgasse vertrug das nicht. Jetzt führt Mukhtar, der Sudanese, den sie Muki nennen, da ein billiges Gasthaus. Werner sagt, Muki ist total ok.

Die Gasse hat ihr Urteil gesprochen.

Und dann war da auch noch Dragoljob, der vor über 40 Jahren aus Serbien als Hausmeister in die Schleifmühlgasse Nr. 21 gekommen war, und der nie so richtig gut Deutsch lernte. Wenn er Papierkram zu erledigen hatte, stand er mit den Zetteln in der Hand da und sagte: »Brauche Aufenthaltsgenehmigung für Neffe!« oder »Muss machen Storno TV, ist Porno.« Den Pornokanal haben wir noch gemeinsam storniert, dann ist Dragoljob gestorben. Nur die Gasse, die endet natürlich nie.

Robert Treichler, 1968 in Graz geboren, ist Leiter des Auslandsressorts des Nachrichtenmagazins ›profil‹, Mitglied der Band ›The Mauvais Garçons‹ und wohnt seit dem Jahr 2000 in der Schleifmühlgasse.

Brigitta Höpler über
Wiedner Wege, die ihr sehr vertraut sind

Das langsame Hineinwachsen in die Stadt, so ein Gefühl, in der Stadt zu Hause zu sein, beginnt früh – in einem Hof im 4. Bezirk, unter einem Kastanienbaum an der Klopfstange hängend, kopfüber schaukelnd, bis das Kastaniengrün, das Häusergrau und das Himmelblau verschmelzen und die Welt sich dreht.

Erste Wege, alleine gegangen, führen über die efeubewachsene Mauer hinüber in den Nachbargarten, in die Trafik an der Ecke (Wunderwelten zwischen Blättern), zur Greisslerei (Pezfiguren – die Sehnsuchtsobjekte unter all den Lebensmitteln). Ein Geflecht von Wegen entfaltet sich, meine Wien-Topographie. Topographie, topos, der Ort, graféin, schreiben, zeichnen. Ortsbegehungen, Ortsbeschreibungen. Schritt für Schritt erschließt sich die Stadt. Einkaufswege, Schulwege, Freundinnenwege, Umwege: ein Mäandrieren in immer größeren Kreisen, Raum, der sich sich mit Wahrnehmungen, Erlebnissen, Begegnungen und Geschichten füllt. „Denn woraus besteht eine Stadt? Aus allem, was in ihr gesagt, geträumt, zerstört, geschehen ist. Aus dem Geplanten, dem Verschwundenen, dem Geträumten, das nie verwirklicht wurde.« (Cees Nooteboom, Die Dame mit dem Einhorn, Europäische Reisen, Suhrkamp, 2000).

Heute, fast 45 Jahre später, sind die meisten Wege im Bezirk Erinnerungswege. Viele Orte sind verschwunden, andere sind noch zu entdecken, das Textgewebe der Stadt ist weiterzuspinnen. Die Trafik und Greißlerei wurden zu einer Sprachschule und einem Übersetzungsbüro, das Handarbeitsgeschäft steht leer.

Der Südbahnhof wurde zum Hauptbahnhof, die Sehnsucht bleibt: nach dem Geräusch der beiden blinkenden Augen, die in der Bahnhofshalle hingen (die Computerinstallation ›ein Augenblick Zeit‹ von Kurt Hofstetter), nach den Nachtzügen Richtung Triest, Rom, Venedig (Treffpunkt beim Löwen), nach den vielen kleinen Geschäften (am Sonntag offen, wenn Milch oder Brot gebraucht wurden, oder Blumen für die Großmütter), nach dem Bahnhofsrestaurant ›Rosenkavalier‹ (in dem Friederike Mayröcker und Ernst Jandl gerne saßen, um in der eigenen Stadt wie auf Reisen zu leben), nach dem Süden und dem Osten, der dort begonnen hat.

Die Augen des Südbahnhofs sind verschwunden, nicht aber das bunte Ohr vor dem ›Funkhaus‹ (des Österreichischen Rundfunks) in der Argentinierstraße 30a. Die vier Meter große Ohrskulptur, bemalt vom Gugginger Künstler Johann Garber, steht dort seit 1997. ›Ich bin ganz Ohr‹ fällt mir dazu immer ein, und dann versuche ich, eine Zeitlang, ›ganz Ohr zu sein‹, auf meinen Wegen durch die Stadt.

Viel Zeit habe ich im Radiocafé verbracht, hörend, lesend, schreibend, in die Luft schauend, Kaffee (oder ein Glas Wein) trinkend, auf den roten Lederbänken oder dem sogenannten ›Radiocafé-Sessel‹ des Architekten Adolf Krischanitz. ›Kleiner Sendesaal‹ wird das Radiocafé auch genannt, und die Nähe zur Radiokultur, diese ganz besondere Atmosphäre habe ich immer sehr genossen. Langsam bekommt das 1997 eröffnete Café auch die richtige Patina.

Alles nur eine Frage der Perspektive: daran erinnert die Betonskulptur ›points of view‹ in der Schaumburgerstraße, 2005 vom englischen Künstler Tony Cragg gemeinsam mit Lehrlingen des Lehrbauhofs Ost geschaffen. Der abstrakte Betonkopf zeigt je nach Licht, Schatten und Standpunkt des Betrachters ein immer neues Gesichtsprofil, im Rücken das barocke Gartenpalais Schönburg mit den beiden Sphinxen als Torwächterinnen.

Immer wieder führen mich meine Wege durch die Kettenbrückengasse zur Wienzeile. Hin zum Wasser, zur Wien, die wie die Stadt heißt. Vom Wasser, oder gar von einem Fluss ist hier nicht viel zu sehen, die Bilder vom Wasser kommen durch die Straßennamen und die Heumühle, einer der ältesten Bauten Wien. Sie steht umgeben von Häusern in einem großen Hof, in dem die Grenzen zwischen öffentlich und privat fließend sind. Ich sitze gerne unter den beiden Kastanienbäumen, für eine Pause unterwegs. Und wieder die Kastanien, diese Wiener Bäume, die hier im 16. Jahrhundert heimisch wurden. Tagträumen lässt sich hier und in die Luft schauen, bestärkt durch die Aufforderung GLUSETROTT / TRUST LET GO am grauen Asphalt der Grüngasse. Viele solcher Anagramme der Künstlerin Angela Wiedermann/mothers of moloch finden sich in der Stadt verteilt auf den Gehsteigen.

Vor der Kettenbrückengasse waren hier bis ins frühe 19. Jahrhundert erzbischöfliche Küchengärten, und auch jetzt ist die Gasse mit ihren zwei-, dreistöckigen Biedermeierhäusern mit ihren Höfen und Gärten einladend zum Flanieren. Hier gibt es einen Fleischer der Fischer heißt, einen chinesischen Fischhändler und viele andere chinesische Läden, feinste Schokolade und Patisserie, Wildkräuter aus der Umgebung Wiens und vieles andere. Im Haus Nummer 23 hatte die Wiener Dichterin Elfriede Gerstl in den 1990er Jahren ihr legendäres Kleiderlager, voll mit alten Kleidern, Schuhen, Hüten, Taschen, »der fundus wächst planvoll und chaotisch, einiges wird eliminiert – neues findet sich es wächst wie ein text wächst« (Elfriede Gerstl, Kleiderflug, Texte-Textilien-Wohnen, Edition Splitter, Wien 1995). Ganz in der Nähe, am hinteren Ende der U-Bahn Station Kettenbrückengasse hat der österreichische Musiker Falco eine Stiege ›bekommen‹, an Elfriede Gerstl erinnert hier in der Gegend nichts, immerhin ist ein Steg im Stadtpark nach ihr benannt.

Der Dichter Ernst Jandl hat auf der Wieden, in der Schlüsselgasse, in der Nähe der Schule, wo er als Deutschlehrer tätig war, einen kleinen Park bekommen, einen ›Beserlpark‹, wie es auf gut Wienerisch heißt. Auch im Ernst-Jandl-Park sind nur Sträucher und kleine Bäume (die an Besen erinnern, daher der Ausdruck), kein Kastanienbaum. Es wäre schön, dort in irgendeiner Form Jandls Gedicht ›im park‹ zu lesen, zu hören, »bitte ist hier frei nein hier ist besetzt danke ...« Oder in der Kettenbrückengasse Texte von Elfriede Gerstl.

Dort, wo die Kettenbrückegasse in die Wienzeile mündet, wird der Himmel weit. Die beiden Häuser von Otto Wagner erinnern an seine Pläne, aus der Wienzeile einen Prachtboulevard bis Schönbrunn zu machen. Blumen wachsen das Majolikahaus hinauf, und ich frage mich, was die beiden Ruferinnen auf dem Nachbarhaus der Stadt wohl mitteilen.

Brigitta Höpler, 1966 in Wien geboren, ist ausgebildete Kunsthistorikerin, Autorin eines Wien-Stadtführers für Kinder und initiiert die Workshop-Reihe (W)ORTE-Stadtschreiben in Wien.

EXTRA

Römisches Wien: Eine Zeitreise ins Legionärslager

Die Stadttour durch das römische Wien beginnt am Michaelerplatz. Auch die Mitarbeiter der Stadtarchäologie Wien und die Fremdenführerin Julia Strobl beginnen hier mit ihren Ausführungen.

Lagervorstadt

Zu Beginn der 1990er Jahre haben die Wiener Stadtarchäologen, die im übrigen Angestellte der Museen der Stadt Wien sind, auf dem belebten und beliebten kreisrunden Michaelerplatz intensiv und umfangreich gegraben. Die Ausgrabungen und damit 2000 Jahre Stadtgeschichte wurden dann auch für Interessierte sichtbar gemacht: Dort unten, 3,5 Meter unterhalb des heutigen Straßenniveaus, standen zur Römerzeit die Häuser und Werkstätten der Lagervorstadt, der sogenannten ›canabae legionis‹.

Ihre Unterkünfte waren zum Teil mit Fußbodenheizungen ausgestattet und mit Wandmalereien verschönert. »Rund um das Militärlager befanden sich auch Läden, Tavernen und so manches Bordell«, erzählt Fremdenführerin Strobl. Erst im dritten Jahrhundert wurde es den römischen Soldaten erlaubt, sich nach Ende ihrer Dienstzeit zu vermählen. »Dabei betrug diese immerhin 25 Jahre! Viele Legionäre lebten im Konkubinat, ihre Familien und Kinder wohnten hier in der Lagervorstadt.«

Auf der Nordwestseite geht die Herrengasse in den Platz ein. Man hört Wagenräder knattern. Auch wenn es heute die Räder einer Fiakerkutsche auf dem modernen Kopfsteinpflaster sind, kann man dabei in die Geschichte der Stadt abtauchen: Aus dem Nordwesten kommend, vom römischen Hilfstruppen-Kastell auf

dem heutigen Stadtgebiet von Klosterneuburg, ging hier die alte Limesstraße durch, weiter über den heutigen Rennweg in Richtung Carnuntum.

Rund um den Rennweg im 3. Bezirk hat sich die Zivilstadt von Vindobona entwickelt. In ihrer Blütezeit lebten im Raum von Wien rund 30 000 Menschen – ein damals schon buntes Völkergemisch: Römer, Kelten sowie Zuwanderer aus dem gesamten römischen Reich.

Der Michaelerplatz diente schon in der Römerzeit als Kreuzung. Denn aus dem Legionslager führte eine weitere Straße durch das südliche Tor, der sogenannten ›porta decumana‹. Die Straße führte über den Kohlmarkt zum Michaelerplatz, und von hier weiter nach Aquae, dem heutigen Baden, und Scarbantia, dem heutigen Sopron.

Am Graben

Über den heute mondänen Kohlmarkt geht es zunächst zum Graben. Die exklusiven Geschäfte und all die modern gekleideten Menschen vereiteln den Versuch, ganz in der antiken Geschichte zu versinken. Immerhin kann man sich vorstellen, dass einst auf der Höhe des Grabens, dort, wo heute Tuchlauben und Naglergasse aufeinander treffen, ein Tor in das Legionärslager offen stand. Das Südtor. Hereinspaziert!

Der Graben, heute Inbegriff für die pulsierende City, lag damals an der Außenseite des befestigten Lagers. Und war tatsächlich ein Graben – ein Verteidigungssystem aus drei Gräben vor den Lagermauern. Die Stadtarchäologen betonen allerdings, dass das römische Wien nicht nur kriegerische Zeiten erlebt hat.

Reste der römischen Lagervorstadt am Michaelerplatz

Stadttouren

Die Stadt ist zwar von Legionären gegründet worden, in ihrer Hochzeit bot sie sogar 6000 Soldaten Platz; doch Vindobona hat in den fast 400 Jahren, in denen diese Stadt existiert hat, nur 30 Jahre lang Krieg erlebt. So arbeiteten und wohnten im Militärlager auch bis zu 4000 Zivilisten: Angehörige, Pferdeknechte und Sklaven.

An strategisch günstiger Stelle, am Steilabhang der alpinen Ausläufer zur Donau, errichtet, sollte es die nördliche Grenze des Reichs, den Limes, absichern. Das Lager war von einem 10 Meter hohen Mauerring umgeben, die 30 Meter hohen Tortürme aus Stein waren bereits aus großer Entfernung sichtbar. Während der Markomannenkriege (166–188 n. Chr.) starteten die römischen Truppen von Vindobona und auch von Carnuntum zu ihrer Gegenoffensive. Gerne wird in Wien auch darauf verwiesen, dass Kaiser Marc Aurel als Oberbefehlshaber die letzten zehn Jahre seines Lebens vorwiegend in Vindobona verbracht hat, ehe er 180 n. Chr. in Sirmium im heutigen Serbien verstarb.

Am Hof

Durch die Nagler- oder die parallel verlaufende Bognergasse, die in etwa den Verlauf der römischen Lagermauer markieren, geht es weiter auf einen großen Platz, den die Wiener ›Am Hof‹ nennen. Noch in den 1960er Jahren mussten hier Teile der ersten Babenberger-Residenz einer Tiefgarage weichen. Ihre unter dem Erdboden verborgenen Mauern wurden damit für immer zerstört. Kein schönes Kapitel in den Augen der Archäologen. Immerhin hat sich das Verhältnis zur Bauwirtschaft zuletzt deutlich verbessert. So ist beim Blick auf die repräsentative Feuerwehrzentrale auch zu erfahren, dass bei deren Bau Kanalanlagen, Unterkünfte und Werkstätten der römischen Legi-

onäre sowie Teile der Lagermauer und der dazugehörigen Straßen und ihrer Befestigung aufgedeckt werden konnten.

Freyung

Weiter geht es vom Hof in Richtung Freyung. Vor dem ältesten Kloster der Stadt, dem Schottenstift, fanden die Archäologen auch die ältesten Spuren der Römerzeit – Reste eines kleinen Holz-Erde-Lagers, das vermutlich schon 14. n. Chr. und damit lange vor dem steinernen Legionslager errichtet wurde. In den 1990er Jahren kamen bei einer groß angelegten Grabung während des Umbaus des barocken Palais Harrach Baustrukturen der Lagervorstadt und eines Teils der Limesstraße zu Tage. Die Alltagsgegenstände, die ebenfalls gefunden wurden, stammen aus der Zeit zwischen dem ersten und dem dritten Jahrhundert. Im Durchgang zum Innenhof (von der Herrengasse aus) ist auf einer Schautafel ein Plan der Ausgrabungen

Spuren der Römer – im Möbelgeschäft

Stadtplan H-4 ▲

zu sehen: Nicht nur römisches Erbe wurde erforscht, auch mittelalterliches Straßenpflaster hat man entdeckt. Über die Pflastersteine aus dem 12. Jahrhundert lässt sich auch heute noch trefflich stolpern, sie sind auf der Freyung mit einer Inschrift markiert.

Nur wenige Schritte entfernt, an der Kreuzung der leicht abfallenden Renngasse mit der Wipplingerstraße, haben Bauarbeiter vor einigen Jahren einen spektakulären Skelett-Fund gemacht. Als sie im Keller des Hauses Renngasse Nr. 9 mit Spitzhacken den festgestampften Boden lockerten, durchschlug man auch den Schädel eines alten Römers. Analysen ergaben, dass der Mann vor rund 1700 Jahren vermutlich eines natürlichen Todes verstorben ist. Seine letzte Ruhestätte hat er nach römischer Sitte außerhalb des bewohnten Gebiets gefunden – in einer aufgelassenen Töpferei. Damals, im 3. Jahrhundert, haben Krieg und Hochwasser das Leben in Vindobona unsicher gemacht. Die Menschen zogen sich daher aus der Vorstadt hinter die mehr Schutz bietenden Mauern des Lagers zurück. Der Skelett-Fund sowie Fundstücke aus der Töpferei sind in dem Möbelgeschäft Roche Bobois Paris in der Wipplinger Straße 27 (an der Ecke zur Renngasse) öffentlich zugänglich.

Tiefer Graben

In der stadteinwärts führenden Wipplinger Straße dann eine knifflige Frage: Warum führt über den Tiefen Graben im hohen Bogen eine Brücke? Die Antwort der Archäologen folgt auf den Fuß: Weil durch diesen massiven Geländeeinschnitt der Ottakringer Bach seinen Weg zu seiner Donaumündung nahm, und das bis zur großen Flussregulierung der Donau gegen Ende des 19. Jahrhunderts. Zur Römerzeit stand an der **Hohen Brücke** der 30 Meter mächtige Turm des westli-

Die Kirche Maria am Gestade enthält römisches Mauerwerk

chen Tors, der sogenannten ›porta principalis sinistra‹. Über den Bach führte eine Brücke aus Holz, vielleicht auch aus Stein. Bei einem katastrophalen Hochwasser im 3. Jahrhundert wurde ein Teil des zuvor streng rechteckigen Lagers an dieser Stelle weggespült. Nach dem Wiederaufbau fehlte dieses Eck, auch auf den Plänen.

Die römischen Militärlager waren im ganzen Imperium standardisiert: Sie maßen in ihrer Grundfläche 400 mal 500 Meter; alle Straßen und Gebäude innerhalb der Mauern wie etwa Kommandogebäude, Spital oder Therme standen an derselben Stelle. Damit sollte gewährleistet sein, dass sich die Soldaten nach einer Versetzung schnell wieder zurechtfanden. Die älteste Marienkirche Wiens, **Maria am Gestade**, folgt dem antiken Mauerverlauf. Sie enthält Reste des römischen Mauerwerks – in der nördlichen, nicht sichtbaren Langhauswand.

Weitere Entdeckungen verspricht ein kurzer Abstecher auf den **Judenplatz**: Neben einer mittelalterlichen Synagoge konnten hier Mannschaftsunterkünfte der römischen Soldaten lokalisiert werden. Dank jüngster wissenschaftlicher Erkenntnisse lassen sich diese detailgetreu rekonstruieren.

In der nahegelegenen Sterngasse sind auch noch große Steinquader der Badeanlage zu sehen. Um ihren Wasserverbrauch zu decken, leiteten die Römer Quellwasser aus dem Wienerwald, vor allem aus Rodaun und Kalksburg, in ihre Stadt. Ihre Wasserleitung soll 17 Kilometer lang gewesen sein, Brunnen wurden vor allem in der Lagervorstadt gefunden. Ausgeklügelt war auch das Abwassersystem, so waren die Hauptsammelkanäle 1,80 Meter hoch und begehbar.

Zurück zum Start: 7000 Jahre Geschichte unterhalb der modernen Fußgängerzone

Hoher Markt

Die Wipplinger Straße mündet im Hohen Markt. Der gilt auch als einer der ältesten Plätze der Stadt. Zur Römerzeit ging hier die Lagerhauptstraße, die ›via principalis‹, durch. Entlang der Straße standen der Palast des Lagerkommandanten und die großen, luxuriös ausgestatteten Häuser der ranghöchsten Offiziere, der Tribunen. Letztere wurden bei Kanalarbeiten im Jahr 1948 entdeckt. Die römischen Patrizier führten bereits ein recht angenehmes Leben. Hypokaust-Heizungen wärmten Boden und Wände, Wandmalereien und Mosaike machten das an sich nicht allzu wirtliche Leben an der feuchtkalten Nordgrenze des Imperiums erträglicher.

Auf dem Marktplatz lädt das kleine, dafür modern gestaltete **Römermuseum** zu einem diese Tour abschließenden Besuch ein. Im Untergeschoss sind Teile der Ausgrabungen der Tribunenhäuser zu sehen, dazu auch einige wertvolle Fundstücke aus dem gesamten Wiener Stadtgebiet. Das Museum wird als Außenstelle vom Wien Museum betreut. Heute sind auch die 32 Archäologen der Stadtarchäologie Wien angestellte Mitarbeiter des Wien Museums. Ein Genuss, den Archäologen oder auch der Fremdenführerin Julia Strobl auf Schritt und Tritt durch die Innenstadt zu folgen. Mit einem Mal wird deutlich, dass sich unter den modernen Straßenbelägen der Fußgängerzonen 7000 Jahre Stadtentwicklung verbergen. Es gibt nicht viele Städte in Europa, die eine ähnlich lange Siedlungsgeschichte vorzuweisen haben.

Archäologiepark Carnuntum

Die Rekonstruktion der römischen Gladiatorenschule in Carnuntum gilt unter Archäologen heute als eine der Top-10-Attraktionen weltweit. Dieses Frei-

Im Römermuseum am Hohen Markt wurde die Stadtgeschichte modern aufbereitet

lichtmuseum ist das einzige römische Stadtviertel, das in antiker Bauweise am Originalstandort errichtet wurde und das funktionstüchtig ist. Wie bereits in der Antike führt auch heute eine **Gräberstraße** die Besucher nach Carnuntum. Dort wurde die **Villa Urbana**, ein römisches Stadtpalais, bis ins Detail ausgestattet. Weltweit einzigartig ist die voll funktionstüchtige römische **Therme**. Die enorme Ausdehnung der Stadt Carnuntum demonstriert ein 3D-Modell. Maßstabgetreu ist die antike Metropole auf insgesamt 350 Quadratmeter abgebildet. Wem das noch zu wenig altes Rom ist, der kann auch noch das Römermuseum Carnuntinum im nahegelegenen Bad Deutsch-Altenburg besuchen. Öffentlich erreichbar sind der Archäologiepark und auch das Museum mit der S-Bahn-Linie S 7 (Richtung Wolfsthal).

ℹ Römisches Wien

Stadtführung: Wichtige Anregungen für diese Stadttour haben **Julia Strobl** und **Karin Fischer Ausserer** gegeben. Strobl ist staatlich geprüfte Fremdenführerin und eine intime Kennerin der Wiener Römerzeit. Gerne bringt sie Interessierten auch diesen Aspekt der Stadt näher. Kontakt: Tel. 0676/9340939, www.sagenreisen. at. Fischer Ausserer ist die Leiterin der Stadtarchäologie Wien. Ihre Abteilung bietet für Gruppen ab 15 Personen kostenlose Führungen an. Anmeldung unter: Tel. 01/400081158, www.stadtarchaeologie.at.

🏛

Möbel Roche Bobois Paris, 1010 Wien, Wipplinger Straße 27 (Ecke Renngasse); Mo–Fr 9–18, Sa 10–17 Uhr.
Römermuseum, 1010 Wien, Hoher Markt 3, Tel. 01/5355606, www.wienmuseum. at; Di–So 9–18 Uhr.
Wien Museum, 1040 Wien, Karlsplatz 8, Tel. 01/50587470, www.wienmuseum. at; Di–So 10–18 Uhr.
Archäologiepark Carnuntum, 2404 Petronell-Carnuntum, Hauptstraße 1A, Tel. 02163/33770, www.carnuntum.co.at; Mo–So 9–17 Uhr.

Jüdisches Wien: Vom Zentrum auf die ›Mazzesinsel‹

Die Geschichte der Juden in Wien ist eines der beschämendsten Kapitel der Wiener Stadtgeschichte. Seit der Gründung der ersten jüdischen Gemeinde im frühen Mittelalter wurden sie systematisch ausgegrenzt, diffamiert, verfolgt, vertrieben und auch ermordet. Das österreichische Kaiserhaus, die katholische Kirche und vor allem die Austrofaschisten und Nationalsozialisten haben die Juden finanziell erpresst und politisch für ihre Zwecke missbraucht. Durch die Vertreibung und Ermordung der Juden in den Jahren 1938 bis 1945 wurde auch das Kultur- und Geistesleben in Wien nachhaltig zerstört. So kam es, dass sie der Stadt ebenso Sehenswertes wie Bedrückendes hinterlassen haben. Heute zählt die Israelitische Kultusgemeinde knapp 8000 Mitglieder, das sind nach Schätzungen rund die Hälfte aller Juden in Wien.

Fundierte, auch sehr berührende Führungen bietet der in Hannover geborene Wahl-Wiener Walter Juraschek (→ S. 216). Juraschek ist ein staatlich geprüfter Fremdenführer und selbst jüdischer Herkunft. Viel von seinem Wissen ist auch in diese Stadttour eingeflossen.

Judenplatz

Eine Führung durchs Jüdische Wien beginnt meist vor dem **Holocaust-Mahnmal** auf dem Judenplatz in der Wiener Innenstadt. Der Kubus aus Stahlbeton der britischen Bildhauerin Rachel Whiteread (geb. 1963) soll eine nicht zugängliche, nach außen gestülpte Bibliothek darstellen – als Symbol für die jüdische Geistes- und Kulturgeschichte und als Erinnerung an 65 000 ermordete Juden

in Österreich. Im Sockel sind rund um den Kubus die Namen ihrer Todesorte angeführt.

Das Mahnmal wurde im Jahr 2000 enthüllt und steht, durchaus beabsichtigt, leicht versetzt über den Mauerresten der ersten jüdischen Synagoge. Im **Misrachihaus**, das ist das Haus Nr. 8 an der Rückseite des Mahnmals, ist eine Außenstelle des Jüdischen Museums eingerichtet und öffentlich zugänglich. Hier wird die florierende Geschichte der ersten jüdischen Gemeinde gezeigt. Im Keller sind auch die bei einer Ausgrabung freigelegten **Mauern der Synagoge** zu besichtigen. Diese erste Gemeinde wurde im frühen 13. Jahrhundert gegründet, nicht als Ghetto, wie oft gesagt wird. In den Jahren 1420/21 wurde sie brutal zerstört: Im Zuge der sogenannten ›Wiener Gesera‹ wurden 800 Juden auf der Donau in Boote ohne Ruder gesetzt, was auf dem wilden, unregulierten Fluss einem Todesurteil gleichkam. 200 Juden hat man dann auf einem Scheiterhaufen auf der ›Gänseweide‹ (im 3. Bezirk, dort, wo heute das Hundertwasserhaus steht) verbrannt, 120 sollen in der Synagoge Selbstmord begangen haben.

Hintergrund waren auch schon damals finanzielle Engpässe der Herrscher. Um von den realen Problemen abzulenken, wurden die Juden zu Sündenböcken stilisiert. Zudem wurden mit dem Geld, das man ihnen weggenommen hatte, Löcher im Budget gestopft. Ein zynisches Muster, das später öfter wiederholt wurde, unter anderem auch bei der Vertreibung der zweiten jüdischen Gemeinde in den Jahren 1670/71 unter Kaiser Leopold I.: Da warf man den Juden vor, an den Fehl-

Das Holocaust-Mahnmal von Rachel Whiteread am Judenplatz

geburten von Kaiserin Margarita Theresa von Spanien schuld zu sein. Dabei dürfte der Grund dafür vielmehr der Inzest unter den Habsburgern gewesen sein. Am Haus gegenüber dem Museum, an der Ecke zur Jordangasse, heißt es auf einer Inschrift wortwörtlich: »So erhob sich 1421 die Flamme des Hasses, wütete durch die ganze Stadt und sühnte die furchtbaren Verbrechen der Hebräerhunde.« Auf der Glastafel, die am Haus daneben angebracht ist, folgt eine späte Entschuldigung: »Heute bereut die Christenheit ihre Mitschuld.« Das **Denkmal von Gotthold Ephraim Lessing** in der Platzmitte soll ebenso versöhnlich wirken. Der deutsche Dichter und Aufklärer hat sich Zeit seines Lebens (1729–1781) für ein ›Christentum der Vernunft‹ und ein friedliches Nebeneinander der Glaubensgemeinschaften eingesetzt.

Judengasse

Durch die Jordangasse und über den **Hohen Markt** geht es auf direktem Weg in die Judengasse. Auf dem ehemaligen Marktplatz findet sich eine Fußnote der Geschichte: Im Haus Nr. 1 wurden bei einer privaten Feier am Heiligen Abend des Jahres 1814 erstmals in Wien die Kerzen eines ›Lichterbaums‹ entzündet. Dass dieses zutiefst christliche Ritual ausgerechnet in der Wohnung einer jüdischen Bankiersfamilie zelebriert wurde, war anschließend sowohl der erzkatholischen Kaiserfamilie als auch der jüdischen Gemeinde peinlich – und ist bis heute weitgehend unbekannt.

Im Hof des heutigen Hauses Seitenstettengasse Nr. 4 soll jenes Haus gestanden haben, in dem der erste Jude Wiens gelebt hat: Schlomo, der Münzmeister. Es ist bezeichnend, dass er ermordet wurde – laut schriftlichen Quellen war er ein Opfer der Kreuzfahrer.

Wenige Schritte weiter übt auch heute ein Polizist seinen Wachdienst aus. Seit dem Attentat auf die **Synagoge** im Jahr 1981 wird sie rund um die Uhr bewacht. Der Stadttempel, der in den Jahren 1824/25 nach Plänen des angesehenen Wiener Architekten Joseph Kornhäusel (1782–1860) im Stil des Biedermeiers errichtet wurde, hebt sich nach außen von den benachbarten Wohnhäusern nicht ab. Die nach außen hin unscheinbare Fassade ist mit den Toleranzpatenten von Joseph II. aus den Jahren 1781/82 zu erklären. Auch der Sohn von Maria Theresia brauchte dringend Geld – unter seiner Regentschaft wurde daher das ›Toleranzgeld‹ als Vorform der Kirchensteuer eingeführt. Man erlaubte Protestanten, Orthodoxen und Juden die Ausübung ihres Glaubens. Dafür wurden sie zur Staatskasse gebeten. Umso zynischer war daher die Einschränkung, dass ihre Gotteshäuser im Unterschied zu jenen der Katholiken nach außen nicht sichtbar sein durften. Die Synagoge in der Seitenstettengasse Nr. 4 ist das einzige jüdische Sakralgebäude in Wien, den das NS-Regime

Das Lessing-Denkmal am Judenplatz

Die Synagoge in der Seitenstettengasse Nr. 4 blieb vom NS-Terror verschont

in der Pogromnacht im November 1938 nicht niederbrennen ließ. Dafür gibt es auch eine Erklärung: In einem Nebenraum des Tempels befand sich das Archiv mit den Matrikeln und Adressen aller Wiener Juden. Diese benötigte die Geheime Staatspolizei in den folgenden Monaten für ihre genau geplanten Verhaftungswellen. Die Besichtigung der Synagoge ist heute möglich – Führungen werden von Montag bis Donnerstag angeboten, mit Ausnahme der jüdischen und christlichen Feiertage (aktuelle Beginnzeiten auf der Homepage).

Morzinplatz

Der Rabensteig führt hinunter zum Morzinplatz. Ein **Mahnmal** an der nordöstlichen Ecke (gleich neben der Haltestelle für die Flughafen-Busse) erinnert an ein weiteres Kapitel der jüdischen Leidensgeschichte in Wien. Die Figur ist aus Bronze, der Granit für den Block stammt aus dem ehemaligen KZ Mauthausen in Oberösterreich. Im einst eleganten ›Hotel Metropol‹ an der Ecke zum Franz-Josefs-Kai, mit Blick auf den Donaukanal, hatte die Gestapo bald nach dem ›Anschluss‹ im

März 1938 ihr Wiener Hauptquartier eingerichtet. Es war das größte seiner Art im ›Dritten Reich‹. 700 Schergen des Regimes walteten hier ebenso gnadenlos wie penibel ihres Amtes. Die von den Sicherheitsleuten Verhafteten wurden durch den Vordereingang in das Gebäude gebracht und nach einem kurzen, stets unfairen Prozess durch einen Hintereingang abtransportiert.

Das Wiener Haus des Terrors wurde in den letzten Kriegswochen im Jahr 1945 bei einem Bombenangriff der Alliierten zerstört. An seiner Stelle wurde nach dem Krieg der **Leopold-Figl-Ho**f errichtet, benannt nach einem österreichischen Bundeskanzler, der selbst im KZ Dachau inhaftiert war. Das Relief auf einem der Balkone erinnert an die Gräueltaten der Nazis: Man sieht Stracheldrähte und Galgen, zahlreiche Köpfe, dazu sind die Jahreszahlen 1938 und 1945 eingraviert. Vinzenz Graf Morzin war übrigens kein brutaler Polizist, sondern ein vornehmer Adeliger aus Pilsen, der den Armen der Stadt nach seinem Tod am Ende des 19. Jahrhunderts sein Erbe großzügig vermacht hatte.

Nestroyplatz

Die Tour führt nun zur U-Bahn-Station Schwedenplatz, und von dort weiter mit der U1 in Fahrtrichtung Leopoldau. Unter dem Donaukanal hindurch geht es auf die ›Mazzesinsel‹, wie man das jüdische Ghetto im 2. Bezirk genannt hatte und auch heute wieder nennt. Aussteigen nach weniger als einer Minute Fahrzeit – an der Station Nestroyplatz.

Direkt an der Station führt der **Weg der Erinnerung** vorbei. Der Weg wird von den ›Steinen der Erinnerung‹ markiert, die Mitglieder eines gleichnamigen privaten Vereins mit Duldung der Stadtverwaltung seit einigen Jahren auf Gehsteigen und Häusern in Wien anbringen. Der erste interessante Stein befindet sich in der **Tempelgasse**, die vom Nestroyplatz in Richtung Donaukanal abzweigt. Die vier weißen Säulen auf dem Gehsteig vor dem Grundstück Nr. 5 sollen eine Vorstellung geben, wie mächtig der einst größte Tempel der jüdischen Gemeinde in Wien war. Die Säulen nehmen auch Bezug auf den Salomonischen Tempel in Jerusalem. Der **Leopoldstädter Tempel** in der Tempelgasse soll bis zu 3500 Menschen Platz geboten haben. Er war bis zur Pogromnacht im November 1938 immer gut besucht.

Gebaut wurde er in den Jahren von 1854 bis 1858, also noch bevor Kaiser Franz Joseph die Einführung der allgemeinen Religionsfreiheit (im Jahr 1867) verkündet hat. Sein Dekret hat Protestanten, Orthodoxe und Juden mit den Katholiken gleichgestellt, es lässt sich ebenso durch wirtschaftliche Notwendigkeiten erklären: Das Kaiserhaus und die Stadt Wien wollten die Ringstraße mit all ihren Repräsentativ- und Prachtbauten errichten. Man brauchte also Geld, viel Geld. Der alte Adel konnte es nicht aufbringen, verarmte gerade in seinen zunehmend herunterkommenden Innenstadtpalais. So wurden die plötzlich immens im Wert gestiegenen Immobilien entlang des Rings an den gerade zu Geld kommenden Finanzadel verkauft und mit dem Erlös die Ausbauarbeiten finanziert. Unter den Neo-Vermögenden

▲ *Mahnmal am Morzinplatz: Hier hatte die Gestapo ihr gefürchtetes Hauptquartier*

fanden sich überdurchschnittlich viele jüdische und protestantische Familien. Nach dem Ende des Ersten Weltkriegs und damit der österreichisch-ungarischen Monarchie, im Jahr 1918, kam es zu einem weiteren großen Zuzug. Damals setzte die Flucht der sogenannten Ost-Juden aus den ehemaligen Kronländern und nun kommunistisch regierten Staaten ein. Viele kamen nach Wien und blieben hier. Noch Anfang 1938 wurde die Zahl der Wiener mit jüdischem Glaubensbekenntnis mit 200 000 angegeben. Heute steht nur noch der reich verzierte linke Seitenflügel. Der Juden-Pogrom in der Nacht vom 9. auf den 10. November 1938 wurde von den NS-Machthabern auch in Wien minutiös vorbereitet und ohne Rücksicht auf Verluste von ihren Schergen ausgeführt. In dem neuen Haus, das auf dem Grundstück der Synagoge Platz für einen Hof lässt, ist heute auch der Psychosoziale Dienst der Kultusgemeinde für die Holocaust-Opfer bzw. deren Nachfahren eingerichtet.

Erinnerung in der Tempelgasse

Rund um die Praterstraße

Der Weg der Erinnerung führt zurück auf den **Nestroyplatz** und rechts ein paar Meter in die **Czerningasse** hinein. Am Haus Nr. 6 ist eine Tafel angebracht. Darauf steht, dass hier ›vom Tag seiner Geburt bis zum Tag seiner Deportation‹ der Neurologe und Psychiater Viktor Frankl (1905–1997) gewohnt und auch gearbeitet hat. Ebenso wie Sigmund Freud wurde auch der ›jüdische Seelendoktor‹ Frankl von den Nationalsozialisten an der weiteren Ausübung seines Berufs gehindert. Er ist der einzige in seiner Familie, der den Holocaust in Theresienstadt überlebt hat. Nach dem Krieg wurde der Begründer der Logotherapie und der Existenzanalyse zum Vorstand der Wiener Neurologischen Poliklinik berufen. Seine Erfahrungen im KZ hat

er in dem Buch ›... trotzdem Ja zum Leben sagen‹ beschrieben. Darin hat er sich auch für die Versöhnung mit den Tätern ausgesprochen.

Vor der Putzerei (Reinigung) auf dem Nestroyplatz, schräg gegenüber dem **Theater im Nestroyhof**, ist der nächste Stein der Erinnerung eingefasst – für all die jüdischen Schauspieler und Theater an der Praterstraße. Hier soll es neben den größeren Theatern ›Nestroyhof‹, ›Orpheum‹ und ›Reklame‹ zig weitere Kleinbühnen gegeben haben, so dass man die Wiener Praterstraße in der Zwischenkriegszeit auch den ›Kleinen Broadway‹ genannt hat.

Wie schmerzlich das jüdische Geistesleben bis heute vermisst wird, beweist ein Blick in die heutige Straße. Hier fehlen nicht zuletzt auch all die Kaffeehäuser, die zum Charme der Stadt prägend beigetragen haben.

Auch das Haus **Zirkusgasse Nr. 22** lässt heute nichts Großartiges mehr vermuten. Hier brannte im November 1938 der **Tempel der türkischstämmigen sephardischen Juden** aus. Ihre Vorfahren hatten sich bereits unter Kaiser Karl VI., dem Vater von Maria Theresia, mit Sonderrechten in Wien angesiedelt. Möglich machte dies ein Vertrag des Wiener Kaisers mit der Hohen Pforte in Konstan-

Erinnerung an die ›Gerechten‹ im Werd

tinopel. Darin versicherte man sich gegenseitig, den Handel nicht zu behindern und die Geschäftsleute zu unterstützen. Einigen Menschen hat dieser Staatsvertrag zu Beginn der NS-Zeit das Leben gerettet. Die türkische Regierung hat ihnen türkische Pässe ausgestellt und damit die Ausreise ermöglicht. Im ›Türkischen Tempel‹ haben übrigens auch der aus der Donaustadt Ruse im heutigen Bulgarien stammende Philosoph und Literatur-Nobelpreisträger Elias Canetti (1905–1994) und die Wiener Schriftstellerin Veza Canetti, geborene Taubner-Calderon, (1897–1963) geheiratet. Elias Canetti ist der Autor des weltberühmten Werks ›Masse und Macht‹, Veza Canetti die Autorin mehrerer Romane, darunter ›Die gelbe Straße‹.

Berührend, bedrückend der nächste Stopp in der **Kleinen Sperlgasse**. Der Stein vor dem Eingang zur Sperlschule erinnert an das sogenannte ›Sammellager‹. Hierher wurden viele Wiener Juden gleich nach ihrer ›Aushe-

bung‹ gebracht, wie das die brutalen Räumungstrupps der Gestapo nannten, die während ihrer Einsätze auch kein Pardon kannten. Vom Oktober 1941 bis zum März 1943 hat man mehr als 30 000 Menschen vorübergehend in dieses Haus gesperrt. Es war der Anfang vom Ende, für viele. Es gab keine Heizung, auch keine Decken. Und in den WC-Anlagen fehlten – perfide ausgedacht – die Türen.

Fremdenführer Walter Juraschek öffnet seine Mappe, die er bei Führungen durch das Jüdische Wien stets mit sich trägt. Das Bild zeigt den selben Hof und die selbe Häuserfront, und davor unglückliche Menschen, die wie Vieh auf einem Lkw verladen werden. »Wenn wieder tausend Menschen zusammen waren«, sagt er dann, »wurden sie von hier weggebracht«. Von der Kleinen Sperlgasse ging es zum Aspang-Bahnhof im Osten der Stadt. Und von dort in die Konzentrationslager des Dritten Reichs. Unvorstellbar eigentlich, dass es Anrainer gab, die von diesen Massentransporten nichts mitbekommen haben wollten. Ein weitere Tafel erinnert an die Kindertransporte. Und spätestens hier hat Herr Juraschek Tränen in den Augen.

Karmelitermarkt

Der Weg der Erinnerung führt weiter zum Karmelitermarkt (→ S. 188), der auf der alten Mazzesinsel eine wichtige Rolle gespielt hat. Am Eingang zum neuerdings hippen Markt erinnert ein Stein an jene 74 jüdischen Marktstandler, die hier bis zum ›Anschluss‹ im März 1938 für ihre frische Ware bekannt waren. Das Kampfblatt des NS-Regimes, der ›Völkische Beobachter‹, meldete allerdings noch im selben Jahr, ungeniert freudig, »dass der Karmelitermarkt jetzt judenfrei ist«. Das Mahnmal war ursprünglich im Trottoir vor dem Blumengeschäft linker

Stadtplan I-3 ▲

Stadttouren

Vom Karmelitermarkt wurden 1938 insgesamt 74 jüdische Händler brutal vertrieben

Hand eingelassen. Doch die Inhaberin wollte mit der belastenden Geschichte nicht weiter konfrontiert werden. Sie verstellte die Sicht mit Blumentöpfen. Auch eine Möglichkeit, sich in Wien der Vergangenheit zu entziehen.

Beenden sollte man die Tour nur ein paar Schritte weiter, vor der kleinen gepflegten **Grünanlage im Werd**. Hier wird an die ›Gerechten‹ erinnert. Das sind jene Bewohner dieser Stadt, die ihr Leben riskiert haben, um anderen Menschen das Leben zu retten. Auf der Gedenktafel heißt es: ›Ihre Namen sind meist unbekannt.‹ Chronist Juraschek fügt hinzu:

»Sie haben in der Stadt rund 1500 Menschen, die man U-Boote nannte, bei sich zu Hause versteckt. Immerhin 500 haben überlebt.« Das gibt dieser Geschichte des Terrors kein Happy End, macht sie nicht erträglicher, doch immerhin kann man sich am Ende erhobenen Hauptes die Hände reichen.

Wer jetzt noch Hunger hat: **Bahur-Tov**, die Aufschrift auf der Tafel eines kleinen Restaurants in der Krummbaumgasse, die den Karmelitermarkt Richtung Donaukanal begrenzt, bedeutet ›Guter Junge‹. Und die guten Jungs dort servieren koschere Speisen.

ℹ️ Jüdisches Wien

Hörspuren, www.hoerspuren.at. Derzeit lassen sich fünf verschiedene Audio-Guides, die informativ durch das jüdische Wien führen, gratis von der Homepage des gleichnamigen Projekts herunterladen. **Stadtführung**: Wichtige Anregungen für diese Stadttour hat **Walter Juraschek** gegeben. Er ist staatlich geprüfter Fremdenführer und bringt Interessierten gerne auch diesen Aspekt der Stadt näher. Kontakt: Tel. 01/9251524 oder 0699/19251524, walter.juraschek@chello.at, www.my-vienna-guides.at.

🏛️

Jüdisches Museum, 1010 Wien, Dorotheergasse 11, Tel. 01/5350431, www.jmw.at, Mo–Do, So 10–18, Fr 10–14 Uhr.

❗

Israelitische Kultusgemeinde Wien, 1010 Wien, Seitenstettengasse 4, Tel. 01/531040, www.ikg-wien.at.
Steine der Erinnerung, www.steineder erinnerung.net. Alle Steine und Projekte sind auf der Homepage des gleichnamigen Vereins verzeichnet.

Susanne Mauthner-Weber über
kluge Köpfe, die man in Wien mit Füßen tritt

Platz 162 also. Groß war die Aufregung, als die Wiener Universität vor geraumer Zeit in einem der wichtigsten weltweiten Hochschul-Rankings abgrundtief abstürzte. Wie überhaupt der Wiener und auch die Wienerin dazu neigt, sich erst einmal lautstark und empört aufzuregen. Und dann rasch zu vergessen.

Was das mit dem heutigen Zustand der österreichischen Universitäten zu tun hat? Viel, denn folgt man Leuten, die sich mit diesem Thema auskennen, ist die Tatsache, dass Österreich seit geraumer Zeit keine Nobelpreisträger mehr hervorbringt und die Hochschulen bestenfalls Mittelmaß sind, Ergebnis einer Entwicklung, die bis in die Zwischenkriegszeit zurückreicht. ›Cultural Exodus‹ nennt es der Zeitgeschichte-Forscher und meint damit nichts anderes als die Vertreibung der Vernunft.

Der Wiener Bürgermeister Michael Häupl beklagte einmal den »unglaublichen intellektuellen Aderlass«. Eine Stadt, »die gebebt hat vor Kreativität und Innovation«, sei ihrer wissenschaftlichen und kulturellen Leistungsfähigkeit beraubt worden.

So viel zur offiziellen Lesart, und zum Vergessen. Denn die Wahrheit sieht anders aus:

– Das ›Time Magazine‹ reihte ihn unter die 100 wichtigsten Persönlichkeiten des 20. Jahrhunderts: Kurt Gödel, Mathematiker, Altösterreicher – und vertrieben.

– Die ›Los Angeles Times‹ kürte sie zur ›Woman oft the Year 1963‹: Olga Taussky, Mathematikerin, Österreicherin – und vertrieben.

– Die erste physikalisch-theoretische Erklärung der Kernspaltung stammt von ihr und machte sie weltberühmt: Lise Meitner, Physikerin, Österreicherin – und vertrieben.

Tatsächlich wurden die einen gezwungen zu gehen, weil sie Juden waren. Andere, wie beispielsweise Gödel, der nicht einmal politisch war, waren einfach angewidert vom Nazi-Regime. Das muss man sich einmal vorstellen: Jemandem wie Kurt Gödel ist 1938 in Wien die Lehrbefugnis entzogen worden...

Er emigrierte in die USA, und das war gut für die aufstrebende Supermacht: Der Brain-Train wirkte befruchtend. Viele, die vertrieben wurden, stiegen in ihrer neuen Heimat innerhalb kürzester Zeit zu berühmten Professoren auf. Einer, Stefan Vajda, ging nach England und wurde Chefmathematiker der britischen Navy, ein anderer nach Cambridge und erhielt 1962 den Chemie-Nobelpreis. Sein Name? Max Perutz.

Der Zeitgeschichte-Forscher weiß heute: Von den etwa 130 000 bis 150 000 österreichischen Exilanten der 1930er und 1940er Jahre sind zehn Prozent der Wissenschaftsemigration zuzurechnen. Unpersönliche Zahlen mit vier Nullen, hinter denen ebenso viele persönliche Schicksale stehen. Wie jene von Jugendlichen, die während ihres Studiums oder noch früher fliehen mussten.

28 extrem talentierte spätere Mathematikerinnen und Mathematiker waren dabei. Darunter vier Schüler einer einzigen Schulklasse im 2. Wiener Gemeindebezirk. Einer hieß Walter Kohn und sollte 1998 mit dem Chemie-Nobelpreis ausgezeichnet werden. Ein gewisser Frank Spitzer, später ebenfalls ein weltberühmter Mathematiker, wurde 1938 als Zwölfjähriger von seinen Eltern in die Ferien nach

Schweden geschickt. Irgendwann schrieben sie ihm: »Lieber Franzi, du kannst nicht zurückkommen, und wir kommen nicht hinaus.« Er hat seine Eltern erst acht Jahre später wieder gesehen.

Wien, in der Zwischenkriegszeit ein Zentrum der Mathematik, Medizin und Psychoanalyse, blutete intellektuell aus: 3200 von 4900 Ärzten mussten aus rassischen oder politischen Gründen ihren Beruf aufgeben, wurden vertrieben oder später ermordet. Von den Professoren und Dozenten der Medizinischen Fakultät der Universität Wien wurden 54 Prozent – heute würden wir sagen – hinausgemobbt.

Und heute? Mehr als 70 Jahre nach dem ›Anschluss‹ Österreichs an Hitlerdeutschland kann, wer möchte, auf dem Gelände der MedUni im 9. Bezirk ein Mahnmal besichtigen, das in Form eines Buches mit herausgerissenen Seiten an die Opfer jener dunklen Jahre erinnert. Das Buch symbolisiert nicht nur das jüdische Volk, sondern auch die Wissenschaft, während die herausgerissenen Seiten die Vertreibung einerseits und den Verlust von Wissen andererseits versinnbildlichen. In die Steine eines Brunnens gleich daneben wurden die Namen der Vertriebenen und Ermordeten eingraviert.

Auf einigen von diesen klugen Köpfen trampeln wir bis heute herum, und das ist ausnahmsweise nicht im übertragenen Sinne gemeint: Erwin Schrödinger, Physik-Nobelpreisträger 1933, und Robert Musil, Philosoph und Schriftsteller, erhielten einen Platz. Der eine im 22., der andere im 16. Bezirk. An den weltberühmten Soziologen Paul Lazarsfeld und an die bereits genannte Physikerin Lise Meitner sollen Gassen im 21. bzw. im 22. Bezirk erinnern. Dem Journalisten Anton Kuh wurde ein winziger Weg in St. Marx zugeteilt. Dem Nationalökonomen Otto Neurath gedenken wir straßentechnisch wiederum mit einer Gasse gleich beim Frachtenbahnhof in Stadlau. Und die Gasse des Schriftstellers und Sozialpsychologen Manès Sperber irgendwo draußen in Strebersdorf ist so kurz, dass sie auf dem Stadtplan zur Sp.-G. schrumpft.

Allen genialen Gassen gemeinsam: Sie sind so weit an die Peripherie der Donau-Metropole gedrängt, dass kein Tourist bei einer normalen Stadtführung die Chance bekommt, auf den Spuren Österreichs großer vertriebener Söhne und Töchter zu wandeln. Andererseits und immerhin: Lazarsfeld, Schrödinger, Neurath & Co. wurden von den Nachgeborenen wenigstens peripher gewürdigt.

Und so entdeckt, wer einen Blick auf die Liste der vertriebenen Vernunft riskiert, großes Potenzial für etwaige Stadterweiterungen und die dann dringend benötigten Straßennamen. Vielleicht gibt es schon bald in Süßenbrunn einen Elias-Canetti-Weg, Großjedlersdorf könnte sich auf eine Olga-Taussky-Gasse freuen und Unterlaa auf eine Victor-Hess-Straße. In Siebenhirten ist Platz für einen Paul-Lazarsfeld-Ring, und Kaiserebersdorf schmückt sich womöglich mit einem Hans-Przibram-Weg.

Susanne Mauthner-Weber, 1965 in Kärnten geboren und in Murau in der Steiermark aufgewachsen, ist Wissenschaftsredakteurin der Tageszeitung ›Kurier‹. Sie erhielt 2012 den Staatspreis für Wissenschaftspublizistik. Und sie ist mittlerweile mit ihrem Wohnort Wien versöhnt.

Rotes Wien: Von Karl Marx bis Sankt Marx

Diese Tour wird all jenen gefallen, die an urbaner Architektur und Stadtentwicklung interessiert sind. Zur Begrifflichkeit: Rot ist Wien zum einen im politischen Kontext und zum anderen aufgrund seines kommunalen Wohnbaus.

Zur Politik: Die Stadt wurde vom Ende des Ersten Weltkriegs, ab 1919, bis zum Beginn des Austrofaschismus im Jahr 1934 durchgehend von sozialdemokratischen Bürgermeistern regiert. Ihre Partei, die Sozialdemokratische Arbeiterpartei, kurz SDAP, konnte bei den Wahlen zum Landtag und zum Gemeinderat wiederholt die absolute Mehrheit erreichen und damit in der Kommunalpolitik nachhaltig Akzente setzen: Am bekanntesten ist das ambitionierte Wohnbauprogramm, darüber hinaus gab es aber auch umfangreiche Reformen in der Sozial-, in der Gesundheits- und Bildungspolitik. Nach dem Ende des Zweiten Weltkriegs kamen 1945 die Sozialdemokraten erneut in die Regierungsverantwortung, die sie bis heute nicht abgegeben haben.

Zur Architektur: Rotes Wien ist auch ein Begriff, den Architekten, Architekturführer und Architekturkritiker verwenden, um auf die spezielle Form des kommunalen Wohnbaus in Wien aufmerksam zu machen. Seit den 1920er Jahren gelingt es der von den Sozialdemokraten gelenkten Stadtverwaltung, im großen Maßstab und auf hohem Niveau Wohnhausanlagen zu errichten, die nicht nur funktional, sondern auch für viele einigermaßen leistbar und lebenswert sind. Der geförderte Wohnbau ist es auch, der Wien neben all den historischen Bauwerken einzigartig macht.

Seit der Amtszeit des ersten sozialdemokratischen Bürgermeisters Jakob Reumann (1853–1925) und seines Finanzstadtrats Hugo Breitner (1873–1946), der die Wohnbausteuer eingeführt hat, ist man in Wien bestrebt, möglichst viele qualitativ hochwertige und dennoch preiswerte Wohnungen zu errichten. Diese Form des sozialen Wohnbaus gilt mit Einschränkungen bis heute.

Derzeit zählen die Mitarbeiter von Wiener Wohnen (eine Unternehmung der Stadt Wien und gleichzeitig die größte Hausverwaltung Europas) 2200 Gemeindebauten, 220 000 Mietwohnungen sowie gut 500 000 Wiener und Wienerinnen, die darin ihr Zuhause gefunden haben. Das ist immerhin mehr als ein Viertel der Stadtbevölkerung.

Die Tour durchs Rote Wien ist eine längere Reise durch hundert Jahre Stadtentwicklung. Sie beginnt im bekanntesten Gemeindebau von Wien, dem Karl-Marx-Hof, und endet im neuen Media Quarter in Sankt bzw. neuerdings Neu Marx. Unterwegs tun sich Gebäude und Anlagen auf, die schon während ihrer Planung für Aufsehen und Diskussion gesorgt haben. Vorab noch ein Tipp: Diese Tour, die in mehreren Etappen kreuz und quer durch die Stadt führt, ist an einem Tag kaum zu bewältigen. Immerhin sind alle Stationen mit öffentlichen Verkehrsmitteln gut erreichbar.

Karl-Marx-Hof

Erster Halt ist die Endstation der U-Bahn-Linie U4 in Heiligenstadt. Der Bahnhof wurde – unschwer zu erkennen – einst als Station der Stadtbahn nach Plänen des Stararchitekten des Jugendstils Ot-

Vom Roten Wien bis zum Violett der Moderne: Sozialer Wohnbau hat in Wien Tradition

Bastion der Arbeiterbewegung; der Karl-Marx-Hof in Heiligenstadt

to Wagner (1841–1918) errichtet. Wer auf den Bahnhofsvorplatz tritt, sieht ihn sofort, den Karl-Marx-Hof, das ›Versailles der Arbeiterschaft‹, wie er auch genannt wurde. Die Wohnhausanlage mit ihren Ehrfurcht gebietenden Türmen und Tordurchfahrten ist mehr als einen Kilometer lang und gilt bis heute als die längste zusammenhängende Wohnsiedlung der Welt.

Der Karl-Marx-Hof ist der bekannteste und längste Gemeindebau, der im Roten Wien gebaut wurde. Beeindruckende Wohnfestungen wurden auch in anderen Bezirken errichtet, unter anderem der Rabenhof in Erdberg, der Reumannhof in Margareten, der George-Washington-Hof in Meidling, die Sandleiten in Ottakring, der Friedrich-Engels-Hof in der Brigittenau, der Karl-Seitz-Hof in Floridsdorf, vor allem auch die Anlagen entlang des Margareten- und des Gaudenzdorfer Gürtels, denen der Gürtel auch den schmückenden Beinamen ›Ringstraße des Proletariats‹ verdankt.

Die Größe und auch die kastellartige Anordnung dieser Gemeindebauten hat

in erster Linie politische Gründe. Nach dem Ende des Ersten Weltkriegs wird in Wien dringend Wohnraum benötigt. Während Österreich durch die Verträge mit den Siegerstaaten von einem europäischen Imperium zu einer Mini-Republik geschrumpft ist, zieht die alte Hauptstadt Zehntausende Menschen aus den ehemaligen Kronländern an. Schon lange vor dem Fall des Kaiserhauses haben sich zwei verfeindete politische Lager gebildet: Die Sozialdemokratie als Vertreter der Arbeiterschaft auf der einen und ein von der katholischen Kirche stark beeinflusstes konservatives Bürgertum auf der anderen Seite.

Die Wiener Stadtverwaltung hat ehrgeizige Pläne: Sie möchte möglichst schnell viele moderne und für ihre Klientel erschwingliche Wohnungen schaffen. Der Karl-Marx-Hof und auch die anderen monumentalen Anlagen sollen mit ihren Seitenflügeln und Innenhöfen zum einen an barocke Schlösser erinnern – und damit auch die Würde ihrer Bewohner betonen. Zum anderen wirken sie nicht ganz zufällig wie große Befestigungsanlagen; die hier wohnenden Arbeiterfamilien sollen, so der Plan der Sozialdemokraten bei einer bewaffneten Auseinandersetzung mit dem verfeindeten christlich-sozialen Lager geschützt werden. Zu diesem Zweck werden auch eigene geheime Waffenlager angelegt. Fakt ist: Bis zum Jahr 1934 wurden 65 000 neue Wohneinheiten geschaffen.

Der Karl-Marx-Hof wurde in den Jahren 1927 bis 1930 gebaut. Der letzte Feinschliff ließ dann noch bis zum Jahr 1933 auf sich warten, wenige Monate später flammte auch hier der Bürgerkrieg kurz auf. Noch heute beeindrucken die Dimensionen des Komplexes, der vom Wiener Architekten und Otto-Wagner-Schüler Karl Ehn (1884–1959) geplant wurde. Ursprünglich waren 1382 Wohnungen eingerichtet. Nach damals modernstem Standard, mit in die Wohnungen integrierten Toiletten.

Großzügig wirken bis heute – wie in vielen älteren Gemeindebauten – die Grün- und Parkanlagen. Die Architekten arbeiteten auch mit dem Konzept der ›Stadt in der Stadt‹. So hat Planer Ehn im Karl-Marx-Hof viel Infrastruktur vorgesehen: Waschküchen, Wannen- und Brausebäder, Kindergärten, Jugendheim, Spielplätze, Arztpraxen, Zahnklinik, Apotheke, Mutterberatungsstelle, Außenstelle für die Krankenkasse, Bibliothek, Postamt sowie Kaffee- und Gasthäuser. Der Karl-Marx-Hof ist auch ein erfolgreicher Versuch der Sozialdemokratie, die politischen Mehrheitsverhältnisse im Bürgerbezirk Döbling zu brechen. Als christlich-sozialer Gegenentwurf gilt wie schon im Kapitel Wien-Mitte erwähnt das Hochhaus in der Herrengasse (→ S. 104). Bei einem Rundgang durch die Anlage sind auch die Flutlichtmasten des ältesten Fußballstadions Wiens auf der Hohen Warte zu sehen. Der Architekturkritiker Jan Tabor hat einmal darauf aufmerksam gemacht, dass der Karl-Marx-Hof als ein für viele sichtbares Symbol sozialdemokratischer Wehrhaftigkeit genau zwischen dem Bahnhof Heiligenstadt und dem legendären Fußballstadion errichtet wurde. An Länderspieltagen marschierten hier Tausende Fußballfans durch.

Nach dem Rundgang durch den Hof bietet sich der Besuch der **Dauerausstellung Rotes Wien im Waschsalon** an. Diese wurde in einem ehemaligen Brausebad und Wasserdepot eingerichtet und erzählt die Geschichte vom Roten Wien und vom Karl-Marx-Hof, ist aber nicht täglich geöffnet (→ S. 233).

Was im Waschsalon auch deutlich wird: Dass im Roten Wien die Menschen nicht für alles zur Kasse gebeten wurden. So konnten all jene, die in den eigenen vier Wänden keine Dusche oder Badewanne eingebaut hatten, in den sogenannten ›Tröperlbädern‹ fast zum Nulltarif baden. Für die Kinder der sozial benachteiligten Familien wurden eigene Kinderfreibäder gebaut. Heute noch verfügen die meisten Gemeindebauten über eigene Waschküchen mit modernen Waschmaschinen. Über alle Bezirke verteilt sind die städtischen Büchereien, in denen man für ganz wenig Geld neben Büchern auch digitale Informationsträger

Großzügig angelegt: der Park im Karl-Marx-Hof

ausleihen kann, sowie die Kindergärten, die von der Stadt mit maßvollen Tarifen betrieben werden. Schöne Beispiele für die Rücksichtnahme auf sozial benachteiligte Menschen sind auch das Kongressbad (→ S. 163) in Ottakring, das Strandbad Gänsehäufel an der Alten Donau (→ S. 181), eine Tanzschule im Karl-Seitz-Hof in Floridsdorf sowie das Theater im Rabenhof in Erdberg (→ S. 313).

Freihof-Siedlung

Ein Kapitel für sich ist die sozialdemokratische Siedlerbewegung der 1920er und 1930er Jahre. Sie hat sich aus einer Bewegung wilder Siedler entwickelt, die in den Krisenjahren nach dem Ersten Weltkrieg vor allem im Wienerwald aus ihrer Not eine Tugend gemacht und illegale Behausungen errichtet hatte. Nach einer Besetzung des Lainzer Tiergartens entschied sich die Stadtverwaltung zunächst zu einem ›dritten Weg‹: Neben privaten und kommunalen Hauseigentümern durften nun auch eigene Siedler-Genossenschaften Wohnungen bauen. Um eine dieser Wohnungen als Genossenschafter beziehen zu dürfen, mussten die Siedler zuvor 1000 bis 3000 Stunden am Bau der Siedlung mitarbeiten. Das Prinzip lautete: Wer seinen Anteil leistet, erhält anschließend seinen Anteil als Genossenschafter in Form eines Reihenhauses und dazu auch ein Mitbestimmungsrecht.

Man hat den Wiener Star-Architekten Adolf Loos (1870–1933) zum Chef-Architekten des Siedlungsamts der Stadt Wien berufen, und er ließ es sich in dieser Funktion nicht nehmen, den Siedlern mit Rat und Tat zur Seite zu stehen. Loos selbst plante unter anderem die ›Friedensstadt‹ in Lainz sowie weitere Siedlungen in Hirschstetten und am Heuberg, gleichzeitig gab er die

Parole aus: ›Große Architekten für kleine Häuser.‹

Diese Parole trifft auch auf eine Reihenhausanlage in Kagran zu, die Freihof-Siedlung genannt wird. Von Heiligenstadt ist sie in gut 20 Minuten mit der U4 und der U1 erreichbar (umsteigen am Schwedenplatz, aussteigen am Kagraner Platz). Die Freihof-Siedlung gilt mit ihren knapp 1100 ein- und zweigeschossigen Reihenhäusern als größte in sich geschlossene Siedlungsanlage der Stadt. Sie wurde in den Jahren 1923 bis 1926 gebaut, im Auftrag der Gemeinde Wien und der Genossenschaften ›Mein Heim‹ und ›Aus eigener Kraft‹, nach Plänen des Wiener Architekten Karl Schartelmüller (1884–1947).

Ein weiteres Motto für die relativ kleinen, im Detail jedoch sehr funktionalen Häuser lautete: ›Wirtschaftlichkeit auf engstem Raum‹. Dazu schreibt der Architekturkritiker Reinhard Seiß: »Sie wurde nach dem Prinzip der Selbstversorgung durch Gartenbau konzipiert, verfügte aber trotzdem schon über kommunale Einrichtungen wie ein Versorgungszentrum, ein Schulgebäude oder einen Sportplatz.«

Bei der Planung und beim Bau der Heuberg-Siedlung, die bereits im Jahr 1921 am Heuberg in Hernals (17. Bezirk) eröffnet werden konnte, wurde der später weltbekannte Architekt Adolf Loos von seinem Kollegen Hugo Mayer unterstützt. Für die Siedlung in der Hoffingergasse in Meidling (12. Bezirk) zeichneten 1924 die beiden Architekten Josef Frank und Erich Faber verantwortlich.

Die Bauvorhaben der Siedlerbewegung waren ambitioniert, konnten jedoch nur zum Teil umgesetzt werden. Schuld daran war zum einen das Umschwenken der Stadtregierung, die sich ab Mitte der 1920er Jahre für den Bau großer Einheiten entschieden hatte, zum ande-

Karte S. 173

ren etliche konservative Wiener Grundeigentümer. Die Bilanz der Wiener Siedlerbewegung ist dennoch beeindruckend: Innerhalb weniger Jahre wurden am Stadtrand fast 50 Siedlungen mit immerhin 15 000 Wohneinheiten errichtet.

Werkbundsiedlung

Eine Sonderstellung nimmt die Werkbundsiedlung in Lainz (13. Bezirk) ein. Ihre ursprünglich 76 Reihenhäuser wurden von 1930 bis 1932 gebaut und sollten, so die ursprüngliche Idee, an finanziell besser gestellte Familien aus der (klein)bürgerlichen Mittelschicht verkauft werden. Die Siedlung wurde nach dem Vorbild der kurz zuvor eröffneten Weißenhofsiedlung in Stuttgart errichtet und diente kurz nach der Eröffnung im Sommer 1932 auch als internationale Leistungsschau des modernen Wohnbaus. 30 zum Teil sehr junge, zum Teil bereits international anerkannte Architekten (und eine Architektin) aus Österreich, Frankreich, Deutschland, Holland und den USA durften die Musterhäuser entwerfen.

Die Gesamtleitung lag beim Wiener Architekten Josef Frank (1885–1967), er wollte hier dem ›Superblock‹, der von der Wiener Stadtverwaltung forciert wurde, das Ideal vom Einfamilien- und Reihenhaus mit Garten gegenüberstellen. Für die Möblierung und Ausstattung sorgte wiederum eine erlesene Auswahl an Innenarchitekten und Möbelherstellern wie zum Beispiel die Firma Thonet. Die Häuser sollten Modelle für den Bau großer Siedlungen im Grünen sein – gewiss als eine Utopie, denn immerhin sah man sich bereits mit der großen Weltwirtschaftskrise der 1930er Jahre konkret konfrontiert. Durch den Verzicht einer einheitlichen Gestaltung der Werkbundsiedlung wollten Frank und seine illustre Kollegenschaft auch ein Zeichen gegen die zeitgenössische Betonung der Ma-

schinenästhetik und des Funktionalismus setzen.

Heute wird über die dringend notwendige Sanierung der baufälligen Siedlung in Hietzing hitzig diskutiert. Kritisiert wird auch, dass die Wohnhäuser nur mehr mit großem Aufwand beheizt werden können. Da sie unter Denkmalschutz stehen, sind alle bisherigen Sanierungsvorschläge an deren Finanzierung gescheitert. Anreise: U4 bis Ober St. Veit, dann Bus 55B bis Gobergasse.

Siedlungsbau zwischen 1933 und 1945

Der Vollständigkeit halber erwähnt sind hier auch Wohnhäuser und -siedlungen, die im austrofaschistischen ›Ständestaat‹ (1933–1938) sowie in der NS-Zeit (1938–1945) errichtet wurden. Viele in Wien tätige Architekten haben – ebenso wie Richter, Beamte, Journalisten, Mediziner und Menschen in anderen Berufsgruppen – ebenso in der Diktatur wie vorher bzw. später in der Demokratie gedient.

Zwei Zitate aus dem ›Ständestaat‹ sind auf der Wieden (4. Bezirk) in Karlsplatz-Nähe zu sehen: Zum einen der sogenannte Assanierungsbau **Zu den vier Jahreszeiten** in der Operngasse Nr. 30 –36, der im Jahr 1937 nach Plänen der beiden Architekten Eugen Kastner und Fritz Waage eröffnet wurde, zum anderen das **Haus zur Bärenmühle** in der Rechten Wienzeile Nr. 1. Dieses Haus wurde von Oskar Poeller, einem jüdischen Bürger, der nach 1933 nach Wien gekommen war, in Auftrag gegeben und noch im ›Anschluss‹-Jahr 1938 nach Plänen der schon im Roten Wien tätigen Architekten Heinrich Schmid und Hermann Aichinger fertiggestellt.

Interessant in diesem Kontext ist auch die Geschichte der **SS-Siedlung**, die an die Fasangartenkaserne in Schloss-Schön-

Bleibende Erinnerung an die NS-Zeit: einer der beiden Flaktürme im Augarten

brunn-Nähe angeschlossen ist (→ S. 243). Sie wurde nach Plänen des SS-Baubüros im Jahr 1938 errichtet und sieht den von Sozialdemokraten konzipierten Siedlungen auf den ersten Blick nicht unähnlich. Dazu passt wohl auch, dass die Wohnungen nach Ende des Zweiten Weltkriegs von Familien österreichischer Bundesheer-Offiziere bezogen wurden.

■ NS-Spuren

Das NS-Regime hat aus Sicht der Architekturhistoriker in Wien während seiner nur siebenjährigen Herrschaft (März 1938 bis April 1945) mehr hinterlassen als allgemein angenommen wird. Bekannt und weiterhin weithin sichtbar sind die sechs über die Stadt verteilten **Flaktürme**. Zwei stehen im Augarten

(→ S. 303) im zweiten Bezirk, weitere zwei im Arenbergpark im dritten Bezirk, einer in der Stiftskaserne im siebenten Bezirk (→ S. 310) sowie einer im Esterhazypark, ebenfalls im siebenten Bezirk. Viel diskutiert wurde über das **Hitlerzimmer** im Volkstheater und im Zuge dessen auch über die hochtrabenden und nie realisierten Pläne der Wiener Gauleitung. Diese wollte neben Groß-Berlin auch ein Groß-Wien errichten.

Hansson-Siedlung West

Zurück ins Rote Wien: Von der Freihofsiedlung in Kagran geht es weiter mit der U1 bis zum Reumannplatz, und von dort mit der Straßenbahn der Linie 67 in den Süden von Wien (Haltestelle Stockholmer Straße), wo sich der kommunale Wiener Wohnbau der Nachkriegszeit manifestiert. Nach der Überquerung eines großen schmucklosen Kreisverkehrs, den die Wiener passend zu seiner rein verkehrstechnischen Funktion wenig lyrisch Verteilerkreis nennen, taucht bald rechter Hand, also westlich der Favoritenstraße, die Per-Albin-Hansson-Siedlung West auf. Die Siedlung wurde nach dem 1946 verstorbenen schwedischen Ministerpräsidenten Per-Albin Hansson benannt, der auch die Hilfslieferungen nach Österreich koordiniert hat. Der Grundstein für die Siedlung wurde am 23. August 1947 gelegt. Sie gilt damit als erste große Wohnhausanlage, die in der Zweiten Republik neu errichtet wurde. In den nächsten acht Jahren sollten hier nach Plänen der Architekten Friedrich Pangratz, Franz Schuster, Stephan Simony und Eugen Wörle mehr als 1000 kleine Wohnungen errichtet werden. Darunter waren auch mehrere Duplex-Wohnungen mit dünnen Zwischenwänden. Sie konnten später zu einer größeren Wohneinheit einfach zusammengefügt werden. Typisch für den Wohnbau jener Zeit ist

auch, dass man zwischen den Reihenhauszeilen verhältnismäßig viel Grünraum gelassen hat.

Die Hansson-Siedlung macht nur den Anfang, denn so wie nach dem Ersten wird auch nach dem Zweiten Weltkrieg möglichst schnell Wohnraum benötigt. Wieder muss viel neu aufgebaut werden. Zigtausende suchen ein Dach über dem Kopf – Ausgebombte ebenso wie die Heimkehrer aus Krieg, Exil und Gefangenschaft. So ist es auch nicht verwunderlich, dass der neu bestellte Wiener Bürgermeister Theodor Körner (1873–1957) mit der ersten amtlichen Verordnung, die er unterschrieb, den Wiederaufbau regeln wollte.

Die Ermittlungen des neu geschaffenen Wohnbauamts hatten ergeben: 36 851 Wohnungen waren im Krieg völlig zerstört worden, 50 042 Wohnungen waren unbenutzbar und weitere 70 000 durch kleinere Schäden in ihrem Bestand bedroht. Auch die Aufräumungsarbeiten, die von vielen Freiwilligen geleistet wurden, erwiesen sich als langwierig. Erst ab dem Jahr 1947 konnte die Wiener Stadtverwaltung damit beginnen, planmäßig weitere neue Wohnhausanlagen zu errichten.

Hansson-Siedlung Ost

Es sind nur wenige Meter hinüber, auf die andere Seite der Favoritenstraße – zur 1970 bis 1974 errichteten Per-Albin-Hansson-Siedlung Ost. Doch zwischen den beiden Siedlungen liegen mehr als 20 Jahre rasanter Entwicklung im kommunalen Wohnbau. Im Schnelllauf sind daher hier die wichtigsten Stationen angeführt: Schon in den 1950er Jahren manifestiert sich auch baulich das neue Selbstbewusstsein der Sozialdemokratie, die erneut die Geschicke der Stadt bestimmt. Ein gutes Beispiel dafür ist das Hochhaus auf dem Matzleinsdorfer Platz in Margareten (5. Bezirk), nach Plänen der beiden Architekten Ladislaus Hruska und Kurt Schlauß in den Jahren 1954 bis 1957 errichtet. Erstmals ein ›internationaler Stil‹ ist in der Wohnhausanlage in der Vorgartenstraße Nr. 168–170 im 2. Bezirk zu erkennen, diese wurde in den Jahren 1958 bis 1962 nach Plänen von Carl Auböck, Adolf Hoch und Carl Rössler errichtet.

Zurück zur jüngeren der beiden Hansson-Siedlungen: Sie ist hier am Stadtrand ein noch immer weithin sichtbares Zeugnis für die in der ausklingenden Wiederaufbau-Zeit in vielen europäischen Städten vorherrschenden Technikgläubigkeit und Wachstumseuphorie. Endlich konnten sich auch in Wien deutlich mehr Menschen ein eigenes Auto leisten. Daher wurden die Straßen großzügig ausgebaut und die Siedlungen autogerecht angelegt – in der damals auch von Experten vertretenen Meinung, dass das Auto das Verkehrsmittel der Zukunft sein werde.

So wurden in Wien vor dem Ölschock und dem Pillenknick Anfang der 1970er Jahre zehntausende Wohnungen neu errichtet. Zum Geist jener Zeit passt auch die in den Jahren 1966 bis 1971 gebaute und von mehreren Wiener Architekten geplante Großfeldsiedlung in Leopoldau (bis heute die größte Siedlung der Stadt, → S. 247) sowie der 1973 bis 1977 gebaute Rennbahnweg in Kagran.

Hundertwasserhaus

Vom Reumannplatz geht es mit der U1 zurück in die Stadt bis zum Schwedenplatz. Von dort fährt die Straßenbahnlinie 1 (Richtung Prater Hauptallee) zu einem der heute meist besuchten Bauwerke Wiens, dem Hundertwasser-Krawina-Haus in der Löwengasse Nr. 41–43 im 3. Bezirk. Das bunte Haus wurde vom Maler Friedensreich Hundertwasser und den Architekten Josef Krawina und Peter Pelikan geplant und im Jahr 1984 eröffnet. Dem Haus lange voraus ging ein Manifest – mit dem Slogan ›Los von Loos‹. Darin wetterte ein bis dahin unbekannter Kunststudent, der eigentlich Friedrich Stowasser hieß, gegen den weltberühmten Jahrhundertwende-Architekten Adolf Loos und seine strengen, ornamentlosen, rationalistischen Bauten. Stowasser, der früh zum Hundertwasser mutiert war, schlug als Gegenkonzept vor, dass jedermann einen Pinsel in die Hand nehmen und die Fläche um seine Fenster bunt anmalen solle.

Wer hätte gedacht, dass aus dieser Idee aus dem Jahr 1968 knapp 20 Jahre später eine der größten Sehenswürdigkeiten Wiens werden würde? Der von der sozialdemokratischen Stadtregierung forcierte Maler Hundertwasser sorgte mit seiner Ablehnung des rechten Winkels und seinem Fensterrecht-Postulat nicht nur in Wien für Aufsehen. Und es ist unbestritten, dass das in Architektenkreisen

Stadtplan K-5

▲ *Publikumsmagnet Hundertwasserhaus*

Prestigeprojekt der Stadtverwaltung: der Umbau der alten Gasometer in Simmering

bestenfalls belächelte Hundertwasserhaus zu einem Touristenmagnet wurde. Seine begrünten Terrassen, seine ungewöhnliche Form, seine putzigen Details sind zu einer Trademark für Wien geworden, für Wien als eine Stadt, in der mehr möglich sein soll als anderswo. Nur eines dürfen die Bewohner weiterhin nicht: Einen Pinsel in die Hand nehmen und nach ihrem Belieben die Flächen rund um ihre Fenster bunt anmalen. Das hat bereits der Meister für sie erledigt.

Das bunte Haus zeigt auch plakativ das Umdenken der Architekten und Stadtplaner. Vorbei war es mit der großen Euphorie. Der Nachholbedarf nach dem Krieg schien in vielen Bereichen des Lebens gedeckt, und nicht nur im ›Club of Rome‹ diskutierten Fachleute über die ›Grenzen des Wachstums‹. Der Eiserne Vorhang war real und auch in den Köpfen der Menschen noch sehr präsent. Wien schrumpfte zu jener Zeit, und das neue Motto lautete: ›Qualität statt Quantität‹.

Großprojekte der 1970er und 1980er Jahre

Zeitgleich mit dem Hundertwasserhaus wurden einige Großprojekte realisiert – mit durchaus unterschiedlichen Philosophien. Zunächst einmal der **Wohnpark Alt-Erlaa**, der ähnlich wie die Großfeldsiedlung von einer Architektengruppe rund um Harry Glück geplant und im Jahr 1981 eröffnet wurde. In den charakteristischen terrassenartig gestaffelten Wohntürmen, die bei der Einfahrt nach Wien schon von Weitem zu sehen sind, sind insgesamt 3181 Genossenschaftswohnungen integriert (→ S. 248).

Deutlich kleinteiliger ist die **Wohnhausanlage Am Schöpfwerk** im Bezirk Meidling, die in den Jahren 1967 bis 1980 nach Plänen des Architekten Viktor Hufnagl errichtet wurde (→ S. 242).

Erstmals Mitbestimmung im Gemeindebau erlaubte die Stadtverwaltung in der **Wohnhausanlage in der Feßgasse** in Ottakring. Sie wurde in den Jahren 1977 bis 1980 errichtet. Als leitender Architekt fungierte Ottokar Uhl.

Zeitgleich entstand die **Wohnhausanlage Wohnen morgen** in der Weiglgasse Nr. 10–12 im 15. Bezirk (U4 Schönbrunn). Sie wurde vom Architekten Wilhelm Holzbauer geplant und in den Jahren 1976 bis 1980 realisiert. Geprägt wird sie durch parallele Gebäuderiegel, Laubengangerschließung, gartenseitige Terrassen und unterschiedliche Wohnungsgrundrisse.

Ebenfalls in jene Zeit fällt die Wiederentdeckung der historischen Stadt: So werden die durch Krieg und Zeit verfallenden Biedermeier-Häuser und die engen, mit Kopfstein gepflasterten Gassen auf dem Spittelberg (→ S. 192), dem ehemaligen Rotlichtviertel, ab dem Jahr 1973 von der Stadtverwaltung saniert (einen nicht unwesentlichen Anteil daran hatten übrigens aktive Anrainerinitiativen). Einen Fortschritt in Richtung mehr Lebensqualität bedeutet auch die Eröffnung erster Fußgängerzonen in der Innenstadt, in der Meidlinger Hauptstraße und in der Favoritenstraße sowie die Einrichtung der ersten Gebietsbetreuung in Ottakring, in der 1974 Architekten und in Stadtentwicklungsfragen bewanderte Fachleute ihre Arbeit aufnehmen.

Nachhaltig und experimentierfreudig ist die **Sargfabrik** in der Goldschlagstraße Nr. 169 in Penzing (U3 Hütteldorfer Straße). Sie basiert auf einer Initiative von gleichgesinnten Bürgern, die sich in der zweiten Hälfte der 1980er Jahre zusammentaten und gemeinsam die ehemalige k. k. Sargfabrik umgebaut und damit mitten im Häusermeer des 14. Bezirks ein integratives Wohn- und Kulturprojekt mit Dorfcharakter geschaffen haben.

Neue Wiener Gründerzeit

Für Aufsehen sorgten zu Beginn der Nullerjahre die Umbauten der vier **Simmeringer Gasometer**. Das sind riesige Gas-behälter an der östlichen Peripherie, die zuvor schon jahrzehntelang nicht mehr in Betrieb waren. Federführend waren dort die Büros der Architekten Jean Nouvel, Coop Himmelb(l)au, Manfred Wehdorn und Wilhelm Holzbauer. Jeder Architekt durfte einen Gasometer neu gestalten. So groß damals die Werbewirkung für Wien war, umso ernüchternder ist heute die Bilanz: Die erhoffte Initialzündung für die Umgebung ist nicht erfolgt, das zwischen U-Bahn-Station und Wohneinheiten eingebaute Shopping Center darbt, und die Berichte der Bewohner sind wenig euphorisch.

Nomen est omen: Dass große Namen alleine nicht reichen, zeigt auch die im Jahr 2006 eröffnete Wohnanlage der Star-Architektin Zaha Hadid (1950–2016). Der spitzfindige weiße Gebäudekomplex an der **Spittellauer Lände** wird durch eine Stadtautobahn von der Umgebung getrennt, auch ist bei den einzelnen Wohnflächen zu fragen, wer sich hier mehr verwirklichen darf: Die Bewohner oder die Architektin? Weit entfernt von der Grundidee vom Roten Wien ist auch der ›Investorenwohnbau‹, der unter anderem bei der Wienerberg City und beim Projekt Monte Laa zum Tragen kam.

Gleichzeitig sind in der Stadt andere interessante Wohnprojekte entstanden. Dabei wurden aus den Fehlern der großdimensionierten Siedlungen am Stadtrand einige Lehren gezogen. Die Einheiten wurden kleiner (zum Teil auch in Baulücken gesetzt) und niedriger. Neben der Stadterneuerung in den innerstädtischen Bezirken setzte man auf verdichteten Flachbau an der Peripherie. Einige Wohnanlagen sind in bzw. auf dem Areal ehemaliger Fabriken und Industrieanlagen entstanden, wie zum Beispiel das **Kabelwerk** an der Meidlinger Oswaldgasse, die **Eisfabrik** in der Brigittenau oder die **Zahnradfabrik** in Ottakring.

siehe vordere Umschlagklappe ▲

Ambitionierte Neubauten am Nordbahnhof

◼ Nordbahnhof

Das geopolitische Wendejahr 1989 spielt auch für die Stadtentwicklung Wiens eine wichtige Rolle. Mit dem Ende des Eisernen Vorhangs und dem Fall der Berliner Mauer darf Wien wieder die Funktion als Drehscheibe im Zentrum Europas übernehmen. Die Stadt wächst seither auch punkto Einwohnerzahl und benötigt dafür dringend mehr Büro- und Wohnraum. Schon wird der anhaltende Bauboom als neue Gründerzeit bezeichnet.

Die erste Tour in diesem Stadtführer beginnt nicht zufällig bei der neuen Siedlung neben dem Hauptbahnhof, dem Sonnwendviertel (→ S. 85). Gut zu beobachten ist derzeit die emsige Bautätigkeit auch auf dem Areal des ehemaligen Frachtenbahnhofs zwischen dem Bahnhof Praterstern und der Reichsbrücke. Was dort entsteht, ist nicht beschaulich, und wird gerne damit gerechtfertigt, dass die expandierende Stadt 10 000 neue Wohnungen pro Jahr benötigt. Immerhin

hat man aus früheren Fehlern gelernt. So wurden im großzügig angelegten Rudolf-Bednar-Park Bäume gepflanzt, ehe das erste Haus gebaut wurde. Spannend sind auch die Themen einzelner Wohnbauten: Die ›Bike-City‹ hat sich bereits bewährt. Ebenfalls schon realisiert: ›Wohnen im Park‹, ›Junges kostengünstiges Wohnen‹ sowie das ›Wohnprojekt Wien‹, das von den künftigen Bewohnern initiiert und gemeinsam mit einem Architekturbüro geplant wurde. Der neue Stadtteil soll laut Plan erst im Jahr 2025 fertiggestellt werden.

Der Nordbahnhof ist Teil einer Transformations- und Entwicklungskette, die sich von hier bis zur Marina City an der Donau ziehen soll. Ähnlich wie im Sonnwendviertel soll sich die Stadt auch in den neuen Vierteln des 2. und 20. Bezirks ›erweitern‹. Dabei wird auch auf die Erhaltung und Schaffung von Grünflächen Wert gelegt. Die ›Grüne Mitte‹ wird in den Ankündigungen der Stadtverwaltung immer wieder zitiert.

◼ Hoch hinaus

Die neue Wiener Gründerzeit führt auch in luftige Höhen: So entstanden neue Wohnhochhäuser in der **Donaucity** in Kaisermühlen, im daran anschließenden **Wohnpark Alte Donau**, in der **Wienerberg City** sowie am **Höchstädtplatz** in der Brigittenau.

Daneben wurden auch mehrere neue Bürotürme errichtet, zum Beispiel der **DC1 Tower** auf der Donauplatte, das derzeit höchste Gebäude Österreichs, der **Millennium-Tower** auf der Brigittenauer Seite der Donau, der **Vienna Twin Tower** auf dem Wienerberg oder der **Florido Tower in Floridsdorf**.

In den Türmen sind heute die Mittel- und Osteuropa-Büros von Konzernen eingemietet und ebenso Hotels und Luxus-Apartments integriert.

Seestadt Aspern

Eine Visite im Nordosten der Stadt, wo auf einem ehemaligen Flugplatz eine Trabantenstadt entsteht und von der man mit der Bahn ebenso schnell zum Hauptbahnhof in Bratislava wie zum Wiener Hauptbahnhof fährt, ist im Moment nur für Hardcore-Interessierte zu empfehlen: Konkret wird dort eine neue Stadt errichtet, als Ausgangspunkt einer Entwicklungsspange, die durch das Marchfeld bis nach Bratislava reichen wird. Die U-Bahn (U2) wurde bereits nach Aspern verlängert, fertiggestellt wurde auch das Forschungsgebäude Aspern IQ. Wer sich genauer informieren möchte, kann den Baufortschritt aber auch im Internet mitverfolgen: www.aspern-seestadt.at.

Neu Marx

Zugegeben, die Begeisterung des Autors für den Kalauer ›Vom Karl-Marx-Hof bis Sankt Marx‹ obsiegte über die fachlichen Bedenken der Architekten,

Ehemaliger Schlachthof in St. Marx

ob nicht das neue Media Quarter Neu Marx an Willkür grenzt und den Rahmen sprengt. Am Ende lässt sich aber doch eine Brücke bis nach Erdberg schlagen. Das neu bebaute, neu genutzte Areal liegt hart an der Bezirksgrenze zu Simmering. Man erreicht es mit der U3, von der Station **Schlachthausgasse** ist jedoch noch ein knapp zehnminütiger Fußmarsch notwendig. Der Name der Schlachthausgasse erinnert an bessere Zeiten: für die Fleischhauer ebenso wie für Jugendbewegte und Parteizeitungsjournalisten. Im 19. Jahrhundert wurden hier die großen Schlachthöfe der Stadt und der Monarchie gebaut. Zu Beginn der 1970er Jahre bot sich relativ spät, aber doch die Bühne für das erste Aufbegehren der Wiener ›68er‹. An ihre Besetzung des Auslandsschlachthofs erinnert heute noch die Konzerthalle der Arena. In der ebenso nicht weit entfernten Viehmarktgasse war jahrelang die Redaktion der Arbeiterzeitung (AZ), die der SPÖ gehörte und lange Zeit auch gehorchte.

Die AZ hat die Jahrtausendwende nicht mehr erlebt. Dafür hat die Stadtverwaltung einen ehrgeizigen Versuch in Sankt Marx gestartet. Konkret hat man das Areal der alten Schlachthöfe sukzessive in eine moderne Bürolandschaft transformiert. Das schon vom Weiten sichtbare ›fliegende Hochhaus‹ am Rennweg hat dabei eine wichtige Landmark-Funktion. Daneben wurde ein Campus für die Biotechnologen neu gebaut. Das **Media Quarter Marx** mit eigenen TV-Studios, Schnittplätzen und Redaktionsräumlichkeiten in der Maria-Jacobi-Gasse ist in einem denkmalgeschützten Bürogebäude und in einem angeschlossenen Neubau untergebracht. An die große Zeit der Tierschlachtungen und Fleischhauer erinnert somit nurmehr die Rinderhalle. In der Hoffnung auf neue Impulse wird

Stadttouren

Die Neubauten der Donaucity in Kaisermühlen

das Stadtgebiet inzwischen auch Neu Marx genannt. Es bietet aber auch Wohnraum: Das **Karee Sankt Marx** (was für eine Wortschöpfung für ein Areal, auf dem zuvor Millionen von Schweinen geschlachtet wurden) gilt als ein gut durchdachter Wohnbau in angemessener Dimension, eingebettet in ebenso sorgfältig gestaltete Freiräume.

Nicht weit entfernt liegt das neue **Eurogate**, Europas größte Passivhaussiedlung. Hier wirkt der Name allerdings in der Tat fragwürdig: Das Eurogate steht auf dem Gelände des ehemaligen Aspanger Bahnhofs. Für Tausende Juden war dieser Bahnhof das Tor zur Hölle. Von hier fuhren die Transportzüge in die Todeslager in Osteuropa.

Immerhin soll hier auch ein Mahnmal errichtet werden.

ℹ Rotes Wien

Allgemeine Infos zum Roten Wien, www.dasrotewien.at bzw. www.rotes-wien.at.
Stadtführung: Wichtige Anregungen für diese Stadttour hat **Felicitas Konecny** gegeben. Sie ist staatlich geprüfte Fremdenführerin, Mitherausgeberin des Architekturplans sowie als ausgebildete Architektin auch eine Bereicherung im Verein ›Wiener Spaziergänge‹. Sie bringt Interessierten gerne auch diesen Aspekt der Stadt näher. Kontakt: Tel. 0699/10130425, felicitas.konecny@gmx.at.
Buch über das Wohngefühl und die Menschen im Gemeindebau: **Uwe Mauch**, Stiege 8/Tür 7. Homestorys aus dem Wiener Gemeindebau, Metroverlag 2014.
architekturplan wien, hg. von Ticket-W,

erschienen im Falter-Verlag, erhältlich im Online-Shop und Buchhandel. Nachschlagewerk für zu Hause und unterwegs.

Das Rote Wien im Waschsalon, 1190 Wien, Karl-Marx-Hof, Waschsalon Nr. 2, Halteraugasse 7, Tel. 0664/88540888, www.dasrotewien-waschsalon.at; Do 13–18, So 12–16 Uhr sowie nach Voranmeldung.
Virtuelles Museum der Werkbundsiedlung, www.werkbundsiedlung-wien.at.
Architekturzentrum Wien (Az W), 1070 Wien, Museumsplatz 1 (im Museumsquartier), Tel. 5223115, www.azw.at. Bietet Themen-Ausstellungen, organisiert auch Exkursionen zum kommunalen Wohnbau.

Uwe Mauch über
Stiege 8/Tür 7 im Wiener Gemeindebau

Wer es sich leisten kann, zieht aus. Sagt die Hausmeisterin. Ich wohne auf Stiege 8/Tür 7. Und ziehe nicht aus! Ich bin einer von fast 500 000. Ich wohne seit ich denken kann, seit bald einem halben Jahrhundert – im Wiener Gemeindebau.

Die 8er Stiege ist eine gute Stiege. Auch das sagt die Hausmeisterin. Nur die Kinder ›von den Arabern‹ erregen den Unmut, wirft mein Nachbar ein. ›Es gibt bereits Beschwerden.‹ Ich wohne oberhalb von den Arabern. Mein Einwand, dass die Araber gar keine Araber sind und dass die kleinen Kinder der vermeintlichen Araber auch nicht lauter sind, als meine Kinder es waren, als sie klein waren, verhallt im Hof eines Floridsdorfer Gemeindebaus. Ungehört.

Der Wiener Gemeindebau ist in den vergangenen Jahren ins Gerede gekommen. Die neuen Blockwarte in der Politik und den Boulevardzeitungen machen ordentlich Anti-Stimmung, dichten jeden Bassenastreit in eine nationale Tragödie um. Kritisieren aufgeregt, was alles nicht funktioniert. Nie erzählen sie uns, was funktioniert. Oder wie man es besser machen könnte.

Ein privater TV-Sender geilt seine Seherschaft indes auf, indem er die Menschen im Gemeindebau als hinterlistige Blödiane vorführt. Er hat damit die Verunglimpfung auf eine neue Stufe gestellt. In der öffentlich-rechtlichen TV-Serie ›Kaisermühlen-Blues‹ vor ein paar Jahren mussten die Protagonisten nur ein bisserl deppert sein, dafür durften sie sich grundsätzlich gutmütig und auch solidarisch geben.

Kampf um den Gemeindebau! Es wird auch gesagt, dass im Gemeindebau Not und Elend Tür an Tür wohnen. Während uns die Politstrategen mit staatstragender Miene erklären, dass die Sozialdemokraten die Mehrheiten in den traditionellen Hochburgen ihrer Wählerschaft verlieren.

Als Bewohner von Stiege 8/Tür 7 kann ich das Gerauhze nicht verstehen. Gut, es gibt schönere Orte in Wien als die graue Gasse vor meinem Küchenfenster, es gibt modernere Häuser, elegantere Wohnungen, es gibt auch Wiener und Wienerinnen, die weniger finanzielle Sorgen haben. Doch wirklich schlecht ist nur das Image des Gemeindebaus. Wie das schon klingt: Stiege 8/Tür 7!

Es wird mir nicht gelingen, die verlorene Ehre des Gemeindebaus zu retten. So sollen es zumindest die Wien-Besucher wissen: Faktum ist, dass diese Stadt weiterhin ein weltweit einzigartiges Angebot macht. In welcher anderen Stadt außer Hongkong und möglicherweise Pjöngjang stehen den Bewohnern 220 000 relativ günstige Mietwohnungen offen? Gut, sie sind nicht mehr so preisgünstig wie im Roten Wien, aber noch immer deutlich günstiger als die Wohnungen in den meisten anderen Hauptstädten Europas.

Und es gibt auch gute Nachrichten aus dem Gemeindebau: Von Serben, die friedlich Tür an Tür neben Albanern oder Kroaten wohnen; von Katholiken, die mit Moslems Freundschaft schließen; von der jungen Frau, die für die alte Frau einkaufen geht; von unserer Friseurmeisterin im Salon Renate, die bettlägerige Damen zu Hause besucht, um ihnen dort die Haare zu schneiden. Von einem Marathonläufer aus Äthiopien, dem seine Nachbarn Blumen schenken, von langjährigen Freundschaften auf der 8er und auf anderen Stiegen. Von meiner Hausbesorgerin, die ihren Job und auch die Sorgen der Mieter zu 100 Prozent ernst nimmt.

Das sagt niemand, es ist aber so: Integration leisten in Wien jene, die im Gemeindebau unter einem Dach leben. Natürlich rumst es manchmal, sind ja auch nur Menschen, gut ein Drittel mit Migrationshintergrund, aber nicht öfters als anderswo.

Auch ist es bei uns nicht immer so friedlich und lustig, wie der Herr Bürgermeister behauptet. Weil, wenn der Adi aus Groß-Jedlersdorf auf den Ali aus Klein-Asien trifft, und wenn keiner von beiden bereit ist, auch nur einen Millimeter von seiner Spur zu weichen, weil der Adi meint, dass nach den 20-Uhr-Nachrichten alle Menschen schlafen müssen, und der Ali dagegen hält, dass im Ramadan nach den 20-Uhr-Nachrichten alle Menschen feiern sollen, dann rumst es nicht nur, dann kann es auch krachen. Wiewohl anzumerken ist, dass ich noch nie einen Exzess erlebt habe.

Und dann wäre da noch das Thema Lebensqualität. Vor meinem Wohnzimmerfenster singen morgens die Vögel. Ich erinnere mich gerne an den Satz eines befreundeten Architekten: »So kann man heute nicht mehr bauen.« Auf meine Frage, ob er damit den Sand und das Stroh in den Wänden meint, die nach dem Krieg eilig aufgezogen wurden, meinte er nur: »Nein, gar nicht, aber ihr habt hier zu viele Grünflächen.«

Für uns Kinder waren die Grünflächen ein Traum! Auf den Wiesen haben wir Fußball gespielt, und in den Gebüschen Cowboy und Indianer, später haben wir dort auch unserer ersten großen Liebe mit Herzpumpern ein Busserl auf die Wange gedrückt.

Vom Paradies sind wir dennoch ein Stück weit entfernt: Einmal stand ich an einem Sonntagnachmittag vor meinem Küchenfenster, um zu beobachten, wie sich unten auf dem Gehsteig der schon deutlich illuminierte Großvater mühte, eine möglichst gerade Linie zu gehen, als plötzlich sein vielleicht vierjähriger Enkelsohn stehen blieb und nicht mehr weiter wollte. Der Großvater hatte es, das war sofort klar, eilig. Er wollte auf schnellstem Weg ins nahe Wirtshaus ›Zur Anka‹. Dagegen wehrte sich aber etwas in dem Buben. Ihn interessierte, auch das war klar, mehr als das Wirtshaus vom Opa sein Spiegelbild in der Regenlacke. Ihr Dialog war kurz und schmerzhaft: »Geh weida!« – »Na!« – »Geh weida!« –»Na!« – »Geh weida!« – »Kusch, Deppata!«

Und dann war da noch die alte Frau Cerny von der 13er Stiege, die sich schon mit dem Stiegensteigen schwer tat. Höflich hat sie mich gebeten, ob ich ihren kleinen Einkaufswagen in den zweiten Stock hinauf tragen könnte. Die Nachbarin sei heute leider nicht zu Hause, fügte sie entschuldigend hinzu. Oben wollte sie mir zwei Euro in die Hand drücken. Zwei Euro von ihrer Mindestpension.

Stiege 8/Tür 7. Ich werde hier verdammt noch einmal nicht ausziehen! Auch weil mir die Menschen, die meine Nachbarn sind und die alle nicht auf Rosen gebettet sind, ans Herz gewachsen sind.

Uwe Mauch, *1966 in Wien geboren, ist Redakteur der Wiener Tageszeitung ›Kurier‹ und Autor mehrerer Reportagebücher sowie der Trescher-Stadtführer Wien und Zagreb. Ja, er wohnt wirklich auf Stiege 8/Tür 7.*

Alles Fassade: Von 1010 bis 1230 Wien

Die zwölfte und letzte Stadttour ist wegen der teils großen Entfernungen zwischen den vorgestellten Bauten kein klassischer Stadtspaziergang. Dennoch ist sie eine weitere Kostbarkeit für Urbanisten, die nicht nur das Gesamtensemble einer Stadt im Auge haben, sondern darüber hinaus einzelne interessante Gebäude besichtigen wollen. Diese Tour ist dem Architekten und Architekturkritiker Klaus-Jürgen Bauer zu verdanken. Er ist der ›Fassadenleser‹ von Wien. Und es ist das reine Vergnügen, mit ihm durch die Stadt zu wandern und sich von ihm die Geschichte der Wiener Gebäude buchstäblich vorlesen zu lassen. Bauer kennt die Stadt so gut wie seine eigene Sakkotasche. Kein Wunder, es gibt kaum eine Straße in Wien, die er nicht schon zu Fuß durchmessen, und kaum ein interessantes Bauwerk, dem er nicht auf den Grund gegangen wäre. Sein theoretisches Wissen hat er sich an der Universität für Angewandte Kunst in Wien und an der Bauhaus-Universität in Weimar angeeignet. Im Folgenden stellt Bauer für jeden Bezirk ein bemerkenswertes Bauwerk vor.

Weiterführende Informationen bietet die in Wien hoch aktive junge Architektenszene auch im Internet an. Dort finden sich auch für Interessierte wertvolle Hinweise auf andere Mauer-Botschaften – auf die Graffitis von Wien (→ S. 248).

1010 Wien – Palais Pallavicini

Auf dem Josefsplatz stehen – wie auf einer Perlenkette aufgereiht – die Stadtpalais des Wiener Hochadels, jedes stellvertretend für einen großen Namen der Monarchie. Das Palais Pallavicini auf Nr. 5 wurde um 1800 aus einem Renaissancekloster zu einem der ersten klassizistischen Palais von Wien umgestaltet. Architekt war Ferdinand Hohenberg von Hetzendorf, von dem auch die Gloriette im Schlosspark von Schönbrunn stammt. Der spektakuläre bauliche Abgesang des Barock führte wegen seiner unerhörten Schlichtheit zu einem riesigen Skandal. Nicht nur die kahle Fassade wurde beanstandet, auch die Tatsache, dass die Nobelräume nicht wie bis dahin üblich im ersten, sondern unerhörterweise im zweiten Stock angesiedelt waren. Aufregung wegen der Schlichtheit einer Fassade gab es fast wortgleich auch beim Looshaus am Michaelerplatz – nur wenige Schritte vom Palais Pallavicini entfernt, knapp 100 Jahre später (U1, U3 Stephansplatz, U3 Herrengasse).

1020 Wien – Lusthaus

Der neckische Rundbau am Ende der Prater-Hauptallee war im 19. Jahrhundert ein beliebter Treffpunkt der feinen Gesellschaft. Es gibt wenige Orte in Wien, an denen man der Kaiserin-Sisi-Zeit näher kommt als im Lusthaus. Mindestens seit 1560 stand an seiner Stelle bereits ein Jagdhaus für die kaiserliche Jagd. Nach der Öffnung des Praters für die Bevölkerung wurde das Lusthaus im Jahr 1783 als Panoptikum neu gebaut. Seither dient es – wie der kulinarische Namen vermuten lässt – den Wienern als Veranstaltungsort von illustren Festen, die im alten Wien ›Lustbarkeiten‹ genannt wurden. Nach der Zerstörung im Zweiten Weltkrieg wurde das Gebäude in seinen barocken Formen schnell wieder aufgebaut und bereits im Jahr 1949

Symbol des Wiederaufbaus: die Stadthalle am Vogelweidplatz

Stadttouren

wieder eröffnet. Wien bleibt eben Wien (U2 Stadion, von dort Bus 77A).

1030 Wien – Haus Wittgenstein

Der Volksschullehrer und Philosoph Ludwig Wittgenstein durchlebte gerade eine Krise, als ihm seine Schwester im Jahr 1925 offenbarte, dass sie sich gerade vom Loos-Schüler Paul Engelmann ein Haus entwerfen ließe. Diese Mitteilung elektrisierte den Denker. Er hängte seinen Job in der Schule an den Nagel und beschäftigte sich zwei Jahre lang mit einer unerhörten und bis dahin wohl noch selten für ein Haus aufgewendeten, verbissenen Energie, um den Entwurf zu verbessern. Nichts weniger als die Verschmelzung von Ethik und Ästhetik hatte er dabei im Sinn. Da kann man nur von Glück sprechen, dass seine Schwester Margarethe Stonborough

Gebaute Philosophie: Haus Wittgenstein

die Erbin eines der ganz, ganz großen Vermögen der untergegangenen Monarchie war. Alleine die Zahl der Detailzeichnungen der sehr speziellen Fenster- und Türkonstruktionen aus Feineisen geht in die Hunderte. Der Bau in der Erdberger Parkgasse Nr. 18 wurde schließlich ein Manifest der Moderne, ein Statement von Weltrang. Seine Bedeutung wurde allerdings jahrelang nicht erkannt. Im Jahr 1971 wurde sogar der Abbruch des Hauses genehmigt. Es ist einer Handvoll beherzter Wiener Architekten zu verdanken, die dies in letzter Minute zu verhindern wussten. Jedenfalls wurde ein kommerzielles Hochhausprojekt auf dem Grundstück nicht realisiert und das Wittgenstein-Haus unter Denkmalschutz gestellt. Nicht zuletzt deshalb, weil es ein Weltkulturerbe darstellt, etwas absolut Unwiederholbares, eine gebaute Philosophie. Im Jahr 1975 hat dann die Botschaft der Volksrepublik Bulgarien das Haus erworben und ihm eine neue Nutzung als Kulturinstitut gegeben (U3 Rochusgasse).

1040 Wien – Funkhaus

Das Wiener Funkhaus in der Argentinierstraße 30a wurde in den Jahren 1935 bis 1939 nach Plänen des damals allgegenwärtigen Tiroler Architekten und Akademie-Professors Clemens Holzmeister errichtet. Ursprünglich wurde es Radiokulturhaus genannt, und gesendet hat nicht der ORF, sondern sein Vorgänger, die Radio Verkehrs AG, kurz RAVAG. Das mehrstöckige Gebäude steht in einem stillen wie noblen Wiener Diplomatenviertel und ist bis heute das visuelle Bild der lebendigen und modernen Wiener Kultur der Zwischenkriegszeit. Daran konnte auch ein Umbau des Holzmeister-Schülers Gustav Peichl aus den frühen 1980er Jahren kaum etwas ändern. Der qualitätsvolle Bau steht allerdings auch für das Ende einer beschwingten Ära: Holzmeister ging, als die Nazis kamen, in die Türkei und plante dort für Kemal Atatürk zahlreiche Staatsbauten (U1 Taubstummengasse).

1050 Wien – Margaretenhof

Der elegante wie komplexe Wohnhaus-Komplex am Margaretenplatz wurde von den Wiener Theaterarchitekten Ferdinand Fellner und Hermann Helmer geplant. Neben ihrer einzigartigen Emsigkeit (seit dem Jahr 1873 haben Fellner und Helmer neben vielen anderen Projekten 48 Theater in ganz Europa geplant) hatten die beiden Stararchitekten und Monopolisten aber offensichtlich auch Zeit, kleinere Bauaufgaben wie den Margaretenhof zu verwirklichen. Das Bauwerk ist stilistisch eindeutig französisch inspiriert, aber eher nicht großstädtisch-pariserisch, sondern mit seiner kleinen Allee, den niedlichen Vorgärten, dem Schmiedeeisen und dem herrlichen Gartenportal eher einer französischen Kleinstadt entnommen. Manche hören hinter dem Margaretenhof sogar das Meer rauschen. Es wundert also nicht, dass dieser Bau weiterhin eine begehrte Wiener Wohnadresse ist (U4 Pilgramgasse).

1060 Wien – Bernhard-Ludwig-Haus

Das Wohn- und Geschäftshaus in der Münzwardeingasse Nr. 2 wurde im Jahr 1890 fertiggestellt und stellt so etwas wie ein Best of der Wiener Gründerzeitbauten dar, die bis heute das Stadtbild prägen. Das sechsgeschossige, unter Denkmalschutz stehende Haus mit seinen steilen französischen Dachtürmen befindet sich inmitten des sechsten Bezirks, prominent aufgestellt und von allen Seiten gut sichtbar, wie eine Brosche. Das ist allerdings Zufall, denn der kleine Platz ist die Folge eines Bombentreffers im

Von Fellner & Helmer: der Margaretenhof

Zweiten Weltkrieg und wurde seither nicht mehr bebaut. Bauherr des Hauses im Stil des reifen Kontinuismus (auch als Historismus bekannt) war Bernhard Hieronymus Ludwig, der Tischler des Kaiserhauses. Der in Sachsen geborene Meisterhandwerker kam nach seinen Wanderjahren im Jahr 1862 in Wien an, wo er eine gewerbliche Zeichenschule für Tischler, Tapezierer und Bildhauer eröffnete. Drei Jahre später – bereits mitten in der Gründerzeit – gründete er eine eigene Firma, die technische Methoden der Möbelholzbearbeitung entwickelte. Außerdem fand er eine neue Methode, um aus billigem Brennholz edles Bauholz zu gewinnen. Ludwig wurde schließlich ordensbehangener k. u. k. Hof-Kunsttischler, Hoflieferant und sogar königlich-rumänischer Hof-Kunsttischler. Sein Haus ist Ausdruck dieser Karriere. Die reichverzierte Fassade ist ein letztes Beispiel des

Best of Gründerzeit: das Ludwig-Haus

klassischen Bauens, ein Musterbeispiel für die strenge historistische Gliederung – kurz bevor mit dem Jugendstil die Moderne in Wien beginnt. Die Wohnungen im Inneren des Hauses sind noch mit den hölzernen Ludwigschen Wand-Erfindungen ausgestattet, in gleicher Qualität wie die ebenfalls von ihm eingerichtete Sisi-Villa in Lainz oder das Schloss Miramare in Triest. Der Architekt des Hauses war Carl Langhammer, ein Nordmährer mit Büro in Wien (U4 Pilgramgasse).

1070 Wien – Kaufhaus Stafa

Man trifft sich heute noch ›bei der Stafa‹, obwohl es ein Kaufhaus dieses Namens seit vielen Jahren nicht mehr gibt. Die Stafa an der Mariahilfer Straße Nr. 120 ist ein auffälliger, ursprünglich späthistoristisch gestalteter, neunstöckiger Rundbau, nicht weit vom Westbahnhof entfernt. Der einstige Mariahilfer Zentral-

palast steht seit dem Kaiser-Geburtstag des Jahres 1911 an der Mariahilfer Straße. Hundert Kaufleute erwarben damals gegen eine zehnprozentige Umsatzmiete Verkaufsräumlichkeiten in dem zylindrischen, glasüberdachten Bau. Bereits zwei Jahre später ging dieses System in Konkurs. Während des Ersten Weltkriegs zog dann die Staatsangestellten-Fürsorgeanstalt, kurz Stafa, in die Investorenruine ein. Die Fürsorgeanstalt überlebte den Ersten Weltkrieg nicht, doch ihr Name blieb. In den 1930er Jahren wurde die Stafa durch die Konsum-Genossenschaften modernisiert, vom Wiener Bildhauer Anton Hanak stammen die großen und wertvollen Plastiken an der Fassade, ein letzter Gruß an die alte Pracht. Heute befindet sich in dem Gebäude das Einkaufszentrum ›La Stafa‹ (U3, U6 Westbahnhof).

1080 Wien – Palais Strozzi

Das ursprüngliche Palais Strozzi an der Josefstädter Straße Nr. 39, an der Ecke zur Strozzigasse, wurde bereits um 1700 errichtet und ist daher ein ungewöhnlich altes Haus in der Josefstadt. Gräfin Maria Katharina Strozzi, eine Kärntner Adelige, die einst einen Florentiner Edelmann geheiratet hatte, ließ sich mit mehr als 70 Jahren dort einen bescheidenen, einstöckigen Alterssitz mit Blick auf Wien bauen, allerdings mit riesigem Garten, der heute nur noch auf dem berühmten spätbarocken Wien-Plan des mariatheresianischen Offiziers Joseph Daniel Huber nachzuvollziehen ist. Im Laufe der Zeit wurde das rosa und weiß gefärbte Palais immer wieder erweitert und der Garten immer kleiner. Heute befindet sich in diesem Gebäude ganz unprosaisch ein Finanzamt, der Geist von Alt-Wien geht allerdings dort immer noch um (Straßenbahnlinie 2, Josefstraße/Lederergasse).

1090 Wien–Rossauer Kaserne

Die Rossauer Kaserne an der Rossauer Lände wurde im Jahr 1870 fertiggestellt, sie wurde nach dem Revolutionsjahr 1848 als ›Defensiv- oder Defensionskaserne‹ konzipiert und bot ursprünglich 4000 Soldaten und 390 Pferden Unterkunft. Die Architekten der Anlage waren keine Zivilisten, sondern hohe Offiziere des Generalstabs. Warum sie der Meinung waren, dass der orientalische Stil der Kaserne mit ihren zinnengekrönten Ecktürmen besonders bedrohlich und abschreckend sei, ist heute nicht mehr eruierbar. Da heute Polizei und Militär das Gebäude nutzen, ist es kaum möglich, in das Innere der Kaserne zu gelangen. Um die ganze paranoide Größe dieses Bauwerks zu verstehen, reicht es aber auch, einmal rund um die Anlage zu spazieren. Man braucht dafür ordentlich viel Zeit (U2, U4 Schottenring).

1100 Wien – Twin City Towers

Fast nicht zu glauben: Da baut sich die Stadt auf dem Wienerberg im Süden von Wien einen Hochhauscluster, und dann wird versäumt, diesen an das sonst großartige öffentliche Verkehrsnetz anzuschließen. Etwas euphemistisch wird dieser Komplex als ›Wienerberg City‹ beworben, neutrale Betrachter sehen eher eine nicht wirklich aufeinander abgestimmte Ansammlung von Bauklötzen – auf teilweise schmerzlichen planerischen Niveaus. Auf höchstem Niveau, auch im europäischen Kontext, ist immerhin der elegante gläserne Zwillingsturm von Massimiliano Fuksas, der inmitten des Clusters in die Höhe ragt, ein Bauwerk mit römischem Glamour mitten im Nichts. Das 127 Meter hohe, im Jahr 2001 fertiggestellte Doppel-Gebäude hat 37 oberirdische Stockwerke und mehr als 100 000 Quadratmeter Büroflächen. Das Gebäude mit seiner makellosen Glasfassade, in dem Büros, ein Konferenzzentrum, Kinosäle sowie Cafés und Restaurants untergebracht sind, wirkt zu jeder Tages- und Nachtzeit wunderschön. Die lehmigen Hügel des Wienerbergs im Süden der Stadt wurden übrigens seit der Römerzeit für die Ziegelproduktion genutzt, von hier hat auch das gesamte gründerzeitliche Wien seinen materiellen Ursprung (U6 Philadelphiabrücke, dann Bus 7A).

1110 Wien – Schloss Neugebäude

Diese historische Anlage liegt im äußersten Osten von Wien, zwischen Simmeringer Hauptstraße und Kaiserebersdorfer Straße, also nicht mehr weit von der alten ungarischen Grenze entfernt. Ihr Bauherr war Kaiser Maximilian II. Wer beim Sohn des so bezeichneten ›letzten

Kaufhaus Stafa in der Mariahilfer Straße

Blick vom ›Café oben‹: Am Horizont ist zart die Wienerberg City auszumachen

Ritters‹ an eine romantische Burg mit Türmen und Erkern denkt, liegt allerdings hier falsch: in Wahrheit handelt es sich beim Neugebäude um eine prachtvolle Schloss- und Gartenanlage im Stil der Renaissance, inklusive Tiergarten, die ab 1569 errichtet wurde. Ein Gerücht besagt, dass der exzentrische Standort des Schlosses die Stelle markieren würde, wo das Zelt Süleymans während der ersten Wiener Türkenbelagerung stand. Das Neugebäude besteht aus einem zentralen Hauptgebäude mit Terrassen, die sich auf einen von Ehrenhoftrakten flankierten Hof orientieren. Der Löwenhof mit dem Ballspielhaus und den Fischbecken erinnert an Raffaels unvollendete Villa Madama in Rom, an ein kaiserliches Lusthaus von allererster Qualität. Kurz nach dem Tod von Maximilian begann jedoch die Anlage zu verfallen, von 1744 bis 1918 wurde das Schloss militärisch genutzt. Einzelne Teile wurden im Schlosspark von Schönbrunn wiederverwendet. Im Jahr 1922, 400 Jahre nach dem Niedergang, wurde am Schloss weitergebaut. Der später in Ankara viel beschäftigte Architekt Clemens Holzmeister ließ in einer österreichischen

Variante des Art-Déco-Stils eine Feuerhalle und einen Urnenfriedhof bauen. In jüngster Zeit wurde die gesicherte Schlossruine wieder für die öffentliche Nutzung freigegeben. Auf eine große Idee im Sinne von Maximilian wartet man für diese größte und bedeutendste Residenz des Manierismus nördlich der Alpen allerdings noch (U3 Endstation Simmering, dann Bus 73A Schloss Neugebäude/Nemethgasse).

1120 Wien – Kirche am Schöpfwerk

Am Schöpfwerk – das gilt wahrlich nicht als feine Adresse. Dieser Meidlinger Stadtteil steht für eine Großwohnhausanlage, die eher für ihre sozialen Spannungen bis hin zur Ghettobildung bekannt ist. Kennzahlen der Anlage: 62 Stiegenhäuser, 1734 Wohnungen und 5800 Einwohner, die auf so idyllischen Adressen wie ›Hochhaus‹, ›Nordring‹, ›Oktogone‹, ›Südwestring‹ und ›Ostring‹ verteilt sind. Das Schöpfwerk beherbergt aber auch ein eher unbekanntes Kleinod der Wiener Moderne. Architekt Viktor Hufnagel plante nicht nur die Siedlung, sondern im Jahr 1976 auch die römisch-katholische Pfarrkirche in der Lichtensterngasse Nr. 4. Das kubische Bauwerk aus Stahlbeton sieht aus wie eine Stufenpyramide und besteht aus zwei Ebenen. Unten befinden sich öffentliche Einrichtungen der Pfarrei und obenauf sitzt der Kirchenraum – und was für einer! Der Zentralraum ist über einem griechischen Kreuz organisiert. In diese einfache Form ragen überkopf kubische, in den Raum greifende Eckelemente hinein, die wiederum in einer Art raffinerter Laterne aus Glasfenstern enden. Der Innenraum ist weiß, nur durch grün-goldene Keramikfliesen gegliedert, fast ein allerspätester Wiener Jugendstil. Neben der Kirche steht ein siebengeschossiger Kampanile: ein Stück Italianitá – im tiefsten Meidling (U6 Am Schöpfwerk, dann Bus 16A Lichtensterngasse).

1130 Wien – Maria-Theresien-Kaserne

Der riesige Bau am Ende des Schönbrunner Schlossgartens bildet die unruhige Zeiten Österreichs in der ersten Hälfte des 20. Jahrhunderts ab. Wo früher die Fasane der Habsburger herumliefen, im Fasangarten, wurde in der Diktatur des Ständestaats mit dem Bau einer Dollfuß-Führerschule – benannt nach dem diktatorisch regierenden Bundeskanzler Engelbert Dollfuß – begonnen. Darin sollten die Kader des Regimes ausgebildet werden. Das Bauvorhaben war noch nicht fertiggestellt, als im März 1938 deutsche Truppen in Österreich einmarschierten. Nach dem sogenannten ›Anschluss‹ Österreichs an Hitler-Deutschland wurde die Anlage zu einem Prestigebau des neuen Regimes und für die Verbände der Waffen-SS als Kaserne fertiggebaut. Die Baugesinnung des Nationalsozialismus mit ihrer Liebe zu großen Achsen, monumentalen Toren und einschüchternden Innenräumen wurde

dort als Demonstrationsobjekt für die Wiener errichtet. Außerdem wurde neben der Kaserne durch das Bauamt der SS die sogenannte **Fasangarten-Siedlung** für die Offiziere der Waffen-SS errichtet. Die Bauausführung der Siedlung mussten Häftlinge aus Straflagern durchführen. Nach dem Zweiten Weltkrieg waren britische Truppen in der Kaserne untergebracht, seit dem Staatsvertrag im Jahr 1955 dient die Maria-Theresien-Kaserne (Spitzname unter den Soldaten: ›Maresi‹) dem österreichischen Bundesheer als Kasernenstandort. Gemeinsam mit den sechs Wiener Flaktürmen ist die Maria-Theresien-Kaserne das größte und sichtbarste Mahnmal, das an die Zeit des Nationalsozialismus in Wien erinnert (U4 Schönbrunn, von dort Bus 63A).

1140 Wien – Villa Wagner II

Otto Wagner war lange Zeit die bestimmende Figur der Wiener, vielleicht sogar der europäischen Architektur, eine Art Übervater, der als Professor an der Wiener Kunstakademie ganze Generationen von Architekten ausbildete. Von dort ausschwärmend überzogen diese Jünger der Moderne die ganze Donaumonarchie mit modernen qualitätsvollen Bauwerken. Otto Wagner war somit – das kann man ruhig so behaupten – einer der ersten Stararchitekten. Im Jahr 1905 konzipierte der Meister für seine fast 20 Jahre jüngere Frau einen zukünftigen Witwensitz in der Hüttelbergstraße 28, auf einem Hanggrundstück, das damals weit außerhalb der Stadt lag, bereits tief im Wienerwald in einem durch und durch ländlichen Umfeld. Die Umgebung war dem Meister jedoch nicht fremd, stand doch seine eigene Villa aus dem Jahr 1886 bereits auf dem Nachbargrundstück. Der Witwensitz wurde allerdings obsolet, als Wagners Frau überraschend im Jahr 1915 starb. Der Meister

Stadttouren

zog kurzerhand selbst in das 1912/13 fertiggestellte und danach leerstehende Haus ein, es wurde dadurch zu einem bizarren Stahlbetonbau-Mausoleum für sich selbst. Den extrem schlichten kubischen Bau schmücken straßenseitig eine Reihe schmaler, hoher Fenster und ein Glasmosaik von Kolo Moser, sonst nichts. Mehr hatte der in die Jahre gekommene Otto Wagner nicht mehr nötig (U4 Hütteldorf, von dort Busse 148, 152, 35B).

1150 Wien – Stadthalle

Wenige Jahre nach Kriegsende, 1952, lobte die Stadt Wien einen internationalen Architekturwettbewerb für die Errichtung einer Stadthalle aus. Das war ein ganz ungewöhnliches Vorgehen, denn außer dem Ringstraßenwettbewerb aus dem Jahr 1859 und dem Entwurf des Praterstadions im Jahr 1928 hatte Wien alle großen Bauvorhaben aus dem künstlerischen Reservoir des Kaiserreiches und seines Zentrums abgedeckt. Der Wettbewerb wurde notwendig, weil in den 1930er Jahren die Rotunde im Prater – damals eine der größten Versammlungshallen der Welt – abgebrannt war. Außerdem schien es den Stadtvätern ratsam, durch einen internationalen Wettbewerb neuen Glamour in die während des Dritten Reichs etwas provinziell gewordene Stadt Wien zu bringen. Tatsächlich schien der Plan aufzugehen: Der berühmte finnische Architekt Alvar Aalto gewann den Wettbewerb, mit ihm wurde der 43-jährige Wiener Architekt Roland Rainer gleichgereiht, der bis dahin weitgehend als Architekturtheoretiker wahrgenommen worden war und gerade eine Laufbahn als Architekturprofessor begann. Was zu Beginn niemand für möglich gehalten hätte: nicht Aalto, sondern Rainer baute. Im Jahr 1958 wurde die Stadthalle am Vogelweidplatz beim Gürtel feierlich eröffnet.

Sie beeindruckte vor allem durch das 10 000 Quadratmeter große expressionistische Stahldach über der Haupthalle. Ein Meilenstein der Moderne, ein starkes Symbol für die Überwindung des Nationalsozialismus, für den Wiederaufbau, das in Folge weithin über die Grenzen Österreichs hinaus ausstrahlte. Die Nachkriegssensation Stadthalle ist bis heute Österreichs größtes und weiterhin gut funktionierendes Veranstaltungszentrum. In der größten der sechs Hallen bietet es heute 16 000 Menschen Platz (U6 Burggasse/Stadthalle).

1160 Wien – Ottakringer Brauerei

Die Ottakringer Brauerei in der Ottakringer Straße Nr. 91 ist Wiens letzte Großbrauerei. Sie wurde im Jahr 1837 eröffnet – und war in ihren Dimensionen auf den nie versiegenden Durst abertausender Bauarbeiter der gründerzeitlichen Kaiserresidenz Wien ausgerichtet. Im Laufe der Zeit ist die Brauerei mit der Vorstadt Ottakring gewachsen, bald bildete sie eine eigene Landschaft mit Industriegebäuden, Lagerplätzen, Gärkellern, aber auch Siedlungen für die Brauerei-Arbeiter bis hin zu einem eigenen Spital, das die jüdische Eigentümerfamilie Kuffner errichten ließ. Die Familie wurde dafür auch vom Kaiser geadelt. Erst die Nationalsozialisten setzten mit einem Zwangsverkauf dieser Erfolgsgeschichte ein Ende. Heute ist die Brauerei eine Aktiengesellschaft. Auf dem für die Herstellung nicht mehr benötigten Arealen der Ottakringer Brauerei konnten in den vergangenen Jahren auch einige innovative Projekte wie Wohnbauten und Kultureinrichtungen umgesetzt werden. So entwickelte sich die ehemalige Kuffnersche Bierstadt zuletzt zu einem modernen, dynamischen Stadtteil (U3 Ottakring, dann Straßenbahnlinie 2 bis Ottakringer Straße/Wattgasse).

1170 Wien – Jörgerbad

Das Jörgerbad in der Jörgerstraße Nr. 42 hieß früher einmal Kaiser-Franz-Joseph-Bad und stammt aus einer Zeit, in der (fast) alles in Wien nach dem greisen Kaiser benannt wurde. Das Bad wurde im Jahr 1914, wenige Monate vor Ausbruch des Ersten Weltkriegs, als Wannen-, Dampf- und Hallenschwimmbad eröffnet. Es war das erste städtische Hallenbad von Wien – eine riesige, mehrgeschossige, patriotische Halle in rot und weiß, den Wiener Farben. Der Zeit ihr Bad. Und die Zeit war bekanntlich fortschrittlich. Das zeigt nicht nur die expressive Jugendstilarchitektur an, sondern auch die Tatsache, dass erstmals auch ein eigenes Kinderbecken mitgeplant und die Geschlechtertrennung aufgehoben wurde, so dass Familien zum ersten Mal in Wien gemeinsam baden konnten. Architektonisch bemerkenswert ist das Glasdach der Schwimmhalle, das sich öffnen lässt und eine Fläche von 16 mal 9 Metern freigibt. Architekt war Friedrich Jäckel, ein damals 42-jähriger Mitarbeiter des Wiener Stadtplanungsamts, der auch für die Stadt Wien Schulen und Kindergärten entwarf (U6 Alser Straße).

1180 Wien – Universitätssternwarte

In die Sterne schauen, das ist den Menschen überall eigen, so auch in Wien. Die Geschichte der Astronomie beginnt hier bereits im 14. Jahrhundert, als nach der Gründung der Wiener Universität im Jahr 1365 hier laufend Vorlesungen ›Über Himmel und Erde‹ gehalten wurden. Später übernahmen die Jesuiten das Sternelesen, vom Dach ihres Stadt-Kollegiums aus schauten sie in den Himmel. Im Jahr 1870 zogen die Astronomen der Wiener Universität, die hier bereits im 14. Jahrhundert mit den Himmelsbeobachtungen begannen, in den Vorort Währing hinaus. Auf der Türkenschanze, einem Hügel, der während der Zweiten Türkenbelagerung künstlich angelegt wurde, sollten sie die größte Sternwarte der Monarchie errichten. Nach Berliner Vorbild in Kreuzform gebaut, verfügte das Observatorium wirklich über das größte bis dahin gebaute Fernrohr, das immer noch in Betrieb ist. Bis heute ist die Anlage auch das größte baulich geschlossene Sternwartegebäude der Welt. Die Architekten waren übrigens die Theaterspezialisten Helmer & Fellner.

Auf der künstlich angelegten Türkenschanze: die Wiener Universitätssternwarte

Mit seiner 14 Meter großen Hauptkuppel und den kleineren Nebenkuppeln hat das ganze hochwissenschaftliche Gebäude auch etwas von einem Theater. Das Institut für Astronomie nahm die Sternwarte im Jahr 1882 in Betrieb, und der gute alte Kaiser Franz Joseph war bei der Eröffnung selbstverständlich auch mit dabei. Die Sternwarte ist im Rahmen von Führungen zugänglich (U6 Währinger Straße/Volksoper, dann Straßenbahn 40 Aumannplatz).

1190 Wien – Cobenzl

Eigentlich heißt der Cobenzl gar nicht Cobenzl, sondern Reisenberg, aber das spielt keine Rolle. Denn gegen Ende des 18. Jahrhunderts erwarb hier ein gewisser Graf Cobenzl aus aufgelassenem Stiftsbesitz nach den josephinischen Enteignungen ein schönes Stück Land. Heute würde man sagen: Ein Grundstück in bester Aussichtslage, 382 Meter über dem Meeresspiegel, zwischen den Weingärten, mit wunderschönem Blick auf Wien. Im Sinne aufklärerischer Schäferromantik ließ sich der Graf dann ein Schloss und eine Meierei bauen. Der Besitz wurde auch der Öffentlichkeit zugänglich gemacht und die Produkte aus der Meierei wurden in der Stadt unten verkauft. Der Begriff Cobenzl war geboren – und er wurde schnell Synonym für Fröhlichkeit, Landleben, Walzerseligkeit und das süße Wiener Mädel der späteren Operette. Johann Strauss Vater spielte am Cobenzl auf, Beethoven kam als Spaziergänger vorbei. In den 1880er Jahren wurde aus dem Schloss am Reisenberg ein Hotel, das schließlich wegen notorischer Erfolglosigkeit an die Stadt Wien verkauft wurde. Die Stadt beschloss, vom beliebten Weinort Grinzing aus eine ›Höhen- und Aussichtsstraße‹ über den Cobenzl zu bauen, um das Geschäft wieder zu beleben und an die alten Erfolge der Biedermeierzeit anzuknüpfen. Die Straße wurde ein Riesenerfolg, das total heruntergekommene Schloss schließlich in den 1960er Jahren abgerissen. Das heutige Anwesen hat wieder Züge des Barock, ist aber neu. Hier ist jetzt das Weingut der Stadt Wien untergebracht. Und die Aussicht auf die Stadt ist schön wie am ersten Tag (U4 Heiligenstadt, Bus 38A).

Himmlisch: Das Terrassen-Café am Cobenzl bietet einen herrlichen Panoramablick

Ausdruck einer Stadt, die sich öfters im Aufbruch befindet: das Panoramaheim

Stadttouren

1200 Wien – Panoramaheim

Weithin sichtbar, an der Brigittenauer Lände 224 am linken Ufer des Donaukanals, steht das Adolf-Schärf-Studentenwohnhaus. In Wien ist es allgemein als Panoramaheim bekannt. Der Beiname erklärt sich von selbst: Vom obersten Stockwerk aus hat man einen wunderbaren Panoramablick über ganz Wien. Es ist das größte Studentenheim Österreichs, 600 Studierende sind hier einquartiert und auf 17 Geschosse aufgeteilt. Abgesehen vom Ausblick gibt es hier Party- und Clubräume, Sport- und Krafträume, Seminarbereiche; sogar ein Fotolabor ist eingerichtet. Legendär sind die ausgelassenen Partys im Keller, die auch für die Wiener stets offen waren. Das Gebäude mit der Anmutung eines Lego-Blocks steht seit Anfang der 1960er Jahre. Entworfen wurde es von dem bereits 1908 geborenen Architekten Georg Lippert, einem Schüler von Clemens Holzmeister. Lipperts Stern ging jedoch erst nach dem Zweiten Weltkrieg auf, als dieser zum meistbeschäftigten Planer der Stadt wurde. Das Panoramaheim ist ein Ausdruck einer Stadt im Aufbruch (U4 Heiligenstadt, dann Bus 39A Heiligenstädter Brücke).

1210 Wien – Großfeldsiedlung

Knapp 20 Minuten dauert die Fahrt mit der U-Bahn von der Stadtmitte nach Lepoldau. In den Hoch- und Flachbauten der Großfeldsiedlung, deren erste Wohnblöcke in den Jahren 1966 bis 1973 errichtet wurden, leben heute laut Wiener Wohnen 15 000 Menschen. Die weitläufige Siedlung am Stadtrand mit ihren bis zu 17-stöckigen Hochhäusern und ihren Reihenhäusern mit Garten wurde erst durch die Erfindung des Fertigteilbetons möglich. Sie erinnert nicht zuletzt an die Plattenbau-Siedlungen der realsozialistischen Ära in Brünn, Bratislava, Budapest, Belgrad, Prag oder Zagreb. Die ›Schlafzimmer‹ dieser Städte wurden fast zeitgleich errichtet, um möglichst schnell den dringend benötigten neuen Wohnraum zu schaffen. Jahrelang galt die Großfeldsiedlung als soziale Brennzone. Hier leben bis heute viele Menschen, die es sich weder in ihren eigenen vier Wänden noch in ihrem Leben sehr gemütlich einrichten können. Es ist auch engagierten Sozialarbeitern, Hausmeistern und Polizisten zu verdanken, dass ›die Siedlung‹ heute weitgehend friedlich ist (U1 Großfeldsiedlung).

1220 Wien – Donauzentrum

Das Donauzentrum, kurz DZ, an der U1-Station Kagran ist das größte Einkaufs- und Entertainmentzentrum in Wien. Schön ist es vielleicht nicht, dafür wartet es mit einigen Superlativen auf: Die Riesenanlage, im Jahr 1975 auf einer Grundfläche von 22 800 Quadratmetern eröffnet, ist inzwischen auf 225 000 Quadratmeter angewachsen. Das DZ ist eine kleine Stadt mit über 260 Einzelhandels-, Gastronomie- und Unterhaltungsbetrieben und 4000 Parkplätzen. Es gibt 2500 Menschen Arbeit und wird pro Jahr von 20 Millionen Besuchern frequentiert. Der Einkaufstempel gehört heute dem französisch-niederländischen Unibail-Rodamco-Konzern, der größten börsennotierten Immobilien-Investment- und Managementgesellschaft im europäischen Einzelhandelssektor. Entworfen wurde das Donauzentrum vom Londoner Architektenbüro Dunnett Craven, das auf Einzelhandelsobjekte spezialisiert ist, lokale Wiener Planer haben zugearbeitet (U1 Kagran).

1230 Wien – Wohnpark Alt-Erlaa

Ausgerechnet Glück! Harry Glück heißt der Architekt des weithin sichtbaren, ja monströsen Wohnparks Alt-Erlaa im Sü-

den Wiens, der seit seiner Errichtung in den 1980er Jahren die Meinungen spaltet. Überdurchschnittlich glücklich mit dem Wohnpark an der gleichnamigen U6-Station bzw. an der Anton-Baumgartner Straße, bestehend aus drei je 400 Meter langen und 70 Meter hohen Riesenblöcken, sind vor allem die rund 9000 Menschen, die dort wohnen. Es ist ihnen auch nicht zu verdenken, denn wie in einer Kleinstadt haben sie außer den 3200 geknickten Terrassenwohnungen mit Balkon vieles, was sie brauchen, vor Ort zur Verfügung. Es gibt ein Einkaufszentrum mit mehreren Geschäften, eine Bibliothek, mehrere Restaurants, Ärztezentren, Schulen, Kindergärten, Spielplätze, Tennisplätze, stadtparkgroße Grünflächen, 3400 Parkplätze und diverse Einrichtungen der Naherholung wie die sieben Schwimmbäder auf den Flachdächern, die zum Markenzeichen der Siedlung wurden. Weiters gibt es sieben Hallenbäder, ein Tepidarium, Solarien, Saunen und Infrarotsaunen, 32 Klubräume, sieben Schlechtwetterspielplätze und sogar einen eigenen Fernsehsender und eine für Bewohner unentgeltliche Monatszeitung. Da von dort einfach niemand wegziehen möchte, bleibt eigentlich nur eines übrig: sich den Gegnern anzuschließen. Oder? (U6 Alterlaa)

 Von 1010 bis 1230 Wien

Architektur im Internet, www.nextroom.at, www.architektenlexikon.at.

Wiener Architekturkalender, www.wiener architektur.at.

Digitaler Kulturgüterkataster, www.mag wien.gv.at/kultur/kulturgut.

Wiener Planungswerkstatt, www.planungswerkstatt.at..

Österreichische Gesellschaft für Architektur, www.oegfa.at.

Legal Graffiti Walls unter anderem entlang des Donaukanals, im Arne-Carlsson Park, im Esterhazypark, am Yppenplatz, auf den Stelzen der Nordbrücke, www.wienerwand.at.

Stadtführung: Der Text für diese Stadttour stammt von **Klaus-Jürgen Bauer**. Er ist Architekt, Architekturkritiker und Fassadenleser. Seine Wiener Rundgänge sind stets auf seiner Homepage angekündigt: www.bauer-arch.at.

Glücklich, wer am Stadtrand lebt: der Wohnpark Alt-Erlaa

Reinhold Schachner über
eine Expedition zum pittoresken Wiener East End

Der ›grüne‹ Bereich des Praters war für mich lange Zeit das Naherholungsgebiet schlechthin. In nur fünf Gehminuten von meiner Wohnung aus erreichbar, also infrastruktureller Luxus pur! Doch im Laufe der Jahre beschlich mich das Gefühl, schon jeden Baum zu kennen, anders ausgedrückt: Die Zeit war reif für einen Naherholungsabschnittswechsel.

Ich wagte fortan Expeditionen ins Neuland, in meine Nachbarbezirke Favoriten (10. Bezirk) und Simmering (11. Bezirk), die nach allgemeiner Auffassung nicht gerade als besuchenswert gelten. Auf den ersten Touren war das Staunen mein ständiger Begleiter, denn wenn man Wien gegen den Strich lesen möchte, dann sind Favoriten und Simmering offene Bücher.

Meine ersten Eindrücke fand ich in einschlägigen Publikationen untermauert: Für das Buch ›Zu den Schattenorten von Wien‹, das im Metroverlag erschienen ist, wurde Autor Wolfgang Freitag mehrmals im 11. Bezirk fündig, und das AutorInnenkollektiv Sabine Pollak/Katharina Urbanek/Bernhard Eder beschrieb auch in Anlehnung an Michel Foucaults Begriff der ›Heterotopie‹ in seinem gleichnamigen Buch Simmering als ›Das Andere der Stadt‹ (Facultas-Verlag).

Aus den Radtouren wurden immer öfter Spaziergänge, denn die Fülle an architektonischen, städtebaulichen, sogar landschaftlichen Eindrücken war im rollenden Tempo nicht zu bewältigen. Nur die entschleunigte Form der Fortbewegung ist angemessen, jene zu Fuß.

Im Folgenden möchte ich eine Route für einen Stadtspaziergang beschreiben, die trotz der relativ kurzen Strecke von etwas mehr als fünf Kilometern ein für Wiener Verhältnisse kaum zu übertreffendes Sammelsurium aus bizarren, pittoresken oder einfach nur historisch wertvollen urbanen Ausformungen bzw. Grünoasen darstellt: Von der Gasometer City zum Volkspark-Laaerberg (einen Stadtplan mitzuführen wäre wegen der hier gebotenen Kürze notwendig).

Gestartet wird südlich der Gasometer (zugleich Station der Linie U3). Der Blick Richtung Osten gibt eine surreale Melange frei: vier Gasometer, fünf kreativ schiefe Wohnblöcke und im Hintergrund Schlote des Kraftwerks Simmering (dieses Motiv wird uns aus größerer Entfernung noch einige Male begegnen). Weiter geht es Richtung Süden in die Hallergasse, wo Pferdegeruch in die Nase steigen könnte (Fiaker-Unternehmen).

Bei der Sporthalle der KSV Wiengas rechts in die Eyzinggasse – und man wähnt sich bereits in einer anderen Welt. Auf Kopfsteinpflaster geht es an verwilderten Gärten einer Art Burg entgegen. Dann das Bahngleis rechter Hand überqueren und am Anton-Schrammel-Hof (Gemeindebau, 1925/26) vorbei. Weiter in die Eisteichstraße, wo sich gleich der nächste sehenswerte – als wäre der Entwurf unter Einfluss verbotener Substanzen entstanden – Gemeindebau auf den Nummern 17 bis 27 befindet.

Die Eisteichstraße mündet im Hyblerpark, der eine Aussichtsplattform bietet; von dort aus kann der städtebauliche Wahnsinn rund um die Gasometer City auf einen Blick erfasst werden. Westlich wird der Hyblerpark von der Pachmayergasse flankiert, die zur Simmeringer Hauptstraße führt. In dieser, einer der längsten

Straßen Wiens und ein Boulevard der verschrobenen Art, wird man von zwei Gemeindebauten empfangen, die unterschiedlicher nicht sein können: der eine ist schlicht, der andere megalomanisch.

Wir folgen der Simmeringer Hauptstraße ein kurzes Stück stadtauswärts bis zur Geystraße, wo sich am Eck das ›Pulkautaler Weinhaus‹ anbietet. Ein Besuch wird dringend empfohlen – vorausgesetzt man hat keine Scheu vor indigener (Trink-)Kultur. Die Geystraße führt zur Gasse ›Am Kanal‹, die uns zur Lorystraße (schmucke Häuschen am Beginn dieser Straße!) bringt. In diese geht es hinein und vor bis zur kleinen Verkehrsinsel. Von dort aus ist der Schriftzug »Städtische Brückenwaage«, der eine Hausmauer ziert, unübersehbar. Auf diesem Areal des ehemaligen Simmeringer Marktes befindet sich jetzt u. a. eine Zweigstelle der städtischen Bücherei, die der Kulturtechnik des Lesens einen würdigen Hort bietet. Südwestlich davon liegt der Herderpark (mit wunderschönem Kinderfreibad) – nicht nur die größte Parkanlage Simmerings, sondern nach der Revitalisierung auch ein Hingucker.

Nach der empfohlenen Rast verlassen wir die Ruheoase Herderpark über den südlichen Zipfel Richtung Grillgasse und folgen dieser rechter Hand bis zu einem Steg, der über die Ostbahn führt. Unmittelbar davor hat man einen Imbiss zu passieren: ›Sabine's Ranch‹. Der Name ist Programm, denn wir haben jetzt den wilderen Osten erreicht. Rauf auf den Steg, umdrehen und den herrlichen Ausblick auf die bereits vertraute Gasometer City und auf das sehenswerte Industriegebiet des östlichen Wien bzw. Schwechat genießen.

Mit dem Überqueren des Steges ist auch die Bezirksgrenze zu Favoriten überschritten und die nächste Steigung wartet auf uns – der ›Laaer Berg‹. Direkt nach dem Bahnübergang führt ein Spazierweg den Hügel zum Freizeitgebiet Löwygrube rauf. Oben wird man bei Wind wahrscheinlich von Lenkdrachen begrüßt, aber sicher mit einem prächtigen Panorama nördlicher Ausrichtung belohnt.

Auf der nächsten Etappe muss Richtung Süden über einen Naturlehrpfad der Laaer Wald durchquert werden (Orientierungstafeln sind vorhanden). Nach dem Wald folgen wir der Laaer-Berg-Straße ein paar hundert Meter stadteinwärts, bis links im spitzen Winkel die Theodor-Sickel-Gasse zurück Richtung Süden führt. Wir biegen ab und müssen nach knapp 200 Metern rechts in den Schwarzer Weg, der Flutlichtanlage der Heimstätte des Traditionsklubs Austria Wien entgegen.

Unmittelbar vor der Osttribüne des Stadions führt linker Hand die Fischhofgasse zum Ziel unseres Stadtspazierganges, zum (noch) wenig frequentierten Volkspark Laaerberg. Ob es dort so beschaulich bleiben wird, ist zu bezweifeln, denn mit der Verlängerung der U-Bahnlinie 1 wird diese rund 220 000 Quadratmeter große Parkanlage ab Herbst 2017 von der Innenstadt aus in Windeseile erreichbar sein. Bis dahin müssen für die An- und Abreise die Tramlinie 67 oder die Buslinie 15A (Station Altes Landgut) ihre trägen Dienste leisten.

Reinhold Schachner, 1974 in Wels geboren, ist Redakteur der Wiener Straßenzeitung *›Augustin‹ und ein profunder Kenner der Randzonen der Stadt.*

Sakralbauten

Den Wienern selbst fällt es kaum noch auf: Wien ist auch eine Stadt der Sakralbauten. Die meisten wurden für die große Mehrheit der römisch-katholischen Gläubigen errichtet. Bis zum Toleranzpatent von Joseph II. im Jahr 1781 war es nur ihnen vorbehalten, Kirchen zu bauen und darin zu beten. Wirklich tolerant war auch das Toleranzpatent nicht, denn in Wahrheit benötigte der Kaiser zusätzliche Einnahmen und erlaubte daher die Ausübung des jüdischen und des protestantischen Glaubens. Dafür mussten die Nicht-Katholiken Kirchensteuer bezahlen, durften aber ihre Gotteshäuser keineswegs so prominent wie die katholischen in der Stadt platziert werden. Heute stehen in Wien für alle Weltreligionen eigene Gebetshäuser offen. Besonders sehenswert sind die folgend genannten.

Im Zentrum

Die **Ruprechtskirche** (→ S. 128) ist die älteste in ihrer Grundsubstanz noch bestehende Kirche Wiens. Der Legende nach wurde die Ur-Kirche 740 gebaut, erstmals urkundlich erwähnt wird sie 1200 – in einer Urkunde, die über eine Schenkung von Herzog Heinrich II. Jasomirgott berichtet (1010, Ruprechtsplatz 1/2).

Die römisch-katholische Kirche **Maria am Gestade** mit Fundamenten aus dem 10. Jahrhundert liegt im sogenannten Fischerviertel. Sie wurde für die Donaufischer errichtet, die auf dem reißenden, damals noch unregulierten Fluss einen gefährlichen Beruf ausübten und mit ihren Booten in der Nähe anlegten. Die angeblich zweitälteste Kirche Wiens wurde im gotischen Stil mit einem gotischen Turmhelm ausgeführt. Sie wirkt heute im innerstädtischen Häusermeer eher unauffällig. Dennoch gilt sie als eines der heimlichen Wahrzeichen von Wien.

Seit dem Jahr 1820 wird sie vom Orden den Redemptoristen betreut (1010, Salvatorgasse 12).

Die **Lutherische Stadtkirche** ist das Gotteshaus der Wiener Evangelischen nach Augsburger Bekenntnis. Sie befindet sich ebenso wie die Stadtkirche der Reformierten in einem Gebäude der Dorotheergasse, gegenüber vom Auktionshaus Dorotheum. Zuvor war hier ein Kloster für die Klarissen eingerichtet, ehe Lutheraner und Reformierte im Jahr 1783 Teile des Gebäudes kauften, um hier ihre Pfarrkirchen einzurichten. Die Lutherkirche wurde im Stil der Renaissance renoviert (1010, Dorotheergasse 18).

Die **Reformierte Stadtkirche**, die Stadtkirche der Wiener Evangelischen nach Helvetischem Bekenntnis, weist unter anderem eine neobarocke Fassade auf (1010, Dorotheergasse 16).

Im Zentrum: die lutherische Stadtkirche

Der **Jüdische Stadttempel** wurde nach Plänen des Wiener Biedermeier-Architekten Joseph Kornhäusel (1782–1860) in den Jahren 1825/26 errichtet und hat auch die NS-Zeit überlebt. Auch für die Inneneinrichtung und die Kultgeräte zeichnete Kornhäusel verantwortlich (1010, Seitenstettengasse 4).

Die **Votivkirche** (→ S. 126) ist die zweitgrößte katholische Kirche von Wien – die beiden Türme sind 99 Meter hoch – und wird daher auch ›Ringstraßendom‹ genannt. Sie wurde nach dem missglückten Attentat auf Kaiser Franz Joseph I. in den Jahren von 1856 bis 1879 nach Plänen von Heinrich Ferstel im historistischen Stil errichtet – und zwar mit Spendengeldern etlicher Wiener Bürger, die dem Aufruf von Erzherzog Ferdinand Maximilian folgten und eine ›Votivgabe‹ (Dankgeschenk) für die Ehrenrettung der Völker der Monarchie und ihres Monarchen gaben. Heute wird – als Zeichen der Völkerverständigung – einmal pro Woche eine Heilige Messe in mehreren Sprachen gefeiert (1090, Rooseveltplatz).

Außerhalb des Zentrums

Die Buddhistische Friedenspagode ist ein Ort der Verehrung und eine angenehm friedliche Begegnungszone, nicht nur für Buddhisten. Ruhig am rechten Donauufer gelegen, auf Höhe der Freudenau (1020, Hafenzufahrtsstraße)

Die **Russisch-orthodoxe Kathedrale zum Heiligen Nikolaus**, ein traditioneller Fünfkuppelbau, wirkt wie ein Stück Moskau mitten in Wien. Die Kathedrale wurde in den Jahren von 1893 bis 1899 als Botschaftskirche des russischen Zarenreichs errichtet und ist heute als Diözese dem Moskauer Patriachat unterstellt (1030, Reisnerstraße 23).

Die **Kirche am Steinhof** ist neben der Secession ein Hauptwerk des Wiener Jugendstils, das nach Plänen vom gro-

Das Islamische Zentrum am Bruckhaufen

ßen Meister-Architekten Otto Wagner (1841–1918) von 1904 bis 1907 errichtet wurde. Auf den ersten Blick fällt sofort die goldene Kuppel auf, der ein byzantinisches Motiv zugrunde liegt (1140, Baumgartnerhöhe 1).

Die Wiener **Moschee** (→ S. 175) wurde in den Jahren von 1975 bis 1979 am linken Donauufer errichtet, zwischen Neuer und Alter Donau, dank einer Geldspende des damaligen saudi-arabischen Königs Faisal ibn Abd al-Aziz und auf einem Grundstück, das acht islamisch geprägte Staaten gemeinsam erworben hatten. Das Minarett ist 32 Meter hoch, die Kuppel misst 20 Meter im Durchmesser. Die Moschee gibt der benachbarten Bruckhaufen-Siedlung orientalischen Flair (Islamisches Zentrum, 1210, Am Bruckhaufen 3a).

Die **Kirche zur Heiligsten Dreifaltigkeit**, ein moderner Kirchenbau aus 152 zusammengesetzten Betonblöcken, ist am Georgenberg gelegen, am Rande des Wienerwalds. Sie wird auch Wotrubakirche genannt, da sie nach Plänen des Architekten Fritz Wotruba (1907–1975) in den Jahren von 1974 bis 1976 errichtet wurde. Die Raum- und Lichtwirkungen im Inneren sind beeindruckend (1230, Maurer Lange Gasse 137).

Stadttouren

Friedhöfe

Mit Liebe gestaltet und mit großem Aufwand betreut werden die Wiener Friedhöfe. Wer mehr über die Beziehung der Wiener zum Lebensende erfahren möchte, sollte auch den Besuch im Wiener Bestattungsmuseum in Betracht ziehen und anschließend eine Friedhofstour bei Stadtführerin Hedwig Abraham buchen. Sie hat die Wiener Friedhöfe eingehend studiert und kann zu vielen Gräbern eine Geschichte erzählen. Auf dem Zentralfriedhof gibt es einen eigenen Kutschen-Service: Fiaker fahren dort mit den Besuchern über das weitläufige Gelände.

Zentralfriedhof

Der Zentralfriedhof – oder ›Zentral‹, wie ihn die Wiener liebevoll nennen – liegt nicht im Zentrum, sondern an der Peripherie: in Simmering, am östlichen Ende der Stadt. Mit seinen drei Millionen Beerdigten und 1000 Ehrengräbern gilt er als größter Friedhof Europas. Angelegt wurde er nach Plänen der Gartenarchitekten Karl Jonas Mylius und Alfred Friedrich Bluntschli; die Einweihung erfolgte am 30. Oktober 1874. Der ›Zentral‹ war der erste interkonfessionelle Friedhof Europas. Der alte jüdische Teil beim Tor 1 wird heute nicht mehr belegt, ist dicht verwachsen und bietet somit Rehen, Füchsen und Fasanen ein Refugium. Schön anzusehen sind auch die bunt geschmückten Gräber der serbisch-orthodoxen Gemeinde, deren Nachfahren sich hier zum Picknick treffen. Jene Bäume, auf denen tibetanische Gebetsfahnen hängen, zeigen die Gräber der Buddhisten an. Auf dem größten Wiener Friedhof gibt es auch mehrere moslemische Begräbnisgruppen. So wie früher

Katholiken und Protestanten nicht nebeneinander begraben sein wollten, ist es auch hier. Es gibt je eine Gruppe für Sunniten, Schiiten und Aleviten. Die bis heute verfeindeten Moslems und christlichen Kopten mit ägyptischen Wurzeln sind wiederum nur durch eine Hecke getrennt. Einzig die russisch-orthodoxe Gemeinde konnte eine optische Abgrenzung durchsetzen. Egal, an wen sie glauben: Für alle gilt in Wien die Sargpflicht. Der Zentralfriedhof ist aber auch reich an Denkmälern und Jugendstilperlen wie zum Beispiel der Friedhofskirche ›Zum Heilgen Karl Borromäus‹. Sie wurde nach Plänen von Max Hegele in den Jahren 1907 bis 1910 errichtet und gilt neben der Otto-Wagner-Kirche am Steinhof als bedeutendster Sakralbau des Jugendstils. Der weitläufige Friedhof bietet nebenbei auch den noch Lebenden Ruhe und dazu ein in der Stadt einzigartiges Naturerlebnis. Auf dem Areal leben zahlreiche Tiere wie Schmetterlinge, Singvögel und Hamster (1110, Simmeringer Hauptstraße 234, Haupteingang Tor 2, Tramlinien 6 und 71, Tel. 01/760410; www.friedhoefe.wien.at).

Weitere Friedhöfe

Der **Sankt Marxer Friedhof**, eine Grünoase, die zum Teil von der Fahrbahn der Südosttangente beschattet wird, wurde als Friedhof bereits 1874 geschlossen, lockt aber weiterhin Schaulustige an. Die Parkanlage steht unter Denkmalschutz, nicht zuletzt deshalb, weil es heißt, dass hier auch der in Salzburg geborene und in Wien verstorbene Komponist Wolfgang Amadeus Mozart (1756–1791) begraben sein soll. Das ist allerdings laut

siehe vordere Umschlagklappe ▲

In der Friedhofskirche des Zentralfriedhofs

Gruselig-schön: Friedhof der Namenlosen

Bezirkshistoriker Karl Hauer gar nicht bewiesen (1030, Landstraße).

Auf dem **Friedhof der Namenlosen**, am Ufer der Donau, wurden zwischen 1845 und 1940 Menschen begraben, die im Hafenbereich vom Fluss angeschwemmt wurden. Von vielen ist weder die Todesursache bekannt noch die Identität geklärt (1110, Alberner Hafen).

Der **Hietzinger Friedhof**, der Nobelfriedhof in Gehweite zum Schloss Schönbrunn, ist ein Juwel für Friedhofgänger. Er bietet ihnen großartig gestaltete Grabmäler und Mausoleen sowie jede Menge berühmter Namen, beispielsweise Gustav Klimt, Franz Grillparzer und Otto Wagner (1130, Maxingstraße 15, Tel. 01/8773107).

Der 1823 eröffnete und von vielen Bäumen beschattete **Neustifter Friedhof** ist riesig und wird noch dazu zu Recht zu den Bergfriedhöfen gezählt. Zur Orientierung: Der historische Kern des bekannten Heurigenorts Neustift wird zum 19. Bezirk (Döbling) gezählt, sein unterhalb des Dorotheer Waldes eingebetteter und direkt neben der Endstation der Buslinie 41A gelegener Friedhof hingegen zum 18. Bezirk (Währing). Vorsicht: Elegantes Schuhwerk kann hier Schmerzen verursachen (1180, Pötzleinsdorfer Höhe 2, Tel. 01/4401444).

So wie der Hietzinger Friedhof eine letzte Ruhestätte für die Patrizierfamilien der Stadt, liegt auch der terrassenförmig leicht ansteigende **Grinzinger Friedhof** inmitten einer der teuersten Wohngegenden Wiens. Auffallend gepflegte Gruft- und Grabanlagen zeugen vom Reichtum des Wiener Bürgertums und Adels. Eröffnet wurde dieser Friedhof im Jahr 1829. Das Grundstück hatte ein gewisser Franz Huschka gespendet, der das kaiserliche Heer mit Unterwäsche beliefert hatte. Ihm wurde dafür mit einem Ehrengrab gedankt (1190, An den langen Lüssen 33, Tel. 01/3203192).

ℹ Friedhöfe

Kutschen-Service am Zentralfriedhof, Tel. 0699/18154022; ffpwulf@web.de; von April bis Oktober, Di ist Ruhetag.

Hedwig Abraham, staatlich geprüfte Fremdenführerin, Tel. 0699/18124423, hedwig.abraham@viennatouristguide.at.

🏛

Bestattungsmuseum Wien, 1110, Simmeringer Hauptstraße 234 (Untergeschoss der Aufbahrungshalle 2), www.bestattungsmuseum.at. Eine Wiener Spezialität ist der ›Rettungswecker für Scheintote‹. Dabei handelt es sich um eine simple mechanische Vorrichtung in den alten Särgen, die jede menschliche Regung lautstark meldete. Auch nicht schlecht sind die Galauniformen der Wiener Pompfineberer (Leichenbestatter, vom französischen Entreprise de pompes funèbres). Ein Armutszeugnis: Der wieder verwendbare Klappsarg. Öffnungszeiten: Mo–Fr, 9–16.30 Uhr, 1. März bis 2. Nov. auch Sa 10–17.30 Uhr.

A schöne Leich

»Der Tod, das muss ein Wiener sein.« So heißt es in einem Liedtext des 1922 in Wien geborenen und 2011 in Salzburg verstorbenen Kabarettisten Georg Kreisler. Wien und der Tod: Das ist eine ambivalente Beziehung. Zwar ist er in Gesprächen und Witzen oft Thema; doch wird er endlich real, wollen ihn die wenigsten wahrhaben. Es ist erstaunlich, wie viele verharmlosende sprachliche Bilder die Wiener für das Verb sterben parat haben. »Der stellt die Pock auf« soll heißen, dass jemand ein allerletztes Mal seine Füße und damit auch seine Schuhe aufrichtet. Ähnlich einleuchtend ist der Satz »Der gibt den Löffel ab«, unübertrefflich wohl der Ausdruck »Der fährt mit 'm 71er heim.« Dazu ist zu sagen: Der 71er ist seit vielen Generationen jene Straßenbahn, die die – noch – lebenden Wiener vom Schwarzenbergplatz über den Rennweg und die Simmeringer Hauptstraße hinaus zu den Toten auf dem Zentralfriedhof befördert. Ältere Semester überspielen ihre Angst vor dem Sterben, wenn sie erklären: »Für mich zahlt sich der Retourfahrschein gar nicht mehr aus.«

Begräbnisse in Wien sind oft prunkvolle Inszenierungen. Und ist eine solche Inszenierung gut über die Bühne gegangen, heißt es beim anschließenden kollektiven Schmausen anerkennend: »Das war a schöne Leich.« Zur wirklich schönen Leich gehören auch Begräbnissänger. Das sind gut ausgebildete Opernsänger, die den Sprung nach ganz oben nicht geschafft haben und dennoch über hinreißende Stimmen verfügen. Eine wichtige Funktion kommt den Pomfineberern zu. So werden in Wien die stets schwarz uniformierten Leichenbestatter genannt. Ohne sie geht nichts! Sie führen den Trauerzug an, und sie wissen ganz genau, wo der Verstorbene seine letzte Ruhe finden soll. Für diese Dienstleistung hält der eine oder andere am offenen Grab auch seine Hand auf.

Heute wird der größte Friedhof der Stadt, der Zentralfriedhof, ebenso liebe- wie ehrfurchtsvoll ›Zentral‹ genannt. Doch ursprünglich wollten sich die Wiener dort gar nicht begraben lassen. ›Zu weit weg‹ und ›zu wenig historisch‹ – so wurde nach der Eröffnung knapp vor Allerheiligen des Jahres 1874 kritisiert. Erst ein kluger Zug der Wiener Stadtverwaltung brachte einen Stimmungswandel. Es wurde verfügt, die sterblichen Überreste von so ziemlich allen Wiener Berühmtheiten nach Simmering zu verlegen. Seither bemühen sich die Wiener schon zu Lebzeiten darum, ein Platzerl am östlichen Ende der Stadt zu ergattern.

Apropos Ehrengräber: Was Wolfgang Amadeus Mozart weiterhin für den Friedhof in Sankt Marx ist, ist Falco für den Zentralfriedhof. »Am Falco-Grab führt kein Weg vorbei«, weiß Stadtführerin Hedwig Abraham, die Wien-Besucher kenntnisreich über den Zentral führt. Der Falco sei ein Muss, und wehe ihr, wenn sie die letzte Ruhestätte des letzten weltberühmten Wiener Musikers achtlos umgeht. Dann folgt wie das Amen im Gebet ein Aufheulen aus der Gruppe: Rock me, Amadeus!

Schön ist die Geschichte vom Wiener Kabarettisten Gerhard Bronner, der neben dem Schriftsteller Friedrich Torberg begraben werden wollte: Die beiden wohnten auch zu Lebzeiten nebeneinander. Heute sind sie in guter Gesellschaft, liegt doch der Wiener Skandalschriftsteller der Jahrhundertwende, Arthur Schnitzler, in ihrer unmittelbaren Nachbarschaft.

Logieren, essen und trinken, flanieren, Kunst und Kultur genießen – in der Welthauptstadt der Gemütlichkeit ist das eine Leichtigkeit. In Wien kommen aber auch die Liebhaber der urbanen Lebensfreude voll auf ihre Rechnung. Wien hält für sie etliche Sensationen des Alltags parat.

Café Alt Wien

Allgemeine Informationen

Wichtige Einrichtungen

Tourist-Info, Albertinaplatz, Ecke Maysedergasse, 1010, tgl. 9 –19 Uhr. (► Plan H-6)

Tourist-Info, Am Hauptbahnhof 1, täglich 9–19 Uhr.

Die diplomatischen Vertretungen Deutschlands, der Schweiz und der Niederlande befinden sich in der bzw. im Nahbereich der Innenstadt:

Deutsche Botschaft, 1030, Gauermanngasse 2–4, Tel. 01/711540, www.wiendiplo.de. (► Plan J-7)

Schweizer Botschaft, 1030, Prinz-Eugen-Straße 7–11a, Tel. 01/795050, www.eda-admin.ch. (► Plan I-7)

Königlich Niederländische Botschaft, 1010, Opernring 5 (7. Stock), Tel. 01/58939, www.mfa.nl/wen.(► Plan H-6)

Wichtige Telefonnummern

Vorwahl für Wien: aus dem Ausland 0043/1, aus dem Inland 01.

Feuerwehr: 122.

Polizei: 133.

Rettung: 144.

Euro-Notruf: 112.

Telefonseelsorge: 142.

Apothekenruf: 1455 (rund um die Uhr).

Ärztefunkdienst: 141 (in den Nachtstunden von 19 bis 7 Uhr sowie an Wochenenden und Feiertagen ganztägig besetzt).

Zahnärztlicher Bereitschaftsdienst: 5122078 (Tonband).

Entgiftungszentrale: 4064343.

Kreditkartensperrung: 717010.

Telefonauskunft: 118877.

Wien Tourismus: 24555.

Stadtinformation: 50250.

Bürgerdienst der Stadtverwaltung: 50255.

Bürgerdienst der Wiener Polizei: 31078900.

Telefonzentrale im Wiener Rathaus: 4000.

Zugauskunft: 051717.

Flugauskunft: 700722233.

Wien-Karte/Vienna Card

Mehr als 200 Ermäßigungen sowie ein 48- bzw. 72-Stunden-Fahrschein für alle Linien der U- und S-Bahn in Wien, der Busse und Straßenbahnen ab 21,90 Euro.

Banken und Bankautomaten

Die Wiener Banken beharren weiterhin auf relativ kurzen Öffnungszeiten: die Filialen der großen Institute halten von 9 bis 18 Uhr offen. Bankomaten gibt es immerhin überall in der Stadt.

Post

Alle Wiener Postämter auf einen Blick: www.post.at/filialfinder.

Hauptpostamt Wien, 1010, Fleischmarkt 19, Mo–Fr 7–22, Sa/So 9–22 Uhr. (► Plan I-4)

W-LAN, Hot-Spots

Hotels ohne freien Zugang zum Internet sind inzwischen die Ausnahme. Hot

Guter Plan: Mit der Tram ins Kaffeehaus

Vienna Sightseeing: Der Wiener Tourismus ist weiterhin auf der Überholspur

Spots bieten auch Kaffeehäuser, Universitäten, Bibliotheken, Museen, Bahnhöfe und vor allem die Stadt Wien. Alle Gratis-WLAN-Hotspots auf einen Blick zeigt unter anderem der interaktive Stadtplan der Stadtverwaltung an: www.wien.gv.at/stadtplan.

Karten, Bücher, Medien

In Wien erscheinen derzeit sieben **Tageszeitungen**. Die vier Qualitätsblätter: ›Kurier‹, ›Die Presse‹, ›Der Standard‹ und ›Wiener Zeitung‹. Die auflagenstärksten Wochenmagazine sind seit vielen Jahren ›profil‹ und ›News‹.

Die wöchentlich erscheinende Stadtzeitung ›Falter‹ bietet umfangreiche Programminfos, der 14-tägig erscheinende ›Augustin‹ kritische Berichte zur Stadtpolitik.

Hörenswerte **Radiostationen**: Ö1 (auf 92,0 MHz), FM4 (auf 103,8 MHz) und Radio Orange (auf 94,0 MHz).

Einen nützlichen hausnummerngenauen **interaktiven Stadtplan** gibt es auf www.wien.gv.at/stadtplan/.

Zu **Karten** und **Literatur** → S. 375.

Spartipps

Freier Eintritt im Wien Museum an jedem ersten Sonntag im Monat, freier Eintritt ebenso im Museum für Angewandte Kunst jeden Dienstag von 18 bis 22 Uhr, freier Eintritt bei Konzerten der Musikuniversität.

Preisgünstige Stehplätze in der Staatsoper (ab 3 Euro) und im Musikverein.

Aktuelle Hinweise zu Veranstaltungen mit freiem Eintritt oder geringem Eintrittspreis in der ›Strawanzerin‹, der Veranstaltungsbeilage der Wiener Straßenzeitung ›Augustin‹ (wird von Wohnungslosen überall in der Stadt verkauft).

Behinderte

Für blinde und sehbehinderte Menschen gibt es ein eigenes Leitsystem. Das wird seit einigen Jahren langsam, aber stetig ausgebaut. Auch für Rollstuhlfahrer wurde im öffentlichen Raum zuletzt einiges getan. Behindertengerecht, so betonen Betroffene, ist Wien allerdings noch nicht. Hilfreiche Infos finden sich auf folgender Seite: www.wien.info/de/reiseinfos/wien-barrierefrei.

An- und Abreise

Die schönste, sorgenfreieste und abwechslungsreichste, wenn auch nicht die schnellste und auch nicht die preisgünstigste Option ist die Anreise mit der Bahn. Der Bus ist billiger, das Flugzeug schneller, das private Auto eventuell bequemer.

Mit der Bahn

Direktverbindungen unter anderem von und nach Berlin, Dresden, Hamburg, Hannover, Amsterdam, Dortmund, Köln, Frankfurt, Stuttgart, München, Basel und Zürich. Alle Intercity-Züge nehmen Kurs auf den neu errichteten Hauptbahnhof Wien. Fahrplanauskünfte bei den Österreichischen Bundesbahnen (www.oebb.at) bzw. bei der privaten Westbahn-Gesellschaft (www.westbahn.at), die Züge von München mit Umsteigen in Salzburg via Linz nach Wien führt. Fahrplanauskunft: 051717.

Mit dem Bus

Der Bus ist eine preiswerte Alternative zur Bahn, die allerdings hierzulande wenig Tradition hat. Wien verfügt nicht einmal über einen zentralen Bus-Terminal. Direkte Verbindungen gibt es aber unter anderem von und nach Berlin, Hamburg, Essen, Aachen, Dortmund, Hannover, Frankfurt, Stuttgart, Mannheim, Dresden, Amsterdam, Rotterdam, Basel und Zürich. Die meisten internationalen Busse halten am neuen Hauptbahnhof (► Plan I-9), am Westbahnhof (► Plan D-7) sowie am Terminal Erdberg. Fahrplanauskunft: www.buslinien.at, www.flixbus.at.

Mit dem Flugzeug

Direktflüge von und nach Berlin, Zürich, Amsterdam sowie in alle großen deutschen Städte und österreichischen Landeshauptstädte. Mit Lufthansa sowie den beiden Tochter-Gesellschaften Austrian Airlines und Swiss, ferner mit Germanwings und Air Berlin. Aktuelle Fluginfos: www.viennaairport.com.

Flughafen Wien, 1300 Wien-Schwechat, Tel. 01/70070, www.viennaairport.com.
Austrian Airlines, 1300 Wien-Schwechat, Office Park 2, Tel. 0517661000, www.austrian.com.
Lufthansa, 1100, Wienerbergstraße 5, Tel. 01/60710700, www.lufthansa.com.
Swiss, 1300 Wien-Schwechat, Office Park 2, Tel. 0810810840, www.swiss.com.

Flughafen-Transfer: Eine Option ist der Bus, eine bessere die Schnellbahn

Zügig: Mit der Bahn schnell mal nach Wien

Germanwings, Tel. 0820900144, www. germanwings.com.
airberlin, Tel. 0820737800, www.air-berlin.com.

■ **Flughafentransfer**
Tipp: Für die Fahrt vom Flughafen Schwechat in die Stadt ist die **Flugha-fen-S-Bahn** (S7) eine preisgünstige und ebenso verlässliche Alternative zum viel beworbenen CAT (s.u.). Sie fährt tagsüber alle 30 Minuten vom ÖBB-Bahnhof am Flughafen ab (Fahrtrichtung: Floridsdorf). Fahrplanauskünfte: www.oebb. at. Die Fahrt von und bis zum Bahnhof Praterstern dauert ca. 30 Minuten. **Achtung**: Der Verkehrsverbund Ost-Region hat im Sommer 2016 sein Tarifsystem geändert. Wer gleich am Flughafen ein Mehrtagesticket der Wiener Linien erwerben möchte, braucht einen Zusatzfahrschein für den Transfer vom Flughafen in die Stadt. Ein Einzelticket kostet aktuell 2,40 Euro.
Das Ganze lässt sich auch schon vor der Anreise bequem auf den Internetseiten der Wiener Linien buchen: www. wienerlinien.at.
Regelmäßig verkehren auch **Flughafen-busse** nach und von Hauptbahnhof

(ehemals Südbahnhof), Westbahnhof, Bahnhof Wien Mitte sowie Vienna International Center. Kosten: ab 8 Euro. Sie brauchen ebenfalls ca. 30 Minuten und fahren etwa halbstündlich. Nachteil: Zu Hauptverkehrszeiten kann der Fahrplan möglicherweise nicht eingehalten werden, was Reisende vor allem auf der Strecke Wien–Airport in Stress bringen kann.
Der **City Airport Train** (CAT) verkehrt alle 30 Minuten vom ÖBB-Bahnhof in Schwechat nach Wien Mitte, er fährt nonstop, braucht 16 Minuten Die einfache Fahrt kostet 11 Euro (Online-Ticket) bzw. 12 Euro (Automaten-Ticket).
Die Fahrt mit dem **Taxi** kostet von der Innenstadt etwa 30 Euro und mehr.

Mit dem Auto
Motorisiert kommt man von München bzw. Innsbruck über die Westautobahn (A1) bis Wien, von Berlin bzw. Prag über die Nordautobahn (A5), von Graz, Villach bzw. Klagenfurt über die Südautobahn (A2), von Bratislava bzw. Budapest über die Ostautobahn (A4).
Alle vier Autobahnen sind heute vielbefahrene Transitrouten. Für ihre Benutzung ist der Kauf einer Autobahn-Vignette zwingend vorgeschrieben. Die 10-Tages-Vignette kostet derzeit 8,80 Euro für Pkw, Verstöße gegen die Vignettenpflicht sind teuer; alle Tarife und Strafen unter: www.asfinag.at. Pannenhilfe leisten die beiden großen Autofahrerclubs ÖAMTC (www.oeamtc.at) und ARBÖ (www.arboe.at). Autofahrer benötigen in Österreich einen gültigen Führerschein und einen Zulassungsschein für ihr Fahrzeug. Die Mitnahme der Grünen Versicherungskarte ist nicht verpflichtend, wird jedoch zum Nachweis des Versicherungsschutzes empfohlen. Auf Autobahnen gilt ein Tempolimit von 130 km/h.

Wien-Informationen

Unterwegs in Wien

Mit öffentlichen Verkehrsmitteln

Wien hat ein gut ausgebautes öffentliches Nahverkehrsnetz – eines der besten der Welt. Es gibt fünf U-Bahn-Linien, eine Vielzahl von Straßenbahn- und Schnellbahn-Verbindungen sowie viele städtische und private Busse. Damit lässt sich jedes Ziel in der Stadt, auch an der Peripherie und mit wenigen Ausnahmen auch in der Umgebung relativ schnell und bequem erreichen. Auch die Orientierung in den ›Öffis‹, wie die Wiener liebevoll sagen, fällt deutlich leichter als im eigenen Auto.

Tagsüber verkehren die U-Bahnen in 2- bis 7-Minuten-Intervallen. Nicht viel länger sind die Wartezeiten bei S-Bahnen, Straßenbahnen und Bussen. Ab 1 Uhr morgens verkehren Nachtbusse im Halbstunden-Takt durch die ganze Stadt. In den Nächten von Freitag auf Samstag, auf Sonntag sowie vor Feiertagen fahren die Wiener U-Bahnen durch. In den meisten Hotels liegen handlich-informative Stadt- und Netzpläne der Wiener Linien auf. Die Fahrscheine gelten auf allen Linien innerhalb des Stadtgebiets (auch in der S-Bahn). Einzelfahrschein im Vorverkauf 2 Euro, Einzelfahrschein im Vorverkauf 2,10 Euro, im Fahrzeug 2,20 Euro; 24-Stunden-Ticket: 7,60 Euro, 48-Stunden-Ticket: 13,30 Euro, 72-Stunden-Ticket: 16,50 Euro.

Infos: Tel. 01/79090, www.wienerlinien.at bzw. www.oebb.at.

Der **Netzplan der U- und S-Bahnen** befindet sich auf der Rückseite der diesem Buch beiliegenden **Faltkarte**.

Mit dem Auto

Wer sich in Wien durch den Einbahn-Dschungel müht, ewig lange einen Parkplatz sucht und für den auch noch viel Geld bezahlt, ist selbst schuld. Zudem weitet die Stadtverwaltung in immer kürzeren Intervallen die kostenpflichtigen Parkzonen aus. Diese sind nicht nur extrem teuer, sondern auch schlecht gekennzeichnet, Falschparken ist zudem teuer. Wer es dennoch nicht lassen kann: Die benötigten Parkscheine gibt es in Trafiken (Tabak- und Zeitschriftenläden), bei den Vorverkaufsstellen der Wiener Linien, den Stützpunkten der Autofahrerklubs ÖAMTC und ARBÖ sowie bei einigen Tankstellen und Banken. Einen Mietwagen besorgt man sich am besten über das Hotel.

Mit dem Fahrrad

Die rot-grüne Stadtverwaltung, der internationale Trend zum Radfahren in der Stadt und nicht zuletzt der Radfahrbeauftragte Martin Blum und seine Wiener Radagentur haben zuletzt ein durchaus fahrradfreundliches Klima in Wien geschaffen. Die Stimmen der Hardliner, die Autos und Parkplätze mit aller Gewalt verteidigen wollen, sind noch vernehmbar, werden jedoch weniger und

Zeit zum Umsteigen: Straßenbahn am Ring

leiser. Die Zahl der Radwege, Radrouten und auch der Radfahrer steigt langsam, dafür stetig. Vorsicht und vor allem auch Rücksichtnahme ist dennoch geboten.

■ Leihräder

Citybike Wien, www.citybikewien.at. Tolles Service der Stadt: Es gibt über die Stadt verteilt bereits mehr als 120 Stationen, an denen man ein Citybike ausborgen bzw. zurückgeben kann. Tipp: Die Leihräder sind robust und natürlich keine Rennräder. Die Anmeldung ist via Internet möglich (dafür erforderlich ist eine Kreditkarte oder eine österreichische Bankomatkarte), die einmalige Gebühr dafür beträgt 1 Euro. Die Entlehnung eines Citybikes ist in der ersten Stunde gratis, jede weitere angefangene Stunde kostet jeweils 1 Euro, aber der 5. angefangenen bis zur maximal 120. Stunde jeweils 4 Euro.

Pedal Power, 1020, Ausstellungsstraße 3, Tel. 01/7297234, www.pedalpower. at. Wer mit einem gediegenen KTM-Rad die Stadt alleine oder auch mit Stadtführer erkunden möchte, ist hier an der richtigen Adresse. (► Plan K-3)

Mit dem Taxi

Taxifahren ist in Wien im Vergleich zur Benutzung öffentlicher Verkehrsmittel teuer. Große Wiener Taxi-Funkzentralen: Tel. 01/31300, 01/40100 sowie 01/60160.

Stadtführungen und Rundfahrten

Vienna Guide Service, 1010, Eschenbachgasse 11, Tel. 01/587363310, www. guides-in-vienna.at. Seriöse Vermittlung von geprüften Fremdenführern (► Plan G-6).

Verein Wiener Spaziergänge, Tel. 0660/6619517 bzw. 0664/2604388, www.wienguide.at. Auskünfte und

Die Citybikes sind eine echte Alternative

Anmeldung zu speziellen Themen-Spaziergängen(► Plan H-3).

wienXtra-jugendinfo, 1010, Babenbergerstraße 1/Ecke Burgring, Tel. 01/400084100, www.jugendinfowien.at. Dort gibt es auch den ebenso handlichen wie liebevoll erstellten Use-it-Stadtplan für junge Wien-Besucher: ›Free map for young travellers made by locals‹ (► Plan G-6).

Bus-Rundfahrten: mit den gelben Bussen der Vienna Sightseeing Tours (Tel. 01/71246830, www.viennasightseeing. at) oder den roten Bussen der Red Bus City Tours (Tel. 01/5124030, www.red buscitytours.at).

Tram-Rundfahrten: zunehmend beliebt, begleitet von einem Stadtführer, für Gruppen auch in Oldtimer-Straßenbahnen möglich (Tel. 9660261, www. wienrundfahrten.com).

Fiaker-Standplätze: Einsteigen kann man auf dem Stephansplatz, auf dem Heldenplatz, vor der Albertina, beim Volksgarten und Petersplatz. Laut Tarifordnung der Wirtschaftskammer darf die ›Kleine Stadtrundfahrt‹ maximal 55 und die ›Große Stadtrundfahrt‹ maximal 80 Euro kosten. Individuelle Touren können vereinbart werden (→ S. 129).

Unterkünfte

Dem steten Besucheransturm auf Wien trägt die Hotellerie mit mehr als 65 000 Gästebetten in allen Kategorien Rechnung. Das Spektrum reicht von der Fünf-Sterne-Nobelherberge an der Ringstraße bis zum preisgünstigeren Motel am Stadtrand. Nicht zuletzt kann man in Wien auch ein Zimmer, ein Apartment oder ein Gassenlokal mieten, in einer Jugendherberge oder auf dem Campingplatz übernachten. Anfragen und Buchungen sind entweder direkt oder via WienTourismus möglich: Tel. 01/24555 (Mo–So 9–19 Uhr), www.wien.info bzw. info@vienna.at. Infos und Tipps für Jugendliche: Tel. 01/400084100 bzw. www.jugendinfowien.at. Alle angegebenen Preise wurden im Herbst 2016 erfragt und gelten jeweils für ein Doppelzimmer pro Nacht inklusive Frühstück in der Hauptsaison. Die Wiener Hotellerie ist nicht für jede/n locker leistbar. Doch es gibt Alternativen: Private Zimmer- und Apartments, Jugendherbergen, die drei Wiener Campingplätze sowie die an sich interessante Idee, leerstehende Gassenlokale neu zu beleben.

Apartments

Die Werbetafel ›Zimmer frei‹ war in Österreich jahrzehntelang ein Symbol der Provinz. Innovative Geschäftsleute haben den Komfort der Zimmervermietung neu interpretiert und mit komplett ausgestatteten Apartments in der Hauptstadt salonfähig gemacht. Ihre Gäste können Wien in deren Gäste- und Ferienwohnungen von einer sehr persönlichen Seite kennenlernen.

Nähere Informationen über aktuell verfügbare Wohnungen in Wien unter: **www.apartment.at**.

Luxus im Zentrum

Sacher, 1010, Philharmonikerstraße 4, Tel. 01/514560, www.sacher.com; DZ ab 500 Euro. Im ersten Haus hinter der Oper backt man nicht nur die Original-

Das vornehme Hotel Sacher vom Albertinaplatz aus betrachtet

Wiener-Sachertote, hier empfängt man
auch seine Gäste standesgemäß. Das Hotel wurde 1876 von Eduard Sacher eröffnet, die Modernisierung der Zimmer ist
inzwischen abgeschlossen. (► Plan H-6)
Imperial, 1015, Kärntner Ring 16, Tel.
01/501100, www.imperialvienna.com;
DZ ab 370 Euro. Eines der schönsten
Hotels der Welt – sagt man im Imperial.
Hier sind im Juni 1961 Chruschtschow
und Kennedy bei ihrem legendären Treffen in Wien abgestiegen. (► Plan H-6)
Bristol, 1015, Kärntner Ring 1, Tel.
01/515160, www.bristolwien.at; DZ
ab 370 Euro. Ebenfalls sehr teuer und
sehr schön. (► Plan H-6)
The Ring, 1010, Kärntner Ring 8, Tel.
01/221220, www.theringhotel.com;
DZ 490 Euro. Weiteres Luxushotel am
Kärntner Ring nahe der Staatsoper. (►
Plan H-6)
Palais Coburg Residenz, 1010, Coburgbastei 4, Tel. 01/518180, www.palais-
coburg.com; DZ ab 760 Euro. Schöner
lässt sich soziale Ungleichheit kaum darstellen: Die schönsten Suiten des wunderschön renovierten Palais stehen dem
Volk auch heute nicht zur Verfügung.
(► Plan I-5)

Hotels im Zentrum

Hollmann Beletage, 1010, Köllnerhof-
gasse 6, Tel. 01/9611960, www.holl
mann-beletage.at; DZ ab 160 Euro. Kein
Fünf-Sterne-Hotel, eigentlich mehr Pension als Hotel und dennoch ein Star.
Sie wurde von Robert Hollmann, einem modernen Wiener Universalgenie,
ins Leben gerufen. Hollmann hat Koch
und Zuckerbäcker gelernt, war dann
Schauspieler und Koch in Wien und Berlin, ehe er zur Jahrtausendwende nicht
ganz zufällig zum Hotelier avancierte.
Heute umfasst die Beletage 25 stylishe
Zimmer. Sensationell auch: Das integrier-
te Theater und der Schweinsbraten im

Ringstraßen-Klassiker: das Hotel Bristol

Wien-Informationen

angeschlossenen Restaurant, das Salon
genannt wird. (► Plan I-4)
Lamee, 1010, Rotenturmstraße 15, Tel.
01/5322240, www.hotellamee.com; DZ
ab 198 Euro. Das Interieur des Innen-
stadt-Designhotels soll an den Glamour
der 1930er Jahre erinnern. (► Plan I-4)
25hours, 1070, Lerchenfelder Straße
1–3, Tel. 01/1521510, www.25hours-
hotels.com; DZ ab 100 Euro. Die Kette
kennen manche aus Hamburg, Frankfurt
und Zürich, auch in Wien eine Option
für stilbewusste Jungspunde. Im Oberge-
schoss eines Studentenheims am Beginn
der Lerchenfelder Straße untergebracht,
mit einer Lounge unterm Dach und einem
Ausblick zum Niederknien. (► Plan F-5)
Pension Lerner, 1010, Wipplingerstraße
23, Tel. 01/5335219, www.pensionlerner
.com; DZ ab 99 Euro. Kleine Frühstückspension in einem Gründerzeithaus mitten
im Stadtzentrum. (► Plan H-4)

Zentrumsnah

Hotel Praterstern, 1020, Mayergasse 6, Tel. 01/2140123, www.hotel-prater stern.at; DZ ab 76 Euro. Gemütliches traditionsreiches Hotel in der Leopoldstadt, nicht weit vom Praterstern. Besonders auch für Radtouristen geeignet. Es gibt auch Mehrbett- und Familienzimmer. (► Plan K-3)

Belvedere, 1030, Rennweg 12a, Tel. 01/206110, www.nh-hotels.com; DZ ab 76 Euro. Vier-Sterne-Hotel in der ehemaligen Staatsdruckerei am Rennweg, in der Nähe von Botanischem Garten und Belvedere. Für die Ausstattung relativ preiswert. (► Plan J-7)

Daniel, 1030, Landstraßer Gürtel 5, Tel. 01/90131900, www.hoteldaniel.com; DZ ab 98 Euro. Gleich neben Hauptbahnhof und Schloss Belvedere, sein urbaner Schick ist auch Denkmalschützern und Architekturkritikern nicht entgangen. (► Plan J-9)

Das Triest, 1040, Wiedner Hauptstraße 12, Tel. 01/589180, www.dastriest.at; DZ ab 154 Euro. Ein Haus mit buchstäblich bewegter Geschichte: Vor 300 Jahren diente es als Station für die Postkutschen von Wien nach Triest. In den alten Kreuzgewölben, den ehemaligen Stallungen, sind heute exquisit renovierte Räumlichkeiten – Salon, Suiten, Seminarräume – untergebracht. (► Plan H-7)

Am Brillantengrund, 1070, Bandgasse 4, Tel. 01/5233662, www.brillanten grund.com; DZ ab 79 Euro. Gemütliches, kleines Hotel im ehemaligen Textilviertel im 7. Bezirk. (► Plan E-6)

Motel One, 1150, Europaplatz 3, Tel. 01/359350, www.motel-one.com; DZ ab 90 Euro. Modern eingerichteter Riesen-Kasten mit 770 Betten direkt beim Westbahnhof, mit U-Bahn-Station samt Shopping-Center vor der Tür. (► Plan D-7)

Kaiser23, 1070, Kaiserstraße 23, Tel. 01/5234181, www.kaiser23.at; DZ ab 62 Euro. Ehemaliges Kloster, das zu einem Hotel umgebaut wurde. »Empfehlenswertes Haus für alle Reisenden mit schmalem Bugdet«, schreibt Ulrich Ladurner in seinem Essay (→ S. 50). »Die Zellen der Nonnen sind mit wenigen Strichen und viel Geschick zu einfachen, aber angenehmen Zimmern umgewandelt worden.« (► Plan D-7)

Magdas Hotel, 1020, Laufbergergasse, Tel. 01/7200288, www.magdas-hotel.at; ab 75 Euro. Ein Angebot der Caritas – für Menschen, die sich auf Reisen nicht nur selbst Gutes tun möchten. Das Besondere am ›Magdas‹: Im modern eingerichteten Hotel arbeiten Menschen aus 14 Nationen, unter anderem Menschen mit Fluchterfahrungen. (► Plan L-4)

Pension Ani-Falstaff, 1090, Müllnergasse 5–7, Tel. 01/3179127, www.free rooms.at/falstaff; DZ ab 86 Euro. Schlicht, aber gemütlich eingerichtete Frühstückspension in einem historischen Wohnhaus im Alsergrund. Es gibt auch Mehrbett-Familienzimmer und einige Apartments. (► Plan G-2)

Hotel Drei Kronen Wien City, 1040, Schleifmühlgasse 25, www.hotel3kro nen.at; DZ ab 75 Euro. Schönes Drei-Sterne-Hotel in einem Gründerzeitgebäude im belebten Freihausviertel, gleich ums Eck liegt der Naschmarkt. Zum Betrieb gehören noch drei weitere, ebenfalls empfehlens- und preiswerte Hotels. (► Plan G-7)

Außerhalb des Zentrums

roomz Vienna, 1110, Paragonstraße 1, Tel. 01/7431777, www.roomz-vienna. com; DZ ab 59 Euro. Jung, urban, ein bisserl 08/15, bei den Gasometern in Simmering, immerhin an der U-Bahn (U3 Gasometer).

Stadthalle (Boutiquehotel), 1150, Hackengasse 20, Tel. 01/9824272, www. hotelstadthalle.at; DZ ab 88 Euro. Wunderbar renoviertes Boutiquehotel in einem alten Gründerzeitviertel zwischen Stadthalle und Westbahnhof, außerdem und vor allem Wiens erstes Öko-Hotel. Im Passivhaus-Anbau wird ebenso viel Energie erzeugt wie verbraucht. Möglich ist das dank einer Grundwasserwärmepumpe, Photovoltaik- und Solaranlagen. Der Lavendel-Dachgarten sorgt im Sommer für Kühlung. Im Preis inbegriffen ist auch, dass nur Bio-Lebensmittel aus der Region verarbeitet werden. Wer mit Zug und/oder Rad anreist, bekommt einen ›grünen Bonus‹ von zehn Prozent auf den Zimmerpreis. (► Plan C-7)

Stadthalle (Pension), 1150, Hackengasse 33, Tel. 01/9824272, www.hotel stadthalle.at; DZ ab 48 Euro. Preisgünstige Alternative zum gleichnamigen Boutiquehotel. (► Plan C-6)

Schloss Wilhelminenberg, 1160, Savoyenstraße 2, Tel. 01/4858503, www. austria-trend.at/wiw; DZ ab 66 Euro.

Modern in der City: Hollmann Beletage

Herrschaftlich anmutendes Hotel in einem ehemaligen Jagdschloss auf einer Anhöhe des Wienerwalds, dem sogenannten Gallitzinberg, wunderbar von dort der Panaromablick über die Dächer von Wien. Mit öffentlichen Verkehrsmitteln nur sehr schlecht zu erreichen. **Jäger**, 1170, Hernalser Hauptstraße 187, Tel. 01/48666200, www.hoteljaeger.at; DZ ab 105 Euro. Gemütliche Jugendstilvilla in Hernals, ein wenig abseits vom Schuss, aber direkt an der S-Bahnstation Hernals. Familientradition seit 1911.

Hostels

Downtown Franz, 1020, Rembrandtstraße 21, Tel. 0720/882065, www. meininger-hotels.com; DZ ab 64 Euro. Hostel der Meininger-Gruppe. Schick, preisgünstig, nahe am Stadtzentrum, an einer viel befahrenen Straße. Die Hotelkette hat noch drei weitere Hotels in Wien mit ähnlicher Ausstattung und ähnlichen Preisen. (► Plan H-2)

Wombats City Hostel The Naschmarkt, 1040, Rechte Wienzeile 35, Tel. 01/8972336, www.wombats-hostels.com/vienna; ab 74 Euro. Modernes Hostel für junge Leute, nur wenige Schritte vom Naschmarkt entfernt. (► Plan G-7)

HI Hostel am Spittelberg, 1070, Myrthengasse 7, Tel. 01/52363160, www.hihostels.com; Bett ab 17 Euro; die Mitgliedschaft kostet 3,50 Euro/Tag. Stadtbekannte Wiener Jugendherberge von der HI-Hostels-Kette, die noch zwei weitere Häuser in Wien hat. (► Plan E-5)

Hostel Ruthensteiner, 1150, Robert Hamerlinggasse 24, Tel. 01/8934202, www.hostelruthensteiner.com; Bett im 8-Bett-Schlafsaal ab 13 Euro. Privat geführtes Hostel mit persönlichem Service in einem Haus aus dem 18. Jahrhundert, zentral in der Nähe des Westbahnhofs gelegen. (► Plan C-8)

Verkehrsgünstig gelegen, preisgünstig: das Motel One am Westbahnhof

HI Hostel am Wilhelminenberg, 1160, Savoyenstraße 2, Tel. 01/4810300, www.hihostels.com; Bett ab 17 Euro, DZ ab 64 Euro. Schön, aber abseits gelegene Jugendherberge der HI-Hostels-Kette.

Campingplätze

Wien West, 1140, Hüttelbergstraße 80, Tel. 01/9142314, www.wiencamping.at; Stellplatz für Zelt mit Fahrrad je nach Saison 4,50–6 Euro. Holländer lieben ihn, den schönsten Campingplatz Wiens; im Westen der Stadt, am Rande des Wienerwalds. Wie die anderen Wiener Campingplätze deutlich abseits vom Zentrum, aber auch nicht ganz aus der Welt (U4 Hütteldorf, dann Bus 148 oder 35B).

Neue Donau, 1220, Am Kleehäufel 119, Tel. 01/2024010, www.wiencamping.at; Stellplatz für Zelt mit Fahrrad je nach Saison 4,50–7,50 Euro. Campen in Transdanubien, in Gehweite von der Alten und der Neuen Donau. Durch die neue U2-Station Donaustadtbrücke deutlich näher an die Stadt gerückt.

Süd, 1230, Breitenfurter Straße 269–279, Tel. 01/8673649, www.wiencamping.at; Stellplatz für Zelt mit Fahrrad je nach Saison 4,50–7,50 Euro. Im Süden von Wien, relativ ruhig, obwohl an einer stark befahrenen Straße gelegen (U6 Philadelphiabrücke, dann Bus 62A).

Gassenlokale

Schöne Idee von den Wiener Urbanauts: Sie wollen leerstehende Gassenlokale neu beleben. Die Gäste der drei Architekten Theresia Kohlmayr, Christian Knapp und Jonathan Lutter checken beispielsweise in einer ehemaligen Schneiderei in der Theresianumgasse im 4. Bezirk (Wieden) ein. Das Frühstück nehmen sie im Café gleich daneben ein, Mittag- und Abendessen ebenso auswärts. Eine Nacht im Gassenlokal kostet 120 Euro. Infos: www.urbanauts.at.

Gastronomie

Wien ist die informelle Welthauptstadt der Gemütlichkeit. Man kann auch dem Wiener Bürgermeister beipflichten, wenn der wieder mal darauf aufmerksam macht, dass es weltweit außer der Wiener keine weitere Küche gibt, die nach einer Stadt benannt ist. Dabei muss man natürlich relativieren, dass nicht alle hier gepriesenen Speisen in Wien erfunden wurden. Im Folgenden sollen möglichst viele Facetten der Wiener Gastronomie gezeigt werden – wir erheben selbstverständlich keinen Anspruch auf Vollständigkeit; dafür ist die Wiener Gastro-Landschaft schlichtweg zu groß. Den Restaurants und Wirtshäusern folgen Tipps, wo sich gemütlich frühstücken und zwischendurch eine feine Suppe löffeln lässt. Dann werden die Wiener Institutionen Kaffeehaus, Tschocherl, Heuriger, Schutzhaus und Würstelstand thematisiert. Am Ende geht es zu den Schanigärten.

Restaurants

Fein speisen ist in Wien überhaupt kein Problem. Die hohe Kunst ist allerdings: Fein speisen und dabei finanziell nicht ausbluten. Das ist auch in Wien die Quadratur des Kreises. Einen guten Überblick bietet unter anderem der ›Tafelspitz‹ aus der KURIER-Edition, ein aktueller ›Führer des guten Geschmacks‹ mit 600 in mehreren Kategorien bewerteten Lokalen, auch als App für das Smartphone verfügbar. Infos: www.kurier.at/tafelspitz.

Do & Co, 1010, Stephansplatz 12, Tel. 01/5353969, www.doco.com; Mo–So 12–15 u. 18–24 Uhr. Der kulinarische Himmel von Wien: ganz oben im Haas-Haus, mit Blick auf den Stephansdom. Das erste Haus im Imperium des Attila Dogoudan, auf dessen Kochkünste man auch bei namhaften Airlines vertraut. (► Plan H-5)

Julius Meinl am Graben, 1010, Am Graben 19, Tel. 01/5323334, www.meinl amgraben.at; Mo–Fr 8–24, Sa 9–24 Uhr. Zu ebener Erde ein Feinkostladen, im ersten Stock das Restaurant mit Blick auf den Graben. (► Plan H-5)

Zum Schwarzen Kameel, 1010, Bognergasse 5, Tel. 01/5338125, www.kameel. at; Mo–So 8–24 Uhr. Traditionsreiches Restaurant mit Jugendstil-Ambiente, in dem Etikette und Qualität groß geschrieben werden. (► Plan H-5)

Steirereck im Stadtpark, 1030, Am Heumarkt 2a, Tel. 01/7133168, www.steirer eck.at, Mo–So 11.30–15 u. 18.30–24 Uhr. Direkt am Wienfluss, eine der besten Küchen der Stadt. (► Plan J-6)

Österreicher im MAK, 1010, Stubenring 5, Tel. 01/7140121, www.oesterreicher immak.at; Mo–So 10–1 Uhr. Ein Küchenchef, der so heißt wie dieses Land, in würdigen, modernen wie musealen Räumlichkeiten im Museum für angewandte Kunst. (► Plan J-5)

Hansen, 1010, Wipplingerstraße 34, Tel. 01/5320542, www.hansen.co.at; Mo–Fr 9–23, Sa 9–17 Uhr. Weil das Auge bekanntlich auch mitisst. Sehr blumig! (► Plan H-4)

Silvio Nickol im Palais Coburg, 1010, Coburgbastei 4, Tel. 01/51818800, www.coburg.com; Di–Sa 18–23 Uhr. Einer von den Jungen darf im Palais ran. (► Plan I-5)

Zina's, 1020, Praterstraße 55, Tel. 01/2121881 oder 06644339277, www. zinas.at; Mo–Fr 11.30–14.30, Sa 17–23 Uhr, So nach Vereinbarung. Lieblingsrestaurant des Autors, menschliche wie kulinarische Bereicherung für Wien! (► Plan J-4)

Dots twentyone, 1030, Schweizergarten, Arsenalstraße 1, Tel. 01/7962106, www.dots-21.com; Mi–Sa 11–22, So

In Wien kann man nicht nur fein speisen, sondern auch den Ausblick genießen

10–18 Uhr. Avantgarde-Restaurant für kunstaffine Zeitgenossen im 21er-Haus am Südbahnhof. (► Plan J-9)

Wirtshäuser

Vorab zwei Hinweise: einen kulinarischen Rundgang durch die Wiener Innenstadt bietet die Stadtführerin Ursula Schwarz an (www.kulturguide-wien.at); die nun folgende Auflistung ist garantiert nobel-beiselfreie Zone!

Bendl, 1010, Landesgerichtsstraße 6, Tel. Tel. 0676/6263682, www.bendl. wordpress.com; Mo–Do 6–2, Fr 6–4 Uhr. Originelles und vor allem noch immer preisgünstiges Café-Restaurant im 1. Bezirk, in dem immer wieder Studenten bis in die frühen Morgenstunden sitzen bleiben. (► Plan F-5)

Soho, 1010, Eingang Burggarten, Tel. Tel. 0676/3095161, Mo–Fr 9–16 Uhr. Ein in der Hofburg gut versteckter, von lokalen Medien des öfteren gelobter Ge-

heimtipp. Achtung! Kann in den Sommermonaten geschlossen sein. (► Plan G-5)

Salon am Park, 1020, Krakauer Straße 19, Tel. 0664/5584593, www.salonam park.at; Di–Fr 7.30–19, Sa 8–18 Uhr. Auch eine Greißlerei, ein bisserl Berlin im Nordbahnviertel. (► Plan K-1)

Nelke, 1020, Volkertplatz, Stand 38–39, Tel. 01/9962067, www.nelke.at; Mo–Sa 10–23 Uhr. Café am noch nicht ganz gentrifizierten Volkertmarkt. Erst ab 10 Uhr! (► Plan J-2)

Hansy, 1020, Heinestraße 42, Tel. 01/2145363, www.hansy-braeu.at; Mo–So 11–23 Uhr. Uriges Eckwirtshaus direkt am Praterstern. Früher traf man hier immer wieder illustre Bewohner des nahe gelegenen Bahnhofs an. Doch mit dem Bahnhof hat sich auch hier das Publikum verändert. Der Schmäh der Kellner erinnert aber noch dann und wann an die alte Zeit. Selbstgebrautes Bier und Wiener Hausmannskost. (► Plan K-3)

Gmoakeller, 1030, Am Heumarkt 25, Tel. 01/7125310, www.gmoakeller.at; Mo–Sa 10–24 Uhr. Zu deutsch: Gemeindekeller. Gehobene Wiener Küche, mit einem renovierten Keller für den Drink nach dem Theater. (► Plan I-6)

Wild, 1030, Radetzkyplatz 1, Tel. 01/ 9209477, www.gasthaus-wild.at. Über die Qualität der Küche lässt sich streiten (schlecht ist sie nicht!), über den feinen Gastgarten am Radetzkyplatz sicher nicht: Er ist an einem schönen Tag allein den Besuch wert. (► Plan K-4)

Café Drechsler, 1040, Linke Wienzeile 22, Tel. 5812044, www.cafedrechsler. at; Mo–So 8–24 Uhr. In der Früh gute, weil nicht allzu aufgeregte Stimmung. (► Plan G-7)

Zur eisernen Zeit, 1060, Naschmarkt 316–320, Tel. 01/5870331,www. zureisernenzeit.at; Mo–Mi 9–23, Do–Sa 8–24 Uhr. Das älteste Wirtshaus am Naschmarkt. Hier scheint die Zeit stehen geblieben zu sein. Authentisch wie der alte Schankraum sind der gute Schmäh der Wirtsleute und das Wiener Schnitzel. (► Plan G-7)

Ubl, 1040, Preßgasse 26, Tel. 01/5876437; Mi–So 12–14 u. 18–24 Uhr. Steht leider schon in zu vielen Stadtführern. Dennoch lassen sich auch Wiener weiterhin nicht abhalten, in dieses Wirtshaus einzukehren. Wiener Küche, modern interpretiert. (► Plan G-7)

Liebling, 1070, Zollergasse 6, Tel. 9905877, Mo–So 9–2 Uhr. Liebling, ich bin im Liebling. Kein alter Hut! So hieß früher ein Wiener Hutmacher. (► Plan E-6)

Weinhaus Sittl, 1160, Lerchenfelder Gürtel 51, Tel. 01/4050205, www.sittl.at; Mo–Sa 17–24 Uhr. Auch: ›Gasthaus zum Goldenen Pelikan‹. Praktisch die letzte noch bestehende Erinnerung an eine Zeit, in der man Neulerchenfeld ›das größte Wirtshaus des Heiligen Römischen Reichs‹ genannt hat. Aus gutem Grund, denn mehr als 100 der insgesamt 160 Häuser in diesem Wiener Vorort besaßen die Konzession zum Ausschank alkoholischer Getränke. Besuchen

Sie das Sittl, solange es noch existiert. Der beste Gast vom Sittl, der Wiener Kabarettist und Liedermacher Richard Weihs, bezeichnet es auch als ›Wiener Zeitloch‹. (► Plan D-4)

Kopp, 1200, Engerthstraße 104, Tel. 01/3304392, www.gasthaus-kopp.at; Mi–Mo 6–24 Uhr. Für Menschen, die das Ungeschminkte der Vorstadt lieben und nicht zwangsläufig vegetarisch und alkoholfrei leben! Eine Empfehlung seit vielen Jahren: Der faschierte Braten mit Kartoffelpüree (U6 Dresdener Straße).

Schilling, Burggasse 103, 1070, Tel. 01/5241775, schilling-wirt.at. Schlichter Klassiker in der Nähe des Stadtzentrums, gut und preiswert. (► Plan D-6)

Goldmarie, Hoffmeistergasse 7, 1120, Tel. 01/8170158, facebook.com/Gasthaus.Goldmarie. Alternativ angehauchte Wirtschaft in Meidling, preiswerte Mittagsmenüs, schöner Hofgarten (U6 Philadelphiabrücke)

Zum Quell, Reindorfgasse 19, 1150, Tel. 01/8932407, gasthausquell.at. Traditionsreiches Wirtshaus im Grätzl südlich der äußeren Mariahilfer Straße, das stets gut besucht ist. (► Plan C-9)

Im ›Wirtshaus zur eisernen Zeit‹ ist die Zeit irgendwann stehen geblieben

Frühstücken

Frühstücken in Wien ist ein besonderer Genuss, besonders dann, wenn man sich dafür ausreichend Zeit nimmt. Sehr ausführlich dazu das seriös recherchierte Buch ›Frühstück in Wien‹, das von der Stadtspionin Sabine Mayer verfasst wurde (→ S. 376).

Haas & Haas, 1010, Stephansplatz 4, Tel. 01/5122666, www.haas-haas.at; Mo–Fr 8–20, Sa 9–18.30, So 9–18 Uhr. Eine ganz ruhige, schattige Ecke, mitten in der Stadt und doch irgendwie nicht. Teeliebhaber werden hier nicht nur vormittags hofiert. Eine Versuchung sind auch die Club-Sandwiches. (► Plan H-5)

Palmenhaus, 1010, Burggarten 1, Tel. 01/5331033, www.palmenhaus.at; Mo–Sa 10–24, So 9–23 Uhr. Frühstücken wie annodazumals der Kaiser mit Blick auf eine der schönsten Parkanlagen der Stadt. (► Plan H-5)

Kaffeeküche, 1010, Schottentorpassage, Ebene 1, Tel. 0650/6329391, www. kaffeeküche.at; Mo–Fr 7–20 Uhr. Im schnelllebigen Viertel vor der Hauptuniversität der Fels in der Brandung, Kaffee und Tee in vielen Variationen, auch zum Mitnehmen, dazu getoastete Panini oder mit Marmelade gefüllte Brioches. (► Plan G-4)

Hansen, 1010, Wipplinger Straße 34, Tel. 01/5320542, www.hansen.co.at; Mo–Sa ab 9 Uhr. Feinstes Frühstück für Menschen mit Geld in der alten Börse. (► Plan H-4)

Ulrich, 1070, St. Ulrichsplatz 1, Tel. 01/9612782, www.ulrichwien.at; Mo–Fr 8–1, Sa/So 9–1 Uhr. Derzeit hippeste Frühstückslocation der Stadt! (► Plan F-6)

Erich, 1070, Neustiftgasse 27, www. erichwien.at; Mo–So 9–2 Uhr. Der kleine Bruder vom Ulrich. (► Plan F-5)

25hours Dachboden, 1070, Lerchenfelder Straße 1–3, Tel. 01/521510, www.25hours-hotels.com/wien; Mo–Sa 6.30–10.30, So 7–12 Uhr. Zu jeder Tages- und Nachtzeit ein Genuss. Der immer lustig eingerichtete Dachboden des gleichnamigen Hotels verspricht einen schönen Blick auf die Innenstadt,

Was den Wienern schmeckt, sorgt bei Ernährungsberatern für Bauchweh

guten Kaffee und Kuchen sowie eine entspannte Atmosphäre (siehe Hotel 25hours → S. 267). (► Plan F-5)

Rasouli, 1160, Payergasse 12, Tel. 01/4031347, www.rasouli.at; Di–Fr ab 9.30, Sa ab 9, So ab 9.30 Uhr. Beste Frühstückkarte der Stadt, am Yppenplatz! Sperrt leider spät auf. Das Ano nebenan ist aufgrund der Öffnungszeiten eine Alternative. (► Plan C-4)

Café der Provinz, 1080, Maria-Treu-Gasse 3, Tel. 01/9442272, www.cafederprovinz.at; Mo–Fr 8–23, Sa/So 9–15 Uhr. Für alle, die den Tag in Ruhe beginnen möchten und auf Bio Wert legen. (► Plan F-4)

Café Hummel, 1080, Josefstädter Straße 66, Tel. 01/4055314, www.cafehummel.at; Mo–Sa ab 7, So ab 8 Uhr. Der absolute Klassiker: Ei im Glas, dazu ein Schnittlauchbrot, und vor allem: vom Ober freundlichst serviert! (► Plan E-4)

Gubler & Gubler, 1080, Strozzigasse 42, Tel. 01/9166090, www.gublergubler. at; Mo–Fr ab 8 Uhr. Wenn Schweizer in Wien Frühstück machen, darf das Birchermüsli zum Buttersemmerl nicht fehlen. (► Plan F-3)

Weltcafé, 1090, Schwarzspanierstraße 15, Tel. 01/4053741, www.weltcafe.at; Mo–So 9–2 Uhr. Internationales Angebot – unter anderem sudanesisch, mexikanisch, türkisch –, zu 100 Prozent biologisch erzeugt und fair gehandelt. (► Plan F-3)

Suppenküchen

Die kleinen, feinen Suppenküchen sind inzwischen auch in Wien angekommen und sprießen wie die Pilze aus dem Stadtdickicht.

Soupkultur, 1010, Wipplingerstraße 32, Tel. 01/5324628, www.soupkultur.at; Mo–Do 11.30–15.30, Fr 11.30–15 Uhr. ›Suppen sind flüssiges Glück‹, so das Motto der Wirte. Ihre Speisekarte orien-

Gaumen-Freuden: Frühstück in Wien

tiert sich am saisonalen Angebot, dazu gibt es ein reiches Angebot an Obst- und Gemüsesäften. (► Plan H-4)

hiddenkitchen, 1010, Färbergasse 3, Tel. 01/2768398, www.hiddenkitchen.at. Mo–Fr 8–17, Sa 10–16 Uhr. Nomen est omen: Die versteckte Küche ist nicht ganz leicht zu finden, dafür nur wenige Gehminuten vom Stephansplatz entfernt. Es gibt Suppen, Eintöpfe, jede Menge Salate, auch Brownies, Cupcakes, Kuchen. (► Plan H-4)

Salon Wichtig, 1040 Karlsgasse 22, Tel. 0699/15153399, www.salonwichtig. com; Mo–Do 11–16, Fr 11–15 Uhr. Nur wenige Schritte von der traditionsreichen Technischen Universität (1815 eröffnet) entfernt. Wohlschmeckende Curry-Variationen. (► Plan H-7)

Suppito, 1060, Girardigasse 9, Tel. 0664/2139109, www.suppito.at; Mo–Do 8–19 Uhr. Suppen auf Basis der chinesischen Fünf-Elemente-Lehre. Wer es dicker mag, bestellt Eintopf. (► Plan G-7)

Suppe & Co, 1070, Neubaugasse 5, Tel. 01/5238313, www.suppenbar.at; Di–Fr

11.30–22.30 Uhr. Ruhezone nahe der Mariahilfer Straße. International das Angebot, von steirischer Klachlsuppe über russischen Borschtsch bis zur ita-lienischen Ribolita. (► Plan E-7)

Verde 1080, 1080, Josefstädter Straße 27, Tel. 01/4051329, www.verde1080. at; Mo–Fr 11–18 Uhr. Bio-Suppen, Nudelvariationen, Hummus, Falafel, alles auch zum Mitnehmen. (► Plan E-5)

Suppenwirtschaft, 1090, Servitengasse 6, Tel. 01/3176745, www.suppenwirtschaft.at; Mo–Fr 11.30–18 Uhr. Variantenreich, multikulti, ab 17 Uhr Happy Hour – alle Speisen zum halben Preis. (► Plan G-2)

Zuppa, 1090, Schwarzspanierstraße 22/GS1, Tel. 01/4058500, www.zuppa.at; Mo–Fr 8–16 Uhr. Vielfältige Suppen-, Salat- und Brotkreationen. (► Plan G-3)

Suppenbar, 1090, Alserstraße 21/Ecke Lange Gasse, Tel. 0676/7044667, www.suppenbar.at; Mo–Fr 11.30–16 Uhr. Suppen, deftige Eintöpfe, Currys, Salate. (► Plan F-3)

Kaffeehäuser

Besungen und in jedem Reiseführer beschrieben wurden und werden das ›Hawelka‹ und das ›Central‹ – mit dem Effekt, dass man in diesen Kaffeehäusern nur selten einen freien Tisch vorfinden wird. Die echten Wiener, als eher gemütliche Menschen bekannt, halten sich aber von Orten hektischer Betriebsamkeit lieber fern. Apropos: In einigen Kaffeehäusern, längst nicht in allen, kann man auch recht gut und zu ganz vernünftigen Preisen zu Mittag essen.

■ Die oft Beschriebenen

Café Prückel, 1010, Stubenring 24 (Luegerplatz), Tel. 01/5126115, www.prueckel.at; Mo–So 8.30–22 Uhr. Glanzvolles Ringstraßen-Kaffeehaus an einer der schönsten Straßenkreuzungen der Stadt.

Schon zweimal wurde das im Jahr 1902 eröffnete Prückel restauriert, nachhaltig in den 1950er Jahren durch Oswald Haerdtl. Dabei haben die Architekten ausreichend Demut vor der Stadtgeschichte gehabt; die Hochnäsigkeit einiger Ober verstört übrigens auch gelernte Wiener. (► Plan J-5)

Café Schwarzenberg, 1010, Kärntner Ring 17, Tel. 01/5128998, www.cafeschwarzenberg.at; Mo–Fr 7.30–24, Sa/So 8.30–24 Uhr. Ein weiteres traditionelles Ringstraßen-Café. (► Plan I-6)

Café Landtmann, 1010, Universitätsring 4, Tel. 01/24100100, www.landtmann.at; Mo–So 7.30–24 Uhr. Drittes Ringstraßen-Café im Uhrzeigersinn, das jeder in Wien tätige Medienmensch kennt. Pressekonferenz-, Politiker- und Promi-Treff im Dreieck Parlament–Rathaus–Burgtheater. In einem öden Shoppingcenter in Tokio befindet sich die beinahe baugleiche Kopie. (► Plan G-4)

Café Hawelka, 1010, Dorotheergasse 6, Tel. 01/5128230, www.hawelka.at, Mo–Mi 8–24, Do–Sa 8–1, So 10–24 Uhr. Vom Wiener Liedermacher Georg Danzer schön besungen, vom Wiener Kabarettisten Helmut Qualtinger oft beehrt. Kein Wiener Kaffeesieder hat sich besser vermarktet als Leopold Hawelka. Alles hat seinen Preis: Heute sitzen hier nurmehr wenige Wiener. (► Plan H-5)

Café Central, 1010, Herrengasse/Strauchgasse, Tel. 01/533376424, www.cafecentral-wien.at. Von Touristen überschwemmte Institution im historischen Palais Ferstel. (► Plan G-4)

Café Bräunerhof, 1010, Stallburggasse 2, Tel. 01/5123893, www.braeunerhof.at. Hugo von Hofmannsthal war hier ebenso Stammgast wie später Thomas Bernhard. Ein traditionsreiches Kaffeehaus, das im Gegensatz zu ›Hawelka‹ und ›Central‹ weniger aggressiv frequentiert wird.

Wiener Kaffeehaus mit Tradition: das Café ›Sperl‹ an der Gumpendorfer Straße

Wien-Informationen

Einrichtung original, ein wenig schmuddelig, der unfreundliche ›Herr Ober‹ ist Teil der Inszenierung. Große Auswahl an Zeitungen. (► Plan H-5)

Café Griensteidl, 1010, Michaelerplatz 2, Tel. 01/5352692, www.cafegrien steidl.at; Mo–So 8–23.30 Uhr. Traditonsreiches Kaffeehaus auf einem der meistfotografierten Plätze der Wiener Innenstadt. (► Plan H-5)

Café im Palmenhaus, 1010, Burggarten 1, Tel. 01/5331033, www.palmenhaus. at; Mo–Fr 10–24, Sa 9–24, So 10–23 Uhr. Wahrlich einer der schönsten Orte, um in Wien Kaffee zu trinken. Das Palmenhaus wurde 1901 für die Kaiserfamilie errichtet, 1998 vor dem Verfall gerettet und unter den strengen Auflagen der Denkmalschützer auch entsprechend modernisiert. Nebenan flattern wie in Schönbrunn die Schmetterlinge. (► Plan H-6)

Café Sperl, 1060, Gumpendorfer Straße 11, Tel. 01/5864158, www.cafesperl. at; Mo–Sa 7–23, So 11–20 Uhr. Hier scheint sich das Wiener Kaffeehaus der Kaiserzeit zu fossilieren. Die Einrichtung – Thonet-Stühle, Marmor-Tischplatten, viel Messing und dunkles Holz, zwei Seiffert-Billardtische – ist noch halbwegs original. Nachteil: Auch das ›Sperl‹ steht in jedem Reiseführer. (► Plan G-6)

Café Eiles, 1080, Josefstädter Straße 2, Tel. 01/4053410; Mo–Fr 7–23, Sa und So 8–23 Uhr. Seit 1901; hier, nur wenige Schritte von Parlament und Rathaus entfernt, wird viel gemauschelt, wie man in Wien sagt, wenn Menschen leise süße oder auch gemeine Geheimnisse austauschen. Hier trifft sich die leicht überschaubare Truppe der österreichischen Innenpolitik. (► Plan F-5)

Café Dommayer, 1130, Dommayergasse 1, Tel. 01/87754650, www.ober laa-wien.at; Mo–So 7–22 Uhr. Wer elegantes Hietzinger und nasaliertes Schönbrunner Deutsch hören mag, bitteschön, in Gehweite vom Schloss besteht dazu die Chance. Das alte Café wird inzwischen von der Kurkonditorei Oberlaa geführt (U4 Hietzing, weiter Tram 58 Dommayergasse).

■ **Die weniger Bekannten**

Café Korb, 1010, Brandstätte 9, Tel. 01/5337215, www.cafekorb.at; Mo–Sa 8–24, So 10–24 Uhr. Ein wunderbarer Ort, um sich zu verabreden oder auch nur die Leute zu beobachten. Hier ist Wien, wie es ist: gemütlich, mundflink, mundfaul, beizeiten liebenswert, immer ein bisserl umständlich. (► Plan H-4)

Kleines Café, 1010, Franziskanerplatz 3, Mo–Sa 10–2, So 13–2 Uhr. »Architektur soll nicht belästigen«, reflektierte dereinst der Architekt Hermann Czech, und: »Der Kaffeehausgast muss nichts davon bemerken.« Czech hat das kleine Kaffeehaus am sehenswerten Franziskanerplatz geplant – und es belästigt bis heute nicht. (► Plan I-5)

Café Engländer, 1010, Postgasse 2, Tel. 01/9668665, www.cafe-englaender.com; Mo–Sa 8–1, So 10–1 Uhr. Klassisches Szenelokal. Hinter dem Vorhang am Eingang ist man bedeutend. (► Plan I-4)

Café am Heumarkt, 1030, Am Heumarkt 15, Tel. 01/7126581; Mo–Fr 9–23 Uhr. Das genaue Gegenteil vom Café Engländer. »Es ist das perfekte antikapitalistische Konzept«, erklärt der Liedermacher und Autor Ernst Molden. »Weil hier die Stimmung herrscht: Zu viele Leute stören.« Die Betreiber tun seit Jahren gut daran, diesen Ort in seiner sympathisch-schlampigen, zart abgefuckten Laissez-faire-Grundstimmung zu belassen. (► Plan I-6)

Café Goldegg, 1040, Argentinierstraße 49, Tel. 01/5059162, www.cafegoldegg.at; Mo–Fr 8–20, Sa 9–20, So 9–19 Uhr. Gemütliches Café auf der Wieden. Zu Mittag viel Betrieb, weil man hier auch gut speisen kann. (► Plan I-8)

Café Jelinek, 1060, Otto-Bauer-Gasse 5, Tel. 01/5974113; Mo–So 9–21 Uhr. Kleines, gemütliches Eck-Café in Gumpendorf. (► Plan E-7)

Im Sommer wird auch im Freien Kaffee getrunken wie hier im Café Rüdigerhof

Café Westend, 1070, Mariahilfer Straße 128, Tel. 01/5233183; Mo–So 7–23.45 Uhr. Man nennt es in Wien auch Café Sehnsucht. Jahrzehntelang zog das Westend jene an, die mit der Eisenbahn aus dem Westen kamen oder in den Westen wollten. Mit der Degradierung von ›Wien-West‹, dem einst wichtigsten Tor der Stadt in die Welt, zu einem besseren Regionalbahnhof wird dieses Kaffeehaus am Ende bzw. Beginn der inneren Mariahilfer Straße seine Ur-Funktion einbüßen. (► Plan D-7)

Café 7*Stern, 1070, Siebensterngasse 31, Tel. 0699/15236157, www.7stern.net; Mo–Sa 9–2 Uhr. Letzte ›Kummerl‹-Bastion von Wien (›Kummerl‹ werden in Wien die vom Aussterben bedrohten Kommunisten genannt). or seiner Umwidmung zum Kultur-Café ein Parteilokal der KPÖ. Die war nach 1945 eine fixe politische Größe in Wien, ihre Funktionäre haben die Zweite Republik mitbegründet. Nach dem Fall der Berliner

Mauer hat es auch die einzige Linkspartei im Roten Wien zerbröselt. (► Plan F-6)

Café Weidinger, 1150, Lerchenfelder Gürtel 1, Tel. 01/4920702; Mo–Sa 8–0.30, So 8–24 Uhr. Ein wunderbar her-untergekommenes Gürtel-Kaffeehaus, in dem auch Gürtel-Nachtschwärmer und Konsum-Flüchtlinge Asyl finden. (► Plan D-6)

Café Ritter, 1160, Ottakringer Straße 117, Tel. 01/4861253, www.cafe-ritter. at; Mo–Fr 8–24, Sa 9–22, So 14–22 Uhr. Hier scheint die Zeit stehengeblieben zu sein, an den Kartentischen wird noch immer tarockiert wie zu Lebzeiten des eigenwilligen Wiener Fußballtrainers Ernst Happel. Wenn der wieder einmal von Hamburg und dem dortigen HSV die Nase voll hatte, fuhr er nach Wien zu seinen ›Habschis‹ (Freunden). Beim Kartenspiel, sagen langjährige Habschis, soll er redseliger gewesen sein als bei Interviews mit deutschen Sportreportern. (► Plan A-4)

Vollpension, 1040, Schleifmühlgasse 16, Tel. 01/5850464, www.vollpension.at; Di–So 9–20 Uhr. Der Name ist Programm. Omas backen in der Schauküche und versüßen sich dadurch auch ihren Lebensabend. Und die Gäste mögen das auch.

Café Falk, 1220, Wagramer Straße 137, Tel. 2033125, www.cafefalk.at; Mo–So 0–24 Uhr. Das Falk begrenzt den Kagraner Platz, den man leicht mit der U-Bahn erreichen kann. Der alte Otto Wagner wollte hier, auf der anderen Seite der Donau, ein zweites Stadtzentrum errichten. Doch er durfte nicht. Bis in die 1980er-Jahre wurde auf dem Kagraner Platz das Ende von Wien vermutet. Das Café der Familie Falk galt als Anziehungspunkt für Männer, die Konflikte gerne mit der Faust oder der Waffe austrugen. Das weiß Inhaber Wolfgang Falk noch allzu gut von seinem Vater. Heute ist es bekannt für seine gediegene Küche, vor allem bei Nachtschwärmern (U1 Kagraner Platz).

Wien-Informationen

Manche meinen: Der Ruf des ›Großen Braunen‹ ist besser als sein Geschmack

■ Die Modernen

Phil, 1060, Gumpendorfer Straße 10–12, Tel. 01/5810489, www.phil.info; Mo 17–1, Di–So 9–1 Uhr. Stylishe Mischung aus Wohnzimmer und Shop. Daher werden auf den Speisekarten auch DVDs, Platten, Bücher und Möbel angeboten. Abends Lesungen und Filmabende. (► Plan G-6)

Budapest Bistro, 1050, Pilgramgasse 10, Tel. 0699/17148736, www.budapestbistro.at; Mo–Sa 12–23 Uhr. Österreich-Ungarn im Herzen Margaretens neu interpretiert. Dazu passt auch, das ungarische Frühstück bis zur Sperrstunde serviert wird.(► Plan G-6)

Ronahi, 1070, Schottenfeldgasse 18, Tel. 01/9440333, www.ronahi.at; Mo–Sa 11–23, So 17–23 Uhr. Externes Wohnzimmer auf zwei Etagen, mit ausreichend Sofas und ruhigen Ecken, feinen Speisen und arabisch inspirierten Getränken. (► Plan D-7)

Guerilla Bakery, 1040, Favoritenstraße 7, www.guerillabakery.at; Mo–Fr 8–17 Uhr. Zuckerorgasmus auf der Wieden! Seit Jänner 2016 sind die Guerillabäckerinnen sesshaft. An ihrem Konzept hat das nichts geändert: von der Limonade bis zum Schokokuchen – ›alles mit viel Liebe selbst gemacht‹. (► Plan H-7)

The Pie Factory, 1090, Spitalgasse 15, Tel. 01/4064261, www.thepiefactory.net; Mo–Do 8–19, Fr 8–18, Sa 11–17 Uhr. Pie ist weit mehr als Apfelkuchen. Pies werden hier auch mit Fleisch und Gemüse gefüllt und serviert. Spezialität des Hauses: Steak & Guiness Pie.

Café Blaustern, 1190, Döblinger Gürtel 2, Tel. 01/3696564, www.blaustern.at; Mo–So 8–23 Uhr. Aufgrund der Nähe zur Wiener Wirtschaftsuniversität viel Schminke, viel jugendliche Coolness und viele angehende Unternehmensberater (U6 Nußdorfer Straße).

Tschocherl

Auf einem Internetportal, das sich der Übersetzung von Begriffen, die in Österreich gebräuchlich sind, ins Hochdeutsche verschrieben hat, findet sich auch der Eintrag ›Tschocherl, das‹. Die Ur-Wiener Institution wird dort als ›kleines, meist schlechtes Café‹ abgetan. Diese Übersetzung ist nicht zutreffend. Der Wiener Journalist und Autor Ar-

Alt-Wien: Das ›Monic‹ in Wien-Mariahilf ist noch ein Tschocherl vom alten Schlag

thur Fürnhammer, Urheber des lesenswerten ›Tschocherl-Reports‹, der in den Stadtzeitungen ›Augustin‹ und ›Falter‹ abgedruckt wurde und auch als Buch erschienen ist, hat seine verdienstvolle Serie mit folgender Definition eingeleitet: »Tschocherl sind fixer Teil der Wiener Lokalkultur. Anders als beim Heurigen, dem Wiener Kaffeehaus und dem Altwiener Beisel sind sie aber weder beim etablierten Bürgertum noch bei Touristen beliebt. Das ist mit ein Grund dafür, warum sich das Idiom des Wienerischen hier so roh und unverfälscht erhalten hat.« Fürnhammers Sichtweise kommt dem Tschocherl deutlich näher. Haben Sie keine Angst einzutreten, die Menschen in den Wiener Tschocherln tun Fremden nichts! Hier Fürnhammers fünf beste Adressen:

Fendistüberl, 1050, Fendigasse 37, Tel. 01/5453230; Mo–Fr 7–24, Sa 10–24 Uhr. Sehenswürdigkeit im Matteottihof, durch den die Fendigasse führt. Interieur mit viel Resopal-Charme im 1980er-Retro-Look. Die Gäste kommen auch von ›außerhalb‹, das heißt: Sie wohnen nicht in diesem Gemeindebau. Den Ton geben aber eindeutig die Hiesigen an. (► Plan E-10)

Café Jersey, 1060, Gumpendorferstaße 78; Mo–So 8–23 Uhr. Mit dem Steuerparadies im Ärmelkanal hat das Café Jersey nichts zu tun. Die Besitzerin ist eine allseits beliebte Chinesin, daher wahrscheinlich auch der bunte Stilmix mit Asia-Elementen. Kellnerin Hilde lehrt ungehobelte Gäste das Fürchten – und wird erst munter, wenn die Luft schwarz wird. (► Plan E-8)

Café Lambada, 1070, Neubaugasse 38, Tel. 01/5232447; 8–1 Uhr. Nicht nur mit seinem Namen widersetzt sich das ›Lambada‹ dem Zeitgeist – und schafft damit eines wunderbar: Mitten im grün-alternativen Bürgerbezirk kein Lokal der modernen Bourgeoisie zu sein. Es lassen die 1980er Jahre grüßen. Die multikulturelle Gästeschar – nicht selten wird Persisch gesprochen – ist ein kleines Zugeständnis an das sich liberal gebende Stadtviertel. (► Plan E-6)

Café Na und?, 1160, Neulerchenfelderstraße 66; 11.30–24 Uhr. Uriges Rockcafé im Wiener Westen mit eigentümlichem Wildwest-Flair. Zusammenhalt ist hier Trumpf, bei Sonnenschein sprechen sich die vom Leben Gebeutelten im großen Gastgarten gegenseitig Mut zu. Wenn der ›Silberbaron‹, ein ehemaliger Fiaker, zu Wort kommt, wackeln die Wände. (► Plan C-4)

Espresso Florida, 1170, Ottakringerstraße 60, Tel. Mo–Fr 7–2, Sa 17–24 Uhr; Mo–Sa 8–24, So 17–24 Uhr. Ein Refugium auf der Ottakringer Straße, die auch ›Balkanmeile‹ genannt wird. Aus unerklärlichen Gründen wurde die Stammkundschaft in letzter Zeit aufgrund von gehäuften Todesfällen dezimiert. Die Überlebenden begegnen gesellschaftlichen Veränderungen, vor allem die unmittelbare Nachbarschaft auf dem Wiener Balkan betreffend, mit Skepsis, aber auch mit einer deftigen Portion Schmäh. Originell: Sammelsurium aus Dekorationen der letzten Jahrzehnte. (► Plan C-4)

Heurigen

Die traditionellen Wiener Heurigenorte finden sich in den Randbezirken der Stadt. Im Uhrzeigersinn sind das Ottakring im Westen, Neustift am Walde, Sievering, Grinzing, Heiligenstadt und Nussdorf entlang der Ausläufer des Wienerwalds, Strebersdorf, Stammersdorf und Jedlersdorf am Fuße des Bisambergs im Norden sowie Oberlaa und Mauer im Süden. Die größten Weinberge sind der Nußberg in Döbling und der Bisamberg in Floridsdorf. Der Weinkritiker Ernst Bieber, der selbst

Vergesst den Naschmarkt! Auf ins ›Fendistüberl‹, Café ›Jersey‹ oder Café ›Florida‹

Wein keltert und seit seiner Pensionierung als Krimiautor zu gefallen weiß, hat für diesen Stadtführer eine Auswahl der aus seiner Sicht schönsten Wiener Heurigenlokale getroffen. Allerdings: Nicht alle Heurigen, betont er, haben ganzjährig ›ausgsteckt‹ (geöffnet): »Vorab anrufen oder im Internet nachsehen verhindert, dass Sie vor verschlossenen Türen stehen.«

■ **Ottakring**
10er Marie, 1160, Ottakringer Straße 222–224, Tel. 01/4894647, www.fuhrgassl-huber.at/10er-marie. Diese Buschenschank gilt als ältester Heuriger Wiens. Schon 1740 war hier ein Weinlokal, damals mit der Adresse Alt-Ottakring 10. Heute ist der Heurige im Besitz der Familie Huber und Treffpunkt vieler Künstler und Promis. Das Lokal wird auch für seine Hausmannskost, vor allem für die Schinkenfleckerl, geschätzt. (U6 Ottakring)
Sissi Huber, 1160, Roterdstraße 5, Tel. 01/4858180, www.sissi-huber.at. Sissi Huber hat eine neue Art des Wiener Heurigen etabliert. Ihre Weine sind gut,

die Küche ist perfekt – besonders empfehlenswert sind die Heurigen-Tapas, Mini-Schnitzerl oder Mini-Laibchen auf Püree –, ebenso ihr Service. Ein Lokal also, in dem man sich wohl fühlen kann, egal ob in den gemütlichen Stuben (sogar im Dachboden wird serviert) oder im mediterran anmutenden Gastgarten. (U6 Ottakring, weiter Bus 146B Wilhelminenstraße)
Rudi Stippert, 1160, Ottakringer Straße 225, Tel. 01/4868917, sowie 1170, Schrammelgasse 102, Tel. 0664/5902261, www.stippert.at. Das Lokal in Ottakring ist ein beliebter Treffpunkt Einheimischer, die Buschenschank-Filiale oben am Heuberg bietet wiederum einen Panoramablick über Wien. Bekannt sind die Stipperts für ihre ehrlichen Weine und das Buffet. Empfehlenswert: die Blunzen-Variationen (Blunzen = Blutwurst). (U6 Ottakring)

■ **Döbling**
Fuhrgassl-Huber, 1190, Neustift am Walde 68, Tel. 01/4401405, www.fuhrgassl-huber.at. Ernst und Gerti Huber haben diesen Heurigen im Jahr 1973

in Neustift gegründet. Mittlerweile zählt sie zu den beliebtesten Buschenschanken Wiens und wird von Michaela, der jüngsten Huber-Tochter, geführt. Die vielen Räumlichkeiten sind urgemütlich, die Terrassengärten ebenso einladend wie das warme und kalte Buffet und die Weine, die jedes Jahr mit Gold prämiert werden. (U6 Nußdorfer Straße, weiter Bus 35A Neustift am Walde)

Peter und Renate Wolff, 1190, Rathstraße 44–46, Tel. 01/4403727, www.wienerheuriger.at. In der rustikalen Buschenschank von Peter und Schwester Renate Wolff in Neustift sind traditionell auch die Wiener Bürgermeister Stammgäste. Kein Wunder: Die Weine sind ausgezeichnet, das Buffet spielt alle Stückerln (hochdeutsch: ist rundum köstlich). Ein Muss sind die süßen kleinen Köstlichkeiten, die nach alter Familientradition hergestellt werden – früher war das Haus eine Konditorei (U6 Nußdorfer Straße, weiter Bus 35A Neustift am Walde).

Braunsperger-Kroiss, 1190, Sieveringer Straße 108, Tel. 01/3203992 und 0699/10653797, www.rolandkroiss.at. Der Topwinzer Hannes Braunsperger hat seit einigen Jahren Unterstützung durch seinen Schwiegersohn Roland Kroiss bekommen. Der stammt aus Illmitz im Burgenland und bringt zusätzliches Knowhow im Umgang mit Süß- und Rotweinen mit. Das Buffet umfasst das klassische Heurigenangebot. (U4 Heiligenstadt, weiter Bus 39A Karthäuserstr.)

Matthias Hengl, 1190, Iglaseegasse 10, Tel. 01/3203330, www.hengl-haselbrunner.at. Matthias Hengl hat von seinen Eltern den Vorzeigebetrieb in Oberdöbling übernommen und bemüht sich seither weiter um Qualität. Er ist nicht nur ein kundiger Kellermeister, sondern auch ein hervorragender Koch und Musiker. Seine Frau ist eine begnadete Sängerin, immer wieder werden daher beim Hengl auch musikalische Leckerbissen dargeboten (U4 Heiligenstadt, weiter Bus 10A oder 39A Saarplatz).

Martin und Matthias Kierlinger, 1190, Kahlenberger Straße 20, Tel. 01/3702264, www.kierlinger.at. Die Hauer-Dynastie Kierlinger – Matthias ist der älteste Sohn – ist bereits seit 1787 hier in Nussdorf zu Hause. Ihr traditioneller Heuriger bietet neben exzellenten Weinen ein breites Speiseangebot: Legendär sind der Liptauer, das Backhenderl und die Fleischlaberl, die nach uralten Familienrezepten zubereitet werden. Im idyllischen Garten kann man unter mächtigen Linden- und Kastanienbäumen sitzen, ein Mal im Jahr gibt es auch einen Jazz-Frühschoppen (Tramlinie D Sickenberggasse, → S. 91).

Mayer am Pfarrplatz, 1190, Pfarrplatz 2, Tel. 01/3701287, www.pfarrplatz.at. In diesem Vorstadtanwesen in Heiligenstadt wird seit 1683 Wein gekeltert. Im Jahr 1817 logierte Ludwig van Beethoven hier und komponierte seine 9. Symphonie. Zum Inbegriff der Wiener Heurigenkultur machte es Franz Mayer, der Vorbesitzer. Auch seine Nachfolger sorgen dafür, dass in den rustikalen Stuben und im prächtigen Garten einige der

Grüner Veltliner plus Soda = G'spritzer

Wien-Informationen

besten Wiener Weine ausgeschenkt und schmackhafte Speisen serviert werden (U4 Heiligenstadt, weiter Bus 38A Fernsprechamt Heiligenstadt).

Martin Obermann, 1190, Cobenzlgasse 102 bzw. Himmelstraße 7, Tel. 0664/4519927, www.weinbauobermann.at. Martin Obermann, Winzer in der fünften Generation und nebenbei Weinbaureferent der Landwirtschaftskammer Wien, nennt seinen Betrieb den ›etwas anderen Heurigen in Wien‹. Denn ›Ausgsteckt‹ ist bei Schönwetter auch im Weingarten oben in der Himmelstraße zwischen den Zweigelt-Reben. Die Buschenschank unten heißt ›Zum Guten Grinzing‹. Zu empfehlen sind auch seine Bio-Weine und sein exzellentes Buffet (U4 Heiligenstadt, weiter Bus 38A Feuerwache Grinzing).

Hirt, 1190, Eisernehandgasse 165, Tel. 01/3189641, www.heuriger-hirt.at; Apr.–Okt. Mi–Fr ab 15, Sa/So ab 12 Uhr. Steiler Anstieg zu Fuß, dafür wunderbare Aussicht auf das Kahlenbergerdorf und die Donau (U4 Heiligenstadt, weiter Regionalbus 239 Kahlenbergerdorf).

Weingut am Cobenzl, 1190, Am Cobenzl 96, Tel. 01/3205805, www.weingutcobenzl.at. Empfehlenswert ist auch eine Führung durch den Weinkeller am Cobenzl mit Weinverkostung. Das 48 Hektar große Weingut wird im Auftrag der Stadt Wien geführt. Es liegt direkt am Stadtwanderweg 2, der von Obersievering auf den Hermannskogel führt (U4 Heiligenstadt, weiter Bus 38A Cobenzl Parkplatz).

■ Floridsdorf

Peter Bernreiter, 1210, Amtsstraße 24–26, Tel. 01/2923680, www.bernreiter.at. Der Weinbauer in Jedlersdorf gilt als Burgunder-Spezialist. Aber nicht nur seine Weine sind Spitzenklasse, auch das warme Buffet lässt keinen Wunsch offen. Zudem veranstaltet Bernreiter jedes Jahr neben der malerischen kleinen Pfarrkirche von Jedlersdorf Konzert- und Opernaufführungen, auch die ›Extremschrammeln‹ treten hier auf. Ein Kult- und Kultur-Heuriger (U6 Floridsdorf, weiter Tram 31 Großjedlersdorf).

Rainer Christ, 1210, Amtsstraße 10–14, Tel. 01/2925152, www.weingut-christ.at. Dieses Weingut liegt ebenfalls in Jed-

Für sonnige Gemüter: der Wiener Wein

lersdorf und kann auf eine 400-jährige Familientradition verweisen. Der neu gestaltete Heurige mit großem Parkplatz und Garten samt Kinderspielplatz bietet ein gemütliches wie elegantes Ambiente. Im schattigen Gastgarten gibt es heimelige Nischen, wo man die kulinarischen Köstlichkeiten der Chefin Hannerl Christ und die exzellenten Weine von Sohn Rainer Christ genießen kann. Christ ist einer von jenen Tüftlern, die den Wiener Wein wieder salonfähig gemacht haben, er keltert sogar einen ›Vollmond-Wein‹. Heurigenbetrieb nur in den ungeraden Monaten geöffnet (15–24 Uhr) (U6 Floridsdorf, weiter Tram 31 Großjedlersdorf).

Karl Lentner, 1210, Amtstraße 44, Tel. 01/2925123, www.karl-lentner.at. Der Serien-Landessieger Karl Lentner ist kein Mann der großen Worte, aber einer der großen Weine. Auch mit einem schmackhaften Buffet kann der Wirt aufwarten, ebenso mit einem schattigen Naturgarten (U6 Floridsdorf, weiter Tram 31 Großjedlersdorf).

Kurt Fuchs, 1210, Jedlersdorfer Platz 29, Tel. 01/2923567, www.heuriger.co.at/fuchs. An diesen Heurigen ist auch eine Frühstückspension angeschlossen. Kurt Fuchs war früher Lebensmittelinspektor der Stadt Wien, es überrascht daher nicht, dass seine Weine – großartig die Roten! – und sein Buffet erstklassig sind. Hier gibt es auch geräucherte Saiblinge und für feine Nasen ein Weinroulettespiel (U6 Floridsdorf, weiter Tram 31 Carabelligasse).

Leo Wieninger, 1210, Stammersdorfer Straße 78, Tel. 01/2924106, www.heuriger-wieninger.at. In dieser Buschenschank mit mehreren gemütlichen Stuben kann man nicht nur die Weltklasse-Weine von Leos Bruder Fritz genießen, sondern auch die traditionellen Schmankerln der Heurigenküche. Zudem serviert Leo Wieninger raffinierte und verführerische Köstlichkeiten, die auch in jedem Drei-Sterne-Restaurant begeistern würden (U6 Floridsdorf, weiter Tram 31 Stammersdorf).

Hans Peter Göbel, 1210, Stammersdorfer Kellergasse 131, Tel. 01/2948420, www.weinbaugoebel.at. Der ausgebildete Architekt betreibt in Stammersdorf, am obersten Ende der schönsten Kellergasse Wiens, einen einzigartigen Heurigen: Innen mit modernem Ambiente, der Gastgarten – mit Weinlauben – bietet wiederum einen herrlichen Ausblick auf die Stadt. Öfters lädt Göbel – sein vinophiler Schwerpunkt sind Rotweine – junge Gastköche ein, die im Lokal kochen (U6 Floridsdorf, weiter Tram 31 Stammersdorf, von dort 2 km zu Fuß oder Regionalbus 228 Senderstraße).

Herbert Schilling, 1210, Langenzersdorfer Straße 54, Tel 2924189, www.weingut-schilling.at. Der Strebersdorfer Diplomingenieur Herbert Schilling ist Obmann der Wiener Weinbauern und immer bemüht, die Marke ›Wiener Wein‹ zu bewerben. Dies gelingt ihm auch in seinem eigenen Heurigen, wo die Gäste erlesene Tropfen – sogar Eis- und Schaumweine – und die feine Kulinarik der Küche genießen können. Bei Schönwetter ist der Garten neben den Weinrieden beliebter Treffpunkt (U6 Floridsdorf, weiter Tram 26 Edmund-Hawranek-Platz).

Familie Strauch, 1210, Langenzersdorfer Straße 50a, Tel. 01/2925341, www.weinstrauch.at. Ernst und Helga Strauch verwöhnen die Heurigengäste hier in Strebersdorf mit prämierten Weinen und bodenständigen Spezialitäten wie Knieling oder Schopfbraten, aber auch mit Gustostückerln vom Holzkohlengrill. Wer will, kann nicht nur Wein, sondern auch Dirndl- und Marillenmarmeladen mitnehmen (U6 Floridsdorf, weiter Tram 26 Edmund-Hawranek-Platz).

■ Liesing

Michael Edlmoser, 1230, Maurer Lange Gasse 123, Tel. 01/8898680, www.edlmoser.at. Die Familie Edlmoser betreibt am südlichen Stadtrand Wiens, in Mauer, einen Heurigen mit dem vermutlich prächtigsten Gastgarten. Das Winzerhaus stammt bereits aus dem Jahr 1629, auf Tradition wird hier also Wert gelegt. Die Weine sind großartig, und die feinen Speisen werden nach alten Familienrezepten zubereitet – eine Qualitäts-Oase in jeder Hinsicht (U6 Alt-Erlaa, weiter Bus 60A Kaserngasse).

Familie Fuchs-Steinklammer, 1230, Jesuitensteig 28, Tel. 01/8882229, www.steinklammer.at. Hier erlebt der Gast eine mehr als 300-jährige Heurigen-Tradition. Helene Steinklammer, einst Wiener Weinkönigin, hat den Jedlersdorfer Winzer Ing. Kurt Fuchs (→ S. 285) geheiratet, seither gibt es in der gemütlichen Buschenschank neben dem exzellenten Buffet auch preisgekrönte Weine aus dem Norden von Wien, vom Bisamberg. Und auch der Gastgarten ist ein Genuss (U6 Alt-Erlaa, weiter Bus 60A Karl-Schwed-Gasse).

Familie Hofer, 1230, Maurer Lange Gasse 29, Tel. 01/8887380 und 0664/3737704, www.vino-hofer.at. Der junge Wolfgang Hofer ist ein vielseitiger Weinmacher, mit seinen Weiß- wie Rotweinen heimst er jedes Jahr Sieges-trophäen ein. Die Familie unterhält auch Weinrieden in Gumpoldskirchen, woher der Vater Gottfried stammt. Die ›Seele‹ in der Küche ist Mutter Helene (U6 Alt-Erlaa, weiter Bus 60A Kaserngasse).

Johannes Wiltschko, 1230, Wittgensteinstraße 143, Tel. 01/8885560, www.weinbau-wiltschko.at. Diese Buschenschank in der Maurer Wittgensteinstraße liegt auf einem der höchsten Plätze Wiens (360 m Seehöhe). Der Wirt ist eigentlich ein gelernter Tischler, hat sich aber auch als Weinbauer und Heurigenwirt einen Namen gemacht. Er keltert unter anderem die Weißwein-Rarität Roter Veltliner. Neben dem klassischen Heurigenbuffet findet man auf der Speisekarte auch viele andere Spezialitäten (U4 Hietzing, weiter Bus 56B Nästlbergergasse).

Alfred und Richard Zahel, 1230, Maurer Hauptplatz 9, Tel. 01/8891318, www.zahel.at. Der Heurige bietet ein romantisches Ambiente sowohl drinnen in den heimeligen Stuben (mit Kaminwärme) wie auch draußen unter den uralten Bäumen. Richard Zahels Weine sind toll (berühmt ist sein Gemischter Satz), Alfred Zahel führt das Lokal, und Richards Frau Conny sorgt in der Küche für ein famoses Buffetangebot (U4 Hietzing, weiter Bus 60 Maurer Hauptplatz).

Schutzhäuser

Das Schutzhaus ist eine weitere Eigenheit der österreichischen Hauptstadt. Während die Schutzhäuser im alpinen Bereich Bergwanderern und Bergsteigern Unterkunft bieten, wurden die Schutzhäuser in den Kleingartenanlagen in den Niederungen an der Donau ursprünglich von deren Siedlern errichtet, damit sie in diesen Häusern ihre Versammlungen abhalten können. Und dabei haben sie natürlich auch nie das Essen und Trinken vergessen.

Schutzhaus Gartenfreunde XII, 1120, Schutzhausweg 136, Tel. 01/8135108, www.doering.at; Mo–Sa 10–22.30, So 10–22 Uhr. Das Schutzhaus der Familie Döring steht dort, wo es hingehört: mitten in einer Meidlinger Kleingartenanlage. Wie in fast allen Wiener Schutzhäusern gibt es hier auch traditionelle Wiener Hausmannskost, also viel gebackenes Fleisch (U6 Tscherttegasse).

Schutzhaus Rosental, 1140, Heschweg 320, Tel. 01/9114751, www.grosses-

Blick über den Tellerrand in einem typischen Wiener Schutzhaus

schutzhaus-rosental.at; Mo, Di 11–21, So 11–19 Uhr. Großes Schutzhaus für bis zu 250 Gäste, schön am Rande der Steinhofgründe gelegen (U4 Hütteldorf, weiter Bus 47B Raphaelheim, dann die Rosentalgasse etwa 2,5 km zu Fuß hinauf).

Schutzhaus Zukunft, 1150, Auf der Schmelz, verlängerte Guntherstraße, Tel. 01/9820127, www.schutzhaus-zukunft. at; Mo–So 9–24 Uhr. Uriges Wirtshaus inmitten einer weitläufigen Kleingartenanlage. Großer Gastgarten, viele Tische auch im Haus. Häufig finden hier Konzerte und kleine Events statt, zum Beispiel der Musikalische Adventskalender oder auch Weihnachtsfeiern für Gewichtheber (→ Karte B-6).

Schutzhaus am Schafberg, 1170, Czartoryskigasse 190–192, Tel. 01/4792279, www.schutzhaus-schafberg.at. Di–Sa 11–23, So 10–22 Uhr. Ein altes Schutzhaus in exponierter Lage am Schafberg und in neuem Glanz. Nach der Übernahme durch jüngere Wirtsleute wird hier die Wiener Küche modern interpretiert (S-Bahn Hernals, weiter Bus 42A Tscharochgasse).

Schutzhaus am Heuberg, 1170, Röntgengasse 39, Tel. 01/4898210, www. restaurant-heuberg.at. Di–Sa 9.30–22, So 9.30–20 Uhr. Crossover am Heuberg: Indische Spezialitäten in einem Ur-Wiener Schutzhaus. Der indischstämmige Wirt ist sehr sympathisch, aber bei größerem Andrang leicht überfordert (S-Bahn Hernals, weiter Bus 44B Heuberg Schutzhaus).

Würstelstände

Auch auf seinen Würstelstand ist der gelernte Wiener stolz. Nicht zuletzt deshalb, weil die Bewohner der Stadt an den Standln zusammen kommen. So gesehen sind die Fast-Food-Buden Orte der sozialen Durchmischung. Hier einige von Kennern empfohlene Adressen: **Am Hohen Markt**, 1010, Hoher Markt (Platzmitte). Zu jeder Tages-, vor allem zu jeder Nachtzeit Magnet für und Sammelpunkt der Wurstkauer. (► Plan H-4) **Der Scheich**, 1010, Schottengasse 6. Ein Würstelstand an einer frequentierten Stelle der Wiener Innenstadt gilt allgemein als so lukrativ wie eine Ölquelle. Vielleicht deshalb diese Bezeichnung? (► Plan G-4)

Zum Stadion, 1020, Meiereistraße vor dem Ernst-Happel-Stadion. Wird nicht nur vor und nach Fußball-Länderspielen massenhaft gestürmt. Auch zur Mittagszeit an Werktagen herrscht hier ein ständiges Kommen und Gehen. Was für diesen Stand spricht: Derart viele Berufschauffeure können nicht irren (U2 Stadion).

Der Blaser, 1160, Brunnengasse 67. Neulerchenfelder Institution auf dem Brunnenmarkt. Robert F. ist begeistert, er postet treffend genau: »Für mich hat der Blaser Würste vom Besten – wienweit. Und ein listiger Hund ist er auch, sehr stark im Verkauf, sehr eloquent, sehr überzeugt und das ganz zurecht von seiner Warc. Die Burenwurst mit frisch gerissenem Kren ist arg gut. Die Bratwurst aber auch. Und die Scharfen nicht minder. Das saure Zeug hält oben. Und wie gesagt: A Pappn hod er wia a Schweat.« Dem ist nur die Übersetzung des letzten Satzes hinzuzufügen: »Ein Mundwerk hat er wie ein Schwert.« (► Plan D-4)

Schanigärten

Vom Kaffeehaus bis zum Wirtshaus: Viele Wiener Gastro-Betriebe eröffnen im Frühjahr einen Schanigarten. Daher ist es unmöglich, alle Gastgärten der Stadt hier aufzulisten. Der Milde-Verlag bietet mit seinem Guide ›Die schönsten Gast- und Schanigärten‹ eine aktuelle Übersicht. Der Titel enthält mehr als 2600 Adressen, kostet 2 Euro und ist in der Trafik oder direkt beim Verlag erhältlich: www.mildeverlag.at. Hier meine Auswahl:

Dezentral, 1020, Ilgplatz 5, Tel. 0676/3730095, Mo–Fr 8–24, Sa/So 16–24 Uhr. Wie der Name schon sagt: nicht im Zentrum, dafür mitten in einem der pulsierendsten Viertel Wiens, dem bis vor Kurzem schäbigen Stuwerviertel im

2. Bezirk. Hier sitzt man mit freiem Blick auf den Ilgplatz (U2 Messe Prater).

Bunkerei, 1020, Obere Augartenstraße 1a, Tel. Tel. 0676/9724370, www.bunkerei.at; Di–Sa 12–22, So 9–22 Uhr. Möglicherweise der schönste Schanigarten Wiens. Am Rande des Augartens, ein Hit sind auch die Konzerte im alten Flachbunker. (► Plan I-1)

Adria, 1020, Obere Donaustraße/Promenadenweg, Tel. 0660/1271784, www.adriawien.at; Mo–So 10–1 Uhr. Die Adria am Donaukanal – ein winziger Trost für eine Stadt, die nicht am Meer liegt. (► Plan I-3)

Schweizerhaus, 1020, Prater 116, Tel. 01/728015213, www.schweizerhaus.at; Mo–So 11–23 Uhr (vom Mitte März bis Ende Oktober). Auch wenn man hier längst für den guten Namen bezahlt und die Massen abgefertigt werden: Wenn ein solches kühles Blondes mit weißer Schaumkrone im Glaskrug vor einem steht, siegt das Bauchgefühl über den Verstand. (► Plan L-4)

Gelsenbar, 1020, Rennbahnstraße/Freudenau 260, Tel. 01/7289707. Etwas versteckt hinter dem Lusthaus, deutlich weniger geschliffen als das Publikum am Golfplatz nebenan.

Strandbar Herrmann, 1030, Herrmannpark, Tel. 0688/8666036, www.strandbarherrmann.at; im Sommer Mo–So 10–2 Uhr. Der Namensgeber der Strandbar, ein gewisser Emanuel Herrmann, gilt als Erfinder der Postkarte. Moderne Gastronomie und urbanes Publikum an der betonierten Mündung des Wienflusses in den Donaukanal. (► Plan J-4)

Café Rüdigerhof, 1050, Hamburger Straße 20, Tel. 01/5863138; Mo–So 9–2 Uhr. Beeindruckender Gastgarten am Gestade des Wien-Flusses. Lauschig, schattig – und das mitten in der Stadt. (► Plan E-7)

Amerlingbeisl, 1070, Stiftgasse 8, Tel. 01/5261660, www.amerlingbeisl.at;

Mo–So 9–2 Uhr. Sag mir, wo die Blumen sind, wo sind sie geblieben? Bevor die Grünen in Wien eine Partei wurden, trafen sie sich oft im Amerlinghaus. Heute stellen sie hier im 7. Bezirk den Bezirksvorsteher und haben dafür einen hohen politischen Preis zu bezahlen. Sag mir, wo eure Ideale sind? Immerhin, der Innenhof des Amerlingbeisls ist noch so begrünt und ruhig wie damals, als man in Wien außerparlamentarische Opposition war. (► Plan F-6)

Kristian's Monastiri, 1070, Neustiftgasse 16, Tel. 01/5269448, www.monastiri.at; Mo–So 9–23 Uhr. Wurde von den Juroren der Wirtschaftskammer mit dem ›Goldenen Schani‹ in der Kategorie ›Versteckte Juwele‹ ausgezeichnet. (► Plan F-5)

Blue Tomato, 1150, Wurmsergasse 21, Tel. 01/9855960, www.bluetomato.cc; Di–Sa ab 19 Uhr. Nicht nur wegen seines Gastgartens ein Wiener Kleinod. (► Plan A-7)

Gastwirtschaft zum Nussgartl, 1200, Vorgartenstraße 80, Tel. 01/3325125, www.nussgartl.at; Di–Fr 11–14.30 und 17–23, Sa 11–16 Uhr. Kleiner, schattiger Gastgarten unter einem Nussbaum, großzügige Portionen. (► Plan oberhalb L-1)

Strandgasthaus Birner, 1210, An der Oberen Alten Donau 47, Tel. 01/2715396, www.gasthausbirner.at; Mo–So 9–24 Uhr. Der Charme der transdanubischen Vorstadt unter freiem Himmel, auf abgestuften Terrassen und mit freiem Blick auf die Alte Donau (► Karte S. 171)

Zur Alten Kaisermühle, 1220, Fischerstrand 21a, Tel. 01/2633529, www.kaisermuehle.at; Mo–Sa 11.30–23, So 11.30–22 Uhr. Am Westufer der Alten Donau, feiner als der ›Birner‹, auch immer gut besucht, auch ein echtes Schlemmerlokal! (► Karte S. 171)

Im Sommer verwandelt sich das Ufer des Donaukanals in einen großen Schanigarten

Anita Kattinger über
das Strawanzen in Wien mit vollem Magen

Schon einmal etwas von der Pariser Küche oder der New Yorker Küche gehört? Nein, natürlich nicht. Denn weltweit existiert nur eine Stadt, die sowohl für ihre süßen Schmankerl wie Palatschinken und Kaiserschmarrn als auch für ihre deftige Kost wie Gulasch und Würstel eine eigene Bezeichnung hat: die Wiener Küche.

In der österreichischen Hauptstadt öffnen in einer einzigen Woche zwanzig neue Lokale – von der Imbissstube bis zum Kaffeehaus. Und ebenso viele müssen wieder schließen. Vergleichbar mit ähnlich großen Städten wie etwa Hamburg hat Wien mit mehr als 5500 Gastrobetrieben eine doppelt so hohe Dichte.

Die Wiener lieben es, außer Haus zu frühstücken. Der klassische Start in den Morgen namens Wiener Frühstück besteht aus Kaisersemmerl, Butter, Marmelade und einer Melange. Das Mekka für alle hungrigen Frühaufsteher befindet sich in den Bezirken 4 bis 7. Je später man vorbei schaut, desto stärkere Nerven braucht man – oder eine Reservierung, vor allem an einem Samstagvormittag. Und alle seien hiermit vorgewarnt: Die Kellner bestechen durch eine Mischung aus Unverschämtheit und gespielter Höflichkeit – auch Wiener Charme genannt.

Gemütlich in den Wiener Tag starten lässt sich mit einem Bummel über den Naschmarkt. Und weil die Standler bereits um 6.30 Uhr ihre Plätze beziehen, geht der erste Abstecher zu Familie Molcho ins ›Neni am Naschmarkt‹ (1060 Wien, Naschmarkt 510, Tel. 01/5852020, www.neni.at; Mo–Sa 8–23 Uhr). Gestärkt mit einer Shakshuk – einer orientalischen Eierspeise mit Paradeiser-Paprika-Ragout und frischen Kräutern, dazu Pita – führt der Weg weiter in die Schleifmühlgasse.

Dort kochen die Omas der ›Vollpension‹ (1040 Wien, Schleifmühlgasse 16, Tel. 01/5850464, www.vollpension.wien; Di–Do 9–22, Fr/Sa 9–24, So 9–20 Uhr) die Herzen der Gutmenschen ein, denn hier geht es um Integration von älteren Arbeitnehmern. Die Gäste sitzen auf ausgemusterten Sofas und blicken auf gestickte Gemälde: Shabby Chic lässt grüßen. Jeden Samstag und Sonntag bieten die rüstigen Omas bis 14 Uhr Brunch an.

Im selben Häuserblock befindet sich ›The Breakfastclub‹ (1040 Wien, Schleifmühlgasse 12, www.thebreakfastclub.at; Mo, Mi–Fr 8–14, Sa/So 8–15 Uhr), der bereits auf Frühstück setzte, als die Hipsters noch in die Windeln machten. Da sich das Mini-Lokal ausschließlich auf Frühstück spezialisiert hat, gibt es hier die besten Pancakes der Stadt.

Die Girardigasse führt uns dann direkt zum Alt-Wiener-Kaffeehaus ›Sperl‹ (1060 Wien, Gumpendorferstraße 11, Tel. 01/5864158, www.cafesperl.at; Mo–Sa 7–23, So 11–20 Uhr), das im 19. Jahrhundert stehen geblieben zu sein scheint. Das Frühstück schmeckt im schattigen Schanigarten unter Sonnenschirmen am besten.

Wer nun genug vom Strawanzen hat, schlägt den Weg Richtung Kettenbrückengasse ein und steigt in die U4, um bei der Station Stadtpark gleich wieder auszusteigen. Hier, mitten in der urbanen Grünoase, befindet sich das ›Steirereck im Stadtpark‹ (1030 Wien, Am Heumarkt 2A/im Stadtpark, Tel. 01/7133168, www.steirereck.at; Mo–Fr 11.30–14.30 und ab 18.30 Uhr) von Heinz Reitbauer, das zu den Top 10 der ›World Best Restaurants‹ zählt. Hier haben wir den Deutschen etwas voraus, das beste Restaurant Deutschlands belegt nämlich nur Platz

34. Da in dem traumhaft schönen Glas-Oktogon für ein Abendessen zu zweit mit rund 500 Euro kalkuliert werden muss, empfiehlt sich ein Mittagessen. À la Carte können sich Feinspitze so richtig austoben: Alt-Wiener-Hochzeitssuppe mit Leberknödel, Grießnockerl, Milzschnitte und Grammelstangerl oder knusprigen Frittaten mit Veilchen und Mispelkern-Eis sei Dank. Das Vier-Gang-Menü kommt mittags auf 95 Euro.

Wem jetzt gerade der Atem stockte: Ebenso hohe Kochkunst finden Vegetarier im ›Tian‹ (1010 Wien, Himmelpfortgasse 23, Tel. 01/890466529, www.taste-tian. com; Di–Sa und Feiertage 12–14, 17.45–21 Uhr). Küchenchef Paul Ivic zeigt, wie Urkarotten schmecken. Weltweit gibt es nur vier vegetarische Restaurants, die mit einem Michelin-Stern gekürt sind. Zu Mittag kosten drei Gänge wohlfeile 34 Euro.

Reisende mit weniger prall gefüllten Geldbörsen schlendern an beiden Gourmettempeln vorbei und gehen Richtung Innenstadt. Denn dort finden sich zahlreiche Beisl mit Alt-Wiener-Küche. Besonders gut schmeckt's ›Beim Czaak‹ (1010 Wien, Postgasse 15, Tel. 01/5137215, www.czaak.com; Mo–Sa 16–24 Uhr), ein uriges Beisl aus dem Jahr 1926: Jeden Dienstag erfreuen sich die Beamten der umliegenden Ministerien an dem ofenfrischen Bratl mit Kraut und Knödel.

Die besten Kuchen und Torten der Stadt gibt es im ›Diglas‹ (1010 Wien, Wollzeile 10, Tel. 01/5125765, www.diglas.at; Mo–Sa 8.30–22.30, So 9–22 Uhr), wo um 19 Uhr der Pianist den Abend einläutet. Aber Achtung! Niemals die Kellner um eine Aufzählung der Desserts bitten, denn hier können Blicke tatsächlich töten. Und eine Antwort würde man sowieso nicht bekommen.

Uns zieht es weiter zum besten Burger der Stadt: Die ›Weinschenke‹ (1050 Wien, Schönbrunnerstraße 14/Franzensgasse 11, Tel. 0660/5076301, Mo–So 17–24 Uhr), rund 500 Meter vom Naschmarkt entfernt, gilt mit ihrer Retro-Optik und den Resopaltischen als Hipster-Hochburg. Nikolai Kölbl faschiert seit 2011 das Fleisch selbst. Zur Auswahl stehen unter anderem Burger mit Weiderind oder Wildschwein. Kleiner Wermutstropfen: Hier gibt es keine Pommes, sondern Erdäpfel-Chips. Dafür kommen die Erdäpfel aus dem Nationalpark Lobau.

Apropos Hipster: Obwohl das Heurigen-Sterben in Wien längst eingesetzt hat, zeigen Moriz Piffl und Michael Lanner mit ihrem coolen ›Zum Gschupftn Ferdl‹ (1060 Wien, Windmühlgasse 20, Tel. 01/9663066, www.zumgschupftenferdl. com; Mo–Sa ab 18 Uhr), dass Blunzn, Liptauer und Verhackertes auch Stadtmenschen schmecken können.

Wenn sich Foodies am Ende des Tages den Bauch noch immer nicht voll geschlagen haben, bleibt nur noch ein Abstecher beim Würstelstand übrig. Nachtschwärmer landen beim ›Bitzinger bei der Albertina‹ (1010 Wien, Augustinerstraße 1, Tel. 0681/84231474, www.bitzinger-wien.at; Mo–So 8–4 Uhr) und bestellen Bosna, Käsekrainer oder Klobasse. Dass der stadtbekannt schrullige Baumeister Richard Lugner unter so mancher Geschmacksverwirrung leidet, ist gewiss, bei der Wahl des Würstels hat dieses Würstel allerdings den richtigen Riecher.

Anita Kattinger, 1982 in Wien geboren, versucht die Welt zu verbessern, zuerst als Innenpolitik-Redakteurin, jetzt im Genuss-Ressort im Medienhaus KURIER. Braucht gutes Essen, Schokolade, gutes Bier, gute Bücher und die Stadt zum Überleben.

EXTRA

Museen, Galerien und Gedenkstätten

Wien verfügt über bemerkenswert viele kulturelle Sehenswürdigkeiten, große wie kleine. Dieses Kapitel führt zunächst zu den großen und bekannten Wiener Museen und dann zu den kleineren Einrichtungen sowie den Galerien und Gedenkstätten, die in spezieller Weise in die Geschichte und die Besonderheiten Wiens einführen.

Museen

Tagelang können Wien-Besucher durch die Museen wandern; und dennoch werden sie mit dem Eindruck nach Hause fahren, dass sie bei weitem nicht alles gesehen haben. Bei dieser großen Zahl an Sammlungen ist es auch gar nicht leicht, den Überblick zu bewahren. Im Folgenden daher ein Wegweiser. Zuerst werden ausgewählte große Häuser vorgestellt, an denen man schon aufgrund ihrer aufwendig betriebenen Werbung nicht vorbeikommt; dann die mittelgroßen, die mit ihren speziellen Themen Interessierte in ihren Bann ziehen können; ferner die kleinen Feinen, in denen Facetten der Stadt und Kultur beleuchtet

werden; und am Ende noch ein Hinweis auf die ambitioniert betriebenen 23 Wiener Bezirksmuseen.

■ Die großen Häuser

Wien Museum, 1040, Karlsplatz 8, Tel. 01/50587470, www.wienmuseum.at; Di–So 10–18 Uhr. Die Dauerschau des Wien Museums bietet einen übersichtlichen Rückblick in die Stadtgeschichte. Mit ihren Themenausstellungen sind die Kuratoren des Museums immer wieder ganz nahe dran am Puls von Wien. Neben dem Museum am Karlsplatz sind auch die Außenstellen hoch interessant, u.a. der Otto-Wagner-Pavillon am Karlsplatz, das Römermuseum und das Uhrenmuseum in der Altstadt, das Pratermuseum, die Hermesvilla in Lainz, außerdem auch die Wiener Musikerwohnungen von Wolfgang Amadeus Mozart, Ludwig van Beethoven und Johann Strauss sowie das Wohnhaus von Joseph Haydn in der Haydngasse und das Geburtshaus von Franz Schubert. (► Plan H-7)
Künstlerhaus, 1010, Karlsplatz 5, Tel. 01/5879663, www.k-haus.at. Di, Mi,

Fast immer am Puls der Stadt: Das Wien Museum am Karlsplatz

Fr–So 10–18, Do 10–21 Uhr. In Kooperation mit dem benachbarten Wien Museum werden hier immer wieder Großausstellungen mit stadtspezifischen Themen gezeigt. (▶ Plan H-6)

Naturhistorisches Museum, 1010, Burgring 7, Tel. 01/521770, www.nhm-wien. ac.at; Do–Mo 9–18.30, Mi 9–21 Uhr. Mit 28 Millionen Objekten und bis zu 250 Jahre alten Sammlungen eines der größten naturwissenschaftlichen Museen der Welt. Star des Hauses: Die 25 000 Jahre alte ›Venus von Willendorf‹, eine nur handgroße Figur, aber ein Schlüssel für die Archäologen. Geheimtipp: die Meteoritensammlung mit mehr als 2400 Objekten. (▶ Plan G-5)

Kunsthistorisches Museum, 1010, Maria-Theresien-Platz, Tel. 01/525240, www.khm.at; Di, Mi 10–18, Do 10–21, Fr–So 10–18 Uhr. Bietet eine der vielfältigsten Gemäldesammlungen der Welt. Die Objekte stammen aus sieben Jahrtausenden, von der Zeit des Alten Ägypten bis zum Ende des 18. Jahrhunderts, Schwerpunkte sind Renaissance und Barock. Ein Juwel unter all den Juwelen: Die wieder eröffnete Kunstkammer mit ihren wertvollen, einst vom Kaiserhaus in Auftrag gegebenen Ausstellungsobjekten, unter anderem die Goldschmiedearbeiten wie der Saliera von Benvenuto Cellini, dazu Skulpturen, Bronzestatuetten, Elfenbeinarbeiten, Steingefäße, Uhren, Automaten, Spiele und wissenschaftliche Instrumente. (▶ Plan G-6)

Albertina, 1010, Albertinaplatz 1, Tel. 01/534830, www.albertina.at; Mo, Di, Do–So 10–18, Mi 10–21 Uhr. Im größten ehemaligen Wohnpalais der Habsburger werden die Alten Meister – von Michelangelo bis Dürer, von Monet bis Picasso – für den Massentourismus regelrecht vorgeführt. Die größte Attraktion des Hauses ist nicht der medial omni-

Alle Sommer wieder: Touristen vor dem Naturhistorischen Museum

präsente Direktor, sondern der Hase von Dürer. (▶ Plan H-5)

Technisches Museum, 1150, Mariahilfer Straße 212, Tel. 01/899980, www. tmw.at; Mo–Fr 9–18, Sa und So 10–18 Uhr. Eines der schönsten Museen von Wien. Bietet seit mehr als 100 Jahren interessante Einblicke in die Welt der Technik und vermag immer wieder mit hoch aktuellen Themenausstellungen zu überraschen. (▶ Plan A-8)

■ Die Mittelgroßen

Secession, 1010, Friedrichstraße 12, Tel. 01/5875307, www.secession.at; Di–So 10–18 Uhr. Heute wird die Secession gerne als Schlüsselwerk des Wiener Jugendstils bezeichnet. Vergessen sind dagegen weitgehend die Anfeindungen gegen die Secessionisten, jene Künstler, die sich um die Jahrhundertwende gegen

Jahrhunderthaus für Zeitgenössisches: Aus dem Zwanzger- wurde das 21er-Haus

das Wiener Establishment und den etablierten Kulturbetrieb auflehnten. Vergessen auch die Aufregung über die Pläne des kaum 30-jährigen Architekten Joseph Maria Olbrich, einem Schüler und Mitarbeiter von Otto Wagner. Vergessen auch, dass der Wiener Gemeinderat zunächst nur die ›Erbauung eines provisorischen Ausstellungspavillons auf die Dauer von längstens zehn Jahren‹ gestattete. Provisorien, hört man öfters in Wien, haben in dieser Stadt Bestand. Auch heute bietet die Secession zeitgenössischen Künstlern eine Plattform. (► Plan G-6)

Weltmuseum Wien, 1010, Neue Burg, Heldenplatz, Tel. 01/534305052, www.weltmuseumwien.at; Mo, Mi–So 10–18 Uhr. Die ältesten Objekte des Museums gehen auf die im Jahr 1806 eingerichtete ›k. k. Ethnographische Sammlung‹ zurück. Ab Herbst 2017 sollen Ausstellungen über die Kulturen aller fünf Kontinente gezeigt werden. (► Plan G-5)

Museum für Angewandte Kunst (MAK), 1010, Stubenring 5, Tel. 01/71136248, www.mak.at; Di 10–22, Mi–So 10–18 Uhr. Das MAK, wie es die Wiener liebevoll nennen, verfügt über eine exquisite Sammlung von angewandter und zeitgenössischer Kunst, auch seine Themenausstellungen sind gut. Vorläufer des MAK war das ›k. k. Österreichische Museum für Kunst und Industrie‹. Es wurde im Jahr 1863 eröffnet und zwar nach dem Vorbild des South Kensington Museums (heute Victoria & Albert Museum) in London. (► Plan J-5)

Haus der Musik, 1010, Seilerstätte 30, Tel. 01/5134850, www.hdm.at, Mo–So 10–22 Uhr. Das adäquate Museum für die Musikstadt Wien. Auf seinen fünf Etagen werden nicht nur die Kinder verzaubert, von den interaktiven Klang- und Hörerlebnissen und der neuen virtuellen Opernbühne ›virto-stage‹ schwärmen auch Erwachsene. (► Plan H-6)

Mozarthaus Vienna, 1010, Domgasse 5, Tel. 01/5121791, www.mozarthausvienna.at; Mo–So 10–19 Uhr. In der Domgasse beim Stephansplatz hat Wolfgang Amadeus Mozart von 1784 bis 1787 vornehm logiert. Für vier Zimmer, zwei Kabinette und eine Küche soll er jährlich 450 Gulden Miete bezahlt haben, was seinem Jahresgehalt in Salzburg entsprach. Das Mozarthaus Vienna ist die einzige seiner Wiener Wohnungen, die noch erhalten ist. Es wurde vom Wien

Museum adaptiert und präsentiert heute auf vier Ausstellungsebenen Leben, Zeit und Werk des Komponisten. (► Plan I-5)

Theatermuseum, 1010, Lobkowitzplatz 2, Tel. 01/525243460, www.theatermuseum.at. Mi–Mo 10–18 Uhr. Im September 2014 wurden Ausstellungsstücke des zeitgleich gesperrten Staatsopernmuseums, das sich in der Hanuschgasse befand, in das Theatermuseum integriert. Diese geben Einblicke in die Geschichte der Staatsoper und ihrer Protagonisten anhand von historischen Kostümen, Bühnenbildentwürfen, Abendzetteln, Fotos, persönlichen und zahlreichen anderen Dokumenten. (► Plan H-5)

Filmmuseum, 1010, Augustinerstraße 1, Tel. 01/5337054, www.filmmuseum.at; Büro: Mo–Do 10–18 Uhr. Das geistige Zentrum und die Mediathek der Wiener Cineasten tut sich neben dem Eingang zur Albertina, an der Südspitze der Hofburg, auf. Bringt Retrospektiven ebenso wie zeitgenössisches Kino auf die Leinwand. (► Plan H-5)

Jüdisches Museum, 1010, Dorotheergasse 11, Tel. 01/5350431, www.jmw.at; So–Fr 10–18 Uhr. Offenes Haus für alle, die sich für das Judentum und das Jüdische Wien interessieren. Zweiter Standort auf dem Judenplatz (→ S. 210). (► Plan H-5)

Kaiserliche Schatzkammer, 1010, Hofburg, Schweizerhof, Tel. 01/525240, www.kaiserliche-schatzkammer.at; Mi–Mo 9–17.30 Uhr. Prunksammlung des Kunsthistorischen Museums in der Hofburg. Zu den größten Attraktionen zählen die Reichskrone und die Heilige Lanze des Heiligen Römischen Reichs, die Krone von Kaiser Rudolf II. (später die österreichische Kaiserkrone) sowie der Messornat des Ordens vom Goldenen Vlies. Außerdem ist einer der größten Smaragde der Welt zu bestaunen. (► Plan H-5)

Wachsfigurenkabinett, 1020, Riesenradplatz, Tel. 01/8903366, www.madametussauds.com/wien, Di–Sa 10–18, So und Mo 10–20 Uhr. Der letzte Schrei – zumindest in Wien! Für alle, die sich immer schon mit Gustav Klimt fotografieren lassen wollten. Weitere Wiener Wachsfiguren nach Machart von Madame Tussaud u.a.: Sigmund Freud, Falco, Kaiserin Sisi. (► Plan L-3)

Heeresgeschichtliches Museum, 1030, Arsenal Objekt 1, Tel. 01/795610, www.hgm.or.at; Mo–So 9–17 Uhr. ›Kriege gehören ins Museum!‹ Wie friedlich wäre die Welt, würde man diesen Slogan des HGM auch anderswo verstehen. Menschen, die sich für die Geschichte des Kriegs im Allgemeinen und die blutigsten Schlachten der Habsburger im Besonderen interessieren, werden im ältesten Museumsbau von Wien (1850–1856), dem Arsenal, wohl auf ihre Rechnung kommen. (► Plan J-9)

Leopold Museum, 1070, Museumsplatz 1, Tel. 01/525700, www.leopoldmuseum.org; Fr–Mi 10–18, Do 10–21 Uhr. Das Leopold Museum ist eine Attraktion im Wiener Museumsquartier. Das Museum erinnert an seinen Gründer, den privaten Sammler Rudolf Leopold (1925–2010), der über die Jahre die größte Egon-Schiele-Sammlung zusammenkaufte. Auch gewährt es einen guten Einblick in die Geschichte der österreichischen Malerei des 20. Jahrhunderts. (► Plan G-6)

Museum Moderner Kunst, 1070, Museumsquartier, Museumsplatz 1, Tel. 01/52500, www.mumok.at, Mo 14–19, Di, Mi, Fr, Sa, So 10–19, Do 10–21 Uhr. Für alle, die am aktuellen Kunstdiskurs in Wien interessiert sind. Schwerpunkte im MUMOK sind unter anderem Pop Art, Fotorealismus, die Wiener Aktionisten, Performance- und Konzeptkunst sowie die darauf aufbauenden Stile von den 1980er Jahren bis in die Gegenwart. (► Plan F-6)

Kunsthalle Wien, 1070, Museumsquartier, Museumsplatz 1, Tel. 01/521890, www.kunsthallewien.at, Fr–Mi 11–19, Do 11–21 Uhr. Moderne Institution der Stadt Wien für zeitgenössische und zukunftsweisende Kunst. Schwerpunkte: Fotografie, Video, Film, Installation, Neue Medien. Klug gewählt ist die Philosophie: ›Mit unseren Programmen wollen wir ein Ort der Attraktion, aber auch ein Ort der Irritation sein, jedenfalls ein Ort der Kunst und ein Ort für die Menschen.‹ Noch eine Kunsthalle befindet sich auf dem Karlsplatz. (► Plan G-6)

Hofmobiliendepot, 1070, Andreasgasse 7, Tel. 01/5243357, www.hofmobilien depot.at; Di–So 10–18 Uhr. Mischung aus Materiallager, Werkstatt und Museum. Hier werden die k. u. k. Hofmobilien restauriert, inventarisiert und auch ausgestellt. Aus der einstigen ›Rumpelkammer der Monarchie‹ wurde im Laufe der Zeit eine bedeutende Möbelsammlung. (► Plan E-7)

Museum für Volkskunde, 1080, Laudongasse 15–19, Tel. 01/40689050, www.

Secession: ›Der Kunst ihre Freiheit‹

volkskundemuseum.at; Di–So 10–17 Uhr. Wirkt zunächst ein bisserl verstaubt und antiquiert. Die hiesigen Volkskundler, die sich heute Europäische Ethnologen nennen, zeigen im Gartenpalais Schönborn nicht nur typisch Österreichisches, sie stellen das Hiesige auch in den Kontext zu den Regionalkulturen der Nachbarländer bzw. zu einer Kultur, die im gemeinsamen Europa entsteht oder entstehen soll. (► Plan E-4)

Sigmund-Freud-Museum, 1090, Berggasse 19, Tel. 01/3191596, www.freud-mu seum.at, Mo–So 10–18 Uhr. Die Praxis und Wohnung des bürgerlichen Psychotherapeuten und Arztes sowie Sammlers antiker Kunst ist heute ein Museum und ein magischer Ort: Immerhin wurde hier die Psychoanalyse begründet und an Patienten erstmals angewandt. (► Plan G-3)

Liechtenstein-Museum, 1090, Fürstengasse 1, Tel. 01/3195767153, www.liech tensteinmuseum.at. Das Museum im Gartenpalais der einst sehr einflussreichen Fürstenfamilie Liechtenstein gilt als eine der bedeutendsten und größten privaten Kunstsammlungen der Welt. Es gewährt Einblicke in die über 400 Jahre alte Sammlertradition. Mit seinem weitläufigen Park gibt das Palais eine Idee, wie fürstlich die Fürsten früher einmal gelebt haben. Leider ist das Museum gegenwärtig nicht geöffnet und nur im Rahmen von Führungen zugänglich, die etwa zweimal im Monat stattfinden. (► Plan G-2)

■ **Die kleinen Feinen**

Literaturmuseum, 1010 Wien, Grillparzerhaus, Johannesgasse 6, Tel. 01/53410780, www.onb.ac.at/litera turmuseum. Klein, fein, gelungen. Präsentiert die Vielfalt und Vielstimmigkeit der österreichischen Literatur vom 18. Jahrhundert bis heute. (► Plan H-5)

Längst eine Institution: Das Leopold Museum im Museumsquartier

Museum auf Abruf, 1010, Felderstraße 6–8, Tel. 01/4000-8400, www.musa.at, Di, Mi, Fr 11–18, Do 11–20, Sa 11–16 Uhr. Gesammelt wurden bis heute mehr als 20 000 Objekte in Wien tätiger Kulturschaffender. Dazu gibt es auch Sonderausstellungen zu soziokulturellen und politischen Themen. (► Plan F-4)

Römermuseum, 1010, Hoher Markt 3, Tel. 01/5355606, www.wienmuseum. at; Di–So 9–18 Uhr. An jener Stelle, wo vor bald 2000 Jahren die Offiziershäuser der Lagerstadt Vindobona standen, erzählt heute die modern eingerichtete Außenstelle des Wien Museums die Geschichte vom römischen Wien. Repliken und dazu ein eigener Videoguide mit vertiefenden Informationen lassen die antike Stadt erneut aufleben. (► Plan H-4)

Papyrussammlung, 1010, Heldenplatz, Neue Burg, Tel. 01/53410425, www. onb.ac.at/sammlungen/papyrus; Mo–Fr 9–13 Uhr. Diese Sammlung der Österreichischen Nationalbibliothek zählt mit rund 180 000 Objekten weltweit zu den größten ihrer Art. Sie wird daher von der UNESCO als Weltdokumentenerbe geführt. Zu sehen sind unter anderem 200 Papyri; die ältesten 3500 Jahre alt, die jüngsten aus dem islamischen Kulturkreis des 13. Jahrhunderts. (► Plan G-5)

Globenmuseum, 1010, Palais Mollard, Herrengasse 9, Tel. 01/53410710, www. onb.ac.at/globenmuseum; Di, Mi, Fr–So 10–18, Do 10–21 Uhr. Ebenfalls eine Institution der Nationalbibliothek. Hier gibt es etliche Erd-, Himmels-, Mond- und Planetengloben zu bestaunen. (► Plan H-4)

Uhrenmuseum, 1010, Schulhof 2, Tel. 01/5332265, www.wienmuseum.at; Di–So 10–18 Uhr. In diesem Alt-Wiener Haus mit seinen mittelalterlichen Mauern scheint die Zeit stehengeblieben zu sein – trotz der 3000 Uhren aus dem Bestand des Wien Museums. (► Plan H-4)

Kriminalmuseum, 1020, Große Sperlgasse 24, Tel. 0664/3005677, www.kriminalmuseum.at; Di–So 10–17 Uhr. In 20 Räumen Krimispannung! In einem der ältesten Häuser der Leopoldstadt

Heute Museum: Sigmund Freuds Wohnung

wird die Geschichte der Wiener Verbrecher auf der einen und der Wiener Ordnungshüter auf der anderen Seite nacherzählt. Sie reicht bis ins Mittelalter zurück. (► Plan I-3)

Kaffeemuseum, 1050, Vogelsanggasse 36, Tel. 0676/4068728, www.kaffee museum.at, Mo–Do 9–18, Fr 9–14 Uhr (in den Schulferien geschlossen). Wissenswertes zum Thema Kaffee und Kaffeehaus in Wien. Das Museum ist Teil des Österreichischen Gesellschafts- und Wirtschaftsmuseums, das vom Philosophen Otto Neurath gegründet wurde. Seit Jahren bietet man hier in der Reihe ›Galerie der Sammler‹ Einzelsammlern ein öffentliches Forum. (► Plan F-10)

Architekturzentrum Wien (Az W), 1070, Museumsquartier, Museumsplatz 1, Tel. 01/5223115-30, www.azw.at, Mo–So 10–19 Uhr. Erste Adresse für Architektur in Österreich, die seit vielen Jahren einen guten Mix aus Ausstellungen, Vorträgen, Workshops, Kongressen und Exkursionen bietet. (► Plan X-Y)

Museum für Verhütung und Schwangerschaftsabbruch, 1150, Mariahilfer Gürtel 37/1. Stock, Tel. 0699/17817806, www.muvs.org; Mi–So 14–18 Uhr. Weltweit einzigartig. Das kleine Museum geht auf die private Initiative des Wiener Gynäkologen Christian Fiala zurück, der gern mehr jungen Frauen eine ungewollte Schwangerschaft ersparen würde. (► Plan D-7)

Das Rote Wien im Waschsalon, 1190, Karl-Marx-Hof, Waschsalon Nr. 2, Halteraugasse 7, Tel. 0664/88540888, www. dasrotewien-waschsalon.at; Do 13–18, So 12–16 Uhr sowie nach Voranmeldung. Sehenswertes Museum in einem Waschsalon im bekanntesten Gemeindebau von Wien. Hier wird die Geschichte des kommunalen Wiener Wohnbaus aufgezeigt (Tram D Heiligenstädter Straße/Haltauergasse).

■ Die 23 Bezirksmuseen

Jeder der 23 Wiener Gemeindebezirke verfügt über ein eigenes Bezirksmuseum mit teilweise sehr informativen Dauer- und Themenausstellungen. Die Museen wurden ab den 1920er Jahren in erster Linie von Lehrern und Schuldirektoren gegründet und bauten zunächst auf privaten Sammlungen auf. Diese Idee der Wiener Lehrer machte später in zahlreichen anderen Großstädten Schule. Seit den 1960er Jahren werden die Museen von der Stadt geführt und von ehrenamtlich tätigen Enthusiasten betreut. Nähere **Informationen zu allen 23 Museen**: www.bezirksmuseum.at.

Galerien

Newcomer in der Stadt und geheime Talente neben international arrivierten Meistern: Mit ständig wechselnden Ausstellungen und Präsentationen versuchen Wiens Galerien, das an Kunst interessierte Publikum bei Laune zu halten.

Art Walks: Zeitgenössische Kunst ist in Wien nicht nur in Galerien und Museen, sondern auch im öffentlichen Raum ausgestellt. Für Interessierte haben Mitarbeiter der Gesellschaft KÖR (Kunstwerke im öffentlichen Raum) Spaziergänge zu bald 50 Objekten konzipiert. Mehr unter www.koer.at.

Galerie Hilger, 1010, Dorotheergasse 5, Tel. 01/5125315, www.hilger.at; Di–Fr 11–18, Sa 11–16 Uhr. Weltbekannt in Wien. Das Spektrum reicht von Andy Warhol bis zur jungen Kunst der Wiener Gegenwart. (► Plan H-5)

Galerie Krinzinger, 1010, Seilerstätte 16, Tel. 01/5133006, www.galerie-krinzinger.at; Di–Fr 12–18, Sa 11–16 Uhr. Ebenfalls eine gut eingeführte Galerie. Auf Wiener Aktionismus und ›body related art‹ spezialisiert. (► Plan I-5)

Galerie 10, 1010, Getreidemarkt 10, Tel. 01/5875744, www.galerie10.at; Fr, Mo 11–18 Uhr. Für Anhänger der Wiener Schule des Phantastischen Realismus, von Arik Brauer bis Friedensreich Hundertwasser. (► Plan G-6)

Galerie Nächst St. Stephan, 1010, Grünangergasse 1, Tel. 01/5121266, www.schwarzwaelder.at; Di–Fr 11–18, Sa 11–16 Uhr. Spezialisiert auf internationale Positionen zeitgenössischer Kunst, Schwerpunkte: Abstrakte Malerei, Minimal Art, Konzeptkunst, Installationen, Video, Fotografie. (► Plan I-5)

Startgalerie MUSA, 1010, Felderstraße 6–8, Tel. 01/40008400, www.musa.at; Di, Mi, Fr 11–18, Do 11–20, Sa 11–16 Uhr. Die vier Buchstaben M, U, S, A stehen für Museum Startgalerie Artothek. Gezeigt wird in der stadteigenen Galerie neben dem Rathaus zeitgenössische Kunst, die von der Kulturabteilung der Stadt Wien seit dem Jahr 1951 angekauft wird, um damit nicht zuletzt junge Künstler zu unterstützen. Die Sammlung umfasst derzeit 23 000 Objekte sämtlicher Kunstsparten von 4000 verschiedenen Künstlern und bietet damit einen Querschnitt durch die aktuelle Wiener Kunstentwicklung. Jährlich wird sie nach Jury-Empfehlung um 100 Kunstwerke erweitert. (► Plan F-4)

Gemäldegalerie der Akademie der Bildenden Künste, 1010, Schillerplatz 3/1. Stock, Tel. 01/588162222, www.akademiegalerie.at; Di–So 10–18 Uhr. Rubens, Rembrandt, van Dyck, Tizian, Botticelli, dazu der Weltgerichtsaltar von Hieronymus Bosch mit seinen Monstern und Visionen über das düstere Schicksal der Menschheit. Die Akademie am Schillerplatz wurde in den Jahren 1872 bis 1876 nach Plänen des bekannten dänischen Ringstraßen-Architekten Theophil Hansen errichtet. Der Platz selbst ist einer der schönsten Wiens. (► Plan G-6)

Generali Foundation, Wiedner Hauptstraße 15, 1040, Tel. 01/504988071113, www.foundation.generali.at. Museum für zeitgenössische Kunst, 1988 von der Versicherungsgruppe Generali gegründet. Anmeldung erforderlich. (► Plan H-7)

21er-Haus, 1030, Schweizergarten, Arsenalstraße 1, Tel. 01/79557770, www.21erhaus.at; Mi 11–21, Do–So 11–18 Uhr. Früher Museum Moderner Kunst (MUMOK), seit der Neueröffnung im Herbst 2011 unter dem jetzigen Namen. Gezeigt wird zeitgenössische Kunst, ins-

Stadtbekannt: die Galerie Hilger

besondere Fotografie, Objekt- und Medienkunst. (► Plan J-9)

Österreichische Galerie Belvedere, 1030, Prinz-Eugen-Straße 27, Tel. 01/79557134, www.belvedere.at; Mo–So 10–18 Uhr. Große Sammlung mehrerer Epochen vom Mittelalter bis ins 21. Jahrhundert, Schwerpunkte: Barock und Jugendstil, die österreichischen Maler des Fin des Siècle, dazu auch eine große Sammlung von Gustav-Klimt-Gemälden. (► Plan I-7)

Galerie Georg Kargl Fine Arts, 1040, Schleifmühlgasse 5, Tel. 01/5854199, www.georgkargl.com; Di–Fr 11–19, Sa 11–19 Uhr. Moderne Galerie im pulsierenden Freihausviertel. Spezialisiert auf die zeitgenössische Kunst der 1980er und 1990er Jahre, aber auch auf junge Nachwuchstalente. (► Plan G-7)

AnzenbergerGalery, 1100, Brotfabrik Wien, Absberggasse 27, Tel. 01/5878251, www.anzenbergergallery.com; Mi–Sa 13–18 Uhr. Für Liebhaber der professionellen modernen Fotografie. 2002 von Regina Maria Anzenberger gegründet, der Wiener Malerin, Fotografin und Gründerin der gleichnamigen Fotoagentur.

Galerie Knoll, 1060, Gumpendorfer Straße 18, Tel. 01/5875052, www.knollgalerie.at. Der Galerist Hans Knoll lädt gerne unbekannte Künstler zu Ausstellungen ein; diese kommen aus West- und vor allem aus Osteuropa, zum Teil auch aus den USA. (► Plan G-7)

Westlicht, 1070, Westbahnstraße 40, Tel. 01/522663660, www.westlicht.com; Di, Mi, Fr 14–19, Do 14–21, Sa/So 11–19 Uhr. Seit 2001 Wiens Schauplatz für Fotografie, gegründet von Liebhabern und Kameraleuten rund um den Sammler Peter Coeln. Inzwischen gibt es auch ein ›Ostlicht‹ (s.u.). (► Plan E-6)

Viertel Neun, 1090, Hahngasse 14, Tel. 0664/8207970, www.viertelneun.at; Di, Mi, Fr 11–18, Do 11–20, Sa 11–16 Uhr. Neun Ateliers im Servitenviertel, einem der bezauberndsten Viertel des 9. Bezirks: das Pariser Künstlerviertel St. Germain quasi im Kleinen. Die Ateliers öffnen nach telefonischer Terminvereinbarung. (► Plan G-2)

Ostlicht, 1100, Absberggasse 27, Tel. 9962066, www.ostlicht.at; Mi–Sa 12–18 Uhr. Der Fokus liegt hier – in der ehemaligen Brotfabrik – ausschließlich auf der zeitgenössischen künstlerischen Fotografie. (U6 Reumanngasse, weiter Tram 6, Absberggasse)

Gedenkstätten

Mahnmal gegen Krieg und Faschismus, 1010, Albertinaplatz. Nach Plänen des Wiener Bildhauers Alfred Hrdlicka (1928–2009) errichtet, 1991 nach hitzigen politischen Debatten eröffnet. Das Mahnmal ist frei zugänglich, man betritt es durch das ›Tor der Gewalt‹,

Berührend: Mahnmal gegen Faschismus und Krieg auf dem Albertinaplatz

trifft dann auf den ›Straßen waschenden Juden‹ und sieht die Szene ›Orpheus betritt den Hades‹. Am Ende der ›Stein der Republik‹ mit dem Text der österreichischen Unabhängigkeitserklärung. Alfred Hrdlicka wollte mit diesem Werk vor allem an die NS-Opfer in Wien erinnern. (► Plan H-5)

Museum und Mahnmal am Judenplatz, 1010, Judenplatz. Dieses Mahnmal wurde nach Plänen der 1963 in London geborenen Bildhauerin Rachel Whiteread in der Form einer Bibliothek geschaffen. Die Bibliothek soll das gesamte Wissen des Judentums symbolisieren. Auf dem Sockel rundum verzeichnet sind die Ortsnamen der vom NS-Regime mörderisch betriebenen Konzentrationslager. (► Plan H-4)

Mahnmal am Morzinplatz, 1010, Morzinplatz. Das Mahnmal für die Opfer der NS-Gewaltherrschaft wurde an der nordöstlichen Ecke des Platzes errichtet, gleich neben der Haltestelle für die Flughafen-Busse. Es verweist zugleich auf das Wiener Haus des Terrors gegenüber. Im einst eleganten ›Hotel Metropol‹ an der Ecke zum Franz-Josefs-Kai hatte die Gestapo nach dem ›Anschluss‹ im März 1938 ihr Hauptquartier eingerichtet. Es war das größte seiner Art im ›Dritten Reich‹. Das Haus wurde in den letzten Kriegswochen 1945 bei einem Bombenangriff der Alliierten zerstört. An seiner Stelle wurde der Leopold-Figl-Hof errichtet, benannt nach einem österreichischen Bundeskanzler, der selbst im KZ Dachau inhaftiert war. Das Relief auf einem der Balkone erinnert an die Gräueltaten der Nazis. (► Plan I-4)

Kapuzinergruft, 1010, Tegetthoffstraße 2, Tel. 512685316, www.kaisergruft.at; Fr–Mi 10–18, Do 9–18 Uhr. Viel totes Gebein der Habsburger und Habsburg-Lothringer in der Gruft unter der Kapuzinerkirche am Neuen Markt: Die letzte Ruhestätte für etliche Vertreter aus der österreichischen Kaiser-Familie. (► Plan H-5)

Asperner Siegesdenkmal, 1220, Heldenplatz. Der ›Löwe von Aspern‹, entworfen von Anton Dominik Fernkorn (1813–1878), soll an den militärischen Sieg von Erzherzog Karl gegen Napoleon im Mai 1809 erinnern, und an die ›ruhmvoll gefallenen österreichischen Krieger‹. Mehr Informationen bietet an Sonntagen das Sondermuseum am Asperner Heldenplatz Nr. 9 (www.aspern-essling-1809.eu). (U2, Aspernstraße)

Wien bei Tag

»Nichts ist exotischer als unsere Umwelt«, hat der Journalist und Autor Egon Erwin Kisch in den 1930er Jahren notiert. Dazu ist anzumerken, dass Kisch nicht nur Prag und Berlin, sondern auch Wien gut kannte. Auch Wien ist eine exotische Stadt: Sie bietet Ruhezonen mitten im geschäftigen Zentrum und weitläufige Grünoasen am Stadtrand, pulsierende Plätze und Märkte, atemberaubende Aussichtswarten, unikate Mode, modernes Design und jede Menge Souvenirs, dazu Meister-Betriebe, die zu einem Besuch einladen, Fußballplätze mit noch ungeschminktem Vorstadtkolorit, alle nur erdenklichen Möglichkeiten, um selbst Sport zu treiben und nicht zuletzt unzählige Spielarten für Eltern mit Kindern.

Ruhezonen

Wer sich vor, während oder nach einer aufreibenden Tour durch die Stadt einen Moment der Ruhe gönnen möch-

Akademischer Boden: Der Arkadenhof der Universität lädt zu einer Verschnaufpause

te, findet im Folgenden jene Ruhezonen mitten im urbanen Geschehen, an denen sich die Batterien schnell wieder aufladen lassen.

Arkadenhof der Universität, 1010, Universitätsring 1. Prickelnde Stille auf akademischem Boden: Die jungen Leute lernen aus ihren Skripten, essen ihre mitgebrachte Wurstbrote, surfen im Internet oder unterhalten sich angeregt. Wortlos beobachtet werden sie von den ernsten Herren aus Stein – Wissenschafter, die in und für Wien tätig waren. (► Plan G-4)

Lhotzkys Literaturbuffet, 1020, Taborstraße 28 (Eingang Rotensterngasse), Tel. 01/2764736, www.literaturbuffet.com; Di–Fr 9–18.30, Sa 9–13 Uhr. Ein ruhestiftendes Hybrid aus einer gut bestückten Buchhandlung und einem gemütlichen Kaffeehaus, vom belesenen Herrn Lhotzky umsichtig geführt. (► Plan J-3)

Café am Heumarkt, 1030, Am Heumarkt 15, Tel. 01/7126581; Mo–Fr 9–23 Uhr. Dieses Kaffeehaus darf nur betreten, wer sanfte Ruhe nicht stört! (► Plan I-6)

Hauptlesesaal der Österreichischen Nationalbibliothek (ÖNB), 1010, Heldenplatz (Zugang durch das mittlere Tor der Hofburg), Tel. 01/53410252, www.onb.ac.at; Mo–So 9–21 Uhr. Die geschäftige Stille macht müde, sehr müde. Wenn dann am Nachmittag auch noch ein paar Sonnenstrahlen durch die breite Fensterfront einfallen, fallen die Augen wie von selbst zu. Es sei denn, man hat spannende Lektüre vor sich. Tageskarte derzeit 3 Euro. (► Plan G-5)

Bruno-Kreisky-Park, 1050, Ecke Margaretengürtel/Schönbrunner Straße. Abhängen im Park: Passend zum ehemaligen ›Sonnenkaiser‹ und Bundeskanzler Bruno Kreisky sind die Hängematten, die im Sommer zu einer Siesta im Park gleich neben der U-Bahn-Station einladen (U4, Margaretengürtel) knallrot. Was zunächst als einmalige Installation unter dem Titel ›hanging around‹ begonnen hat, ist heute eine Dauereinrichtung. (► Plan E-9)

Enzos im Museumsquartier, 1070, Museumsplatz 1. Paradox: Während auf den Bahnhöfen und öffentlichen Plätzen der Stadt die Sitz- und Liegegelegenheiten systematisch entfernt werden, weil sie kein Geld einspielen, scheint es inzwischen ein Privileg der Kunst zu sein, für mehr Gemütlichkeit zu sorgen. (► Plan G-6)

Schönbornpark, 1080, Eingang in der Langen Gasse. Dieser Park mitten im 8. Bezirk war ursprünglich der Garten des Palais Schönborn. Der kleinere Teil ist umzäunt und gehört zum Museum für Volkskunde, das im Palais eingerichtet ist. Der größere Teil ist öffentlich zugänglich. Die hohen Bäume bieten Schatten, die Bänke darunter laden zum Rasten ein. (► Plan E-4)

Sigmund-Freud-Park, 1090, zwischen Universitäts- und Währinger Straße, vor der Votivkirche. 15 Bäume, die für die ersten 15 EU-Mitgliedsstaaten gesetzt wurden, spenden Schatten, Liegestühle laden im Sommer zum Ausruhen ein. (► Plan G-3)

Altes AKH, 1090, Ecke Alser Straße/Spitalsgasse 2. Im ehemaligen Allgemeinen Krankenhaus ist heute ein Campus der Universität Wien. Auf den Parkbänken im von Bäumen beschatteten Innenhof lässt es sich aushalten, und es gibt hier auch ein wenig Gastronomie. (► Plan F-3)

Grünoasen

Wien ist auch wegen seiner Vielzahl an öffentlichen Grünanlagen schön. Als größte Sauerstoffspeicher gelten die Ausläufer des Wienerwalds, der Lainzer Tiergarten, die Praterauen, die Donauinsel und der noch vorhandene Au-Urwald in der Lobau. Insgesamt gibt es in der Stadt 843 öffentlich zugängliche Parkanlagen, die insgesamt mit knapp 12 Hektar Fläche mehr als ein Viertel des Wiener Stadtgebiets ausmachen. In diese Zahl eingerechnet sind allerdings auch die in Wien (scherzhaft) sogenannten Beserlparks – Kleinstparkanlagen in der Vorstadt mit deutlich weniger gepflegten Sträuchern und Wiesen und nur wenigen Bäumen und Bänken.

Die Statistiker der Stadtverwaltung wissen ferner, dass in den Wiener Parkanlagen 117 150 Bäume wachsen sowie 19 167 Parkbänke stehen. Im Folgenden sind besonders besuchenswerte Grünoasen in den Außenbezirken angeführt.

Prater, 1020. ›Im Prater blüh'n wieder die Bäume!‹ Ertönt diese Liedzeile samt Melodie, ist es speziell um die älteren Semester in Wien geschehen. In der Tat kann ein Spaziergang vom Praterstern auf der schnurgeraden Hauptallee bis zum Lusthaus lustvoll sein. Bis zum 7. April 1766 durften die Praterauen nur von der Kaiserfamilie und ihrer Entourage betreten werden. Joseph II. öffnete an diesem Tag das Naherholungsgebiet für das Volk. Und das Volk ließ sich nicht zweimal bitten. Es kam zum Reiten, Lustwandeln, Bootfahren, Musizieren, Essen, Trinken und später auch zum Fußballspielen in den Prater. (► Plan L-4)

Augarten, 1020 und 1200. Die älteste barocke Gartenanlage der Stadt, vom Stadtgartenamt mit Hingabe gepflegt. Früher ein umzäuntes kaiserliches Jagdrevier auf einer ehemaligen Donauinsel, heute ein großer Kulturgarten. Zwischen den großzügig gepflanzten Rosen, den

Stadt-Idylle: Alte Donau, Donaupark

Im Augarten: Viel Grün neben dem Grau der Flakturmwand

schnurgeraden Alleen und den beiden Bunkern wird viel Kultur geboten, Kaffee und Kuchen und am Abend Wiener Singer-Songwriter gibt es in der Bunkerei. Daneben bietet die nach der Manufaktur in Meißen zweitälteste Porzellan-Manufaktur der Welt täglich Führungen an (→ S. 338). Sie ist in einem Schloss untergebracht, das 1705 im damals allerneuesten eleganten französischen Stil errichtet wurde. Ein Tor mit der entzückenden Aufschrift ›Allen Menschen gewidmeter Erlustigungs-Ort von Ihrem Schaetzer‹ führt heute noch zu diesem fast unbekannten Meisterwerk, wo dereinst Mozart, Beethoven und Johann Strauss Vater groß aufspielten. (► Plan I-1)

Lainzer Tiergarten, 1140. Ausgedehntes Waldgebiet mit vielen Spazier- und Wanderwegen, die Grüne Lunge im Westen von Wien. Der Zugang ist durch sechs Tore möglich: Das Lainzer Tor ist mit dem 60er (Tram) zu erreichen, das Nikolaitor mit der U4, das Sankt Veiter Tor mit dem 55B (Bus), das Pulverstampftor mit dem 50B (Bus), das Gütenbach- und das Laabertor mit dem 253er (Bus). Im Lainzer Tiergarten sind Wildschweine ebenso wie seltene Vogelarten zu Hause. Tief unter der Erde führt der neue Wildschweintunnel in Richtung Hauptbahnhof Wien.

Dehnepark, 1140. Als Landschaftspark im 18. Jahrhundert gegründet, heute öffentlich zugänglich. Sein Eingang liegt etwas oberhalb der Linzer Straße, er lädt zu einem Spaziergang hinauf zu den Steinhofgründen ein. Gut erreichbar von der U3-Station Johnstraße mit dem 49er (Tram), aussteigen bei der Station Satzberggasse.

Steinhofgründe, 1160. Naturbelassenes Erholungsgebiet für Spaziergänger, Läufer, Hunde und Hundebesitzer auf dem Wilhelminenberg. Diente ursprünglich als Park für das benachbarte Otto-Wagner-Spital. Sollte dann verbaut werden, die Pläne dafür scheiterten jedoch 1981 an einer Volksbefragung. Gut erreichbar von der U3-Station Ottakring mit dem 46B (Bus), aussteigen bei der Station Feuerwache Am Steinhof.

Pötzleinsdorfer Schlosspark, 1180. Ellipsenförmiger Park im Stil eines englischen Landschaftsgartens mit künstlich angelegten Teichen, exotischen Pflanzen und Bäumen, Kinderspielplatz und Lagerwiese. Einst zogen sich hier die feinen Leute zur Sommerfrische zurück, heute ist der Schlosspark ein Naherholungsgebiet am Rande von Währing. Relativ gut erreichbar von der U6-Station Währinger Straße-Volksoper mit dem 41er (Tram), aussteigen bei der Endstation.

Donaupark, 1210 und 1220. Dieser Park wurde anlässlich der internationalen Gartenschau WIG 1964 auf einer ehemaligen Mülldeponie angelegt. Schön ruhig, schön zum Spazierengehen, gut erreichbar von der U1-Station Alte Donau. (► Karte S. 171)

Marchfeldkanal, 1210. Der 18 Kilometer lange künstliche Kanal zweigt von der Donau bei Langenzersdorf ab und fließt dann durch den 21. Bezirk (Floridsdorf) ins niederösterreichische Marchfeld, der Kornkammer vor den Toren Wiens. Er stellt seit seiner Flutung im Jahr 1992 Wasser für die landwirtschaftliche Bewässerung bereit, stabilisiert das Grundwasser, verbessert die Gewässergüte für die Tier- und Pflanzenwelt und stellt einen wichtigen Beitrag gegen Hochwasser dar, dem diese flachen Wiener Gebiete zuvor jahrhundertelang hilflos ausgeliefert waren. Aber der Marchfeldkanal ist auch ein Naherholungsgebiet. Parallel zum Kanal führen Rad- und Spazierwege entlang der Ufer, der Kanal selbst wird mit Booten ohne Motor befahren.

Nationalpark Donauauen, 1220. Wo gibt es das sonst noch: ein Nationalpark innerhalb der Stadtgrenzen? Zugegeben, der unmittelbar benachbarte Ölhafen mit seinen Tanklagern zerstört ein wenig das Idyll, dennoch sind die ausgedehnten Donauauen zwischen Wien und Bratislava ein Naturjuwel. Gut erreichbar von der U1-Station Kaisermühlen-Vienna International Center mit dem 91B (Bus), aussteigen bei der Station OMV-Zentraltanklager.

Wien von oben

Ob Toronto oder Tokio, Berlin oder Bangkok, Wien oder Warschau: Immer drängt es Städte-Touristen nach oben. Von oben herab wollen sie sich Überblick und Orientierung verschaffen. In Wien ist das gar nicht so schwer. Zum einen verstellen noch eher wenige Hochhäuser die Aussicht, zum anderen bietet das stufenförmige Relief der Stadt, die vom Donautal hinauf zum Wienerwald allmählich ansteigt, ausreichend natürliche Höhepunkt, für die man nicht bezahlen muss.

■ Kostenlos

Hochhaus in der Herrengasse, 1010, Herrengasse 6–8. Das älteste Hochhaus in der Wiener Innenstadt. Gerade einmal 50 Meter hoch, sieht es von der Herrengasse aus betrachtet gar nicht aus wie ein Hochhaus. Frederike Demattio und Valentin Demetz-Wille raten in ihrem Klassiker ›Wiener Höhepunkte‹: »Der Zugang ins Stiegenhaus des Gebäudes

Naturbelassen und doch stadtnah: das Erholungsgebiet auf den Steinhofgründen

Kostenpflichtiger Blick vom Dach des Flakturms, der das ›Haus des Meeres‹ beherbergt

ist nicht ganz leicht. Sie müssen sich eine gute Ausrede für den mürrischen Portier einfallen lassen! Dann nehmen Sie den Lift ins 12. Stockwerk und können dort die atemberaubende Aussicht genießen.« (▶ Plan H-5)

Oberes Belvedere, 1030. Schlosspark zwischen Rennweg und Prinz-Eugen-Straße. Vom oberen Schloss, dem Oberen Belvedere, schöner Blick hinunter auf den historischen Kern der Stadt. (▶ Plan J-8)

Hauptbücherei, 1070, Urban-Loritz-Platz 2a. Bei schönem Wetter vom oberen Ende des Aufgangs, bei Schlechtwetter vom Dach-Café, das sich bezeichnenderweise ›Oben‹ nennt. (▶ Plan D-6)

Gloriette, 1130, Schlosspark Schönbrunn. Schöner Ausblick auf das Schloss, den Park, den Wienerwald und die westlichen Bezirke von Wien. (▶ Plan A-10)

Jubiläumswarte, 1160, Johann Staud-Straße 80. Die relativ lange Anreise – mit dem 52B (Bus) von der U4-Endstation in Hütteldorf – zahlt sich aus. Die Plattform des Aussichtsturms befindet sich 31 Meter über dem Boden, knapp 500 Meter über dem Meer und erlaubt einen Panorama-Blick über Wien und den Wienerwald.

Hohe Warte, 1190, Aussichtsweg 4. Nur wenige Schritte sind es von der Zentralanstalt für Meteorologie und Geodynamik, im Volksmund besser als ›Hohe Warte‹ bekannt, bis zum Aussichtsweg. Und der heißt aus gutem Grund so: Zu Füßen liegt einem hier eine Naturarena, die in Europa ihres Gleichen sucht: Das Stadion des First Vienna Footballclubs. Wer für Fußball nichts übrig hat, kann sich am Panoramablick erfreuen – und niemand stört die Ruhe! Runter geht es dann am Döblinger Freibad vorbei über eine längere Stiege zur Heiligenstädter Straße.

Himmel, 1190, Eingang Ecke der Höhenstraße/Himmelstraße, www.himmel. at. Wenn ein Ort schon Himmel heißt, dann darf er in dieser Aufzählung nicht fehlen. Hier gibt es neben der guten Aussicht auf die Stadt einen Lebensbaumkreis und ein Oktogon, das auch Verpflegung bietet. Die umweltfreundlichen Initiatoren bitten, nicht mit dem Auto anzureisen. Kein Problem, den Himmel erreicht man von der Endstation der U4 in Heiligenstadt unkompliziert mit dem 38A (Bus), aussteigen auf dem Parkplatz beim Cobenzl, von dort sind es nur ein paar Schritte bis zur Himmelstraße. Gute Aussichten bieten auch die anderen **Aussichtspunkte, die der 38A anfährt**: Der Cobenzl und die Aussichtsplattform vor der Kirche am Leopoldsberg.

Senderwiese auf dem Bisamberg, 1210, neben der Senderstraße. Von der Endstation des 26ers (Tram) in Strebersdorf durch die Rußbergstraße und nach 25-minütigem sanften Anstieg durch den Klausgraben erreichbar. Bei guter Fernsicht sind von hier die Ausläufer der Karpaten und die Hochhäuser des höher gelegenen Bratislavaer Stadtteils Dubravka zu sehen.

■ **Kostenpflichtig**

Türmerstube, 1010, Stephansdom, www.stephanskirche.at; Mo–So 9–17.30 Uhr, Eintritt 3,50 Euro. Die Türmerstube im Südturm kann über 343 Stufen und in einer nicht enden wollenden Kolonne von Touristen erklommen werden. Der Turm ist 137 Meter hoch, er galt nach seiner Errichtung in der Gotik als das höchste Bauwerk Europas. Schöner Blick über die Dächer von Wien. Weniger Sportliche nehmen den **Lift zur**

Pummerin (Glocke) im Nordturm (4,50 Euro). (▶ Plan I-5)

Le Loft, 1020, Praterstraße 1, Tel. 01/906168100, www.sofitel-vienna. com; Mo–So 6.30–10.30, 12–14.30 u. 18–22.30 Uhr. Sehr teuer, aber genial! Restaurant, Bar und Lounge haben Schnöselcharakter, der Panoramablick lenkt davon aber schnell ab. Mit einem sauren Wodka um zehn Euro (günstigstes Angebot!) sind Sie dabei. (▶ Plan I-4)

Riesenrad, 1020, Riesenradplatz 1, Tel. 01/7295430, www.wienerriesenrad. com. Der Klassiker seit 1897, als die Attraktion zum 50. Thronjubiläum von Kaiser Franz Joseph errichtet wurde. Wer in der Reihe der Touristen auf seine Chance wartet, wird heute noch dafür belohnt. Eine Fahrt kostet 8,50 Euro, das Kombiticket für Riesenrad und Donauturm (s.u.) gibt es für 13,50 Euro. (▶ Plan L-3)

Blumenrad, 1020, Prater, Parzelle 14. Die preisgünstigere, zugegeben auch weniger spektakuläre Alternative zum

Der Stephansdom vom Hochhaus in der Herrengasse betrachtet

Riesenrad im Prater. Eine Fahrt um 3,50 Euro. (► Plan L-3)

Karlskirchenkuppel, 1040, Karlsplatz; Mo–Sa 9–12.30 u. 13–18, So 12–17.45 Uhr, Eintritt 6 Euro. Ein Lift führt zur Plattform hinauf, weiter geht es über Stiegen zur Kuppellaterne. Von dort ist der Blick über Wien auch für Menschen, die in Wien leben, immer wieder ein Erlebnis. (► Plan H-7)

Flakturm, 1060, Fritz-Grünbaum-Platz 1. Grundsätzlich gibt es zwei nicht ganz preiswerte Optionen, um von diesem Flakturm auf die Stadt hinunter zu schauen: ein Besuch im Haus des Meeres, dessen Dachterrasse geöffnet ist (Tel. 01/5871417, www.haus-des-meeres.at; 16,70 Euro); und wer im Klettern geübt und schwindelfrei ist, kann auch mit den versierten Kletterern vom Österreichischen Alpenverein die Wand hochgehen (Tel. 01/5854748, www.oeav-events.at; 8 Euro). (► Plan F-7)

Wilferts Riesenrad, 1100, Laaer Wald 216, www.böhmischerprater.at. Und noch ein Riesenrad! Der böhmische Prater am Laaerberg, der vom besonderen Flair der Vorstadt Favoriten und seiner Geschichte der ›Ziegelböhm‹ (tschechiche Arbeiter in den Wiener Ziegelfabriken) lebt, ist das kleine Pendant zum großen Vergnügungspark im Prater. Dementsprechend kleiner ist auch sein Riesenrad. Immerhin steht es auf dem 251 Meter hohen Laaer Berg, von den Menschen hier auch Monte Laa genannt (Anfahrt → S. 345).

Krapfenwaldlbad, 1190, Krapfenwaldgasse 65–73, Tel. 01/3201501, www. wien.gv.at/freizeit/baeder; Eintritt 5 Euro. Höchstgelegenes und eines der aussichtsreichsten Freibäder von Wien. Das Panorama ist besser als das Bad an sich.

Paulinenwarte, 1190. In der Mitte des hügeligen Türkenschanzparks, der an die Belagerung Wiens durch die Türken im Jahr 1683 erinnert, steht ein 23 Meter hoher Turm. Dieser Sichtziegelbau – im selben Stil wie die Villen des benachbarten Cottage-Viertels – wurde 1891 feierlich eröffnet und soll an Fürstin Pauline von Metternich erinnern, die eine Vielzahl an exotischen Pflanzen für den Park gespendet hat. Die Paulinenwarte wird heute von den Naturfreunden aus Währing betreut und kann am Wochenende bestiegen werden (Sa 12–18, So 10–18 Uhr). Der Eintrittspreis ist mehr als moderat: 60 Cent. Gut erreichbar von der U6-Station Währinger Straße-Volksoper mit dem 41er (Tram), aussteigen bei der Station Türkenschanzplatz.

Donauturm, 1220, Donauturmstraße 4, Tel. 01/2633572, www.donauturm. at, Liftpreis 7 Euro; Mo–So 10–24 Uhr. Nur 35 Sekunden benötigt der Lift für die 150 Meter hinauf zur Aussichtsterrasse. Oben drehen sich ein Restaurant und ein Kaffeehaus – wie der Stundenzeiger einer Uhr – in 60 Minuten ein Mal um die eigene Achse. (► Karte S. 173)

■ **Wien von unten**

Auf den Spuren von Harry Lime, der Hauptfigur des 1947 gedrehten Filmklassikers ›Der Dritte Mann‹. Diese Tour führt durch die Wiener Unterwelt, durch das Wiener Kanalsystem. Zu sehen gibt es auch viel moderne Technik. Der Einstieg erfolgt in der schönen Jahreszeit gegenüber vom Café Museum. Treffpunkt: 1010, Karlsplatz/Girardipark. Reservierung wird dringend empfohlen. Infos und Anmeldung: Tel. 01/40003033 bzw. www.drittemann tour.at. (► Plan H-6)

Auch eine Möglichkeit: Kletterwand am Flakturm am Fritz-Grünbaum-Platz

Maria Zimmermann über unzerstörbare Zeitzeugen: die Wiener Flaktürme

EXTRA

»Renato mio«, steht in italienischer Sprache auf der Postkarte vom 31. Dezember 1943,»nach all den Tränen und Wehklagen hat mich heute endlich die Nachricht erreicht, dass Du bei guter Gesundheit bist – so wie auch ich und unser Ivan. Renato, am 26. Oktober ist unser Kind zur Welt gekommen. Alles gut gegangen. Grüße und Küsse senden Dir Deine Frau und unser Ivan.« Mehr Platz ist nicht auf der Antwortkarte der Kriegsgefangenenpost, wo es kleingedruckt, aber umso strenger heißt:»Deutlich auf die Zeilen schreiben!« Die junge Frau aus einer Kleinstadt in der Emilia Romagna hält sich penibel an die Vorgaben, als sie fast vier Monate nach seiner Gefangennahme endlich ein Lebenszeichen ihres Mannes erhält – aus Wien.

Es ist purer Zufall, als ein Bauarbeiter fast 70 Jahre später diese Postkarte aus einem Haufen von Bauschutt und Taubenkot zieht, anstatt sie auf den Müll zu kippen. Völlig verdreckt, geknickt, vielleicht auch schon vor Kriegsende durch das oftmalige Lesen abgegriffen, aber immer noch gut lesbar, lag die Karte genau an dem Ort, an dem Renato Bondi als NS-Zwangsarbeiter eingesetzt war: Im größeren der beiden Flaktürme im Wiener Augarten, der jüngst vom Schutt gereinigt wurde. Die Türme sind zwei von insgesamt sechs Flaktürmen, die bis heute das Stadtbild Wiens prägen: In der barocken Gartenanlage im 2. Bezirk, im Arenbergpark im 3. Bezirk, im 6. Bezirk, wo das ›Haus des Meeres‹ in einem der Türme beheimatet ist, und hinter dem Museumsquartier im 7. Bezirk auf dem Areal der Stiftskaserne. Drei monströse Stahlbeton-Paare: je ein Gefechtsturm und ein etwa 300 Meter entfernter Leitturm.

Zwangsarbeiter und Kriegsgefangene aus ganz Europa mussten unter härtesten, teils lebensbedrohlichen Bedingungen die bis zu 55 Meter hohen Bunkerbauten errichten. Einer dieser Zwangsarbeiter war Renato Bondi, der am 8. September 1943, unmittelbar nach dem Waffenstillstands-Abkommen zwischen Italien und den Alliierten, in einer Kaserne in Trient von deutschen Truppen verhaftet und als Kriegsgefangener ins Dritte Reich deportiert wurde. Von da an sahen alle Tage gleich für ihn aus: Langer Fußmarsch vom Gefangenenlager in Wien-Nussdorf in den Augarten, harte Arbeit, Rückmarsch mit Hunger und Erschöpfung als ständigen Begleitern. Offiziell dienten die zwischen Dezember 1942 und Januar 1945 errichteten Riesen zwar zur Luftabwehr und als Luftschutzbunker für die Wiener Bevölkerung. Inoffiziell sind den Nazis aber schon früh Zweifel über den strategischen Nutzen der Flaktürme gekommen, wie Dokumente vom Dezember 1941 belegen. Gebaut wurde trotzdem. Wäre es nach den Planern gegangen, hätten die Türme nach Kriegsende zu gigantischen Denkmälern umgestaltet werden sollen. Warum die Wiener Flakturmzwillinge nach Kriegsende nicht gesprengt wurden wie fast alle ihrer Pendants in Berlin und Hamburg? Eine Erklärung lautet, dass ihre Sprengung auf dicht bebautem Stadtgebiet umliegende Wohnhäuser massiv beschädigt hätte. Eine andere lautet, dass man in Österreich die Auflage der Alliierten nach Kriegsende, ›alle Spuren des Nationalsozialismus zu beseitigen‹, nicht ganz so streng auslegte. Lange hielt sich so der Mythos der Unzerstörbarkeit der Türme. Heute könnte man die Nazi-Relikte abtragen, doch daran denkt keiner mehr.

Wien-Besucher, die nach einer Erklärung suchen, worum es sich bei den Türmen eigentlich handelt, werden dennoch enttäuscht. Eine ernstzunehmende Kommentierung, was das für Bauten sind, unter welchen Bedingungen und von wem sie erbaut wurden, gibt es bis heute nicht. Wer das Innere besichtigen möchte, hat ebenfalls kein Glück. Keiner der Türme kann besichtigt werden. Ausnahme ist das völlig umgebaute ›Haus des Meeres‹. Am spannendsten ist wohl das Innenleben des Leitturms im Arenbergpark im 3. Bezirk: Er kam als einziger Flakturm weitgehend unbeschadet ins 21. Jahrhundert. Selbst die Aufschrift ›Wehrmacht‹ ist über einem der Eingänge noch erkennbar, wenn der wilde Wein im Herbst seine Blätter lässt. Im Inneren sind die mit Phosphor an die Wand geschriebenen Aufforderungen ›Rasch weitergehen!‹ oder ›Mutter und Kind‹ stille Zeugen für das Chaos, das bei Bombenalarm herrschte.

Unter der Staubschicht von sechs Jahrzehnten fanden sich zudem zahlreiche Fundstücke – Utensilien der ›kriegswichtigen Betriebe‹, die in den Türmen untergebracht waren, Überbleibsel aus dem Lazarett, Dokumente. Einzigartig sind aber vor allem die Graffiti an den Wänden, die die Mitglieder des Interdisziplinären Forschungszentrums für Architektur und Geschichte rund um die Wiener Architekturhistorikerin Ute Bauer entdeckten: Zwangsarbeiter aus Frankreich, Italien, Russland oder dem damaligen Jugoslawien haben sich hier verewigt, haben an den Wänden Botschaften hinterlassen – von verzweifelt bis kämpferisch. ›Laval au Poteau‹ steht da etwa auf der kahlen Wand, also ›Laval an den Galgen‹, ein Kampfspruch der französischen Résistance. Andernorts heißt es: ›Vive la France‹. Das mit Kreide geschriebene ›Milano e poi morire‹ (›Mailand und dann sterben‹) ein paar Stockwerke weiter oben drückt wiederum das Heimweh eines italienischen Zwangsarbeiters aus.

Es gibt die Idee, diesen Turm mit all seinen Graffiti und Fundstücken zu einem begehbaren Mahnmal zu machen. Doch Wirtschaftlichkeit schlägt Gedenken: 2011 wurde der Turm, der wie alle Flaktürme mit Ausnahme des ›Haus des Meeres‹ unter Denkmalschutz steht, von der Stadt an eine Datenfirma vermietet. Was mit all den Funden geschieht, ist unklar. Klar dagegen ist, dass an die Zwangsarbeiter weder ein Gedenktag noch ein Denkmal erinnert und die Baracken der mehr als 170 Zwangsarbeiterlager in Wien alle nach dem Krieg abgetragen wurden. Es sind somit jene Graffiti oder Fundstücke wie die Postkarte von Irene Bondi, die Zeugnis ablegen von den Schicksalen der Zwangsarbeiter.

Renato Bondi hat den Krieg übrigens überlebt. Unmittelbar nach der Befreiung Wiens kehrte er in seine Heimatstadt zurück, wo er seinen mittlerweile eineinhalb Jahre alten Sohn zum ersten Mal in die Arme schließen konnte.

Maria Zimmermann, 1975 in Hall in Tirol geboren, ist Redakteurin in der Wien-Redaktion der ›Salzburger Nachrichten‹. Sie hat unter anderem Geschichte studiert und lebt mit ihrem Mann und ihrem Sohn in Wien.

Wien am Abend

»Die Aushängeschilder, denen Wien in aller Welt den Ruf einer Metropole der Hochkultur verdankt«, wurde in der Süddeutschen Zeitung angemerkt, »sind natürlich die Staatsoper, der Musikverein und das Konzerthaus. Hier geben sich die Besten der Besten unter den Interpreten der E-Musik gleichsam die Türklinke in die Hand.« Doch neben den großen Häusern, die viel Steuergeld absorbieren und gleichzeitig viel Publikum anziehen und zu denen weiterhin auch das Burgtheater als eine der führenden Bühnen im deutschen Sprachraum zu rechnen ist, gibt es auch die kleinen, die feinen, die sehenswerten, die weniger bekannten Veranstaltungsorte für Kunst und Kultur.

Theater

Viel Theater neben dem großen Theater: Auf die kleinen Bühnen und auf die freien Theatergruppen wird in diesem Abschnitt besonderes Augenmerk gelegt.

■ Die großen Häuser

Burgtheater, 1010, Universitätsring 2, Tel. Tel. 01/51444-4140, www.burgthea ter.at. Gilt weiterhin als das wichtigste Theaterhaus der Stadt, die größte Sprechbühne Europas und eine der besten deutschsprachigen Bühnen mit einem tollen Ensemble. Klassisches ebenso wie zeitgenössisches Theater. (► Plan G-4)

Akademietheater, 1030, Lisztstraße 1, Tel. 01/51444-4140, www.burgtheater. at. Telefonnummer und Internetadresse zeigen es an: Das Akademietheater dient seit dem Jahr 1922 als zweite Spielstätte für das Ensemble des Burgtheaters. Neben dem Konzerthaus gelegen, bietet Klassiker des 20. Jahrhunderts und Zeitgenössisches. (► Plan I-6)

Volkstheater, 1070, Neustiftgasse 1, Tel. 01/521110, www.volkstheater.at.

Das Volkstheater, ursprünglich Deutsches Volkstheater, wurde 1889 als bürgerliches Gegenstück zum höfischen Burgtheater eröffnet. Geplant haben es die beiden Architekten der großen Musentempel der Monarchie, Hermann Helmer und Ferdinand Fellner, im Stil des Historismus. Heute wird sein großes Repertoire und Ensemble sowie der gesellschaftskritische Anspruch geschätzt. (► Plan F-5)

Theater in der Josefstadt, 1080, Josefstädter Straße 26, Tel. 01/42700300, www.josefstadt.org. Das älteste Theater von Wien inmitten des 8. Bezirks, der Josefstadt, ein Treffpunkt des Wiener Bildungsbürgertums. Zeigte zuletzt auch einige mutigere Stoffe und Inszenierungen. (► Plan E-4)

■ Die mittelgroßen Häuser

Odeon Theater, 1020, Taborstraße 10, Tel. 01/2165127, www.odeon-theater. at. Im großen Saal der ehemaligen Wiener Getreidebörse am Eingang zum 2. Bezirk, der Leopoldstadt. Im Stil der

Erlaubt sich auch gerne mal Kritik: das Volkstheater

Sehenswert, hörenswert: ›Das erste Haus am Ring‹ – die Staatsoper am Opernring

italienischen Renaissance am Ende des 19. Jahrhunderts errichtet, wirkt das Ambiente auf das Publikum bis heute magisch. (► Plan I-4)

Theater an der Gumpendorfer Straße, 1060, Gumpendorfer Straße 67, Tel. 01/5865222, www.dastag.at. Hat sich zu einem wichtigen Ort für die freie Theaterszene in Wien entwickelt. (► Plan F-7)

Schauspielhaus, 1090, Porzellangasse 19, Tel. 01/317010111, www.schau spielhaus.at. Ursprünglich ein Varieté, dann ein Kino, seit den 1980er Jahren eine verlässliche Bühne für zeitgenössisches Theater. (► Plan G-2)

■ Die kleinen Häuser

Theater Nestroyhof, 1020, Nestroyplatz 1, Tel. 01/8908836, www.hamakom.at. Das Theater Nestroyhof Hamakom an der Praterstraße erinnert an die große jüdische Theatertradition im Wien der Zwischenkriegszeit. Neben Eigen- und Koproduktionen auch Salons und Matineen. (► Plan J-3)

3raum anatomietheater unterwegs, 1030, Beatrixgasse 11, Tel. 0699/ 19263227, www.3raum.or.at. Sehenswert, aufrüttelnd, engagiert, kritisch, immer am Puls der Zeit. In der Anfangszeit in der alten Veterinärmedizinischen Fakultät eingemietet, jetzt unterwegs. Von den beiden Off-Künstlern Hubsi Kramar und Alexandra Reisinger hervorragend geleitet. 3raum, weil in der VetMed drei Räume bespielt wurden. (► Plan J-6)

Theater im Rabenhof, 1030, Rabengasse 3, Tel. 01/7128282, www.rabenhof theater.com. Zeitgenössisches Theater im Gemeindebau, bietet auch Kleinkunst und Kabarett. (► Plan L-7)

Freie Bühne Wieden, 1040, Wiedner Hauptstraße 60b, Tel. 0664/3723272, www.freiebuehnewieden.at. Kleines feines Theater auf der Wiedner Hauptstraße, das seit 1976 von Schauspielern geleitet wird. (► Plan H-8)

Theater Brett, 1060, Münzwardeingasse 2, Tel. 0676/7345566, www. theaterbrett.at. Eines jener Häuser, die

Klein, fein: das Theater am Spittelberg

seit vielen Jahren nicht von der Gunst der Wiener Kulturpolitik leben, sondern fast ausschließlich vom Engagement seiner Betreiber und Akteure. Wurde von Ludvik Kavin und Nika Brettschneider gegründet, die 1977 als politische Flüchtlinge nach Wien kamen. (► Plan F-6)

Theater am Spittelberg, 1070, Spittelberggasse 10, Tel. 01/5261385, www.theateramspittelberg.at. Entzückendes, mit Fingerspitzengefühl revitalisiertes, ambitioniert geführtes, oft überraschendes Theater inmitten der Intellektuellen-Hochburg auf dem Spittelberg. (► Plan F-6)

KosmosTheater, 1070, Siebensterngasse 42, Tel. 01/5231226, www.kosmostheater.at. Ebenfalls am Spittelberg, zuvor ein Kino, als Theater auf die Genderthematik spezialisiert. (► Plan F-6)

Schubert Theater, 1090, Währinger Straße 46, Tel. 0676/4434860, www.schuberttheater.at. Ebenfalls früher ein Kino; neben Schauspiel auf engstem Raum gibt es auch Musik, Kabarett und Puppentheater. (► Plan F-2)

Werk X, 1120, Oswaldgasse 35a, Tel. Tel. 01/5353200, www.werk-x.at. Zeit-

genössische Experimente (Tanz, Theater, Klang und bildende Kunst) im Süden von Wien; erinnert an ein Kabelwerk, das nicht mehr konkurrenzfähig war und einer Wohnhausanlage weichen musste. (U6, Tscherttegasse)

Konzerthäuser

Den Wienern fällt es nur auf, wenn sie einen Blick auf die Spielpläne ihrer Konzerthäuser werfen: Ihre Stadt ist noch immer ein Zentrum für klassische Musik. **Staatsoper**, 1010, Opernring 2, Tel. 01/514442250, www.wiener-staatsoper.at. Das ›erste Haus am Ring‹ ist weiterhin eine erste Adresse für alle Opernfreunde. Seit der feierlichen Eröffnung am 25. Mai 1869 – mit ›Don Giovanni‹ von Wolfgang Amadeus Mozart – standen hier praktisch alle Weltstars der Oper auf der Bühne und alle großen Dirigenten am Pult. Hausorchester ist bis heute das Orchester der Wiener Philharmoniker. Und die Stehplatzkarten gibt es immer noch für wenig Geld. (► Plan H-6)

Musikverein, 1010, Musikvereinsplatz 1, Tel. 01/5058681, www.musikverein.at. Hort der klassischen Traditionspflege: Der Große Musikvereinssaal ist nicht nur wunderschön, er bietet auch eine herrliche Akustik. Hier findet traditionell am 1. Januar das von TV-Stationen in die ganze Welt übergetragene Neujahrskonzert statt. (► Plan H-6)

Konzerthaus, 1030, Lothringerstraße 20, Tel. 01/242002, www.konzerthaus.at. ›Ehrt eure deutschen Meister, dann bannt ihr gute Geister‹ steht in goldenen Lettern über dem Eingang. Der strahlend weiße Jugendstilbau wurde in Anwesenheit von Kaiser Franz Joseph am 19. Oktober 1913 feierlich eröffnet. Er sollte anders als der Musikverein nicht nur die elitären Zirkel ansprechen. Geplant wurde das ebenso stil- wie klangvolle Haus von Ludwig Baumann und den bekannten Wiener Theaterarchitekten Ferdinand Fellner und Hermann Gottlieb Helmer. Die drei Säle – Großer Saal, Mozart-Saal und Schubert-Saal – können gleichzeitig bespielt werden, ohne dass sich dabei die Veranstaltungen gegenseitig stören. Als Stammorchester dient weiterhin das der Wiener Symphoniker. (► Plan I-6)

Volksoper, 1090, Währinger Straße 78, Tel. 01/514443670, www.volksoper. at. Die Volksoper, die in Wahrheit ein bisschen mehr am verkehrsreichen Gürtel denn an der eleganteren Währinger Straße liegt und mehr als 1300 Zusehern Platz bietet, gilt als das große Musiktheater von Wien. Hier werden Operetten, Opern, Musicals und auch Balletaufführungen gegeben. (► Plan E-1)

Ronacher, 1010, Seilerstätte 9, Tel. 01/58885, www.musicalvienna.at. Seit der Wiedereröffnung bietet das renovierte Varieté-Establissement im Stil der Belle Époque vor allem Musicals und Varieté. (► Plan I-5)

MuTh, 1020, Am Augartenspitz 1, Tel. 01/3478080, www.muth.at. So zauberhaft ihre Stimmen, so beschämend der Umgang mit Kritik am Ausverkauf des öffentlichen Raums:

Neben dem Internat der Wiener Sängerknaben im Augartenpalais wurde gegen den heftigen und wohl auch berechtigten Widerstand der Anrainer eine neue Konzerthalle für 400 Besucher errichtet. (► Plan I-2)

Kursalon Hübner, 1010, Johannesgasse 33, Tel. 01/5125790, www.soundof vienna.at. Jeden Abend geigt im Kursalon im Stadtpark das Salonorchester Alt Wien auf. Massentourismus in Reinkultur. Zu hören sind Klänge von Strauss und Mozart. (► Plan I-6)

Radio-Kulturhaus, 1040, Argentinierstraße 30a, Tel. 01/50170377, www. radiokulturhaus.orf.at. Im Großen Sendesaal des ORF-Hörfunks gibt es täglich Konzerte aller Musikrichtungen, auch Lesungen und Diskussionen. (► Plan H-8)

Theater an der Wien, 1060, Linke Wienzeile 6, Tel. 01/588301010, www.thea ter-wien.at. Wunderschön restauriertes Theater aus dem Jahr 1801. Das Theater dient seit dem ›Mozartjahr‹ 2006 als drittes, ganzjährig bespieltes Opernhaus der Stadt. (► Plan G-7)

Raimundtheater, 1060, Wallgasse 18–20, Tel. 01/588301010, www.musicalvienna.at. Noch eine große Musical-Bühne; in Westbahnhofnähe. (► Plan D-8)

Wien-Informationen

Auf einen Drink nach dem Konzert? Vor 1989 schwierig, heute selbstverständlich

Wien bittet zum Tanz – so wie die Lady den Herrn auf dem Graffiti am Donaukanal

Bälle (Auswahl)

Nach Wien kommen die Menschen zu Jahresbeginn auch, um zu tanzen. Aus der Vielzahl an Veranstaltungen sind folgende sieben Bälle besonders hervorzuheben, da besonders spektakulär:

Opernball: gilt uneingeschränkt als der glanzvolle Höhepunkt gegen Ende der Wiener Ballsaison. Für Menschen mit dicker Geldbörse (www.wiener-staatsoper.at).

Le Grand Bal: vormals Kaiserball, ein glamouröser Ball in der Silvesternacht in den Prunksälen der Wiener Hofburg (www.legrandbal.at).

Bonbonball: der Ball der Wiener Süßwarenbranche im Konzerthaus. Hier kann man naschen und tanzen (www.bonbonball.at)!

Jägerball: der Herr im Trachtenanzug, die Dame im Dirndl – am Jägerball gibt sich Wien ländlich (www.vereingrueneskreuz.at/jaegerball).

Life Ball: großer bunter Event vor und im Wiener Rathaus, findet im Mai statt und vermag heute deutlich mehr internationale Prominenz anzulocken als der Opernball. Dient einem guten Zweck – der Bekämpfung der Immunschwächekrankheit Aids (www.lifeball.org).

Flüchtlingsball: in Wien dürfen nicht nur die Reichen und Schönen tanzen, auch die Menschen mit traumatischen Erfahrungen und deren Helfer sollen wenigstens an einem glanzvollen Abend des Jahres von ihren Sorgen abgelenkt werden (www.integrationshaus.at).

Diversity Ball: wunderbar alternativer Ball, auch ein Zeichen gegen Diskriminierung aufgrund von Behinderung, Geschlecht, Alter, Herkunft, Religion, sexueller Orientierung oder Hautfarbe (www.diversityball.at).

Kinos

Das große Kinosterben hat auch vor Wien nicht haltgemacht. Einige traditionsreiche Häuser sind von der Bildfläche verschwunden, die großen Ketten mit ihren großen Werbeetats und Blockbuster-Filmen haben sich durchgesetzt. Doch einige Wiener Kleinode gibt es noch.

Urania, 1010, Uraniastraße 1, Tel. 01/7158206, www.cineplexx.at. Die Urania, die im Abschnitt ›Um den Ring‹ ausführlich beschrieben wird (→ S. 114), verfügt auch über einen geräumigen Kinosaal, der von der Cineplexx-Gruppe gepachtet ist. (► Plan J-4)

Filmmuseum, 1010, Augustinerstraße 1, Tel. 01/5337054, www.filmmuseum.at. Ausgewähltes, gut Durchdachtes, Raritäten aus aller Welt – für Cineasten eine ganz wichtige Adresse. (► Plan H-5)

Gartenbau-Kino, 1010, Parkring 12, Tel. 01/5122354, www.gartenbaukino.at. Klassisches Premierenkino an der Ringstraße, das weiterhin mit dem wunderbaren Charme der 1960er Jahre ausgestattet ist. Geräumig, großzügig die Leinwand und die Bestuhlung. (► Plan I-5)

Schikaneder, 1040, Margaretenstraße 24, Tel. 01/5852867 (tgl. ab 18 Uhr), www.schikaneder.at. Wunderbares Programmkino mit einem vielseitig verwendbaren Kinosaal, den man für Vorführungen und Veranstaltungen aller Art auch mieten kann. (► Plan G-7)

Filmcasino, 1050, Margaretenstraße 78, Tel. 01/5879062, www.filmcasino.at. Bereits 1911 wurde hier ein ›Kinematographentheater‹ eingerichtet, behutsam im Stil und Zeitgeist der 1950er Jahre restauriert. Schon der Eingang mit der geschwungenen Aufschrift ›Film‹ und den bunten Buchstaben für ›Casino‹ macht Lust auf mehr. Specials: Aktuelle Originalfassungen mit Untertiteln, Kino und Kuchen, Sonntagsprogramm, Kinovormittage mit Kinderbetreuung (›cinemama‹), immer wieder Festivals. (► Plan G-8)

Top Kino, 1060, Rahlgasse 1, Tel. 01/083000 (ab 15 Uhr), www.topkino.at. Das Top Kino zeigt schöne Filme, davor und danach können Cineasten gut essen, gut trinken und dabei über Gott und die Filmwelt diskutieren. (► Plan G-6)

Bellaria, 1070, Museumsstraße 3, Tel. 01/5237591. Das alte Lichtspieltheater ist gleich hinter dem Volkstheater zu finden und erinnert mit seinem Namen an einen Vorbau im Leopoldinischen Trakt der nicht weit entfernten Hofburg, den Kaiserin Maria Theresia errichten ließ, um nicht Stiegen steigen zu müssen. Sehenswert sind auch die Nachmittagsvorstellungen – Zeitreisen in Rot-Weiß-Rot mit Schwarz-Weiß-Streifen aus den 1930er und 1940er Jahren und entsprechendem Stammpublikum. (► Plan F-5)

Filmhaus, 1070, Spittelberggasse 3, Tel. 01/5224814, www.stadtkinowien.at. Gemütlicher alter Kinosaal im Ausgehviertel am Spittelberg. Vorgeführt werden Arthouse-Filme aus dem Filmverleih des Stadtkinos. Immer in Originalfassung und – wenn notwendig – mit deutschem Untertitel. (► Plan F-6)

Votivkino, 1090, Währinger Straße 12, Tel. 01/3173571, www.votivkino.at. 1912 eröffnet und damit eines der ältesten Häuser der Stadt. Seit Jahren die Antithese zum Blockbuster-Kino. Gemütlich, weltoffen, innovativ. Von vielen gerne gesehen: Neben den Festivals das Film-Frühstück, die Samstag-Matinee ›film &

Wien-Informationen

Sehenswert: Wien ist auch eine Stadt für Cineasten

wein‹ sowie das Babykino für Eltern mit kleinen Kindern. (► Plan G-3)

Breitenseer Lichtspiele, 1140, Breitenseer Straße 21, Tel. 01/9822173, www. bsl-wien.at. Das schönste Kino Wiens und das angeblich älteste noch bespielte Kino der Welt (1905 eröffnet). Fahren Sie bitte hinaus an den westlichen Stadtrand – mit der U3 bis zur Station Hütteldorfer Straße – und helfen Sie mit Ihrem Besuch in Breitensee, die Perle der Wiener Lichtspielhäuser am Leben zu erhalten. Wunderbar in einer Zeit der schnellen Bildschnitte und großen Wortschwalle sind die Stummfilme, die von einem Klavierspieler oder einem Gedichte-Erzähler live begleitet werden. Regelmäßig Retrospektiven.

Open-Air-Kinos, in den Sommermonaten gibt es inzwischen in fast allen Bezirken Kino unter freiem Himmel. Einen guten Überblick bietet: www.wien.gv.at/kultur/kino/sommer.

Kabarett

Die Kulturwissenschaftlerin Sabine Müller, die sich eingehend mit dem Wiener Schmäh beschäftigt hat, bezeichnet diesen als ›Barock von unten‹. Für Müller ist der Wiener Schmäh – historisch betrachtet – ›eine Art volkskulturelles Lachen gegen die Elite, das Aufbegehren der Vorstadt gegen das reiche Bürgertum, eine karnevaleske Form des Widerstands‹. Gepflegt wird diese besondere Form des Humors weiterhin auf den Kabarettbühnen der Stadt.

Im Folgenden eine Auflistung der größeren Kabarett-Bühnen. Dabei ist unter anderem zu berücksichtigen: Kabarett wird in Wien auch an anderen Orten geboten: Zunächst in den Theatern (sehr zu empfehlen ist das Satire-Festival im Stadttheater in der Wien nahen Brau- und Flughafenstadt Schwechat, siehe: www.satirefestival.at), auch im Radio und im Fernsehen. Das schönste Kabarett allerdings bieten die Wiener selbst. Wer mit offenen Augen und Ohren durch die Stadt geht, hat in Wien immer seinen Karl (Spaß). Und nix gegen deutsche Comedians, aber wenn die ›Spaß‹ machen, ist das für manchen Wiener eine Tragödie.

Simpl, 1010, Wollzeile 36, Tel. 01/5124742, www.simpl.at. Eine Institution seit 1912. (► Plan I-5)

Stadtsaal Wien, 1060, Mariahilfer Straße 81, Tel. 01/9092244, www.stadtsaal.com. In diesem modern adaptierten Saal geigte einst Josef Lanner auf, wurde auch einer der ersten Wiener Arbeiterbildungsvereine gegründet, waren die Konsumentenschützer aktiv. (► Plan E-7)

Niedermair, 1080, Lenaugasse 1, Tel. 01/4084492, www.niedermair.at. Hier haben viele bekannte Kabarettisten ihre ersten Erfolge gefeiert. (► Plan F-5)

Tschauner Original Wiener Stegreifbühne, 1160, Maroltingergasse 43, Tel. 01/9145414, www.tschauner.at. Wiener Kuriosum von Mitte Juni bis September: Einfach gebaut das Handlungsgerüst, spontan die Akteure, deftig die Reaktionen des Publikums. (U3 Kendlerstraße, dann Tram 10, Joachimsthaler Platz)

Kulisse, 1170, Rosensteingasse 39, Tel. 01/4853870, www.kulisse.at. Engagierte und verdienstvolle Kleinkunstbühne in einem alten Wiener Vorstadtgasthaus. (► Plan C-3)

Orpheum, 1220, Steigenteschgasse 94, Tel. 01/2031254, www.orpheum.at. War ursprünglich ein großes Vorstadtkino in Transdanubien, bietet heute neben Kabarett auch Konzerte (U1 Kagran, weiter Bus 94A Mergenthaler Platz).

Kein Sommer und kein Platz in Wien ohne Sommerkino, hier auf dem Rathausplatz.

Tanja Paar über
›Alles Tango‹ – Walzer war gestern

»Vergesst alles, was ihr über Tango in Tanzschulen je gelernt habt«, sagt Thomas gleich zu Beginn. Die Tanzschulen sind des Teufels. Denn in ihnen wird die Irrlehre verbreitet, dass Tango eine bestimmte Schrittfolge sei. Weit gefehlt! »Tango ist gehen«, erklärt Thomas, »ist die Verlagerung des Gewichtes von einem Bein auf das andere Bein«. Vier Paare haben den Weg ins ›Tanto Tango‹ im 15. Bezirk gefunden, um die Grundzüge des Tango Argentino zu erlernen. Die Gegend ist alles andere als nobel, neben der Pfandleihe wirbt blinkend eine Leuchtschrift für ›Interactive Games‹, nur der Name des Friseurs zeigt, dass auch hier die Gentrifizierung unaufhaltsam voranschreitet: ›Haarkunst‹. Durch die Verlängerung der U-Bahn (U3) wurde die bisher eher von Migranten bewohnte Gegend hinter dem Wiener Westbahnhof auch für junge gutverdienende Familien attraktiv, der Verdrängungswettbewerb ist am Laufen. Aber noch ist der Hinterhof, den man durchquert, bevor man ins Souterrain zum Tanzstudio hinabsteigt, von Tauben gründlich verschissen. Drinnen wird es freundlicher. Alle ziehen ihre Straßenschuhe aus und die Tanzschuhe an, selbst die Anfänger wissen, dass gutes Schuhwerk das Um und Auf ist – und ein Prestigeobjekt. Denn an den Aufdrucken erkennen die Insider, ob die Tänzerin in Wien, Buenos Aires oder Shanghai eingekauft hat. Aber der Weg zum ExpertInnentum ist steinig.

Tango ist gehen. Tango ist die Hölle. Denn die Dame weiß nie, in welche Richtung es weitergeht. Nach vorne? Nach hinten? Auf die Seite? Nur wenn der Mann exakt führt, ist die Richtung klar. Die Gewichtsverlagerung ist alles. Wehe wenn einer der beiden sich nicht entscheiden kann und hin- und herzappelt. Bei so viel Ungewissheit ist es für die meisten Anfänger fast unmöglich, auch noch im Takt zu bleiben, der Schweißausbruch unvermeidlich. »Der Führende muss einen Plan haben«, erklärt Thomas Mayr, der mit seiner Tanz- und Lebenspartnerin Sabine Klein ›SaTho Tango‹ gegründet hat. Die beiden unterrichten gemeinsam, was für die Schüler den Vorteil hat, dass immer beide Seiten erklärt werden, die des Führenden und die der Geführten. Das ist den beiden wichtig, da sie gezielt auch Frauen als Führende ausbilden. »Es ist für viele Frauen einfach nervig, immer zu warten, bis sie endlich einer auffordert«, erzählt Sabine Klein. Denn bei den Milongas, den abendlichen Tanzveranstaltungen, herrschen recht konventionelle Sitten. Die Frauen sitzen oder stehen um die Tanzfläche, nach einem Blickwechsel fordert der Mann die Dame seiner Wahl auf. Getanzt werden in der Regel drei oder vier Stücke. Die Partnerin vor der ›Cortina‹, dem musikalischen Vorhang vor dem nächsten Musikblock, stehen zu lassen, ist ein Akt extremer Unfreundlichkeit. Deshalb überlegen sich die Männer genau, wen sie sich da holen.

Die Kuppel der barocken Karlskirche spiegelt sich in dem großen Wasserbecken, das wie ein schwarzer Achat inmitten des Karlsplatzes liegt. In den Sommermonaten werden hier nach Einbruch der Dunkelheit Open-Air Milongas abgehalten. Die Tangoszene organisiert sich längst im Internet, die Veranstaltungen werden auf Webseiten, via Newsletter oder auf Facebook angekündigt – und etwa bei Schlechtwetter auch kurzfristig wieder abgesagt. An diesem lauen Abend haben rund 40 Tangueros und Tangueras den Weg in den Resselpark gefunden, auch die

Anfänger trauen sich nach monatelangem Praktizieren erstmals auf eine Milonga. Denn auf einer Milonga wird nicht geübt, da zeigt man, was man kann. Die besten Schuhe, die schönsten Kleider werden ausgeführt. Die Veranstalter haben eine große Kunststoffplane auf den Asphalt geklebt, damit der Boden rutschig ist. Die Musik kommt aus eigens mitgebrachten Lautsprechen, und die ersten Paare ziehen schon ihre Bahnen. Man zahlt eine freiwillige Spende. Es sind viele junge Menschen da, aber auch einige ältere Semester, ganz stilvoll ist der Herr mit Hut im Nadelstreif. »Die meisten sind noch drüben im Burggarten«, sagt Verena Lammer, die schon länger Tango Argentino tanzt. Dort, im Zentrum der Stadt, gleich hinter der Hofburg, findet zeitgleich eine andere Milonga statt. Die Szene boomt derartig, dass immer mehr Veranstaltungen organisiert, immer mehr und immer attraktivere Orte erobert werden. Im Burggarten hinter der Nationalbibliothek wird auf weißen Mamorplatten im matten Schein von Pseudogaslaternen getanzt. Das nahe gelegene Palmenhaus vervollständigt die imposante Kulisse. Die zuständige Burghauptmannschaft toleriert die Tanzbegeisterten, so lange der Ghettoblaster nicht zu laut aufgedreht wird. Hier ist die alternative Tangoszene am Werk, bei der ›Crossover Milonga‹ werden auch Jeans und Birkenstocksandalen gesichtet. Die Musikauswahl ist hier weniger konservativ als bei anderen Milongas, die Getränke bringt man selbst mit.

Nicht alle Veranstalter freuen sich über die zunehmende Konkurrenz, die Wiener Tangoszene ist durchaus gespalten. Das kann allen Gästen, die eigens zum Tanzen nach Wien kommen, zum Glück völlig einerlei sein. Sie profitieren von immer neuen originellen Orten. Ebenfalls Open Air ist zum Beispiel eine Milonga an der Alten Donau. Das Wirtshaus ›Selbstverständlich‹ an der Unteren Alten Donau ist eine Einrichtung der Sommerfrische, die der Wiener liebevoll Beisl nennt. Gleich gegenüber davon befindet sich das berühmte ›Gänsehäufl‹, ein traditionsreiches Freibad, in dem auch heute noch der Freikörperkultur gefrönt wird. In diesem urigen Setting findet auf einer neu errichteten Badeplattform spätabends die besagte Milonga statt.

Für die Musik sorgt wieder der Ghettoblaster. Es ist stockfinster, und nur der liebe Vollmond sorgt dafür, dass die Tangueros und ihre Tanzpartnerinnen nicht ins Wasser fallen. Vom anderen Ufer her funkeln die Lichter der UNO-City und vom DC-Tower, Wiens höchstem Büroturm. Abgezäunt ist das hölzerne Oktagon nicht, es zählt also einmal mehr das absolute Vertrauen in den Tanzpartner und die Frage: In welche Richtung führt der nächste Schritt? Tango ist der Himmel.

Tanja Paar, 1970 in Graz geboren, ist Redakteurin der Wiener Tageszeitung ›Der Standard‹. Für ihren Blog ›Nacktscanner‹ wurde sie 2012 als Journalistin des Jahres ausgezeichnet. Sie tanzt gerne auf zwei Hochzeiten gleichzeitig.

Wien bei Nacht

Nachtschwärmer wurden von Wien jahrzehntelang enttäuscht. Nach 18 Uhr, nach Ladenschluss, so hieß es noch vor gar nicht langer Zeit, klappen die Ösis in ihrer Hauptstadt die Gehsteige hoch. Doch auch in dieser Beziehung hat sich seit 1989 viel getan. Heute gibt es in Wien mehrere urbane Ausgehquartiere. Gut auch: die Nachtbusse und die Nacht-U-Bahn der Wiener Linien (www.wienerlinien.at).

Live-Musik

Mister Rainer Krispel auf der Bühne – das ist pure Leidenschaft, ein Mix aus Punk und Rock, wie er lyrischer nicht sein könnte, großes Theater. Rainer Krispel ist aber auch als ›Musikarbeiter‹ (Selbstdefinition) ein profunder Kenner und Chronist der Wiener Musikszene. Ihm ist Glauben zu schenken, wenn er eine Aufstellung der besten Locations der Stadt vornimmt und diese praktischerweise auch gleich einer kritischen Betrachtung unterzieht.

Jazzland, 1010, Franz-Josefs-Kai 29, Tel. 01/5332575, www.jazzland.at; Mo–Sa ab 19 Uhr. Wiens ältester und bekanntester Jazz-Keller, in den Gewölben unterhalb der mittelalterlichen Ruprechtskirche. Ein Treffpunkt für Traditionalisten: Dixieland, Blues, Boogie, Swing. Live-Musik ab 21 Uhr. (► Plan I-4)

Porgy & Bess, 1010, Riemergasse 11, Tel 01/5128811, www.porgy.at; Mo–So ab 16 Uhr. Seit 1993 fixe Adresse für Wiens Jazzfreunde in der Wiener Innenstadt. Das plüschige Flair der einstigen Fledermaus-Bar verleiht dem P & B einen ganz eigenen Charme. Seit Anbeginn ambitioniertes Programm, fast jeden Abend Live-Gigs. Laut Rainer Krispel »für Ausführende und Publikum wohl das beste Live-Erlebnis in town.« (► Plan I-5)

Fluc, 1020, Praterstern 5, www.fluc.at; Mo–So 18–4 Uhr. Elektro und Noiserock in der unterirdischen Wanne, Barbetrieb im oberirdischen Fluc-Container. Krispel: »Meist sehr tolles Programm, leidet aber unter dem Durchzugscharakter (oben)

Wenn in den Gürtelbögen die Gitarren heulen, dreht sich der Kaiser im Grab um

und den suboptimalen Konzert-Voraussetzungen (unten).« (► Plan K-3)
Arena, 1030, Baumgasse 80, Tel 01/79885950, www.arena.co.at. Ursprünglich ein Schlachthof, im Zuge der 68er-Bewegung der Ort des ersten Aufbegehrens der Wiener Jugendkultur, heute eine alternative Bühne u.a. für Rock, Punk, Reggae, Techno. (► Plan L-7)
SIMM City, 1110, Simmeringer Hauptstraße 96a, Tel. 01/33246410, www.simmcity.at. In einer Hochburg der FPÖ Rock, Kraut & Rüben! (U3 Erkplatz)
Chelsea, 1080, Lerchenfelder Gürtel 29–32, Tel. 01/4079309, www.chelsea.co.at; Mo–Sa 18–4, So 18–3 Uhr. Rock, House, Brit- bis Indiepop. Meistens voll, immer laut. Krispel über Chelsea, Rhiz und B72: »Drei Venues in Gehweite voneinander, in denen fast ständig gute bis phantastische heimische und internationale Live-Acts zu erleben sind, bei meist überschaubaren Preisen und mit recht unmittelbarem Sozialfaktor.« (► Plan J-4)
B72, 1080, Hernalser Gürtel – Bogen 72, Tel 4092128, www.b72.at, So–Do 20–4, Fr, Sa 20–6 Uhr. Eine fixe Größe unter den Wiener Musiklokalen, zudem Künstlertreff für heimische und internationale Bands. (► Plan D-4)
Rhiz, 1080, Lerchenfelder Gürtel 37–38, Tel. 01/4092505, www.rhiz.org; Mo–So ab 18 Uhr. Eine der Keimzellen der Wiener Elektronik. (► Plan D-4)
WUK, 1090, Währinger Straße 59, Tel 401210, www.wuk.at. Der Ziegelbau wurde ursprünglich als Lokomotivfabrik gebaut und wird heute Werkstätten- und Kulturhaus (WUK) genannt. Das WUK ist eines der größten Veranstaltungshäuser Mitteleuropas. Abends finden auf dem historischen Boden – mit dem WUK hielt die Selbstverwaltung auch in Wien Einzug – regelmäßig Live-Konzerte statt, auch Tanz, Lesungen und Ausstellungen. (► Plan E-2)

Konzert-Atmosphäre am Spittelberg

Planet Gasometer, 1110, Guglgasse 8, Tel 01/332464120, www.planet.tt. Moderne Konzerthalle im Gasometer B, ein Kunstwerk der Statik und Schallisolierung. (U3 Gasometer)
Szene Wien, 1110, Hauffgasse 26, Tel. 01/332464125 (Mo–Fr 14–18 Uhr), www.planet.tt. Einst einer der beliebtesten Konzertorte Wiens, wird nach einer Polit-Intervention von Teilen der Wiener Musikszene strikt gemieden. (S7 Geiselbergstraße)
Metropol, 1170, Hernalser Hauptstraße 55, Tel., 40777407, www.wiener-metropol.at. Das Programm ist im Laufe der Jahre ein bisserl altbacken geworden, dennoch ein herrlicher Ort für Live-Konzerte. (► Plan C-3)
Bunkerei, 1020, Obere Augartenstraße 1a, Tel. 0676/9724370, www.bunkerei.at. Ein mit viel Liebe zum Detail adaptierter Auftrittsort in einem ehemaligen Bunker im Augarten, leider durch gesetzliche Auflagen dezibelmäßig limitiert. (► Plan I-1)

Wenn es Nacht wird über Mariahilf, gehen in den Wiener Schuppen die Sterne auf

Clubs

SASS Music Club, 1010, Karlsplatz 1, Tel. 0676/4116116, www.sassvienna. com; Do/Fr 23–6, Sa 23–5, So 6–11 Uhr. Beeindruckend: die Lichtanlage mit 18000 Kristallen und 10 Leuchtkörpern, die vom Mischpult aus gesteuert wird. Dazu vergoldete Wände und Tanzboden aus Eichenparkett. Musik: Elektro, chic, fein. (► Plan H-6)

Volksgarten Clubdiskothek, 1010, Burgring, Tel. 01/5324241, www.volksgarten.at. ›In den Volksgarten gehen‹ heißt in Wien tanzen gehen. Traditionsreiche Diskothek in einer der schönsten Parkanlagen Wiens. Urgestein! Kommt bei den Discotänzern nicht aus der Mode. (► Plan G-5)

Club U, 1010, Karlsplatz/Künstlerhaus-Passage, Tel. 01/5059904, www.club-u.at; Mo–So 21–4 Uhr. Jugendstil fürs Partyvolk; schweißtreibender Treffpunkt der Wiener Paradiesvögel im Souterrain des Otto-Wagner-Pavillons. Clubbetrieb

ab 21 Uhr, vor 24 Uhr spielt sich Sa auf der Tanzfläche wenig ab. (► Plan H-6)

Pratersauna, 1020, Waldsteingarten-straße 135, Tel. 0664/2502022, www. pratersauna.tv; Do–Sa 22–4 Uhr. Ursprünglich eine legendäre Wiener Sauna mit hohem Prolo- und Goldketterl-um-den-Hals-Faktor am Rande des Praters, heute ein Hotspot mit eigenem Pool für die Hipster der Wiener Elektroszene. (► Plan östlich L-4)

Replugged, 1070, Lerchenfelder-straße 23, Tel. 0676/6943954, www. replugged.at; Mo–So 18–4 Uhr. Jede Menge Party auf zwei großzügigen Etagen. Wer es mag: auch regelmäßig Live Acts.

Café Leopold, 1070, Museumsplatz 1, Tel. 01/5236732, www.cafe-leopold. at; So–Mi 10–2, Do–Sa 10–4 Uhr. Tagsüber Museumskaffeehaus im Museumsquartier, nächtens urbane Bühne für DJs. (► Plan G-6)

Chaya Fuera, 1070, Kandlgasse 21, Tel.

01/5440036250, www.chayafuera.com;
Do–Sa 20–4 Uhr. Live-Musik zwischen
Wienerlied, Elektronik, Jazz, Soul und
Rock, dazu Visual Art. (► Plan D-6)
Club Dual, 1070, Burggasse 70, Tel.
01/9294050, www.clubdual.at; Do ab
21, Fr/Sa ab 23 Uhr. Kleiner, feiner Un-
derground-Club im Untergeschoss des
tagsüber zu empfehlenden Café Wirr.
Für alle Fans gepflegter elektronischer
Musik. (► Plan E-6)
The Loft, 1080, Lerchenfeldergürtel 37,
www.theloft.at; Di–Do 19–2, Fr/Sa 20–
4 Uhr. Drei Dance Floors in den Gürtelbögen. Das musikalische Spektrum reicht
von Electronic über Funk, Hip-Hop bis
hin zu Rock. (► Plan D-5)
Das Werk, 1090, Spittelauer Lände
12, Stadtbahnbögen 331–333, Tel.
0677/61587379, www.daswerk.org. Sitz
des gleichnamigen Kulturvereins ›Werk‹.
Improvisiertes industrielles Ambiente,
elektrolastiger Sound. (U6 Spittelau)
Local Bar, 1190, Heiligenstädter-
straße 31/Stadtbahnbogen 217, Tel.
0664/3927333, www.local-bar.at; Di–Sa
ab 19 Uhr, So, Mo laut Veranstaltungskalender. Lokale Live-Musik, lokale Getränke, lokale kleine Speisen zu modera-
ten Preisen. Wohnzimmer-Atmosphäre!
(U6 Spittelau)
Grelle Forelle, 1090, Spittelauer Lände
12, www.grelleforelle.com; Fr–Sa 23–6
Uhr. Neuer Treff der Wiener Elektroszene
am Donaukanal (von der U-Bahn-Station
Spittelau unbedingt den Fischsymbolen
folgen!). Die Grelle Forelle bietet auf zwei
Floors House, Techno und Minimal. Internationale DJs, bekannte Namen aus dem
Underground. (U6 Spittelau)

Bars

Skybar, 1010, Kärntner Straße 19, Tel.
01/5131712, www.skybar.at; Mo–Fr
10–2, Sa 9.30–2, So 11–2 Uhr. Klassiker im Dachgeschoss des stadtbekannten Kaufhauses Steffl. Viele schöne Leute
und viele bunte Cocktails, zuvor ist ein
Dinner mit Aussicht auf den Stephansdom anzuraten. (► Plan H-5)
American Bar, 1010, Kärntner Durchgang 10, Tel. 01/5123283, www.loos
bar.at; Mo–So 12–4 Uhr. Mondäne,
denkmalgeschützte Bar, die von Adolf
Loos, dem Wiener Meister der Moderne, nach einem dreijährigen Aufenthalt
in den USA 1908/09 entworfen wurde.
Eine nächtliche Anlaufstelle für Ästheten.
(► Plan H-5)
Wunder-Bar, 1010, Schönlaterngasse
8, Tel. 01/5127989; Mo–Sa 17–2, So
17–24 Uhr. Vom zeitgenössischen Architekten Hermann Czech 1975/76 geplant. In ihrer Anfangszeit ein Refugium
für junge Menschen, die der eintönigen
Stadt entfliehen wollten. (► Plan I-5)
Onyx Bar, 1010, Stephansplatz 12, Tel.
01/53539690, www.doco.com; Mo–So
11–2 Uhr. Exquisite Bar im Do & Co-Ho-
tel im Haas-Haus am Stephansplatz; herrlicher Blick auf den Steffl. (► Plan H-5)
Kix Bar, 1010, Bäckerstraße 4, Tel.
0676/6038229, www.kixbar.at; Di–
Do 17–1, Fr 17–2, Sa 19–2 Uhr. Gute
Drinks, feine Stimmung. (► Plan I-5)
Arena Bar, 1050, Margaretenstraße 117,
Tel. 0699/13024620, www.arenabar
variete.at. Herrliche Veranstaltungen
abseits des Mainstreams. (► Plan F-9)
Donau, 1070, Karl-Schweighofer-Gasse
10, Tel. 01/5238105, www.donautech
no.com. Früher luden Ruderboote zum
Verweilen ein, heute ein als Bar instal-
lierter Würstelstand direkt hinter dem
Museumsquartier. Früher gab es auch
keine Technoklänge und keine aufwen-
digen Licht-Installationen. (► Plan F-6)
25hours/Der Dachboden, 1070, Lerchenfelderstraße 1, Tel. 01/521510,
www.25hours-hotel.com; Mo–So 15–
1 Uhr. Auch nächtens ein Gewinn für
Wien. (► Plan F-5)

Rainer Krispel über
eine Stadt, deren Sound niemals schläft

»Ich find mir eine Stadt, ich find mir eine Stadt zum darin leben« sang, frei übersetzt, David Byrne mit den Talking Heads, eine der prototypischen überurbanen Bands des Postpunk der 1980er. Der Song heißt ›Cities‹, und die Band war aus New York City. Einer Stadt, in der zu leben jemand erst einmal können und wollen muss. Die mit den Talking Heads geistesverwandten Wiener Blümchen Blau sahen die Sache so: »Das schönste jetzt in Wien ist der Schnellzug nach Berlin« (Berlin bei Babylon, 1982).

Als Musikverrückter, durch Punk und Hardcore Sozialisierter war die Sache mit Wien für mich beim ersten Konzertausflug in die Bundeshauptstadt gelaufen. Die Arena in Erdberg, ein Kulturzentrum, das auf dem 1976 legendenschwanger besetzten Gelände eines ehemaligen Schlachthofes liegt und Österreich einen raren subkulturellen Gründermythos liefert, war Schauplatz eines Konzerts der kanadischen D.O.A. Ein noch nicht 16-jähriger Provinzpunk meinte dort 1983 die weite Welt zu spüren, als ein mit einer eindrucksvollen Irokesenfrisur ausgestatteter Punk beiläufig vor ihm auf dem Gehweg urinierte. Das Gelände hatte das Flair eines Punk-Utopias, jederzeit konnte nahezu alles passieren. Wenige Wochen zuvor hatten Black Flag aus L. A. ebenfalls den dritten Bezirk besucht, Sänger Henry Rollins, die Anti-These der globalen Gegenkultur zu Arnold Schwarzenegger, beschrieb später, wie die Wiener Punks die Polizei ausgesperrt und den Polizeihund verprügelt (!) hatten. Irgendwer muss in dieser hundstollen Stadt doch eine gewisse Distanz zu den süßen Viecherln bewahren!

Eine Wienwoche – Schüler aus den österreichischen Bundesländern absolvieren den Crashkurs Hauptstadt mit Theaterbesuch – machte den Deal endgültig klar. Da wurde aus dem Publikum zurückgeredet! Lautstark, während der Vorführung! Dialoge kommentiert, der Regisseur, die Schauspieler, der Autor geschmäht und/oder akklamiert. Völlig undenkbar wäre so etwas im Landestheater Linz gewesen, von Thomas Bernhard in ›Auslöschung‹ so treffend beschrieben.

Es dauerte bis Mitte der 1990er, bis Wien tatsächlich belebt und weiterführend erkundet wurde. Die Methode, sich die Stadt anhand ihrer Musikvenues zu erschließen, war so gut wie jede andere. Amerlingbeisl, Arena, Chelsea, E(rnst) K(irchweger)Haus, Flex, Porgy & Bess, Szene Wien, WUK: Eintrag für Eintrag am persönlichen Stadtplan. Dazu kamen als Musikarbeiter Lokale, in denen sich Musikmenschen gerne professionell oder gastronomisch aufhielten. Die Blue Box, diverse Kaffeehäuser, das Kent – lange Zeit eines der wenigen Restaurants, wo es spät/früh zu essen gab, noch heute den Besuch wert – oder das Funkhaus in der Argentinierstraße im vierten Bezirk. Lange koexistierten dort die programmatisch und musikalisch im Grunde unvereinbaren öffentlich-rechtlichen Radiosender Ö1, Ö3 und Radio Wien unter einem Dach. Kein schlechtes Bild für die oft bis zur Kompromisslosigkeit entwickelte Dialogfähigkeit der Wiener, aussagekräftig bis heute, wo der Mainstreamer Ö3 längst anderswo sendet und der ›Jugendsender‹ Radio FM4 dort seit schon seit dem Jahr 2000 on air und online manchmal tatsächlich einen Puls der Zeit fühlt.

Wenn gilt, wie der Schriftsteller Albert Drach schreibt, »dass in Österreich die

Vergangenheit nicht gleich aufhört, wenn die Gegenwart schon begonnen hat«, dann ist Wien in den 10er Jahren des dritten Jahrtausends westlicher Zeitrechnung (mein liebstes Stadtteilchen: stehengebliebene öffentliche Uhren!) die vielfältige Bestätigung dieses Gedankens: eine Metropole beständig im Fluss zwischen Heute und Gestern, zwischen zu bewahrenden, nicht umzubringenden Kernen und einem nicht mehr zu übersehenden und leugnenden Wachstum, ja sogar echtem (gesellschaftlichen) Fortschritt.

So nimmt es nicht Wunder, dass die meisten der genannten (Musik-) Lokale heute weiter existieren und keine kleine Rollen spielen für die Musikstadt Wien. Ergänzt um später eröffnete wie B72, Brut, Ost Klub, Fluc oder Rhiz, die ihrerseits schon wieder teils runde Jubiläen gefeiert haben, tragen sie zu einem großstädtischen Angebot bei, das einen befreundeten Journalisten der Wiener Stadtzeitung ›Falter‹ angesichts von 202 in seinem Bereich anzukündigenden Konzerten in einer Woche geplagt aufstöhnen ließ. Manche dieser Orte befinden sich an ihrem zweiten Standort, bewahren so Kontinuität und verändern sich doch, als würden sie sagen wollen: Nachjustieren geht – in Wien – immer.

Mit dem inzwischen gut etablierten Wiener Popfest ist die seit Jahren nachhaltig blühende Musikszene featuring ›Weltmusik‹ und ›Wiener Musik‹ im Wortsinn in der/einer Mitte der Stadt, am Karlsplatz, angekommen. Gleichzeitig beruht der in den Juli verschobene Termin auf Interventionen seitens des Konzerthauses und dessen prominenten und kapitalstarken Unterstützern. Was etwas über die ungebrochene Hegemonie bürgerlicher Kulturbegriffe und -wertigkeiten in einer rot-grün regierten Stadt aussagt.

Die Stadt um die Musik herum – oder zwischen der Musik? – ist an Lebenswert schwer zu toppen – selbst wenn mensch die Frage in Betracht zieht, wie gut es sich denn in anderen, eben nicht erlebten Städten leben ließe. Schon eine milde Form des Dérive, sich von den Zeichen Wiens anziehen und leiten zu lassen, führt auf erotischem, gastronomischem, kulturellem und zwischenmenschlichem Gebiet zu erstaunlichen Erlebnissen und Erkenntnissen. Fangen Sie halt nicht unbedingt am Stadtrand damit an.

Das touristische Programm – Böhmischer Prater, Riesenrad, kirchliches und historisches Wien, Wurstlprater – spult der hier lebende Mensch beiläufig mit den dann doch daran interessierten Besuchern ab, mitunter selbst baff erstaunt, wie imposant das alles ist. Wobei in Sichtweite von Schönbrunn lebend oder angesichts der prunkvollen Häuser am Ring der Gedanke nach dringend notwendiger Umverteilung nicht der abwegigste ist. So wie es reizvoll bleibt, den vielbeschworenen Wiener Grant als verinnerlichten Unwillen und Hader wider die Regierenden und Verhältnisse zu sehen. Als unveräußerliches Prinzip.

Rainer Krispel, 1967 in Linz geboren, ist der ›Musikarbeiter‹ von Wien. Zuletzt ist die Buchversion seines Online-Romans ›Der Sommer als Joe Strummer kam‹ erschienen.

Diskotheken

Flex, 1010, Am Donaukanal/Augartenbrücke 1, Tel. 01/5337525, www.flex.at; Mo–So 20–4 Uhr. Weltbekannte Underground-Location neben der U-Bahn-Station am Schottenring, wie geschaffen für die Lärmfraktion. Von Noise über Jungle bis Hardcore. Musikarbeiter Rainer Krispel meint: »Nicht mehr in dem Maße als Konzert-Location wahrgenommen, weil auch von DJ- und Club-Culture geprägt. Wenn aber alles zusammenspielt, immer noch ein und immer wieder für die ganz großen Abende gut.« (► Plan H-3)

Volksgarten, 1010, Burgring 1, Tel. 01/5324241, www.volksgarten-pavillon.at; Fr–Sa 23–6 Uhr. Wienbekannt im Volksgarte. Indoor, outdoor mit internationalen Musikergrößen. (► Plan G-5)

Passage, 1010, Babenberger Passage, Burgring 1/Ecke Babenbergerstraße, Tel. 01/96166770, www.club-passage.at; Di/Mi/Do ab 22, Fr/Sa ab 23 Uhr. Wien auf dem Weg zur Weltstadt. (► Plan G-6)

Why Not, 1010, Tiefer Graben 22, Tel. 01/9204714, www.why-not.at; Fr/Sa 22–4 Uhr. Gay Disco mit mehreren Dance Floors und angeschlossener Sportsauna. (► Plan H-4)

Platzhirsch, 1010 Wien, Opernring 11, Tel. 0664/88267202, www.platzhirsch.

Für die ganz großen Abende: das Flex

wien; Do–Sa 22–4 Uhr. R'n'B, Pop und Dance Hits ganz in der Nähe der Wiener Staatsoper. Chices Publikum. (► Plan H-6)

Auslage, 1160 Wien, Lerchenfeldergürtel 43, www.club-auslage.at; Fr und Sa 23–6 Uhr. Von der Londoner Zeitung ›Guardian‹ bzw. namhaften DJs zuletzt zu einem der besten 25 Clubs Europas gewählt. Na ja. Verstecken müssen sie sich in der Auslage nicht. Denn sie ist eine der Fixpunkte in der Wiener elektronischen Szene.

Titanic, 1010, Theobaldgasse 11, Tel. 01/5874758, www.titanic.at; Fr/Sa 23–6 Uhr. Ein Klassiker! Zwei Floors, eine Party: Funk, Soul, Rock, Pop. (► Plan G-6)

Praterdome, 1020, Riesenradplatz 7, Tel. 01/90811920, www.praterdome.at; Do–Sa 22–6 Uhr. Für die ganz Jungen! Mega-Disco neben dem Riesenrad. (► Plan L-3)

Tanzcafé Jenseits, 1060 Wien, Nelkengasse 3, Tel. 01/5871233, www.tanzcafe-jenseits.com; Di–Sa 20–4 Uhr. Der ›Falter‹ schreibt: »Sehr gemütliche Bar mit etwas verlebtem, rotem Brokat an den Wänden [...]. Täglich wechselnde DJ-Line.« (► Plan F-7)

Andino, 1060, Münzwardeingasse 2, Tel. 01/5876125, www.andino.at; Mo–Sa ab 17 Uhr. Hier gibt es nicht nur lateinamerikanische Musik, sondern auch Speisen, die an den Süden Amerikas erinnern. (► Plan E-7)

U4, 1120, Schönbrunner Straße 222, Tel. Tel. 01/81711920, www.u-4.at; Di–Sa 22–6 Uhr. Die alte Diskothek war jung und hübsch, als es den Falco in Wien noch gab. Heute ist auch der Türsteher nicht mehr der, der er einmal war. (U4 Hietzing)

Bollwerk, 1220, Wagramer Straße 79, Tel. 01/2034572, www.bollwerk.at; Do–Sa ab 21 Uhr. Wien-Filiale einer Mega-Disco-Kette, neben Donauzentrum und U1-Station Kagran. (► Karte S. 171)

Veranstaltungen, Feste, Festivals

■ Ballsaison

Der Kaiserball (wird neuerdings ›Le Grand Bal‹ genannt, www.legrandbal.at) tanzt zu Silvester in den Prunksälen der Wiener Hofburg ins neue Jahr. Mit ihm beginnt auch die Wiener Ballsaison. Bis zum Faschingsdienstag vergeht dann kein Wochenende ohne rauschende Ballveranstaltung, Höhepunkt ist traditionell der Wiener Opernball (www.wiener-staatsoper.at). (→ S. 316)

■ Januar

Eistraum Eislaufen in den ersten Wochen des Jahres auf dem hell beleuchteten Rathausplatz, auf dem großen Eis zwischen Rathaus und Burgtheater (www.wiener eistraum.com). Ein Wiener hat diesen Traum übrigens in den australischen Winter exportiert. Schöne Alternative: Der Wiener Eislaufverein zwischen Hotel ›Intercontinental‹ und Konzerthaus (www.wev.or.at).

■ März

Akkordeon-Festival Im März ist Wien inoffizielle Hauptstadt der Akkordeonspieler. Abend für Abend bittet Musikfreund Friedl Preisl, Erfinder und Organisator des Wiener Akkordeon-Festivals, Wiener und Nicht-Wiener Formationen auf die Bühnen von ausgewählten Wirts- und Kaffeehäusern, Kultur- und Szene-Lokalen (www.akkordeonfestival.at).

■ April

Biker-Festival Bald nach den Eisläufern kommen die Radhändler und Rad-Lobbyisten auf den Rathausplatz, um hier ihren Saisonauftakt zu feiern (www.bikefestival.at).

Wien-Marathon Sehr vernünftig, dass der Wien-Marathon jetzt schon im April gelaufen wird, weil die Wahrscheinlich-keit eines 30-Grad-Celsius-Sonntages da noch relativ gering ist (www.vienna-marathon.com).

Vienna Blues Spring Seit 2009 fixer Termin im Kalender der Freunde des gepflegten Blues. Beginnt schon im März, endet Ende April. Die Konzerte finden auf feinen, über die Stadt verteilten Bühnen statt (www.viennabluesspring.org).

Wiener-Lied-Festival Und gleich noch ein Frühjahrsfestival der Musik! ›Wean hean‹ (= Wien hören) ist längst eine große Bühne für das traditionelle und auch das modern interpretierte Wiener Lied (www.weanhean.at).

Lange Nacht der Forschung So spannend kann Wissenschaft sein, auch in Wien (www.lnf.at)! Ende des Monats.

■ Mai

Maiaufmarsch Am 1. Mai, dem Tag der Arbeit, marschieren jene, die dem Roten Wien nahe stehen, immer noch durch die Stadt – zur gemeinsamen Versammlung auf dem Rathausplatz. Der Maiaufmarsch war früher eine Machtdemonstration der sozialdemokratischen und kommunistischen Arbeiter, heute wirkt er mehr wie ein Folklore-Event (www.spoe.at/termine/maiaufmarsch).

Modepalast Anfang Mai kommen Designer aus aller Welt in das MAK, der sich kurzfristig in die größte temporäre Boutique des Landes verwandelt, um dort ihre aktuellen Kollektionen zu zeigen (www.modepalast.com).

Life Ball Im und vor dem Rathaus. Inzwischen ein internationaler Event, zu dem Stars und Sternchen mit einem eigenen Partyjet aus Hollywood eingeflogen werden. Gesellschaftliches Großereignis in Wien, auch ein Zeichen der Solidarität. Der Reinerlös kommt Projekten der Aids-Hilfe zugute (www.lifeball.org).

Soho in Ottakring Auf dem Yppenplatz und nicht ausschließlich dort. Das Festival ›Soho in Ottakring‹ bietet Performances, Ausstellungen, Workshops, Konzerte, Installationen und Inszenierungen im öffentlichen Raum (www.sohoinottakring.at).

Genussfestival im Stadtpark Am Muttertagswochenende mutiert der Stadtpark zum ›Feinkostladen made in Austria‹ (www.genuss-festival.at).

Festwochen Hoch-Zeit für alle Freunde der Kunst: Jeden Abend gibt es für sie in der Stadt was zu hören und zu sehen (www.festwochen.at).

Donauinselfest Meist Ende Juni zeigt die regierende Sozialdemokratie, was sie unter Kultur versteht. Die Donauinsel (→ S. 171) wird ein Wochenende lang zur großen Bühne für Musikanten aller Genres. Der Eintritt ist frei (www.donauinselfest.at).

■ Juni/Juli

Kinofilme unter freiem Himmel werden im Sommer an mehreren Orten der Stadt gezeigt: Auf dem Karlsplatz läuft das ›Kino unter Sternen‹; auf dem Rathausplatz erklingen aus den Lautsprechern Töne von Klassik bis Rock zu Opern- und Konzert-Filmen; in einem Schlosspark in Simmering wird Kino im Schloss geboten; als Wanderkino zieht das Volkkino bis Mitte September durch die Stadt (www.sommerkino.at).

Popfest Vor der Karlskirche wird an einem Wochenende Ende Juli hör- und erlebbar, wie unterschiedlich in Wien die Popmusik interpretiert wird (www.popfest.at).

Silent Music Mit diesem leisen Konzertreigen (So ab 18 Uhr) im Gastgarten der Bunkerei antwortet Wien allen Blockwarten der Stadt. (www.bunkerei.at).

Tanzfestival Von Mitte Juli bis Mitte August gibt sich die internationale Tanz-Elite in Wien ein Stelldichein. Die Veranstaltungsreihe ›ImPulsTanz‹ lädt in die schönsten Theaterhäuser Wiens und bietet dort viele verschiedene Produktionen – neben Performances auch Workshops (www.impulstanz.com).

Wiener Bezirkswochenfestival Vom 1. Juni im ersten bis zum 23. Juni im 23. Bezirk (www.wirsindwien.com).

■ August

Gürtel Nightwalk Ein letzter Fixstern im musikalischen Wiener Sommer: Das nächtliche Wandern von einem Gürtellokal zum nächsten, mit Musikbeschallung von mehreren Open-Air-Bühnen (www.guertelnightwalk.at).

■ September

Vienna Fashion Week Mitte September sind während der Vienna Fashion Week im Museumsquartier viele Modeschauen und Ausstellungen zu sehen (www.mqviennafashionweek.com).

Vienna Design Week Ende September dann die Vienna Design Week an unterschiedlichen Schauplätzen in Wien, das derzeit größte Designfestival des Landes (www.viennadesignweek.com).

blickfang Wien Nur zwei Wochen nach der Vienna Design Week die internationale Designmesse im Museum für Angewandte Kunst (www.blickfang.com).

■ Oktober

Wien im Rosenstolz Im Oktober bietet Nuschin Vossoughi den modernen Interpreten des Wiener Lieds in in ihrem entzückenden Theater am Spittelberg eine wunderbare Bühne: Sehenswert, hörenswert, lobenswert (www.rosenstolz.at).

Viennale Das 14-tägige Vienna International Film Festival startet Ende Oktober. Es ist nicht so global und glamourös wie die Berlinale, Cineasten haben aber auch hier ihre Freude. Und das seit mehr als

50 Jahren. Die Festivalzentrale wurde in der alten Postzentrale in der Postgasse eingerichtet (www.viennale.at).

■ November

Wien modern Wie die Zeit vergeht: Dieses Festival für Musik der Gegenwart, das Anfang November beginnt, ist auch schon ein Vierteljahrhundert alt (www.wienmodern.at)!

Fest der Pferde Traditionell verwandelt sich die Wiener Stadthalle Anfang November in eine große Arena für Sprung- und Dressur-Reiter (www.wiener-pferdefest.at).

Vienna Art Week Künstler, Kunstsammler, Kuratoren, Kritiker und Kunstinteressierte finden zusammen (www.viennaartweek.at).

Lesefestwoche Eine ganze Woche steht im Zeichen der Literatur: Mit Lesungen überall in der Stadt und der Buch-Messe auf dem Wiener Messegelände (www.buchwien.at).

Voicemania Viele Stimmen und Musikinstrumente sind beim A-capella-Festival zu hören, von Pop, Rock, Jazz, Swing, World, Comedy, Beatbox bis zu Entertainment geboten (www.voicemania.at).

Klezmore-Festival Klezmer-Musik vom Feinsten (www.klezmore-vienna.at).

■ Dezember

Christkindlmärkte Im Dezember verwandelt sich die Stadt in einen großen Christkindlmarkt. Kein größerer Platz, der nicht von den Punsch- und Kitsch-Verkäufern besetzt wird. Wer die Wahl hat, hat die Qual: Auf dem Rathausplatz der größte, auf der Freyung der ursprünglichste, auf dem Spittelberg der grün-alternativste, vor der Karlskirche der urbanste, vor Schloss Schönbrunn der wahrscheinlich ruhigste (www.wien-konkret.at/einkaufen/wiener-weihnachtsmaerkte).

Musikalischer Adventkalender Ein Wiener Schmankerl der besonderen Art ist der Musikalische Adventkalender von Friedl Preisl. Der organisiert seit einigen Jahren eine Tour durch die Wiener Bezirke bzw. durch die Adventzeit. Diese startet jeweils am Abend des 1. Dezember in einem Wirtshaus im 1. Bezirk und endet am Abend des 23. Dezember in einem Wirtshaus im 23. Bezirk. An jedem Abend in einem anderen Bezirk treten jeweils zwei moderne Wiener Formationen auf (www.wienerlied-und.at).

Silvesterpfad Ab dem frühen Nachmittag des 31. Dezember bis in die Morgenstunden des 1. Januar wird auf einer Partymeile, die durch die Innenstadt führt, der Jahreswechsel ausgiebig gefeiert (www.wien-konkret.at/veranstaltungen/events/silvester/).

■ F13

Das närrische Volksfest der Armen und Ausgeschlossenen im reichen Wien findet an jedem Freitag, dem Dreizehnten statt. Die ganze Stadt kann dabei – oft unfreiwillig – zur Bühne werden (www.f13.at).

Einkaufen

Vienna Fashion Stores

Abgesehen vom international angesehenen Designer Helmut Lang hat Wien in Sachen Mode keinen Ruf zu verteidigen. Und doch gibt es mehrere Fashion Stores in der Stadt, die man modebewussten Besuchern mit gutem Gewissen empfehlen kann. Die Wiener Modejournalistin und Buchautorin Nicole Adler dazu: »Wien hat in den letzten Jahren so etwas wie eine zweite Geburt erlebt. Die Stadt pulsiert wieder und verändert sich laufend.«

Vienna Fashion: Wien zählt international nicht zu den Top-Adressen

Schella Kann, 1010, Spiegelgasse 15, Tel. Tel. Tel. 01/9972755, www.schella-kann.at; Mo–Fr 11–18, Sa 11–17 Uhr. Anita Aigner und Gudrun Windischbauer gelten als Wegbereiterinnen und Wegbegleiterinnen der Wiener Modeszene. Feminine, minimalistische Mode, ausgewählte Leder- und Strickteile. (► Plan H-5)

Inked, 1010, Bauernmarkt 15, Tel. 01/5337788, www.inked.at; Fr 10–18.30, Sa 10–18 Uhr. Der kleine feine Shop von Nicole Dohle führt eine ganze Reihe von internationalen Marken, vor allem US-Designerlabel. (► Plan H-4)

Mühlbauer, 1010, Seilergasse 10, Tel. 01/5122241, www.muehlbauer.at; Mo–Fr 10–18.30, Sa 10–18 Uhr. Hutmacher seit mehr als 100 Jahren. Die Geschwister Klaus und Marlies Mühlbauer fertigen ihre Kopfbedeckungen mit Humor und Detailreichtum an. Ihre Hut-Unikate werden auch in Hollywood getragen. Zudem gibt es ganz coole Kappen. (► Plan H-5)

Nina Peter–Hautnah, 1010, Kärntner Durchgang 10, Tel. 01/5224889, www.ninapeter.com; Mo–Fr 10–19, Sa 10–17 Uhr. Kate Moss und Kylie Minogue lieben ihre Taschen, Lady Gaga trägt ihre Handschuhe – echte Hingucker aus der österreichischen Accessoire-Landschaft. Zuvor oder danach eventuell auf einen Drink nebenan in die Loos-Bar? (► Plan H-5)

Renate Asenbaum, 1010, Tuchlauben 12, Tel. 0676/4046009; Mo–Fr 13–18, Sa 11–16 Uhr. In dem winzigen Shop auf der Tuchlauben gibt es wunderbaren Vintage-Schmuck und rare antike Accessoires. Kleines Juwel mitten in der Stadt. (► Plan H-4)

Rudolf Scheer & Söhne, 1010, Bräunerstraße 4, Tel. 01/5338084, www.scheer.at, Mo–Fr 10–18.30, Sa 10–17 Uhr. Hier werden elegante Maßschuhe nach alter Tradition hergestellt, Markus Scheer tritt als bereits 7. Generation vor seine Kunden. (► Plan H-5)

The 6th Floor, 1010, Kärntner Straße 19, Tel. 01/930560, www.kaufhaus-steffl.at; Mo–Fr 10–20, Sa 9.30–18 Uhr. Schuhe, die den Frauen Beine machen, im 6. Stock des ehrwürdigen Kaufhauses Steffl. (► Plan H-5)

Anita Münz, 1010, Bauernmarkt 11, Tel. 01/5338845, www.anita-muenz.at; Di–Fr 11–18.30, Sa 11–17 Uhr. Neu.

Ketten, Ohrschmuck, Broschen, Ringe, Armreifen, Haarspangen: Schöner Schmuck, speziell aus Horn. Anita Münz achtet mehr auf die Ausführung denn auf aktuelle Moden. (► Plan H-4)

Song, 1020, Praterstraße 11–13, Tel. 01/5322858, www.song.at; Mo–Fr 10–19, Sa 10–18 Uhr. Einer der schönsten Shops in Wien. Taschen und Schuhe von Walter van Beirendonck und Kollegen, dazu eine Galerie mit wechselnden Künstlern und ausgefallenen Möbelentwürfen. (► Plan J-4)

FLO Vintage, 1040, Schleifmühlgasse 15a, Tel. 01/5860773, www.flovintage.com; Mo–Fr 10–18.30, Sa 10–15.30 Uhr. Nostalgische Mode, museale Kostbarkeiten von den 1910er bis zu den 1960er Jahren. (► Plan G-7)

Nachbarin, 1060, Gumpendorfer Straße 17, Tel. 01/5872169, www.nachbarin.co.at; Mo 12–18.30, Di–Fr 11–18.30, Sa 11–16 Uhr. Ambitionierter Laden, der internationale Avantgardemode und Newcomer nach Wien bringt. (► Plan G-7)

Park, 1070, Mondscheingasse 20, Tel. 01/5264414, www.park.co.at; Mo–Fr 10–19, Sa 10–18 Uhr. Multibrand-Store mit zeitgenössischer Mode für Damen und Herren. Hier gibt es auch die österreichischen Labels Edwina Hörl, Labels Fabrics Interseason sowie Awareness & Conciousness. (► Plan E-6)

Lena Hoschek Flagship Store, 1010, Goldschmiedgasse 7a, Tel. 050/309200, Mo–Fr 10–19, Sa 10–18 Uhr, www.lenahoschek.com. Luxusladen der Grazer Vivienne-Westwood-Schülerin Lena Hoschek. (► Plan H-5)

■ **Wiener Designer**
Für alle, die Wiener Designer und Designerinnen in deren Ateliers kennenlernen möchten, hat Insiderin Nicole Adler weitere wertvolle Tipps. Die jungen Modeschöpfer sind gut ausgebildet und trotz ihres Standortnachteils auch international vernetzt.

Anna Aichinger, 1010, Weihburggasse 16/3, Tel. 0699/12000150, www.annaaichinger.com. Anna Aichinger designt – zu Wien passend – für ›Heldinnen der gegenwärtigen Zukunft‹. Ihr Stil: puristisch mit einem modernen Sex-Appeal. (► Plan I-5)

Wendy & Jim, 1030, Radetzkystraße 22/15/DG, www.wendyjim.com. Helga Schania und Hermann Fankhauser haben sich mit Modeperformances, Installationen und ihren selbstbewussten puristisch-radikalen Kollektionen einen Namen gemacht. (► Plan K-4)

AND_i, 1030, Hohlweggasse 11/2, Tel. 0664/2246286, www.and-i.net. Der Goldschmied und Bildhauer Andreas Eberharter hat mit seinem Modeschmuck Stars wie Beyoncé oder Lindsay Lohan ausgestattet. Seine Metallaugenklappen

Wiener Design versteckt sich oft im Detail

sind im Video ›Paparazzi‹ von Lady Gaga zu sehen. (► Plan J-8)

superated, 1040, Margaretenstraße 46, Tel. 0699/17095882 oder 9456272, www.superated.com. Peter Holzinger und Christian Moser machen Mode für Männer, die Lust auf Humor und Diversität in ihrer Erscheinung haben. Hochwertige Stoffe, faire Produktionsbedingungen, gutes Preis-Leistungs-Verhältnis. Auch Frauen werden in ihrem Shop fündig. (► Plan G-8)

Elfenkleid, 1040, Margaretenstraße 39, Tel. 01/2085241, www.elfenkleid.com, Di–Sa 11–18 Uhr. Eine Abendrobe, Haute couture in allen Konfektionsgrößen oder gar ein maßgefertigtes Hochzeitskleid aus Wien? Die beiden Designerinnen Annette Prechtl und Sandra Thaler sind inzwischen auch in München gelandet. (► Plan G-8)

Peter Weisz, Beingasse 23, Tel. 01/6985367, www.peterweisz.at. Wiener Kultschneider. Maßanfertigungen mit Cutting-Edge-Appeal vom Anzug bis zum Hochzeitskleid. (► Plan F-6)

Ute Ploier, 1050, Rüdigergasse 8/3, Tel. 01/9431256, www.uteploier.com. Der Name Ute Ploier steht für Männermode auf höchstem Niveau und einen

Einen ›Louis‹ hat Wien nur als x-ten Ableger, dafür viele geheime Talente

puristischen Stil in ihren Kollektionen. (► Plan F-8)

Petar Petrov, 1020, Praterstraße 33/20, Tel. 0699/10138447, www.petarpetrov.com. Petrovs Kollektion zeichnet sich durch größtmögliche Reduktion und tolle Materialien wie Känguruhleder aus. Er designt eine ebenso moderne Männer-Garderobe wie Frauen-Linie. (► Plan J-3)

Susanne Bisovsky, 1070, Seidengasse 13/6, Tel. 0699/11176755, www.bisovsky.com. Die Helmut-Lang-Schülerin stellt das Dirndl in einen modernen Kontext. Auch ihr Salon ist eine Augenweide. Eingelassen wird allerdings nur, wer angemeldet ist. (► Plan D-6)

Souvenirs

Dieser Abschnitt soll all jenen dienen, die bei der Beschaffung von Souvenirs gezielt vorgehen möchten oder wenig Zeit zum Schlendern und Shoppen haben. Und weil Wien am Wochenende im Wochenende weilt und daher keine Zeit für Touristen hat, wurde auch der eine oder andere Museumsshop in die Liste aufgenommen. Keine Angst, es gibt dort inzwischen weit mehr als Bildbände und Ausstellungskataloge.

Buchcabinet Lia Wolf, 1010, Sonnenfelsgasse 3, Tel. 01/5124094, www.wolf.at, Mo–Fr 10.30–18.30, Sa 10.30–17 Uhr. Wiens kleine feine Buchhandlungen erwecken speziell bei Deutschen nostalgische Gefühle. Lia Wolfs versteckte Bücheroase im ersten Stock eines Uralt-Wohnhauses sei hier stellvertretend für alle anderen angeführt. Fast alle Wiener Buchhandlungen mit einem Klick unter: www.ihrbuchhateingesicht.at. (► Plan I-5)

Dorotheum, 1010, Dorotheergasse 17, Tel. 01/51560570, www.dorotheum.com; Mo–Fr 10–18, Sa 9–17 Uhr. Im Stammhaus des Dorotheums begrüßt

Die süßeste Versuchung, seit es Wien gibt: Manner-Schnitten sind ein echter Bringer

man mit stolzer Brust: ›Willkommen im größten Auktionshaus in Kontinentaleuropa.‹ Tatsächlich sind hier gut 100 Experten in 40 verschiedenen Sparten am Werk. Gegründet wurde das Wiener Dorotheum übrigens von Kaiser Franz I. 1707 als ›Versatz- und Fragamt zu Wien‹. Tipp: Pro Jahr werden in diesem neobarocken Gebäude im Ringstraßenstil rund 600 Auktionen und vier Auktionswochen organisiert, alle Termine sind auf der Homepage aufgelistet. (► Plan H-5)

Sachertorte, 1010, Philharmonikerstraße 4, Tel. 01/514560, www.sacher.com; Mo–So 8–24 Uhr. Im Café Sacher eine Melange schlürfen und ein Stück Sachertorte genießen – ein Wiener Klassiker. Die Original-Sacher-Torte in der dekorativen Holzschachtel zum Mitnehmen gibt es auch im Shop ums Eck in der Kärntner Straße. (► Plan H-6)

Maßschneider, 1010, Graben 13, Tel. 01/5122119, www.knize.at, Mo–Fr 10–18.30, Sa 10–17 Uhr. Gruß vom Star-Architekten Adolf Loos, der diesen Schneidersalon im Jahr 1913 geplant hat. Knize war k. u. k. Hoflieferant, hat aber auch

Blusen für Marilyn Monroe, Anzüge für Marlene Dietrich und Skihosen für Josephine Baker geschneidert. (► Plan H-5)

Trachten, 1010, Schottengasse 3a, Tel. 01/5335331, www.tostmann.at; Mo–Fr 10–18, Sa 10–17 Uhr. Maßgeschneiderte Dirndl vom Alltags- bis zum Hochzeitsdirndl. (► Plan G-4)

Wäsche, 1010, Am Graben 26, Tel. 01/5355356, www.schwaebische-jungfrau.at; Mo–Fr 10–18.30, Sa 10–17 Uhr. ›Zur Schwäbischen Jungfrau‹ – das älteste Wäschegeschäft Europas auf dem Graben bietet seit dem Jahr 1720 Luxus und Qualität, unter anderem maßgeschneiderte Bettwäsche mit eigenem Monogramm, nach Original-Vorlage die Hochzeitsbettwäsche von Kaiserin Sisi oder handgefertigte Tischtücher mit echten Goldstickereien. Für jede finanzielle Liga, die Palette der Angebote reicht von 250 bis 10 000 Euro. (► Plan H-5)

Sisi Vienna Fashion, 1010, Annagasse 11, Tel. 0664/9255666, www.sisi-vienna.at; Mo–Mi 11–18, Do–Sa 10–19 Uhr. Wenn eine Frau Sissy Schranz heißt, und wenn sie sich für neu interpretierte traditionelle Wiener Mode begeistern kann, muss sie fast in Stephansplatz-Nähe einen solchen Salon eröffnen. Was gibt es Schöneres als ein Kaiserinnenkleid! (► Plan H-6)

Keks-Fabrik, 1020, Dr. Natter-Gasse 6, Tel. 01/7291717 oder 0699/81169446, www.kexfabrik.at; Öffnungszeiten nach Vereinbarung. Hier gibt es den Stephansdom zum Mitnehmen. Auch Keksformen von Kaiserin Sisi oder den Herren Mozart oder Sigmund Freud werden in der Keksfabrik hergestellt. (U2 Stadion)

Salmbräu, 1030, Rennweg 8, Tel. 01/7995992, www.salmbraeu.com, Mo–So 11–24 Uhr. Wien hat wunderbares Wasser und absolut trinkbares Bier, zum Beispiel das Salmbräu (wird bereits seit 1717 am Rennweg neben dem Schloss Belvedere gebraut). Hier trifft das traditionelle auf das moderne Wien. Denn der gleichnamige Anlagenbauer liefert seine Kleinbrauereien inzwischen in die ganze Welt. Neben kalorienreicher Hausmannskost gibt es in der alten Brauerei auch eine ganze Reihe von Mitbringseln, vom Humpen bis zur Flasche. (► Plan I-7)

Wien Museum Shop, 1040, Karlsplatz 8, Tel. 01/5058747-84071, www.wienmuseum.at, Di–So 10–18 Uhr. Vielleicht ein Türschild mit Peter Altenbergs Bonmot ›Ich bin heute ausnahmslos für niemanden zu sprechen‹? Oder doch ein feines Wien-Buch als Erinnerung, eine CD oder DVD? Gute Adresse auch für Wien-Liebhaber. (► Plan H-7)

Chocolaterie Pâtisserie Fruth, 1050, Wiedner Hauptstraße 114, Tel. 01/5810192, www.fruth.at, Di–Fr 11–19, Sa 9–15 Uhr. Gaumenfreuden vom Meister Eduard A. Fruth – eine der süßesten Versuchungen, seit es in Wien Schokolade gibt. (► Plan G-9)

Henzls Ernte, 1050, Kettenbrückengasse 3/2, Tel. 0676/7552526, www.henzls. at, Di–Fr 13–18, Sa 9–17 Uhr. Einge-kochtes und Eingelegtes von Gertrude Henzl. Die ›Frau mit Geschmack‹ verarbeitet alte Gemüse- und Obst-Sorten sowie eigenhändig gesammelte Wald- und Wiesenkräuter. Die Gustostückerln sind auch liebevoll verpackt. (► Plan G-7)

Porzellan-Laden, 1040, Margaretenstraße 35, Tel. 01/9540918, www.feinedinge. at, Mo–Mi 10–18, Do/Fr 10–19.30, Sa 10–18 Uhr. Sandra Haischbergers Label ›feinedinge*‹ bietet im Herzen Margaretens modernes Porzellan. Die Kollektion umfasst betont minimalistisch designtes, funktionales Geschirr, Wohnaccessoires und Leuchtobjekte. (► Plan G-7)

Wiener Bezirksimker, 1050, Arbeitergasse 6, Tel. 0699/14003663; www. bee-coop.at. Natürliches Souvenir, schöne Geschichte: Dr. Matthias Kopetzky ist eigentlich Ökonom, Unternehmensberater und gerichtlich beeideter Sachverständiger. Doch lieber besinnt er sich einer alten Tradition in seiner Familie. Seine Bienen leben in (fast) allen Bezirken! (► Plan E-10)

Confiserie zur Lerche, 1080, Lerchenfelderstraße 112, Tel. 01/4064458, www.confiseriezurlerche.com; Mo–Fr 9–18.30; Sa 9–14 Uhr. Tradition seit 1913, Wiener Zuckerlgeschäft vom alten Schlag. (► Plan D-5)

Unikate, 1080, Josefstädter Straße 40, Tel. 01/4086613, www.unik.at; Mo–Fr 10–19, Sa 10–14 Uhr. Modern eingerichtete Galerie von unik.at, einem Verein zur Berufsintegration von behinderten Menschen. Hier wird Kunsthandwerk verkauft, das von Klienten gemeinsam mit österreichischen Malern und Bildhauern geschaffen wird. Die Palette reicht von Schneidbrettern bis zu Schmuck. Die Einnahmen aus dem Verkauf kommen dem Verein zugute. (► Plan E-4)

Kräuter-Drogerie, 1080, Kochgasse 34, Tel. 01/4054525, www.kraeuterdrogerie.at, Mo–Fr 9–18, Sa 9–13 Uhr. Hier

wird jahrhundertealtes Wissen aus dem alpinen und pannonischen Raum in kleine Säckchen gepackt und unter die Leute der Josefstadt gebracht. (► Plan E-4) **Urban Tool**, 1150, Reindorfgasse 36, Tel. 01/8920303, www.urbantool.com, Mo–Fr 9–17 Uhr. In der Vorstadt, an der äußeren Mariahilfer Straße, ein Geheimtipp für Urbanisten. Moderne, funktionale Taschen und Accessoires, die sich auch im Export gut machen (► Plan L-9). Zentrumsnah der Brand shop: 1050, Margaretenplatz 3. (► Plan F-8)
Manner-Schnitten-Fabriksverkauf, 1170, Wilhelminenstraße 6, Tel. 01/488223770, www.manner.at, Mo–Do 9–17, Fr 9–14. Die Manner-Schnitte im handlichen Format 47x17x17 mm ist und bleibt ein süßes Stück Wien. Natürlich kann man die Manner-Schnitten im schicken Shop am Stephansplatz Nr. 7 erwerben. Wirkliches Manner-Feeling vermittelt aber nur der ›Werksverkauf‹ neben der Einfahrt zur Manner-Schnitten-Fabrik in Hernals. (► Plan A-3)
Schneekugel-Manufaktur, 1170, Schumanngasse 87, Tel. 01/4864341, www.schneekugel.at. Die Original-Wiener Schneekugeln von Erwin und Sabine Perzy werden in einer Hinterhof-Manufaktur in Hernals hergestellt. Wenn man vorher anruft und Vater Erwin oder Tochter Sabine ganz lieb bittet, führen sie Besucher auch durch das angeschlossene Schneekugel-Museum. (► Plan C-2)

Meister-Betriebe

Die ›Meisterstrasse‹ ist eine Errungenschaft des zwischen Wien und Hamburg pendelnden Ehepaars Nicola und Christoph Rath. Sie führt als Dachmarke und Netzwerk inzwischen durch Österreich, Deutschland, Holland, die Schweiz und Ungarn – zu ausgewählten Meister-Betrieben, die ihr Handwerk verstehen und eine alte Tradition vor dem Verges-

Wiener Schneekugeln von Sabine Perzy

sen retten, oft auch neu interpretieren. Für Interessierte gewähren auch Wiener Meister Einblicke ihn ihre Arbeit. Im Folgenden sind zwölf besonders empfehlenswerte Betriebe angeführt und kurz beschrieben. Die Raths stellen auf Anfrage auch gerne eine kleine Tour zusammen (Infos: www.meisterstrasse.at). Man kann die Betriebe aber auch zu den angegebenen Öffnungszeiten auf eigene Faust besuchen.
Hemden-Maßschneider, 1010, Spiegelgasse 9, Tel. 01/5128845, www.venturini.at; Mo–Fr 10–18, Sa 10–17 Uhr. Signore Gino Venturini und sein Sohn Eugen gelten als erste Adresse in Wien. Ihre maßgeschneiderten Hemden trägt unter anderem, wer in in dieser Stadt zur feinen Gesellschaft gezählt werden möchte. (► Plan H-5)
Stickerin, 1010, Hofburg-Passage 2, Tel. 01/5336098, www.maria-stransky.at; Mo–Fr 9–18, Sa/So 10–17 Uhr. Maria Stransky bestickt mit viel Fein- und Kunstgefühl Necessaires, Geldbörsen, Täschchen und Bilder. (► Plan H-5)

Glas- und Luster-Manufaktur, 1010, Kärntner Straße 26, Tel. 01/5120508, www.lobmeyr.at; Mo–Fr 10–19, Sa 10–18 Uhr. Andreas, Leonid und Johannes Rath führen das 1823 gegründete Unternehmen J. & L Lobmeyr bereits in 6. Generation. In ihrer Manufaktur in der Kärntner Straße wurden u. a. die Luster für die New York Metropolitan Opera, aber auch Entwürfe des Wiener Architekten Adolf Loos realisiert. Heute werden edle Trinkgläser, Beleuchtungskörper und Kristallluster individuell gefertigt. (► Plan H-5)

Wiener Silber Manufactur, 1010, Spiegelgasse 14, Tel. 01/5130500, www.wienersilbermanufactur.com; Mo–Fr 10–18, Sa 10–17 Uhr. Die Silberschmiede Reinhard Söbbing, Antonio Umani und Karl Schmidt fertigen Souvenirs aller Art. Ein Leckerbissen: Die Kolo-Moser-Dose, die Neuauflage einer Zuckerdose von 1902 nach den Entwürfen von Koloman Moser. Dieses war das erste

Weihnachtsgeschenk von Gustav Mahler für seine in Wien sehr begehrte Frau Alma. (► Plan H-5)

Schmuck-Designerin, 1010, Bösendorferstraße 4/3/15, Tel. 0664/4498366, www.meisterstrasse.at/p.tudosze; Di–Fr 11–18, Sa 11–17 Uhr.. Patricia Georgia Tudosze hat sich ein besonders extravagantes Souvenir für Wien ausgedacht: Der ›Di Vienna‹ ist ein goldener Pflasterstein en miniature mit Diamantbesatz. Als Vorbild diente ihr ein zerfurchter Stein aus dem antiken Straßenbelag. (► Plan H-5)

Porzellanmanufaktur, 1020, Obere Augartenstraße 1a, Tel. 01/21124200, www.augarten.at; Führungen ohne Voranmeldung Mo–Do um 10.15 und 11.30 Uhr. Augarten-Porzellan ist längst eine angesehene Wiener Marke. Der Hofkriegsagent Claudius Innocentius du Paquier (1679–1751), ein Ehrenmann aus Trier, erhielt am 27. Mai 1718 von Kaiser Karl VI. ein kaiserliches Privileg, innerhalb

Seifensiederin Sonja Baldauf bietet Führungen durch ihre Manufaktur an

der Kronländer Porzellan herzustellen. Dafür wurden gleich mehrere Meister in der Herstellung von Porzellanfarben aus der Manufaktur in Meißen abgeworben. Neben den historischen Vorbildern werden heute auch moderne Formen im Augarten hergestellt. (► Plan I-2)

Schilder-Manufaktur, 1020, Aspernbrückengasse 4, Tel. 01/7108900, www. meisterstrasse.at/a.lechner; Mo–Fr 10–18 Uhr. Albert Lechner bemalt seine Schilder aus Holz und Metall selbst – historische Zunft- und Wappenschilder ebenso wie humorvolle Sujets. (► Plan J-4)

Seifen-Manufaktur, 1030, Hintzerstraße 6, Tel. 01/7153171, www.wienerseife.at; Mo–Fr 10–18, Sa 10–16 Uhr. Seifenmeister Wladyslaw Stopa siedet nicht weit vom Rochusmarkt entfernt wunderbar duftende Seifen. Die geschäftstüchtige Inhaberin Sonja Baldauf versteht es ganz ausgezeichnet, für die Naturseifen die Werbetrommel zu rühren. (► Plan K-6)

Atelier Goldrichtig, 1040, Goldeggasse 21, Tel. 01/3302466, www.goldrichtig. co.at; Termine nach Vereinbarung. Waltraud Luegger vergoldet und staffiert in ihrem Atelier in der Goldeggasse (nomen est omen) mit großer Hingabe historische Bilderrahmen, Stühle, Tische und Kerzenständer. Und davon gibt es in Wien noch immer eine ganze Menge. Sie arbeitet für die ersten Adressen der Stadt, vom Hotel ›Sacher‹ bis zum Schloss Schönbrunn, gern aber auch für Privatkunden. (► Plan I-8)

Steinrestaurator, 1130, Maxingstraße gegenüber 40, Tel. 01/8771650, www.meisterstrasse.com/steinbildhauer-schmeiser; Mo–Fr 7.30–16.30 Uhr. Martin Schmeiser ist Handwerker, Künstler und Magier in einer Person. Seine Arbeit kann man an vielen historischen Gebäuden der Stadt bewun-

dern. Sein Leitspruch: ›Steine erheben den Anspruch auf Ewigkeit. Wir helfen ihnen dabei, diesem gerecht zu werden.‹ (► Karte S. 153)

Kunstspengler, 1140, Cumberlandgasse 24, Tel. 01/9820199, www.kyral.at; Mo–Do 7.30–16.30, Fr. 7.30–14 Uhr. Ludwig Kyral bearbeitet nicht weit vom Schloss Schönbrunn entfernt kunstvoll und traditionsbewusst Buntmetalle wie Kupfer, Messing oder Zink – und das in vierter Generation. (S45 Penzing)

Messerkönig, 1150, Sechshauser Straße 10, Tel. 01/8934172, www.messerkoenig.at; Mo–Do 9–12 und 14.30–18, Fr 9–18, Sa 9–12 Uhr. Bernd Hofbauer stellt nicht nur Jagd-, Outdoor-, Survival-, Klapp-, Küchen-, Rasier- und Fixiermesser her. Sein Metier sind auch Macheten, Äxte, Scheren und sogar Samuraischwerter. Und er schleift natürlich auch gerne Klingen. (► Plan C-9)

Märkte

Wien hat 2 große und 20 kleinere Märkte; nicht alle haben Charme. Das weiß Angelika Herburger, eine Deutsche, die in Wien lebt und als intime Kennerin der Wiener Marktszene gilt. Die allgemeinen Marktzeiten sind in Wien noch immer einigermaßen streng vom Marktamt geregelt: Mo–Fr 6–19.30, Sa 6–17 Uhr. Weitere Informationen: www. wien.gv.at/kontakte/ma59/ bzw. Tel. 01/400059210.und Tel. 01/40008090. Im Folgenden jene Märkte, die man guten Gewissens empfehlen kann.

Karmelitermarkt, 1020, im hippen Karmelierviertel zwischen dem Werd und der Leopoldsgasse gelegen, ganz in der Nähe vom Donaukanal. Der Markt für die Neu-Bohemians von Wien. Hier nippt man lässig Café latte, kauft je nachdem biologisch oder koscher ein, samstags auch im Slow-Food-Corner. Der Preis für das Ende der Schäbigkeit: Der nach

Schinken, Schmalz, Grammeln: Der Naschmarkt gilt als der ›Bauch von Wien‹

1945 jahrzehntelang unschicke Markt ist verdammt teuer geworden. (► Plan I-3)
Volkertmarkt, 1020, zwischen Ruepp- und Pazmanitengasse gelegen, damit deutlich weiter entfernt vom Donaukanal und vom Zeitgeist. Quasi das Pendant zum Karmelitermarkt. Der Volkertmarkt wirkt wilder, weniger aufgeräumt, weniger frisiert, weniger aufgedonnert, uriger. (► Plan J-2)
Naschmarkt, 1040 bzw. 1060, erstreckt sich vom Verkehrsbüro bis zur U-Bahn-Station Kettenbrückengasse, zwischen der Rechten und der Linken Wienzeile. Mit 120 fixen und 40 temporären Ständen (für den Bauernmarkt) der bekannteste und bunteste Markt von Wien. Ein Mikrokosmos der Kulturen: Tee aus Nepal, Basmati aus Persien, Arganöl aus Marokko, Essig aus Wien-Favoriten – mehr als 60 verschiedene Ethnien sind hier vertreten. Leider gibt es schon mehr Schickimicki-Gastronomen als echte Marktstandler. An den Markt schließt sich der Flohmarkt (s.u.) an. (► Plan G-7)

Victor-Adler-Markt, 1100, an der Favoritenstraße. Vormittags singen hier die Bauern – das gibt es auch nicht überall! Den ganzen Tag über ein Schauplatz sozio-kultureller Veränderungen: Einst eine Bastion der Sozialdemokratie, heute vor jeder Wahl das Aufmarschgebiet der rechten Hassprediger. Ebenso gerne zu Gast: Die Jäger der Ausländerfeinde. Mit ihren großen Kameras und pelzigen Mikrofonen ziehen sie erst ab, wenn sie ein paar rechtsextreme O-Töne im Kasten haben. (U1 Reumannplatz)
Brunnenmarkt, 1160, entlang der Brunnengasse zwischen der Ottakringer und der Thaliastraße gelegen. Mit mehr als 170 Ständen der längste Straßenmarkt Europas und dazu auch ein Fenster nach Südosteuropa. Auf den Brunnenmarkt lädt man ausländische Medienvertreter gerne ein, um zu zeigen, wie multikulti man in Wien ist. Dass die Menschen auch hier in parallelen Welten leben, wie aufmerksame Anrainer täglich beobachten, bleibt dabei unerwähnt. (► Plan D-4)
Hannovermarkt, 1200, an der Hanno-

vergasse im Herzen der Brigittenau. Geheimtipp! Im preußisch-österreichischen Krieg 1866 schlug sich die Königsfamilie aus Hannover auf die Seite der Habsburger – und musste danach prompt von Hannover nach Wien flüchten. Daher der Name. Heute hat der Markt mit Niedersachsen so wenig zu tun wie der erdige Dialekt der Wiener mit dem reinen Hochdeutsch der Hannoveraner. Der Markt strahlt mehr den legeren, weniger spröden Charme von Istanbul oder Belgrad aus – was kein Nachteil ist. Hier gibt es vieles, was die Menschen im Südosten Europas zum täglichen Leben brauchen, zu noch halbwegs erschwinglichen Preisen (Tram 5 Wallensteinplatz).

■ Flohmärkte

Flohmarkt auf der Wienzeile, 1060, zwischen Naschmarkt und Kettenbrückengasse, Sa 6.30–12 Uhr. Mit Abstand der bekannteste Flohmarkt in Wien, hat allerdings viel von seinem ursprünglichen Charme eingebüßt; viel Ramsch, viele Touristen. (► Plan G-7)

Flohmarkt in Schwechat, 2320 Schwechat, Mautner-Markhof-Straße 11, www.flohmarkt-schwechat.at, Sa/So 8–14 Uhr. Auf dem Areal der Brauerei in Schwechat und damit abseits der Stadt; dennoch ein Muss für alle, die eine fremde Stadt erst dann verlassen können, wenn sie zuvor einen urigen Flohmarkt besucht haben. (S 80 Haidestraße)

Wien-Informationen

Mitten drinnen und doch irgendwie vorbei: Flohmarkt auf der Wienzeile

Sabine Maier über
ihre Wien-Entdeckungen als StadtSpionin

Es ist Samstag Morgen. Ich beginne meinen Rundgang durch die Stadt, um neue Shops und Lokale zu inspizieren. Mitte nächster Woche erscheint ›Die StadtSpionin‹ mit aktuellen Wien-Tipps, die Leserschaft will schließlich versorgt werden. Ich beschließe, im ›eigensinnig‹ auf dem Sankt-Ulrichs-Platz zu starten. Das ist ein riesiges Loft in einem Barockhaus, drinnen Avantgarde-Mode in schwarz und grau. Der Boden purer Beton, die Mauern abgeschlagen und unverputzt, Möbel aus schwarzem Stahl, Street Photography hängt an den Wänden. Cool, lässig, New York lässt grüßen. Noch bevor mir die junge Besitzerin die Mode vorführt – »Alles Designer, die es sonst in Wien nicht gibt« –, muss sie mir allerdings etwas Besonderes zeigen. »Das haben wir beim Abschlagen der Wände gefunden«, meint sie und deutet auf ein wunderbares Fresko. Das Denkmalamt war schon hier, genauere Untersuchungen werden folgen. Schließlich stammen Teile des Hauses aus dem Mittelalter. Ach ja und überdies, da schräg gegenüber liegt die Pestgrube, in die der liebe Augustin, ein stadtbekannter Bänkelsänger, 1679 geworfen wurde und trotzdem die Pest überlebte, und übrigens hinten im Haus wohnt der ehemalige Bundeskanzler.

So, jetzt wissen Sie, wie Wien funktioniert. Während man überall auf der Welt in aller Ruhe einen Concept Store mit Avantgarde-Mode und abgeschlagenen Wänden eröffnen kann, drängt sich in Wien gleich wieder die Stadt mit ihren Geschichten und Geheimnissen in den Vordergrund. Selbst die unscheinbarsten Dinge können hier ungeahnte Tragweite entwickeln, ein Spitzentaschentuch etwa. Das liegt unter zigtausend anderen Gegenständen im Museum für Angewandte Kunst (MAK) – weitgehend unbemerkt. Das Museum verrät uns immerhin, dass es Bertha Pappenheim gehörte.

Bertha Pappenheim, 1859 geboren und überdurchschnittlich intelligent, wurde als junge Frau krank: Halluzinationen, Lähmungserscheinungen, Sprachstörungen. Der Wiener Arzt Josef Breuer nahm sie in Behandlung und diagnostizierte Hysterie. Unvorstellbare 1000 Therapiestunden und zwei Jahre später galt sie als geheilt – und die junge Wissenschaft der Psychoanalyse hatte ihren ersten dokumentierten Fall. Bertha Pappenheim ist Anna O., der von Sigmund Freud oft zitierte Beginn der psychoanalytischen Gesprächstherapie – und laut Freud die ›eigentliche Begründerin des psychoanalytischen Verfahrens‹. 1888 übersiedelte Bertha Pappenheim nach Frankfurt – und wurde ein zweites Mal berühmt. Diesmal aber nicht als anonymisierte Krankengeschichte, sondern als Kämpferin für die Rechte der jüdischen Frauen. In ihrer Freizeit war die Frauenrechtlerin ständig auf der Suche – nach Spitzen. Geklöppelt, gehäkelt und genäht, von berühmten Manufakturen oder einfachen Frauen hergestellt. 1935 schenkte Pappenheim ihre gesamte Kollektion von 1850 Spitzen dem Museum. Und dort, in der ›Studiensammlung Textil‹, sind einige Stücke ausgestellt: eine runde Nähspitze, ein Kopfschmuck aus 1700, ein spitzenbesetztes Taschentuch. In Wien können sich hinter den unscheinbarsten Dingen große Geschichten verbergen.

Andere Geheimnisse dieser Stadt liegen hinter einem einfachen Drahtzaun versteckt. Wie etwa – kein Witz! – ein echter Urwald. Der Johannser Kogel, wie die

45 Hektar große Wildnis offiziell heißt, liegt gut getarnt mitten in einem riesigen Stadtwald, dem Lainzer Tiergarten und ist der wahrscheinlich einzige innerstädtische Urwald der Welt. Seit über 100 Jahren wird am Johannser Kogel ›nix mehr gemacht‹ (Förster-Jargon). Seit 1972 ist der kleine Berg ein offizielles, aber geheim gehaltenes Urwaldgebiet. Das bedeutet: Das Reservat wird komplett seiner natürlichen Entwicklung überlassen. Kern des Urwalds ist ein rund 400-jähriger Eichenbestand, Baumriesen mit einem Stammumfang von mehr als 4 Metern, deren fantastische Formen wie Bilder aus dem Film ›Herr der Ringe‹ wirken. Die Eichen standen hier schon, als der Sonnenkönig Ludwig XIV. geboren wurde oder Galileo als erster Mensch ein Teleskop auf den Himmel richtete. Der geheimnisvolle Wald wird von den Wiener Förstern gehütet – und ist ein paar Mal im Jahr mit Führung zu betreten.

Zugegeben, mit all ihren ›G'schichtln‹ hat diese Stadt etwas sehr Verführerisches. Wo immer man anstupst, tut sich wie in einem Adventskalender ein neues Kästchen auf. Selbst zum omnipräsenten Kaiserhaus samt Adel, dem wir den ganzen imperialen Prunk dieser Stadt verdanken, lassen sich noch Gustostückerl finden. Da schrieb etwa Lady Montagu 1716 in einem ihrer Briefe aus Wien: »Es ist ein eingeführter Brauch für jede Dame, zwei Gatten zu haben. Einen, der den Namen gibt und den anderen, der die Pflicht erfüllt.« Im Klartext: Jede adelige Ehefrau im barocken Wien hielt sich einen Liebhaber, zu offiziellen Anlässen wurde sie mit beiden Männern eingeladen. Und was tat der Kaiser? Der besuchte den Spittelberg. Joseph II. trieb sich regelmäßig in der Vorstadt herum, denn von den 138 Häusern des Spittelbergs beherbergten 60 als Gasthäuser getarnte illegale Bordelle. Heute ist der Spittelberg mit seinen renovierten Häuschen eines der begehrtesten Viertel von Wien. In der ›Witwe Bolte‹, einem Lokal in der Gutenberggasse, findet sich noch immer eine Wandmalerei aus 1778: ›Durch dieses Tor im Bogen ist Kaiser Josef II geflogen.‹ Die Dirnen des Spittelbergs hatten zur Selbsthilfe gegriffen: Die Zahlungsmoral des hohen Herrn war schlichtweg miserabel.

Dafür hat er wie alle Habsburger der Stadt einige prachtvolle Gebäude hinterlassen. Für jemanden, der zuvor in Berlin lebte, ist Wien ja etwas gewöhnungsbedürftig: eine Metropole, die immer hart an der Kitsch-Grenze schrammt. Verstanden habe ich diese Stadt erst, als ich einmal vom Café Landtmann auf den berühmten Christkindlmarkt gegenüber schaute. Glühwein, Lichter, das Rathaus als größter Adventkalender der Welt und hunderte leuchtende Lampions in den Bäumen des Rathausparks. Kommentar des Oberkellners: »Wer da nicht sentimental wird, ist selbst schuld.«

Sabine Maier, 1959 in Seewalchen am Attersee geboren, ist seit 2009 die Wiener StadtSpionin. Ihr wunderschön-informativer Newsletter kann unter www.diestadtspionin.at gratis abonniert werden. Sie liebt Wien, obwohl sie zuvor in München und Berlin gelebt und gearbeitet hat.

EXTRA

Wien mit Kindern

Wien und die Kinder: Das war jahrzehntelang mehr eine Geschichte der Verbote und Zurechtweisungen, und noch immer ist das Ballspielen auf schönen Wiesen nicht erlaubt. Und wehe, Aufmüpfige wagen es, mit ihren Kinderrädern durch Wohnhausanlagen zu radeln! Für Aufsehen hat vor einiger Zeit eine Elterninitiative gesorgt, die mehr Rechte für ihre Kinder und mehr Pflichten für Hundebesitzer einfordern wollte. Doch keine Angst! Es gibt auch in Wien einiges, was Eltern mit Kindern Freude bereiten wird.

Original Wiener Praterkasperl, 1020 Wien, Prater Wurstelplatz 1, Tel. 0650/5277375, www.praterkasperl. com. Geheimtipp! Wird von Enthusiasten geführt, die ihr Handwerk verstehen und mit Leidenschaft spielen. Eintrittspreis richtet sich nach der inoffiziellen Prater-Inflation: Dem Preis für ein Krügerl Bier im Schweizerhaus gegenüber. (▶ Plan L-4)

Jesuitenwiese, 1020. Wo früher die Infanterie der Wiener Garnison exerziert hat und die Kommunistische Partei Österreichs einmal im Jahr ein kleines, seit dem Fall der Berliner Mauer überschaubares Volksfest organisiert, schlagen heute Kinderherzen höher: kein Auto weit und breit, großzügige Spielplätze im Sommer und ein künstlich beschneiter Rodelberg im Winter! (▶ Plan L-5)

Wurstelprater, 1020, Prater. www.prater.at. Ganzjährig Kirmes im ältesten Vergnügungspark der Welt. Vorsicht ist jedoch geboten, die Geldbörse der Erwachsenen leert sich schneller, als es den Kindern lieb ist. (▶ Plan östlich L-5)

Figurentheater Lilarum, 1030, Göllnergasse 8, Tel. 01/7102666, www.lilarum. at; Vorstellungen laut Programm. Im ehemaligen Volkstheater von Erdberg werden die Kinder von liebevoll gestalteten Puppen und ihren unglaublichen Geschichten fasziniert. (▶ Plan L-6)

Haus des Meeres, 1060, Fritz-Grünbaum-Platz 1, Tel. 01/5871417, www. haus-des-meeres.at. Wien ist keine Küstenstadt, dafür verfügt es über Flaktürme, die heute zum Glück kein Mensch mehr braucht. In jenem Monstrum im Esterhazypark können die Kinder in ein Meer an kleinen Sensationen der Technik und natürlich auch der Natur eintauchen – und die pulsierende Stadt rundum gänzlich vergessen. (▶ Plan F-7)

Kindermuseum (ZOOM), 1070, Museumsplatz 1, Tel. 01/5247908, www. kindermuseum.at; Di–Fr 8.30–16, Sa/So 10–16. Kinder an die Macht, Jugend forscht und experimentiert! Museumspädagogik vom Feinsten. Bei Kleinkindern besonders beliebt ist der animierte Ozean, bei den Größeren die Trickfilmwerkstatt. (▶ Plan G-6)

Tiergarten Schönbrunn, 1130, Maxingstraße 13b, Tel. 01/87792940, www.zoovienna.at; Mo–So 9–16.30 (Jan., Nov.,

Viel Verkehr auf der Jesuitenwiese

Dez.), 9–17 (Feb.), 9–17.30 (März, Okt.), 9–18.30 (Apr.–Sept.). Kennt in Österreich jedes Kind. Gepflegt, modern, 1745 eröffnet und damit der älteste Zoo der Welt, ebenso arten- wie facettenreich. (► Karte S. 153)

Marionettentheater, 1130, Schloss Schönbrunn, Hofratstrakt, Tel. 01/8173247, www.marionettentheater.at. Liebevoll bespielt, traditionsreich, wienspezifisch und kindgerecht ist auch die auf eine Stunde gekürzte ›Kinderzauberflöte‹. (► Karte S. 153)

Böhmischer Prater, 1100, Laaer Wald, www.böhmischerprater.at. Nette, preisgünstigere, seine Tradition nicht verleugnende Alternative zum Wurstelprater; dort im Süden von Wien, wo einst die böhmischen Ziegelarbeiter zu Hause waren. Leider nur schlecht mit öffentlichen Verkehrsmitteln zu erreichen (U1 Reumannplatz, weiter Tram 6 Absberggasse, dann 20 min. Fußweg).

Wiener Himmel, 1190, Ecke Himmelstraße/Höhenstraße, Tel. 01/4065938, www.himmel.at. Auf dem riesigen Naturspielplatz warten Klettersteg, Tast-weg, Kriechtunnel, Baumhaus, Rutsche auf die jungen Abenteurer. Auch für die Eltern ein Erlebnis ist der Lebensbaumkreis: Hier symbolisieren 40 in einem Kreis angeordnete Bäume den Verlauf eines Jahres – so wie sie er- bzw. dann auch wieder verblühen. Jede/r kann hier seinen eigenen Lebensbaum ausfindig machen (U4 Heiligenstadt, dann Bus 38A Cobenzl).

Sparefroh-Spielplatz, 1220, Donaupark. Jahrzehntelang war der großzügig angelegte Kinderspielplatz im Donaupark, der nach einem heute uralten Maskottchen einer Wiener Großbank benannt wurde, das einzige Highlight für transdanubische Kinder. Heute noch wird er gerne besucht. Am Ende lädt die Liliput-Bahn zu einer Rundfahrt durch den Donaupark ein. (► Karte S. 171)

Wasserspielplatz, 1220, auf der Donauinsel, nur wenige Schritte von der gleichnamigen U-Bahn-Station (U1) entfernt, können sich Kinder auf dem und im Wasser so richtig austoben, selbst jene, die noch nicht schwimmen können. (► Karte S. 171)

Sportmöglichkeiten

Fußballplätze

Wien und der Fußball – das ist eine uralte Liebesbeziehung. Wien zählt zu den ersten Städten auf dem europäischen Kontinent, in denen Fußball gespielt wurde. Der First Vienna Football Club wurde bereits 1894 gegründet, und in den 1930er Jahren war Wien neben London, Budapest und Prag eine Hochburg des Fußballspiels. Das virtuose Wiener ›Scheiberlspiel‹ (Kurzpassspiel) wurde überall, wo man sich für Fußball näher interessierte, hymnenhaft beschrieben. Die Zeit der Balletttänzer auf dem Rasen ist jedoch lange vorbei. Der Wiener Fußballfan ist Leid gewohnt, er träumt daher auffallend oft von der Vergangenheit. Und doch ist der Fußball in dieser Stadt immer noch großes Theater.

Ernst-Happel-Stadion, 1020, Meiereistraße 7, Tel. 01/7280854. Größte Sportarena, wichtigster Sportplatz des Landes. Wurde in den Jahren von 1929 bis 1931 nach Plänen des deutschen Architekten Otto Ernst Schweizer im Prater errichtet und anlässlich der 2. Arbeiterolympiade am 11. Juli 1931 feierlich eröffnet. Seit dem Tod des Fußballtrainers Ernst Happel im Jahr 1992 wird es Ernst-Happel-

Wien-Informationen

Auf dem Sportclubplatz gastierte auch die legendäre Elf Schwarz-Weiß Augustin

Stadion genannt. Der chronischen Erfolglosigkeit der rot-weiß-roten Kicker zum Trotz brennt bei Heimspielen die Hütte (U2 Stadion).

Sankt Hanappi, 1140, Gerhard-Hanappi-Platz 1, Tel. 01/727430, www.skrapid.at. Die Heimstätte des SK Rapid Wien ist neu. Viel mehr gibt es über das neue Stadion der Grün-Weißen nicht zu sagen. Denn es sieht genauso aus wie die neuen Stadien in Deutschland, Holland oder der Schweiz. Und natürlich trägt es jetzt offiziell den Namen eines großen Sponsors. Das hindert die Rapid-Fans jedoch nicht, weiterhin zum ›Sankt Hanappi‹ hinaus zu pilgern. So hieß das alte Stadion, benannt nach dem Rapid-Spieler Ingenieur Gerhard Hanappi, der den 70er-Jahre-Betonkasten geplant hatte. (U4 Hütteldorf)

Horrstadion, 1100, Horrplatz 1, Tel. 01/6880150, www.fkaustria.at. Das Stadion der Wiener Austria wird bis 2018 umgebaut. Dabei wird darauf Wert gelegt, dass die Heimstätte der Violetten nicht ihre Seele verliert. Den Grundstein haben hier in der Monarchie die böhmischen Ziegelarbeiter vom Wienerberg gelegt, die sich fußballerisch betätigen wollten. Bis vor wenigen Jahren

sprach man nicht von Stadion, sondern vom Horrplatz. (U1 Reumannplatz, dann Tram 67 Altes Landgut).

Sportclubplatz, 1170, Alszeile 19, Tel. 01/4859889, www.wienersportklub. at. Ein bisschen FC-Fulham-Atmosphäre beim Drittligisten in Dornbach, auch deshalb, weil auf der verwitterten Friedhofstribüne die fairsten Fußballfans der Stadt stehen und ihre Helden, die nicht oft als Sieger vom Platz gehen, und deren Widersacher anfeuern, als ginge es gegen den übermächtigen FC Chelsea London (S-Bahn Hernals).

Hohe Warte, 1190, Klabundgasse 11, Tel. 01/3686136, www.fcvienna.com. Wo einst mehr als 100 000 Menschen die Sternstunden des österreichischen Fußballs bejubelt haben – in einer Art Naturarena in Döbling, gleich neben dem Karl-Marx-Hof –, grasen heute die Schafe. Auf keinem anderen Fußballplatz Wiens manifestiert sich der Niedergang einer einstigen Fußball-Großmacht derart deutlich wie hier. Eine Sehenswürdigkeit ersten Ranges, nicht nur für Nostalgiker (U4 Heiligenstadt).

Fa-va-dse-Platz, 1100, Kennergasse 3, Tel. 01/6026311, www.favac.at. Der Hinweis über dem Eingang lässt auf

Selbstbewusstsein schließen: ›Sie betreten nun den 10. Bezirk. Was vorher
war, können Sie vergessen.‹ Ein Insider
des Wiener Fußballs, Julo Formanek,
gerät ins Schwärmen: »Ein schöner, traditioneller Platz, der alles bietet, was
man als Fan braucht.« Wie wahr! Der
FavAC-Platz, Heimstätte des Favoritner
Athletikclubs, ist bis heute ein Juwel der
Vorstadt. Die am 9. September 1921
eröffnete Anlage liegt – wie die altehr-
würdigen Stadien Englands – inmitten
eines Arbeiterviertels. Erst war der ›Fa-
va-dse‹ (alter Schlachtruf), dann kamen
die Gemeindebauten. Nicht zu verachten
ist auch die urige Kantine, das ›FavAC-
Stüberl‹ (U1 Reumannplatz, weiter Bus
68 A Eisenstadtplatz).

Ostbahn-XI-Platz, 1110, Hasenleiten-
gasse 49, Tel. 01/7676141, www.ost-
bahn11.at. Der Simmeringer Traditi-
onsverein Ostbahn XI wurde im Jahr
1920 von Eisenbahnern gegründet. In
der Saison 1963/64 fusionierte man
sich mit dem Werksverein der Saurer-
Werke. Hier, gleich neben den Gleisen
der Flughafen-Schnellbahn, hat auch der

eleganteste Fußballer Wiens, Herbert
Prohaska, seine ersten Tore geschossen.
Ein heißer Tipp ist auch die ganztägig
geöffnete Ostbahn-Kantine, die warme
Speisen zu angemessenen Preisen bietet
(U3 Simmering, weiter Bus 72A Hasen-
leitengasse/Schemmerlstraße).

Slovan-Platz, 1140, Steinbruchstraße 5A,
Tel. 01/9836478, www.slovan-hac.at.
Der Fußballverein Slovan, im Jahr 1902
von Vertretern der tschechischen Min-
derheit in Wien gegründet, ist einer der
ältesten Vereine Wiens. In den 1920er
Jahren war man sogar in der ersten Liga. Nach 1938 leisteten mehrere Slovan-
Sportler aktiv Widerstand gegen die NS-
Diktatur, einige bezahlten ihren Mut mit
ihrem Leben. Bis heute ist der Verein eine
fixe Größe im Wiener Amateurfußball.
An den Wänden der Sportkantine hängen – wie in jeder guten Sportkantine –
Mannschaftsfotos aus besseren Zeiten.
Auf einem Foto ist ein schmächtiger
Herr mit schmalem Oberlippenbart zu
sehen, eine Art Schwejk in adidas. Dieser Schmächtige hat sich im Frühsommer
1976 mit einem an Frechheit grenzen-

Wien-Informationen

Leidensgenossen: Die Vienna-Fans auf der Hohen Warte erinnern an bessere Zeiten

den Schüsschen vom Elfmeterpunkt ein Denkmal gesetzt. Danach war sein Heimatland, die ČSSR, Europameister und Fußball-Deutschland tief traurig. Gerne erinnern sich Slovan-Fans daran, dass der Prager Fußball-Virtuose Antonín Panenka nach den fein gezirkelten Freistoßtoren für Rapid seine Wiener Jahre auf ihrem wunderschönen Platz ausklingen ließ (U3 Kendlerstraße).

Gruam, 1200, Meldemannstraße 13, www.waf-brigittenau.at. ›Gruam‹ (Grube) wird dieser Fußballplatz in einer Gemeindebau-Schlucht hinter dem Höchstädtplatz genannt. Die Grube kann hier auch als ein Synonym für harte, typisch männlich geprägte Wettkämpfe angesehen werden. Untrennbar ist dieser Ort mit einer der wohl schillerndsten Figuren des Wiener Unterhauses und der Wiener Unterwelt verbunden. Der Herrmann-Fritzl ist inzwischen gestorben und mit ihm auch der Typus des nicht unsympathischen Wiener Pülchers (=charmanter Ganove). (U6 Handelskai, weiter Bus 5A Leystraße/Adalbert-Stifter-Straße)

Wiener ›Wadlbeißer‹ am Donaukanal

Columbia-Platz, 1210, Überfuhrstraße 2b, Tel. 0660/66061207, www.sc-columbia.at. An der Überfuhrstraße in Floridsdorf, genauer gesagt in Jedlesee, spielt der SC Columbia. In den ›Blättern des Floridsdorfer Bezirksmuseums‹ heißt es, dass der Fußball hier – so wie in anderen Wiener Vororten – bereits um 1900 rollte. Der Columbia-Platz mit seiner kleinen Sportkantine und den engen Umkleidekabinen zählt zu den schönsten Fußballplätzen der Wiener Vorstadt. Apropos: Die allermeisten Plätze findet man ohnehin an der Peripherie (U6 Floridsdorf, weiter Bus 33B Überfuhrstraße).

Für Aktivsportler

Noch immer wird die Stadtverwaltung nicht müde, den Wienern und Wienerinnen zu erklären, dass sie in einer großen Sportstadt leben. Dass diese Werbebotschaft bei den Einheimischen mitunter für Kopfschütteln sorgt, sollte Wien-Besucher nicht weiter stören: Es gibt empfehlenswerte Orte für Aktivsportler, die teils recht unbekannt sind. Wir stellen sie im Folgenden vor (alle Wiener Sportstätten sind auch auf einem Online-Stadtplan verzeichnet: www.sport.wien.at).

Laufen ohne Schnaufen: rund um den Ring oder in der Hauptallee, im Augarten, im Schlosspark Schönbrunn, rund um die Alte Donau, am Wienerberg, im Wienerwald. Geheimtipp: An den Langsam-Lauf-Treffs des Sportverbands ASKÖ dürfen sich auch Touristen beteiligen. Kostenlos, keine Anmeldung erforderlich! Hingehen, mitlaufen, frei nach dem Motto des Initiators Günter Schagerl: Laufen ohne schnaufen (www.askoe.at).

Stadtwandern: 13 gut beschilderte und auf Karten verzeichnete Stadtwanderwege führen durch den grünen Gürtel von Wien. Das Angenehme daran ist, dass die Start- und Zielpunkte mit öffentlichen

Verkehrsmitteln gut erreichbar sind. Eine Besonderheit ist der **Rundumadum-Wanderweg**, der in 24 Einzeletappen rund um die Stadt leitet. Er führt im Westen über die wunderbar begehbaren Ausläufer des Wienerwalds, im Süden über den Wiener- und den Laaerberg, im Osten durch die Donauauen und im Norden über den Bisamberg und die Donauinsel (https://www.wien.gv.at/umwelt/wald/freizeit/wandern/wege/).

Stadtradeln: Preisgünstige und dabei auch fahrtaugliche Leihräder für Citybiker gibt es an vielen U-Bahn-Stationen (www.citybikewien.at).

Rennradler: Abwechslungsreich und für Trainierte gemütlich ist die Route von Heiligenstadt entlang der Donau bis nach Tulln, dort über die Donaubrücke nach Stockerau, von Spillern über Unterrohrbach und Oberrohrbach hinauf zum Goldenen Bründl, weiter nach Rückersdorf-Harmannsdorf und via Hetzmannsdorf ins Kreuttal, und über Unterolberndorf, Ulrichskirchen, Großebersdorf sowie Hagebrunn und Stammersdorf zurück nach Wien.

Mountainbiken: Am besten auf den gut ausgeschilderten Trails im nahegelegenen Wienerwald (www.wien.gv.at/verkehr/radfahren/mobil/mountainbike.html).

Inlineskaten: Am besten auf der Donauinsel oder in der Hauptallee im Prater. Jeden Freitagabend von Mai bis Oktober auch beim Friday Night Skate – Start ist um 21 Uhr am Heldenplatz.

Skate & BMX: Auf der Donauinsel unterhalb der gleichnamigen U1-Station, in den Goodlands Hütteldorf bei der gleichnamigen U4-Station sowie in der Area 23 in der Liesinger Perfektastraße bei der gleichnamigen U6-Station (www.skatearea23.at)

Fußball: Donnerstags ab 19 Uhr in einem Schulturnsaal in Floridsdorf, mit dem Verfasser dieser Zeilen und ausgewählt mundflinken Burschen der Vorstadt. Interessierte melden sich beim Verlag, müssen aber auch unbedingt den (charakterlichen) Eignungstest beim ›Adschi‹ bestehen.

Schwimmen: In den Nebenarmen der Donau, speziell in der Alten und der Neuen Donau (entlang der Donauinsel) sowie im Naturpark Lobau. Wasserqualität und Strände sind in Anbetracht der nahen Großstadt durchaus passabel. Außerdem stehen die städtischen Frei- und Hallenbäder zu erschwinglichen Preisen offen. Faszinierend ist das riesige, nach dem Zweiten Weltkrieg neu aufgebaute und inzwischen renovierte Strandbad Gänsehäufel an der Alten Donau (→ S. 179), schön sind auch das ›Kongerl‹ genannte Kongressbad in der Ottakringer Julius-Meinl-Gasse mit den denkmalgeschützten rot-weiß gestrichenen Holzbauten (→ S. 163) und das Krapfenwaldbad auf einer schattigen Anhöhe hoch über der Stadt (→ S. 308). Im Winter bieten sich die beiden denkmalgeschützten Hallenbäder – das Amalienbad am Reumannplatz und das Jörgerbad an der Jörgerstraße (→ S. 164) – ein schönes Ambiente (www.wien.gv.at/freizeit/baeder).

Rudern: In den traditionsreichen Ruderklubs und Segelschulen auf der Alten Donau. Seit Sommer 2012 gibt es auf der Donauinsel bei der Steinspornbrücke auch einen 250 Meter langen Wildwasserkanal (www.rudern.at).

Segeln: Segelboote und Instruktoren unter anderem in der Segelschule Hofbauer an der Oberen Alten Donau 191 (www.hofbauer.at). (► Karte S. 171)

Klettern: Wiens größte Kletterhalle steht in der Erzherzog-Karl-Straße in Stadlau, sie ist mit der U2 direkt zu erreichen; Mo–So 10–23 Uhr (www.kletterhalle wien.at).

Wien-Informationen

Ideales Auslauf-Gebiet: Die Donauinsel lädt auch zum Skaten ein

Bike Polo: Polo nicht auf dem Pferd, sondern auf dem Rad; wird in Wien meist vor dem Messegelände gespielt (www.bikepolo.at).

Disc Golf: Golfen nicht mit Schläger und Ball, sondern mit der Frisbeescheibe – auf einem von der Stadtverwaltung angelegten Trainingsgelände in den Praterauen (www.discgolf.at).

Reiten: Auch die Rösser der Fiaker und die weißen Lipizzaner der Hofreitschule prägen das Image von Wien. Wer selbst ausreiten möchte, findet dazu Gelegenheit in den Praterauen, zum Beispiel in der Freudenauer Chamotte-Fabrik (www.chamottefabrik.at).

Skifahren: In der Hauptstadt der kleinen Alpenrepublik behaupten auffallend viele von sich, Weltmeister im Skifahren zu sein. Auf der im Winter künstlich beschneiten Hohen-Wand-Wiese im 14. Bezirk kann man tagsüber und auch bei Flutlicht ein paar Schwünge machen (www.bergfex.at/hohewandwiese).

Wellness: Das Thermalbad in Oberlaa ist eine weitere Attraktion. Das Bad steht auf der Thermenlinie, die südlich von Wien verläuft. Es bietet zahlreiche Schwimm-, Fitness-, Sauna- und Massage-Optionen (www.thermewien.at).

Medizinische Hilfe

Krankenhäuser

Alle Wiener Krankenhäuser auf einen Blick: www.suf.at/spital.
Alle Ärzte in Wien auf einen Blick: www.praxisplan.at.

Apotheken

Alle Wiener Apotheken sowie Nacht-Apotheken auf einen Blick: www.nachtapotheke.wien.at.

Danke, Piefke!

Wenn eine österreichische gegen eine deutsche Fußballmannschaft anzutreten hat, was sich manchmal nicht vermeiden lässt, sind die Rollen in Wien klar verteilt: Alle Wiener halten zu den Unsrigen, alle Deutschen zu den anderen. Bei einem internationalen Großturnier halten auch einige wenige Wiener zu den Deutschen – nicht zuletzt in Ermangelung von wahnsinnig erfolgreich agierenden Österreichern. Diese Wiener stellen allerdings nur eine Mini-Minderheit dar, wie sich etwa im Fernsehzimmer im Café ›Hummel‹ an einem lauen Juni-Abend des Jahres 2000 zeigte. Das deutsche Team geriet bei dieser EURO im belgischen Charleroi knapp vor der Pause in Rückstand, und ein ganzes Kaffeehaus springt auf – ein einziger, der nicht jubelt. Jemand fragt später, wie es steht, und erhält zur Antwort: ›1:0 – für uns‹. (Deutschland spielte damals gegen England).

Grundsätzlich gilt die politisch korrekte Ansicht, dass kein Volk dümmer ist als das andere. Doch manchmal kommen Zweifel auf. Etwa, wenn ein rot-weiß-roter Politiker in Deutschland den Deutschen allen Ernstes erklären will, warum sich besser an seiner Wirtschaftspolitik orientieren sollten. Oder wenn sich einer unserer Hurra-Patrioten am Akzent der ostdeutschen Kassiererin beim Billa delektiert und kommentiert: »Früher haben wir euch gedient, heute dient ihr uns.«

Auch Jockel Weichert, Gründer der ›Piefke Connection Austria‹, wundert sich öfters über die Wiener Borniertheit. Einmal wurde ihm und seinen Landsleuten von einem vornehmen Ober in einem vornehmen Hietzinger Lokal beschieden, dass es leider kein Bier mehr gäbe. Nur wenige Augenblicke später musste man mitansehen, wie der Nebentisch mit frisch Gezapftem versorgt wurde. Unrühmliche Ausnahme? Gewiss. Die Mehrheit der Wiener ist eh lieb. (Mit dem ›eh‹ verbindet sich auch eine Hoffnung.)

Von Vorteil mag auch sein, dass deutsche Wien-Besucher gar nicht mitbekommen, was ihre Gastgeber wirklich denken. Faktum ist auch eine nicht zu überhörende Migrationsbewegung: Egal ob Kassiererin, Kreative, Banker, Profifußballer, Schauspieler oder Studenten. Inzwischen sind die Deutschen die drittgrößte Minderheit in Wien – gleich hinter den Zuwanderern aus dem ehemaligen Jugoslawien und der Türkei. Inzwischen gibt es sogar Integrationskurse für Deutsche, organisiert von der ›Piefke Connection Austria‹. Diese Selbsthilfegruppe wurde vor der EURO 2008 gegründet, ursprünglich, um Tore der deutschen Kicker zwanglos bejubeln zu können.

Was auch nur wenige Wiener wissen (wollen): Dass ihre Übermama Maria Theresia eine halbe Hannoveranerin war. Dass ihr Praterstadion von einem Architekten aus dem Schwarzwald geplant wurde. Dass angesehene Herrschaften wie Beethoven, Brahms oder Billroth auch keine Hiesigen waren. Dass Bezirke wie Ottakring oder Penzing ihre Ortskerne reiselustigen bayerischen Wehrbauern verdanken. Dass ihre schrulligen Begrüßungsrituale wie ›Grüß Gott, Herr Ingenieur‹ oder ›Küss die Hand, gnädige Frau‹ Deutsche immer noch den Kopf schütteln lassen. Dass es ›die Deutschen‹ als homogene Gruppe noch weniger gibt als ›die Österreicher‹. Und dass ein gewisser Johann Gottfried Piefke seinen flotten Marsch nach dem Sieg über die Ösis nicht in Wien trompeten ließ, sondern in der Provinz, im niederösterreichischen Gänserndorf.

Franz Blaha über
die Zukunft von Wien (so diese Stadt eine hat)

Die ungarische Romafrau rafft ihre weiten Röcke, während sie sich tief bückt, um ihre hohe Frisur nicht am Zelteingang zu zerraufen. Ich folge ihr, beinahe auf allen Vieren, obschon ich nicht der Größte bin, in die schummrige Stoffhöhle. Mitten im Zelt schwebt ein kristallenes Leuchtauge. Jedenfalls kommt es mir so vor, bis meine Augen sich ans Dunkel gewöhnt haben.

»Nuurr ainä dunnnnklää Gegänwooordt«, sagt sie, »nur ainä dunnnklää Gegänwooordt lässt uns Ausschau holten«, sagt sie, und ihre Stimmer klingt wie ein kettenrauchendes Basssaxophon, »Ausschau noch ainärr liichtän Zukunft«. Sie genießt mein Staunen, weil ich das schwarze Tischchen im nachtfinsteren Raum nicht sehe, das die schimmernde Wahrsagekugel scheinbar im Dunkeln schweben lässt, genießt meine Hilflosigkeit, genießt, dass ich mich von ihr an der Hand zwischen den wenigen Einrichtungsgegenständen ihres Wahrsagezeltes hindurchmanövrieren lassen muss. Als ich in den Plüschsessel stürze, den ich solcher Art gefunden habe, lasse ich die führende Frauenhand nicht sogleich los. »Sääääähänn wollen wir dos Zukunft«, mahnt da das Basssaxofon, »säää-hänn.«

Ich bin ja schon brav, und neugierig bin ich auch. Und jetzt bin ich dran mit Verwirrspiel. Nein, ich will nicht wissen, ob mir das große Glück in diesem Leben über den Weg laufen wird, nein, weder das Glück im Spiel noch das in der Liebe noch das im Beruf interessiert mich. Ich will überhaupt nichts über mich persönlich wissen, sondern mich interessiert die Zukunft Wiens. Das Saxofon macht Pause. Dann blubbert es eine gute Terz höher als bisher: »Das Zukunft von Wien? Sie glaobään, diesääs Stodt hot aaiinäs?«

Gleich, als ich mein Interesse an der Zukunft meiner Heimatstadt bekundet hatte, hatte sich die Kristallkugel zu verdüstern begonnen. Jetzt ist ihr Licht bis auf ein kaum merkbares Glimmern geschwunden, und sie beginnt ächzend zu knacken. »Main oarmääs Kuuuugääälll!!! Sie müssäään iahrä Frogää aiinschrääänkään, bittaschääääään!!« Also einigen wir uns auf die Zukunft des Stephansdoms, konzentrieren uns beide – »bittaschäään« – mit aller Hingabe, und allmählich dämmert das Bild einer Gruppe nächtlicher Wolkenkratzer aus dem Nichts, und ganz klein in ihrer Mitte liegt eine Glaskugel auf dem groß gequaderten Straßenbelag, eine, in der es um einen Miniaturstephansdom azurblau leuchtet, und in der es heftig schneit. Es gibt ihn also nur noch als Souvenir, und jemand in dieser Zukunft hat die Kitschkugel gerade geschüttelt? Irrtum. Es handelt sich um den echten, 107 Meter langen und fast 137 Meter hohen Stephansdom, in einer Glaskugel mit 150 Meter Durchmesser. Im Vergleich zu den tausendstöckigen Bürotürmen ist er winzig.

Um seine Touristenattraktivität zu erhalten, musste man ihn seinem eigenen Schneekugelkitschexportartikel angleichen. Der Kunstschnee wird von gewaltigen Ventilatoren herumgewirbelt – wenn die Touristen dafür 100 Euro-Jetons einwerfen, versteht sich. Die Kitschkugel-Verschneiung ist patentiert, der Umsatz übertrifft den der Mozartkugeln und der Johann Strauß-Eier in Geigengröße. Die Opferstöcke in der Kirche sind durch Brieflosautomaten ersetzt. Hin und wieder zieht jemand einen Treffer. Manche der Gewinner glauben dann wieder an Gott und verkünden, dass sich Kirchenbesuch in Wien lohne.

Drei Fragen an die Zukunft – »bittaschääään« – habe ich gut. Zwei darf ich noch wählen. Wie geht es der Straßenzeitung ›Augustin‹? Da tut sich »dos Kuugääll« leicht. Ein Statistikblatt erscheint in hellem Licht: Immer noch 11 % Reichweite. Schön, aber nach so vielen Jahren keine Steigerung? Prozente, ja Prozente sind es immer noch 11, werde ich belehrt, aber es sind 11 % von 4 Millionen Einwohnern, denn Wien ist gewachsen, »bittaschään«.

Hmm – die letzte Frage für mein Geld. Tja, vielleicht nicht so weltbewegend, aber wie steht es mit der Armut in Wien? – Nachtflugbild über Glaspalästen. Der höchste von ihnen ist mit Leuchtlettern bekrönt. A. M. S. Jeder Neonbuchstabe so groß wie ein fünfstöckiges Haus. Die Arbeitsvermittlung blüht also? Wieder einmal daneben. Die Initialen stehen nicht für ›Arbeits-Markt-Service‹, sondern für ›Alle Meine Süßen‹. Der größte Stahl- und Glasturm der Stadt ist ein Puff für beide Geschlechter. In der Kugel taucht ein Hinterzimmer dieses Luxusbetriebs auf. In ihm eine Gruppe schwarz bebrillter Beamter im Al Capone-Look. »Früher«, hör ich den einen sagen, »früher war die Armut sichtbar, aber nicht herzeigbar. Jetzt ist sie herzeigbar, kann aber nicht sichtbar genug gemacht werden.« Eine Armutsvermarktungslobby sitzt hier beisammen und berät. Die Ärmsten haben immer noch keine Fahrpreisermäßigung in den öffentlichen Verkehrsmitteln, wird erwähnt. Aber dafür gibt es eine eigene Sandlerbim. Eine Art Sammeltaxi auf Schienen, ausgestattet mit allem Komfort und mit spielenden, singenden, feiernden Armen besetzt. Die Touristen zahlen dafür, um zu sehen, wie gut es den Armen in Wien geht. Schaudarben füllt eine Marktnische.

»Was ich gar nicht verstehen kann«, höre ich jetzt einen der Schwarzbrillenträger erörtern, »was ich gar nicht verstehen kann, ist, dass sie den Börsengang abgelehnt haben. Die Armut gehört privatisiert und an die Börse gebracht. Ich hab es ihnen erklärt. Sie wäre garantiert jährlich um 11 % gewachsen, ich hätte mich persönlich dafür verbürgt.«

Betäubt taumle ich ins Freie und rede mir zu, es ist ja nur ein Jahrmarktsgag, für den ich eine Roma-Frau ein wenig habe verdienen lassen, »biittaschääään«.

Franz Blaha, im April 1945 in einem Ottakringer Keller geboren und in Hernals aufgewachsen, schreibt Prosa und Gedichte über den Zustand und die Zustände in seiner Heimatstadt.

Die sanften Hügel des Wienerwalds, die Urwälder in den Donauauen, das Wiener Becken, der Neusiedler See, der zauberhafte Semmering, die Nähe zu Slowakei, Tschechien und Ungarn: Die ›Vienna Region‹ bietet für Wien-Touristen viele Möglichkeiten für Tagesausflüge.

Am Neusiedler See

AUSFLÜGE IN DIE UMGEBUNG

Beppo Beyerl über
Rekawinkel, einen toten Bahnhof und einen
sterbenden Bürgermeister

Es gibt transitorische Orte, die man so schnell wie möglich passieren möchte, weil ein Halt, ein Anhalten, als eine Verzögerung des Tempos, als eine unfreiwillig in Kauf genommene Pause wahrgenommen wird. Doch oft verstecken solche transitorische Orte ihre sorgfältig gehegten Geheimnisse: Man muss ein wenig auf die Bremse steigen, einen längeren Halt einlegen, um den Geheimnissen auf die Spur zu kommen, um sie zu sichten.

Nehmen wir zum Beispiel den Bahnhof von Rekawinkel, das man früher als ›Reckawinkel‹ bezeichnet hatte. Der riesige Bahnhof von Rekawinkel glänzt heutzutage durch gähnende Leere; wenn man Glück hat, trödelt einmal pro Stunde ein Zug der ›Schnellbahn‹ ein, den man früher als ›Pendler‹ bezeichnet hatte und der zwischen Unter-Pukersdorf und Hütteldorf-Hacking über einen eigenen Gleiskörper verfügte.

Das mit der glänzenden Leere war aber nicht immer so. Im Jahre 1858 wurde der Bau der damaligen ›Kaiserin-Flisabeth-Bahn‹ vollendet; sie sollte primär eine bequeme und schnelle Verbindung der Kaiserin zu ihrem in Bayern ansässigen Elternhaus garantieren. Heute noch thront die Statue der Kaiserin in der oberen Halle des umgebauten Westbahnhofes.

Mit dem Bau der heutigen Westbahn begann auf einmal ein emsiges Treiben in den ursprünglich dichten Waldgebieten, in denen vorher ab und zu ein Hüttler, also ein Waldarbeiter, in armseligen Verhältnissen hauste. Galt es doch, zwei Tunnels durch den Rekawinkler Berg und den Dürrenberg (307 bzw. 237 Meter Länge) zu treiben und weiters einen großen Bogen samt Viadukt auf der Strecke nach Eichgraben zu errichten. Der Bahnhof Rekawinkel lag zudem mit 361 Meter Seehöhe an der Scheitelstrecke der Bahn im Wienerwald.

Doch nach dem Bau der heutigen ›Kaiserin-Elisabeth-Bahn‹, eröffnet am Namenstag der Kaiserin, am 19. November 1858, passierte etwas, mit dem man ursprünglich gar nicht gerechnet hatte – gerechnet im doppelten Sinn des Wortes. Viele ›Sommerfrischler‹ benützten die Züge des Kaiserin-Elisabeth-Bahn, um zu Wanderungen in den kühlen Wienerwald zu fliehen, um in weiterer Folge dort auch die ›Sommerfrische‹ zu verbringen. Noch mehr benutzten sie übrigens die Züge der Südbahn, um in die nahe gelegenen Weinorte zu kommen; die Weinpreise waren dort erschwinglicher als in der teuren Hauptstadt.

Im Bahnhof Rekawinkel hielten noch im Betriebsjahr 1962/1963 insgesamt 24 vom Westbahnhof kommende Züge. Für die Wienerwald-Wanderungen benötigten die Sommerfrischler natürlich ein entsprechendes Maß an Infrastruktur. So wurde gleich hinter dem Bahnhof Rekawinkel 1881 das Gasthaus ›Ferdinand Kühnel‹ erbaut, das 1891 zu einem großen, repräsentativen, langgestreckten zweigeschossigen Hotel erweitert wurde. Besagter Ferdinand Kühnel hatte ursprünglich eine andere Laufbahn eingeschlagen: Er war Hofbildhauer, werkelte in diversen kaiserlichen Schlössern, musste jedoch krankheitshalber diesen Beruf aufgeben und avancierte in seinen alten Tagen zum Hotelbesitzer. Noch unter seinem Sohn Franz Kühnel verfügte das gravitätische Hotel über 19 Zimmer und 30 Betten.

Diese Kombination von Bahnhof samt Hotel existierte in vielen von Sommerfrischlern bereisten Orten, etwa auch im benachbarten Eichgraben. In Rekawinkel ist Gottseidank noch der Bahnhof übergeblieben: als einer der letzten Bahnhöfe im Originalstil des 19. Jahrhunderts in der näheren und auch weiteren Wiener Umgebung.

Das Hotel ›Franz Kühnel‹ hingegen ist leider Geschichte. Jahrelang war es dem Verfall preisgegeben, zwischendurch nutzte die Tischlerei Adam einen Teil des Komplexes, doch im Frühling 2015 wurde es auf Betreiben des Eigentümers abgerissen. Die Bemühungen einer Gruppierung, die sich für die Erhaltung des ›Kühnel‹ einsetzte, waren nicht vom Erfolg gezeichnet.

Einer der vielen Sommerfrischler – genauer Winterfrischler – in Rekawinkel hieß Doktor Johann Prix. Er wurde am 6. Mai 1836 zu Wien geboren und amtierte seit 1889 als Bürgermeister der Donaumetropole. Am 25. Februar 1894 unternahm er einen Winterspaziergang mit hochrangigen Freunden, darunter dem Präsidenten der Notariatskammer, einem gewissen Dr. Frischauf, ins weiter nördlich gelegene Kronstein. Im dortigen Wirtshaus wurde tarockiert, und um halb vier am Nachmittag trat die Gesellschaft den Rückweg nach Rekawinkel an. Doch bald klagte der Wiener Bürgermeister über anhaltende Brustschmerzen, sein Zustand verschlechterte sich zusehends. Knapp vor dem Bahnhof legte Dr. Frischauf den bereits Bewusstlosen auf seinen Lodenrock. So schnell wie möglich trugen die Herren den Wiener Bürgermeister zum Rekawinkler Bahnhof. Ohne das Bewusstsein wiedererlangt zu haben, musste Johann Prix gegen neunzehn Uhr unsere hiesige Welt für immer verlassen.

Ein Obelisk erinnert an dieses Unglück. Wir wandern vom Bahnhof zur Villa mit der Nummer 30. Ein paar Schritte, und wir stehen vor dem Sockel mit dem Obelisken und der Büste des Bürgermeisters Johann Prix. Auf dem Sockel lesen wir, dass das Denkmal vom ›deutschliberalen Verein im XIV. Bezirke‹ gewidmet wurde. Über die Todesursache erfahren wir nichts.

Sozusagen als Antipode zum versteckten Obelisken an seinem Sterbeort wirkt seine tatsächliche Ruhestätte auf dem Wiener Zentralfriedhof. Um seinen Nachruhm der Ewigkeit zu sichern, wird gleich einer Apotheose sein Sarg zum Himmel gehievt, der Baldachin ist bereits über sein Grab gespannt, vier den Baldachin tragende Grablaternen sorgen für das ewige Licht. Zu finden ist das Grab des Bürgermeisters Johann Prix auf der rechten Seite des zentralen Eingangsweges in der Gruppe 14A, Nummer 55.

Beppo Beyerl, *1955 im Westen von Wien geboren, schreibt Reportagen und Bücher über das Wesen der Stadt, ihrer Natur und ihrer Menschen.*

EXTRA

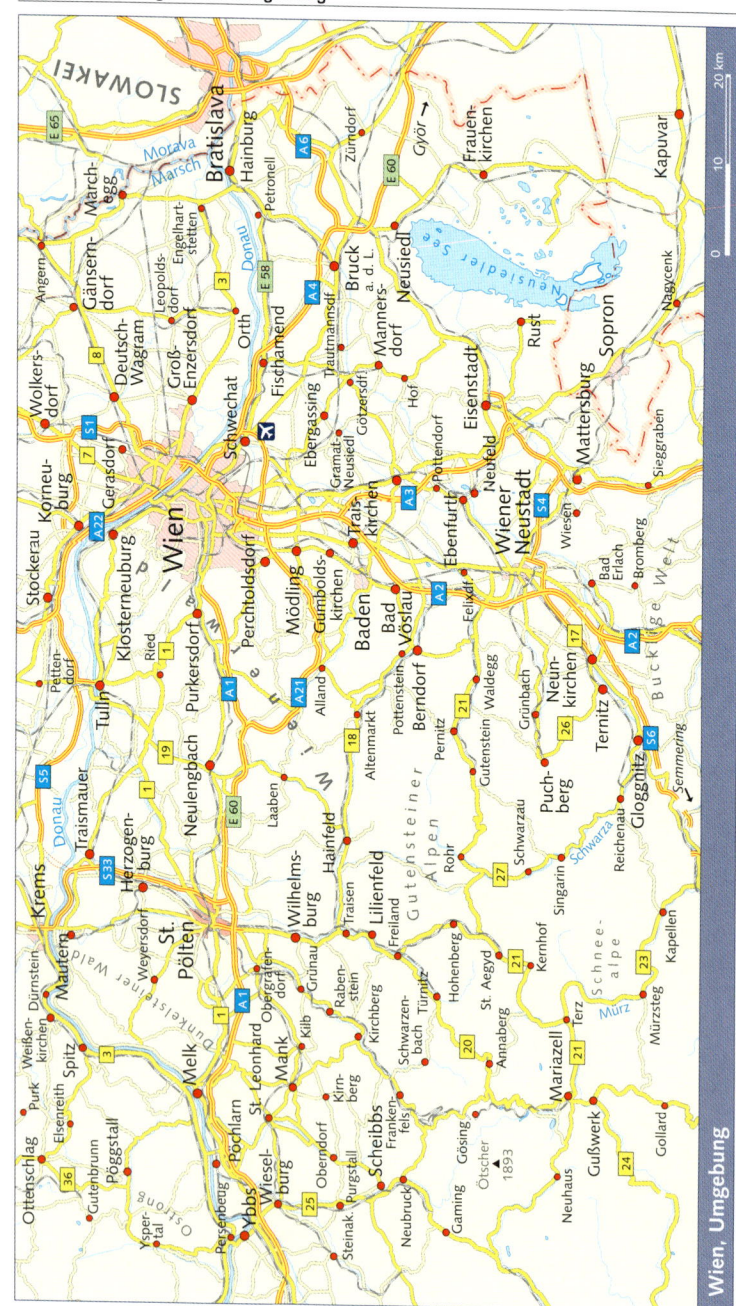

Für die schönsten Destinationen der Vienna Region, wie lokale Politiker die Wiener Umgebung in ihren Sonntagsreden gerne nennen, bräuchte es längst einen eigenen Reiseführer. Wir können hier nur die wichtigsten Ausflugsziele in Kürze vorstellen. Sie alle sind mit Bahn und Bus relativ gut erreichbar, und für Kleingruppen von zwei bis fünf Personen offerieren die ÖBB ermäßigte Preise (›Einfach raus‹-Tickets).

Wienerwald

Der Wienerwald, der vom Leopoldsberg im Norden bis zum Lainzer Tiergarten im Süden in die Stadt hineinreicht und dort große Flächen Wiens mit Wäldern bedeckt, ist ein Paradies für Spaziergänger und Wanderer. Mit Fingerspitzengefühl haben die Mitarbeiter des Forstamts 13 gut beschriebene, gut beschilderte Stadtwanderwege eingerichtet. Der 14. Wanderweg wird auch auf seinen Wegweisern ›Rundumadum‹ genannt und führt gegen den Uhrzeigersinn in 24 Einzeletappen und auf insgesamt 120 Kilometern rund um die Stadt.

Wer es lieber gemütlich angeht und damit der Mehrheit der Wiener entspricht, fährt mit dem Bus 38A vom Vorplatz des Bahnhofs Heiligenstadt – hier endet auch die U4 – in weniger als 20 Minuten hinauf ins Grüne. An schönen Tagen eröffnet sich an den drei Ausstiegsstellen auf dem Cobenzl, dem Kahlen- oder auf dem Leopoldsberg ein herrlicher Blick auf die Stadt. An besonders schönen Tagen sind sogar die Silhouetten der westlichen Wohnbezirke Bratislavas auszumachen.

Egal ob wandernd oder fahrend, Wiens Rennrad- und Mountainbikerszene hat den Wienerwald schon vor Jahren für sich entdeckt. Und verhungert und verdurstet ist im Wienerwald noch nie jemand. So wie unten in der Stadt gibt es entlang der Straßen und Wege ausreichend Wirtshäuser, Heurigen, Kaffeehäuser und Verpflegungsstationen.

> **i** **Wienerwald**
>
> Stadtwanderwege, Wegbeschreibungen und Kartenmaterial im Internet unter: www.wald.wien.at und www.natuerlich wien.at/rundumadum.

Klosterneuburg

Guten Wein, dazu eine jahrhundertealte Kulturgeschichte und zeitgenössische Kunst: Das bietet ein Ausflug in das zwischen der Donau und den Ausläufern der Alpen gelegene Klosterneuburg. Ein guter Ausgangspunkt für diesen Ausflug ist ebenfalls der Bahnhof in Heiligenstadt. Von dort benötigen die Züge der Franz-Josefs-Bahn nur wenige Minuten bis in die niederösterreichische Kleinstadt vor den Toren Wiens. Vom Bahnhofsvorplatz fahren auch regionale Busse in zeitlich kurzen Abständen ab. Die Busse fahren an der Weinbauschule und am markanten Stift in Klosterneuburg vorbei und halten am Unteren Markt.

Zur Einstimmung bietet sich eine Stiftsführung an. Das **Stift Klosterneuburg** wurde im Jahr 1114 von Markgraf Leopold III. gegründet, der ein Jahr zuvor Klosterneuburg für sich selbst zur Residenzstadt erkoren hatte. Bis heute ist es eine der bedeutendsten kirchlichen Anlagen in Österreich, obwohl die Pläne aus der Barockzeit nie vollendet wurden. Zu den Besonderheiten zählen die romanische Stiftskirche, die Leopoldskapelle und darin der Verduner Altar von Nikolaus von Verdun. Der Altar mit seinen 51 Emailtafeln wurde 1181 nach ungefähr zehnjähriger Bauzeit vollendet; er gilt bis heute als eines der wertvollsten Kunstwerke des Mittelalters. Schön anzusehen sind auch der gotische Kreuzgang und das prunkvolle Kaiserzimmer in der unvollen-

Das Haus der Künstler im Art Brut Center in Gugging

deten Residenz von Kaiser Karl VI. Zu einem lohnenswerten Ziel für Kulturtouristen wird das Stift auch durch die vielen wertvollen Exponate des Stiftsmuseums. Ganz auf zeitgenössische Kunst fokussiert ist man im privaten **Essl-Museum**, das vom Klosterneuburger Unternehmer-Ehepaar Agnes und Karlheinz Essl im Gewerbepark am Rande der Donauau gegründet wurde. Mit über 7000 Exponaten bietet es einen interessanten Einblick in die Kunstwelt des 20. und 21. Jahrhunderts. Seit einigen Jahren wird

die Sammlung durch die Sparten Fotografie, Video und Skulptur erweitert. Eine weitere Option ist das **Art Brut Center** am neuen Campus in Maria Gugging, wenige Kilometer vom Klosterneuburger Zentrum entfernt. Hier werden unter anderem auch die Werke der in der Nervenheilanstalt seit vielen Jahren aktiven und international angesehenen Künstler gezeigt. Immer eine Versuchung wert sind natürlich auch die Weine der Heurigen in Klosterneuburg und den angrenzenden Gemeinden.

ℹ Klosterneuburg

Österreichische Bundesbahnen, www.oebb.at.

Wiener Linien, www.wienerlinien.at.

Tourismusverein Klosterneuburg, 3400 Klosterneuburg, Niedermarkt 4, Tel. 02243/32038, www.klosterneuburg.net.

Stift Klosterneuburg 3400 Klosterneuburg, Stiftsplatz 1, Tel. 02243/411212, www.stift-klosterneuburg.at; Führungen in deutscher Sprache tgl. 10–17 Uhr.

Essl-Museum, 3400 Klosterneuburg, An der Donauau 1, Tel. 02243/37050150, www.essl.museum; Di, Do–So 10–18, Mi 10–21 Uhr (ab 18 Uhr freier Eintritt).

Art Brut Center in Gugging, 3400 Klosterneuburg, Am Campus 2, Tel. 02243/87087, www.gugging.org; Mo–Fr 10–18 Uhr.

Klosterneuburg-Tour, gemeinsam mit der Fremdenführerin Regina Engelmann: Tel. 0660/5431505, regina.engelmann@aon.at.

Karte S. 358

Lobau

Für Naturfreunde empfehlenswert ist ein Halbtagesausflug mit dem kleinen Wiener Nationalpark-Boot, das von der Innenstadt direkt in den ›Wasserwald‹ Lobau fährt. Der Dschungel von Wien liegt im Osten der Stadt und macht mit seinen 2300 Hektar fast ein Drittel der Gesamtfläche des Nationalparks Donau-Auen aus. Dieser wurde am 26. Oktober 1996 gegründet und soll eine der letzten großen Aulandschaften in Mitteleuropa vor der Zerstörung bewahren.

Die Fahrt mit dem Nationalpark-Boot führt zunächst den Donaukanal stromabwärts, durch die Praterauen bis zur Mündung in die Donau. Auf dem Fluss geht es dann weiter, vorbei am Friedhof der Namenlosen und dem südlichen Spitz der Donauinsel, in die Lobau. Bei der Anlegestelle wartet ein fachkundiger Führer, der die Besucher eine Stunde lang zu Fuß durch das sensible Ökosystem führt. Die Lobau ist Lebensraum für 800 Pflanzen, 30 Säugetier- und 100 Brutvogelarten, 8 Reptilien- und 13 Amphibiensowie 60 verschiedene Fischarten. Auch der Eisvogel, der in der Literatur auch ›fliegender Edelstein‹ genannt wird, hat hier sein Zuhause und dient als Wahrzeichen des Nationalparks. Für die Wiener ist die Lobau auch ein nahgelegenes Erholungsgebiet.

Durch den Auwald zieht sich auch ein gut beschildertes **Wander- und Radwegenetz**. Bei den geführten – kostenlosen - Erlebniswanderungen werden die Besonderheiten des Ökosystems Auwald vorgestellt, auf dem Napoleon-Rundwanderweg verweisen steinerne Obelisken auf die Schlachten und Scharmützel mit dem Franzosenkaiser im Jahr 1809. Einige Gewässer sind sogar zum Baden freigegeben.

Die MS ›Skorpion‹, die im Jahr 1986 in Sankt Petersburg vom Stapel gelaufen ist und dort zunächst als Hafenbarkasse und Sicherungsschiff diente, kann man auch für private Ausfahrten auf dem Donaukanal und auf der Donau mieten, etwa zu einem Ausflug ins Uferhaus in Orth an der Donau, wo traditionell Fisch serviert wird, für einen Heurigenbesuch in Nussdorf oder im Kahlenbergerdorf oder für eine Party an Bord. Wer ein größeres Schiff bevorzugt, kann in der schönen Jahreszeit an jedem ersten Sonntag im Monat mit der ›Admiral Tegetthoff‹ von Wien nach Hainburg und wieder zurück fahren.

ℹ **Lobau**

Nationalpark-Boot, 1010, Anlegestelle bei der Salztorbrücke, vom Abgang Franz-Josefs-Kai 100 m kanalaufwärts, Tel. 01/400049495, www.wien.gv.at/umwelt/wald/erholung/nationalpark/freizeit/boot; täglich von 2. Mai bis 26. Oktober, Abfahrt ist um 9 Uhr, für die Teilnahme ist eine Voranmeldung notwendig.

Wiener Bootstaxi, Tel. 01/5954515, www.bootstaxi.at.

Admiral Tegetthoff, 1020, Anlegestelle vor dem DDSG-Gebäude bei der Reichsbrücke, Tel. 01/588800, www.ddsg-blue-danube.at; an jedem ersten Sonntag im Monat von Mai bis September, Abfahrt ist um 8.30 Uhr, für die Teilnahme ist eine Anmeldung erforderlich.

Ausflüge in die Umgebung

Mit dem Rad in den Nationalpark

Mit dem Nationalpark-Boot in die Lobau

Die Stadt Baden bei Wien liegt in der niederösterreichischen Thermenregion auf halbem Weg zwischen Wien und Wiener Neustadt. Schon an der Endstation auf dem Josefsplatz fällt das nostalgische Flair der Kleinstadt auf: Zwischen 1804 und 1834 diente sie als Sommerresidenz für den Hof von Kaiser Karl, der hier erstmals im Jahr 1796 kurte. Ihm folgten Aristokratie und auch eine ganze Reihe von Künstlern, unter anderem Franz Grillparzer, Wolfgang Amadeus Mozart, Franz Schubert, Johann Strauss und nicht zuletzt Ludwig van Beethoven. Der war gleich mehrmals zu Besuch und hat hier unter anderem den vierten Satz seiner ›Ode an die Freude‹ komponiert. Ihm wird auch folgender Satz nachgesagt: »Ich hätte mein Leben nicht geglaubt, dass ich so faul sein könnte, wie ich es hier bin.«

Baden bei Wien

Eine Besonderheit unter den öffentlichen Verkehrsmitteln in Wien stellt die **Badner Bahn** dar. Seit dem 16. Juli 1894 verbindet sie die Hauptstadt mit der mondänen Kur- und Kongressstadt im Süden von Wien und ist damit die älteste elektrisch betriebene Normalspurstraßenbahn Österreichs. Von der Wiener Oper bis Meidling fährt sie auf den Gleisen der Wiener Straßenbahn und von dort weiter auf eigenen Schienen nach Baden. Für die 26 Kilometer lange Strecke benötigt die Badner Bahn rund 70 Minuten. Bald hinter Meidling passiert sie die beiden Wiener Vororte Inzersdorf und Erlaa. Weiter geht die Fahrt durch Vösendorf – dank der Shopping City Süd eine der reichsten Gemeinden Österreichs –, Maria Enzersdorf, Wien Neudorf, Guntramsdorf – dort wurden bei Gleisbauarbeiten jüngst Steinplattengräber gefunden –, Traiskirchen – traurig-berühmt durch sein riesiges, wenig gastfreundliches Flüchtlingslager – und den Heurigenort Pfaffstätten.

Das **Kaiserhaus**, das **Stadttheater**, die eleganten **Sommerpaläste** der feinen Wiener Familien, der **Kurpark** und die anderen großzügig angelegten **Parkanlagen** verleihen dem Stadtbild bis heute den typischen Biedermeiercharakter. Gegen Ende des 19. Jahrhunderts galt Baden neben Bad Ischl als einer der Nobelkurorte der Monarchie. Ein Juwel ist auch das **Rosarium** im Doblhoffpark, wo im Sommer 20 000 Rosenstöcke für eine blumige Atmosphäre sorgen. Bis heute geschätzt wird die belebende Wirkung des schwefelhaltigen Wassers in der Römertherme. Das Wasser wurde schon von den Römern genutzt und sprudelt heute im modernen, ganzjährig geöffneten **Wellness-Bad**. Im Stadttheater werden meist Operetten aufgeführt. Wer in Baden sein Glück versuchen möchte, kann die **Trabrennbahn** oder das **Congress Casino Baden** besuchen. Geführte Themen-Touren starten regelmäßig vor dem Tourismusbüro am Brusattiplatz Nr. 3.

Karte S. 358

i **Baden bei Wien**

Badner Bahn, Tel. 01/90444, www. wlb.at.

Tourismusamt Baden, 2500 Baden, Brusattiplatz 3, Tel. 02252/22600600, www.tourismus.baden.at.

Neusiedler See

Einen Tagesausflug wert ist auch der Neusiedler See, speziell der burgenländische Seewinkel. In Ermangelung eines eigenen Meerzugangs haben die Wiener den Steppensee am Rande der Pannonischen Tiefebene, an der Grenze zu Ungarn, zu ihrer ersten Schwimm- und Segeldestination auserkoren. Er wird daher auch ›das Meer der Wiener‹ genannt.

Populär ist auch eine Rundfahrt mit dem Rad auf den gut beschilderten Radwegen. Der **Rundradweg** führt durch das Vogelparadies im Seewinkel und all die am See gelegenen Bade- und Weinorte auf österreichischer wie auf ungarischer Seite. Dabei sind so gut wie keine Steigungen zu bewältigen, womit auch ungeübtere Radfahrer ihre Freude haben werden.

Empfehlenswert für die schöne Jahreszeit ist folgende Tagestour: In der Früh mit dem ›Radler-Express‹ vom Wiener Hauptbahnhof nach Neusiedl am See und von dort weiter durch den Seewinkel zum Grenzort Pamhagen. Auf dem Bahnhof in Pamhagen stehen auch **Nextbike-Leihräder** bereit, die hier oder auch auf anderen Bahnhöfen in der Region retour gegeben werden können.

Von Pamhagen führt dann eine Landstraße via Apetlon nach Illmitz. Dort finden – ausgehend vom ganzjährig geöffneten Nationalpark-Informationszentrum auf der Hauswiese – Exkursionen in den **Nationalpark Neusiedler See-Seewinkel** statt. Der Nationalpark zählt zu einem der bedeutendsten Vogelschutzgebiete Europas. Mehr als 300 Vogelarten sind in dem weitläufigen Gebiet aus Schilf, salzhaltigen Lacken und sumpfartigen Wiesen heimisch.

Wer sich an die Adria versetzt fühlen möchte, steuert direkt auf **Podersdorf am See** zu. Podersdorf ist das Hauptziel für die Wiener Surfer und Kitesurfer, auch Sonnenanbeter kommen auf dem vier

Ausflüge in die Umgebung

Das ›Meer der Wiener‹: Der Neusiedler See geizt nicht mit Naturschauspielen

Kilometer langen **Strand** auf ihre Rechnung. Den besten Seeblick bietet die ›Sunset-Bar‹ an der Südseite der Mole. Eine einstündige Schiffsrundfahrt durch den Schilfgürtel und hinaus auf den See bietet das Schifffahrtsunternehmen der Familie Knoll.

Kunstinteressierte nehmen den kleinen Umweg zum **Barockschloss** in **Halbturn** in Kauf. Es diente erst dem Wiener Kaiserhaus als Jagd- und Sommerresidenz und bietet heute wechselnde Ausstellungen. Schön ist auch der weitläufige Schlosspark, eine Versuchung wert die angeschlossene Schlosskellerei. Auf dem Weg zurück zum See liegt auch das **Dorfmuse-**

um in **Mönchhof** mit 35 wieder errichteten Gebäuden, die aus dem Heideboden stammen und besichtigt werden können. Vor der Rückfahrt nach Wien bietet sich noch ein Besuch der schattigen **Weinlaube** der Familie Schwartz in **Weiden am See** an. Zur Feinschmeckerplatte werden hier ebenso bodenständige Weine angeboten. Das Weinsortiment reicht von Zweigelt über Cabernet Sauvignon, Grüner Veltliner, Welschriesling, Müller Thurgau, Goldburger bis zu Muskat Ottonell. Vorsicht vor dem Alkoholgehalt der Seewinkler Weine! Der Bahnhof in Neusiedl am See ist immerhin nicht mehr allzu weit.

ℹ Neusiedler See

Nationalpark Neusiedler See-Seewinkel, 7142 Illmitz, Hauswiese, Tel. 02175/3442, www.nationalpark-neusiedlersee-seewinkel.at.

Podersdorf Tourismus, 7141 Podersdorf am See, Hauptstraße 4–8, Tel. 02177/2227, www.podersdorfamsee.at.

Schifffahrt Knoll, 7141 Podersdorf am See, Zentrumsplatz, Mole. Tel. 0664/1317939, www.schifffahrt-knoll.at; Rundfahrten von Mai bis Oktober.

Kulturverein Schloss Halbturn, 7131 Halbturn, Im Schloss, Tel. 02172/8577, www.schlosshalbturn.com; Ausstellungen von Mitte April bis 26. Oktober.

Dorfmuseum Mönchhof, 7123 Mönchhof, Bahngasse 62, Tel. 02173/80642, www.dorfmuseum.at.

Weinlaubenschenke Schwartz, 7121 Weiden am See, Untere Hauptstraße 45, Tel. 02167/7837.

Semmering

Gut eine Stunde benötigen die Züge auf der Südbahn zum Zauberberg der Wiener, bis zur gleichnamigen Station Semmering. Hier oben auf dem waldreichen Berg haben die wohlhabenden Familien der k. u. k. Residenzstadt und auch die Künstler gern ihre Sommer verbracht. Vor einigen Jahren wurde diese Tradition mit dem alten Begriff der Sommerfrische von den Touristikern zu neuem Leben erweckt.

Auch der Schriftsteller Heimito von Doderer wurde vom Zauberberg magisch angezogen. Er notierte: »Man sollte nie mit dem Auto über den Semmering fahren. Die Gebirgslandschaft wird durch

die Eisenbahnstrecke erst sichtbar.« Der Mann hat Recht, allerdings ist der Bahnhof Semmering bis heute ein geographisches Dilemma. Er liegt deutlich abseits und deutlich unterhalb vom Ort Semmering. Die Gemütlichen rufen daher ein Taxi, die Sportiven kalkulieren einen knapp 20-minütigen Fußmarsch ein. Eisenbahnfreunde lassen es sich zuvor nicht nehmen, dem **Denkmal** für den Erbauer der Semmeringbahn, Carl Ritter von Ghega, neben dem **Bahnhofsgebäude** die Ehre zu erweisen und einen Blick ins Bahnhofsgebäude mit Zeugnissen der Bahngeschichte zu werfen.

Schon auf dem Weg zur Passhöhe fällt die gepflegte alte **Hotel- und Villen-**

Karte S. 358

Der Zauberberg und das Alpenvorland sind zu jeder Jahreszeit schön

kolonie auf. Sie geht auf die Eröffnung der Bahnstrecke über den Semmeringpass im Jahr 1854 zurück, als zunächst Reisende und Wanderer hier oben Station machten, bald auch die ersten vornehmen Wiener Sommerfrischler. Maßgeblich in die Planungen der variantenreichen Sommerresidenzen, die im Stil des Späthistorismus und auch des Jugendstils Bauernhäusern nachempfunden sind, war auch das Wiener Büro der berühmten Theaterarchitekten Ferdinand Fellner und Hermann Helmer.

Zeugnisse für den großen Andrang zur Jahrhundertwende sind auch das inzwischen modern renovierte Grandhotel Panhans sowie das Südbahnhotel. Eigene Schaukästen bieten Detail-Informationen zu den Architekten und deren Auftraggebern, darunter auch der steirische Skipionier Viktor Silberer und die Hoteliersfamilie Panhans.

Vom Bahnhof Semmering führen – nette Idee – gut beschilderte **Wanderwege** entlang der Bahnstrecke ins Tal: Auf dem steirischen Bahnwanderweg begleitet etwa der Dichter Peter Rosegger die Wanderer hinunter ins südlich gelege-

ne Mürztal. Der Weg ist 17 Kilometer lang und führt durch die Orte Steinhaus und Spital am Semmering sowie durch Wälder und über Wiesen hinunter zum Bahnhof der steirischen Bezirkshauptstadt Mürzzuschlag. Auf dem niederösterreichischen Bahnwanderweg geht es vorbei an herrlichen Aussichtswarten mit Panoramablick; besonders schön der ›Zwanzig-Schilling-Blick‹ auf das Voralpenland, der in Vor-Euro-Zeiten die Rückseite einer österreichischen Banknote zierte. Außerdem beeindrucken all die **Viadukte** und **Tunnelbauten** der alten Ghega-Strecke, die seit 1998 gemeinsam mit der umgebenden Berglandschaft als Weltkulturerbe geführt wird. Der Weg hinunter in den alten niederösterreichischen Industrieort Gloggnitz, der auch am historischen Postamt in Küb vorbeiführt, ist 23 Kilometer lang. Beruhigend für alle Wanderer: Der nächste Bahnhof ist nie weit, und von dort führen regelmäßig regionale Züge hinunter ins Tal. Faszinierend ist nicht nur die Natur, auch die Geschichte der Bergbahn. Bereits 1841 schmiedete man in Wien den ehrgeizigen Plan, eine Bahnlinie von Wien über den Semmering bis zur Adria-Hafenstadt Triest zu bauen. Die Projektierung wurde dann dem aus Venedig stammenden Bau-in-genieur Carlo di Ghega übertragen. Der Bau der 41 Kilometer langen Bahnstrecke über den Semmering startete ausgerechnet im Revolutionsjahr 1848 und dauerte insgesamt sechs Jahre. Zu verdanken ist seine rasche Fertigstellung nicht nur dem Planungstalent des später zum Ritter ernannten Architekten, sondern auch 20 000 Arbeitern aus allen Teilen der österreichisch-ungarischen Monarchie. Für alle, die nicht so gern über Stock und Stein spazieren, bietet das Tourismusbüro Semmering auch geführte Bustouren entlang der Weltkulturerbe-Bahn an.

Eine Option ist auch der Besuch des **Looshauses** auf dem Kreuzberg. Vom Bahnhof der netten Kurstadt Payerbach-Reichenau sind es nur wenige Minuten zum modern geführten Hotel-Restaurant, Wanderer sollten eine gute Stunde einkalkulieren. »Baue nicht malerisch«, forderte der Wiener Architekt Adolf Loos im Jahr 1913 wohl auch von sich selbst,

»überlasse solche Wirkung den Mauern, den Bergen und der Sonne.« Im Winter 1928/29 durfte Loos diese Idee auch praktisch umsetzen. Der Industrielle Paul Khuner beauftragte ihn, ein Landhaus auf dem Kreuzberg zu errichten. Das Looshaus wurde 1930 fertiggestellt, gilt als ein Spätwerk des Meisters und bietet neben einem schönen Blick auf den Semmering und die Rax lokale Gerichte und Gästezimmer.

> **ℹ Semmering**
>
> **Tourismusbüro Semmering**, 2680 Semmering, Passstraße 2/1, Tel. 02664/20025, www.semmering.at.
> **Bahnwanderweg Semmering**, www.semmeringbahn.at/bahnwanderweg.
> **Looshaus**, 2650 Payerbach, Kreuzberg 60, Tel. 02666/52911, www.looshaus.at.

Wachau

Ein weiterer schöner Tagesausflug, allerdings in eine andere Himmelsrichtung, führt in die Wachau. Mit dem Regionalzug geht es zunächst vom Westbahn-

▲ *Weltkulturerbe: die Wachau, eine beeindruckende Kulisse an der Donau*

hof in die niederösterreichische Bezirksstadt **Melk**.

Dort thront auf dem Melker Stiftsfelsen das mächtige und schon von Weitem sichtbare **Stift Melk**. In der mehr als 1000-jährigen Geschichte des 996 erstmals als Ostarrichi urkundlich erwähnten Österreichs spielt es lange eine zentrale Rolle. Schon im Jahr 976 hatte Markgraf Leopold I. eine Burg auf diesem Felsen zu seiner feudalen Residenz gemacht. Mehr als 100 Jahre später, 1089, hat Markgraf Leopold II. die Anlage an die Benediktinermönche aus dem heute oberösterreichischen Lambach übergeben, die ein Kloster einrichteten und es in weiterer Folge prachtvoll ausbauten.

Besonders einflussreich waren die Stiftsherren in der Barockzeit. Davon zeugt auch der bis heute erhaltene herrschaftliche Barockbau, der nach Plänen von Jakob Prandtauer in der ersten Hälfte des 18. Jahrhunderts errichtet wurde. Prandtauer sollte und wollte den Himmel auf Erde nachbauen.

Der Weg hinunter zur Schifffahrtsstation führt vorbei an mittelalterlichen Häusern mit Fresken aus dem 14. Jahrhundert, auch an dem alten Posthaus aus dem späten 18. Jahrhundert.

Das Schiff fährt dann durch die Wachau, eine der schönsten Flusslandschaften in Mitteleuropa, seit dem Jahr 2000 auch Weltkulturerbe. Von Bord aus zu bestaunen sind die malerischen **Weinberge** und **Obstgärten**, die sich an die extrem sonnigen und teils so steilen Felsrücken schmiegen. Darüber thronen aus der österreichischen Geschichte bekannte Burgen und Schlösser, unter anderem die Ruine Aggstein mit ihrer wieder geweihten Burgkapelle, die Ruine Hinterhaus in Spitz an der Donau und nicht zuletzt die Ruine Dürnstein. Am linken Donauufer sind der Reihe nach mehrere gleichzeitig interessante und malerische

Orte zu sehen. In Willendorf wurde die Venus von Willendorf gefunden, die als der bedeutendste Fund aus der Jungsteinzeit auf österreichischem Boden gilt. Spitz an der Donau, Joching, Weißenkirchen, Dürnstein und Loiben sind nicht zuletzt für ihre sehr guten Weine und Restaurationen bekannt.

Am Nachmittag legt das Schiff in der Donaustadt **Krems** an. Von der Anlegestelle führt der Weg entlang der Kremser Kunstmeile ins Zentrum. Bis heute erzählen die Kremser gerne, dass ihre Stadt eigentlich älter als Österreich ist, wurde die Stadt doch schon im Jahr 995 erstmals urkundlich erwähnt, ›Ostarrichi‹ dagegen erst 996. Ein Bummel durch die Altstadt bietet sich an: Krems konnte sich sein historisches Ortsbild fast vollständig bewahren und bietet neben einigen sehr eindrucksvollen Kirchen – teils mit Arbeiten des berühmten Barockmalers Kremser Schmidt – eine Fülle von Bauten vornehmlich in Gotik und Barock.

Schön ist auch ein Spaziergang durch die benachbarte, baulich weitgehend unverändert gebliebene Altstadt von **Stein**: durch die Steiner Landstraße bis zum Steiner Tor, das auch als Wahrzeichen der Stadt gilt. Weiter geht zum **Kloster Und**, das an der Grenze zwischen Stein und Krems liegt, wirklich so heißt und das heute als moderner Veranstaltungsort genutzt wird. Wer mehr Zeit hat, kann auf der Kremser Kunstmeile auch noch die Kunsthalle Krems, das Karikaturmuseum oder das Kremser Literaturhaus besuchen.

 Wachau

Donauschifffahrt, www.ddsg-blue-danube .at bzw. www.brandner.at.
Wachau-Tour, gemeinsam mit der Fremdenführerin Christa Bauer: Tel. 0664/5839466, christa.bauer@meta com.com.

Mario Lang über
seine große Liebe, die Donau

»gaunz en da frua is gflogn da odla und hod owegschaud, wia se drunt da biba sei nei-che hittn baud, a antn und a laubfrosch und a schüüdgrod kumman no dazua, gaunz en da frua.«

Die Donau oder der ›schdrom‹, wie sie der Wiener Liedermacher Ernst Molden liebe- und trotzdem ehrfurchtsvoll nennt, ist ein Fluss wie eine Liebesbeziehung. Eine, die hält! Der ›schdrom‹ ist nicht nachtragend. Trennen sich die Wege auch kurzfristig, gibt es beim Wiedersehen keine dramatischen Szenen. Ganz selten wird er zum Häferl (wienerisch auch für: aufbrausender Mensch, der wie ein Topf leicht überkocht) und steigt über die Ränder. Abseits solcher Ausnahmefälle geht er gelassen seiner Wege. Wird vom Bacherl zum Fluss, beglückt zehn Länder mit seinem Nass und verstreut sich letztlich im Schwarzen Meer.

Mit dem Rad lässt sich der ›schdrom‹ am ehrlichsten entdecken. Länder-, Sprach- und Kulturgrenzen werden bewusst und hautnah wahrgenommen. Und die Liebe wächst, mit jedem gefahrenen Kilometer. 2840 Kilometer bis zum Meer. Steht in Stein gemeißelt an seiner Quelle in Donaueschingen geschrieben. Die Donau ist hier noch weit entfernt, ein ›schdrom‹ zu sein. Ganz jungfräulich, nimmt sie schüch-tern ihren Lauf, nimmt Gestalt an und wird erwachsen. Immer wieder aufs Neue.

»und waunsd genau schausd siggst de schbua von aana ringlnatta en schdaub.«

Ihr österreichischer Verlauf wartet mit unzählbaren landschaftlichen Höhepunk-ten auf. Beispielsweise, wenn sich die Donau bei Schlögen (Schlögener Schlinge) windet wie die zitierte Ringelnatter im Staub, ein unauslöschliches Bild brennt sich ins Gedächtnis. Die urige Donaufähre von Au rüber ans Schlögener Ufer. Die Buschenschanken am Weg. Ihr Lauf durch die oft sträflich unterschätzte Kultur-Stahlstadt Linz. Vorbei an der Schande Mauthausen. Durch die viel besungene Wachau. Ihre Wege durch den Wein. Das touristisch verseuchte und trotzdem immer noch romantische Dürnstein (Löwenherz-Sage). Das in zarter Höhe thro-nende Stift Melk. Das verhinderte Atomkraftwerk Zwentendorf. Schiele in Tulln. Das Donaukraftwerk Greifenstein. Das barocke Klosterneuburg. Danach führt der Treppelweg in die Bundeshauptstadt Wien. Auf der ganzen Strecke bleibt der ›schdrom‹ (fast) immer in Blickweite. Traumhaft. Nur weil es so traumhaft ist, ist die Strecke Passau–Wien zur Fahrrad-Autobahn verkommen, Staugefahr inklusive.

»donnawetta blitz, ob des med uns wos wiad?«

In Wien splittet sich die Donau auf. Der Donaukanal führt auf verschlungenen Wegen durch die Innere Stadt, der Hauptstrom trennt die Bezirke Floridsdorf und Donaustadt (umgangssprachlich Transdanubien) vom restlichen Wien. Daneben ein weiterer künstlicher Kanal: die parallel zum Fluss verlaufende Neue Donau (auf wie-nerisch: Entlastungsgerinne). Dazwischen die Donauinsel, Naherholungsgebiet und Copa Capana der Wiener_innen. Daneben der Dschungel von Wien, die Lobau. Ein besonderes Fleckerl. Verzweigt sind die Pfade durch den Nationalpark. Ein Paradies für Spaziergänger oder zu Rad. Ein Urwald und Lebensraum für Reh bis Wildsau. Eingebettet in diesem Biotop, kleine Badeteiche, Hochburgen der Freikörperkultur. An den Nackerpatzerl-Stränden wie Dechantlacke oder Panozzalacke lässt sich auch das ureigene Wienerisch vom benachbarten Badetuch unverfälscht nachhören.

»gaunz en da frua san ma d fisch sümbadisch, nur redn dans no imma ned, owa wea waass en hundat joa kummd aana dahea wos an wöös vaschded.«

Dazwischen gibt es versteckte, unaufgeregte Erfrischungsstationen wie das Knusperhäuschen mitten im Wald. Ein kleines Stück Paradies im realen Leben. Wegbeschreibung wird bewusst nicht mitgeliefert. Solche Oasen der Sinnlichkeit wollen erarbeitet werden. Nehmen Sie Kontakt mit Eingeborenen auf. Tipp: Ein Gedenkstein, der an das Hauptquartier von Napoleons Truppen erinnert, befindet sich in unmittelbarer Nähe.

Die Rad- und Fußgängerbrücke des Kraftwerks Freudenau führt auf die andere Donauseite, zu einer weiteren Stadt-Oase. Hinter dem Alberner Hafen, beim Zusammenfluss von Donaukanal und Donau, liegt versteckt eingebettet der Friedhof der Namenlosen. Einziger Wermutstropfen: das nahe gelegene verwunschene Wirtshaus hat kürzlich dicht gemacht.

»gemma ens wossa, gemma ens wossa baby, da heagott wiad scho schaun auf uns.«

Die Ränder von Wien sind erreicht, der Nationalpark Donauauen erstreckt sich Richtung Osten den Damm entlang. Das endlose Band vermittelt dem/der Radler_ in das gewisse Heimtrainer-Gefühl, die Pedale drehen sich, die Landschaft bleibt stehen. Die Donau plätschert versteckt hinter Auwäldern. Aber schon ab Hainburg bewegt sich die Gegend wieder im Gleichschritt mit der Trittgeschwindigkeit, und Bratislava kommt in Sichtweite. Der ehemalige Eiserne Vorhang wird durchtrennt, es nähert sich die Ufo-Brücke (Most SNP), und ein neuer Donau-Abschnitt beginnt.

»mia san da schrom, uns ghead des es laund, föda schdrossn heisa.«

Auf den weiteren Etappen Richtung Schwarzes Meer hätte der ›schdrom‹ noch viele Geschichten auf Lager. Er durchmisst zwei Hauptstädte (Bratislava und Budapest), bei der dritten (Belgrad) vermischt er sich mit der Save. Dazwischen erinnert er an den Jugoslawien-Krieg (Vukovar) und die späteren Nato-Luftangriffe (Novi Sad). Er erzählt von Donauschwaben, von alten und neuen Grenzen, wie dem frisch aufgezogenen, trennenden Zaun zwischen Ungarn und Serbien. Und trotzdem hält er unbeirrt alles zusammen. Es bleibt eine Vision:

»mia san da schrom, mia hom olles vaschdaundn.«

Ab Budapest nimmt die Fahrraddichte rapide ab. Die Radwege werden zu Landstraßen, die Beläge werden ruppiger und alles wird ein wenig schmuddeliger. Im positiven Sinne. Die Reise wird planungsresistenter, dafür aufregender. Und eines ist sicher: Mit jedem zurückgelegten Kilometer Richtung Süden öffnen sich die Herzen der Menschen ein Stück mehr. Gegenproportional zum Einkommen. Jetzt geht die Reise wirklich los, bis zur Endstation Tulcea (Rumänien), dem Eingangstor zum Donaudelta und zum Schwarzen Meer!

»frog mi bitte ned wos fiara viech i bin, wissad is na wissad i wohi. bin i da mada oda de wüüdsau oda d omasnkenegin, wos i bin bin i fia di!«

Alle Zitate von Ernst Molden, ausgeborgt von seinem wunderbaren Album ›schdrom‹, 2016 bei Monkey Music erschienen, siehe auch: www.ernstmolden.at.

Mario Lang, *1968 in Wien geboren, ist freier Fotograf, Reisender, Musikarbeiter und vieles mehr, vor allem aber ein leidenschaftlicher Dilettant. Er leitet den Chor ›Stimmgewitter Augustin‹. Aktuell fährt er mit seinem Faltrad den ›Eisernen Vorhang‹ entlang, von der Barentsee bis zum Schwarzen Meer, mehr unter http://vorhangauf.international.*

EXTRA

›Bratislover‹

Die beiden europäischen Hauptstädte Wien und Bratislava liegen nur 60 Kilometer voneinander entfernt. Ein Ausflug in die Zwillingsstadt der Wiener, eben nach Bratislava, ist daher im Wortsinn naheliegend. Die Hauptstadt der Slowakei liegt an der Südspitze des Karpatenbogens, ebenfalls am Ufer der Donau, und zählt heute rund 415 000 Einwohner. In der Altstadt erinnern noch immer viele Gebäude an die gemeinsame Geschichte der Monarchie, die Außenbezirke wiederum mehr an die 50 Jahre im realen Sozialismus. Bratislava – deutsch Pressburg; ungarisch Pozsony – war eine multiethnische Stadt, in der Deutsch-, Ungarisch- und Slowakischsprachige immer relativ gut miteinander ausgekommen sind.

Die historische Altstadt ist nicht groß, sie kann gemütlich zu Fuß durchmessen werden. Ihre teilweise jahrhundertealten Straßen und Plätze sind durchgehend Fußgängerzone. Schön ist die Promenade (›Korzo‹), die vom Donauufer über den langgezogenen Hviezdoslavovo-Platz zum alten Nationaltheater führt, das übrigens auch vom Wiener Architektur-Büro Fellner und Helmer geplant wurde. Zahlreiche Altstadt-Cafés und Restaurants laden dort zum Verweilen ein.

Vor der Comenius-Universität am östlichen Ende der Altstadt, in der Nähe der Alten Brücke (Stary most), wurde jenes Bild von einem jungen Mann vor einem Panzer aufgenommen, das im August 1968 um die Welt ging und zum Symbol des Prager Frühlings werden sollte. Weltweit einzigartig ist auch der Vorplatz der Bratislavaer Krönungskirche am westlichen Rand der Altstadt, in der mehrere Habsburger zu ungarischen Monarchen gekrönt wurden. Über ihn und das angrenzende ehemalige jüdische Viertel der Stadt hat man im realen Sozialismus

– ohne Rücksicht auf die Geschichte – eine mehrspurige Stadtautobahn gezogen. Von dort kann man auf den Burghügel spazieren. Der ermöglicht einen schönen Ausblick bis nach Österreich und Ungarn, auch auf die ›Schlafstadt von Bratislava‹, Petržalka, eine Plattenbausiedlung auf dem gegenüberliegenden Donauufer. Die Burg, vor kurzem sorgfältig renoviert, beherbergt öfters historische Ausstellungen. Es gibt keine lästigen Grenzkontrollen mehr, in Euro-Zeiten muss auch kein Geld mehr getauscht werden. Und die Tickets für die Euregio-Züge mit dem charmanten Beinamen ›Bratislover‹ gelten auch für Bus und Straßenbahn in Bratislava. Empfehlenswert ist im Übrigen die Hinfahrt mit dem Zug und die Rückfahrt mit dem Schiff – oder umgekehrt. Dabei sind für Touristen besser geeignet jene Züge, die via Marchegg zum Bratislavaer Hauptbahnhof fahren; die Züge nach Petržalka haben den gravierenden Nachteil, dass die Busfahrt von diesem Außenbezirk in die nahegelegene Altstadt länger als die Bahnfahrt dauern kann.

Für die Rückfahrt auf der Donau hat man drei Optionen: Die Eiligen nehmen den viel beworbenen und recht teuren Twin-City-Liner zum Schwedenplatz, die Ostalgiker das preisgünstigere, deutlich lautstärkere und langsamere slowakische Schnellboot russischer Bauart zur Reichsbrücke, die Gemütlichen das Ausflugsschiff ›Kaiserin Elisabeth‹ nach Nussdorf. Das fährt um 16 Uhr in Bratislava los – ab 18.30 Uhr wird ein Vier-Gang-Dinner serviert – und erreicht gegen 22 Uhr Wien-Nussdorf.

ℹ ›Bratislover‹

Twin City Liner, Tel. 01/9048880, www.twincityliner.com.
Kaiserin Elisabeth, Tel. 0732/2080, www.donaureisen.at.
Bratislover, www.oebb.at.

Karte S. 358

Naher Osten

Zwischen der österreichischen und der slowakischen Hauptstadt liegt gerade einmal eine Stunde mit der Bahn, dem Schiff, dem Bus, dem Auto. Und doch ist die emotionale Distanz der Wiener zu ihren 415 000 Nachbarn in Bratislava – deutsch Pressburg, ungarisch Pozsony – noch immer größer als die geographische Entfernung. Nur wenige in Wien, am ehesten noch innovative Geschäftsleute und kreative Kulturschaffende, haben die im Jahr 1989 neu eröffnete, in Europa einzigartige Perspektive der Zwillingsstädte erkannt.

Nicht verstummen wollen die Ressentiments, die im Kalten Krieg auf beiden Seiten der Grenze geschürt wurden. Dagegen wirken immerhin die modernen Euregio-Züge mit dem liebevollen Beinamen ›Bratislover‹ und der aufwendig betriebene ›Twin City Liner‹ auf der Donau. Nach Bratislava fahren weiterhin in erster Linie Touristen aus Wien, während in der Gegenrichtung hauptsächlich slowakische Studenten, Altenpflegerinnen und Krankenschwestern einpendeln.

Die Grenzen sind hier im Kopf. Kaum jemand in Wien spricht Slowakisch, und die ganz Ängstlichen fürchten sich noch immer, dass ihnen die Ost-Nachbarn ihre Arbeit wegnehmen könnten. Dabei sind alle diesbezüglichen Befürchtungen nach dem Beitritt der Slowakei zur Europäischen Union nicht eingetreten. Ganz im Gegenteil: Die großen Wiener Kreditinstitute machen im nahen Osten noch immer ordentliche Gewinne, während slowakische Frauen ihre Kinder und pflegebedürftigen Eltern zu Hause zurücklassen, um für relativ wenig Geld fremden Österreichern zu dienen. Der ›Bratislover‹ wird daher längst auch ›Pflegerinnen-Express‹ genannt.

Es ist Menschen wie dem Eisenbahn-Manager und ›Bratislover‹-Erfinder Roland Kern zu verdanken, dass sich Wien und Bratislava langsam näher kommen. Während es die Politik in bald 25 Jahren nicht geschafft hat, eine zeitgemäße Bahnverbindung zwischen den beiden Hauptstädten und eine halbwegs brauchbare Brücke über den Grenzfluss March zu bauen, haben Kern und andere Visionäre das Potential der neuen Nachbarschaft richtig eingeschätzt: So gilt der ›Bratislover‹ mit jährlich steigenden Fahrgastzahlen im zweistelligen Prozentbereich als erfolgreichste Zugverbindung der ÖBB.

Kern, der Slowakisch lernt, um seinen Bahn-Kollegen in Bratislava auf Augenhöhe begegnen zu können, erklärt, was ihn seit vielen Jahren antreibt: »Ich bin nur wenige Kilometer von der Grenze entfernt aufgewachsen. Nach der Niederschlagung des Prager Frühlings habe ich mich oft gefragt, wie es den Menschen drüben geht.«

Dank der klugen Tarifpolitik – das Zugticket gilt auch für Bus und Straßenbahn – ist es heute wieder möglich, wie seinerzeit in der Monarchie in die jeweils andere Stadt auf einen Kaffee und anschließend bequem nach Hause zu fahren. In Bratislava sofort augenscheinlich ist die jahrhundertealte gemeinsame Geschichte, die von der Krönungskirche der Habsburger bis zur kalorienreichen k. u. k. Konditorei Mayer reicht. Daneben lässt sich ein Hauch Ostalgie aufspüren, vor allem in der Architektur, die auch noch lange nach dem Ende des Realen Sozialismus real ist. Bratislava, Pressburg, Pozsony ist in jedem Fall eine Tagesreise wert!

Christoph Mandl über
Krautsuppen in Pressburgs Schlaglöchern

Ich liebe unperfekte Städte. Ich liebe dort die Gegenden, wo aus abbröselndem Mauerwerk Wolfsmilchgarben wuchern, Tschickpackungen zerknüllt dem Vergilben entgegenwarten, Fernsehantennenkabel flüchtig an die Außenwand getackert hängen, von Fenster zu Fenster sich schwingen. Und rostige Balkongeländer, an denen hellgraue lange Unterhosen zum Trocknen wehen. All das liebe ich und liebe ich nicht, denn für mich ist Wien ohne all das dennoch die schönste Stadt der Welt. Aber ein bisschen wird man ja doch urbanistisch fremdgehen dürfen?

Seine Nase in andere Städte stecken, in denen es noch ein bisschen da und dort morgens nach Herrenurin in den Mauernischen ›duftet‹, Bierwolken samt Zigarettenrauch aus den Ventilatoren der Gasthäuser geblasen werden, Taubenkadaver nicht gleich in die Tierverwertung geführt, sondern von anderen tief(f)liegenden Straßenbewohnern so lange obduziert werden, bis nur mehr ein zerrupftes Flügelchen an das ehemalige herrliche Dasein zu Luft und zu Lande erinnert.

Im Jahr 2004 hat es mich nach Bratislava verschlagen, wo selbige Impressionen heute immer weniger auf mich einstürmen: zu glatt, zu geölt, zu reglementiert wird auch diese Stadt, ehrgeizig den urbanen Musterknäbchen und Mustermädchen hinterherlaufend, ob sie nun Ff am Main, Wien oder Sonstwie heißen.

Mein Großvater siedelte als Kind vom damals westungarischen Zurndorf ins damals westungarische Pozsony, Pressburg, Bratislava. Gelangte dann als junger Mann per Zufall auf die westliche Butter- und Burgenlandseite der neuen eisernen Grenze. Seine drei Schwestern blieben in Pozsony. Fast hätten sie noch eine vierte Stadt im Dort-Sitzenbleiben bereist, denn nach dem Zweiten Weltkrieg gab es tatsächlich Stimmen, die aus Dankbarkeit dem US-Präsidenten gegenüber die Stadt Wilsongrad benamsen wollten.

Viel ist den drei Damen trotzdem nicht erspart geblieben. Unsere Besuche in den Sechzigerjahren des vergangenen Jahrhunderts ›drüben‹ waren nichts für Depressive. Meiner Familie und mir machten sie weniger aus, weil wir ohnehin alle unter dieser Gemütstrübung litten. Aber mir als kleinem Buben war es schon ein bisschen schwummerig, wenn bis zu den Zähnen eisenstarrende Soldaten an der Grenze mit riesigen Untersuchungsspiegeln unseren VW-Käfer perlustrierten und mit den Reisepässen auf unbestimmte Rückkehr in der Zollkaserne verschwanden.

Bratislava war eine graue Wüste. Wenige graue Autos, wenige graue Geschäfte mit wenig drinnen, abbröckelnde graue Fassaden, mit grauem Betonpuderzucker begraute Grünstreifen. Trotzdem schnatterten die drei Tanten lustig drauflos, wenn wir bei ihnen in der grauen Wohnung auf dem grauen Sofa saßen.

Freilich, dass es die Bratisschlawiner von heute sooo bunt treiben müssen, als gelte es, das Grau von Früher mit einer extradicken Schicht greller Farben zu übermalen, könnte als Überreaktion bezeichnet werden. Überreagiert haben nach der Machtübernahme des Spätkapitalismus und der Postmoderne auch jene, die schon im Sozialismus geschickte Gangster waren. (Man nennt sie, glaube ich, auch ›Oligarchen‹.) Mit ihrer Raubgier plünderten sie all das Wenige, das der magere Kommunismus an Volksvermögen anhäufeln konnte. Aber, wie schon mein ungarischer Onkel stets zu sagen pflegte: Mit vollen Hosen ist gut stinken. Und wir Ösis hatten 70 und mehr Jahre Zeit, Wohlstand anzusammeln, zu genießen, daneben auch noch Gesetze gegen ganz große Gaunereien zu entwerfen.

Doch immerhin: auch in Bratislava, auch in der Slowakei regt sich so etwas wie Zivilgesellschaft. Auch in Bratislava, auch in der Slowakei gibt es nicht nur Populisten, die gegen Roma und gegen Kriegsflüchtlinge mobilmachen. Auch in Bratislava, auch in der Slowakei gibt es Menschen, die Bücher lesen, Theater spielen und schauen, Ballette tanzen, geigen und fiedeln und von Herzen ihre Mitmenschen lieben.

Sympathische Einrichtungen wie das Slovenské Národné Divadlo, das Slowakische Nationaltheater in alter, ja, Helmerfellner, Sie wissen schon ..., und neuer (an der Donau) Erbauung lassen das Herz von Theater- und Opernfreunden höher schlagen. Denn sie sind nicht nur von wohl überlegter und teils mutiger Programmierung, sondern auch von höchst sozialer Eintrittspreisgestaltung. Und heben sich damit sehr stark von der großen Twincityschwester in Österreich ab. Buchhandlungen wie Knižnica Martinu, Pantha Rei oder Urban Space lassen einen nach Herzenslust schmökern und blättern und nur, wenn man will, auch Kaffee und anderes konsumieren.

Apropos konsumieren: die Ehre muss man wohl auch der slowakischen Küche erweisen. Sie lässt sich am einfachsten in Kalorien ausdrücken. Eine Basismahlzeit = 10 000 Kalorien. Ein Dreigangmenü = nach oben völlig offen. Die Krautsuppe mit Klobasse ist so eine köstliche Bombe, die Primsennockerln (Bryndsové Halušky) sind es ebenfalls. Bis vor Kurzem fand man letztere, mit Speckwürferln bestreut, gerne unter ›Vegetarische Gerichte‹ auf den Speisekarten.

Wenn ich nicht mit dem feinem ›Bratislover‹ auf Schienen unterwegs sein kann, rumple ich per Auto in die slowakische Hauptstadt. Gut tut das dem fahrbaren Untersatz wahrlich nicht, denn selbst die Hauptstraßen dortselbst sind Kraterlandschaften ähnlicher als modernen Fahrbahnen. Dank einer über die Stadt hereingebrochenen Ratspräsidentschaft sind ein paar Schlaglöcher zugespachtelt worden, doch der Winter wetzt schon seine scharfen Frostzähne für den nächsten Anschlag auf unser altehrwürdiges Fahrzeug.

Dieses Bratislava. Weil es so lange hinter dem Vorhang war, und weil danach die üppigen Schönen wie Prag oder Budapest alle Augen auf sich zogen, ist es nach wie vor so geheimnisvoll. Es gibt ständig etwas zu entdecken, überall wartet Geschichte, warten Geschichtchen, um gefunden zu werden.

Kleinodien wie das Grabmal und die Gedenkstätte der Juden mit ihrem Wunderrabbi Chatam Sofer, das kaputte, geduckte Wohnhäuschen des Wolfgang von Kempelen (Erfinder, nicht nur des ›Schachtürken‹), die herrlich auf einer Donauhalbinsel im Süden gelegene ›Danubiana‹, modernes Kunstmuseum, die Blaue Kirche, Jugendstil, Majolikaarbeiten, der ›Sisi‹ geweiht; Orte, Denkmäler, Häuser, Persönlichkeiten, die mit Pressburg-Pozsony-Bratislava eng verbunden sind.

Ach was – schauen Sie doch einfach vorbei.

Christoph Mandl, 1955 in Graz geboren, lebt in Wien und arbeitet oft in Bratislava. Er ist Journalist und Chefredakteur der deutschsprachigen ›Pressburger Zeitung‹.

Reisetipps von A bis Z

Elektrizität
220 Volt/50 Hertz, kein Adapter erforderlich.

Feiertage und arbeitsfreie Tage

1. Januar	Neujahrstag
6. Januar	Dreikönigstag
März/April	Ostersonntag, Ostermontag
1. Mai	Tag der Arbeit
Mai/Juni	Pfingstsonntag, Pfingstmontag, Fronleichnam, Christi Himmelfahrt
15. August	Himmelfahrtstag
26. Oktober	Staatsfeiertag
1. November	Allerheiligen
8. Dezember	Maria Empfängnis
25. Dezember	Christtag
26. Dezember	Stefanitag

Geld und Zahlungsmittel
Zahlungsmittel ist der Euro. Die international gängigen Kreditkarten werden in allen Hotels, Restaurants und Geschäften angenommen. Mit Bankomaten sind die österreichischen Orte in der Regel gut ausgestattet.

Kriminalität
Wien gilt als eine der sichersten Hauptstädte der Welt. Offen zur Schau gestellte Sorglosigkeit beim Tragen von Geldbörsen und Schmuck sowie beim Abstellen von Autos und Fahrrädern wird aber auch hier, wie in allen europäischen Großstädten, bestraft. Generell ist Österreich ein sehr sicheres Reiseland.

Telefonieren
Der Mobiltelefon-Empfang ist in allen Teilen der Stadt ungestört möglich. Die lästigen Roaming-Tarife für die im Ausland angemeldeten Telefone sind nicht mehr exorbitant.

Trinkgeld
Trinkgeld ist im Preis nicht inkludiert und wird im Dienstleistungsbereich durchaus erwartet. Erfahrungsgemäß feuert es die Dienstleister zusätzlich an. Allgemein gelten bei gutem Service zehn Prozent des Rechnungsbetrags als angebracht.

Öffnungszeiten
In punkto Ladenöffnungszeiten sind die Uhren in Wien stehengeblieben. Manche Geschäfte öffnen an Werktagen erst um 10, andere schließen bereits um 18 Uhr. Sonntag ist weiterhin der Tag des Herrn und nicht der des Arbeitens und Einkaufens. Was allerdings auch sein Gutes hat, weil kaum Hektik aufkommt. Einige wenige Nahversorger halten auch am Sonntag offen, vor allem jene auf Bahnhöfen und Tankstellen. Auf den Ämtern und in privaten Büros arbeitet man in der Regel an Werktagen von 8 bis 16 Uhr, freitags gibt es noch da und dort den bei Arbeitern und Angestellten beliebten Frühschluss. Etliche Museen und Friseurbetriebe sind montags geschlossen, Feiertage an Werktagen bringen automatisch sogenannte Fenstertage mit sich: Auffallend viele Leute nehmen sich da gleich die ganze Woche frei.

Polizei
Keinen Spaß versteht die österreichische Polizei, wenn Autofahrer alkoholisiert, nicht angegurtet, telefonierend oder deutlich zu schnell mit ihrem Auto unterwegs sind. Keinen Spaß versteht man andererseits bei ›amnesty international‹, wenn Polizisten wieder einmal wegen einer rassistischen Amtshandlung angezeigt werden.

Post

Eine Briefsendung von Wien nach Deutschland und vice versa ist noch immer mehrere Werktage unterwegs. Angabe ohne Gewähr!

Preise

Die Preise für Lebensmittel, Hotelzimmer und Gastronomie sind mit jenen in Deutschland mehr oder weniger vergleichbar. Ausnahmen – Ausreißer nach oben wie nach unten – bestätigen die Regel. Der Vergleich kann sich lohnen, alles in allem sind die Preise seit dem EU-Beitritt deutlich gestiegen.

Zeitzone

In Österreich gilt wie in Deutschland die Mitteleuropäische Zeit (MEZ), von Ende März bis Ende Oktober die Mitteleuropäische Sommerzeit (MEZ plus eine Stunde).

Literatur

Eine halbwegs vollständige Liste der Buchtitel zur Wiener Geschichte und Kultur würde den Rahmen sprengen. Auch in Romanen spielt Wien oft eine wichtige Rolle. Im Folgenden eine kleine Auswahl – und zuvor noch ein guter Tipp: Die Wiener Hauptbücherei am Urban-Loritz-Platz (→ S. 193) und ihre auf alle Bezirke verteilten Filialen haben die meisten hier angeführten Titel in ihren Regalen. Einfach bestellen, hingehen, ausleihen (www.buechereien.wien.at).

Sachbücher

Adler, Nicole/Erben, Doris: Wien for Women only. Innovativer City guide – nicht nur für Frauen. Christian Brandstätter, Wien 2012.

Autenguber, Peter: Lexikon der Wiener Straßennamen. Bedeutung, Herkunft, frühere Bezeichnungen. Pichler, Wien 2014. Pflichtlektüre für alle, die sich in Wien einen guten Überblick verschaffen wollen.

Autengruber, Peter: Parks und Gärten in Wien. Alle 280 Parkanlagen der Stadt in einem Buch. Promedia, Wien 2008.

Bauer, Klaus-Jürgen: Pannonien. Archipel. Theorie der Provinz. Edition Lex Liszt, Oberwart 2007. Ein gelungener, kenntnisreicher und in dieser Form auch erstmaliger Gegenentwurf zum Konzept der Stadt.

Beyerl, Beppo: 26 Verschwindungen. Von Arbeiterzeitung bis Ziegelbehm. Löcker, Wien 2014. Lustig geschrieben, echt Wienerisch halt.

Beyerl, Beppo/Chobot, Manfred: Straßen des vergänglichen Ruhms. Dichter auf dem Wiener Stadtplan. Löcker, Wien 2014.

Bieberger, Christof/Gruber, Alexandra: Ganz Wien für wenig Geld. Der Untertitel lautet: ›Der City Guide für Lebenskünstler‹; und die Autoren versprechen: ›Sparsam leben in Wien ohne Spaßverzicht‹. Metro, Wien 2011.

Bittermann, Adi/Wagner-Wittula, Renate: Wiener Küche. Ein 416 Seiten dickes, nicht ganz billiges Kochbuch. Pichler, Wien 2011.

Blaha, Franz: Schattenstörche. Texte wie Vogelschatten. Edition fabriktransit, Wien 2016. Lyrik aus Wien, mit Illustrationen des Autors.

Düriegl, Günter: Wien auf alten Photographien. Der Titel ist Programm, dazu ein längeres Vorwort. J & V, Wien/München 1998.

Freitag, Wolfgang: Wo Wien beginnt. Eine Erkundung der Stadt vom Rand her. Metro, Wien 2015. Erkundungen am Wiener Stadtrand vom großartig beobachtenden Stadtrandflaneur.

Anhang

Freitag, Wolfgang: Zu den Schattenorten von Wien. Düster, traurig, melancholisch – auch das ist Wien. Metro, Wien 2011.

Fürnhammer, Arthur/Lang, Mario: Tschocherl Report 2. Jetzt erst recht. Wiener Urgesteine – in alter Manier und neuer Wortgewalt. Löcker, Wien 2016. Der Titel ist selbsterklärend, die Fotos sind genial.

Fussy, Herbert (Hrsg.): Österreichisches Wörterbuch. ÖBV-Verlag, 43. Auflage, Wien 2016. Wohltuende Alternative zum betont deutschen Duden aus Mannheim.

Gruber, Alexandra/Mendel, Marliese: 50 Dinge, die ein Wiener getan haben muss. Picus, Wien 2015.

Habres, Christof: Jüdisches Wien. Metro, Wien 2011.

Höpler, Brigitta /Potyka, Alexander/Vogel, Sibylle: Wien. Stadtführer für Kinder. Picus, Wien 2014. Liebevoll, informativ. Inzwischen ein Klassiker!

Höttl, Hanes: Warum gibt's in Wien ein Glas Wasser zum Kaffee? Metro, Wien 2015. Untertitel: 99 und andere Fragen zu Wien. Noch Fragen?

Kehrer, Martin Ulrich: Stadtalphabet Wien. Sonderzahl, Wien 2009.

Kramar, Konrad/Beyerl, Beppo: Wienerwald für Entdecker. 15 Spaziergänge auf historischen Spuren. Amalthea, Wien 2016. Die beiden haben ihre halbe Kindheit im Wienerwald verbracht.

Krasny, Elke: Stadt und Frauen. Eine andere Topographie von Wien. Metroverlag, Wien 2008.

Lammerhuber, Lois: 111 x Biosphärenpark Wienerwald, Edition Lammerhuber, Wien 2011. Der Wienerwald im besten Licht des Starfotografen.

Lang, Mario/Mauch, Uwe/Wurnig, Christine: Ausgenommen Radfahrer. Essays und Fotos – von Wiens Rad wegen aus betrachtet. Metro, Wien 2011.

Lukacs, Gabriele: Geheimnisvolle Unterwelt von Wien. Pichlerverlag, Wien 2011.

Maier, Sabine: Wiener Entdeckungen 3. 100 Shops und Restaurants. Wundergarten-Verlag, Wien 2012.

Mandl, Christoph, Winer Wohn-Sinn, tredition Verlag, Hamburg 2016.

Mauch, Uwe: Stiege Die Armen von Wien. 13 Sozialreportagen. ÖGB-Verlag, Wien 2016.

Mauch, Uwe: Stiege 8/Tür 7. Homestorys aus dem Wiener Gemeindebau. Metro, Wien 2014.

Mauch, Uwe: Wien und der Fußball. Wo die Wiener Lokalmatadore durchdribbeln. Metro, Wien 2007 (vergriffen, Restexemplare sind noch via www. bueceramspitz.com zu beziehen).

Mauch, Uwe/Lang Mario: Lokalmatadore. Metro, Wien 2008 (vergriffen, Restexemplare sind noch via www. bueceramspitz.com zu beziehen).

Öhlinger, Walter: Rundblick vom Stephansturm. Panorama von Wien im Jahre 1860. Edition Winkler-Hermaden, Schleinbach 2013.

Schmidt, Erwin: Die Geschichte der Stadt Wien. Sachlich, gibt allen, die mehr wissen wollen, einen kompakten Überblick. J & V, Wien/München 1978.

Schneyder, Achim: Auf dem Naschmarkt – Notizen eines Spaziergänger. Autor und Titel sind Programm – ein kulinarisches Wien-Buch. Pichlerverlag, Wien 2009.

Szegö, Johann: Alt-Wien neu entdeckt! Ein Wiener Stadtführer und Kommerzialrat hat sich bereits zu Lebzeiten mit diesem Werk ein Denkmal gesetzt. Aktualisierte Neuauflage. Metro, Wien 2012.

Tröscher, Andreas/Marschik, Matthias/Schütz, Edgar: Das große Buch der österreichischen Fußballstadien, Verlag Die Werkstatt, Göttingen 2007.

Weihs, Richard: Wiener Wut. 2222 Kraftausdrücke, gesammelt und kommentiert von Richard Weihs. Pichler, Wien 2015.

Belletristik

Achleitner, Friedrich: wiener linien. Amüsante Kürzestgeschichten aus der Wiener U-Bahn. Zsolnay, Wien 2004.

Beyerl, Beppo/Chobot, Manfred/Jatzek, Gerald: Der Hund ist tot. Grätzelgeschichten aus 24 Wiener Bezirken. Lassen Sie sich überraschen, welchen Ort die drei Autoren zum 24. Bezirk erkoren haben. Grätzel beschreiben sie für Nicht-Wiener als ›die unmittelbare Umgebung, die dörfliche Struktur in der Stadt‹. Löcker, Wien 2012.

Emir, Mehmet: Ich bin immer noch in Wien. Briefe an Mama und Papa in der Türkei. Intime Einblicke in die Seele eines liebenswerten Wiener Kulturschaffenden ›mit Migrationshintergrund‹. Sonderzahl, Wien 2012.

Glattauer, Daniel: Schauma mal: Kolumnen aus dem Alltag. Die besten Miniaturen des Wiener Erfolgsautors. Goldmann, Deuticke 2009.

Kospach, Julia: Wien – eine Melange, Oasen für die Sinne. Und noch eine schöne Liebsbekundung. Deuticke, Wien 2009.

Mauthe, Jörg/Flora, Paul: Wien für Anfänger. Haymon, Innsbruck 2016. Der liebevoll-ironische Klassiker zu Wien neu aufgelegt. Schon 1959 verfasst, gelten die meisten Beobachtungen des Wiener Journalisten und Politkers bis heute, wie Gerald Schmickl in seinem Nachwort anmerkt. Spitz auch die Zeichnungen von Paul Flora.

Menasse, Eva: Wien, küss die Hand, Moderne. Die Wiener Journalistin und Autorin, die seit 2003 in Berlin lebt, hat Gleichgesinnte eingeladen, um über die Eigenheiten Wiens zu referieren. Corso, Hamburg 2011.

Molden, Ernst: Liederbuch. Songtexte aus 15 Jahren, von der gefühlvollsten Stimme Wiens, was sowohl auf Papier als auch durchs Mikrofon gilt. Deuticke, Wien 2011.

Morton, Frederic: Durch die Welt nach Hause. Mein Leben zwischen Wien und New York. Im Jahr 1939 musste er mit seiner Familie als Fritz Mandelbaum vor den Nazis flüchten, in New York macht sich der Bestseller-Autor (›Die Rothschilds‹) als Frederic Morton einen Namen. Und behält sich seinen besonderen Blick für Wien. Deuticke, Wien 2006.

Stermann, Dirk: Sechs Österreicher unter den ersten fünf. Roman einer Entpiefkenisierung, Ullstein, Berlin 2010. Aneinanderreihung skurriler Erlebnisse, wie sie wahrscheinlich nur ein Deutscher in Österreich erleben kann.

Karten

Wien-Gesamtplan, 1:25 000. Echt Wien vom Lokalmatador schlechthin. Der Verlag freytag & berndt ist seit 1885 der führende Kartenhersteller in Wien. Auch der Preis (8,99 Euro) spricht für diese Karte. Am besten erst in Wien kaufen und zwar in der gut sortierten und stilvollen Buchhandlung im ehemaligen Verlagshaus, dem Artaria-Haus am Kohlmarkt Nr. 9. freytag & berndt, Wien 2015.

Bikeline, Radtourenbücher und Radkarten vom Verlag Esterbauer, der im Waldviertel und in Berlin situiert ist und für alle Regionen Österreichs sehr präzise Vorlagen schafft.

Anhang

Wien im Internet

www.qando.at Wie komme ich am Schnellsten zum Stephansplatz? Wann kommt die nächste U-Bahn? Fahrplanauskünfte auch fürs Mobiltelefon.

www.vonanachb.at Es gibt noch Menschen, die gerne Stadtpläne in der Hand haben und lesen. Und es gibt andere, die sich lieber via Internet orientieren. Gut für Radfahrer, die sich die schnellere und die gemütliche Route berechnen lassen können.

www.wien.gv.at Die offizielle Seite der Wiener Stadtverwaltung. Detailliert, gut sortiert und stets auf dem aktuellen Stand.

www.wien.info Die offizielle Seite von WienTourismus. Versteht sich als Online-Reiseführer.

www.data.wien.at Gelebtes ›Open Government‹: Daten der Stadtverwaltung für ihre Bewohner und Besucher. Pipifein: Die ›Toilet Map Vienna‹ als App weist allen jenen den Weg, die auf die kleine oder große Seite müssen. Auch nicht schlecht: Alle Standorte von City-Bike- und Park-&-Ride-Anlagen, Hundezonen, Gewässern und Parks.

www.stadtbekannt.at Die junge Geschäftsführerin Calina Fontanesi ist mit ihrem ebenso jungen Team häufig am Puls der Stadt.

www.gbstern.at Die Mitarbeiter der Wiener Gebietsbetreuung – Techniker, Architekten, Soziologen, Sozialarbeiter – sind mit der Stadterneuerung beschäftigt. Die Seite bietet einen Überblick über laufende Projekte sowie einen Veranstaltungskalender.

www.falter.at Theater, Kabarett, Musiktheater, Tanz/Performance, Pop/Rock/Elektronik, Klassik/Neue Musik, Jazz/Crossover, Lokal/Global, Schlager – aktuelle Tipps mit Kurzbeschreibungen.

www.kurier.at Tagesaktuelles Geschehen mit einem Klick, auf einen Blick.

www.hauptstadt.at Auch Bernhard Hachleitner und Stefan Kusch informieren über die aktuellen Wiener Events, wenngleich ein bisserl weniger elegant und ausgiebig als die Frauen. Einen Newsletter bieten aber auch sie.

www.diestadtspionin.at Sabine Maier und ihr Frauenteam informieren, was in der Stadt gerade angesagt ist. Und das darf durchaus Männer interessieren. Ihr seriös recherchierter, ansehnlich und übersichtlich gestalteter Newsletter kann gratis abonniert werden. Ein eigener Newsletter wird in jeder Nacht von Mittwoch auf Donnerstag per Mail frei Haus geliefert.

www.kinderinfowien.at Das volle Wien-Programm für Kinder.

Der Autor

Uwe Mauch, 1966 in Wien geboren und lebendes Beispiel für gutnachbarschaftliche Beziehungen. Sein Vater ist Wiener mit Vorfahren aus den k. u. k. Kronländern, seine Mutter Deutsche mit österreichischem Reisepass. Mauch hat Publizistik und Kommunikationswissenschaft an der Universität in Wien studiert und ist seit 1995 Redakteur der Wiener Tageszeitung ›Kurier‹ sowie Buchautor; zuletzt erschienen: ›Stiege 8/Tür 7. Homestorys aus dem Wiener Gemeindebau‹ (2014), die Neuauflage des Trescher-Stadtführers ›Zagreb‹ (2015) sowie ›Die Armen von Wien. 13 Sozialreportagen‹ (2016). Uwe Mauch lebt und arbeitet in Wien und Zagreb. Und er ist mit großer Begeisterung Wiener.

Danksagung

Zunächst
Jadranka, Brigitte, Peter, Antun und Magdalena – für eure Geduld.

Dann
Sabine Fach und Hinnerk Dreppenstedt, die einfühlsam, kompetent, redlich und immer freundlich halfen, auch noch die ur-wienerischste Ausführung in ein allgemein verständliches Deutsch zu übersetzen; Mario Lang und Antun Mauch, die sich bei ihren Foto-Sessions als Meister und Lehrling wunderbar ergänzt haben; Regina Engelmann, die mich mit ihrer Übersicht und Ruhe vor groben Fehlern bewahrt hat.

Und
Norbert Aschenbrenner, Tina Dermitzakis, Hedwig Derka, Brigitte Drvaric, Harry Gatterer, Andrea Gludovatz, Wolfgang Hauptmann, Roland Kern, Boris Kraljevski, Davorka Kraljevski, Walter Kettner, Christoph Mandl, Matthias Marschik, Günter Mauch, Michael Mauch, Rudolf Müllner, Werner Müllner, Gerald Schmickl, Harald Schume, Michael Sgiarovello, Angela Traußnig, Günter Wild, Marietta Wild und Christoph Witoszynskyj fürs Zuhören, Gewährenlassen und unzählige Inspirationen.

Sowie
Hedwig Abraham, Nicole Adler, Ernst Bieber, Christa Bauer, Klaus-Jürgen Bauer, Rudi Evers, Karin Fischer-Ausserer, Arthur Fürnhammer, Herbert Fussy, Wolfgang Höfler, Elisabeth Hundstorfer, Michael Hybl, Barbara Jeitler, Walter Juraschek, Bibiane Krapfenbauer-Horsky, Felicitas Konecny, Walter Matznetter, Bettina Mandl, Gerti Mauch, Michaela Reitterer, Harald Schmid, Julia Strobl, Lisa Zeiler sowie den ehrenamtlichen Mitarbeitern der Wiener Bezirksmuseen für die tolle fachliche Unterstützung.

Und nicht zuletzt den Autoren und Autorinnen
Beppo Beyerl, Franz Blaha, Wolfgang Freitag, Brigitta Höpler, Michael Hufnagl, Elisabeth Hundstorfer, Anita Kattinger, Stefan Kraft, Rainer Krispel, Mario Lang, Ulrich Ladurner, Sabine Maier, Christoph Mandl, Susanne Mauthner-Weber, Ernst Molden, Madeleine Napetschnig, Tanja Paar, Reinhold Schachner, Gerald Schmickl, Michael Sgiarovello, Robert Treichler, Andreas Tröscher, Franz Zauner sowie Maria Zimmermann für die wunderbaren Texte.

Uwe Mauch

Anhang

Bildnachweis

Alle Bilder von Mario Lang; außer:
Bernd Chill: 91, 107, 136, 146, 226, 255,
266, 297, 300, 311, 360; Sabine Fach:
S. 298; Antun Mauch: S. 18, 82/83, 96,
114o., 133, 140, 141, 154, 166o., 176,
212, 215, 222, 223; Mauritius Images:
Titel; Helmut Mitter S. 379 ;Ulla Nickl:
S. 94, 96.

Kartenregister

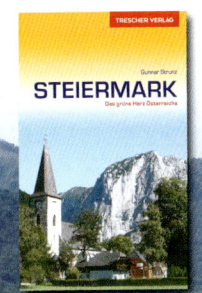

ODERBRUCH
Natur und Kultur im östlichen Brandenburg

SPREEWALD
Unterwegs zwischen Burg, Lübbenau, Lübben und Cottbus

WANDERUNGEN DURCH BRANDENBURG

DIE ELBE

66-SEEN WANDERUNG

BADEN IN UND UM BERLIN

BARNIM UCKERMARK

DIE HAVEL
Natur und Kultur zwischen Werder und Havelberg